图书在版编目(CIP)数据

四川省志. 地震志:1986—2005 / 四川省地方志编纂委员会编. —北京:方志出版社, 2018.12
ISBN 978-7-5144-2436-2

Ⅰ. ①四… Ⅱ. ①四…Ⅲ. ①四川-地方志 ②地震志-四川-1986—2005 Ⅳ. ① K297.1

中国版本图书馆 CIP 数据核字(2017)第 136944 号

四川省志·地震志(1986—2005)

编　　者:四川省地方志编纂委员会
责任编辑:陈　菁

出 版 人:冀祥德
出 版 者:方志出版社
地址　北京市朝阳区潘家园东里 9 号(国家方志馆 4 层)
邮编　100021
网址　http://www.fzph.org
发　　行:方志出版社图书经销中心
(010) 67110500
经　　销:各地新华书店
设计制作:成都蜀通印务有限责任公司
印　　刷:成都蜀通印务有限责任公司

开　　本:889×1194　　1/16
彩插印张:2.25
正文印张:28.5
字　　数:851 千字
版　　次:2018 年 12 月第 1 版　2018 年 12 月第 1 次印刷
印　　数:0001~2000 册

ISBN 978-7-5144-2436-2　　定价:374.00 元

领导关怀 LINGDAO GUANHUAI

2003年12月27日，中共四川省委书记、省人大常委会主任张学忠（左四），中共四川省委副书记、副省长蒋巨峰（左二）前往四川省地震局考察

2001年5月29日，中共四川省委副书记、省长张中伟（前中）率团前往凉山彝族自治州盐源县5.8级地震灾区视察并慰问群众

地震灾害 DIZHEN ZAIHAI

1989 年 4 月巴塘 6.7 级强震群震害

茶树山碎石土墙藏房垮塌

地震形成的地裂缝

巴塘县城块石墙房倒塌

小坝村藏房严重倒塌

1989 年 4 月巴塘 6.7 级强震群震害

小坝小学教师宿舍破坏严重

金沙江大桥抗震槽被震裂

小坝村一藏房全部倒毁

鹦哥咀电站进水闸附近道路被滚石阻塞

木里地南山脊上的锯齿状边坡地裂缝

1989 年 9 月 22 日小金 6.6 级地震震害

营盘村夯土楼房倒塌（Ⅷ度）

梭罗寨山梁出现的地震地裂缝（Ⅷ度）

直径约10厘米的杉木树根被拉开（Ⅷ度）

银厂沟片石墙房部分倒塌（Ⅷ度）

1988 年 6 月 2 日道孚县八美区 5.0 级地震，藏房垮塌

1989年11月重庆江北5.4级地震，统景饮料厂车间部分垮塌

1989 年 6 月 9 日石棉 5.3 级地震，农房毁坏

1989年11月重庆江北5.4级地震，震区一石混平房墙体严重开裂崩垮

2001年2月23日雅江6.0级地震，震中区房屋遭到破坏

2001年2月23日雅江6.0级地震，震中区孜河村农民房屋局部倒塌

2001年5月24日盐源发生5.8级地震，震中区农民房屋围墙及院门垮塌

2002年8月8日新龙5.3级地震，震中区房屋出现局部垮塌

2005年8月5日云南会泽—四川会东5.3级地震，部分民居受到严重破坏

2003年8月21日盐源5.0级地震，凉山州盐源盐矿附属煤矿运煤轨道被垮塌物掩埋

重要会议 ZHONGYAO HUIYI

1988年3月15—19日，四川省地震局在成都召开1988年四川省地震工作计划会议

1989年2月22—25日，四川省地震局在成都召开1989年度四川省地震工作计划会议和重点地震台站工作会议

1989年4月6—8日，四川省人民政府在成都召开四川省地震监视地区市长、州长、专员会议

1992年7月14日，四川省地震局在峨眉西南交通大学召开四川省厂矿、学校地震工作会议

1995年6月1日，四川省人民政府在成都召开首次全省防震减灾工作会议

1995年7月20日，四川省防震减灾领导小组在成都召开第一次（扩大）会议

1995年9月11—14日，四川省地震局在成都召开四川地震台站工作会

2004年10月26—27日，四川省人民政府在成都召开四川省防震减灾工作会议

1998年5月14—15日，四川省人民政府召开四川省首次城市防震减灾工作会议

法制建设 FAZHI JIANSHE

1999年12月16日，四川省人民政府召开贯彻实施《四川省防震减灾条例（修正）》新闻发布会

2001年8月16日，四川省人大常委会副主任钮小明（主席台右三）率省人大防震减灾执法调研组到雅安市开展防震减灾执法调研汇报会

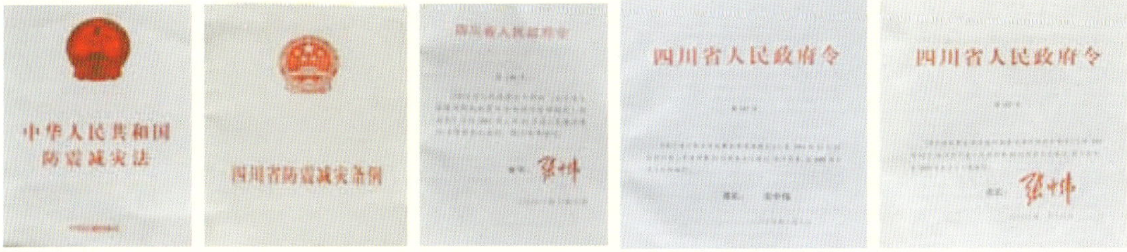

1986—2005年颁布的《中华人民共和国防震减灾法》和《四川省防震减灾条例》等法律、法规文件

2003年4月1日，四川省地震局、省人大教科文卫委、省计委、省救灾办、省法制办等联合召开纪念《中华人民共和国防震减灾法》实施五周年暨贯彻省政府第167号令座谈会

2003年12月1—4日，四川省市、州地震法规及抗震设防管理研讨班在乐山举行

2004年5月19—21日，四川省地震局在成都举办第二期四川省市、州地震局行政许可法培训班

2005年6月6日，宜宾市地震局开展行政执法检查工作

监测预报 JIANCE YUBAOHE

1989年冬，四川省地震局在成都召开四川省1990年度地震趋势会商会

2000年11月22—24日，中国地震局和四川省人民政府组织专家验收组在成都召开成都数字遥测地震台网验收会

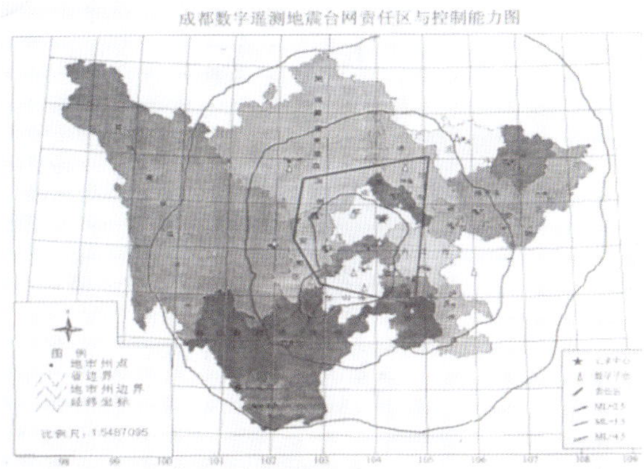

2001年建成的成都数字遥测地震台网责任区与控制能力图

2002年8月19—22日，四川省地震局举办全省地震数据与传输软件培训班

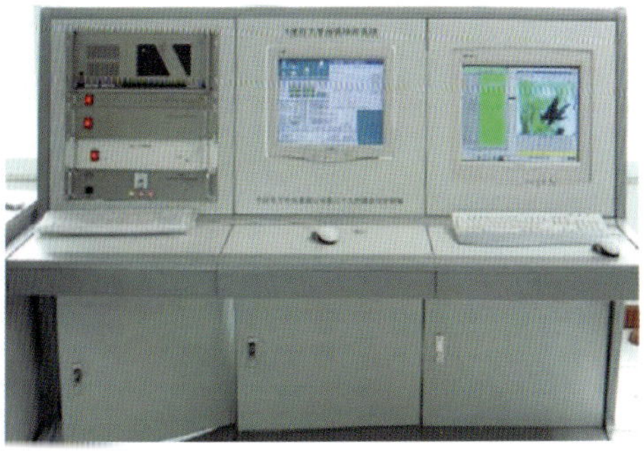

2004年3月8日，四川省地震局MODIS卫星接收处理系统投入运行

2004年，四川省地震局的工作人员在进行数字测震台网野外台址勘选

2004年下半年，地震科技人员在进行震情分析会商

2005年5月31日，在蒲江县青年养兔基地欣钰养兔场举行“地震宏观观察点”标志牌授牌仪式

2005年10月17—25日，四川省地震局在郫县举办测震分析强化培训班

2005年，甘孜州地震局工作人员认真调查核实温泉水温、水质等异常变化

2000年，成都数字遥测地震台网仁寿油灌顶子台

2000年，成都数字遥测地震台网中心机房

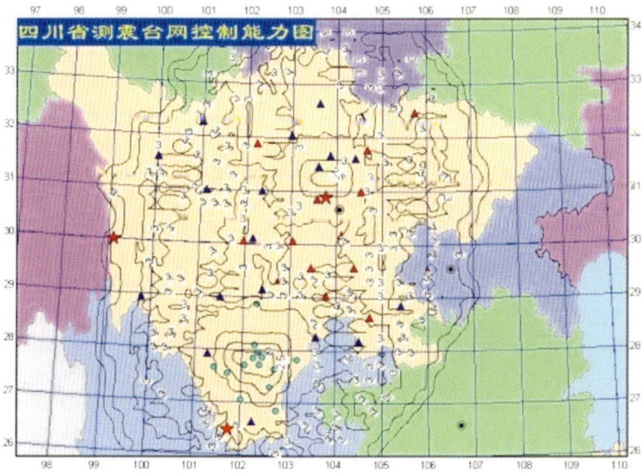

2005年四川省测震台网台站分布和台网控制能力示意图

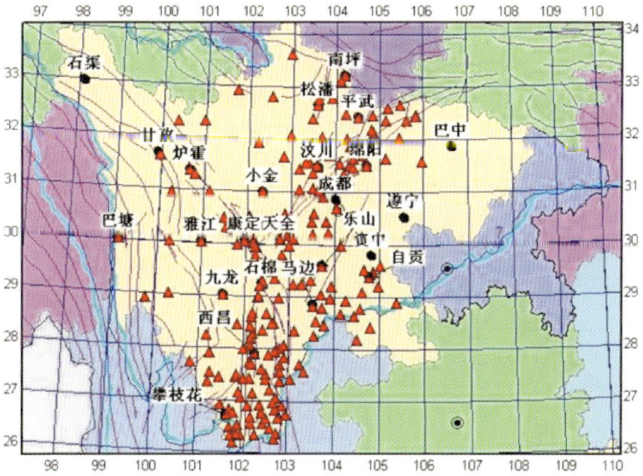

2005年始建的四川数字强震动台网211个固定台台址分布示意图

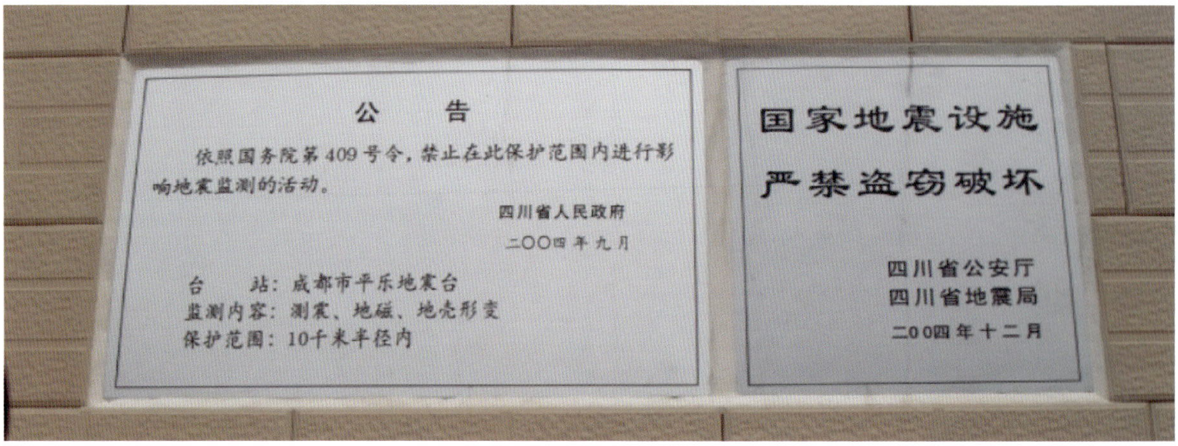

2005年3月起，四川省各地震监测台点陆续设立的地震监测环境保护标志和地震监测设施保护警示牌

2005年，四川省地震局测绘工程院职工在进行野外测量

2005年，防震减灾“十五”重点项目四川GPS观测网络系统建成的基准站

2005年6月23—25日，全国西南片区2005年年中地震趋势会商会在成都召开

地震台站 DIZHEN TAIZHAN

成都地震基准台

康定地震中心站

攀枝花地震基准台

巴塘地震台

西昌地震中心站

松潘川主寺地震台

道孚地震台

甘孜地震台

冕宁地震台

江油地震台

九龙地震台

康定地震台

泸州地震台

攀枝花南山地震台

松潘地震台

炉霍虾拉沱地震台

乡城地震台

西昌小庙地震台

雅安地震台

昭觉地震台

木里地震台

盐源地震台

盐边红格地震台

震灾预防 ZHENZAI YUFANG

1990年8月，经地震基本烈度复核鉴定建成的红军长征纪念碑

1991年，二滩水库地震遥测台网廖家山台站进行设备安装

1990年11月，四川省地震局在成都召开地震重点监视区地震防御对策研讨会

1991年，四川省地震局二滩地震监测中心在盐边召开二滩水库地震遥测设备测试验收会议

1995年3月，四川省地震局在成都召开四川重点监视防御区震害预测项目验收评审鉴定会

1992年5月，四川省地震局在安县举办四川省川西北片区震害预测培训班

1996年8月，省委宣传部和省地震局联合召开四川省防震减灾知识竞赛总结会

1997年7月24日，第15届全国青少年地震科学夏令营四川营开营式在成都举行

1998年10月12—17日，联合国十年减灾委员会城市地震灾害评估实例研究（自贡）地震场景讨论会在自贡召开

1999年5月20日，联合国—自贡RADIUS计划地震对策研讨会在自贡召开

1999年12月28日，汶川省级防震减灾示范县项目验收会在汶川召开

2001年2月，芦山县基层宏观点办黑板报宣传地震知识

2004年3月，成都市地震局面向中小学生举办防震减灾科普讲座

2004年4月13日，四川省农房地震安全调查工作会议在绵竹召开

2004年7月，四川核电兴福寺厂址南井断裂1：50000活动断裂地质填图及其活动性鉴定现场工作验收会在成都召开

2004年8月9—11日，2004年度全省市、州地震局长会议在成都召开

2005年4月22日，蒲江县举行防震减灾宣传教育示范校授牌仪式

2005年5月14—20日，自贡市中小学校师生参观自贡遥测地震台网记录中心

2005年5月20日，广元市市中区北街小学学生参加防震减灾知识宣传教育活动

2005年10月25日，成都市地震局为成都市盐道街小学师生作地震知识讲座

应急救援 YINGJI JIUYUAN

1989年4月28日，中央慰问团副团长陈欣（左三）和省慰问团等在巴塘慰问，指导抗震救灾

1989年5月14日，四川省人民政府省长张浩若（右一）听取四川省地震局局长、现场指挥长罗灼礼（右二）震情、灾情汇报

1989年5月，巴塘县召开三级干部会听取灾情汇报，开展抗震救灾工作

1989年，巴塘地震现场监测记录地震信息

1989年，巴塘地震现场震情会商会

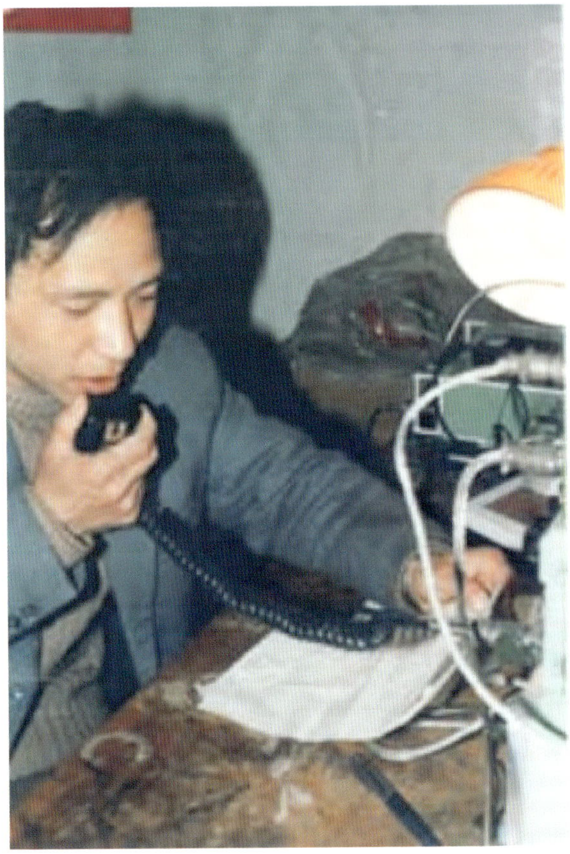

1989年，巴塘地震现场通讯

1989年，巴塘地震现场分析

巴塘地震局巴塘兵站医疗所医生在茶树乡为藏族群众治病

1989年9月22日，小金6.6级地震发生后，解放军战士在现场抗震救灾

1989年9月22日，小金6.6级地震发生后，小金县人民政府慰问团与部分考察人员和群众举行座谈

1997年7月5–6日，四川省地震局举办四川省震灾速报及地震现场工作研讨班

1998年12月，四川省人民政府向国务院应急工作检查组汇报四川省地震应急工作

2001年2月23日，雅江6.0级地震现场通讯

2003年9月18日，四川省地震局召开四川省地震应急基础数据收集工作总结会

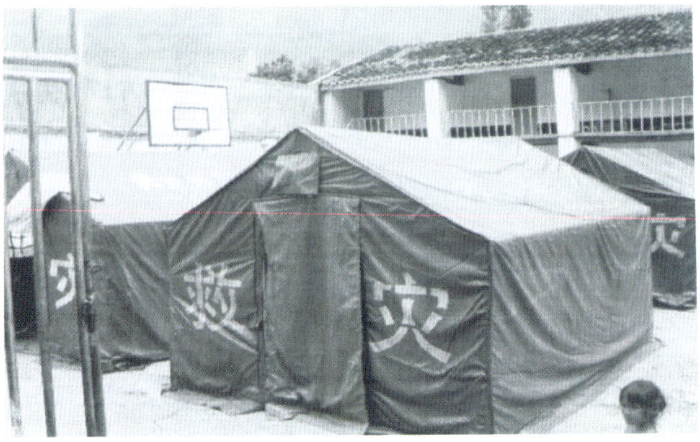

2005年8月5日，云南会泽—四川会东5.3级地震发生后的灾民安置点

2005年10月24日，四川省人民政府召开全省应急管理工作暨政府系统秘书长办公厅（室）主任会议

2003年12月11日，四川省人民政府召开四川省地震灾害紧急救援队成立大会

救援队队员操作顶升气垫

2003年12月11日，中共四川省委常委、省政法委书记欧泽高向救援队队长授旗

2003年12月11日，举行四川省地震灾害紧急救援队授牌仪式

救援队队员操作切割锯

救援队队员操作声波探测仪

2004年10月26日，四川省地震灾害紧急救援队举行汇报演练

2005年11月1-2日，四川省地震灾害紧急救援队开展野外模拟实战训练

2005年10月25日，绵阳市地震灾害紧急救援队成立

2005年11月16日，乐山市沐川县举行地震灾害应急救援队成立大会

2005年6月9日，德阳市地震局、旌阳区地震局为旌阳区城南街道地震志愿救护队举行授旗仪式

避难场所标志

应急棚宿区标志

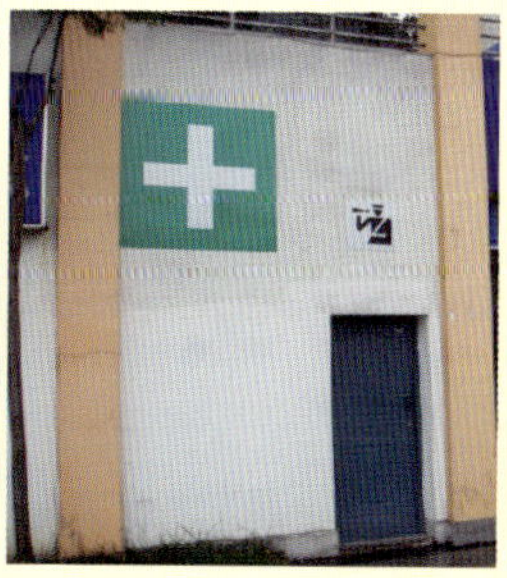

应急医疗点、通告点标志

应急物资储备点标志

2005年10月建成的乐山市五通桥区四望关应急避难场所设置的各种标志

地震科研与科技服务 DIZHEN KEYAN YU KEJI FUWU

2001年3月14日，四川省防震减灾数据库及震情灾情信息快速反应系统验收会在成都举行

2001年10月25日，四川前兆数字化台网建设项目验收会在成都举行

2003年9月15日，四川省数字地震观测系统建设工程项目初步设计方案评审会在成都举行

2004年4月，四川省地震局承担的“地震救助生命搜索与定位技术实用化研究”课题参加中国地震局组织的“十五”国家科技攻关计划延续项目启动暨课题任务评审会

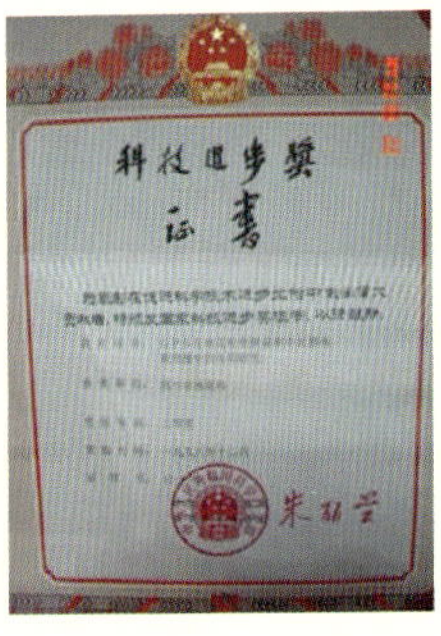

1986—2005年四川部分地震科技成果获奖证书

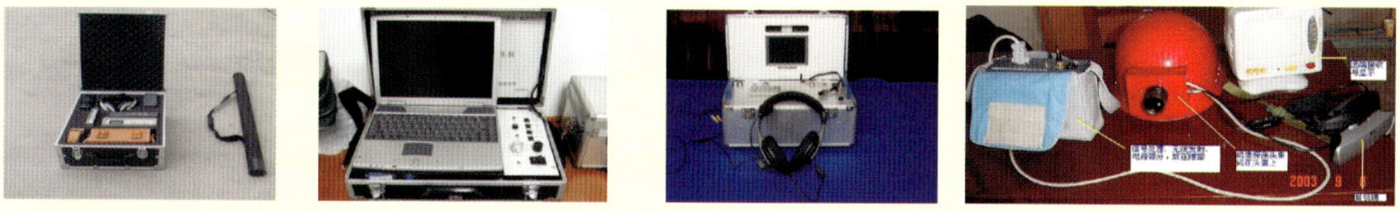

2003年12月1日，四川省地震局科研人员研制的（从左到右）球像面光学探生仪、集成式光学探生仪、声波/振动探生仪、热红外成像仪等通过国家科技部组织的验收

2005年9月18日，四川省地震局研制的声波振动生命探测仪、光学生命探测仪等参加国家“十五”重大科技成就展

2004年，地震科技人员进行野外调查工作

1986–2005年，四川省地震局编写的部分地震科技图书

2005年1月11日，四川省地震局承建的四川RS卫星遥感系统项目进行验收

2000年9月，四川省地震局承建三峡水库地震遥测台网

2005年12月，四川省地震安全性评定委员会部分专家在木里县开展现场考察

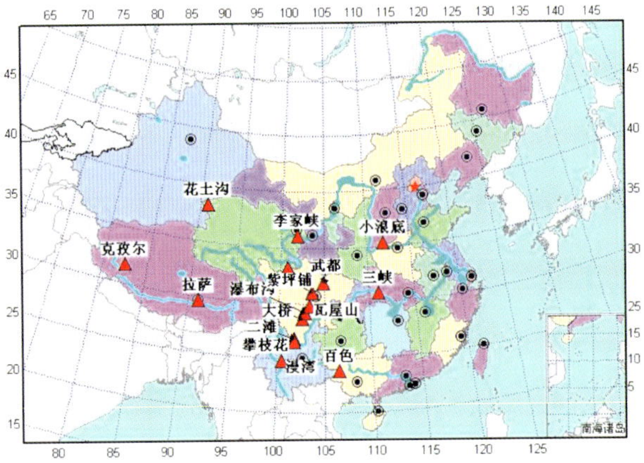

1986—2005年，四川省地震局承建的水库地震遥测台网示意图

2005年冬，四川省地震局科技人员在石棉雅攀高速公路考察铁寨子断裂

2005年6月27日，紫坪铺水利枢纽工程水库诱发地震监测预测系统验收会在都江堰召开

2005年12月，四川省地震局科技人员在木里县卡基娃电站考察机落断裂

学术交流 XUESHU JIAOLIU

1990年9月22—24日，国家地震局和四川省地震局在成都组织召开中美双边鲜水河断裂带学术讨论会

2002年3月21日，中国地震局原局长陈章立在四川省地震局作地震预报研究学术报告

2002年8月13—15日，四川省地震学会第六届会员代表大会召开

2002年9月5—9日，日本学者崛内茂木应四川省地震局邀请来川开展学术交流

1986-2005年四川省（含重庆市）$M \geq 4$级地震震中分布示意图

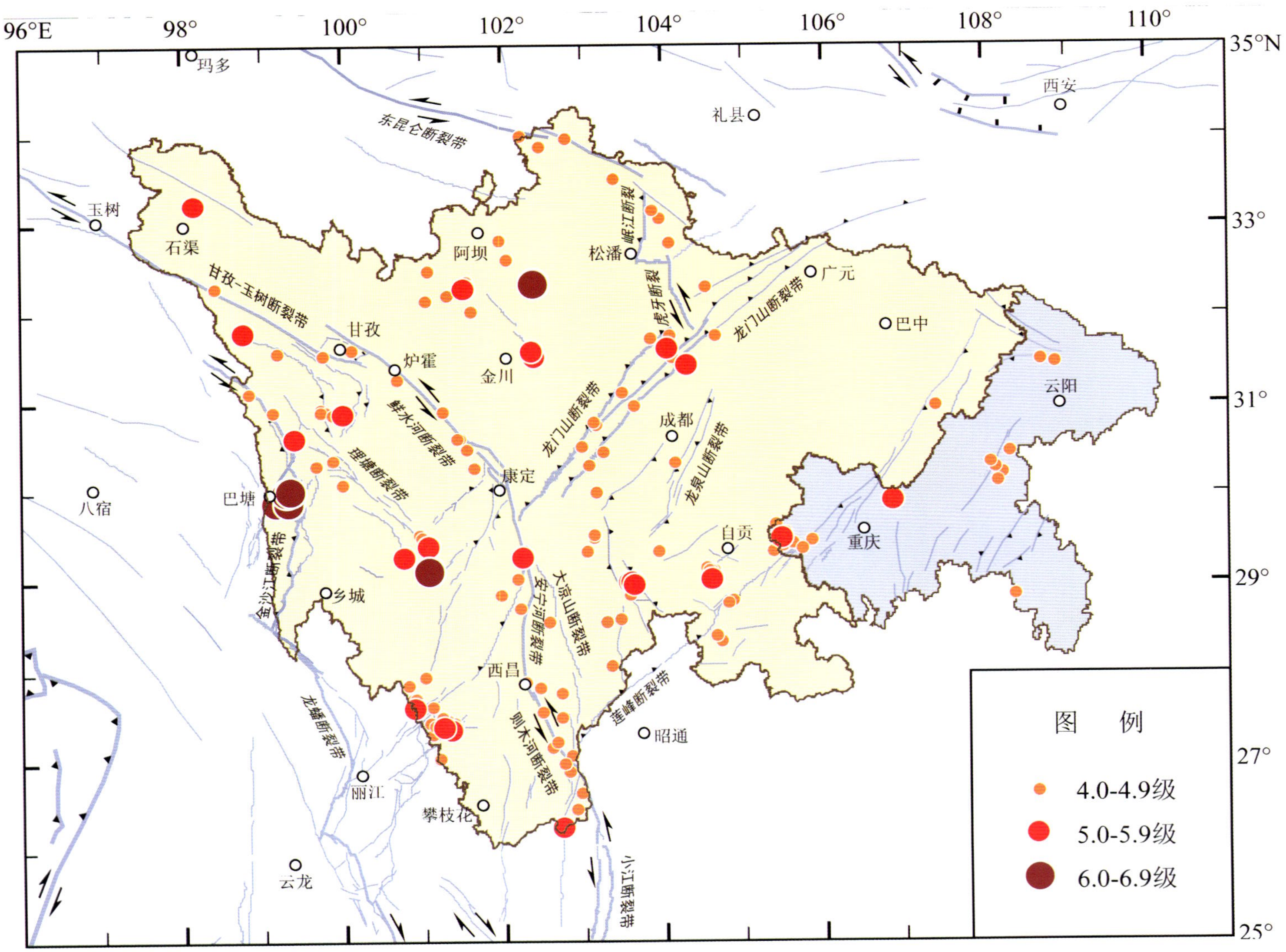

四川省地方志编纂委员会成员

《四川省志（1986—2005）》
审核委员会成员

主　　任	王　宁
副 主 任	蔡　竞
委　　员	马小彬　冯宝运　何晓平　胡品生
	王孝平　谭继和　陈世松　陈廷湘

《四川省志（1986—2005）》
总编、副总编

总　　编	陈建春			
副 总 编	赵　行	邓　瑜	陶利辉	熊　倩
	张兆法	高伟明	朱艳林	牛　淼

《四川省志·地震志（1986—2005）》
责任总编、责任编辑

责任总编	熊　倩
责任编辑	高伟明

《四川省志·地震志（1986—2005）》编纂委员会

（2012年3月—　　）

主　　任　张宏卫

副 主 任　吕弋培

顾　　问　韩渭宾

委　　员　（以姓氏笔画为序）

邓昌文　王　力　王继斌　李广俊

李建明　李贵先　江小林　安明智

杜　斌　张振勋　张茂军　张绪奇

赵建军　彭长虹　雷建成　漆德方

《四川省志·地震志（1986—2005）》
编纂委员会

（2010 年 8 月—2012 年 3 月）

《四川省志·地震志（1986—2005）》编纂委员会

（2006 年 10 月—2010 年 8 月）

《四川省志·地震志（1986—2005）》
初评委员会

主　　任	张宏卫			
副 主 任	吕弋培			
成　　员	王　力	李广俊	王继斌	雷建成
	吴耀强	邓昌文	李建明	杜　斌
	冯宏录	吕志勇	安明智	李贵先
	漆德方	江小林	江　梅	韩渭宾
	杜文康	陈维锋	韩　进	

《四川省志·地震志（1986—2005）》
编辑室

主　　编　江在雄

副 主 编　李建明

江　梅（2006 年 10 月—2011 年 5 月）

杜　斌（2011 年 6 月—2014 年 12 月）

编　　辑　赵　永　　杨志敏　　刘　蓉　　张　逊

《四川省志（1986—2005）》

凡　　例

一、本书编纂工作以马克思列宁主义、毛泽东思想、邓小平理论、“三个代表”重要思想、科学发展观、习近平新时代中国特色社会主义思想为指导，坚持辩证唯物主义和历史唯物主义的立场、观点和方法，全面客观地记述四川省行政区域内自然、政治、经济、文化和社会的历史与现状。

二、本书系中华人民共和国成立后首部《四川省志》续编，总名《四川省志（1986—2005）》，由总类、大事纪述、专志、人物、市（州）概况、附录共93卷构成。各分卷名称为《四川省志·××志（1986—2005）》或《四川省志·××志》（后者为特色志志名），设中英文目录。

三、本书上限一般起自1986年，下限一般截至2005年。对前志未设之分卷或篇章从事物发端写起；对前志漏载、误载的某些事项进行补载、更正；对前志记载后变化不大的某些事项进行简要复载；升格详载具有地方特色的某些事项。

四、本书记述的地域范围以1986—2005年四川省行政区划为准。

五、本书采用述、记、志、传、图、表、录等体裁，以志为主。

六、本书总类卷设序言、凡例、总述、卷目等，为各卷之首，全书之纲。关于自然环境、建置沿革、经济与社会历史发展状况等基本省情在总述中作简要复载或反映。各专志（分卷）根据社会分工和学科分类的实际，按“以类相从”或“突出地方特色”的原则设立，以篇、章、节横分类别，节、目以下纵述史实，立足反映四川省行政区域某一事物（事业、行业）断限期内历史与现状的全貌。人物志卷采用传、录、表诸种表述形式，坚持“生不立传”原则，在世人物的突出事迹以事系人载入相关分卷。人物传统一收入人物志。本书大事记以编年体为主，辅以纪事本末体。为完整记述一些重要事物，保存有价值史料，有些分卷设置了专记。

七、本书使用规范的现代语体文记述，行文严谨、朴实、简洁、流畅。使用规范汉字，用词概念准确，符合现代汉语语法规范。使用的标点符号、数字、计量单位等均按国家规定的统一标准书写。

八、本书使用公元纪年，各卷正文（除引文外）采用第三人称表述；行文涉及机构、会议、文件、职衔、地名等，均按当时称谓；除涉及人名、地名、纪年和简称等项采用括注外，其余采用页下脚注。

九、本书资料来源于文献、档案、报刊、书摘、口碑及实地调查等，所用资料均经各修志部门考证、核实。各分卷数据一般采用省统计局公布的数据，省统计局缺乏的，采用有关部门正式提供的数据。

十、各分卷图片分为前置图片和随文插图，随文插图和表格均以篇为单位依次排序编号；所用地图均以省测绘局审定的为准。

十一、各分卷需要特别说明的事项，均在各分卷的《编辑说明》中注明。

《四川省志·地震志（1986—2005）》
编 辑 说 明

一、《四川省志·地震志（1986—2005）》（以下称本志）接续前志，上限起自1986年，下限截至2005年，个别内容有所上溯或下延。

二、本志在地域上主要记述1986—2005年四川省行政区域内发生的地震事件和有关防震减灾方面的史实。发生在两省边界上的破坏性地震冠以两省的省、县名，对省内造成的破坏和损失情况作记述。1997年重庆市成立直辖市前、后的有关资料，也一同收录。

三、本志在接续前志的基础上，按门类新设震灾预防、应急救援、法制建设等专篇。本志设概述、正文（8篇、30章、103节）、附录和编后记，并辅以大量的表格和图件，呈现出志书的规模和构架。

四、1998年版《四川省志·地震志》对四川省区域地质构造、新构造和活动断裂带等有较详实记述，至今变化不大，本志未作记述。对前志未载的较重要的资料、照片，本分卷以附录或补遗收录。

五、本志出现的单位名称或法规、文件等名称，首次出现时写出全称，括号注明简称，如《中华人民共和国防震减灾法》（以下简称《防震减灾法》），后文中均用《防震减灾法》。

六、本志收录的地震事件，其发震时间（北京时间）、震中位置（经纬度）、震源深度、震级、震中烈度等基本参数和震感、震灾等情况取自《四川地震观测报告》《四川省地震台网地震目录》、地震灾害评估报告、地震宏观考察报告和《四川地震资料汇编》（第三卷）；有关防震减灾方面的资料取自地震科技档案、文书档案、《四川地震年鉴》《四川省地震监测志》、四川地震图书、资料和报刊、文集、图册、专题研究总结、工作报告等。

七、本志使用的统计数据，主要来自地震系统有关单位、部门的统计报表、地震年鉴、有关研究报告和著作，有的是编者根据有关资料作的统计。

八、本志使用的图件，除注明出处者外，其余均为地震部门绘制的示意图。

目 录

第三篇 地震预报

第四篇 震灾预防

第六篇　法制建设

第七篇　地震科研和科技服务

第八篇 管理机构

附 录

Contents

概　述

一

四川地处中国大陆大南北地震带的中段，也是青藏构造块体东缘，是多地震地区之一。其地震活动水平仅次于台湾、新疆、西藏、云南，居全国第五位。四川主要活动断裂带分布在西部地区，其活动强烈，控制着四川境内的主要地震活动。1986—2005年，四川地区（1997年前含重庆市）共计发生4.0级以上的地震262次（平均每年发生13次），其中4.0—4.9级地震228次（平均每年发生11.4次），5.0—5.9级地震28次（平均每年发生1.4次），6.0—6.7级地震6次（平均每3年多发生1次），最大震级6.7级。这些地震在时空分布上不均匀，在时间上比较集中发生在1986年（16次）、1989年（65次）、2001年（19次）和2005年（16次）；在地域空间上多发生在巴塘（61次）、盐源（28次）、荣昌（9次）、马尔康（8次）和宜宾（8次）等。在这段时间里，5.0级以上的地震多成群、成对发生，1989年巴塘发生6.7级强震群（其中5.0—5.9级地震5次、6.7级地震2次、6.4级和6.2级地震各1次），1989—1991年小金发生6.6级地震1次和5.0级地震2次，1989年11月江北发生5.2级和5.4级地震，1999年绵竹发生5.0级地震2次，2001年2月雅江发生5.1级和6.0级地震各1次。1986—2005年，历史上构造活动强烈的北东向龙门山断裂带、北西向鲜水河断裂带和南北向安宁河-则木河断裂带均未发生过6级以上地震，四川境内未发生过7级以上地震。

1986—2005年，地震造成全省死亡41人，重伤150多人，轻伤1460多人，死亡牲畜24700多只（头），近27万户家庭和143万多人受灾；倒塌各类房屋面积近200万平方米，另有8万多间房屋坍塌，各类基础设施和生命线工程受到不同程度破坏和毁坏，总的经济损失近17亿元（其中巴塘6.7级强震群损失4亿多元，小金6.6级地震损失2亿多元，江北5.4级地震损失1亿多元，雅江6.0级地震损失1.8亿多元）。

二

1986年后，四川省人民政府进一步加强了对地震工作的领导，先后成立了四川省地震工作领导小组、四川省防震减灾领导小组，组织、指导、协调、督促和检查防震减灾工作。根据《中华人民共和国防震减灾法》《四川省防震减灾条例》和四川省人民政府赋予四川省地震部门承担本行政区域内防震减灾工作政府行政管理职能，依法履行防震减灾主管机构的各项职责，为四川的经济发展和社会稳定服务。地震工作向着内涵广泛、面向社会的防震减灾转变，由侧重技术向技术与行政管理相结合转变，由管理内部向管理整个社会转变。防震减灾工作实行“预防为主，防御与救助相结合”

的方针，国家不断加大了对防震减灾工作的投入，不断推进地震监测预报、震灾预防和紧急救援等三大体系的建设。

四川省地震部门在贯彻执行国家地震局《地震台站管理办法》（1990年前称《地震台站工作条例》）和《地震台站观测工作技术规范（草案）》的过程中，不断对原有地震监测台站和监测手段进行调整和优化，沿主要活动断裂带，以多震区为重点兼顾少震区，以重点监视防御区为重点兼顾一般监视区，改造建设一批专业台、地方台和企业台，采用多路遥测技术陆续建成一批遥测地震台网，与人工值守台站组合，构成覆盖全省的地震区域监测台网。省地震部门在总结多次大地震监测实践工作基础上，组织了多次对地震监测预报的清理和攻关研究，对地震台站和观测手段进行论证和调整，地震台站仪器、设备、通信和观测环境条件不断得到更新和改善，一批先进技术在地震台站不断得到应用，四川地震监测台网发生着新的变化。先后完成部分测震台站的数字化观测改造建设，建成集地震观测技术、地震遥测技术、计算机应用技术和网络技术于一体的成都数字遥测地震台网；完成了第一期四川数字地震前兆台站建设（15个台、28个观测项目），初步形成前兆信息采集、传输、存储、应用的规范化和网络化，为全面推进前兆台站数字化改造建设积累了经验。

2001—2005年，在中国地震局和四川省人民政府支持下，又启动了“四川省数字地震观测系统建设项目”。四川省数字测震台站观测网络完成了一批专用设备、通讯设备的采购、安装和调试，流动数字台网初步具备了组网观测和并网观测的能力，四川数字地震前兆台站改造进入到技术系统建设和设备安装调试阶段；分布于四川主要活动断裂带和人口密集地区的由211个强震台组成的四川数字强震动台网，进入设备安装和台站技术系统建设；以全球卫星定位系统（GPS）观测技术为主的综合性、多用途、开放型的监测地壳运动观测网络基本建成，建设完成RS卫星遥感系统的观测资料正式纳入日常震情监测分析使用。整个四川数字地震观测网络建设具有了一定规模。四川地震观测系统由模拟向数字化的换代，是一场技术革命，它对提高地震监测预报能力和水平，推动地震科学研究的深入开展，对整个防震减灾工作都有着重要的深远影响和作用。

至2005年，四川地震监测系统由7个国家级地震台站、14个省级地震台站、27个市县（企业）级地震台站（含6个专业观测井点）、2个省级遥测地震台网（28个子台）、6个市县（企业）级遥测台网（37个子台，有3个台网20个子台为水库诱发地震监测专用）、1个流动数字测震台网、15个震情跟踪强震台、1个大地地壳形变监测网、12个市州群测群防监测网和地震信息通讯网络、地震数据库等组成。监测手段包括测震、电磁、形变和地下流体等学科，一个多学科、多手段、多方法结合，专群结合，微观和宏观结合的区域性、综合性地震监测系统初步形成。同时也反映了四川地震监测台网全面向数字地震观测网络建设的进展和应用一批新的观测技术初步取得的效益。测震台网在四川及周边地区可检测3.0—3.5级以上地震，重点监视防御区可检测到1.5—2.0级以上地震。

四川地震监测台网对地球物理场和地球化学场变化的信息进行综合观测，为地震监测预报积累了大量各类连续观测资料，对地震预测数据库系统、分析预报网络系统和地震趋势会商系统建设创造了条件。在边观测、边研究、边进行监测预报的实践中，逐步形成了长、中、短、临相结合和多学科、多方法、综合分析相结合的地震监测预报思路。地震系统对地震前兆预报方法和综合预报方法等进行了预报效能评价的清理和实用化攻关，把经验性、概率性、统计性的预报方法和物理机制、孕震模式结合分析研究，总结出四川地区地震综合预报一些定性的综合的判据（或指标）及震后趋势早期判断和跟踪预测预报方法。在严格遵循《中华人民共和国防震减灾法》《地震预报管理条例》和《四川省防震减灾条例》等法律法规的规定，运用清理攻关研究成果，先后对一些中强地震、强余震作过不同程度的预测预报。地震的孕育发生是很复杂的过程，限于科学技术发展水平，人们对地震的认识还很肤浅，多数地震未作出预报。四川地震监测预报体系还处在建设和探索实践阶段。

震灾预防是在破坏性地震发生前人们所做的防备工作。它是国家防震减灾工作方针的主要内容之一，是防震减灾工作的主要环节之一，也是推进防震减灾事业发展和减轻地震灾害损失的重要途径，直接为国家经济发展和建设和谐社会服务。《中华人民共和国防震减灾法》规定，对新建、扩建、改建的建设工程必须按照国家颁布的地震烈度区划图或者地震动参数区划图规定的抗震设防要求，进行抗震设防。1992 年 5 月，国务院批准发布施行《中国地震烈度区划图（1990）》（比例 1∶400 万）（简称中国第三代区划图）。在该区划图中四川省境内地震基本烈度值为Ⅶ度以上的县（市、区）105 个，面积 34 万平方千米，占全省国土面积 69%；Ⅶ度区以上的人口占全省总人口 36%。2001 年 2 月，国家行政主管部门依据《中华人民共和国防震减灾法》的规定组织编制《中国地震动参数区划图》（简称中国第四代区划图），并以强制性国家标准的形式颁布施行，用地震动参数取代地震烈度。在四川省境内，中国第四代区划图抗震设防要求与中国第三代区划图大体相当，适用于面广量大的一般性工业与民用工程抗震设防要求的确定。对重大工程、特殊工程、可能产生严重次生灾害工程及一些构造部位或场地条件比较特殊的工程，还必须按照《中华人民共和国防震减灾法》规定进行专门的地震安全性评价和地震灾害预测。1986—2005 年，地震部门受水电、冶金、民航、铁路、公路、石化、矿山、广播电视、城建、部队和地方政府等众多单位、部门的委托，先后开展、完成各类建设工程的地震基本烈度复核鉴定及地震危险性分析、建设工程场地地震安全性评价和工程地震危险性分析及地震动参数确定等 270 余项。同期还开展、完成了攀西地区地震危险区划、石棉－西昌地区地震区划、川藏地区 2005 年前地震危险区划图编制、攀西地区地震动参数区划图编制；在西昌市部分片区和德阳市区完成地震小区划；在绵竹市城区、自贡市高新区、攀枝花市高耗能工业园区、攀枝花市红格旅游度假区等完成地震动小区划。在四川中西部部分地震重点监视防御区（主要是康定、泸定、石棉、冕宁、西昌、普格、宁南等县）、龙门山中南段部分县市（主要是大邑县西岭镇、邛崃、宝兴、安县）、什邡、马边、自贡市（主要是自流井区、大安区和高新技术开发区）和汶川县（主要是威州镇、映秀镇、水磨镇）等进行城乡震害预测。上述工作对未来发生的破坏性地震造成的房屋损毁、人员伤亡、各类基础设施破坏、经济损失和次生灾害等进行了预测评估，为各级政府、大中型企业等制定防震减灾规划、应急对策、土地利用、资源开发、生产力布局和防灾投入等提供了依据。在利用和开发水能资源过程中，水库诱发地震受到政府部门、工程界、科技界和社会民众的普遍关注。为了做好水库大坝震灾预防工作，地震部门受有关单位委托，先后对攀枝花市二滩水电站、冕宁大桥综合水利枢纽工程和都江堰紫坪铺水利枢纽工程开展工程建设场地地震安全性评价，进行抗震设防，同时建设专用地震监测台网进行水库诱发地震监测。

地震安全农居工程建设是防震减灾工作的一项新内容。2003—2005 年，德阳市地震部门在总结什邡、绵竹加强农村房屋抗震设防工作经验的基础上，开展农房抗震设防宣传，制定“农房抗震标准”发到乡镇直到农民手上，让农民按标准建房。省地震部门推广了德阳市的做法，各市（州）地震部门同建设部门协调，分工合作，各自开展本辖区内农村房屋抗震设防情况的抽样调查和农村房屋抗震设防的普及宣传工作，积极编制部分农房标准设计图册，引导农民选用，培训村镇建设助理员和建筑工匠，提高监管和技术水平，并做好农民新村建设试点。甘孜藏族自治州（以下简称甘孜州）、阿坝藏族羌族自治州（以下简称阿坝州）和凉山彝族自治州（以下简称凉山州）地区建设部门还组织实施牧民新村建设试点工作。通过新村建设规划、设计、施工的技术示范和指导，不同程度提高了农牧民新村抗震防灾能力，辐射和带动了周边乃至各辖区内的农房抗震工作。

防震减灾宣传教育工作是震灾预防工作的重要组成部分，也是推进防震减灾工作和减轻地震灾害的重要手段和途径之一。《中华人民共和国防震减灾法》规定，各级人民政府应当组织有关部门开展防震减灾知识的宣传教育，增强公民的防震减灾意识，提高公民在地震灾害中自救、互救能力。地震部门依据《中华人民共和国防震减灾法》坚持开展防震减灾知识和地震科学知识的宣传，利用挂图、画册、橱窗、专栏、展览、广播、电影、电视、录像、手册、小报、讲座、知识竞赛、地震科学夏令营等形式，向广大民众宣传防震知识和地震科普知识，宣传防震减灾法律法规和方针政策，宣传防震减灾中的好人好事，传播防震减灾工作的有关信息，动员社会公众积极参加防震减灾活动。编印《四川省中小学生防震减灾知识必读》，在中小学校普及防震知识；为各级干部编印《防震减灾知识读本》，发至全省县以上各级领导干部和各级防震减灾领导小组成员，地震重点监视防御区发至乡镇干部，人手一册；编印《四川震苑》小报免费赠送，向社会各界普及防震减灾知识，以增强全社会的防震减灾意识，提高民众防震减灾的自觉性和应对地震灾害的能力。各市（州）地震部门把防震减灾宣传工作纳入“三网一员”（指地震宏观测报网、地震灾情速报网、防震知识宣传网和防震减灾助理员）建设，根据不同地方面临的不同震情形势和有关地震的社会舆论动向，有针对性地确定宣传的内容、形式和力度，制止地震谣传，为社会稳定服务。

地震紧急救援又称地震应急救援，它是防震减灾工作的重要内容之一。地震紧急救援系统包括制定地震应急预案、地震应急救援组织机构、地震应急指挥技术系统、地震应急反应、地震灾害紧急救援队以及地震应急避难场所设置和社区志愿者服务队等。

1986 年，四川省地震部门根据多次破坏性地震前后的工作实践，总结编制完成了《四川省大震对策提纲》，初步具有地震应急预案的雏形。1992 年，四川省人民政府制定了《四川省破坏性地震应急反应预案》，后经多次修改制定为《四川省地震应急预案》，其主要内容有地震应急的组织机构、组成成员和职责，地震预测和预防，地震灾害事件分级和应急响应，地震应急各项保障措施和紧急处置，以及有感地震和地震谣传事件的应急处置等。地震应急工作是减轻地震灾害损失的关键环节，震前制定出切实可行的地震应急反应预案，又是震后有序、高效地实施应急救灾工作的重要保证。有了应急预案，防御、应急、救灾等各项措施和任务才能分解到有关部门和人员，真正做到防患于未然。四川省地震系统、地震重点监视防御区的 12 个市（州）人民政府和省级有关单位和行业、武警部队等都制定有本单位、本系统的“破坏性地震应急反应预案”或“地震应急预案”。

地震应急救援是重大地震发生后，经省人民政府批准，四川省防震减灾领导小组立即启动转为四川省抗震救灾指挥部，统一领导、指挥和协调地震应急救援和救灾工作（特大地震灾害应急救援由国务院组织抗震救灾机构统一领导、指挥和协调救援、救灾）。四川省抗震救灾指挥部根据震情和灾情确定应急工作方案，部署和组织省级有关单位、部门及有关地区对受灾地区进行紧急救援；协调省军区、武警四川总队迅速组织、指挥部队参加抗震救灾；向省人民政府报告震情、灾情和地震发展趋势；组织地震专业技术人员进入灾区进行震情跟踪、震灾评估和科学考察；处置地震应急和救灾工作中的各类突发事件等。

四川省地震部门在四川省防震减灾数据库、震情灾情信息快速反应系统、四川数字地震观测台网和地震应急基础数据的基础上，建成了四川省地震应急指挥技术系统。它是四川省人民政府、省抗震救灾指挥部进行地震应急、紧急救援、抗震救灾等提供指挥的场所和技术支持平台。重大地震发生后，地震应急指挥技术系统为省政府、省抗震救灾指挥部及时地提供震情和灾情的实际（资料）情况，并由此提出一系列快速、科学的救灾决策和调度方案，协助指挥人员迅速调度一切可以救灾的资源（救灾队伍、救灾物资等），进行针对性的救灾工作，最大限度的减少灾害损失，稳定地震灾区的社会秩序。重点监视防御地区的市（州）重点城市也先后建起本地区的防震减灾应急指挥技术系统（有的称防震减灾应急指挥中心、有的称防震减灾应急决策辅助系统、有的称综合防震减灾指挥中心、有的称防震减灾决策系统），以应对和减少地震造成的灾害损失。

四川省地震灾害紧急救援队，于 2003 年 10 月经四川省人民政府批复同意组建。组建工作由四川省地震局牵头，以省公安消防总队为依托，实行军民共建。救援队在四川省人民政府、四川省防震减灾领导小组领导下开展工作，救援队装备和维持经费由省财政安排。救援队遵照“一队多用、专兼结合、警民结合、平战结合”的组建原则，于同年 12 月正式成立。救援队成立后，不断开展培训和演练，在实践中锻炼成长，初步具备了实施城市灾害紧急救援的能力。2005 年，绵阳市和沐川县成立了地震灾害紧急救援队，自贡市成立了城市社区地震灾害紧急救援队，德阳市成立了社区救援队。

地震应急避难场所设置和社区志愿者服务队是地震应急救援环节中的一项重要工作。2005 年 10 月，乐山市五通桥区在四望关建成了应急避难场所，并投入使用。2004—2005 年，德阳市旌阳区城南街道办事处成立社区地震志愿救护队，乐山市中区泊水街道办事处社区也成立地震灾害应急救援志愿者队伍；阿坝州把地震应急救援志愿服务纳入全州青年志愿者服务的内容，全州各县也建立了志愿者队伍。

三

防震减灾工作主要包括地震监测预报、地震灾害预防、地震应急、震后救灾和重建等内容。为最大限度地减轻地震灾害，促进经济发展和社会稳定，依靠法制来保障防震减灾事业的发展，已成为社会进步的必由之路。根据《中华人民共和国防震减灾法》并结合四川防震减灾工作的实际，四川省人大常委会于 1996 年和 1999 年制定和修正了《四川省防震减灾条例》。《四川省防震减灾条例》的制定和修正遵循法制统一的原则，普遍性和特殊性相结合的原则，义务和权利对等的原则，奖励与惩罚相结合的原则，对防震减灾的主要内容和主要环节作了明确规定。特别是对地震行政主管部门、经济综合主管部门、建设行政主管部门、救灾行政主管部门及其他有关部门，在同级政府领导下，按职责分工，各负其责，密切配合，共同做好防震减灾工作作了规定；对企业台站管理、防震减灾指挥中心建设、强震观测台网建设、防震减灾规划的编制、地震监测设施和台站观测环境的保护、少数民族地区防震减灾工作经费的补助、村镇农房建设抗震措施、地震应急救助技术和装备的研究开发、生产等作了明确规定。明确了省行政区域内的机关、企事业单位、社会团体、部队、民兵和个人在防震减灾活动中的义务和权利，明确守法行为和违法行为的界限，明确了行政执法和执法监督的依据。《中华人民共和国防震减灾法》和《四川省防震减灾条例》的实施，综合运用行政、经济、法律等手段对防震减灾工作涉及社会经济生活的各方面、各个部门和个人的行为进行规范，为防震减灾事业持续、健康地发展提供了有力的法律保障。

四川省人民政府根据《中华人民共和国防震减灾法》《四川省防震减灾条例》和其他有关法律法规，分别于1996年至2004年先后制定和修改了《四川省工程建设场地地震安全性评价管理规定》《四川省地震监测设施和地震观测环境保护规定》和《四川省大型水库地震监测管理规定》等地方性法规、规章，并开展行政执法和执法监督。在贯彻执行《中华人民共和国防震减灾法》《四川省防震减灾条例》和有关法律法规中，四川省防震减灾工作的法制化、规范化和科学化得到了进一步加强。

四

地震科学技术是防震减灾事业的重要支撑。防震减灾依靠科技进步，对不断提高地震监测预报、震灾预防和地震灾害紧急救援的能力和水平，具有十分重要的作用和意义。为适应防震减灾工作需要，地震部门根据自身的工作方向、任务和国家《关于地震系统深化改革的若干意见》等文件精神，对科研机构设置及职能配置等进行多次调整，对科研单位承担的研究课题（项目）、工作任务、人员编制、拨款方式和财务管理等不断进行改革。围绕地震观测技术、地震预测预报、地震构造环境、地震安全性评价、地震对策、震害预测、地震应急和地震信息服务系统建设等，申请、承担和完成了一批地震科学联合基金课题、中国地震局和四川省对外合作课题、中国地震局招标合同项目（攻关）和承包合同项目（专项）、中国地震局计划项目（攻关）课题、四川省级课题、四川省地震局计划项目（课题）和四川省地震局与其他单位合作的项目（课题）。研究的重要内容有：地震监测配套设备及技术、数字地震观测台网技术改造、遥测地震台网设计和建设、强震动台网布设、形变综合观测台阵的建设和研究、地震预测预报方法与指标、地震数据处理、地震重点监视防御区地震综合对策、破坏性地震应急反应预案、地震地质填图和构造环境及地震危险性分析、工程地震、强震调查、地震灾害评估、震害预测、防震减灾规划、防震减灾数据库及震情灾情信息快速反应、地震救助技术和救生设备研制，以及地震科技信息服务等。1986—2005年，全省地震系统取得各类科研成果360多项，获得省部级以上科技进步奖（或防震减灾优秀成果奖）三等奖以上有87项（其中一等奖12项、二等奖28项、三等奖47项）。并利用地震部门的资源优势，服务社会，承担完成地震安全性评价、地籍和勘界测量、钻孔爆破、台网设计和建设等340多项，取得了良好的社会效益和经济效益。应用信息网络技术，建起了地震信息服务系统，实现了地震数据信息的计算机网络传递和资源共享，为地震监测预报、地震应急指挥和地震灾害现场救援等提供服务。

在防震减灾实践中，全省地震系统形成了一支以地震专业人员为骨干的专群结合的地震科技队伍，培养和造就了一批地球物理、地震地质、大地测量、工程地震、电子技术、计算机技术、遥测技术、信息网络技术、系统工程和仪器设备研制、生产及维护等多学科的专门技术人才。1986—2005年，地震系统具有高级专业技术职务（职称）的技术人员270余人，其中具有正教授级研究员24人。在中外各种学术会议和学术刊物上发表学术论文或研究报告1000余篇，编辑出版各类地震科技图书44种（其中英文版1种、译文3种）。同20多个国家和中国台湾、中国香港地区开展科技合作、学术交流、科学考察、技术培训和学习进修。

防震减灾工作以最大限度地减轻地震灾害损失为根本宗旨。地震部门必须长期致力于推进地震科学技术进步，努力提高地震科技自主创新能力，充分发挥科学技术在防震减灾事业发展中的支撑和引领作用，不断提升科技对防震减灾的贡献率。

第一篇 地震活动

地震活动收录了1986—2005年四川境内（含1997年重庆成立直辖市前）大小地震372次。其中震感强烈或有一定损失和社会影响的1.7—3.9级地震110次，4.0—4.9级地震228次，5.0—5.9级地震28次，6.0—6.9级地震6次（最大震级为6.7级）。另外，邻省（区）发生6次中强地震或强震对四川境内造成较大破坏和损失也作了记述。6.0级以上强震主要发生在甘孜州（5次）和阿坝州（1次）；一批中强地震分布在甘孜、凉山、阿坝、重庆、乐山、德阳、宜宾和雅安等市（州）。地震造成严重灾害和经济损失超过亿元的有：1989年巴塘6.7级强震群、小金6.6级地震、重庆江北5.2和5.4级地震、2001年雅江6.0级地震。这一时期，地震造成死亡41人，重伤155人，轻伤1468人，损失各类牲畜24749头（只、匹），大量的建筑物和生命线工程设施毁坏、倒塌和破坏，总的经济损失约17亿元。

1996年12月白玉发生5.5级地震前，地方政府根据地震部门的预测意见，震前采取了防御应急措施，减少了人员伤亡和损失。

破坏性地震发生后，地震部门和地方政府启动了应急预案，赶赴震区进行救援，开展现场监测、灾情调查和震灾损失评估，组织抗震救灾，恢复生产，重建家园。

1986—2005年四川地震情况表（M≥4.0）见表1-1。

1986—2005年四川地震震源机制表见表1-2。

第一章　震情纪实（上）

1986—1992年四川境内发生的大小地震175次。其中震感较强烈或有一定社会影响和损失的1.7—3.9级地震53次，4.0—4.9级地震102次，5.0—5.9级地震15次，6.0—6.7级地震5次。另外收录邻省5.8级地震1次。这一时段，5.0级以上的强震或中强震发生在巴塘、理塘10次，小金3次，重庆江北2次，盐源、会东、道孚、石棉和石渠各1次。1989年，四川破坏性地震活动频度较高，多有成群、成对发生，损失惨重。1989年4—5月，巴塘6.7级强震群破坏影响到巴塘、理塘、乡城、白玉、得荣、稻城、西藏芒康、贡觉和云南德钦等9县20余万人，地震造成经济损失4亿多元；同年3月和9月小金发生5.0级、6.6级地震，造成小金、金川、马尔康等3县42个乡镇12万人受灾，经济损失2亿多元；1989年11月重庆江北发生5.2级、5.4级地震，15万多人受灾，经济损失近1.5亿元。分布全省的一批4.0—5.0级地震，多有造成人员伤亡和财产损失。破坏性地震发生后，各级人民政府采取应急对策，组织灾区人民抗震救灾，生产自救，把损失减少到最低限度。

第一节　1986—1989年震情

1986年1月23日21时36分10.4秒，巴塘发生M_S4.0级地震。震中位置北纬29.5°，东经99.8°。

1986年1月28日04时32分06.5秒，巴塘发生M_S4.0级地震。震中位置北纬29.9°，东经98.7°。

1986年2月14日06时57分10秒，南坪（今九寨沟县，下同）南发生M_L3.0级地震。震中位置北纬32°59′，东经104°17′。震中烈度Ⅳ度。宏观震中在南坪县草地乡上草地村一带。南坪县白河、平武和甘肃文县等地有感。南坪县城部分群众跑出屋外。

1986年2月26日09时56分54秒，邻水甘坝乡发生M_L3.5级地震。震中位置北纬30°20′，东经106°49′（宏观震中位置北纬30°16′，东经106°47.5′）。震中烈度Ⅴ度强。震中区包括邻水县甘坝乡望月村四组和五组。区内房屋普遍出现不同程度的梭瓦、掉瓦和墙体裂缝或旧裂缝加大现象，少数房屋木头椽子被震断。望月村五组境内出现两条地裂缝和小规模的山崖垮塌。地震造成甘坝乡的望月、龙兴、苏家村的8个村民组298户、1385人受灾。685间房屋墙壁开裂，60%的房屋倾斜，损坏青瓦约268600匹，损坏家具、器皿295件，震裂震垮灶台5个。邻水县甘坝、牟家、合流和华蓥市的福星、高兴有震感。震灾经济损失9万多元。

1986年3月7日05时29分18秒，威远北西发生M_L3.2级地震。震中位置北纬29°45′，东经104°36′。震中烈度Ⅳ度强。宏观震中在威远县山王区踏水桥至长沙坝一带。震中区室内大多数人强烈有感。区内土墙房屋有脊瓦梭动、檐瓦坠落和土墙掉土现象，砖混结构房屋墙体原有裂缝略有加宽。威远县城及黄荆沟、观音滩、石油化工厂和资中县豹岭等有震感。

1986年3月7日05时46分20.4秒，巴塘发生M_S4.2级地震。震中位置北纬29.3°，东经99.3°。

1986年3月18日09时22分33秒，会东和云南巧家间发生M_S4.8（M_L4.5）级地震。震中位置北纬26°37′，东经103°00′。震源深度10千米。震中烈度Ⅴ度。云南会泽、巧家及会东等地有感。震中区面积2平方千米，区内会东县溜姑乡和云南巧家县新塘湾、新塘坪、新塘乡、莲池、干冲沟受灾较重。地震造成2700余间民房、烟烤房和畜圈、145个沼气池和地窖及构筑物等不同程度的损坏。房屋墙体开裂和梭瓦、掉瓦现象普遍。少数房屋山墙严重开裂和隔墙部分垮塌，严重梭瓦和掉瓦。个别屋顶被滚石击穿，多处梯田田坎垮塌。区内还出现有重力地裂缝、山剥皮、垮塌和滚石等现象。

1986年3月25日19时46分42秒，宁南南东发生M_S4.4级地震。震中位置北纬27°03′，东经102°52′。震源深度15千米。震中烈度Ⅴ度强。地震造成宁南倮格、金江、联合、跑马及云南棉沙湾等地的各类房屋受到不同程度的破坏。极震区面积24平方千米，区内倮格乡至金江乡一带灾害为重（Ⅴ度强），Ⅰ类房屋绝大部分出现掉瓦、脱榫、歪斜、墙体开裂，部分垮塌。宁南县六城乡焦地一带和云南巧家县棉沙湾金沙江两岸有垮山现象。倮格、金江乡（六城乡）境内公路出现重力裂缝，其中一条地裂缝长120米，宽约3厘米，深约1.5米。倮格乡境内房屋掉瓦致2人轻伤。宁南县城及金江乡（六城乡）、跑马乡一带和云南巧家县大寨沟均有震感。

1986年4月13日02时53分20秒，会东南东发生M_S4.2级地震。震中位置北纬26°27′，东经102°55′。

1986年4月28日16时16分24秒，宜宾北东发生M_S4.1级地震。震中位置北纬29°06′，东经104°40′。震源深度大于5千米，震中烈度Ⅴ度。宏观震中在宜宾孔滩街附近。地震造成震中区内建筑物轻微损坏，房屋梭瓦、掉瓦，少数民用烟囱掉砖，个别屋顶砖烟囱被震倒。孔滩乡政府、人武部、乡农经公司及相邻居民的房屋都受到不同程度损坏。近年，区内小震活动频繁，已发生$M_L \geq$4.0级地震2次，$M_L \geq$3.0级地震2次，$M_L \geq$2.0级地震18次。

1986年5月27日07时12分27秒，邛崃南西发生M_L3.8级地震。震中位置北纬30°19′，东经103°14′（宏观震中位置北纬30°18′00″，东经103°06′09″）。震中烈度Ⅴ度强。宏观震中在邛崃银杏乡与平落乡之间，有感范围北至大邑，南至名山、雅安，东南至蒲江等地。震中区房屋普遍出现梭瓦、掉瓦、屋脊垮落和墙壁裂缝现象。平落乡十四村小学、银杏乡政府楼房及礼堂等受到一定程度损坏。

1986年7月10日09时15分25秒，盐源南西发生M_S4.7级地震。震中位置北纬27°22′，东经101°25′（宏观震中位置北纬27°19′，东经101°20′）。震源深度15千米。震中烈度Ⅵ度。震中在盐源县黄草乡附近。盐源县丁海、梅雨、合哨、百灵、黄草、巫木等乡部分房屋受到一定程度的损坏，少数遭到破坏，以黄草乡政府驻地附近震害为甚。Ⅵ度区面积22平方千米，区内房上压石及木板梭滑普遍，少量掉落；多数青瓦屋面出现梭瓦或掉瓦，个别屋脊被折断；土墙房墙体产生裂缝或旧有裂缝加宽，个别夯土墙上部被震酥、折断或倾斜，局部垮塌。地震时房上压石滚落砸伤5人，砸死小猪1头。盐源县右所、左所和木里、攀枝花市亦有震感。至8月11日10时29分，震区内已发生2级以下地震214次，$2 \leq M < 3$级地震18次，$3 \leq M < 4$级地震3次，$4 \leq M < 5$级地震1次。

1986年8月6日12时03分52秒，汶川南发生M_L3.9级地震。震中位置北纬31°02′，东经103°

22′（宏观震中位置北纬 31°03′，东经 103°28′）。震中烈度Ⅴ度。宏观震中在映秀镇附近。建于岷江河漫滩阶地的水电十局和映秀湾发电厂的办公楼房及宿舍受到了不同程度的损坏，楼房顶层（少数为底层）的墙体震裂，门窗变形。水电十局变电站跳闸，停电 12 分钟，旋口镇、麻溪乡震感强烈，电灯晃动，个别门窗变形、屋顶掉灰。北至白水河，南到三江口，西抵耿达，东至灌县（今都江堰市，下同）、彭县（今彭州市）关口场一带均明显有感。

1986 年 8 月 7 日 03 时 55 分 13.4 秒，理塘南东发生 M_S5.6 级地震。震中位置北纬 29°16′，东经 100°47′。震源深度 10—15 千米。震中烈度Ⅶ度。宏观震中在理塘县德巫乡日乃、则巫、拉合、商克一带，面积 90 平方千米。极震区（Ⅶ度）内，日乃出现长约 1.8 千米、宽约 5 厘米的地裂缝。倒塌房屋 5 户，震时压死 1 人，伤 2 人，其余房屋均遭受不同程度破坏，造成危房 25 户。多处陡崖垮塌阻塞道路。Ⅵ度区包括雅江县牙依河、稻城、理塘县、麦洼和协巫等地，面积 2000 平方千米。麦洼大中村一带片石墙藏式楼房（一楼一底加天窗）多数损坏、少数破坏，墙体裂缝或局部垮塌。稻城县城关区 80%—90% 为片石墙或土砖墙加木架结构的平房，墙体裂缝，少数破坏。多数裂缝穿透墙体，少数发生位移及门窗变形，脊瓦被震落。混凝土结构楼房多数震后漏雨、掉灰，个别有损坏。稻城县省母乡政府宿舍及乡村民房墙体裂缝、门窗倾斜。Ⅴ度区面积约 6600 平方千米。区内的稻城县色拉乡、傍河乡、桑多乡和理塘县拉波区政府、康定县沙德区普沙绒、宜代一带片石墙有细微裂缝，人感强烈。道孚八美、乡城、九龙、康定有震感。震区在 1 月内发生余震 71 次，最大震级为 2.8 级。震前，地下水、动物等有不同反映，人们听到地声（烈度分布见图 1－1 中 1986 年 8 月 7 日理塘日乃 5.6 级地震等烈度线图）。

1986 年 8 月 11 日 10 时 29 分 20.8 秒，盐源西发生 M_L4.0 级地震。震中位置北纬 27°24′，东经 101°22′。震源深度 15 千米。

1986 年 8 月 12 日 03 时 58 分 37 秒，盐源南西发生 M_S4.6 级地震。震中位置北纬 27°24′，东经 101°18′。震源深度 15 千米。

1986 年 8 月 12 日 18 时 45 分 49 秒，盐源南西发生 M_S5.2 级地震。震中位置北纬 27°23′，东经 101°21′（宏观震中位置北纬 27°25′58″，东经 101°25′32″）。震源深度 15 千米。震中烈度Ⅶ度。极震区在梅雨乡虾耙沟一带（见图 1－1 中 1986 年 8 月 12 日盐源 5.2 级地震等烈度线图）。Ⅶ度区：东起花洞村、西抵空桐树、南至邱家沟、北迄马家垭口，面积 19 平方千米。区内花碉楼村 575 间房屋中，遭受墙倒顶塌及墙角、门窗、烟囱等局部垮塌的有 90 间；墙体倾斜错位、纵横开裂成危房的有 372 间，少数损坏。Ⅵ度区南起干龙洞，北至硝水塘，东达菜园子，西抵金洞子，面积 123 平方千米，区内Ⅰ类房屋墙体局部垮塌的 35 处，大多数Ⅱ类房墙体开裂、梭瓦掉瓦。梅雨 155 道班房钢混结构楼房墙体开裂，烟囱震塌，楼梯部分垮落，门窗脱位变形卡死。道班院内北侧的砖木结构平房有轻微裂缝。Ⅴ度区面积 517 平方千米，区内房屋墙体轻微受损，人感强烈。木里、盐边、西昌、冕宁、攀枝花市和云南宁蒗也有震感。地震裂缝、喷水冒砂、崩塌等地面破坏现象主要出现在虾耙沟、红岩子、小河、小盐井等地。此次地震使盐源县 127 个自然村受灾，倒塌及严重破坏房屋 1722 间，砸死 1 人，重伤 9 人，轻伤 34 人。地震造成直接经济损失 1200 万元。至 9 月 4 日，发生 3 级以下地震 520 次，$3 \leqslant M < 4$ 级地震 3 次，$4 \leqslant M < 5$ 级地震 3 次，$M \geqslant 5$ 级地震 1 次。

1986 年 8 月 13 日 10 时 32 分 00.3 秒，盐源发生 M_S4.2 级地震。震中位置北纬 27.4°，东经 101.4°。

1986年10月13日06时40分49.5秒，盐源发生M_S4.3级地震。震中位置北纬27.5°，东经101.5°。

1986年10月20日03时17分22秒，洪雅柳江发生M_L2.9级地震。震中位置北纬29°41′，东经103°14′。柳江至洪雅县城一带强烈有感，室内物体摇晃，房屋振动有声，人们从睡梦中惊醒。县工交局宿舍二层楼板、墙脚旧有裂缝加大延伸。震后，洪雅县城一度出现地震讹传，人心不安。

1986年11月2日04时33分58.1秒，松潘发生M_S4.1级地震。震中位置北纬33.2°，东经103.4°。

1986年11月10日04时55分19秒，灌县、汶川间发生M_S4.2（M_L4.1）级地震。震中位置北纬31°06′，东经103°33′（宏观震中位置北纬31°15′48″，东经103°38′01″）。震中烈度Ⅴ度强。极震区在灌县虹口乡一带。虹口乡、龙溪乡、向峨乡以及彭县大宝乡、小渔洞，汶川映秀区、银杏乡等地部分农户梭瓦、掉瓦，个别房屋出现细小裂缝。震区内有局部危岩塌方。什邡县九里埂、八角乡、红白乡少数房屋墙体裂缝及掉灰现象；什邡县蓥华乡、绵竹县天池乡个别房屋墙体、楼板出现细小裂缝。汶川县城、崇州市怀远镇、什邡、绵竹、德阳、中江亦有震感。

1986年11月17日00时25分14.0秒，灌县北发生M_L2.5级地震。震中位置北纬30°59′，东经103°34′。灌县城内居民被地震摇醒，宁江厂、麻溪乡、龙溪乡、白沙乡也有震感。

1986年12月4日07时18分19秒，平武东发生M_L3.3级地震。震中位置北纬32°26′，东经104°09′。宏观震中在土城乡一带。土城乡乡政府、土城小学、乡供销社职工宿舍及5个村的房屋墙体出现不同程度的裂缝，掉泥块和梭瓦。土城小学厕所砖柱错断位移，土城供销社仓库砖柱倾斜。土城乡水电站溢洪闸门支承柱震裂，埝坝漏水，调速器位移，机坑上水泥浇制机座震裂，造成照明和动力系统瘫痪。此次地震损坏房屋48间，粪池裂缝17口，灶裂口3处，其他设施损失两处。

1987年1月8日02时18分07.3秒，甘肃迭部发生M_S5.8级地震。震中位置北纬34.2°，东经103.4°（宏观震中位置北纬34°13′，东经103°18′）。震源深度14千米。震中烈度Ⅶ度。四川若尔盖城乡居民普遍震感强烈，穿木结构房屋楼板和玻窗作响；南坪县城也较强有感。

1987年2月27日03时15分28.7秒，灌县发生M_L2.7级地震。震中位置北纬31°06′，东经103°37′。震源深度10千米。向峨乡有人被地震摇醒，房屋响动掉灰尘；青城造纸厂家具晃动发出响声。

1987年3月9日22时24分16.9秒，峨眉北西发生M_L3.1级地震。震中位置北纬29°45′，东经103°20′。震源深度20千米。洪雅高庙、柳江普遍有感，峨眉、洪雅两县城区部分人有感。

1987年5月15日11时41分25.9秒，理县北东发生M_L3.8级地震。震中位置北纬31°42′，东经103°25′。震源深度10千米。震中烈度Ⅳ度。震中位于汶川七盘沟至理县薛城之间。地震造成七盘沟邮电所一幢一楼一底的营业室墙体开裂成危房。

1987年5月17日07时12分10秒，南溪发生M_S4.1级地震。震中位置北纬28°42′，东经104°54′。震源深度10千米。南溪石鼓、罗龙一带震感强烈，人们神情紧张。

1987年6月11日20时08分39.7秒，南溪县罗龙发生M_L4.3级地震。震中位置北纬28°46′，东经104°56′（宏观震中位置北纬28°48′，东经104°53′）。震源深度10千米。震中烈度Ⅵ度。自贡、泸州、长宁、高县、宜宾县安边等有感。极震区（Ⅵ度区）包括罗龙乡街村、东风村（东升号）及红光化工厂等地，面积3平方千米。区内木穿斗架房屋和砖木结构房屋普通梭瓦、掉瓦和倒屋脊、宝顶，有的石棉瓦震断，个别草顶房局部倒塌，砖墙多在拐角、连接部位及门窗上下角处出现裂缝；夯土墙有较宽裂缝。罗龙乡政府礼堂窗户玻璃震碎，罗龙乡街村震倒或震裂屋顶烟囱21根。红光化工厂有20栋块石墙及夯土墙承重楼房墙体裂缝或旧裂缝扩大；厂内哺乳室、配气站砖木结构房屋墙体产生竖向裂缝。东风村（东升号）有23户严重梭瓦，1户屋脊鳌尖震塌，8户屋脊宝顶倒塌，单砖墙体出现裂口，简陋砖墙局部垮塌，屋顶烟囱少数震倒。Ⅴ度区面积32平方千米，区内新码头及宋5井等处砖木结构房屋墙体裂口，普遍梭瓦，砖围墙震裂。农村夯土墙房屋墙体少数裂缝，极个别局部倒塌；长江南岸桂元树一农舍夹壁墙木枋脱榫，亦有梭瓦、倒宝顶、倒烟囱现象。Ⅳ度区的南溪县乡镇企业局、石油公司、郊区税务所等单位灰砂砖砌筑的楼房上层墙体也产生细裂缝；南山机械厂两栋砖墙承重的五层宿舍楼墙体多处有裂缝。地震造成罗龙乡东风、凉亭、中池、杉木、羊耳、杨村、粮仓、红光、长江、谢坝、街村等11个村和乡政府、乡医院、区医院受灾，砖墙倒579平方米，墙体裂缝1598平方米；土墙倒1091平方米，裂缝13030平方米；倒烟囱123根，坏檩子454根，坏桷子331根，坏门窗93扇，坏玻璃347平方米，屋脊倒宝顶29个，坏大小门130扇，坏家具55件，坏草房屋57间，坏瓦房18间，打烂瓦1266370匹。轻伤3人，倒墙压死生猪1头。地震造成直接经济损失50余万元，间接经济损失约20万元。地震部门针对人们的恐震情绪，开展了大规模宣传地震知识活动，学校恢复了上课，群众搬出了防震棚，初步安定了人心，稳定了社会秩序。

1987年7月2日23时37分53.4秒，石柱（1997年后属重庆市，下同）北东发生$M_S4.5$（$M_L4.3$）级地震。震中位置北纬30°12′，东经108°19′（宏观震中位置北纬30°10′，东经108°08′）。震中烈度Ⅵ度。极震区（Ⅵ度区）在万朝乡茶园、万河、捏井子矿等地区。地震时人们强烈有感，惊慌跑出室外。茶园煤矿矿井支撑木震松倾斜及石块震落。捏井子矿桌上的碗和水瓶被震掉在地上。Ⅴ度区内的冷水溪（忠县煤矿）、万朝、双河、干柏树一带，人们从睡梦中惊醒逃出户外，门窗作响，茶缸震落。

1987年7月28日05时03分18.4秒，米易北西发生$M_L3.7$级地震。震中位置北纬26°53′，东经102°18′。震源深度30千米。震区地声隆隆，大地摇晃，人们从睡梦中惊醒，人心惶惶。

1987年8月24日04时56分22.9秒，雅安北东发生$M_L3.4$级地震。震中位置北纬30°02′，东经103°04′。震源深度25千米。洪雅竹箐乡、罗坝乡、柳新乡一带楼房玻璃作响，室内人员普遍有感，大部分人梦中惊醒。柳新乡明星4队一座两排（年久失修）木架瓦房倒塌，造成经济损失5000元。

1987年9月2日20时33分01.4秒，石棉北西发生$M_L3.9$级地震。震中位置北纬29°12′，东经102°11′。震源深度15千米。震中烈度Ⅳ度。震中在石棉蟹螺藏族乡俄脚村一带。安顺场、石棉城区、擦罗一带震感强烈，人们惊慌跑出室外。俄脚村有个别石板房盖板被震移动数厘米，擦罗乡兽医站瓦房掉瓦。农村房屋普遍掉灰，门窗、木房架作响。汉源、峨边、金口河区、泸定、康定等地部分人有感。

1987年9月19日13时32分54.8秒，荣县西发生$M_L3.4$级地震。震中位置北纬29°26′，东经104°08′。震源深度15千米。犍为县罗城区、罗城、大同、竹山和南阳乡均有感。。

1987年9月23日07时01分24.6秒，米易北西发生$M_L3.3$级地震。震中位置北纬26°56′，东经101°59′。震源深度15千米。震中位于坊田乡一带。米易县城、麻陇、横山、云峰、草场、垭口和丙谷等地强烈有感。震后，米易县和攀枝花市仁和区出现多起地震谣言，人心不安。地震部门开展了较大规模的平息地震谣言的宣传教育工作，稳定了社会秩序。

1987年11月14日07时45分06.6秒，马边、屏山间发生M_L3.9级地震。震中位置北纬28°38′，东经103°40′（宏观震中位置北纬28°45′，东经103°39′）。震源深度10千米。震中烈度Ⅳ度强。震区内的马边靛兰坝、民主乡和新民乡一带震感强烈，少数房屋出现梭瓦、掉瓦、掉灰现象。大谷溪一长排穿斗瓦房檐瓦震掉百余匹，另一堆放3千余匹瓦的瓦堆顶部被震散落地。马边城区普遍感觉较强，苏坝、荣丁多数人有感。马边石梁、沐川利店、峨边、屏山县城及雷波西宁等地少数人有感。最大有感距离80千米。

1987年12月28日03时18分10.7秒，茂县北西发生M_L3.6级地震。震中位置北纬31°50′，东经103°39′。震源深度15千米。震中烈度Ⅴ度强。宏观震中位于飞虹乡浅沟、浑沟一带，区内石墙开裂、屋顶抬梁普遍拉开，最大位移5厘米左右。回龙乡黄草小学石墙旧缝加宽。震时山坡滚石较多，室内普遍掉灰。茂县全县有感，其中沙坝区、赤不苏区、凤仪区所辖地区震感尤为强烈。

1987年12月29日05时00分21.1秒，茂县北西发生M_L3.7级地震。震中位置北纬31°50′，东经103°40′。震源深度15千米。震中烈度Ⅴ度强。宏观震中位于石大关乡拴马、白马、小牛儿一带。震区内片石墙泥顶房墙体开裂，房顶普遍裂缝，室内掉土。石大关乡医院少量梭瓦掉瓦。沟口乡政府预制结构楼房门窗变形，顶墙裂缝、掉白灰。茂县公安局新修的预制结构四层宿舍楼的三层房间有轻微损坏，门窗顶墙间出现细小裂缝和掉石灰现象。

1988年1月15日06时51分12.8秒，大邑北西发生M_L3.8级地震。震中位置北纬30°39′，东经103°15′。震源深度10千米。县境内普遍有感，其中双河、出江震感强烈。个别房屋梭瓦，床摇晃，玻璃窗作响。

1988年3月11日19时34分43.8秒，天全南西发生M_L2.9级地震。震中位置北纬30°62′，东经102°23′。震源深度15千米。天全县西路紫石乡一带震感强烈。

1988年4月2日14时27分30.8秒，巴塘发生M_S4.2级地震。震中位置北纬30.3°，东经99.6°。震源深度13千米。

1988年4月15日01时53分13.6秒，会东发生M_S4.2级地震。震中位置北纬26.3°，东经102.7°。震源深度21千米。

1988年4月15日18时58分15.2秒，会东南东发生M_S5.2级地震。震中位置北纬26°18′，东经102°45′（宏观震中位置北纬26°19′，东经102°43′）。震源深度15千米。震中烈度Ⅶ度弱。极震区（Ⅶ度弱区）一处包括淌塘乡锅千崖附近的曾家湾等村至木树叶村、鹿鹤乡菜园子、一支船、元保山、鹿鹤村、马道子、柳树村等地；另一处在方家村、木成山一带。整个极震区面积约46平方千米（见图1-1中1988年4月15日会东5.2级地震等烈度线图）。区内Ⅰ类房屋约5000间墙体出现细裂缝；有1000余间墙体普遍大开裂，裂缝上下贯通，局部墙体垮塌，大量梭瓦；朽旧房屋倾倒48间。菜园子村住房损坏320间，破坏110间，倾倒5间。鹿鹤乡政府Ⅱ类房屋门窗转角处及二楼墙体与地板接合处严重开裂；该乡烟草收购站Ⅱ类房（砖墙、人字架、小青瓦屋面）出现局部倒塌。区内局部垮塌畜厩200余间；烤烟房破坏138间，局部垮塌36间。简便堰沟垮损41处。锅千崖北侧陡峭高崖崩塌约200立方米，堵断小路。曾家湾子村背后陡崖巨石崩垮击中房屋，其附近木树叶村房屋墙体震塌、撕裂，房架柱子悬空，瓦片碎落。极震区一支船出现长75—85米、宽4—6米的地震地裂缝带。Ⅵ度区面积约 252 平方千米。区内 7000 多间土墙房屋墙体有细小裂缝，檐瓦掉落，院墙顶部石板甩落；300 余间房屋墙严重开裂。金沙江两岸滑波、滚石严重；少数堰沟亦受破坏。Ⅴ度区面积约 1500 平方千米（包括云南部分在内）。区内会东淌塘区新田乡、岩坝乡和野租区雪山乡、戛吉区洛左乡、新马乡等一些老朽房屋出现细微裂缝，少数檐瓦脱落。四川宁南、会理和云南巧家、会泽蒙姑、东川市等地有感，最大有感区距离 200 千米。四川会东全县 3 个区、10 个乡、39 个村、3622 户、18120 人受灾。农村住房受到不同程度破坏 13783 间（其中倒塌 128 间，已成危房不能住人的 6174 间）；畜圈受到不同程序破坏 4675 间（其中垮塌 205 间，已成危房不能使用 2700 间）；烤烟房受到不同程度破坏 276 间（其中已垮塌 36 间，已成危房不能使用 138 间）。城镇区乡政府、企事业单位、医院和 26 所中小学校房屋受到不同程度破坏 754 间，面积 16999 平方米（其中已成危房不能使用 608 间，面积 14070 平方米）。全县大小沟堰垮塌 77 条，影响灌溉农田面积 3938 亩，地震砸伤 17 人（其中重伤 2 人），压死牲畜 12 头。地震造成的直接经济损失 1144 万元。

1988 年 4 月 24 日 03 时 04 分 04.9 秒，乡城发生 M_S4.1 级地震。震中位置北纬 29.2°，东经 99.7°。震源深度 7 千米。

1988 年 4 月 25 日 21 时 40 分 04.0 秒，芦山北东发生 M_S4.6（M_L4.5）级地震。震中位置北纬 30°29′，东经 103°01′（宏观震中位置北纬 30°25.8′，东经 103°04..2′）。震源深度 15 千米。震中烈度Ⅵ度。极震区（Ⅵ度区）在芦山太平土粟坪、龙池岗一带，面积 17 平方千米。区内个别Ⅱ类房有破坏，边坡出现地裂缝、山石滚落。宋磨子沟公路石拱桥引桥条石保坎被拉开长约 10 米、宽 1 厘米的裂缝。两河口道班半砖墙木架房，门窗处砖头震落，房架与墙脱接，梭瓦、掉瓦几十匹。厨房震塌，木柱穿榫被折断，灶头震裂。两河口北民房多有脱榫；山石滚落。Ⅴ度区在大川、春光、宝盛、公议场、平基口一带，面积 157 平方千米。区内民房有梭瓦、掉瓦，室内器皿晃动、倾倒，门窗、天花板、木架摇动发出响声。雅安辖属 8 县（区）强烈有感，邛崃、大邑、洪雅、泸定、康定、峨边也有震感。

1988 年 5 月 16 日 22 时 02 分 52.8 秒，德阳孝感一带发生 M_L2.7 级地震。震中位置北纬 31°10′，东经 104°22′。震源深度 15 千米。孝感及城区房屋、窗户作响，电灯摇晃，人感强烈。

1988 年 5 月 24 日 23 时 39 分 28.2 秒，盐源发生 M_S4.0 级地震。震中位置北纬 27.4°，东经 101.4°。震源深度 15 千米。

1988 年 6 月 2 日 12 时 39 分 35.8 秒，道孚南东发生 M_S4.0 级地震。震中位置北纬 30°35′，东经 101°29′。震源深度 15 千米。

1988 年 6 月 2 日 14 时 11 分 43.2 秒，道孚乾宁（八美镇）发生 M_S5.0 级地震。震中位置北纬 30.6°，东经 101.5°（宏观震中位置北纬 30°36′，东经 101°26′）。震源深度 15 千米。震中烈度Ⅵ度。极震区（Ⅵ度区）面积 120 平方千米（见图 1 - 1 中 1988 年 6 月 2 日道孚 5.0 级地震等烈度线图）。区内的金雀中、三家寨、亿日、挪乌托、少乌农场、种畜场等夯土墙房屋垮塌，康房局部垮裂；挪乌托村 7 个塔子严重震裂，塔顶装饰物震脱；村内一新建经堂半穿斗木结构、夯土护墙开裂。少乌农场、种畜场、八美街木架房、砖房墙体也出现裂缝；八美邮局砖瓦结构机房，墙体严重开裂；商业局供销社和电影院大门柱出现水平贯穿裂缝。Ⅴ度区面积 3000 平方千米。区内的葛卡林场、园根地、乾宁至丹巴公路白土坎三道班、康定县塔公、色拉哈等地各类房屋墙体出现细小裂缝、屋瓦松动、门窗有位移现象。壤塘县多数人震感强烈，少数人惊逃室外。地震造成道孚县八美区所辖八美、协德、龙灯、色卡、沙冲5个乡受灾。农牧区房屋垮塌3户，墙体裂缝373户，严重裂缝倾斜成危房226户（4068间）。八美区、乡机关单位25000平方米（危房面积）房屋震后全部不能住人（涉及32个单位55幢房屋），其中尤以6所学校、卫生院住院部和商业百货、副食门市部、粮食仓库、区广播站和龙灯乡政府房舍损坏特别严重。区集镇的90户居民中有80户成危房。地震中1人受伤，3只绵羊被砸死。

1988年6月3日11时17分22.5秒，道孚发生M_S4.0级地震。震中位置北纬30.6°，东经101.5°。震源深度21千米。

1988年6月15日04时16分57.1秒，北川北西发生M_L3.1级地震。震中位置北纬31°55′，东经104°22′。震源深度10千米。北川县城震感强烈，人们从梦中惊醒，室内悬挂物摇摆。

1988年7月5日22时59分24.7秒，犍为北东发生M_L3.3级地震。震中位置北纬29°23′，东经104°06′。震源深度10千米。震中烈度Ⅳ度。宏观震中位置处于犍为南阳乡与荣县人和乡之间。震区内个别房屋有掉瓦、梭瓦和掉灰现象。人和乡政府围墙裂缝，厨房梭瓦。共同乡、青狮乡、大同乡、竹山乡、罗城和荣县瓦滓、留佳、来牟、踏紫、保华、长山等乡均有震感。

1988年7月18日11时05分11.1秒，茂县宗渠发生M_S4.1（M_L4.3）级地震。震中位置北纬31°42′，东经103°54′。震源深度15千米。震中烈度Ⅴ度强。宗渠电站进水渠被震垮塌50多立方米，山石堵塞，停止发电3天。渠水冲没农田半亩，冲毁花椒、苹果树300余株（经济损失3000余元）。石鼓乡壳壳寨垮崖、滚石较多。南新乡升压电站和乡供销社1987年新建楼房出现裂缝。宗渠乡政府大面积梭瓦、掉瓦。县地震台围墙裂缝、垮塌；多处滚石，房屋梭瓦较普遍。县公安局宿舍、县档案馆、县商业局、县民政局、县粮食局、食品加工厂、县人民旅馆、县歌舞团和茂县一中及县城附近的民房多出现细小裂缝。渭门乡政府、供销社房屋有裂缝和掉瓦，三幢土木结构平顶羌族房屋上部裂缝。燕儿岩、红岩子、榴桐寨垮石、滚石较多。汶川、理县、北川等县有震感。

1988年10月1日18时35分37.9秒，犍为北东发生M_L3.5级地震。震中位置北纬29°18′，东经104°00′（宏观震中位置北纬29°19′，东经104°04′）。震源深度10千米。震中烈度Ⅳ度强。宏观震中位于罗城区新盛乡与共和乡一带。新盛乡政府的厕所一槽瓦全部震落，乡瓷砖厂靠墙码放万余匹砖坯被震倒打烂。新盛乡太平村二组、七组、八组和共同乡方柏林村四组、七组均有房屋掉瓦、烟囱震倒。罗城镇、共同乡、金井乡、大同乡等有不同程度的震感。

1988年11月14日22时19分45.1秒，马边南东发生M_L2.4级地震。震中位置北纬28°50′，东经103°36′。震时马边城区普遍有感。

1988年12月3日02时15分07.7秒，康定发生M_S4.3级地震。震中位置北纬30.3°，东经101.7°。震源深度10千米。

1988年12月12日05时00分50.0秒，北川北发生M_L2.0级地震。震中位置北纬31°54′，东经104°24′。北川县城、治城一带有震感。

1989年1月19日02时22分45.0秒，理塘西发生M_S4.6（M_L4.6）级地震。震中位置北纬30°04′，东经100°00′（宏观震中位置北纬30°08′，东经100°03′）。震源深度30千米。震中烈度Ⅵ度强。极震区（Ⅵ度强区）面积30平方千米。区内229道班、239道班墙体出现大小不等的众多裂缝，院墙损坏或倒塌；川藏公路229、239、249道班路段出现地震地裂缝。陡坡、崖边、路面、路基有滚石和小滑坡。Ⅵ度区面积约220平方千米。区内220道班房屋水泥墙裙有开裂、错位，夯土围墙出现穿透裂缝，檐瓦震落；249道班房屋墙体与门窗接合处出现裂缝，砖柱与土坯围墙间开裂。川藏公路、阿加拉隆沟出现地裂缝。无量河冰层开裂；山区、陡崖有崩垮和滚石。Ⅴ度区面积约1300平方千米。区内261道班、272道班房屋墙体有细小裂缝，烟囱护瓦抛落，天花板多有掉灰；理塘县医院住院部、县检察院、县社队企业局职工食堂等墙体出现细微裂缝；县城高城镇大多数藏式夯土楼房普遍裂缝、掉灰；民乐村土坯木架房板柱错位或歪斜。理塘全县8个区25个乡有3.6万多人受灾，危房100多户（5000平方米），全县有1800多人在室外临时居住。地震造成直接和间接经济损失500多万元。

1989年3月1日21时00分33.3秒，小金北东发生M_S5.0级地震。震中位置北纬31°30′，东经102°26′。震源深度15千米。震中烈度Ⅵ度。宏观震中位于两河乡黄草坪至黑虎碉一带（见图1－1中1989年3月1日小金5.0级地震等烈度线图）。马尔康、黑水、理县、金川、汶川等地有感。Ⅵ度区面积约52平方千米，区内黄草坪北西卓（克基）至小（金）公路46—49千米段及老房子沟村部分边坡地面出现裂缝和基岩垮石现象。大板村、牛厂沟、801林场、先龙潭、牛厂沟口营林一队、黄草坪和老房子沟等处房屋，片石墙个别局部倒塌、砖墙少许裂缝、土墙普遍开裂，多有梭瓦掉瓦现象。Ⅴ度区面积约300平方千米。区内梦毕差转台，木城道班、两河乡供销社、民贸公司、大科牛，大寨、两叉河、猫鼻梁、抽沟，周家桥一带片石墙房开裂、梭瓦、屋顶盖板梭落。

1989年4月16日04时33分43.0秒，巴塘发生M_L4.1级地震。震中位置北纬29°54′，东经99°15′。震源深度15千米。

1989年4月16日04时34分10.5秒，巴塘县小坝冲发生M_S6.7级地震。震中位置北纬29°56′，东经99°15′（宏观震中位置北纬29°56′21″，东经99°12′50″）。震中烈度Ⅷ度。震源深度15千米（宏观震源深度17千米）。地震波及全县5个区，23个乡及得荣、白玉、乡城、理塘和西藏芒康等县。

Ⅷ度区北起额拥拱，南至隆果沟，东自波查门西测，西到拉马多吉山东坡，面积56.5平方千米（见图1－1中1989年4月16日巴塘6.7级地震等烈度线图）。区内的小坝冲、额拥拱、扎多、林多、木里地和江巴顶等村寨藏式房屋均遭严重破坏，少数倒塌。小坝冲村坐落在洪积扇上，共有19幢碎石土夯墙藏式楼房（属Ⅱ类房），有4幢倒毁，其余均严重破坏或倒塌，死亡3人。扎多村坐落在山脊平台上，共有5幢碎石土夯墙藏式楼（属Ⅱ类房屋），多数墙体崩塌，严重破坏。江巴顶村坐落在陡峻的山坡坡积层上，共有28幢碎石土夯墙三层藏式楼房（Ⅱ类），全部严重裂缝，有两家倒塌，造成4人受伤。区内山崩、垮岩严重，在小巴冲西的拉马多吉山侧，山体崩塌面东西长1.5千米，南北宽1千米。另在江巴顶北东约3千米处，崩塌面东西长约1千米，南北宽约500米，其滚石将直径约1.5米粗的杉树打断，打死牦牛3头。在木里地去隆果沟路上，一直径约50厘米树桩连根翻倒在路上。在扎多村出现走向近东西向的张性地震地裂缝，长约2千米。村东山脊地裂带宽3米，单条长3—15米，走向北60°西至东西向，宽3—5厘米；南侧出现基岩裂缝，宽50—100厘米。

Ⅶ度区北起查马贡、央莫龙，南至刀许牧业大队以南，东到扎萨通，西达巴塘县城东侧及茶树山村，面积991.4平方千米。区内Ⅰ类房屋少数倒塌，多数破坏；Ⅱ类房屋个别倒塌，少数破坏，多数损坏；Ⅲ类房屋个别破坏，少数损坏，多数基本完好。查马贡村坐落在陡坎上，共有20幢Ⅱ类房屋（其中有4幢Ⅰ类为危房）碎石土夯墙藏式楼房，地震时墙体普遍裂缝，4幢Ⅰ类危房倒塌，4人死亡，2人重伤。鄂金村计有16幢藏房墙体全部出现较严重的裂缝。鹦哥嘴电站建在基岩上的厂房为钢筋混凝土框架结构房（属Ⅲ类房），地震时，框架拐角和柱子个别有微裂缝，与填充墙间出现水平与垂直细小裂缝；其他建在高地上的4幢砖木结构房屋，墙体普遍裂缝，门窗松动，檐瓦滑落，脊砖错位，烟囱、围墙倒塌，个别砖柱出现拉裂等破坏现象。建在洪坡积层上的茶树山村，全为碎石土夯墙（Ⅱ类）藏房和打场房（Ⅰ类）平房，地震时90%的房屋出现不同程度破坏或损坏，最严重的有6幢藏房全部倒塌或倒毁，仅剩木架；茶树山附近的巴塘县炼锌厂（为Ⅰ、Ⅲ类房屋），厂房人字钢梁与砖墙结合处出现裂缝，房顶石棉瓦滑落，玻璃震碎，炼锌炉变形，保管室、宿舍、厨房和配电房等墙体均出现宽窄不等的裂缝。该区内地面崩塌，滚石遍地，交通中断，沟渠堵塞，少数地段出现小型重力地裂缝。

Ⅵ度区北起波戈溪乡，南至亚日贡乡以北，东至理塘县热柯区以西23千米处，西达西藏芒康县的热勇附近，面积4472.8平方千米。区内藏房少数破坏，多数损坏，质量差的砖木房有轻度破坏或损坏。建在玛曲河东岸Ⅱ级阶地和坡积层上的雅洼区，有70%的木穿斗房（Ⅲ类）、砖木房（Ⅲ类）基本完好，仅围护墙有轻微裂缝，门窗间有小裂口，房屋抹灰层掉落；土坯木架房（Ⅰ—Ⅱ类）、砖柱土坯墙房（Ⅱ类）土坯与木柱、砖柱结合部裂缝，局部有塌落；碎石土夯墙藏房（Ⅱ类）墙体有裂缝，个别老旧墙体局部垮塌。建在玛曲河岸阶地上的党巴乡（鱼卡通）乡政府、贸易公司商店和小学的砖木结构房屋墙体有细小裂缝，个别变形，屋面有梭瓦等现象；另28幢藏式楼房，墙体拐角处原有裂缝加宽，有9户不能住人。建在洪积扇上的巴塘县城东部，地震时，框架房、砖混房、砖木房等大多基本完好，仅少数损坏，有的填充墙与框架间裂缝，有的门拱、窗框、墙角出现细小裂缝；个别破坏，墙体外闪，错裂，个别砖柱被剪断，有的旧墙裂缝加宽、掉灰皮、梭瓦等。木结构房有抹灰层裂缝，檐条掉落。碎石土夯墙藏房（Ⅱ类）多数有不同程度的裂缝，少数老旧墙体局部或大面积倒塌，极个别扎口楼木柱斜歪、撕裂、甚至倒塌。老旧块石墙藏房（Ⅰ类）多数墙体严重破坏，少数倒塌。扎金顶民用砖烟囱震裂或震倒。县城西部除土坯墙、碎石土夯墙房屋震害比较明显外，其他各类房屋出现梭瓦、灰皮裂缝，墙体薄弱部位有轻微裂缝，填充墙与框架间裂缝。

1989年4月17日02时25分49.5秒，巴塘发生M_S4.2（M_L3.9）级地震。震中位置北纬30°00′，东经99°24′。震源深度15千米。系巴塘6.7级地震余震。

1989年4月17日03时50分56.4秒，巴塘发生M_S4.1（M_L3.9）级地震。震中位置北纬30°00′，东经99°25′。震源深度10千米。系巴塘6.7级地震余震。

1989年4月17日10时59分05.0秒，巴塘发生M_S4.2级地震。震中位置北纬29°56′，东经99°15′。系巴塘6.7级地震余震。

1989年4月18日07时05分01.6秒，巴塘发生M_S4.1（M_L3.8）级地震。震源深度15千米。系巴塘6.7级地震余震（未测定出震中经纬度）。

1989年4月18日16时20分14.0秒，茂县、安县间发生M_L3.8级地震。震中位置北纬31°45′，东经104°10′。震源深度10千米。安县茶坪一带多处出现山体垮塌、滚石，部分房屋梭瓦，墙体裂缝等现象。安县大部分人有感，民众惊骇。

1989年4月25日10时13分20.0秒，巴塘南东央莫龙一带发生M_S6.7级地震。震中位置北纬29°59′，东经99°24′（宏观震中位置北纬29°59′41″，东经99°23′5″）。震源深度10千米。震中烈度Ⅷ度。从亚莫错根海子至央莫龙有大的滚石，直径约40厘米的石头被震跳起，地面出现长约10米、宽约5厘米斜列式的断续地裂缝、山坡塌方、滚石严重，阻塞道路和水沟，压死牦牛8头，伤30余头。从央莫龙北东沿沟有大规模的崩塌、滚石现象，树木连根震倒。央莫龙南沿沟也有严重崩方和滚石。

1989 年 4 月 25 日 10 时 16 分 14.3 秒，巴塘南东发生 M_S5.0 级地震（有干扰无法定震中）。系巴塘 6.7 级地震余震。

1989 年 4 月 25 日 11 时 31 分 23.4 秒，巴塘发生 M_S4.0 级地震。震中位置北纬 30.0°，东经 99.3°。震源深度 33 千米。系巴塘 6.7 级地震余震。

1989 年 4 月 25 日 15 时 34 分 11.0 秒，巴塘发生 M_S4.5（M_L4.3）级地震。震中位置北纬 30°00′，东经 99°23′。震源深度 25 千米。系巴塘 6.7 级地震余震。

1989 年 4 月 25 日 16 时 14 分 56.0 秒，巴塘发生 M_S4.2（M_L3.7）级地震。震中位置北纬 30°00′，东经 99°22′。震源深度 20 千米。系巴塘 6.7 级地震余震。

1989 年 4 月 25 日 18 时 27 分 42.9 秒，巴塘发生 M_S4.0 级地震。震中位置北纬 30°01′，东经 99°25′。震源深度 25 千米。系巴塘 6.7 级地震余震。

1989 年 4 月 26 日 00 时 42 分 57.4 秒，巴塘发生 M_S4.6 级地震。震中位置北纬 30°00′，东经 99°21′。震源深度 25 千米。系巴塘 6.7 级地震余震。

1989 年 4 月 26 日 02 时 26 分 49.9 秒，巴塘发生 M_S4.2 级地震。震中位置北纬 29°59′，东经 99°25′。震源深度 10 千米。系巴塘 6.7 级地震余震。

1989 年 4 月 28 日 21 时 14 分 56.5 秒，巴塘发生 M_S4.2 级地震。震中位置北纬 29°57′，东经 99°20′。震源深度 5 千米。系巴塘 6.7 级地震余震。

1989 年 4 月 28 日 21 时 15 分 06.5 秒，巴塘发生 M_S4.3（M_L3.9）级地震。震中位置北纬 29°58′，东经 99°12′。震源深度 15 千米。系巴塘 6.7 级地震余震。

1989 年 4 月 30 日 19 时 04 分 21.2 秒，巴塘发生 M_S4.4（M_L3.9）级地震。震中位置北纬 30°02′，东经 99°27′。震源深度 10 千米。系巴塘 6.7 级地震余震。

1989 年 5 月 1 日 07 时 05 分 24.5 秒，巴塘发生 M_S5.4 级地震。震中位置北纬 29°58′，东经 99°26′。震源深度 10 千米。这是原震区发生的较强余震，山岩出现垮塌，民房有新的倒垮，无人员伤亡。4 月 29 日，巴塘地震现场监测工作组，根据序列较强余震计算的等待时间估计，预报在 5 月 1 日前后有较强余震发生。巴塘县抗震救灾指挥部根据此意见，向全县发出了通知，要求各单位、各部门、各地区组织群众撤离危险建筑和危险地带，避免了损失。

1989 年 5 月 2 日 01 时 34 分 07.0 秒，巴塘发生 M_S4.3（M_L4.2）级地震。震中位置北纬 29°56′，东经 99°29′。震源深度 10 千米。系巴塘 6.7 级地震余震。

1989 年 5 月 3 日 13 时 53 分 00.9 秒，巴塘东发生 M_S6.4 级地震。震中位置北纬 30°01′，东经 99°27′。震源深度 10 千米。这是巴塘原震区发生的强烈余震。县城周围的东隆山、喇嘛多吉山、虎头山、象鼻山、杠洛后山、通戈顶后山等山体严重垮裂，顿时烟尘弥漫；同时国防通讯、农用电话、交通干线中断，房屋又造成新的垮塌。公共设施、生产生活资料再次受到严重毁坏。雅洼中学砖柱结构平房教室（属Ⅲ类房屋）3 间，在墙体拐角处、门窗上部都出现小的裂缝；片石墙房宿舍（属Ⅱ类房屋）抹灰墙出现裂缝，墙体承重部位在原有裂缝上加宽，有梭瓦现象，震害加重，使东墙局部倒塌。川藏公路 391 道班南的公路大拐弯处被崩塌滚石砸坏路面，打烂护路桥墩和运送抗震救灾物资的汽车。震前巴塘现场指挥部向甘孜州政府、巴塘兵站通报震区近几天仍可能发生 5—6 级地震，建议未撤离危房的群众尽快撤离。

1989 年 5 月 3 日 13 时 55 分 18.4 秒，巴塘发生 M_S4.9 级地震。震中位置北纬 29°54′，东经 99°26′。系巴塘 6.7 级地震余震。

1989 年 5 月 3 日 14 时 41 分 31.8 秒，巴塘发生 M_S4.6（M_L4.5）级地震。震中位置北纬 30°02′，东经 99°23′。震源深度 5 千米。系巴塘 6.7 级地震余震。

1989 年 5 月 3 日 16 时 12 分 03.1 秒，巴塘发生 M_S4.1（M_L4.2）级地震。震中位置北纬 30°03′，东经 99°30′。震源深度 10 千米。系巴塘 6.7 级地震余震。

1989 年 5 月 3 日 16 时 19 分 05.7 秒，巴塘发生 M_S4.2（M_L4.0）级地震。震中位置北纬 29°59′，东经 99°31′。系巴塘 6.7 级地震余震。

1989 年 5 月 3 日 17 时 28 分 04.2 秒，巴塘发生 M_S4.2（M_L3.9）级地震。震中位置北纬 30°03′，东经 99°31′。系巴塘 6.7 级地震余震。

1989 年 5 月 3 日 17 时 52 分 02.4 秒，巴塘发生 M_S4.2（M_L4.3）级地震。震中位置北纬 30°00′，东经 99°26′。震源深度 10 千米。系巴塘 6.7 级地震余震。

1989 年 5 月 3 日 23 时 41 分 29.5 秒，巴塘东发生 M_S6.2 级地震。震中位置北纬 30°01′，东经 99°25′。震源深度 5 千米。这是巴塘原震区再次发生的强烈余震，灾情扩大，破坏更加严重。川藏公路塌方 9.08 万立方米，公路保坎、保墙垮塌长 2014 米，计有 6322 立方米，桥函 13 处和道班房 60 幢被震坏；县竹茨公路震毁 15 千米，垮塌 5 万多立方米；乡村便道毁坏 28 条，计 115 千米；桥梁毁损 27 座；县城至小坝村驿道再次中断；雅洼区的尼木龙、更巴共、卯垭和夏邛区的东隆山出现新的地裂缝，波戈溪、地巫、尼木龙、仁娘、鱼底、莫西、锐哇、多查等处的地裂和滑坡加大，造成水渠错位，近 400 亩地无法灌溉。水利电力设施再度受到严重破坏，县鹦哥嘴电站短期内无法修复，老电厂引水渠受到重创，供电停止；农村 24 座小电站的机房、设备、水渠、线路等再遭毁损；另有 92 条农用水渠（计 106.8 千米）、78 口水塘也遭到毁坏。破坏打场、晒场 292 座，毁损磨房 13 座；毁损现粮 104560 斤；受伤 24 人（重伤 4 人）；各类牲畜死亡 157 头（只）；新倒塌房屋 591 幢，严重震裂房屋增加 628 幢。

1989 年 5 月 4 日 00 时 06 分 50.4 秒，茂县北东发生 M_S4.8 级地震。震中位置北纬 31°45′，东经 104°10′。震源深度 7 千米。

1989 年 5 月 4 日 01 时 28 分 19.3 秒，巴塘南东发生 M_S5.2 级地震。震中位置北纬 30°04′，东经 99°24′。震源深度 10 千米。巴塘原震区发生较强余震，有破损房屋倒塌。

1989 年 5 月 4 日 05 时 07 分 20.9 秒，巴塘发生 M_S4.0（M_L4.0）级地震。震中位置北纬 29°58′，东经 99°24′。震源深度 10 千米。系巴塘 6.7 级地震余震。

1989 年 5 月 4 日 09 时 31 分 17.1 秒，巴塘发生 M_S4.7（M_L4.5）级地震。震中位置北纬 29°57′，东经 99°26′。震源深度 10 千米。系巴塘 6.7 级地震余震。

1989 年 5 月 4 日 13 时 30 分 44.4 秒，巴塘发生 M_S4.2（M_L4.1）级地震。震中位置北纬 29°58′，东经 99°28′。震源深度 10 千米。系巴塘 6.7 级地震余震。

1989 年 5 月 4 日 16 时 25 分 48.9 秒，巴塘发生 M_S4.0（M_L3.9）级地震。震中位置北纬 30°01′，东经 99°24′。震源深度 10 千米。系巴塘 6.7 级地震余震。

1989 年 5 月 4 日 18 时 56 分 56.7 秒，巴塘发生 M_S4.1（M_L3.8）级地震。震中位置北纬 29°57′，东经 99°26′。震源深度 10 千米。系巴塘 6.7 级地震余震。

1989 年 5 月 4 日 22 时 21 分 57.6 秒，巴塘发生 M_S4.5（M_L4.4）级地震。震中位置北纬 29°57′，东经 99°26′。系巴塘 6.7 级地震余震。

1989 年 5 月 5 日 02 时 10 分 26.7 秒，巴塘发生 M_S4.5（M_L4.5）级地震。震中位置北纬 29°59′，东经 99°25′。系巴塘 6.7 级地震余震。

1989 年 5 月 5 日 14 时 19 分 11.5 秒，安县北西发生 M_L3.9 级地震。震中位置北纬 31°45′，东经 104°10′。震源深度 10 千米。宏观震中在茶坪一带。震中区多处出现山体垮塌、滚石，部分房屋梭瓦和墙体裂缝等现象。北川县城、擂鼓区、坝底和治城等处震感强烈，门窗、房瓦响动，人们惊逃室外。安县城乡大部分人有感，民众惊骇。

1989 年 5 月 6 日 12 时 12 分 38.4 秒，巴塘发生 M_S4.2（M_L3.9）级地震。震中位置北纬 29°59′，东经 99°23′。震源深度 10 千米。系巴塘 6.7 级地震余震。

1989 年 5 月 7 日 04 时 52 分 46.2 秒，巴塘发生 M_S4.2（M_L3.5）级地震。震中位置北纬 29°57′，东经 99°27′。震源深度 15 千米。系巴塘 6.7 级地震余震。

1989 年 5 月 7 日 11 时 00 分 23.9 秒，巴塘发生 M_S4.0（M_L3.7）级地震。震中位置北纬 29°55′，东经 99°27′。系巴塘 6.7 级地震余震。

1989 年 5 月 7 日 18 时 20 分 36.8 秒，都江堰市西南发生 M_L2.4 级地震。震中位置北纬 31°00′，东经 103°09′。市区外北街政府宿舍 6 楼有震感，龙溪乡人们有感，电灯轻微晃动。

1989 年 5 月 8 日 19 时 04 分 51.6 秒，都江堰市附近发生 M_L2.6 级地震。震中位置北纬 31°04′，东经 103°36′。震源深度 10 千米。市区多数人有震感，市中药材公司、市外贸公司、都江教育学院（成大分校）、成都市第二技工学校等门窗作响，电灯等悬挂物晃动；青城造纸厂、青城钢铁厂等处门窗玻璃震响，茶杯摇晃，人们惊慌跑出室外。

1989 年 5 月 18 日 02 时 56 分 26.7 秒，巴塘发生 M_S4.0（M_L3.8）级地震。震中位置北纬 30°04′，东经 99°23′。震源深度 20 千米。系巴塘 6.7 级地震余震。

1989 年 5 月 19 日 11 时 34 分 03.0 秒，巴塘发生 M_S4.7（M_L4.5）级地震。震中位置北纬 29°59′，东经 99°37′。震源深度 5 千米。系巴塘 6.7 级地震余震。

1989 年 5 月 27 日 12 时 14 分 39.2 秒，巴塘发生 M_S4.0（M_L3.7）级地震。震中位置北纬 30°01′，东经 99°38′。震源深度 10 千米。系巴塘 6.7 级地震余震。

1989 年 5 月 27 日 19 时 39 分 23.2 秒，康定发生 M_S4.0 级地震。震中位置北纬 30.2°，东经 102.1°。震源深度 10 千米。

1989 年 5 月 29 日 13 时 09 分 57.1 秒，巴塘发生 M_S4.8（M_L4.3）级地震。震中位置北纬 29°58′，东经 99°33′。震源深度 10 千米。系巴塘 6.7 级地震余震。

1989 年 5 月 31 日 04 时 13 分 40.0 秒，巴塘发生 M_S4.0（M_L4.0）级地震。震中位置北纬 29°56′，东经 99°25′。震源深度 15 千米。系巴塘 6.7 级地震余震。

1989 年 6 月 2 日 02 时 03 分 43.7 秒，巫溪（1997 年后隶属重庆市）发生 M_L4.4 级地震。震中位置北纬 31°26′，东经 109°00′（宏观震中位置北纬 31°30′15″，东经 109°08′42″）。宏观震源深度 7.5 千米。震中烈度Ⅴ度强。Ⅴ度强区和Ⅴ度区内的镇溪乡政府及机关、乡卫生院 88 间房屋土墙出现裂缝，屋脊、屋檐掉瓦；木王村有 1000 多间房屋梭瓦掉瓦，少数土墙原有旧裂缝加长、加宽；乡政府及木王村有二处土石垮塌，其中木王村一组土石下滑有数十万立方米，毁坏数亩土地。乡电站附近

20多立方米土石垮塌，堵塞引水渠，砸坏引水管。建楼乡政府机关及附近农户约300间房屋土墙掉泥沙、土块和掉瓦。建楼乡桹桐村400多间房屋和咸瑞乡九峰村、凤凰村、罗坪村500多间房屋掉瓦，土墙落沙土，门窗、屋顶作响。红池坝经济开发区土墙房屋和砖砌房屋少数掉瓦，片石猪圈房隔墙部分垮塌。Ⅳ度区的尖山区龙台乡、中岗乡、鱼沙乡、茶山乡、尖山乡、白果乡等地人们从梦中惊醒，有的水瓶、电视机移位。湾滩河西岸木耳村危崖有滚石。该区金盆乡四方村一堵新筑夯土墙倾斜，震后6时倒塌，重伤1人（后不治身亡）。塘坊乡中学师生宿舍4间成危房，震后几天垮塌；凤凰区胜利乡、宁厂区万古乡、长桂乡，西宁区高楼乡、天元乡等地房屋抖动，门窗作响，土墙掉泥沙，有檐瓦掉落现象。西部田坝乡，北部高楼乡双河村、相元村，南部奉节县平安乡和东部后河乡等地多数人也有震感。地震造成岩崩毁地，危房加重或垮塌，直接经济损失3.78万元。

1989年6月4日09时21分54.3秒，巴塘发生M_S4.0（M_L3.7）级地震。震中位置北纬29°59′，东经99°29′。震源深度10千米。系巴塘6.7级地震余震。

1989年6月9日22时46分03.8秒，石棉发生M_S5.3级地震。震中位置北纬29°16′，东经102°15′（宏观震中位置北纬29°15.6′，东经102°15.5′）。震源深度10千米。震中烈度Ⅶ度。Ⅶ度区（极震区）南起蟹螺乡大塆村，北至先锋乡下座子村，西起先锋乡金坪村，东达安顺乡的石灰窑，面积5平方千米（见图1-1中1989年6月9日石棉5.3级地震等烈度线图）。区内松岗村三户新建夯土墙瓦顶房倾倒，木质人字架塌落，死伤各1人。大湾村一户块石墙基夯土墙倒塌，横梁折断，压死猪1头；村内其他Ⅰ类房墙体严重开裂，少数龟裂，1间倾倒。金坪村（又叫大坪）一户7间土墙现浇水泥平顶房屋，局部倒塌并呈“X”型开裂，掩埋2人（幸被抢救生还）；该村其他农户墙体普遍开裂，片石堆砌的保坎、猪厩、茅厕等大部分倾倒。下座子村房屋墙体普遍开裂，间墙与外墙之间闪裂，多数屋瓦震翻、震落。村边陡坡有数米长的重力裂缝。区内共倒房59间，破坏183间，损坏190间，路面或地面开裂，尤以安川场至西油房公路13—14千米程段裂缝规模最大，单条裂缝长达18米；高崖滚石崩落，形成地震倒石滩和崩积锥，将路面填高2—3米；有的巨石砸入路面深陷1米；高崖倾泻下的岩块打断电线杆，公路被毁4千米，交通中断，渠道堵塞。大量崩落的土石在河谷两岸公路上形成大小不等的崩积锥70余处。Ⅵ度区南起蟹螺乡大坪子，北至先锋上、下哑垮，东起安顺场附近，西至蟹螺及炉房沟一带，面积约60平方千米。区内下哑垮、上座子村、桥白路村有茅厕倾倒，片石墙外层倒塌，墙体有贯穿性开裂，屋顶石板瓦梭落“开天窗”；安顺场一带农村Ⅱ类房墙体多有细裂缝或旧裂缝加大，个别墙体有倾斜或与横梁间移位，普遍掉瓦；乡政府及文教、卫生、邮电、供销等单位Ⅲ类房，二层以上楼房预制板间普遍出现细裂缝，信用社正面主墙与房顶间外倾，开裂。石灰窑、大坪子、肖家湾等地陡崖有滚石，木瓜坪附近出现小规模塌方。区内倾倒房屋20间、破坏300间、损坏3426间。Ⅴ度区南起姜家沟、魁沙、山墩一带，北抵出路村、六代村附近，西起大岩房，东至安靖中坝的大渡河东岸，面积约100平方千米。区内Ⅰ类房普遍有轻微损坏、房瓦有下移；翻身沟一户片石围墙局部倒塌；石棉电冶硅厂厂房接合部位出现轻度破坏。雅安、冕宁、峨边、康定等均有震感。地震造成1人死亡，8人受伤，损失牲畜50只。农村房屋倾倒79间（约1660平方米），破坏483间（约10143平方米），损坏3616间（约75936平方米）；另有8所中小学校舍68间（约2720平方米）和19个乡级机关单位房屋305间（约4573平方米）受到破坏（已成危房）。农户损失粮食11870斤。石棉安顺至西油房和先锋至金坪县级公路破坏路段11千米，毁坏4千米。塌方2500立方米，毁坏堰渠17条（总长1685米），40亩稻田无法灌水；山石滚落打坏经济作物数十亩。地震造成经济损失 355.91 万元。震后，地方政府、地震部门立即启动了地震应急预案，抢救出被埋压村民多名，抢修通讯线路和公路，对灾民进行紧急救援，组织抗震救灾和灾情调查。

1989 年 7 月 11 日 19 时 32 分 32.4 秒，北川北西发生 M_L3.3 级地震。震中位置北纬 31°54′，东经 104°18′。震源深度 10 千米。北川禹里小学教室受损，窗框与砖墙错位，最大错位 13 毫米。治城区个别地方房屋有掉瓦现象。北川县城、擂鼓、中心（坝底堡）、青片、小坝等普遍听到有如载重汽车驶过的“轰隆”声，人们惊逃室外。江油、安县部分地方也有较强震感。

1989 年 7 月 20 日 05 时 10 分 48.6 秒，荣昌（1997 年后隶属重庆市）西发生 M_L3.1 级地震。震中位置北纬 29°23′，东经 105°29′。震源深度 15 千米。震中烈度Ⅴ度。华江机械厂、东民乡、安陶厂震感强烈，荣昌全县大部分地区有感。

1989 年 7 月 21 日 11 时 09 分 12.1 秒，巴塘南东发生 M_S5.8 级地震。震中位置北纬 29°55′，东经 99°15′。震源深度 15 千米。震中烈度Ⅵ度。这是巴塘 6.7 级地震后的又一强余震，原已遭受破坏的房屋震害又有加重。小坝村的村寨有 10 多幢原已严重裂口或局部垮塌的藏房墙体出现倒塌或倒塌范围加大，大部分垮扎口楼，小部分垮第二层，个别底层也垮塌；小坝村一寺庙倒平。鹦哥嘴电站一带原受破坏的砖木、砖混、框架结构房屋震害明显加重；陡坡地段滚石，打坏进水闸，打伤两名民工。竹巴龙乡、412 道班、茶树山、171 医院、巴塘县城、拉扎赫、党巴乡、雅洼区、莫多乡等地各类房屋在原有震害基础上均普遍加重了震害，有的被震倒、垮塌。距震中约 110 千米的理塘县下坝区出现异常震害，该区觉吾乡在卡达、作伍、生戈、马里等村有 50 幢片石墙藏房（多为Ⅰ类房屋）受到损坏，有的破坏严重，不能住人。该乡西南麻通寺（1987 年动工重建），5.8 级地震时，北头高耸的片石墙体连根向北翻倒，寺内的木柱、木梁全部折断、震倒，楼层随之崩塌，压死 3 人，重伤 4 人，轻伤 20 多人。莫坝乡有 14 户藏房也受到损坏。

1989 年 4 月 16 日至 7 月 21 日，巴塘地区计发生 4.0—6.7 级地震 45 次，其中 4.0—4.9 级地震 37 次，5.0—5.9 级地震 4 次，6.0—6.7 级地震 4 次，形成巴塘 6.7 级强震群，致使震害多次叠加，灾情加重，受灾范围加大。巴塘 6.7 级强震群综合烈度极震区为两个Ⅷ度区。一个Ⅷ度区在小坝村一带（4 月 16 日 6.7 级地震极震区），后又叠加新震害，面积 126.8 平方千米。原未倒的藏民住房倒塌，崩塌规模扩大，滚石现象加重，伤人畜。另一个Ⅷ度区在央莫龙一带（4 月 25 日 6.7 级地震极震区），面积 124.0 平方千米（见图 1－1 中 1989 年 4—5 月巴塘 6.7 级强震群综合等烈度线图）。该区为大山区，有大规模崩塌、滚石现象，直径 20—50 厘米的树木连根震倒，或离地面 1.5—1.8 米处被滚石打断，水沟阻塞，冰块震塌。Ⅶ度区北起桑龙西，南至红东北西，东至孔萨通与冷戈寺间，西达水磨沟一带，面积约 1763.2 平方千米。区内建筑震害及地面破坏均在原震害基础上加重，Ⅰ、Ⅱ类藏式楼房碎石墙、片石墙倒塌，有的墙体裂缝。房梁脱榫、晒楼垮塌。昌都地区汽车运输公司食宿站和 171 医院原有房屋震害加重，砖柱震倒，烟囱折弯，顶部砖拱震落等。Ⅵ度区，北起甲英、松多乡以南，南至亚日贡乡，东到理塘县热柯区的格则乡，西达西藏芒康县热勇村附近，面积 5815.00 平方千米。区内建筑物和地面破坏加重，巴塘县城、雅洼区的藏房、学校墙体裂缝加宽加长，有的倒塌，公路有小规模崩塌，竹巴龙乡一带砖木房有裂缝，圈梁也出现裂缝，藏房块石墙体裂缝加宽，直通加长，屋脊变形略呈波浪状，墙体拐角垮塌；竹巴龙大桥东头桥面伸缩缝拉开，其下的“桥助”及“抗震卡槽”震裂，露出钢筋。此外，在理塘热柯区及喇嘛垭乡、下则通、章纳乡和拉扎村出现有Ⅵ度异常区，面积84平方千米；在甲洼乡和上木拉乡一带也出现Ⅵ度异常区，面积80平方千米。这两个Ⅵ度区内的藏房墙体裂缝，局部倒塌。

巴塘强震群影响巴塘、理塘、乡城、白玉、得荣、稻城，西藏芒康、贡觉，云南德钦等9县20余万人；最大有感范围南抵云南德钦、中甸（今香格里拉），北至德格、甘孜，东到康定，西达西藏昌都。强震群造成山崩地裂，房屋破坏和倒塌，人畜伤亡，公路一度受阻，供水、供电、邮电通讯几遭中断，不少工程设施、乡村驿道、水渠、堰塘被毁和损坏，给国家、集体和人民生命财产造成了严重损失。

巴塘县的震灾和经济损失：巴塘全县5个区，23个乡，79个行政村，380个自然村，9064户，地震时均有不同程度受灾。其中重灾区17个乡，重灾户7807户、37871人。地震造成8人死亡，重伤34人，轻伤87人，牲畜死亡1958头（只）（《巴塘地震纪念碑文》作“七千多头”）。全县倒房2334幢，75604间；严重破坏6236幢，235370间；损坏1007幢，32224间。房屋经济损失22860.7万元，生命线工程破坏的经济损失6221.58万元，损毁粮食25万余斤，室内财产及牲畜死亡的经济损失604.42万元，地面破坏造成55户居民的搬迁损失11.4万元。6.7级强震群给巴塘县造成的直接经济总损失为29698.1万元。

理塘县震灾和经济损失：巴塘6.7级强震群波及理塘县城、5个区、18个乡（镇）〔其中受重灾的有9个乡（镇）〕，重灾1780户、9576人。全县破坏或损坏房屋3580幢，47733间。地震造成死亡3人，重伤4人，轻伤20余人。房屋破坏造成经济损失7294万元，生命线工程设施破坏损失305万元。全县经济损失总计7599万元。

乡城县震灾和经济损失：该县农村及机关单位受损房屋552幢（其中严重损坏68幢），地震造成经济损失791.3万元。

得荣县震灾和经济损失：地震造成该县3个乡、9个村受灾，损坏民房167幢，损坏机关单位房屋面积7200平方米。全县经济损失199.35万元。

白玉县震灾和经济损失：地震波及、影响该县1区3乡201户民房受到不同程度的损坏和破坏，经济损失128万元。

西藏芒康县震灾和经济损失：地震打死牛羊120头（只），沿金沙江东岸朱巴笼、西松贡、约巴、梦地贡等乡，破坏房屋693幢，损坏房屋1228幢；水渠、水塘、驿道、公路、桥涵等受到破坏或损坏，经济损失3023.6万元。

1989年巴塘6.7级强震群在巴塘、理塘、乡城、白玉、得荣和西藏芒康等县造成死亡11人，重伤38人，轻伤110人，打死牲畜2078头（只），倒毁和破坏房屋、生命线工程设施和毁坏室内财产，总计经济损失41339.35万元。巴塘6.7级地震发生后，地震部门立即赶赴震区，开展现场监测分析，对后续余震进行预测预报，组织地震宏观烈度调查和震灾损失评估工作。地方政府紧急组织救援和部署抗震救灾，安抚灾民，恢复生产，重建家园。

1989年8月5日20时29分16.6秒，巴塘发生M_S4.0（M_L3.7）级地震。震中位置北纬29°52′，东经99°17′。震源深度25千米。系巴塘6.7级地震余震。

1989年8月5日21时33分45.3秒，巴塘发生M_S4.8级地震。震中位置北纬30°02′，东经99°29′。震源深度25千米。系巴塘6.7级地震余震。

1989年8月14日22时33分28.5秒，洪雅南西发生M_L3.3级地震。震中位置北纬29°44′，东经 103°15′。震源深度 15 千米。洪雅柳江区中学、柳江乡洪江村、王关村、红星村、花溪乡等地民众听到放炮声音，感到大地振动或摇动，房屋咔咔作响，门窗发出声响；睡觉的人被摇醒；震时有电视机图像闪动不清晰。洪雅县城和峨眉山市城区部分有感。

1989 年 9 月 1 日 03 时 54 分 41.2 秒，乡城发生 M_S4.2 级地震。震中位置北纬 28.7°，东经 99.7°。震源深度 10 千米。

1989 年 9 月 9 日 05 时 07 分 14.5 秒，长寿（1997 年后隶属重庆市，下同）发生 M_S4.0 级地震。震中位置北纬 29.9°，东经 106.9°。震源深度 15 千米。震中烈度Ⅴ度强。江北、长寿、邻水等县近 20 个乡（镇）有感。震时大部分人跑出室外，有个别房屋掉瓦，有些物品震倒，少数墙壁出现 1 厘米宽的“X”型裂缝。

1989 年 9 月 9 日 05 时 09 分 34.4 秒，江北（1997 年后隶属重庆市，下同）北东发生 M_L3.8 级地震。震中位置北纬 29°57′，东经 106°49′。震源深度 15 千米。江北、长寿、邻水等县 20 个乡镇有感。

1989 年 9 月 15 日 08 时 09 分 08.2 秒，巴塘发生 M_S4.0（M_L3.5）级地震。震中位置北纬30°01′，东经 99°30′。震源深度 25 千米。系巴塘 6.7 级地震余震。

1989 年 9 月 16 日 12 时 08 分 58.7 秒，犍为北东发生 M_L3.2 级地震。震中位置北纬 29°23′，东经 104°01′。震源深度 10 千米。震中烈度Ⅳ度。极震区在罗城镇及附近一带，震时人们听到“轰——”响声感到地震，一些人惊逃室外，部分家具被震响。滴水岩煤矿家属区一幢单砖瓦房屋檐震掉约 3 米，砖墙出现细微裂缝；滴水岩煤矿水泥厂高 11 米、直径 3 米圆柱形水泥料库的单砖花墙被震垮落地；该煤矿洗煤槽震裂漏水，厂办公室预制顶板交结处的石灰震掉，楼板出现裂纹。峨眉山盐化工业股份有限公司钻井队一些房屋墙上出现裂纹和掉瓦；该公司罗城矿 37 井正在安装生产用的钢管，外套管变形，钢管距地表 106 米处被卡住。牛耳桥一个体商店货架上的瓶装酒震落摔碎。新店水库震时激荡扬波，鱼跃水面。罗城区的金井、共同、青狮、南阳、竹山等乡亦感地震。

1989 年 9 月 17 日 00 时 13 分 27.6 秒，巴塘发生 M_S4.3（M_L4.0）级地震。震中位置北纬30°02′，东经 99°30′。震源深度 25 千米。系巴塘 6.7 级地震余震。

1989 年 9 月 17 日 01 时 58 分 58.9 秒，巴塘发生 M_S4.0（M_L3.8）级地震。震中位置北纬29°59′，东经 99°38′。震源深度 10 千米。系巴塘 6.7 级地震余震。

1989 年 9 月 22 日 10 时 25 分 48.2 秒，小金北发生 M_S6.6 级地震。震中位置北纬 31°33′，东经 102°23′（宏观震中位置北纬 31°37′，东经 102°22′）。震源深度 10 千米。震中烈度Ⅷ度。东至遂宁、南充，西达甘孜，南抵西昌，北至甘肃文县等地有感。Ⅷ度区（极震区）主要分布在抚边河以东，北西起自木城，经原 801 林场、梭罗寨、砖瓦厂道班、小牛厂沟，南东止于营林一队，面积 13 平方千米（见图 1－1 中 1989 年 9 月 22 日小金 6.6 级地震等烈度线图）。区内的木城片石墙房屋倒塌 5 幢、破坏 9 幢、损坏 2 幢；木城 1 幢砖木结构房屋后墙（纵墙）变形爆裂，隔墙倒塌。营林一队 2 幢夯土墙房屋和 2 幢片石墙房屋倒塌。前锋牧业小学一楼一底砖房教室 1 间墙倒顶塌，其余严重开裂或爆裂；砖瓦厂道班砖平房 8 个开间墙体（Ⅲ类房）拉裂，从前檐（纵墙）到后檐（纵墙）裂缝整体贯通，脊瓦全部震落。原 801 林场 2 幢穿斗木架房出现拔榫和微倾，片石维护墙倒塌。极震区内共有各类房屋 52 幢，其中倒塌、破坏 47 幢，占总数 90%。区内两座跨度为 10 米、5 米的拱桥出现裂缝，混凝土浇注的桥拱微裂。区内地表出现大小不等的地震地裂缝，梭罗寨东边地裂缝延伸长达750米。沿木城至营林一队公路两侧和抚边河东岸出现的重力裂缝，最长达80米。营林一队附近在1.2平方千米范围内有5处较大基岩和残坡积面崩塌；抚边河西岸崩塌及滚石面一处有50×100平方米，另一处为70×100平方米。Ⅶ度区北西起于梦笔山二道坪道班，南东止于何家院，面积约103平方千米。区内何家院、徐家沟、大坪等处一楼一底片石墙房11幢，上层墙倒顶塌，底层北墙和西墙倒塌，另3幢三个开间的片石墙楼房前墙、后墙墙体垮塌50%，山墙裂缝。该村其他房屋墙体出现局部垮塌。区内主要村寨黄草坪、何家院、牛厂沟的老房子、银厂沟口、牧场职工宿舍、马尔康电视差转台、原801林场三工段、二道坪道班等地68幢房屋倒塌和破坏37幢（占房屋总数的54.3%）。区内黄草坪到何家院3.5平方千米的范围内出现崩塌10处，崩塌物面积为5×5—20×50平方米，阻塞道路多处；在牛厂沟沟口附近300米范围内出现3处大的基岩和坡积物塌滑，其面积为5×10—10×30平方米，最大滚石为110×180×70立方厘米。在黄草坪以东的山脊缘斜坡边地裂缝断续分布长达300米；黄草坪、黑虎碉、大坪一带出现较多重力裂缝，单条裂缝长25—40米。Ⅵ度区北面起自马尔康县卓克基乡的中寨、三家寨，东到中梁子沟的三叉大沟，南东起于韬翁（朝阳道班），西止于银厂沟内4千米左右，面积约450平方千米。区内中梁子沟两叉河、抽沟、马尔康县207林场子弟学校、先龙潭、大科牛等地，个别质量较差或陈旧老朽的房屋（Ⅰ类）有垮塌和破坏，多数房屋出现轻微损坏，墙体有细小裂缝，门框、窗框位移、脊瓦少数震倒，檐瓦掉落，穿斗木架房楼梁有轻微拔榫现象。片石或夯土围墙有局部垮塌和损坏。

地震灾害出现了一些Ⅵ度异常区和异常点。金川Ⅵ度异常区，位于6.6级地震区西南约33千米，其范围包括金川县北的庆宁乡、德胜村，向南经咯尔、沙耳乡到金川县城及勒乌乡等，沿大金川河谷两岸阶地展布，面积为16平方千米。区内农村Ⅰ、Ⅱ类片石或夯土墙房屋墙体裂缝、局部垮塌，门窗位移；庆宁乡、咯尔乡有三座30米高的片石碉楼，一座出现整体微倾，另两座碉楼顶部和中部分别出现局部垮落。城镇机关单位的Ⅱ类、Ⅲ类片石、砖木和框架结构房屋，多数在门、窗框和墙拐角处及墙体的接合部位有细小裂缝。金川县粮食议购议销公司、城关民族贸易公司、勒乌乡政府、勒乌中学等钢筋混凝土框架结构楼房，在圈梁下部与砌体间接触部位出现抹灰面裂缝，或底楼预制板接合处出现裂缝；砖木结构平房墙体出现裂缝；砖混结构的教学楼的门窗接触部位普遍出现细小裂缝，承重柱体旁预制横梁出现裂缝。金川县勒乌乡营盘村、万林乡热地坪村Ⅵ度异常点，两个村内房屋片石墙体局部有垮塌，大多数片石墙出现裂缝，片石碉楼残墙有垮塌，楼内出现裂缝。马尔康县城Ⅵ度异常点，该县城内阿坝州卫生学校、马尔康中学教学楼、马尔康小学、马尔康粮食局城关粮站、阿坝报社和阿坝州政府、州广播电视局等砖混与钢筋混凝土框架结构房的接合部拉裂，框架与填充墙之间出现裂缝，楼房墙体拐角裂缝，门窗框移位或松动，有的原有裂缝加宽；马尔康县城民用烟囱被震倒、震裂、倾斜。小金抚边Ⅵ度异常点，抚边区供销社、抚边小学、801林场木材检查站等夯土墙、片石墙房屋墙体严重开裂，预制结构沿横梁有裂缝，部分墙基下陷，厨房烟囱有掉块现象。小金县城Ⅵ度异常点，城内县民族贸易公司（百货库、针纺库）、县医药公司、县档案局、县农机水电局职工宿舍、县武警中队、县委大院保管室和县体委办公室等钢筋混凝土框架结构，青砖填充墙，预制楼板房屋柱体与填充墙之间出现细裂缝，大门接合部位墙体拉裂，片石墙体严重开裂。

小金6.6级地震后，阴雨连绵，形成严重的泥石流灾害。震区泥石流在15处以上，单个泥石流面积在5×10—30×150平方米范围内。大板村泥石流袭击民宅、淹没农田、毁坏公路，交通中断；

观音沟口泥石流堵塞抚边河，河水、泥石流淹没公路；牛厂沟内一面积约 15×100 平方米的泥石流将百余棵 10—70 米高的大树连根拔起，随泥石流翻倒沟内，形成积水坑。

1989 年 3 月 1 日小金发生 5.0 级地震，9 月 22 日发生 6.6 级地震，两次地震震害叠加，灾情加重，灾害范围扩大。小金、金川、马尔康三县 42 个乡镇 12 万余人受灾。地震死亡 1 人，重伤 14 人，轻伤 137 人（主要是两河乡中心小学、抚边区木坡中学震时学生撤离惊慌、拥挤摔倒踩伤、压伤、挤伤、跳楼摔成重伤）。牲畜死亡 6024 头。倒塌和破坏房屋建筑面积达 249.1 万平方米，轻微破坏 1400 间；公路、桥梁、供电、供水系统、通讯、学校、医院、仓库等也受到不同程度破坏。各种损失折合人民币为 20332.3 万元（其中小金县直接经济损失 10519 万元，金川县直接经济损失 3885.6 万元，马尔康县直接经济损失 2891.7 万元，阿坝州级机关直接经济损失 839 万元，公路、桥梁等破坏直接经济损失 2155 万元，通讯线路损失 42 万元）。震后，地方政府立即启动《阿坝州大震应急预案》，紧急组织救援，部署抗震救灾工作。地震部门迅速赶赴震区进行现场监测，开展宏观调查和科学考察。

1989 年 9 月 24 日 01 时 54 分 44.6 秒，巴塘南发生 M_S4.8 级地震。震中位置北纬 29°50′，东经 98°58′。震源深度 15 千米。系巴塘 6.7 级地震余震。

1989 年 11 月 19 日 01 时 33 分 48.4 秒，珙县南西发生 M_L4.0 级地震。震中位置北纬 28°19′，东经 104°47′（宏观震中位置北纬 28°23′，东经 104°42′）。震源深度 10 千米。震中烈度Ⅵ度强。极震区（Ⅵ度强区）在珙县白皎乡、杨义乡和高县仁爱乡交界一带，震区房屋大量掉瓦，墙壁普遍开裂；公路有塌方，边坡有裂缝，农田水利设施受到不同程度破坏。仁爱乡 16 户住在坡地上的房屋有 5 家的房墙遍布裂缝，成为危房。白皎乡煤矿井下有两扇通风门变形，风机跳闸关闭；矿井岩层震松，震后 3 天下井工人被掉煤块击中，死亡 2 人。

1989 年 11 月 20 日 11 时 18 分 37.2 秒，江北县北东发生 M_S5.2 级地震。震中位置北纬 29°55′，东经 106°53′（宏观震中位置北纬 29°51′，东经 106°51′）。震源深度 5 千米。

1989 年 11 月 20 日 11 时 21 分 03.2 秒，江北县发生 M_S5.4 级地震。震中位置北纬 29°55′，东经 106°53′（宏观震中位置北纬 29°51′，东经 106°51′）。震源深度 5 千米（宏观震源深度 <5 千米）。震中烈度Ⅶ度。重庆市 21 个区县及邻水、垫江强烈有感，万县、忠县也感震动，自贡、乐山、宜宾部分人有震感，成都市部分高层建筑上静止的人也有感觉。Ⅶ度区（极震区）北起统景镇苏家湾、南至高洛坡，东到统景镇临河大桥热河湾、李子湾一线，西抵统景温泉村回龙湾、大塘湾一带，面积约 7.9 平方千米（见图 1－1 中 1989 年 11 月 20 日江北 5.2 级和 5.4 级地震等烈度线图）。极震区内的杉林村倒塌房屋 37 间，严重危房 140 间，其余房屋墙体开裂或局面垮塌；同心村房屋垮塌 12 间，严重危房 217 间，其余房屋墙体局部垮塌、开裂，片石墙、土夯墙倒平；统景农业中学土墙平房倒塌 3 间，砖木结构和砖混结构的教学楼、实验大楼等墙体普遍开裂，山墙外倾，瓦梁扯脱，门窗变形，砖块掉落，预制板结合处拉开，楼板开裂，职工宿舍五楼顶上栏杆垮落；统景镇苏家湾一带夯土墙倒塌 50 间，严重危房 35 间，其余土夯墙房屋墙体开裂、变形；统景饮料厂办公楼、车间、仓库墙体严重开裂、倾斜，水池保坎条石拉断，33.4 米高砖烟囱扭裂；统景镇人民政府办公楼、统景柑桔榨菜厂、粮站、面粉加工厂、税务所、镇医院住院部、照相馆、贸易商店、电影院、区公所会议室、区医院门诊大楼、农机管理站等砖混结构楼房墙体严重开裂，墙体与砖柱拉开，承重墙龟裂、隔墙出现“X”型裂缝，有的钢筋水泥梁震断，房顶女儿墙震倒，水泥花栏杆震断，砖柱出现断裂，

楼梯震裂，窗台震断。统景轧钢厂厂房震垮 287 平方米，27 米高砖烟囱断裂，车间砖柱拉裂，行车错位。御临江村（三、四社）、河坝村（二、三、四社）、黄竹村（一、二、五、六社）、先锋村（一、五社）等农舍土夯墙、乱石墙及砖墙普遍开裂、隔墙倾斜，有的垮塌；砖混结构楼房山墙、隔墙开裂、上下贯通，前后穿透；夯土木架房房瓦震松梭动，檐瓦坠落，土夯墙倒塌或被拉裂。极震区喷砂冒水，井泉水温升高，流量增大；统景至兴发公路 1 千米处滑坡体长 100 米，下滑土方约 2.5 ×10 立方米，造成公路阻塞、毁坏耕地农田；公路两侧或边坡地带出现规模不等的重力裂缝，路基开裂；危崖地段岩石震落，滚石横飞，大的滚石达数吨；饮料厂后山采石场山石震落，飞石砸死 2 人；统景水厂供水管道被山石砸裂、砸断，供水中断；御临河大桥、东风大桥拱石下沉，拱圈裂缝，栏杆位移，花墩震松坠落。统景变电站 6800 千克重的变压器扭动。Ⅵ度区北起明月以南，南到邹家庙北，东至隆仁，西止于兴发，面积 151.5 平方千米。区内明月乡联盟村和滚珠村、大盛乡、中坪乡、兴发乡和两井村、竹山村等土墙瓦房墙体严重开裂破坏，部分有垮塌，猪厩墙体有穿透裂缝，房瓦滑落；一些乡属单位砖混结构楼房有轻微细裂缝，土木结构房屋外墙开裂；乡镇和农村室内柜子、缸子翻倒，水瓶打烂；个别烟囱有倒裂。区内地面有滚石现象。Ⅴ度区北起长寿县万顺乡、南到江北县天堡乡，东至统景白岩乡，西抵兴隆乡一带，面积 823.9 平方千米。区内黄印、称砣、隆仁、张关、龙兴、旱土、兴隆、王家、关心、石船等乡镇机关单位砖混、砖木结构楼房墙体细微裂缝，灰皮脱落，女儿墙砖震落，烟囱有震裂，个别倒塌；乱石墙房屋墙体裂缝，檐瓦掉落；室内桌上茶杯、热水瓶有翻倒，电视机位移、天线杆摇倒等现象。Ⅴ度区内和Ⅴ度区外出现有Ⅵ度异常区：平桥——两岔Ⅵ度异常区，面积约 14 平方千米，区内墙体普遍开裂，结构受损。平桥乡乡政府办公楼砖混结构楼房，门、窗框开裂松动，楼层预制板与墙体结合处开裂；大弯村小学乱石墙教室 4 间檐瓦震松滑落，宿舍开裂倾斜；两岔乡乡政府砖混结构楼房，楼层过道间预制板接头处震裂，乡卫生院、食品站、供销社等条石、乱石墙二层楼房，水泥沟缝墙体震裂，“构造柱”上部震垮，端墙顶部毛石垮落，抬楼木梁移位。乡镇附近农村民居还有土墙开裂，甚至有倒房现象。洛碛Ⅵ度异常区面积 2.4 平方千米，区内的西南合成制药厂有 4 个生产车间受到损坏，砖混结构 37 幢宿舍楼和厂属技校教学楼墙体出现裂缝；该厂高压线震断，被迫停工停产 2 小时。木洞Ⅵ度异常区面积 0.7 平方千米，区内木洞镇榨菜厂砖混结构的会议室、化验室和车间墙体灰皮脱落，墙砖震落，形成 2×50 厘米空洞；镇上巴县六中 2 幢教师宿舍底楼墙体裂缝透光，二楼墙体开裂；中坝小学、木洞小学和中学房屋墙体也出现细小裂缝，震时有感强烈，学生惊逃室外，挤伤踩伤 30 多人。

重庆市江北 5.2 级、5.4 级地震，全市有 10 个县辖区、56 个乡（镇）、559 个村、49750 户受灾（涉及 177133 人）。江北县统景、石船、洛碛、龙兴、鱼嘴、茨竹、兴隆、木耳 8 个区，52 个乡（镇）、531 个村和 478 个全民、集体单位受灾严重，受灾人口达 152116 人。死亡 3 人，重伤 20 人，轻伤 147 人。砸死生猪 168 头，受伤耕牛 11 头，死亡家禽 1250 只。地震倒塌房屋 371 间（7410 平方米），严重危房 24176 间（487056 平方米），严重裂缝房屋 25136 间（502720 平方米），一般损坏 58822 间（1176440 平方米）。建筑物损毁折合人民币 9486.76 万元；省属企业和县属各系统损失 3072.8 万元。合计直接经济损失 12559.56 万元。厂矿企业停工停产、农户搬迁、水库、水塘等水利设施破坏、农作物欠收、供水、供电、交通、通讯以及学校各类教学设备、设施等修复的间接经济损失 2092.20 万元。地震造成总的经济损失 14651.76 万元。地震发生后，各级地方政府负责同志深入震区慰问灾民，组织动员群众抗震救灾。地震部门赶赴震区进行现场监测、地震宏观考察和震灾损失调查；针对群众恐震心理和疑虑，开展了大规模的地震知识普及和社会宣传活动，稳定了社会秩序。

1989 年 12 月 6 日 20 时 53 分 51.0 秒，邛崃银杏乡一带发生 M_L4.8 级地震。震中位置北纬 30°16′，东经 103°06′（宏观震中位置北纬 30°22′，东经 103°16′）。震源深度 30 千米。震中烈度Ⅵ度。北到平武，南至马边，东抵盐亭，西至康定有感，有感面积 6 万—7 万平方千米。Ⅵ度区（极震区）在邛崃县银杏乡青龙嘴至油榨乡韩店一带，面积约 6 平方千米。区内银杏乡乡政府 19 间单砖墙瓦顶房，门、窗框处普遍开裂，墙体出现穿透性细小裂缝，门窗变形，屋顶普遍梭瓦。银杏乡中心小学、乡中学、乡粮站、乡信用社、乡供销社百货商店等单砖房屋墙体出现细裂缝，个别墙体有臌裂、倾斜现象，屋顶梭瓦，檐瓦掉落。纸和村（杨嘴）、青龙嘴、黄沟、龟背上、韩店村、邓大庙村等木架房多有拔榫，普遍梭瓦“开天窗”，檐瓦掉落，个别木柱有拉裂现象，灶台有震裂；单砖房墙有细裂缝，个别砖墙出现穿透性裂缝，烟囱有掉头现象；室内电视机跳动，茶杯、花瓶震倒。Ⅴ度区北起邛崃县水口变电站，南到名山县建山乡，西起邛崃高何乡一根虫村，东抵蒲江县复兴乡庙峰村一带，面积约 558 平方千米。区内名山县中峰乡供销社二楼一底砖混房屋房顶预制件相对墙体位移，出现细裂缝，楼下营业厅横梁抹灰有裂纹。乡中学和一些农户梭瓦掉瓦。邛崃县火井乡、临济乡、道佐乡房屋有梭瓦、掉瓦、“开天窗”、倒“太岁”，室内有器皿翻倒、掉落现象；银杏乡高山庙、油榨乡川主庙、天台乡王家坝、付家坝、太和乡谷房头等地，木架穿斗房或砖木结构房屋普遍梭瓦、檐瓦掉落，个别木柱有拔榫现象，木柱与砖体接合部位多有细小裂缝，有的墙体细纹密布，个别墙出现穿透性裂缝，室内电视机上下抖动，瓶、碗发出撞击响声。在Ⅴ度区内的太和场出现Ⅵ度异常，乡政府单砖墙瓦顶平房，门、窗附近出现细裂缝，武装部办公室后墙的砖柱从顶到底被裂纹贯通，乡信用社、医院、学校砖墙出现裂缝，墙体薄弱部位有裂口、错位现象；乡电影院屋顶梭瓦，“开天窗”，砖砌墙体有裂缝，二楼放映室内、外墙出现“X”型对称裂缝。这次地震邛崃县境内有 240 余户受灾，房屋倾倒 29 间，房基震裂 20 余间，墙壁裂缝 376 处，造成危房 65 间；损坏桥梁 2 座，直接经济损失 64 万余元。蒲江县境内出现墙体裂缝 437 处，形成危房 18 间，损坏各种农具 9 件，有土坯墙倒塌，直接经济损失 30 万余元。名山县境内损坏各类房屋 3600 平方米，维修、加固或重建需 28 万元。雅安市境内有 3500 平方米房屋受不同程度损坏，维修、加固或重修需 20 万余元。芦山县境内有 12 个工程建筑受到不同程度损坏，其面积达 11000 平方米，维修、加固或重建需 61 万余元。地震造成直接、间接经济损失 203 万余元。

1989 年 12 月 23 日 03 时 59 分 29.1 秒，都江堰市南西发生 M_L2.4 级地震。震中位置北纬30°56′，东经 103°34′。地震发生在都江堰市西南中兴镇一带，都江堰教育学院（成大分校）职工多被震醒，玉堂镇华丰电子设备厂、市区邮电局三楼以上窗户玻璃震动发出声响。

1989 年 12 月 25 日 21 时 24 分 02.8 秒，甘孜南东发生 M_S4.6 级地震。震中位置北纬 31°31′，东经 99°46′。

第二节　1990—1992 年震情

1990 年 1 月 9 日 14 时 35 分 03.1 秒，大邑双河发生 M_S4.2（M_L3.6）级地震。震中位置北纬

30°43′，东经 103°12′（宏观震中位置北纬 30°37′12″，东经 103°13′36″）。震源深度 15 千米。震中烈度Ⅳ度强。14 时 35 分至 40 分连续发生 4.2 级、3.0 级、3.2 级和 2.3 级地震，大邑晋原镇、芦山、宝兴少数人有感，有感面积近 5000 平方千米。大邑县沙坪村、双河镇、任湾村一带，有 3 处房屋房顶倒“太岁”。

1990 年 1 月 15 日 11 时 19 分 44.1 秒，大邑双河发生 M_S4.6 级地震。震中位置北纬 30°45′，东经 103°11′（宏观震中位置北纬 30°37′12″，东经 103°13′36″）。震源深度 15 千米。震中烈度Ⅶ度。北至理县、安县，南至乐山、冕宁，西达泸定，东到德阳等有感，有感面积约 50000 平方千米。Ⅶ度区（极震区）北起水茶林（香房村北），南到大飞水、故龙岩一带，西抵沙坪村西，东达栗子坪附近，面积 11 平方千米（见图 1-1 中 1990 年 1 月 15 日大邑双河 4.6 级地震等烈度线图）。区内木结构或砖木结构的民房，多分布在小河子河两岸和双河镇附近出江河两岸，破坏较多。沙坪村三组木结构穿斗式住宅有 35 户，普遍出现掉瓦、梭瓦、倒“太岁”，墙体出现裂缝，有的变形，部分倒塌，厨房砖烟囱屋顶部分全倒塌。出江河、小河子河两岸的民房普遍掉瓦、梭瓦，部分木架出现拔榫、柱脚位移；房屋砖砌填充墙或隔墙严重开裂、变形，单砖墙还有倒塌，砖烟囱损坏，锅台也被震垮。砖木结构、砖混结构的平房和楼房多分布在双河镇至栗子坪沿出江河两岸的阶地上，双河中心小学、双河中学的教学楼和实验室、出江煤矿职工医院、双河乡政府和部分乡镇、民居住宅墙体普遍产生裂缝，有的墙体出现“X”型或“V”型剪切裂缝，有的地基下陷，房屋倾斜，砖柱底部产生水平断裂，房上烟囱损坏或倒塌。区内的钢筋混凝土框架结构房主要是一些厂矿，也受到不同破坏。任家湾与栗子坪之间的出江煤矿火电厂厂房框架多处出现沿梁柱横截面裂口，电气主控室墙壁有凹凸变形、宽窄不等的细裂缝，配电房墙体顶部产生水平裂纹，窗上混凝土过梁开裂，锅炉房钢筋混凝土楼板也出现裂缝；该厂一 60 米高的砖烟囱距地面 6 米高处产生 3 条达 2 米长的纵向裂缝，烟囱四周地面开裂。同一部位的赵坪电站办公室、会议室及资料室墙体普遍产生穿透性的水平裂缝，屋顶与墙体接合部位拉裂，电站砖砌围墙部分倒塌。任家湾出江煤矿焦化厂 4 个焦化炉砖砌炉体出现严重裂缝，局部崩塌，由卵石砌筑的煤焦油冷却池也被震裂漏水。双河镇附近的大邑双河水泥厂高 20 米圆柱形水泥库，离地面 3 米处出现穿透性水平裂缝，提升机房砖柱被拉裂；主窑二楼进料炉四周拉裂，窑顶升降室四周墙体产生裂缝，主窑丧失生产能力。沙坪村三组一座民国 12 年（1923 年）修建的石墓碑榫头折断，碑顶坠毁。区内一些松软地面、球场等产生几米至数十米长的地裂缝；双河乡沙坪村、金龙堂、任家湾、大飞水一带均有滚石坠落，陡坡地带有局部崩塌。Ⅵ度区北起马头上，南至洋二子岗，西抵草坪、罗家山，东达徐田坎、罗坪一带，面积 90 平方千米。区内出江煤矿职工宿舍砖混结构楼房墙体出现细裂缝，少数檐瓦掉落，部分烟囱顶部产生扭裂；花石村二组二层砖混楼房墙体四周出现穿透性裂缝，屋顶与墙体连接处被拉裂。双河乡横山村、飞水村、五桐沟口、荣华村、大龙村、安顺乡杨沟村等地多有房屋梭瓦，倒“太岁”，部分墙体出现裂缝，房顶砖烟囱顶部扭裂损坏，个别木屋架有拔榫现象。这次地震大邑双河乡有 606 户受灾，楼房受损 30 多幢，平房受损 1000 余间，生活用品损失 300 余件，轻伤 3 人，另有一批工矿企业、学校、医院受损，总的经济损失 900 多万元。

1990 年 2 月 5 日 17 时 20 分 03.5 秒，德格北西发生 M_L4.1 级地震。震中位置北纬 32°16′，东经 98°25′。震源深度 10 千米。

1990 年 2 月 14 日 04 时 13 分 31.3 秒，小金北发生 M_L4.1 级地震。震中位置北纬 31.3°，东经

102.4°。震源深度10千米。马尔康、小金、金川等地强烈有感，汶川、理县、黑水也有震感。

1990年4月9日03时13分49.6秒，巴塘、理塘间发生M_S5.2级地震。震中位置北纬29°55′，东经99°21′。震源深度10千米。震中区震感强烈，部分房屋受轻度破坏，原有裂缝加宽，房角出现下掉现象。

1990年6月12日02时56分57.2秒，昭觉发生M_S4.2级地震。震中位置北纬27.8°，东经103.8°。震源深度10千米。

1990年6月16日18时27分59.3秒，富顺南西发生M_L3.6级地震。震中位置北纬29°12′，东经104°55′。震源深度10千米。震中烈度Ⅳ度强。宏观震中位于自贡市沿滩王井一带。震区房屋墙体出现轻微裂缝、个别土墙房屋瓦梭动开“天窗”，檐口和山墙顶的边瓦震落，受伤2人。自贡市区、贡井区、沿滩区、富顺县及板桥区均有震感。至6月22日计发生地震95次，其中1.0—1.9级地震81次，2.0—2.9级地震9次，3.0—3.7级地震5次。

1990年6月29日10时06分01.6秒，北川附近发生M_L3.0级地震。震中位置北纬31°47′，东经104°25′。北川县城震感强烈，室内办公静坐的人感到上下跳动；商店货架上酒瓶摇晃，房瓦撞击声响。北川中学在教室上课的部分学生惊恐地跑出教室。

1990年7月13日04时27分01.3秒，洪雅南西发生M_S4.7（M_L4.3）级地震。震中位置北纬29°28′，东经103°10′（宏观震中位置北纬29°29′，东经103°10′）。震源深度15千米。宏观震中位于洪雅县南西的高庙镇黑山村大河坝附近。以黑山三组（大河坝）为中心300平方千米的范围内，人们普遍震感强烈，门窗作响，器皿摇晃，少数房屋梭瓦。金口河镇财政所刚完工的三层楼房墙体、门角普遍出现裂缝，预制顶板松动开裂；金口河区政府工会办公楼墙壁开裂。洪雅、峨眉山市、峨边、五通桥和牛华镇、天全、雷波等地也有不同程度的震感。

1990年7月14日09时37分30秒，开县（1997年后隶属重庆市）北东发生M_S4.2级地震。震中位置北纬31°27′，东经108°48′（宏观震中位置北纬31°38′，东经108°51′）。宏观震中位于城口（1997年后隶属重庆市）、巫溪县间。巫溪县尖山、文峰、凤凰、城厢等区20多个乡有感，其中镇溪、茶山、建楼10个乡和红池坝开发区地震感强烈。镇溪小学在建保坎出现松动并部分垮塌，约1米高的砖柱倒地。镇溪乡房瓦下落，山石下滚，打伤农民。镇溪至文峰沿途多有山石滚落。

1990年7月29日05时13分27.5秒，巴塘发生M_S4.1级地震。震中位置北纬30.0°，东经99.4°。

1990年8月4日20时52分28.3秒，洪雅南西发生M_S4.2（M_L4.9）级地震。震中位置北纬29°30′，东经103°10′（宏观震中位置北纬29°14′，东经103°04′）。震源深度15千米。震中烈度Ⅵ度。Ⅵ度区在金口河区内，北起金河镇曙光村，沿金口河区驻地、八一四厂等单位和永乐乡、和平乡，南抵共安乡的川心店、林丰村一狭长地带，面积80平方千米。金河镇在7月13日4.7级地震受损的基础上，本次地震对该地区的震害加重，一些高楼顶层及其两侧墙壁、门角、窗角开裂，预制顶板松动掉灰皮，隔墙裂缝穿透、错位。金河镇铁合金厂、八一四厂框架结构车间空心砖墙较严重开裂。八一四厂化验室砖墙平房墙体裂缝纵横交错。新村电话站厂房墙壁开裂。金河镇10个单位128间楼房中，89间墙体受到程度不同的破坏，严重穿透性开裂的10间，裂缝有错位的10间。新村二组有砖墙柱楼的12户，出现墙壁开裂，预制板松动，门、窗角斜裂的7户。共安乡政府等单位（Ⅱ类房）墙体普遍开裂，乡政府办公楼兼宿舍房间隔墙产生上下贯通穿透性裂缝。钢筋预制件的共安大桥，桥架与桥面之间出现4.7米长的水平扭裂；川心店林丰大桥为浇灌式钢筋拱桥，桥两端及拱弧部位横裂，桥面两侧栏杆立柱与水平抬梁产生水平位错。Ⅵ度区内金河镇对面蒲梯村产生的地裂缝斜切山坡后穿切山脊；黑林山地裂缝横切公路为几段，最大垂直位错达75厘米。一些边坡地段也出现规模不等的重力裂缝。Ⅴ度区面积达750平方千米，区内峨边县医院旧楼房顶层和县中队楼房门角、窗角开裂，川南林业局家属院楼顶烟囱掉砖块。峨眉山市龙池区大为化工厂楼房顶层墙体和门、窗转角处出现细小裂缝，预制板掉灰皮。洪雅县张村房屋的砖墙、门、窗角开裂，木架单砖墙发生垮塌，砖柱横木抬梁脱榫，高庙黑山村个别木架穿斗房掉脊瓦，碎石灶台开裂。峨边县大堡和毛坪、沙湾区龚嘴、峨眉山市大为、洪雅高庙和张村、汉源县城区震感强烈，有墙体出现裂缝和梭瓦、掉瓦现象。震区7月13日4.7级地震后，7月16日、17日连降暴雨，8月4日再次发生4.2级地震，沿大渡河谷金口河段东西两岸发生山崩、滑坡，阻塞河道；在牛落沟、廖岗沟两处泥石流分别达数万立方米，造成铁路、公路交通受阻，4辆汽车被埋，电站涵洞堵塞600余米，电厂一度停止发电。山崩、滑坡、泥石流造成18户民房倒塌，50户受破坏，冲毁农田1100亩，公路塌方100余处，有7个自然村人畜饮用水的8000余米水管被埋。本次地震有各类房屋8431幢（计建筑面积110余万平方米）受损，其中1313幢（计17余万平方米）成危房，经济损失1840万元。

1990年8月18日21时38分16.4秒，盐边北西发生M_S4.8级地震。震中位置北纬27°01′，东经102°12′（宏观震中位置北纬27°01′，东经101°17′）。震源深度15千米。震中烈度Ⅵ度。极震区（Ⅵ度）在盐边温泉乡一带。温泉乡、哇落乡、江西乡、岩口乡、箐河乡等强烈有感。Ⅵ度区北起寨子坡，南至下那片，东达板依村，西止于大窝凼，面积40平方千米。区内温泉乡中心学校砖瓦房二层楼圈梁以下墙体斜向开裂，二楼过桥桥墩被折断；几幢夯土墙瓦房教室在窗台以下墙体多处出现裂缝；一幢学生宿舍柱脚移位，成为危房。屋面砖烟囱折断。区内其他夯土墙瓦房檐瓦、山花边瓦大量掉落，面瓦向下梭滑，墙体开裂微错，墙角、门窗等处局部垮塌，脊瓦抛落；篱花房房上的房板掀落，压在房板上的石头滚落，部分柱子有少量倾斜。Ⅴ度区面积312平方千米，区内夯土墙瓦房檐瓦掉落，墙体原有裂缝加宽；篱花房的房板松动，个别有掀落，压板石有滚落，陈旧房屋柱子略有倾斜。这次地震经济损失133.58万元。

1990年8月19日23时32分44.7秒，巴塘南东发生M_S4.4级地震。震中位置北纬29°53′，东经99°17′。震源深度20千米。

1990年10月2日02时02分24.2秒，彭山发生M_S4.0级地震。震中位置北纬30.2°，东经103.7°（宏观震中位置北纬30°15′，东经103°43′）。震源深度20千米。震中烈度Ⅴ度。Ⅴ度区在眉山县海珠乡一带。海珠乡医院附近一砖木结构三合院平房南侧瓦脊上的宝顶瓦震垮，正房瓦脊上宝顶瓦震垮一部分；南侧房基脚门角出现裂缝，房顶墙体产生剪切裂缝，门角榫头拔出。区内人们震感强烈。Ⅳ度区包括眉山县郑军乡、彭山县义和乡一带，郑军乡华阳一队、川星五队、勤俭八队和乡场等砖木结构平房、土墙结构瓦房普遍少量梭瓦、掉瓦；义和乡肖沟三队、天宫二队和四队、莲山九队土坯结构平房有掉瓦、土砖震掉现象。彭山县政府大门横梁石膏天花板震落。眉山县多悦、晋风、盘鳌、尚义、正山口和城区，彭山县城关、保胜、谢家、大平及蒲江县寿安、五星、插旗、长丘等乡（镇）均有震感。

1990年11月4日08时28分02.7秒，洪雅发生M_L3.2级地震。震中位置北纬29°58′，东经103°12′。震源深度15千米。洪雅县中心、汉王、竹青、罗坝、中保、联合等乡镇和总岗山水库震感强烈，房屋摇晃，人站立不稳，室内器皿和窗玻璃震响。名山县永兴、车岭、红岩和雅安市合江等乡镇也有较强震感。

1990年12月28日21时03分42.6秒，巴塘发生M_S4.1级地震。震中位置北纬30.0°，东经99.3°。震源深度10千米。

1991年2月18日17时06分18.3秒，小金北发生M_S5.0级地震。震中位置北纬31°35′，东经102°23′（宏观震中位置北纬31°28′，东经102°30′）。震源深度10千米。震中烈度Ⅶ度。极震区（Ⅶ度区）在两河乡白果坪一个大的自然村一带（见图1－1中1991年2月18日小金5.0级地震等烈度线图），面积1平方千米。区内有46户（47幢）一楼一底片石墙房屋，3户（7幢）片石墙平房，其中有5户山墙尖或纵墙门窗处垮洞（最大面积8平方米），有的墙体酥裂或爆裂；有8户猪圈、厨房或老旧房垮洞（大的面积近8平方米），其余房屋片石墙体在门窗处裂缝，门窗框移位，墙体变形，内闪外凸；1989年9月6.6级地震后修建的穿斗架片石墙房屋楼梁拔榫，墙体有细小裂缝。白果坪的片石、夯土护院围墙出现局部垮塌或裂缝。一座跨越抚边河的工字钢拱桥拱架变成“S”状，桥顶下降。一小型电站溢水渠原有裂缝加宽。区内陡崖有少量崩塌或滚石现象。Ⅵ度区面积112平方千米。区内两河乡两河村、火烧桥、小寨、李家坡、先农坛、大科牛、虹光村余家沟、大寨村红寨子、梅巴、周家桥、大堰厂、中梁子等村寨片石墙房屋大多数门窗变形，墙体开裂，旧房墙体裂缝加宽加长，少数局部垮塌；两河乡政府办公楼、两河中心小学教学楼砖混结构房屋墙体产生细小裂缝；区内穿斗木架房有掉瓦现象。Ⅴ度区面积740平方千米，区内河两乡银厂沟口、大板、黄草坪、沙坝沟、彭坝、油房、梦笔、何家院、木城、801林场、赵家沟、马家沟、大寨苗圃等地房屋多为1989年9月6.6级地震后修建的穿斗木架房，这次5.0级地震木架作响，个别檐瓦掉落；新建的砖混结构房屋墙体水泥抹面出现小裂缝；片石墙房屋裂缝略有加宽，个别墙体和压杉板的石块掉落。金川县Ⅴ度异常区面积75平方千米，区内金川县城关、咯尔、沙耳、勒乌、城厢、河东乡等地区的藏式片石墙楼房、砖混结构楼房大多在6.6级地震震害基础上墙体裂缝又加宽加长。马尔康Ⅴ度异常区面积52平方千米，区内马尔康县政府办公楼、马尔康第二小学、县广播电视局、本真中学、县粮食仓库和卓克基乡政府办公楼、卓克基乡小学、供销社、卫生所、派出所等砖木结构、石混结构和片石墙房屋在6.6级地震影响的基础上，墙体裂缝加大，或出现新的裂缝，局部灰皮脱落。

1991年4月25日03时11分42.8秒，北川北西发生M_L3.7级地震。震中位置北纬31°53′，东经104°20′。震源深度10千米。漩坪、金凤、南华、邓家等乡强烈有感，睡着的人被惊醒。穿斗木架房作响，桌上的水瓶、茶盅有碰击声，酒瓶震倒。

1991年7月24日16时17分12.3秒，石柱发生M_S4.1级地震。震中位置北纬30.2°，东经107.0°。震源深度5千米。

1991年8月18日03时36分44.4秒，木里藏族自治县（以下简称木里）北西发生M_L3.5级地震。震中位置北纬27°58′，东经100°55′。震源深度10千米。焦沟、索地、前山一带强烈有感。

1991年10月29日02时43分21.5秒，小金北东发生M_L4.0级地震。震中位置北纬31°35′，东经102°25′。震源深度10千米。小金两河乡一带强烈有感，小金、金川、马尔康、理县等部分人有感。

1991年11月6日17时57分06.0秒，小金、马尔康间发生M_L3.4级地震。震中位置北纬31°42′，东经102°20′。震源深度10千米。震中在梦笔山附近，小金、川金、马尔康等地有感。

1991年11月28日23时01分21.1秒，犍为北东发生M_L2.9级地震。震中位置北纬29°20′，东经104°02′。罗城镇、白鹤乡一带有震感，门窗沙沙作响。

1991年12月1日09时47分50.2秒，汶川南西发生M_L3.5级地震。震中位置北纬31°02′，东经103°25′。都江堰市政府6楼、宁江厂震感强烈，龙溪、白沙、麻溪乡有感。

1991年12月26日21时24分15.9秒，新龙、白玉间发生M_S4.1（M_L4.0）级地震。震中位置北纬30°55′，东经99°45′。震源深度15千米。

1992年1月1日05时14分14.4秒，新龙南西发生M_S4.3级地震。震中位置北纬30°53′，东经99°48′。震源深度10千米。

1992年1月8日00时23分05.2秒，巴塘北东发生M_S4.4级地震。震中位置北纬30°16′，东经99°40′。震源深度10千米。

1992年1月21日04时41分33.8秒，汉源北东发生M_L3.4级地震。震中位置北纬29°27′，东经102°48′。震源深度10千米。震中烈度Ⅴ度弱。汉源县万里、豆腐石、马烈乡一带人们普遍强烈有感，电灯摆动、门窗作响。马烈乡、红花乡个别房屋的“太岁”受震掉瓦。皇木区公所一职工家玻璃窗震裂，乡地震宏观员用于验震的悬瓶被震掉打碎。九襄、富村、汉源县城、松平、莫朵、南木、马托等地大部分人有较强震感，宜东、乌斯河、金口河和洪雅也有震感。

1992年4月2日17时21分08.7秒，平武、南坪间发生M_S4.2级地震。震中位置北纬33°01′，东经104°01′。震源深度15千米。震中烈度Ⅳ度。南坪罗依、郭元、马家、苗州、勿角等地普遍有感，部分人跑出室内。震时，房屋及架上器物互撞发出吱吱响声，室内掉灰掉土。郭元乡抹地村、马家乡马香村、瓜地岩村、苗州等地木架房屋摇晃作响。马家乡粮站靠墙堆放的木柴被震垮。南坪城关镇、永丰乡、双河乡、白河金丝猴自然保护区、九寨沟口、诺日朗招待所、草地乡上草地村、勿角乡阳山村、松潘镇江关、若尔盖和甘肃文县等也有不同程度震感。

1992年4月17日21时55分14.5秒，南溪南西发生M_L4.3级地震。震中位置北纬28°45′，东经104°52′。震源深度10千米。震中烈度Ⅵ度。震中区在长宁县与南溪县交界处的李庄区宋家乡一带。区内震感强烈，瓦房掉瓦、梭瓦及砖墙开裂现象较多。红旗村采气队会议室、单身宿舍风窗震落，房梁松动，围墙垮塌约30米。农舍有土墙坍塌。至4月30日，余震74次，最大为M_L3.6级。

1992年5月22日13时47分29.8秒，新龙西发生M_S4.2级地震。震中位置北纬30°53′，东经99°44′。震源深度15千米。

1992年5月30日10时26分13.6秒，理县北西发生M_L3.4级地震。震中位置北纬31°28′，东经102°49′。震源深度15千米。理县、马尔康强烈有感。

1992年6月25日12时38分13.1秒，康定发生M_S4.0级地震。震中位置北纬30.2°，东经101.7°。震源深度17千米。

1992年7月17日19时07分28.8秒，乐山福禄发生M_L2.8级地震。震中位置北纬29°18′，东经103°41′。震源深度26千米。震中烈度Ⅴ度。宏观震中位于福禄镇，部分民房烟囱、屋脊“太岁”倒塌，少数房屋梭瓦、掉瓦，砖混结构楼房墙壁产生细小裂缝。乐山市沙湾釉面砖厂砖窑预热炉耐水砖被震断17块，停产修复10小时左右，高45米烟囱旧裂缝加宽增长。福禄镇一民房屋檐灰石震落砸伤1人。大渡河水运局福禄水运处、农科村、田原村、福禄镇临江街和沙沟街等，檐瓦脱落，房顶烟囱垮裂，房屋门窗变形，墙体、窗台有裂纹；福南乡斑竹沱、九块碑、小来村、南瓜沱、燕子坎、芝麻槽也有较强震感。

1992 年 9 月 2 日 11 时 14 分 23.4 秒，昭觉发生 M_S4.2 级地震。震中位置北纬 28.0°，东经 102.9°。震源深度 15 千米。

1992 年 9 月 21 日 15 时 07 分 32.1 秒，广元发生 M_L2.9 级地震。震中位置北纬 32°16′，东经 105°38′。震源深度 20 千米。广元元坝区大朝乡震感强烈，杯水晃动，门窗摇晃。砖混结构楼房出现裂缝，学生纷纷跑出课堂。22 日 7 时 35 分又发生一次 2.4 级地震。

1992 年 9 月 23 日 19 时 32 分 44.9 秒，綦江发生 M_L3.5 级地震。震中位置北纬 28°58′，东经 106°52′。宏观震中位于南桐矿区附近。矿区万盛、南桐、东林、晋林等地强烈有感，居民纷纷惊逃室外。个别房屋裂缝、电杆倾斜。矿区个别人受伤。

1992 年 9 月 26 日 20 时 47 分 44.1 秒，綦江发生 M_L3.3 级地震。震中位置北纬 28°56′，东经 106°56′。震源深度 10 千米。宏观震中位于綦江县适中乡。震区房屋普遍梭瓦、掉瓦，土墙掉灰，掉瓦 100 匹以上的有 35 户。适中村一社 8 间民房开裂，其中 2 间严重开裂不能住人。松藻煤矿一、二井房屋有掉瓦和墙体轻微开裂现象。贵州省九殿垭也有震感。

1992 年 10 月 27 日 06 时 17 分 22.1 秒，甘孜发生 M_S4.3 级地震。震中位置北纬 31.9°，东经 99.8°。震源深度 11 千米。

1992 年 11 月 30 日 01 时 39 分 37.2 秒，石渠发生 M_S5.1（M_L4.9）级地震。震中位置北纬 33°12′，东经 98°00′（宏观震中位置北纬 33°04′，东经 98°00′）。震中烈度Ⅶ度。极震区（Ⅶ度区）在石渠尼呷镇（县城）、西区和德荣马一带，面积 160 平方千米（见图 1－1 中 1992 年 11 月 30 日石渠 5.1 级地震等烈度线图）。石渠西区贸易营业部砖墙青瓦平房墙体普遍出现细小裂缝，屋檐、望板部分脱落，门框外凸，砖体松动；县医院住院部砖木结构平房墙体出现竖向裂缝，砖体切断，另几十间房屋在窗角处墙体裂缝。德荣马一带片石墙青瓦平房墙体臌裂，片石有掉落，屋檐拉松，檐瓦掉落。区内的夯土墙房屋墙体多出现纵向裂缝。Ⅵ度区北西起俄多马，南东抵东区，东到宜牛，西为无人区，面积约 2470 平方千米。区内格孟乡小学夯土墙房屋墙体裂缝，梭瓦严重；区内砖木结构房屋墙体旧有裂缝加宽。一座横跨雅砻江的四孔水泥浇注公路大桥也出现裂缝。震区内民众惊恐，数千人在零下 23℃的严寒中露宿。地震造成 2000 余户、9000 余人受灾，各类建筑结构房屋严重破坏 68042 平方米，中等破坏 181446 平方米，轻微破坏 136086 平方米，两座公路大桥和一座电站受损，直接经济损失 4369 万元。

1992 年 12 月 18 日 18 时 55 分 59.7 秒，都江堰土桥发生 M_L3.5 级地震。震中位置北纬 30°01′，东经 103°38′。震源深度 13 千米。都江堰电厂、青城纸厂、宁江厂、农贸公司、卫校、城关幼儿园、人民医院、工交公司、市检察院、770 部队、中兴乡、市中学、邮电局、市委办公室、市政府办公室、物价局、十九冶疗养院、第二技工校、设计院、幸福路照相馆等单位震感较强，电灯摇晃，茶杯晃动，水瓶摇倒。民众纷纷跑出室外。

1992 年 12 月 26 日至 27 日，江北统景连续发生 28 次小震，最大震级 M_L1.7 级。统景地区部分民众有感，造成了社会影响。

第二章 震情纪实（下）

1993—2005年四川境内发生的大小地震197次。其中1.7—3.9级地震57次，4.0—4.9级地震126次，5.0—5.9级地震13次，6.0级地震1次。另外收录邻省地震5次。这一时段，省内发生的地震强度不大，仅在2001年雅江发生1次6.0级地震；5.0—5.9级地震分别发生在沐川2次、绵竹2次、盐源2次，白玉、宜宾、荣昌、雅江、马尔康、新龙和会东各1次；4.0—4.9级地震活动频繁、集中，1993年8月至1997年8月荣昌发生有8次，1994年5—12月宜宾发生4次，1998年8月至2005年11月盐源发生18次。一些震级不大的地震，曾引起人们惊恐，地震谣言不断，影响社会稳定，个别小地震还造成人员死亡。1993年8月，荣昌发生4.5级地震，1人惊慌跳楼，抢救无效死亡。1994年7月，安县一煤矿发生1.7级地震，矿井部分地段垮塌，堵埋矿工3人，抢救出2人、死亡1人。一些中强地震造成的经济损失严重。如1997年8月荣昌发生5.2级地震，经济损失7387万元；2005年8月会东发生5.3级地震，经济损失6558万元。邻省发生的地震对四川境内造成的经济损失很严重。1995年10月，云南武定发生6.5级地震，毗连震区的会东县、会理县和攀枝花市经济损失4600万元；1998年10月、11月云南宁蒗彝族自治县（以下简称宁蒗）发生5.3级、5.2级和6.2级地震，给紧连震区的盐源县造成经济损失6000多万元。省内强震损失也十分严重，2001年2月，雅江发生6.0级地震，受灾面积11000多平方千米，有10833户、51964人受灾，城乡各类房屋倒塌、破坏180多万平方米，3人死亡，7人失踪，154人受伤，15000多人暂时无家可归，损失牲畜15000多只（头），经济损失近1.9亿元。1993—2005年，地震造成四川经济损失8.2亿多元。

1996年12月26日，白玉发生5.5级地震，震前，中共甘孜州委和甘孜州人民政府根据地震部门的预测意见，于12月13日向有关县发出特急内部传真电报，对防御地震采取应急措施，减少了人员伤亡和损失。破坏性地震发生后，地震部门和地方政府启动了地震应急预案，紧急赶赴震区进行应急救援、抗震救灾，开展灾情调查和震灾损失评估，组织灾区民众奋发图强，自力更生，恢复生产，重建家园。

第一节 1993—1996年震情

1993年1月9日09时08分54.6秒，巴塘发生M_L3.5级地震。震中位置北纬29°55′，东经99°12′。震源深度15千米。震中在巴塘县城西南20千米的竹巴龙乡。该乡个别民房出现细微裂缝。巴塘县城人感摇晃。

1993年1月29日08时27分57.6秒，酉阳（1997年后隶属重庆市）发生M_L4.0级地震。震中位置北纬28°49′，东经108°28′。

1993 年 2 月 11 日 14 时 01 分 13.6 秒，壤塘发生 M_L3.5 级地震。震中位置北纬 31°55′，东经 101°19′。震源深度 8 千米。壤塘县蒲西乡震感强烈，个别老旧房屋有掉瓦现象。壤塘县城亦有感。

1993 年 2 月 19 日 15 时 44 分 56.1 秒，马尔康发生 M_L3.0 级地震。震中位置北纬 31°48′，东经 102°17′。震源深度 11 千米。马尔康地区震感强烈。马尔康林业局一老旧柴棚震时摇垮。

1993 年 3 月 2 日 21 时 36 分 37.2 秒，大邑发生 M_L4.0 级地震。震中位置北纬 30.6°，东经 103.4°。震源深度 15 千米。震中烈度Ⅵ度弱。宏观震中在邮江镇三坝街一带。原乡政府宿舍、原乡卫生院、畜牧兽医站的砖墙房屋墙体被震裂。一户村民的砖墙被全部震倒；另一牛圈墙震垮，压伤耕牛。原三坝乡文化站和民居的烟囱震垮，掉砖砸坏房屋和铁锅。

1993 年 3 月 28 日 12 时 02 分 07.7 秒，荣昌发生 M_L3.5 级地震。震中位置北纬 29°29′，东经 105°36′。宏观震中位于兴隆区油菜乡。震区内普遍出现房屋梭瓦、少数掉瓦，有的房屋墙壁裂缝，个别烟囱倒塌。安北乡的华江机械厂有 5 个车间的 7 栋工房墙体顶板裂缝，2 个车间多台机床移位，200 余套（件）成型零（部）件报废；部分职工宿舍墙壁、天花板出现较多裂缝。3 月 25 日，该地区曾发生过 3.2 级地震。

1993 年 3 月 29 日 13 时 45 分 15.1 秒，布拖发生 M_L4.1 级地震。震中位置北纬 27.6°，东经 103.0°。震源深度 20 千米。

1993 年 3 月 30 日 12 时 38 分 24.8 秒，壤塘发生 M_L3.4 级地震。震中位置北纬 32°03′，东经 101°20′。震源深度 11 千米。上寨和蒲西乡感觉强烈，震时房屋摇晃，有掉灰现象，人们纷纷跑出室外。壤塘县城也有感。

1993 年 4 月 5 日 21 时 02 分 32.8 秒，若尔盖发生 M_L3.5 级地震。震中位置北纬 33°49′，东经 102°57′。震源深度 6 千米。县城震感强烈，人们逃往室外。部分老旧夯土墙房屋墙体出现轻微裂缝和掉灰。班佑、阿西、巴西等地也有震感。

1993 年 4 月 9 日 05 时 11 分 25.1 秒，木里发生 M_L4.2 级地震。震中位置北纬 28.1°，东经 100.9°。震源深度 16 千米。宏观震中位于博瓦区西秋乡东南一带。西秋乡 15 个自然村房屋墙壁产生不同程度裂缝；危崖崩塌，山石滚落，堰沟和电站引水渠阻塞或击毁。地裂缝穿过西秋乡电站，机座错位报损。直接经济损失近 60 万元。

1993 年 4 月 10 日 11 时 13 分 02.16 秒，木里发生 M_S4.1（M_L3.7）级地震。震中位置北纬 27°55′，东经 101°01′。震源深度 12 千米。

1993 年 4 月 12 日 14 时 54 分 41.1 秒，木里发生 M_S4.0 级地震。震中位置北纬 28.1°，东经 101.0°。震源深度 15 千米。

1993 年 5 月 24 日 07 时 57 分 44.9 秒，德格发生 M_S4.8（M_L4.1）级地震。震中位置北纬31°47′，东经 98°48′（宏观震中位置北纬 31°45′，东经 98°38′）。震中烈度Ⅵ度。极震区（Ⅵ度区）北起拉达，南至八邦，东到上八乌西，西抵八一桥，面积 470 平方千米。区内德格县城更庆镇、八邦乡、龚垭乡等乡镇境内砖混、砖木、土木结构房屋部分墙体出现裂缝、倾斜，基础下沉、掉瓦、门窗位移；德格印经院大门西侧唐卡壁画和大殿楼层部分承重柱下沉，楼层部分裂缝、位移；八邦寺少数房屋摇摇欲坠。德格县城北八里达电站和城西东风电站水渠局部出现裂缝漏水，城区公路大桥耳孔震裂；德格印经院和八邦寺庙文物亦有损坏。有山石滚落，砸死牦牛 1 头。Ⅴ度区面积 2400 平方千米，区内日火、白垭、岗拖、汪布顶、卡松渡、格洛洞、下压巴、麦宿等地村寨震感较强。地震造成经济损失862.80万元（其中间接经济损失50万元）。

1993年6月12日05时13分40.0秒，松潘南东发生M_L3.1级地震。震中位置北纬32°15′，东经104°07′。震源深度5千米。震中位于北川、平武间。北川县片口乡、平武县泗耳乡震感强烈。

1993年7月10日11时14分33.4秒，犍为发生M_S4.2级地震。震中位置北纬29.3°，东经104.0°。震中烈度Ⅴ度。极震区（Ⅴ度区）在龙孔镇丝茅坪至玉津镇瑞雪村、和风村一带，面积约24平方千米。区内的丝茅村砖混结构瓦房墙体裂缝，预制楼板拉裂。瑞雪村、和风村墙体开裂或旧裂缝加宽增长，普遍梭瓦掉瓦，屋脊或“太岁”震断震倒，60余户烟囱倒塌。龙孔镇丝茅坪、新开和文峰，下渡乡石龙和永忠等地砖墙出现裂缝，梭瓦掉瓦，烟囱和“太岁”倒塌，女儿墙有倒塌。一些学校房屋墙体开裂和梭瓦掉瓦。Ⅳ度区面积50平方千米，区内河口某驻军带圈梁的砖混结构楼出现多处裂缝，一些旧裂缝增长加宽，掉灰掉沙，办公楼吊灯震掉打烂；玉津镇、龙孔镇、河口、清溪镇等震感强烈，房屋梭瓦掉瓦，烟囱震裂，少量房屋出现轻微裂缝。地震中有3人惊慌跳楼，其中1人骨折。地震造成经济损失30万—50万元。乐山市城区、荣县金花和犍为新民等地有震感。震后犍为城区出现各种地震谣传，人心不安，社会秩序受到较大影响。

1993年7月11日23时15分26.4秒，什邡发生M_S4.3级地震。震中位置北纬31.5°，东经103.9°。震源深度2千米。震中烈度Ⅳ度。地震发生在红白乡张家坪村一带。黑松林矿区、红星煤矿、金河磷矿、什化总厂、红白乡、蓥华乡、八角乡、清平乡、伐木厂等地以及茂县、汶川震感强烈。震时人们听到“闷雷”似的地声，房屋摇晃门窗作响。黑松林矿晚班工人全部跑出矿洞，室内人们纷纷跑出室外。红星煤矿招待所楼房墙壁出现少量裂缝。德阳、什邡、绵竹、中江县有感。

1993年8月7日16时36分06.3秒，沐川发生M_S4.8级地震。震中位置北纬29.0°，东经103.6°（宏观震中位置北纬29°01′26″，东经103°40′17″）。震源深度5千米。震中烈度Ⅶ度。极震区（Ⅶ度区）包括凤村乡的5个村和杨村乡硝坝村，面积约15平方千米（见图1－1中1993年8月7日沐川4.8级地震等烈度线图）。区内凤村乡红桥村简易木架草房和瓦顶房震垮2间，倾斜2间；夯土墙旧裂缝加宽，纵墙内倾；木架瓦房墙体开裂、错位、倾斜，隔墙垮成缺口。隆兴村木柱夯土墙瓦房墙体严重开裂、错位、变形、局部倒塌；三荫村土墙裂口、倾斜，猪圈土墙倒塌，沙坝子震倒震裂烟囱4根；桂香村穿斗木板壁瓦房倾斜。沙坝村、纸槽沟等房屋也受到严重破坏。区内大多数瓦房严重梭瓦。隆兴村、老水井、纸槽沟一带有较严重崩塌和垮崖，巫家院坝出现11米长的地裂缝，毛狗洞基岩垮方30立方米。Ⅵ度区面积约98平方千米，区内凤村乡政府会议室（原禹王宫古庙）屋面局部坍塌，凤村乡中心校教师宿舍一排7根烟囱震断向北倾倒，凤村乡桂香小学穿斗木架教室夹壁垮塌，木架脱榫；红桥村豆荚坪砖木结构瓦顶房墙体严重裂口，简单木架草顶房震倒；杨村乡政府砖混结构宿舍砖墙掉块，砖木结构平房隔墙裂缝，杨村乡小学教师宿舍屋脊震垮；杨村乡政府办公楼、信用社、供销社、旅馆、计生站、中学等楼房梭瓦。区内的硝坝村、黄沙村、石板滩、关上村、土坝、龙宝村、山羊村、五昌崖、武圣乡和马边彝族自治县（以下简称马边县）荣丁乡等地的房屋也出现梭瓦掉瓦，部分房屋墙体产生细裂缝或旧有裂缝增长加宽。区内有滚石、崩塌现象，桂香村五昌崖石膏矿坑道口震垮，龙宝村七组滚石击中民房，舟坝机砖厂取土场坍塌埋压运土的翻斗车和手推车，多处的引水渠道为山体塌方阻断。冷家山Ⅶ度异常点：该异常点在Ⅵ度区内，有土墙瓦房9间，木檩震断7根，屋顶塌落，土墙裂口变形，砖烟囱震倒；一穿斗瓦房地震掉木檩6根。舟坝Ⅵ度异常区：该异常区包括舟坝电站、洋溪、舟坝镇等沿洋溪河谷的狭长地带，舟坝电站宿舍及食堂，砖木结构平房墙体多处出现穿透性裂缝，严重梭瓦，室内地表也产生细裂缝；舟坝电站少量梭瓦；舟坝镇医疗所砖墙裂口，楼层预制板间拉开；镇上民房砖墙裂口，屋顶砖烟囱上部震倒；洋溪小集镇每户有程度不同的梭瓦、掉瓦，民房7根砖烟囱震裂或倒塌。马边、峨边、沙湾、五通、犍为、乐山市城区也有震感。这次地震房屋毁坏8329平方米，严重破坏21432平方米，中等破坏84142平方米，轻微破坏161379平方米。地震中倒塌民用砖烟囱600多根，损毁无数家用生活用品，造成直接经济损失935万元。地震造成1个乡办煤矿、24个个体小煤矿、3个石膏矿、1个机砖厂和采土场停工停产；山地次生灾害造成农田、水渠、公路以及通讯、供电线路较严重破坏，间接经济损失147.2万元。地震中3人受轻伤。

1993年8月20日14时37分53.1秒，荣昌发生M_S4.5级地震。震中位置北纬29.6°，东经105.5°。震中区房屋出现裂缝、梭瓦、掉瓦、烟囱倒塌，天花板及墙面抹灰脱落，个别屋面塌落、椽子震断。地震造成2人受伤。辽宁北票矿务局1名在荣昌永荣发电厂实习青年，地震时从三楼跳下，造成四肢粉碎性骨折、颅底骨折，经抢救医治十余天无效死亡。

1993年9月20日17时17分08.4秒，南坪发生M_L4.0级地震。震中位置北纬33°28′，东经103°53′。地震发生在南坪黑河乡以西的无人山区。黑河乡、大录乡震感强烈，房屋摇晃、掉灰。南坪县城住高楼者有感明显。

1993年9月30日16时04分52.1秒，茂县发生M_L3.5级地震。震中位置北纬31°40′，东经103°44′。茂县凤仪镇（县城）房屋摇晃，门窗作响。石鼓乡、南新乡震感强烈，汶川县城和什邡红白乡也有震感。

1993年10月14日07时34分17.7秒，马边发生M_S4.0（M_L4.3）级地震。震中位置北纬28°33′，东经103°19′（宏观震中位置北纬28°32′，东经103°23′）。震源深度1千米。震中烈度Ⅵ度。宏观震中在马边大院子区永红乡一带。极震区（Ⅵ度区）包括永红乡五马、团包子、柱上、波柱等村，面积38平方千米。区内瓦房多数梭瓦，少数檐瓦震落，墙体出现细小裂缝，旧缝增大。Ⅴ度区房屋少数墙体出现裂纹或倾斜，有梭瓦、掉瓦。经济损失20万元。马边县城区、雷波县西宁区等震感较强烈。

1993年12月6日07时57分20.4秒，石柱发生M_S4.3级地震。震中位置北纬31.1°，东经108.3°。

1993年12月26日16时24分30.4秒，荣昌发生M_L3.3级地震。震中位置北纬29°31′，东经105°33′。震中在荣昌县安北乡一带。安富镇、安北乡和东民乡震时明显有感，个别房屋有掉瓦现象。

1993年12月30日13时55分36.6秒，都江堰发生M_S4.3（M_L4.4）级地震。震中位置北纬30°57′，东经103°43′。震源深度15千米。震中烈度Ⅴ度。极震区（Ⅴ度区）北起崇义镇，南至徐渡乡，西到聚源镇飞桥村以东，东抵郫县新胜乡、花园乡一带，面积50平方千米。区内人们普遍强烈有感，惊逃室外；房架发出声响，悬挂物大幅摆动，器物震倒；土桥乡政府1.5米高铁架掀倒，徐渡中学四楼教室讲桌震倒。崇义镇农经站及附近的一些砖混结构房屋顶板与女儿墙间出现裂缝、错位，裂缝呈波状断穿墙体，楼梯间、门窗接合处裂缝，掉灰皮、灰块；界牌村一农户粗大的右门柱上端震断错位，土桥乡胜安村和玉堤村砖混结构楼房墙体震裂掉灰块，水泥大砖围墙震倒40多匹。徐渡乡青羊村、大乐村、崇义镇海云村和土桥乡政府抽水房等地的砖木结构瓦平房屋脊“中垒”震倒，普遍梭瓦、掉瓦、开“天窗”。崇义镇街上、土桥乡街上和郫县新胜乡、花园乡一些餐馆、民房烟囱顶部掉砖块。崇义镇钢门窗厂车间地面出现 30 米长地裂缝穿过车间外小花园，花台裂缝错位。北至绵竹、德阳，南到汉源，西至汶川漩口，东到金堂等地有震感。

1994 年 1 月 23 日 13 时 20 分 56.9 秒，壤塘发生 M_L3.5 级地震。震中位置北纬 32°06′，东经 101°03′。壤塘县宗科、上寨等地有感，房瓦掉灰，电线晃动。震时伴有隆隆响声。

1994 年 2 月 23 日 09 时 53 分 15.2 秒，荣昌发生 M_L4.0 级地震。震中位置北纬 29°31′，东经 105°35′。荣昌县境内荣隆、东明、安富、油菜、安陶等乡镇强烈有感，部分房屋有梭瓦现象。广顺、昌元等镇也普遍有震感。

1994 年 2 月 25 日 15 时 42 分 13.7 秒，江油发生 M_S4.7（M_L4.4）级地震。震中位置北纬31°43′，东经 104°42′（宏观震中位置北纬 31°42′00″，东经 104°41′25″）。宏观震源深度 10 千米。震中烈度Ⅵ度强。极震区（Ⅵ度强区）西起黑石桥，东到彰明火车站，北至桥楼子，南抵太华山，面积约 10 平方千米；西侧香水乡荣华村一带也出现Ⅵ度强异常区，面积 3 平方千米。在Ⅵ度或Ⅵ度强区域内房屋多数受到破坏。青莲电厂房屋墙体破坏严重，耐火瓷管厂车间工作墩裂口，打断成品、半成品瓷管，窑炉烟囱裂口；彰明火车站信号控制系统破坏，中断火车通行 50 分钟；香水乡境内引水混凝土渡槽拉裂，470 余口蓄水塘埝埝坎震裂、漏水；中坝铁合金厂、青莲铁合金厂、科达公司、跃华公司、金属材料厂等企业单位和区内的众多民房的墙体出现裂口，屋顶脊背破裂、倒塌，普遍梭瓦，砖烟囱震裂或震倒，土坯灶台普遍垮塌；陡峻山坡有垮崖和滚石。江油市境内倒塌房屋 22 户，严重破坏房屋 107 户，有十余家企业单位房屋受到不同程度破坏。地震时 3 人受伤，打伤生猪 4 头。有 100 户人无家可归。地震造成经济损失 356 万元。北川县震感强烈，香泉、双潭、通口、陈家坝、曲山镇等乡镇砖木结构房屋墙体原有裂缝加大增长；香泉乡的紫山、紫霞、光明等村房屋和水利设施受到损坏或轻微破坏，经济损失 4.5 万余元。

1994 年 4 月 15 日 01 时 57 分 05.4 秒，荣昌发生 M_L4.4 级地震。震中位置北纬 29°29′，东经 105°32′。震源深度 1 千米。宏观震中在荣昌县广顺镇藕堰村一带。地震时，入睡人们普遍跑出室外。室内部分物品被震落，少数人家的锅等被坠落物砸烂，不少屋瓦被震下移，墙体出现裂缝，少数农房、校舍变成危房。荣昌全县震感较强，隆昌县部分地区也有震感。

1994 年 5 月 6 日 12 时 23 分 19.7 秒，宜宾发生 M_S4.0（M_L4.1）级地震。震中位置北纬 29°06′，东经 104°39′。震源深度 13 千米。

1994 年 5 月 6 日 13 时 26 分 50.4 秒，宜宾发生 M_L4.1（M_S3.9）级地震。震中位置北纬 29°06′，东经 104°39′。地震发生在宜宾县白花 - 孔滩一带，部分建筑物有损坏。宜宾、自贡地区震感强烈。

1994 年 6 月 6 日 17 时 27 分 33.8 秒，犍为发生 M_L3.7 级地震。震中位置北纬 29°13′，东经 103°59′。震源深度 26 千米。犍为县龙孔镇丝茅坪一带，房屋溜瓦现象普遍。

1994 年 6 月 10 日 05 时 31 分 00.3 秒，马尔康发生 M_L3.1 级地震。震中位置北纬 31°43′，东经 102°20′。马尔康、小金木城、金川等地普遍有感。马尔康县城睡觉的人被震醒。

1994 年 7 月 2 日 06 时 39 分 49.2 秒，马尔康发生 M_L3.1 级地震。震中位置北纬 31°46′，东经 102°26′。马尔康附近普遍有感。

1994 年 7 月 19 日 05 时 13 分 33.1 秒，安县发生 M_L1.7 级地震。震中位置北纬 31°44′，东经 104°08′。安县睢水煤矿一带，震感极为强烈，矿区 200 多名矿工纷纷撤离到矿区开阔地带。矿井内巷道 200 多处岩层出现裂缝和掉落，坑木断裂、钢轨抬起、煤车倾倒；矿井巷道部分地段垮塌，3 名矿工堵埋矿井内（经紧急抢救，救出 2 人，死亡 1 人）。

1994 年 9 月 5 日 04 时 13 分 36.3 秒，平武发生 M_L4.3 级地震。震中位置北纬 32°17′，东经 104°35′。震源深度 26 千米。

1994 年 9 月 16 日 12 时 38 分 53.7 秒，平武发生 M_S4.0 级地震。震中位置北纬 32.2°，东经 104.7°。震源深度 20 千米。

1994 年 9 月 21 日 03 时 13 分 53.6 秒，宜宾发生 M_S4.0 级地震。震中位置北纬 29.1°，东经 104.7°。震源深度 24 千米。

1994 年 10 月 12 日 00 时 37 分 27.3 秒，马边发生 M_L3.1 级地震。震中位置北纬 28°54′，东经 103°31′。震源深度 9 千米。震中烈度Ⅴ度。马边县城附近强烈有感，室内悬挂物摆动，器物倒落、打碎，门窗作响，玻璃损坏，个别人梦中惊醒跑出室外。城区房屋有掉灰现象，马边县地震办公室住房墙体裂缝。马边中学教师宿舍窗玻璃震破。水碾坝乡、石梁乡、建设乡震感较强，苏坝乡、靛兰坝乡有感。

1994 年 12 月 11 日 16 时 29 分 06.9 秒，宜宾发生 M_S4.3（M_L4.1）级地震。震中位置北纬 29°06′，东经 104°39′。震源深度 18 千米。

1994 年 12 月 30 日 02 时 58 分 27.3 秒，沐川发生 M_S5.7 级地震。震中位置北纬 29°01′，东经 103°39′（宏观震中位置北纬 29°02′15″，东经 103°38′30″）。震源深度 13 千米。震中烈度Ⅶ度。极震区（Ⅶ度）包括杨村乡硝坝、黄沙村，舟坝镇正兴村，凤村乡桂香、沙坝村及马边县荣丁乡等地，面积 25 平方千米（见图 1－1 中 1994 年 12 月 30 日沐川 5.7 级地震等烈度线图）。区内杨村乡硝坝村小学和民居砖木结构房屋 7 间全部倒塌，高山坪老旧木穿斗房屋墙体局部垮塌；黄沙村夯土墙房屋墙体坍塌，一新建楼房（Ⅱ类房）墙体开裂，大梁移位。区内绝大部分瓦房严重梭瓦，墙体裂缝，石砌灶台震裂震垮。正兴村 9 队地裂缝穿过砖平房，墙体移位，附近十余亩农田裂缝渗水；硝坝村出现较大面积的山"剥皮现象"。Ⅵ度区东起马边河谷，南到马边县荣丁乡，北至罗方田、青龙槽，西抵高山区烂池了一带，面积约 60 平方千米。区内正兴村三队、黄沙村二队、正兴庙小学等砖木结构房屋檩条震断，墙体与窗框连接处出现穿透性裂缝，普遍梭瓦，烟囱震倒；土夯房墙体有倒塌。杨村乡、凤村乡政府砖木结构房屋墙体出现裂缝，杨村乡粮店宿舍房屋脊瓦垮塌，墙体裂缝；马边荣丁乡信用社砖墙房屋和荣丁小学砖木房屋墙体均产生细小裂缝。舟坝至杨村公路被山体滚石堵塞，滚石总量约 2000 立方米。滚石下落严重阻塞胡溪口、舟坝电站引用水明渠，造成企业停工停产；黄沙至硝坝一带山体出现小型滑坡和滚石。Ⅵ度区内有两个Ⅶ度异常点。舟坝中学Ⅶ度异常点：该校 12 幢砖木结构教室和宿舍墙体出现穿透性裂缝，局部有错位现象，有 3 间房子檩条震断，所有房屋严重梭瓦、掉瓦、开"天窗"，宿舍烟囱全部震倒；一幢砖混结构三层教学楼墙体多处出现细裂缝，抹灰层剥落，构造柱有细小裂缝；学校单砖围墙局部有倒塌。桂香桥、白果林Ⅶ度异常点：该居民点内 4 户砖木结构房墙体普遍出现上下直立连通裂缝，3 户土墙房屋墙体倒塌，10 多户穿斗木架房屋有梭瓦、掉瓦。沐川和马边县城及黄丹等人们有较强震感，房屋有梭瓦现象；峨边、犍为、沙湾、乐山市城区多数人有感，成都市少数人也有震感。地震造成重伤 9 人，轻重 124 人，砸死大小牲畜 400 余头。各类房屋毁坏 12536 平方米，严重破坏 75608 平方米，中等破坏 127226 平方米，轻微破坏 95145 平方米。沐川、马边两县直接经济损失 2651 万元，间接经济损失 530 万元，总的经济损失 3181 万元（其中沐川 3017 万元，马边 164 万元）。

1995年1月3日08时46分37.9秒，荣昌发生M_S4.2级地震。震中位置北纬29°19′，东经105°27′。震源深度32千米。荣昌和隆昌两县交界地带震感强烈，有人惊逃户外，房屋梭瓦、掉瓦，墙体裂缝，有高压线拉断等现象。

1995年1月19日22时54分15.8秒，雷波发生M_S4.1（M_L4.0）级地震。震中位置北纬28°34′，东经103°31′。震源深度1千米。

1995年2月1日13时17分26.3秒，汶川发生M_L3.1级地震。震中位置北纬30°57′，东经103°28′。震源深度8千米。汶川映秀震感强烈，吊灯摇晃，门窗咔咔作响。卧龙、漩口震感也较强烈。

1995年2月9日04时47分58.6秒，阿坝发生M_S4.2（M_L3.9）级地震。震中位置北纬32°47′，东经102°00′。

1995年4月26日11时46分29.3秒，沐川发生M_S5.0级地震。震中位置北纬28°59′，东经103°39′（宏观震中位置北纬29°01′24″，东经103°42′12″）。宏观震源深度10千米。震中烈度Ⅵ度强。极震区（Ⅵ度和Ⅵ度强区）北起大店子，南至凤村南，东到罗沟头，西抵祝家湾，面积约40平方千米（见图1－1中1995年4月26日沐川5.0级地震等烈度线图）。区内凤村乡、武圣乡、舟坝镇和杨村乡部分地区交通、电话一度中断，部分民房墙体开裂或垮塌，花盆坠落，民用烟囱震倒；山石坠落，边坡垮塌。受1993年8月7日4.8级地震、1994年12月30日5.7级地震和本次5.0级地震震害叠加，数十间危旧房屋毁坏，两所小学停课，舟坝中学校舍成危房，师生在露天上课。地震造成重伤2人，轻伤数人，100多人无家可归。砸死生猪7头。各类房屋毁坏4355平方米，严重破坏17418平方米，中等破坏68673平方米，轻微破坏204664平方米。地震给沐川县造成经济损失1711.3万元（其中直接经济损失1481.3万元，间接经济损失230万元），马边县经济损失83万元。

1995年4月27日04时11分15.2秒，红原发生M_L3.9级地震。震中位置北纬32°50′，东经102°34′。震区在红原县诺尔门东南，红原县城有感。

1995年4月30日09时07分12.5秒，荣昌发生M_S4.2（M_L4.2）级地震。震中位置北纬29°25′，东经105°28′。宏观震中位于荣昌县荣隆镇油菜村至许溪乡一带。油菜乡、东民乡一带震感极为强烈，部分房屋出现梭瓦、掉瓦，墙壁裂缝、烟囱震倒等现象，2人轻伤。昌元镇、广顺场、安富镇、荣隆乡有较强震感。

1995年5月9日02时37分27.5秒，若尔盖发生M_L4.4级地震。震中位置北纬33°28′，东经103°27′。

1995年5月12日17时36分15.0秒，马尔康发生M_S4.3（M_L4.3）级地震。震中位置北纬31°59′，东经101°39′。震源深度1千米。马尔康日部、达维等地震感强烈，人们纷纷跑出室外，马尔康县城、金川、壤塘普遍有感。

1995年5月17日04时18分30.1秒，马尔康发生M_L3.7级地震。震中位置北纬31°49′，东经102°08′。震源深度16千米。马尔康县城震感强烈，多数人从睡梦中惊醒。

1995年6月10日13时08分53.9秒，北川、安县间发生M_S4.3（M_L4.1）级地震。震中位置北纬31°43′，东经104°09′。震源深度17千米。宏观震中位于安县茶坪乡千佛村一带。千佛村等地房屋有倾斜、掉瓦和墙体裂缝等现象，山体滚石较严重。茶坪乡办煤矿和磷矿矿井巷道震塌1800米，县办睢水煤矿矿井巷道震塌1056米。北川坝底、墩上、禹里乡老式碉堡房及部分民房有梭瓦掉瓦、墙体裂缝。禹里乡水电站 2 号机组水能机与发电机连接的主轴断裂。北川曲山镇震感也较强烈。

1995 年 6 月 12 日 11 时 37 分 30.1 秒，北川发生 M_S4.1 级地震。震中位置北纬 31.9°，东经 104.1°。震源深度 12 千米。北川县曲山镇震感强烈。

1995 年 7 月 30 日 21 时 03 分 56.7 秒，壤塘发生 M_S4.2（M_L4.2）级地震。震中位置北纬32°10′，东经 101°10′。震源深度 23 千米。金川县观音桥一带震感强烈，多数人跑出室外。马尔康城区少数人有感。

1995 年 8 月 12 日 22 时 12 分 04.5 秒，宁南发生 M_S4.1（M_L4.1）级地震。震中位置北纬26°53′，东经 102°50′。震源深度 37 千米。

1995 年 9 月 4 日 16 时 55 分 34.1 秒，攀枝花发生 M_L3.8 级地震。震中位置北纬 26°30′，东经 101°44′。震源深度 22 千米。人们惊骇，逃出屋外。

1995 年 10 月 24 日 06 时 46 分 51.7 秒，云南武定发生 6.5 级地震。震中位置北纬 25°54′，东经 102°11′。震中烈度Ⅸ度。毗邻震区的四川会理、会东和攀枝花市仁和区受到破坏和损失。四川境内Ⅶ度区面积约 200 平方千米，Ⅵ度区面积约 1400 平方千米。会理县江普乡哈罗沟及金沙江河滩出现长数十米至 100 多米的地裂缝，陡峭地带有基岩崩塌。四川两县一市 22 个乡镇，约 38000 户、18 万人受灾（受灾重的乡镇有会理县江竹乡、新安乡、黎洪乡、木古乡、通安镇；会东县嘎吉乡、雪山乡、淌塘乡；攀枝花市坪地乡、大田乡、大龙潭乡等）。各类房屋毁坏约 6 万平方米，严重破坏约 9.9 万平方米，中等破坏约 40.8 万平方米，轻微破坏约 185.3 万平方米。会理县 21 所中小学、会东县 5 所中小学、攀枝花市 3 所中小学停课，近 20 个铁矿和铜矿停产。重伤 6 人，轻伤 82 人，避震中死亡 2 人（1 人是避震中心脏病发作窒息死亡，1 人是避震露宿公路被汽车压死）。地震造成直接经济损失 3600 万元，间接经济损失 1000 万元。

1995 年 12 月 26 日 11 时 31 分 07.7 秒，荣昌发生 M_S4.5 级地震。震中位置北纬 29°24′，东经 105°31′。永荣矿务局、荣隆镇、广顺镇等地旧房梭瓦、掉瓦，墙体开裂，烟囱倒塌现象比较普遍，少部分房屋已成为危房，地震受伤 2 人。地震造成直接经济损失 510 万元。

1996 年 1 月 16 日 08 时 08 分 16.1 秒，荣昌发生 M_S4.0（M_L4.0）级地震。震中位置北纬29°22′，东经 105°33′。震中烈度Ⅴ度。地震中 3 人受轻伤。

1996 年 2 月 28 日 19 时 21 分 58.5 秒，宜宾发生 M_S5.4 级地震。震中位置北纬 29°02′，东经 104°38′（宏观震中位置北纬 29°02′，东经 104°35′）。震中烈度Ⅶ度。宏观震中位于宜宾永兴一带。极震区（Ⅶ度区）东起白马寺，西到吊脚楼，北至白庙村，南抵永兴镇，面积约 10 平方千米（见图 1－1 中 1996 年 2 月 28 日宜宾永兴 5.4 级地震等烈度线图）。区内永兴初级中学 2 幢砖木结构教室墙体外闪，其中 1 间教室墙体整体坍塌；1 幢五层砖混结构教师宿舍楼墙体普遍裂缝，后墙出现穿透性裂缝穿过底圈梁；厕所屋顶檩条震落。永兴镇人民政府、邮电所、自来水站、永兴粮店等砖混结构楼房墙体裂缝，有的墙体呈“X”型穿透性裂缝，砖围墙倒塌，石墙观望孔砖块震落，楼道水泥护栏震倒，房屋普遍梭瓦。一 20 米高的碉楼从上到下纵向开裂。永兴镇街上民房墙体开裂、移位，房瓦坠落。区内永兴村、新成村、永胜村等 5 个自然村和新成小学等的土木结构、砖木结构房屋墙体开裂、位移，部分墙体震倒，房顶檩条震垮、土墙房屋墙体倾斜，屋顶拉裂，部分倒塌，房瓦梭落开“天窗”。烟囱、灶台、女儿墙多数震倒震裂。永兴至永和公路多处出现崩塌、地裂缝和滚石。Ⅵ度区东界永和尖山村，西界玉峰村，北抵孔滩镇白羊村，南至双华村，面积约 150 平方千米。区内草堂村、复兴村、马乾村、颜家村、新房村等 49 个自然村的各类房屋墙体开裂，旧裂缝增长加宽，普遍出现梭瓦、掉瓦，屋顶烟囱、女儿墙震裂，个别有垮塌。赵一曼中学 4 层砖混结构的教学楼墙体开裂。永兴镇八庙村汪坝狮子山垮崖滚下巨石砸死 1 人。Ⅴ度至Ⅳ度区内的宜宾市司法局宿舍屋顶女儿墙局部垮塌，打伤 2 人；自贡市富和乡政府三层砖混结构房墙体抹灰层出现细微裂缝。这次地震波及全县 27 个乡镇、126 个村、1104 个社。全县有 4 万户、20 万人受灾。死亡 1 人，伤多人，大牲畜死亡 80 头。各类房屋严重破坏 101933 平方米，中等破坏 438976.2 平方米，轻微破坏 1046827 平方米，震区生命线工程设施、微波通讯站等破坏，地震造成的直接经济损失 5161 万元，间接经济损失 100 万元，地震总经济损失 5261 万元。

1996 年 4 月 23 日 21 时 35 分 28.0 秒，泸定发生 M_S4.0 级地震。震中位置北纬 29°32′，东经 102°12′。震源深度 5 千米。泸定县磨西一带大地作东西向摆动，震感强烈。

1996 年 4 月 24 日 15 时 16 分 21.8 秒，荣昌发生 M_L2.9 级地震。震中位置北纬 29°23′，东经 105°29′。荣昌县荣隆镇有感，部分人感到惊恐。

1996 年 4 月 26 日 19 时 26 分 45.8 秒，荣昌发生 M_L3.2 级地震。震中位置北纬 29°23′，东经 105°29′。荣昌县荣隆镇和安富镇人们强烈有感。

1996 年 5 月 4 日 08 时 15 分 58.3 秒，洪雅、雅安间发生 M_L4.0 级地震。震中位置北纬 29°58′，东经 103°12′。震源深度 41 千米。震中烈度Ⅳ度强。雅安市草坝镇及幸福村、水口村和香花乡、合江乡、姚桥震感强烈，人们跑出室外。水口村室内器物发出响声，农房有檐瓦下落。宝兴及洪雅县城有感。

1996 年 8 月 8 日 20 时 53 分 52.4 秒，泸定发生 M_L2.0 级地震。震中位置北纬 29°55′，东经 102°04′。泸定县兴全乡震感较强，多数村民惊吓跑出室外。

1996 年 8 月 9 日 15 时 56 分 03.4 秒，小金北发生 M_L3.3 级地震。震中位置北纬 31°36′，东经 102°20′。小金县两河乡普遍有感，震时摇晃剧烈，并伴有响声。

1996 年 8 月 26 日 12 时 47 分 49.4 秒，道孚发生 M_S4.0 级地震。震中位置北纬 30.4°，东经 101.7°。震源深度 30 千米。

1996 年 9 月 20 日 05 时 38 分 33.0 秒，荣昌发生 M_L3.6 级地震。震中位置北纬 29°29′，东经 105°31。荣昌县荣隆镇龙潭村一带震感强烈。

1996 年 9 月 25 日 20 时 41 分 43 秒，云南德钦发生 M_L4.6 级地震。震中位置北纬 29°07′，东经 99°00′。毗邻震区的四川得荣县境内有 25 户房屋严重损坏，其余房屋轻微损坏。

1996 年 10 月 18 日 20 时 28 分 38.2 秒，马尔康南东发生 M_L3.4 级地震。震中位置北纬 31°47′，东经 102°35′。震源深度 18 千米。马尔康县城高层楼房部分人有感。

1996 年 11 月 16 日 14 时 41 分 58.4 秒，马边发生 M_S4.3（M_L4.3）级地震。震中位置北纬 28°49′，东经 103°38′。震源深度 16 千米。马边苏坝乡、民主乡强烈有感，马边县城区震感较强，峨边等地普遍有感，乐山城区个别人也有感。

1996 年 12 月 21 日 16 时 39 分 38.6 秒，白玉发生 M_S5.5 级地震。震中位置北纬 30°36′，东经 99°25′（宏观震中位置北纬 30°23′，东经 99°20′）。震源深度 5 千米。震中烈度Ⅶ度。极震区（Ⅶ度区）北起白玉县沙马乡，南到巴塘县茶洛乡，东至牧民定居点，西抵巴巴以东，面积约 330 平方千米（见图 1－1 中 1996 年 12 月 21 日白玉 5.5 级地震等烈度线图）。区内藏式民房多受破坏。巴塘县茶洛乡热坑村1栋三层楼块石藏房全部坍塌，两层偏房墙体裂缝；白玉沙马乡昌格村一碎石夯土墙房屋墙体产生20—25厘米宽的竖向裂缝。区内Ⅰ、Ⅱ类藏式房屋绝大部分墙体严重开裂，墙角坍塌，部分倒毁。茶洛乡小学土木结构平房教室墙体出现贯穿性纵向裂缝，沙马乡小学砖木结构教室后墙上部坍塌。1995年巴塘茶洛乡境内修建的186户夯土墙藏式房（居民点住房），少数房屋墙体倒塌，多数墙体严重开裂，屋顶震塌。区内地表破坏较重，沙马乡德拖村产生6条40—60米长的平行地裂缝，沙马乡小学操场、茶洛乡牧民点平坝上产生追踪性张裂缝；茶洛乡一带山体普遍发生小型崩塌，居民的木架等多有打烂。沙马乡电站进水管道（直径50厘米）震裂漏水，引水明渠裂缝；数十根电杆倾斜，断电10个小时。茶洛乡电站拦水坝条石坝体出现细裂缝，引水明渠多处破损。茶洛桥桥基倾斜垮塌。茶洛乡牧民定居点还出现大树连根拔起现象。Ⅵ度区北起白玉县盖玉区，南到巴塘松多、列衣，东至巴塘矿区，西抵白玉山岩一带，面积约2100平方千米。区内白玉县盖玉、山岩乡和沙马乡部分行政村，巴塘县莫西、沙溪、列衣、德达等乡夯土墙、块石墙藏式房屋墙体裂缝，局部垮塌，墙角和窗框角产生纵向裂缝。巴塘县沙溪供销社、列衣乡政府、措拉区区公所、区农业银行、措拉初级中学等土木结构条石基础倾斜，墙体拉裂；砖木结构、砖混结构房屋墙体裂缝，有的墙体产生“X”型穿透性裂缝，房顶严重梭瓦、掉瓦；白玉县盖玉乡邮电所、卫生所、信用社、粮站等砖木、砖混结构房屋墙体裂缝，檩条震断、门框及窗框处震裂，屋顶瓦片坠落。白玉县山岩乡政府附近21户藏式房屋多数墙体破裂，山岩乡小学教室砖墙严重开裂，墙体外闪，乡政府砖木结构宿舍楼局部倒塌，木架拔榫、严重梭瓦掉瓦；措普寺庙木架错位，夯土护墙倒塌。区内沙马金矿钢混结构一氰化物沉淀池震裂；巴塘县夏塞银矿20余个坑道震垮，部分机械设备埋没；措木龙锡矿100米长坑道垮塌；305银铅矿井洞垮塌下沉，厂房基础损坏，银选厂厂房基础设施移位、裂损。盖玉至山岩间大吉桥条石石拱裂缝，桥墩裂缝对穿；一些小型电站引水渠漏水停止发电。在Ⅵ度区外距震中80千米的白玉县教科局办公大楼墙柱错位、砖墙开裂，希望小学教室墙壁裂缝，砖砌围墙倒塌；距震中以东60千米的新龙县友谊乡及理塘县觉吾乡农区民房和牧区定点房屋均有裂缝、墙体倾斜、棚圈垮塌等现象。这次地震白玉县城、新龙县城、理塘县城及巴塘县城震感强烈，个别建筑出现破坏现象。地震涉及白玉县3个乡（沙马、盖玉、山岩）、巴塘县5个乡（茶洛、松多、列衣、德达、莫西）2710户，10842人受灾，死亡2人（其中1人为抗震救灾牺牲），重伤13人，轻伤47人，有1500人暂无房居住。地震造成直接经济损失3998.5万元（其中白玉县经济损失1774.5万元，巴塘县经济损失2224万元），间接经济损失200万元。地震总的经济损失4198.5万元。震前地方政府根据地震部门的预测意见，向有关县发出特急内部传真电报，对防御地震采取了应急措施。震后，地方政府立即作出紧急部署，组织抗震救灾，减少了损失；地震部门启动了“大震应急工作细则”，赶赴震区开展灾情调查和震灾评估工作。

第二节 1997—2005年震情

1997年2月18日03时02分49.5秒，茂县发生M_L3.1级地震。震中位置北纬32°14′，东经103°33′。震源深度11千米。黑水县城少数人有轻微震感。

1997年2月25日02时43分05.2秒，荣昌发生M_S4.3（M_L4.3）级地震。震中位置北纬29°24′，

东经 105°32′。宏观震源深度 15 千米。震中烈度Ⅴ度强。宏观震中在荣昌广顺镇高瓷村一带。地震时全县 30 个乡镇均有感，半数以上震感强烈。极震区（Ⅴ度强区）面积 4.5 平方千米。区内高瓷村五社、六社、七社等房屋墙体裂缝，大面积梭瓦、掉瓦后开“天窗”，部分烟囱和女儿墙垮塌，老旧房屋个别檩子断裂。武城陶器厂办公楼屋顶女儿墙全部倒塌，库房围墙多处裂缝。2 号和 3 号窑主体裂缝，最宽达 4 厘米左右。震时供电线路短路停产 2 小时。安富、油菜、荣隆、葛桥、许溪、广顺、武城等乡镇少数房屋有梭瓦、掉瓦、墙裂缝、脊瓦滑落、烟囱垮塌等现象。全县直接间接经济损失 50 万元。

1997 年 3 月 10 日 11 时 12 分 24.3 秒，峨边发生 M_L4.3 级地震。震中位置北纬 29°19′，东经 103°05′。震源深度 20 千米。震中烈度Ⅴ度。宏观震中在金口河小瓦山附近。东至峨边县毛坪及峨眉山市城区，南至峨边大堡、西河乡，西至汉源乌斯河，北至洪雅张村、吴河乡及高庙镇范围均有感。814 厂及金口河区武装部、公安局看守所等楼房墙体裂缝、掉灰皮，旧裂缝加宽。距震中 60 千米的峨眉半导体材料厂拉制中的大直径单晶棒震落砸坏坩锅；814 厂电站跳闸停电 45 分钟。经济损失 153 万元。

1997 年 4 月 22 日 17 时 00 分 27.7 秒，九龙发生 M_L4.0 级地震。震中位置北纬 28°50′，东经 102°00′。震源深度 20 千米。震时，冕宁县城及大桥镇强烈有感，房屋晃动，人站立不稳。

1997 年 4 月 23 日 10 时 31 分 05.6 秒，松潘发生 M_L3.3 级地震。震中位置北纬 32°21′，东经 103°38′。松潘热务沟一带普遍有感。

1997 年 5 月 6 日 22 时 16 分 09.3 秒，理县发生 M_L3.1 级地震。震中位置北纬 31°36′，东经 102°54′。震源深度 39 千米。理县县城普遍有感。

1997 年 5 月 25 日 01 时 08 分 56.2 秒，绵竹发生 M_L4.2 级地震。震中位置北纬 31°28′，东经 104°10′（宏观震中位置北纬 31°31′，东经 104°10′）。震源深度 29 千米。震中烈度Ⅴ度。绵竹市城区、土门镇、天池和遵道以及什邡、安县等地强烈有感，大多数人惊醒。汉旺镇及清平林场震感特强，几乎所有人被震醒，跑出户外。汉旺镇政府办公楼一推拉门玻璃震裂；清平林场和绵竹云湖公园房屋梭瓦、掉瓦，门窗玻璃震碎，食堂烟囱砖头震掉。山上有滚石落下。北川、德阳、绵阳、江油、汶川及成都部分县（市、区）皆有感。

1997 年 6 月 1 日 12 时 58 分 57.7 秒，自贡发生 M_L3.5 级地震。震中位置北纬 29°26′，东经 104°48′。自贡市中区、贡井区、大山铺及富顺县等地有感。自贡硬合金厂一车间电源开关跳闸。

1997 年 6 月 2 日 20 时 50 分 51.9 秒，若尔盖发生 M_L2.8 级地震。震中位置北纬 33°44′，东经 102°54′。若尔盖县城大多数人有较强震感。

1997 年 6 月 10 日 06 时 53 分 39.2 秒，马尔康发生 M_L3.5 级地震。震中位置北纬 32°10′，东经 101°35′。震源深度 1 千米。马尔康县康山乡和日部乡强烈有感，木架房屋摇响、掉灰。

1997 年 6 月 13 日 22 时 15 分 23.1 秒，茂县发生 M_L3.0 级地震。震中位置北纬 32°03′，东经 103°32′。震源深度 13 千米。震中位于茂县松坪沟乡。黑水县西耳、色尔古、知木林、扎窝、龙坝等地震感强烈，人们纷纷跑出屋外。黑水县城芦花镇也有震感。

1997 年 6 月 28 日 07 时 07 分 17.1 秒，珙县发生 M_L4.2 级地震。震中位置北纬 28°19′，东经 104°46′。震源深度 30 千米。

1997 年 8 月 2 日 03 时 05 分 00.9 秒，木里发生 M_S4.1 级地震。震中位置北纬 28°51′，东经

101°07′。震源深度 15 千米。

1997 年 8 月 13 日 16 时 13 分 30.9 秒，荣昌发生 M_S5.2 级地震。震中位置北纬 29°30′，东经 105°29′（宏观震中位置北纬 29°25′，东经 105°32′）。宏观震源深度 13 千米。震中烈度Ⅶ度。荣昌县境内震感强烈。江津市、大足县、泸州市普遍有感。宏观震中在荣昌县许溪乡及广顺镇一带。极震区（Ⅶ度）东起古泉村，西到任家岩村和石堰村，北抵大河坝村和刘家房子，南至白马洞村，面积约 8.1 平方千米（见图 1－1 中 1997 年 8 月 13 日荣昌 5.2 级地震等烈度线图）。区内许溪乡政府办公楼、乡信用社砖混结构房屋墙体呈“X”型透光裂缝；中心村八社、古泉村一社砖木结构房屋墙体裂缝、外闪，2 间倒塌，11 间砖混结构房屋墙体裂缝，女儿墙倒塌；玉河沟水库管理站一楼一底砖房 11 间墙体普遍裂缝。区内麻柳、玉河、白马洞、中心等村房屋大多数瓦房普遍梭瓦、掉瓦，开“天窗”，墙体出现裂缝，石砌灶台震裂或垮塌，烟囱震断或倒塌。简易公路两侧、学校操场和晒坝出现有重力裂缝。Ⅵ度区东起昌元镇罗里村，西至荣隆乡油菜村、柏香村，北到新丰乡清泉村、红星村，南抵广顺镇新路村和柳坝村，面积约 48.8 平方千米。区内新路、柳坝、茶店、藕堰、元兴、半边街、玉久、长顺、油菜、柏香、石堰、滩口、连丰、清泉、古泉、白泥和马鞍等村少数砖混、砖木结构房屋墙体裂缝，楼面预制板接缝拉裂，女儿墙部分倒塌，单砖墙也有倒裂；夯土墙房屋墙体旧裂缝增长加宽，老旧土墙部分倒塌；房屋多有梭瓦、掉瓦，烟囱倒塌，少数房屋屋脊倒塌。广顺镇永荣矿务局机关和招待所砖混结构房屋墙体也出现裂缝。地震造成重伤 4 人，轻伤 29 人，3000 余人暂无房居住。大牲畜死 21 头。全县 5 个乡镇、27 个自然村、8764 户、30515 人受灾；4 家国营厂矿企业和十余家乡镇企业也受到不同程度损失。各类房屋受损面积 1606320 平方米。地震造成直接经济损失 6387.8 万元，间接经济损失 1000 余万元，总的经济损失 7387.8 万元。

1997 年 9 月 23 日 09 时 25 分 02.7 秒，马尔康发生 M_L2.9 级地震。震中位置北纬 31°53′，东经 101°49′。震源深度 24 千米。马尔康脚木足乡普遍有震感。

1997 年 10 月 13 日 00 时 59 分 32.9 秒，汶川发生 M_L2.9 级地震。震中位置北纬 31°16′，东经 103°12′。震源深度 19 千米。理县城区普遍有震感。

1997 年 10 月 19 日 19 时 52 分 27.6 秒，巴塘发生 M_S4.0 级地震。震中位置北纬 28°58′，东经 99°21′。震源深度 17 千米。

1997 年 10 月 24 日 04 时 43 分 28.3 秒，壤塘发生 M_L2.9 级地震。震中位置北纬 32°09′，东经 101°15′。震源深度 11 千米。壤塘县城有感。

1997 年 10 月 25 日 05 时 15 分 34.8 秒，马尔康发生 M_L2.7 级地震。震中位置北纬 31°47′，东经 102°35′。震源深度 16 千米千米。马尔康城区有感。

1997 年 10 月 28 日 19 时 41 分 42.5 秒，康定发生 M_S4.1 级地震。震中位置北纬 30°20′，东经 101°56′。震源深度 33 千米。

1997 年 12 月 5 日 07 时 52 分 36.1 秒，宁南发生 M_L4.2 级地震。震中位置北纬 27°09′，东经 102°38′。震源深度 14 千米。

1998 年 1 月 30 日 01 时 05 分 17.6 秒，茂县发生 M_L2.7 级地震。震中位置北纬 31°50′，东经 104°03′。震源深度 20 千米。茂县县城普遍有感。

1998 年 3 月 3 日 14 时 57 分 28.8 秒，平武发生 M_S4.5（M_L4.4）级地震。震中位置北纬 32°45′，东经 104°09′（宏观震中位置北纬 32°52′，东经 104°12′）。震源深度 21 千米。震中烈度Ⅵ度。宏观震中在平武县白马乡刀切加附近。平武县城、松潘、南坪县强烈有感。绵阳、北川较强有感，盐亭县也有感。极震区（Ⅵ度区）北起高坑，南至岩利加一带，沿白马河狭谷展布，面积约 17 平方千米。震时人们普遍强烈感觉上下抖动、左右摆动，站立不稳，纷纷惊逃户外。震区高坑、刀切加、色格路、祥述加、扒昔加、胡家磨、稿史脑、岩利加等地部分房屋烟囱倒塌，倒屋脊、梭瓦掉瓦；木穿斗结构房屋墙体木装板拉开，下部墙与柱分离，有的房架发生倾斜；砖木或砖混结构房屋墙体有穿透裂缝和普遍裂纹，窗玻璃震裂，门窗脱榫、掉灰皮；老式木结构藏房压杉板石块被震落，电杆震倒。王坝楚等地有零星地震滚石。这次地震造成直接经济损失 29.66 万元（其中间接经济损失 2 万元）。

1998 年 3 月 14 日 10 时 02 分 49.6 秒，普格发生 M_S4.0 级地震。震中位置北纬 27°27′，东经 102°33′。震源深度 19 千米。

1998 年 3 月 26 日 00 时 36 分 39.2 秒，壤塘发生 M_S4.2（M_L4.1）级地震。震中位置北纬32°08′，东经 101°04′。壤塘县城震感强烈。

1998 年 3 月 26 日 01 时 05 分 31.9 秒，壤塘发生 M_S4.1（M_L3.9）级地震。震中位置北纬32°08′，东经 101°04′。震中烈度Ⅴ度。壤塘吾伊乡章腊、白尔岗一带连续发生两次地震（震前发生一次 4.2 级地震），人们惊恐，深夜逃出室外。吾伊乡吾伊村、白尔岗村、卡龙村等地藏式房屋普遍出现裂缝，老旧墙体上原有裂缝增长加宽；新建 10 幢藏式片石房屋墙体也产生裂缝，10 余幢房屋地基轻微下沉，片石墙体错位，个别处有坍塌；章腊村德木寨老旧藏式片石墙房屋内侧垮塌，外侧臌裂。吾伊乡卫生院砖瓦平房墙体出现透光裂缝；吾伊乡中心校、供销社、信用社房屋墙体产生细微裂缝、挡瓦板震落，屋瓦梭落。壤塘县政府宿舍、县委党校、县保健站、县医院、防疫站、县水厂综合楼、县林业局、县公安、检察、法院宿舍等房屋墙体裂缝、旧裂缝增长加宽；县中学学生宿舍房屋脊瓦震落，墙体裂缝，1 幢三层砖混结构教学楼墙体出现穿透性裂缝，房屋部分损坏。马尔康县可尔因等地也有震感。

1998 年 5 月 7 日 22 时 09 分 15.0 秒，松潘发生 M_L3.4 级地震。震中位置北纬 32°16′，东经 103°44′。震源深度 22 千米。松潘县城有明显震感。

1998 年 7 月 7 日 22 时 35 分 27.8 秒，壤塘发生 M_L3.9 级地震。震中位置北纬 31°59′，东经 101°04′。震源深度 10 千米。壤塘县明显有震感。

1998 年 7 月 17 日 11 时 11 分 04.9 秒，宁南发生 M_L2.9 级地震。震中位置北纬 27°05′，东经 102°41′。宁南县城普遍有感，人们惊骇。

1998 年 8 月 8 日 20 时 12 分 25.5 秒，西昌发生 M_L3.6 级地震。震中位置北纬 27°42′，东经 102°03′（宏观震中位置北纬 27°43′，东经 102°09′）。震源深度 17 千米。震中烈度Ⅳ度强。宏观震中位于佑君镇至中坝一带。震时，中坝乡感觉较强，室内器物晃动碰响。佑君镇个别房屋单砖烟囱中段错位，灶台与墙体之间拉裂，厨房地面有细地裂缝。高草、裕隆、太和、经久、马道、西昌、德昌等也有震感。

1998 年 8 月 9 日 20 时 57 分 28.5 秒，雅安发生 M_L3.8 级地震。震中位置北纬 29°55′，东经 103°03′。震中烈度Ⅳ度。Ⅳ度区面积约 75 平方千米。雅安城区、大兴、姚桥、草坝、李坝、沙坪、孔坪及南郊等乡镇强烈有感，器物晃动、门窗作响。李坝乡食堂东墙玻璃被震落打碎。宝兴、天全、名山、荥经、眉山、洪雅也有震感。

1998年8月17日17时46分55.8秒，小金发生M_L3.8级地震。震中位置北纬31°35′，东经102°23′。震源深度26千米。马尔康县有较强震感，卓克基乡农民纷纷跑出室外。

1998年8月30日17时03分17.3秒，盐源发生M_S4.2级地震。震中位置北纬27°43′，东经101°11′。震源深度16千米。

1998年8月31日08时09分48.6秒，盐源发生M_S4.3级地震。震中位置北纬27°45′，东经101°09′。震源深度15千米。

1998年9月4日10时02分58.0秒，红原发生M_L3.6级地震。震中位置北纬32°39′，东经102°36′。红原县城震感强烈。

1998年9月24日12时44分26.7秒，盐源发生M_L4.1级地震。震中位置北纬27°18′，东经101°07′。

1998年9月25日09时57分26.2秒，壤塘发生M_L3.2级地震。震中位置北纬32°21′，东经101°02′。壤塘县城门窗晃动发出响声，电灯摆动、房屋掉灰。吾伊乡、杜柯乡、岗木达乡和达日等地有明显震感。

1998年10月2日20时49分27.1秒，云南宁蒗发生M_S5.3级地震。震中位置北纬27°11′，东经100°53′。震源深度13千米。紧邻震区的四川盐源县受到Ⅵ度破坏。Ⅵ度区面积约50平方千米。盐源县盐塘乡花龙村、辣子沟村部分质差的夯土墙房屋墙体普遍开裂，局部垮塌；多数房屋墙体旧缝加重成危房。盐源县3个乡镇5275户，26965人受灾。房屋毁坏3408平方米，严重破坏6816平方米，中等破坏37734平方米，轻微破坏88860平方米。地震造成直接经济损失426万元，间接经济损失100万元。总的经济损失526万元。

1998年10月6日21时15分07.3秒，西昌发生M_L3.0级地震。震中位置北纬27°51′，东经102°21′（宏观震中位置北纬27°53′，东经102°23′）。震中烈度Ⅳ度强。西昌市大兴乡兴建村至风箱口一带震动强烈。西昌城区、大兴乡、川兴镇、凉山大学、高枧等有感。

1998年10月27日01时08分29.2秒，松潘发生M_L3.4级地震。震中位置北纬32°17′，东经103°42′。震源深度20千米。松潘县城、镇江关地区震感较强，并伴有较强地声。

1998年10月27日04时01分34.8秒，云南宁蒗发生M_S5.2级地震。震中位置北纬27°12′，东经100°55′。震源深度10千米。紧邻震区的四川盐源受到Ⅵ度破坏。盐源县盐塘乡花龙村、大拉萝村等地在10月2日5.3级地震震害的基础上大多数房屋加重破坏，部分房屋倒塌或局部垮塌，造成更多危房。区内还出现公路中断，多处塌方及重力裂缝。盐源县盐塘、黄草、桃子等3个乡镇房屋破坏直接经济损失347.44万元，间接经济损失100万元。总的经济损失447.44万元。

1998年10月28日16时31分26.3秒，屏山发生M_L3.9级地震。震中位置北纬28°46′，东经103°44′。马边县城和荍坝区各乡、苏坝区、大院子区部分乡震感强烈。靛兰坝乡房屋出现大量梭瓦现象，乡政府及学校保坎出现裂缝。

1998年10月31日18时42分02.2秒，安县发生M_L3.9级地震。震中位置北纬31°43′，东经104°09′。震源深度26千米。茂县富顺、土门、光明等乡强烈有感，房屋门窗作响，电灯摇晃。北川县墩上、坝底、马槽、禹里、曲山镇等震感较强烈。

1998年11月19日19时38分06.4秒，云南宁蒗发生6.2级地震。震中位置北纬27°18′，东经100°52′。震中烈度Ⅷ度。毗连震区的四川盐源县、盐边县受到Ⅶ—Ⅵ度破坏。盐源县境内Ⅶ度区南起黄草镇杨家村，经盐塘乡的花龙村、辣子沟村、八窝村到北端的桃子乡玻璃村，面积150平方千米。区内黄草镇杨家坪村夯土墙房屋墙体开裂，局部垮塌，木柱倾斜。盐塘乡花龙村、上辣子沟村、辣子沟村、八窝村等地夯土墙房屋墙体普遍裂缝，山墙震倒，墙角震松，墙壁旧有裂缝加宽、倾斜，局部倒塌；单砖隔墙倒塌；简易穿斗木架房和木檩子房脊瓦震松，房瓦梭落，屋顶杉板压石滚落，杉板梭动开“天窗”。桃子乡玻璃村、甲米村等地夯土墙房屋墙体原有裂缝增长加宽，木柱震断，门方撕破；地表地裂缝穿过村民住房或院坝，威胁村民，紧急搬迁；道路有崩塌和滚石。Ⅵ度区南起大拉路，往北经黄草、博大、盐塘、甲米，止于桃子、故支，面积380平方千米。区内夯土墙房屋墙体有裂缝或原有裂缝加宽，个别山墙与纵墙拐角处有局部坍塌；砖木结构房屋出现屋脊震裂，檐板拉开，梭瓦掉瓦。盐边县哇落乡六村、三村、四村和温泉乡三村等夯土墙房屋墙体多有拉开，墙壁原有裂缝裂口加大，裂缝增长；温泉乡三村小学校舍局部倒塌4间。岩口乡大坪子村、哇落乡一村等夯土墙、土坯墙房屋墙体普遍出现裂缝、土坯塌落；少数砖木结构房屋墙砖断裂，墙壁裂缝加宽，檐瓦掉落。地震造成盐源县长柏、桃子、黄草、盐塘、博大等5个乡镇32个村、8780户、51000人受灾，有4700人无家可归。灾害造成死亡1人，重伤23人，轻伤464人。牲畜死亡642头（只）。倒房322户，严重危房2658户，一般危房2301户，毁坏小学29所（8700平方米），毁医院2所（600平方米）；2个乡政府、1个派出所、1个购销点、2个粮站、3个兽医站、1个法院、6个村委会活动室被毁坏。各类房屋毁坏30763平方米，严重破坏17499平方米，中等破坏337704平方米，轻微破坏226128平方米。毁公路47千米，毁河堤2.5千米，毁灌渠堰16条23千米；毁坏水库1座，小水池272个，饮水渠250米，毁坏桥涵13座。地震造成直接经济损失5011.74万元，间接经济损失626万元。盐源县总的经济损失5637.74万元。盐边县温泉、哇落、岩口3个乡1654户受灾，各类房屋倒塌280平方米，中等破坏160平方米。直接经济损失33.1万元。云南宁蒗6.2级地震对四川盐源、盐边二县造成直接经济损失5044.84万元，间接经济损失626万元。总的经济损失5670.84万元。

1998年12月9日00时08分19.7秒，宁南发生M_L4.0级地震。震中位置北纬27°12′，东经102°41′。震源深度1千米。宁南新松镇有感强烈，大部分从梦中惊醒跑出户外，宁南、普格县城、会理锌矿震感较强。

1999年1月4日05时21分06.6秒，壤塘发生M_L4.0级地震。震中位置北纬32°27′，东经101°06′。震源深度5千米。

1999年3月3日13时37分55.7秒，万源发生M_L3.5级地震。震中位置北纬32°04′，东经108°00′。凌晨至6时15分又连续发生6次小余震。万源市区震感较强，市内伟志西服门市部房屋墙有裂缝，市政府宿舍和市检察院办公室墙面出现裂纹、磁砖脱落。太平镇及官渡片区有感。万源市民恐慌，纷纷出走避震；城区中小学停课两天，一些机关单位在室外院坝办公。

1999年3月23日10时47分55.8秒，绵竹发生M_L2.9级地震。震中位置北纬31°17′，东经104°20′。震源深度24千米。绵竹市什地镇一带人们震感强烈。

1999年5月31日01时08分16.5秒，攀枝花发生M_L3.1级地震。震中位置北纬26°28′，东经101°41′。震源深度20千米。仁和区中坝乡小纸房村一带民众普遍强烈有感。

1999年9月8日09时06分40.5秒，大邑发生M_L3.8级地震。震中位置北纬30°38′，东经103°28′。震源深度26千米。震中烈度Ⅳ度强。大邑县晋原镇震感较强，门窗作响，吊灯摇晃，海狮楼楼顶装饰墙有细裂缝，人们惊逃室外；王泗、新场、三坝、敦义、悦来、斜源、邮江、天宫庙、西岭等有不同程度震感。崇州市东关乡小学厨房有檐瓦掉落，城关、王场、东关、白头和邛崃城关、桑园、茶园、拱辰等有震感。较远的成都、德阳市个别人也有轻微震感。

1999年9月14日20时54分31.3秒，绵竹发生M_S5.0级地震。震中位置北纬31°36′，东经104°05′（宏观震中位置北纬31°34′45″，东经104°07′05″）。宏观震源深度大于20千米。震中烈度Ⅵ度。宏观震中位于绵竹市清平乡和安县高川乡一带。北川、雅安、理县、茂县、汶川、理县、小金、松潘、南充、什邡、德阳、绵阳、成都等有感。极震区（Ⅵ度区）面积约60平方千米（见图1－1中1999年9月14日绵竹5.0级地震等烈度线图）。安县高川乡泉水村、草槽坪等处砖木结构房屋屋脊“太岁”倒塌，窗玻璃震落，门窗与墙体接合部位墙体开裂，有的屋脊拉裂，多数严重梭瓦，大面积露天。绵竹县清平乡盐井村歧山庙、盐井沟等处的砖木结构房屋墙体裂缝直通房顶，屋脊“太岁”倒塌，屋顶小青瓦大部分震落开“天窗”，个别房屋地基失稳，墙体产生纵横裂缝；盐井小学三层砖混结构楼房，一层装饰墙与承重山墙之间开裂、错位，一层承重墙体产生穿透性裂缝，三层与楼顶预制板咬合处有长8米的细裂缝；花石村砖木结构房屋墙体开裂，烟囱倒塌、错位，屋脊倒塌，普遍梭瓦，单砖带柱围墙产生纵横裂缝。高川乡泉水村大竹坪煤矿太平井井下落石、局部垮塌，地表水渗透井下；泉水村内一大型滑坡体松动，后缘裂口加宽，边坡上产生新的重力裂缝，原3个直径10余米塌陷坑继续加深；绵竹清平乡湔沟对面两河口水电站进水道裂口漏水；绵竹至茂县公路边坡土石松动大量滚石下落，砸坏民用引水管道，阻塞交通。Ⅴ度区内安县的高川乡、大竹坪、柿子园，绵竹的清平磷矿、小木岭、歇马庙、天池乡、金花和什邡的红白等地人们震感强烈，惊慌逃出室外，室内彩电、冰箱等发生位移，桌上器物翻倒。Ⅳ度区内安县的沸水、睢水和绵竹的拱星、汉旺、遵道等地人们震感较强，室内器物震时发出响声；安县沸水乡影剧院围墙倒塌。安县高川乡和绵竹清平乡、天池乡共8个村，1737户，5500多人受灾。绵竹天池乡房瓦掉落砸伤1人，安县迎新乡中学学生惊慌外逃踩伤3人。地震造成直接经济损失448万元，间接经济损失10万元。总的经济损失458万元。

1999年9月30日16时43分27.4秒，盐源发生M_L4.2级地震。震中位置北纬27°24′，东经101°23′。

1999年11月16日20时27分12.1秒，大邑发生M_L3.7级地震。震中位置北纬30°35′，东经103°31′。震源深度22千米。震中烈度Ⅳ度。大邑县晋原震感强烈，吊灯摇晃，门窗响动，部分人惊慌跑出室外；金星、王泗、新场、悦来、敦义、苏家等乡镇震感较强。崇州城关、王场、东关、白头、公议等门窗响动。邛崃桑园、茶园等乡镇震感亦较强烈。邛崃城关、蒲江县城、都江堰大观乡以及成都市少数人也有震感。

1999年11月30日16时24分52.5秒，绵竹发生M_S5.0级地震。震中位置北纬31°26′，东经104°20′（宏观震中位置北纬31°28′，东经104°09′）。震中烈度Ⅵ度。德阳、绵阳、成都等地震感强烈，广元、石棉、茂县、汶川、理县、黑水、小金、松潘、九寨沟亦有感。极震区（Ⅵ度区）在绵竹中寺、汉旺一带，面积约7平方千米（见图1－1中1999年11月30日绵竹汉旺5.0级地震等烈度线图）。区内汉旺镇东方汽轮机厂三分厂成品车间框架结构厂房，墙体与框架连结处开裂，外墙瓷砖震碎出现穿透性裂缝，该厂办公大楼室内墙掉灰、开裂；蠕变实验室大楼女儿墙错位，质检大楼墙体裂缝，材料室、能源大楼墙体掉灰、开裂；东汽小学教室外墙瓷砖裂缝，教室墙体开裂。Ⅴ度区北起安县高川乡大竹坪、草槽坪，南至绵竹的土门、广济，东至绵竹广平寺西，西至花石沟、梅子林，面积约400平方千米。区内高川乡泉水村、草槽坪砖木结构房屋屋脊“太岁”倒塌或开裂错位，墙体有细裂缝，屋面多有梭瓦。绵竹花石沟村梅子林砖木结构房屋墙体掉灰皮，开裂，沿门窗出现“X”型裂缝。什邡蓥华镇卫生院砖混结构办公室墙体产生剪切裂缝，会议室地砖拉裂；镇中心校教学楼与综合楼连接处开裂。八角镇政府办公楼玻璃橱窗震碎，承重墙体与楼顶连接处开裂，窗框与墙体接合处出现裂缝；该镇中心校教室窗口处墙体产生纵横裂缝。整个Ⅴ度区跨越绵竹、什邡、安县三县市的天池、武都、清平、遵道、土门、蓥华、八角、高川等8个乡镇61个自然村，多为砖木结构小青瓦房屋，多数梭瓦，屋脊“太岁”倒塌，墙体有细小裂缝。Ⅳ度区内绵竹市人民医院墙体瓷砖出现裂纹，房屋抖动，窗玻璃哗啦啦发响。清平磷矿井口有塌陷；安县高川乡一18米高烟囱倒塌，睢水一危房倒塌一角，宝林乡、永河乡有墙体出现细小裂缝；川北开坪乡大鱼口公路桥面产生细微裂缝。整个震区公路两侧边坡多有滚石，陡崖处有小型崩塌。绵竹清平乡盐井沟一村民在山上坎柴被滚石击中死亡，安县永安乡向阳村一村民露天作业被滚石砸断腿成重伤，绵竹汉旺小学一学生在惊逃中被踩伤。地震造成直接经济损失355万元。

1999年12月22日04时06分39.1秒，宁南发生M_L4.0级地震。震中位置北纬26°58′，东经102°46′。震源深度9千米。

2000年1月2日02时49分07.5秒，越西发生M_L4.2级地震。震中位置北纬28°31′，东经102°36′。震源深度12千米。石棉县城有感。

2000年1月16日10时13分38.6秒，达县发生M_L4.0级地震。震中位置北纬30°56′，东经107°29′。

2000年2月12日13时23分11.9秒，若尔盖发生M_S4.0（M_L3.8）级地震。震中位置北纬33°29′，东经102°56′。震源深度2千米。班佑乡、达扎寺镇强烈有感。

2000年3月29日20时37分32.8秒，甘孜发生M_L4.0级地震。震中位置北纬31°35′，东经100°08′。

2000年7月17日19时15分16.2秒，自贡发生M_S4.1（M_L3.8）级地震。震中位置北纬29°25′，东经104°50′。震源深度7千米。

2000年8月2日03时41分34.8秒，盐边发生M_L3.6级地震。震中位置北纬27°07′，东经101°14′。震源深度5千米。盐边县哇落乡、岩口乡、温泉乡、箐河乡震感强烈，多数人从梦中惊醒，房屋上下颠簸，左右摇晃，发出声响，室内器皿翻倒，部分人惊逃屋外。盐边县国胜乡、永兴乡、渔门乡，攀枝花市西区、盐源县巫木乡和云南华坪县、宁蒗县部分乡镇亦有不同程度震感。

2000年9月8日10时13分12.7秒，珙县发生M_S4.3（M_L3.4）级地震。震中位置北纬28°25′，东经104°44′。震源深度6千米。

2000年9月23日00时14分47.3秒，炉霍发生M_L4.3级地震。震中位置北纬31°14′，东经100°42′。震源深度33千米。

2000年10月15日04时13分07.0秒，康定发生M_S4.0（M_L3.1）级地震。震中位置北纬29°29′，东经101°02′。震源深度11千米。

2001年2月14日15时27分28.2秒，雅江发生M_S5.1级地震，震中位置北纬29°24′，东经101°05′（宏观震中位置北纬29°21′，东经101°03′）。震源深度8—10千米，震中烈度Ⅵ度。Ⅵ度区

（极震区）面积约400平方千米（见图1－1中2001年2月14日雅江5.1级地震等烈度线图），康定县吉居乡、雅江县波斯河乡和牙衣乡、理塘县下木拉乡共21个行政村，1174户，5970人受灾。区内房屋墙体开裂、掉灰皮，部分梁柱错位。康定县吉居乡宋玉村共62户339人，村内大部分藏式房屋墙体开裂，部分梁柱移位或错位。吉居乡机关、学校、卫生院等单位木梁人字架瓦屋墙体普遍开裂，局部掉皮，屋顶严重梭瓦。雅江县波斯河乡波斯河村共174户1091人，村内大部分藏房墙体裂缝，梁柱错位或倾斜；乡政府、卫生院和学校木结构瓦房墙体普遍开裂，屋顶梭瓦。极震区的孜河、各坝、马蹄、下马岩等村十余户房屋局部倒塌或严重开裂，约90人无家可归。区内山体滑坡、滚石严重，边坡出现重力裂缝。康定县普沙绒乡火山村滚石打倒电杆，吉居乡莱玉至宋玉村间公路垮塌，各坝村、马蹄村滚石击中2人受伤。Ⅵ度区除康定、雅江、理塘外，还包括九龙县、木里县的小部分村寨。区内恶古乡哲阿庄户（仓库）二楼中柱倒塌；八衣乡卫生院墙体裂缝；其他地区民房有轻微破坏或损坏。

雅江5.1级地震造成234182平方米房屋破坏和损坏，35台微型发电机和15千米简易输电线路受损坏，57千米人畜饮用水渠和农田灌溉水渠受到破坏，12座公路便桥损坏，30余千米的简易公路破坏，交通中断。地震造成总的直接经济损失771万元。5.1级地震后小震不断，截至2月22日，计发生2.0—2.9级地震36次，3.0—3.9级地震2次，最大为3.5级地震。

2001年2月23日08时09分19.8秒，雅江发生M_S6.0级地震。震中位置北纬29°25′，东经101°06′（宏观震中位置北纬29°21′，东经101°08′）。震源深度6千米，震中烈度Ⅷ度。地震造成雅江县10个乡镇（波斯河乡、牙依河乡、恶古乡、八依绒乡、麻郎措乡、祝桑乡、朱龙乡、德差乡、俄洛乡、河口镇）、康定县4个乡（吉居乡、沙德乡、普沙绒乡、六巴乡）、理塘县6个乡（下木拉乡、中木拉乡、上木拉乡、拉波乡、麦洼乡、德巫乡）、九龙县2个乡（上团乡、八窝龙乡）、木里县3个乡（唐央乡、东朗乡、博窝乡）和稻城县省母乡等不同程度受灾。受灾面积11050平方千米，有10833户，51964人受灾（见图1－1中2001年2月23日雅江6.0级地震等烈度线图）。

重灾区（Ⅷ度区）面积约400平方千米，波斯河乡、牙依河乡和吉居乡3乡782户、4563人受灾。波斯河乡孜河村共47户，其中9户房屋倒塌，乡政府和学校几栋平房倒塌或严重破坏，厕所、厨房等全部垮塌。牙依河乡和吉居乡的宋玉、莱玉、各坝等村藏式房屋垮塌或遭受严重破坏。区内山崩、滑坡毁坏山村小道、小水电站、引水渠；康定县火山至吉居乡的公路严重阻塞，山坡上分布有规模不等的地裂缝；滚石打坏乡村便道和林木。滑坡和滚石打死无数牲畜。波斯河乡邓科村被滚石砸死1人，南根村砸死1人。波斯河乡的孜河村和牙依河乡的江中堂村7人失踪。

次重灾区面积约3000平方千米，雅江县的恶古乡、八依乡和康定县普沙绒乡、理塘县下木拉乡、九龙县上团乡计有1474户、8400人受灾。区内房屋普遍受损，块石墙出现大面积开裂，个别受到严重破坏，恶古乡日岗村块石房屋局部倒塌，康定普沙绒乡民房墙体破坏。山体普遍出现滚山和滑坡，康定县沙德至火山近40千米长的简易公路路基多处开裂。恶古乡日衣村，1乡民被滚石击中身亡。

轻灾区包括雅江、康定、九龙、理塘、稻城和凉山州木里共6县17个乡，面积约7650平方千米，有8577户、39001人受灾。区内房屋普遍出现屋顶掉瓦、梭瓦，部分房屋严重受损或破坏。康定县沙德小学、卫生院和信用社等房屋破坏严重；理塘县下木拉乡重音村民房墙体开裂；雅江县城河口镇部分砖混结构房屋受到损坏，县医院消毒室砖墙出现裂缝，河口镇小学砖墙开裂。理塘县中木拉乡100千瓦电站引水管震裂，康定县沙德桂王桥100千瓦电站工作房墙体开裂，引水渠受山地灾害影响流量减少。

雅江6.0级地震造成城乡1851740平方米房屋倒塌、破坏和损坏，死亡3人，失踪7人，受伤154人，无家可归者约15650人；损失各类大小牲畜15268头（只、匹）；235千米县乡公路损坏；16座永久性桥梁、6座吊桥和22个涵洞受到不同程度破坏；134千米人畜饮水渠和338千米灌溉水渠垮塌、下陷和损坏；20座乡村电站、输电线路1196杆、69千米受到不同程度破坏；出现大小山崩、滑坡263处，毁坏耕地85公顷，农作物受灾面积572公顷。雅江6.0级地震造成总的直接经济损失18822.10万元。地震发生后，地方政府和地震部门启动了地震应急预案，紧急赶赴震区进行应急救援，慰问受灾民众，组织抗震救灾，开展现场余震监测，进行灾情调查和震灾损失评估。

截止10月17日，计发生3.0—3.9级地震20次，4.0—4.9级地震1次，最大余震4.2级。

2001年2月23日10时11分51.0秒，雅江发生M_L4.2级地震。震中位置北纬29°26′，东经101°02′。系雅江6.0级地震余震。

2001年3月7日19时51分23.6秒，布拖发生M_S4.4（M_L4.2）级地震。震中位置北纬27°45′，东经102°45′。震源深度6千米。

2001年4月27日14时39分56.9秒，炉霍发生M_S4.0（M_L3.9）级地震。震中位置北纬31°20′，东经100°56′。震源深度33千米。

2001年5月24日05时10分37.2秒，四川盐源、云南宁蒗交界处发生M_S5.8级地震。震中位置北纬27°37′，东经100°55′（宏观震中在盐源县泸沽湖镇舍垮村一带）。震源深度11千米。震中烈度Ⅶ度（舍垮村达到Ⅷ度）。盐源县5个乡镇（泸沽湖镇、前所乡、盖租乡、长柏乡、桃子乡）、木里县3个乡镇（齐瓦镇、牦牛坪乡、后所乡）及云南宁蒗县永宁、红桥等乡受灾，整个受灾面积2080平方千米（其中重灾区面积120平方千米，轻灾区面积1960平方千米）。四川境内受灾面积约1130平方千米（见图1－1中2001年5月24日盐源5.8级地震震灾损失评估区划分图），有8532户、44149人受灾。

四川重灾区面积约80平方千米，包括泸沽湖镇的舍垮村、山南村、直普村、多舍村、海门村、木垮村、博树村等，有1685户、9260人受灾。区内土木结构（夯土墙小青瓦房）房屋多数倒塌或严重破坏，其余墙体普遍开裂。砖混结构（多层砌体）房屋墙体出现穿透性的“X”型剪切裂缝。泸沽湖镇医院三层砖混结构门诊部基脚下沉，墙体开裂，住院部二层楼梯间与一层整体错位，墙体呈“X”型剪切裂缝，一层墙体开裂成为危房。区内计倒塌房屋2275间，损坏房屋13244间。重灾区内山体滑坡和滚石造成公路中断，引水渠道、人畜饮水工程和电力线路等生命线工程受到破坏。震后连降暴雨，泥石流破坏，加重了震区的灾害。

轻灾区面积约1050平方千米，包括盐源县的盖租乡、长柏乡、前所乡、桃子乡和木里县牦牛坪乡、后所乡，计有6847户、34889人受灾。区内土木结构（夯土墙小青瓦房）房屋部分严重破坏，墙体普遍开裂，屋瓦和压板多数梭落，夯土围墙部分震倒震垮；砖混结构（多层砌体）房屋墙体开裂，楼板裂缝，严重梭瓦；木结构房损坏严重，盖租乡小学二层木樑子教室整体倾斜，室内承重梁断裂，木榫被拉开，房瓦松动梭落。区内计损坏房屋48680间。

木里县城乔瓦镇为灾害异常区。该镇地处滑坡地带，震害严重，木里森工局职工宿舍和办公楼墙体裂缝贯穿整幢楼层，裂缝宽达10厘米；县物价局、县政府职工宿舍、县党校食堂、县广播局办公楼、县卫生局等建筑旧裂缝加宽加长成为危房。县城生命线工程部分受到损坏。5.8 级地震给乔瓦镇造成建筑面积 70211 平方米的危房，涉及居民 1100 户，22 个单位，其中急需搬迁 1610 人和 3 所学校。

这次 5.8 级地震造成 102 千米县乡公路损坏，2 座水电站、17.8 千米输电线路、64 千米引水渠道、3 座小型水库和部分人畜饮水工程不同程度损坏。1 人死亡、4 人重伤、35 人轻伤，5930 人无家可归和众多牲畜死亡，总的直接经济损失 9074 万元。

截至 10 月 23 日计发生 3.0—3.9 级地震 13 次，4.0—4.9 级地震 6 次，最大余震 4.6 级。

2001 年 5 月 24 日 05 时 20 分 49.1 秒，盐源发生 M_L4.0 级地震。震中位置北纬 27°37′，东经 100°56′。系盐源 5.8 级地震余震。

2001 年 6 月 4 日 19 时 56 分 24.6 秒，白玉发生 M_S4.2（M_L4.0）级地震。震中位置北纬 31°05′，东经 98°49′。

2001 年 6 月 24 日 16 时 35 分 35.0 秒，盐源发生 M_L4.1 级地震。震中位置北纬27°40′，东经 100°55′。系盐源 5.8 级地震余震。

2001 年 7 月 26 日 02 时 25 分 07.7 秒，盐源发生 M_L4.2 级地震。震中位置北纬27°37′，东经 100°53′。系盐源 5.8 级地震余震。

2001 年 8 月 6 日 02 时 12 分 13.5 秒，邛崃发生 M_L4.2 级地震。震中位置北纬 30°26′，东经 103°17′（宏观震中位置北纬 30°23′，东经 103°13′）。震源深度 11 千米。震中烈度Ⅴ度。这次地震极震区位于邛崃县下坝乡洗马村一带。极震区（Ⅴ度区）包括下坝乡、孔明乡、平乐镇、石头乡、道佐乡、银杏乡、马湖乡和临邛镇西部，面积约 300 平方千米。区内人们普遍感觉大地抖动，砖木结构房屋多数屋脊掉瓦，少数房屋出现大面积梭瓦，部分房屋掉瓦、梭瓦、抹灰层有裂缝等现象，平乐镇粮站围墙倒塌 16 米，下坝乡洗马村六组一民房山墙倒塌，下坝乡米市街 5 号一民房烟囱顶部掉砖，少数窗玻璃震碎。地震有感范围北东到德阳，南西至雅安、名山，北西抵芦山，南东到彭山，面积 2 万多平方千米。

2001 年 8 月 10 日 15 时 26 分 30.4 秒，盐源发生 M_S4.6（M_L4.3）级地震。震中位置北纬27°41′，东经 100°53′。系盐源 5.8 级地震余震。

2001 年 8 月 10 日 15 时 31 分 11.0 秒，盐源发生 M_L4.1 级地震。震中位置北纬 27°41′，东经 100°54′。系盐源 5.8 级地震余震。

2001 年 8 月 10 日 16 时 16 分 20.3 秒，盐源发生 M_S4.0（M_L3.9）级地震。震中位置北纬27°40′，东经 100°55′。系盐源 5.8 级地震余震。

2001 年 9 月 23 日 06 时 34 分 47.5 秒，马尔康县发生 M_S4.1（M_L3.9）级地震。震中位置北纬 31°56′，东经 102°02′。震源深度 2 千米。震中区 1 条水渠被震垮塌，马尔康、金川、小金 3 县强烈有感。

2001 年 9 月 25 日 02 时 05 分 45.0 秒，若尔盖县发生 M_S4.3（M_L4.1）级地震。震中位置北纬 33°49′，东经 102°30′。

2001 年 9 月 28 日 06 时 31 分 34.4 秒，珙县发生 M_L4.3 级地震。震中位置北纬 28°22′，东经 104°43′。震源深度 11 千米。

2001 年 11 月 15 日 22 时 59 分 49.6 秒，雅江发生 M_S4.3（M_L4.0）级地震。震中位置北纬

29°26′，东经 101°02′。系雅江 6.0 级地震余震。

2001 年 12 月 23 日 06 时 41 分 54.3 秒，宜宾发生 M_L4.1 级地震。震中位置北纬 29°08′，东经 104°36′。震源深度 2 千米。

2002 年 3 月 3 日 08 时 23 分 05.0 秒，冕宁发生 M_L4.4 级地震。震中位置北纬 28°41′，东经102°14′。

2002 年 4 月 10 日 14 时 30 分 17.6 秒，普格发生 M_S4.9（M_L4.6）级地震。震中位置北纬27°32′，东经 102°30′（宏观震中在普格县与德昌县交界的螺髻山一带）。震源深度 4 千米。普格中学教学大楼及走廊结合部出现断裂，楼梯外墙倾斜，门窗玻璃严重损坏，学校 1429 名学生无法进入教室正常学习。普格县城及大槽、永安、荞窝等乡镇民房掉瓦，墙体裂缝，局部有垮塌现象。普格、德昌、西昌、宁南震感强烈，昭觉、布拖、冕宁也有震感。地震造成普格县直接经济损失 1075 万元。

2002 年 5 月 23 日 22 时 26 分 38.0 秒，布拖发生 M_L4.0 级地震。震中位置北纬 27°28′，东经 102°45′。

2002 年 5 月 31 日 11 时 53 分 00.1 秒，仁寿发生 M_L4.4 级地震。震中位置北纬 30°19′，东经 104°11′（宏观震中位置北纬 30°16′，东经 104°11′）。震源深度 10 千米。震中烈度Ⅵ度。Ⅵ度区在仁寿县高家镇、歇马村和双流县三星乡古坛村、顺和村一带。高家镇中学学生宿舍楼沿圈梁出现水平向墙体裂缝，屋顶拐角外墙砖有震掉；歇马村砖混楼房二楼纵墙局部垮塌，底楼承重墙体呈“X”型裂缝，有的楼梯花窗（墙体）震垮，楼梯间墙体破裂。双流县三星乡 15 个村中有 10 个村受灾，84 户有 254 间房屋受到破坏（其中破坏严重的 34 户、48 间）；三星乡顺和村砖混楼房严重开裂、倾斜、错位，有的墙体出现穿透性裂缝；牛棚垮塌，灶台震垮。古坛村砖混楼房墙体裂缝，窗框与墙体移位；土坯墙房屋旧裂缝加宽，墙体外倾，女儿墙倒塌，普遍梭瓦，屋面开“天窗”，烟囱有倒塌。Ⅴ度区大致在仁寿县文宫镇、三峨乡，简阳县新民和双流三星乡、大林镇范围内。三峨乡中心校旧房脊瓦震倒，墙体裂缝加宽；三星乡新合村、南阳村等有墙体裂缝，屋顶大面积梭瓦；三星乡廖八塘水库（库容 5 万立方米）挡水墙多处裂缝，挡水条石外移 10—20 厘米。该水库至古坛村机耕道多处有裂缝。大林镇政府食堂砖混墙裂缝，大林镇中心校和池水小学的教室普遍裂缝，有的墙体破裂或倾斜，个别承重墙有穿透性裂缝；大林镇双青杠村土墙严重裂缝，牛棚有倒塌；玉皇乡供销社砖混墙有细微裂缝，民居部分房屋“太岁”倒塌，墙体开裂，多数有梭瓦现象；小羊沟村 9 社土墙有倒塌。仁寿县鳌陵乡、千合乡、中坝乡、钢铁乡、兴盛乡、清水镇，双流籍田镇和简阳新民乡、永胜乡等部分房屋有轻微损坏或破坏。仁寿（6 个乡、镇）、双流（2 个乡镇）和简阳（2 个乡的部分）计有 10 个乡镇、34807 户、138305 人不同程度受灾，其面积约 200 平方千米。房屋严重破坏 1920 平方米，中等破坏 69013 平方米，轻微破坏 267515 平方米；双流县三星乡出现少量滑坡，有部分农田受损。地震发生时摔伤、踩伤 9 人。本次地震造成直接经济损失 536.6 万元（其中仁寿为 412.8 万元，双流为 123.8 万元）。

2002 年 7 月 9 日 12 时 59 分 47.4 秒，白玉发生 M_S4.3（M_L3.9）级地震。震中位置北纬 31°40′，东经 99°06′。震源深度 33 千米。

2002 年 7 月 10 日 07 时 16 分 39.6 秒，白玉发生 M_S4.6（M_L4.2）级地震。震中位置北纬31°33′，东经 99°12′。震源深度 5 千米。

2002 年 7 月 30 日 10 时 12 分 40.5 秒，白玉发生 M_S4.1（M_L3.8）级地震。震中位置北纬31°17′，

东经 99°17′。震源深度 33 千米。

2002 年 8 月 8 日 19 时 42 分 00.4 秒，新龙发生 M_S5.3 级地震。震中位置北纬 30°52′，东经 100°01′（宏观震中位置北纬 30°51′，东经 99°54′）。震中烈度Ⅶ度。极震区（Ⅶ度区）在新龙县通宵乡木亚村、安秋村、朗珠以西，友谊乡拉瓦柯、昌布以东一带，面积约 200 平方千米（见图 1－1 中 2002 年 8 月 8 日新龙 5.3 级地震等烈度线图）。区内老旧房屋出现倒塌，少数严重破坏。通宵乡木椏村共 47 户，其中 2 户房屋倒塌，5 户墙体局部垮塌或严重破坏，12 户墙体竖向裂缝，14 户也有轻微破坏。朗珠村 27 户，个别房屋毁坏或局部倒塌，多数墙体破裂，少数墙体裂缝。该村装机容量 200kw×2 朗珠电站砖混房屋也有裂缝，停止发电。安秋村 22 户，有 1 户房屋倒塌，3 户墙体局部倒塌或严重破坏，有 11 户墙体（土墙）裂缝，其余轻微破损。昌布等地夯土墙严重开裂，围护墙倒塌，房顶坍塌或毁坏。友谊乡拉瓦柯等地笨壳房整体出现歪斜，夯土墙房屋部分倒塌、开裂。Ⅵ度区面积约 700 平方千米，区内通宵乡的聂达村、足拉村、足然村等地墙体局部垮塌，多数墙体出现长短不一的裂缝，通宵乡至友谊乡公路简易土桥桥头震裂。皮察乡乡政府二层楼房的窗框位移，附近民房陈旧墙体酥裂；足拉村、洛鲁村等老朽房屋严重破坏，门窗有位移现象，屋面杉板顶震塌，墙体变形。雄龙西乡乡政府一楼乱石墙垮塌 3 米×2 米的一大洞，西腰古村腰古小组 37 户，严重破坏 1 户，中等破坏 17 户，轻微破坏或基本完好 19 户。雄龙西乡里义电站（160 千瓦×2），地震造成转子位移，电站水渠裂缝、渗漏。雄龙西乡哈米温都小组 37 户，有 20 余户墙体裂缝；科孜村共 32 户，其中有 12 户墙角开裂，墙体外闪，个别的地基下沉。雄河桥边坡下陷约 2 厘米；河边公路也出现下陷现象。Ⅴ度区面积约 2400 平方千米，区内多为夯土墙房屋和砖木结构房屋，破坏轻微，个别破坏较重，多数墙体出现细小裂缝。麻日乡、博美乡、如龙镇（县城）、绕鲁乡、乐安乡、大盖乡和 338 林场总部及分部等房屋轻微损坏。新龙县公安局、检察院、县委办公楼、县政协办公楼、县粮食局、县税务局等机关单位的高层楼房墙体有细微裂缝。

此次地震，波及新龙县、白玉县、理塘县的 13 个乡镇，面积约 4000 平方千米，5525 户、30524 人受灾。地震中受伤 9 人（其中重伤 3 人），1722 人无家可归。毁坏房屋 4010 平方米，严重破坏房屋 278542 平方米，中等破坏房屋 120836 平方米，轻微破坏房屋 278542 平方米。简易公路桥梁、涵洞、2 个小水电站和人畜饮水管道、水池受到轻微破坏。地震造成总的经济损失 3034 万元。

2002 年 8 月 17 日 03 时 53 分 54.2 秒，盐源发生 M_L4.5 级地震。震中位置北纬 27°50′，东经 100°49′。

2002 年 11 月 20 日 21 时 44 分 56.4 秒，若尔盖发生 M_S4.0（M_L4.3）级地震。震中位置北纬 33°55′，东经 102°50′。

2002 年 11 月 25 日 14 时 11 分 01.5 秒，新龙发生 M_L4.7 级地震。震中位置北纬 30°50′，东经 99°54′。系同年 8 月 8 日新龙 5.3 级地震余震。

2002 年 12 月 12 日 09 时 09 分 19.9 秒，九寨沟发生 M_L4.1 级地震。震中位置北纬 33°06′，东经 103°56′。

2003 年 3 月 18 日 14 时 48 分 35.8 秒，犍为发生 M_L4.0 级地震。震中位置北纬 29°18′，东经 104°00′（宏观震中位置北纬 29°17′，东经 104°00′）。震源深度 5 千米。震中烈度Ⅴ度。Ⅴ度区包括伏龙乡的前进、黄桷、新建等村，面积约 12 平方千米。伏龙乡敬老院砖混结构（无圈梁）二层楼房出现穿透性裂缝，墙体裂缝呈“爪”型状，地基有不均匀下沉，前后房间墙壁拉裂。敬老院侧一民房屋脊震垮10米。新建小学教学楼顶棚震落，檐口损坏，房瓦震落，墙体有细小裂缝。前进村七组、新建二组有简易二层旧楼后墙部分倒塌，侧墙倾斜，有的房屋屋脊震垮，平房梭瓦严重。Ⅳ度区的伏龙、玉屏、纪家、新盛、定文等乡镇部分村组普遍掉瓦梭瓦，个别墙体有细微裂缝。门窗作响，人们惊逃屋外。地震时犍为全县普遍有感，乐山市个别也有震感。这次地震造成房屋直接经济损失35.4万元。

2003年6月17日22时46分18.2秒，西昌市东南发生M_L4.6级地震。震中位置北纬27°52′，东经102°18′。震源深度5千米。震中烈度Ⅴ度。西昌市、西郊乡、海南乡、川兴镇、高枧乡、大兴乡、大箐乡、小庙乡、马道乡、洛古波乡、西溪乡和西乡乡等强烈有感。川兴镇、高枧乡、海南乡和大兴乡共15个村、8216户、30824人不同程度受灾。灾区总面积55.25平方千米。震区内绝大多数为土（坯）木结构房屋，其墙体多有出现裂缝，个别土坯墙房屋有局部垮塌等破坏或损坏现象。海南乡缸窑村有烟囱倒塌，旧厨房墙角垮塌；古城村、核桃村有墙体开裂，青龙寺庙房土墙扯裂，变形成危房。凉山大学教职工宿舍平房墙体出现裂缝。川兴镇有7个村墙体出现不同程度的开裂，焦家一组、十二组房屋有局部垮塌，墙体开裂或旧有裂缝加大；大兴有2个村房屋墙体开裂，风火墙掉土砖；高枧乡有2个村房屋墙体开裂，旧房有掉瓦现象。这次地震造成直接经济损失188.45万元。安宁镇、月华乡、太和镇、四合乡、经久乡、佑君镇、黄水乡、黄联镇、冕宁县城、德昌县城、普格县城等亦有震感。

2003年7月10日09时33分56.6秒，昭觉发生M_L4.6级地震。震中位置北纬27°47′，东经102°28′（宏观震中位置北纬27°48′，东经102°25′）。震源深度5千米。震中烈度Ⅵ度。地震发生在昭觉县、普格县、西昌市交界处，受灾面积115平方千米，涉及3县市10个乡镇、27个村、6872户、27794人。Ⅵ度区（较重灾区）面积17平方千米，区内3县市有5个乡的8个村、1871户、7437人受灾。昭觉县玛增依乌乡阿捏洛村、觉呷村、幺占坡村、石节子村和碗厂乡大石头村，普格县红莫依达乡马里哄村，特尔果乡古木洛村和西昌市大兴乡新民村等大部分夯土墙房屋墙体出现裂缝，部分严重开裂，少数倾斜，个别垮塌或成危房，绝大多数房屋掉瓦、梭瓦，有烟囱倒塌。Ⅴ度区（轻灾区）面积98平方千米，区内3县市有9个乡镇、19个村、5001户、20357人受灾。昭觉县普诗乡、碗厂乡有7个村部分土墙出现裂缝，个别严重开裂，有梭瓦现象。普格县红莫依达乡、马洪乡、特尔果杉6个村土墙开裂，个别成危房，有梭瓦现象。西昌市大兴乡建新村、石安村土墙不同程度开裂；海南乡核桃村和川兴镇焦家村在6月17日4.6级震害基础上又受破坏，土墙严重开裂、倾斜，烟囱有倒塌；大箐乡民主村、胜利村墙体开裂屋瓦梭落。胜利村7组一妇女在花椒树上摘花椒，地震时从树上跌落成重伤。这次地震有感较广，昭觉县的解放沟乡、四开乡、拉青乡，普格县的五道箐乡、螺髻山镇、荞窝镇、普基镇（县城）、洛甘乡、大槽乡、瓦洛乡，西昌市的城区、西郊乡、高枧乡、小庙乡、马道乡、洛古波乡、西溪乡、西乡乡、安宁镇、月华乡、太和镇、四合乡、经久乡、佑君镇、黄水乡、黄联关镇以及冕宁县城、德昌县城等均有震感。本次地震共造成房屋破坏18810平方米，轻微破坏或损坏66960平方米，直接经济损失588.86万元。

2003年8月21日10时17分48.8秒，盐源发生M_S5.0（M_L5.1）级地震。震中位置北纬27°25′，东经101°16′（宏观震中位置北纬27°28′，东经101°10′）。震源深度5千米。震中烈度Ⅵ度。这次地震盐源县有10个乡镇、1个牧场和盐边县3个乡计有24623户、114396人受灾，面积约450平方千米。木里、米易、盐边、德昌、西昌、喜德和云南宁蒗有震感。破坏较重地区（Ⅵ度区见图1－

1 中 2003 年 8 月 21 日盐源 5.0 级地震等烈度线图）包括盐源县博大乡红岩子村、甘生村、几坡村，大草乡水草坝村，盐塘乡郑家田村和梅雨镇黑山村等，面积约 50 平方千米，2433 户、10855 人受灾。该区内大部分为夯土墙房屋，有的墙体被震酥裂或倾斜，局部垮塌，多数墙体出现裂缝，屋面梭瓦，檐瓦掉落，脊瓦震倒，杉板房屋顶压石震落。边坡有地裂缝，山坡陡崖处有小规模山崩和滚石。轻灾地区（Ⅴ度区）包括盐源县黄草镇、梅雨镇、盐塘乡、棉垭乡、下海乡、巫木乡、长柏乡、桃子乡和牦牛山牧场，盐边县岩口乡、哇落乡和国胜乡少部分地区，面积约 400 平方千米，22190 户、103541 人受灾。棉垭乡木邦银小学窗框震落，宿舍墙体裂缝，棉垭村小学教室墙体抹灰层脱落；黄草镇政府办公室墙体裂缝加宽。轻灾区内民房大部分墙体出现轻微裂缝。地震受灾地区内下海乡二道沟水库（库容量 238 万立方米）、棉垭乡团结水库（库容量 22.5 万立方米）、梅雨镇碳厂沟水库（库容量 75 万立方米）、姚家湾水库（库容量 22 万立方米）和博大水库（库容量 20 万立方米）等放水涵管断裂漏水，有的外坝坡渗漏量增加，有的内坝坡出现裂缝，有的溢洪道侧墙断裂垮塌等。另有部分沟堰渠道工程出现小地段下陷、局部垮塌现象。凉山州盐源盐矿附属煤矿主坑道顶部局部垮塌，运煤轨道被滑坡体掩埋 260 米，砸坏设备 2 台，高压线路中断。这次地震造成房屋破坏或损坏 4108660 平方米，9 人受伤（其中重伤 2 人），室外避难约 4900 余人。地震造成的直接经济损失 2086 万元。

2003 年 8 月 21 日 13 时 38 分 54.5 秒，盐源发生 M_L4.1 级地震。震中位置北纬 27°26′，东经 101°13′。震源深度 5 千米。系盐源 5.1 级地震余震。

2003 年 8 月 21 日 18 时 58 分 10.2 秒，盐源发生 M_L4.5 级地震。震中位置北纬 27°26′，东经 101°18′。震源深度 5 千米。系盐源 5.1 级地震余震。

2003 年 8 月 21 日 23 时 20 分 24.4 秒，盐源发生 M_L4.3 级地震。震中位置北纬 27°28′，东经 101°14′。震源深度 5 千米。系盐源 5.1 级地震余震。

2003 年 9 月 16 日 16 时 00 分 37.6 秒，雅江发生 M_L4.4 级地震。震中位置北纬 29°29′，东经 100°58′。

2003 年 10 月 9 日 17 时 41 分 24.0 秒，石棉发生 M_L4.1 级地震。震中位置北纬 29°01′，东经 102°13′。

2003 年 11 月 26 日 15 时 30 分 10.7 秒，木里发生 M_S4.0（M_L3.9）级地震。震中位置北纬 28°11′，东经 101°10′。

2003 年 11 月 27 日 22 时 14 分 53.2 秒，雅江发生 M_L4.2 级地震。震中位置北纬 29°28′，东经 101°00′。

2003 年 12 月 3 日 07 时 26 分 46.2 秒，道孚发生 M_L4.9 级地震。震中位置北纬 30°52′，东经 101°16′（宏观震中在葛卡乡至木茹乡之间）。震中烈度Ⅴ度。道孚全县有感强烈，丹巴、康定、雅江、炉霍等县均有不同程度震感。道孚县 3 个区（尼措区、瓦日区、八美区）、10 个乡镇（葛卡乡、格西乡、鲜水镇、木茹乡、仲尼乡、八美镇、协德乡、色卡乡、龙灯乡、沙冲乡）72 个村、1065 户、4899 人受灾，面积 500 余平方千米，其中受灾较重的 34 个村中有 191 户、1036 人，面积约 176 平方千米。一些老旧民用住房和部分乡镇、机关、学校、医院的办公、教学、宿舍用房造成不同程度破坏或损坏，一些围护墙出现裂缝，少数质量差的墙体局部有垮塌现象。有 3 户墙体下沉，24 间房屋部分垮塌；2 所小学、1 所中学和 2 个乡政府房屋受到不同程度损坏。这次地震造成直接经济损失106.26万元。

2004年2月1日10时47分25.4秒，盐源发生M_L4.0级地震。震中位置北纬27°25′，东经101°06′。

2004年3月1日18时15分51.0秒，雷波发生M_L4.0级地震。震中位置北纬28°02′，东经103°24′。震源深度5千米。

2004年6月17日05时25分21.7秒，宜宾发生M_L4.5级地震。震中位置北纬29°06′，东经104°38′（宏观震中位置北纬29°06′19″，东经104°38′00″）。震源深度13千米。震中烈度Ⅵ度。地震受灾地区主要包括宜宾县白花镇、孔滩镇和永兴镇的32个自然村，区内有居民16000户，48320人，面积约150平方千米。震区内广大农村住房多以片石墙和夯土墙房屋为主，抗震性能差，属Ⅰ类房屋；乡镇居民房屋以穿斗木架房和砖木结构为主，属Ⅱ类房；有少数砖混结构房屋属Ⅲ类房屋。Ⅵ度区（极震区）范围北至金场北，南抵坝上，西至白花镇东侧，东到复兴西侧，主要包括白花镇和孔滩镇辖属的3个自然村，面积约5平方千米。区内Ⅰ类房屋有的出现严重破坏或倾倒，多数墙体裂缝，屋面梭瓦，有的瓦梭光成“天窗”；Ⅱ类房屋大多数出现轻微损坏。白花镇坝上村土木结构房屋脊开裂，墙体出现1—2厘米宽的穿透性裂缝，两层砖混结构房屋阳台与主体墙结合处拉裂，墙体微斜裂缝，有的砖墙顶部掉砖伤人，有的砖墙（单砖墙）局部垮塌。孔滩镇金场村一两层砖混结构住房出现6厘米宽的裂缝，室内地板拉裂。白花镇东侧成都473储备处4栋两层砖房墙体多处裂缝，其中1栋新装修的办公楼吊灯震落砸坏地板，楼梯墙体裂缝，桌上物件纷纷散落，屋面严重梭瓦，墙体局部倾斜。白花镇坝上小学围墙倒塌3米，砖木结构平房教室严重掉瓦梭瓦，屋檐吊板脱落，门窗多处开裂，小学砂岩砌石保坎垮塌。金场至当家沟简易公路崩塌。Ⅴ度区范围北至白龙，南抵颜家以北，西达永远，东到草堂东侧，主要包括白花镇、孔滩镇和永兴镇所辖30个自然村及其街区，面积约150平方千米。区内房屋梭瓦，个别墙体出现细微裂缝或旧裂缝加宽。白花镇卫星村小学砖木结构平房门顶与柱间出现1.5厘米宽裂缝，抹灰层脱落，屋顶有梭瓦；卫星村供销社砖木结构房屋山墙（单砖墙）上部垮塌，屋顶梭瓦。白花镇中心校值班室墙体有“X”型细裂缝，1栋二层砖混结构办公楼，在墙、屋顶角及楼梯间墙体等有众多斜裂缝，学生宿舍屋脊拉开，严重梭瓦。白花镇建军村、杉木村等一些砖木结构、砖混结构民房震松，墙体有细裂缝，屋面梭瓦。孔滩镇万家村、四舍村、复兴村和草堂小学等砖混结构、砖木结构、土木结构房屋墙体有细微裂缝，窗玻璃震裂，屋面梭瓦，房顶烟囱掉砖，土坯墙震裂。永兴镇街区1996年2月受到5.4级地震破坏后修缮的房屋，此次地震再次受到损坏，加重了震害。永兴合作信用社四层砖混楼房底楼大梁、挑梁与楼板、墙体脱离，窗户、门框角等多处产生穿透性斜裂缝；永兴镇派出所四层砖混结构楼房底层墙体开裂，抹灰层剥落，二楼沿窗户、门框角处墙体出现细微斜裂缝。一居民的二层砖混结构房屋楼梯间错位，墙体外闪倾斜。此次地震造成10人受伤（其中1人重伤），室外避灾人数3000人左右。震区内房屋建筑严重破坏16000平方米，中等破坏102700平方米，轻微破坏275640平方米，直接经济损失为1535万元。宜宾市、内江市部分群众震感强烈。

2004年7月6日12时22分34.4秒，理塘发生M_L3.9级地震。震中位置北纬29°28′，东经100°55′。震源深度9千米。这次地震在理塘、雅江交界地区造成5户住房成危房，直接经济损失128万元。

2004年8月27日04时22分58.7秒，会理发生M_L3.3级地震。震中位置北纬26°20′，东经

101°57′。震源深度 8 千米。宏观震中在盐边与会理交界一带。盐边县红格镇、新民乡和攀枝花市仁和区金江镇震感强烈，少数人从睡梦中惊醒，门窗被震啪啪作响。地震时伴随有闷雷似地声。攀枝花市东区、西区、仁和区，盐边县东南部、米易县南部和会理县西南部均有震感。

2004 年 10 月 13 日 23 时 36 分 47.7 秒，邻水发生 M_L3.9 级地震。震中位置北纬 30°05′，东经 106°56′。邻水县华蓥乡、四海乡、椿木乡、合流镇和华蓥市溪口镇、庆华镇强烈有感，民众惊骇。华蓥乡门窗作响，电视机摇动；合流镇门窗响动，老街上的砖木结构老式房屋墙体掉沙，外墙灰皮脱落，旧有裂缝加宽，震后 30 个小时一面积 200 多平方米的房屋垮塌，造成紧连相互支撑近千平方米的老房屋险情加剧。华蓥市溪口镇政府办公楼外墙砖块震落数十匹，花瓶掉地；该镇顺天寨村滑坡和沉陷地带松软的田地里出现 100 米长的细小裂缝；溪口中学一砖混结构的主教学楼顶层两侧 100 多平方米的 2 间房屋多处出现裂缝，原有的裂缝加宽，造成险情。该中学 1000 多师生在室外过夜，次日停课。

2004 年 11 月 4 日 09 时 05 分 49.5 秒，理塘发生 M_S4.1（M_L3.3）级地震，震中位置北纬30°05′，东经 99°40′。震源深度 5 千米。

2004 年 12 月 15 日 22 时 31 分 30.7 秒，马尔康发生 M_S4.5（M_L4.3）级地震，震中位置北纬 32°15′，东经 101°37′。震源深度 5 千米。

2005 年 1 月 5 日 06 时 05 分 17.6 秒，马尔康发生 M_S4.7（M_L5.0）级地震，震中位置北纬 32°17′，东经 101°33′。震源深度 5 千米。震中烈度Ⅵ度。这次地震受灾地区在马尔康、壤塘和阿坝三县交界处，地震使马尔康县日部乡、康山乡和壤塘县的上壤塘乡、中壤塘乡部分村、组受到不同程度破坏，有 15 村、1138 户、5692 人受灾（其中 293 户、1665 人住在室外），灾区面积约 900 平方千米。震区绝大多数片石墙房屋和土坯墙房屋墙体裂缝，个别房屋出现局部垮塌等破坏和损坏。震区一些水利设施亦受到不同程度损坏。这次地震造成直接经济损失 653 万元。

2005 年 1 月 8 日 02 时 00 分 44.7 秒，盐源发生 M_L4.0 级地震。震中位置北纬 27°36′，东经 101°07′。震源深度 5 千米。

2005 年 1 月 12 日 19 时 35 分 49.1 秒，马尔康发生 M_L4.1 级地震，震中位置北纬 32°14′，东经 101°35′。震源深度 5 千米。日部乡、康山乡有农房墙体变形、局部垮塌。

2005 年 5 月 9 日 08 时 15 分 19.4 秒，北川发生 M_S4.4（M_L3.4）级地震，震中位置北纬 31°57′，东经 104°16′。震源深度 5 千米。

2005 年 6 月 6 日 14 时 37 分 52.4 秒，阿坝县发生 M_L4.0 级地震，震中位置北纬 32°34′，东经 102°05′。震源深度 5 千米。阿坝县查里乡、红原县查尔玛乡、马尔康草登乡有学校、民房受损坏。

2005 年 7 月 27 日 08 时 49 分 52.4 秒，盐源发生 M_L4.1 级地震，震中位置北纬 27°25′，东经 101°18′。震源深度 11 千米。

2005 年 8 月 5 日 22 时 14 分 43.3 秒，四川会东与云南会泽交界处发生 M_S5.3 级地震，震中位置北纬 26°35′，东经 103°04′（宏观震中位置北纬 26°32′，东经 103°01′，即四川会东县松平区与云南会泽县蒙姑镇之间）。震源深度 10 千米，震中烈度Ⅵ度。四川会东县有 27 个乡，27301 户、110097 人受灾，面积约 1360 平方千米（不包括云南受灾面积）。会东县的Ⅵ度区（极震区）涉及 12 个乡（溜姑乡三家村、新山乡大荞地、松坪乡、野牛坪乡、老口乡大梁子、甘海子乡、黄坪乡小米地、铁厂沟乡、柏杉乡、雪山乡朱家村、淌塘乡和岩坝乡大火地），面积 353 平方千米（见图 1－1 中 2005 年

8月5日云南会泽—四川会东5.3级地震等烈度线图）。区内土木结构的夯土墙房屋山墙、门角、窗角上部出现裂缝，墙体有上下贯通或穿透性裂缝，个别质量差的房屋局部倒塌和屋顶部分垮塌，有的墙体出现外闪现象。溜姑乡三家村有住户35户多数墙体裂缝，严重破坏的房屋占全村5.7%，有的夯土墙和屋顶人字架垮塌，或隔墙局部垮塌；有的山墙或承重墙出现贯穿性裂缝，穿透性裂缝宽达2.5厘米；有些烤烟房墙体外闪、倾斜；个别夯土墙房屋半数檐瓦掉落，屋檐破坏、屋瓦松动、盖瓦滑落、脊瓦错落等。老口乡小学夯土墙体多处出现贯穿性裂缝，窗户上部水平拉裂，院内水泥地面出现顺时针扭动裂缝，地面拱曲变形。甘海子乡全乡800户房屋建在老滑坡体上，有634户房屋有不同程度损坏，倒塌15间，危房739间；个别的住户围墙多处严重开裂2厘米，门窗边缘裂缝超过4厘米，山墙出现上下贯通和穿透性裂缝。黄坪乡小米地村和乡卫生院夯土墙体出现穿透性裂缝，墙体局部垮塌，屋瓦、檐瓦脱落。岩坝乡大火地村、雪山乡朱家村等地陈旧房屋山墙局部垮塌，墙体旧有裂缝加宽加长，围墙外闪，屋瓦梭落，脊瓦错落。砖混结构房屋多在窗角处、承重墙和非承重墙出现斜向轻微裂缝，屋檐损坏，多有梭瓦掉瓦现象。溜姑乡小学、甘田坝、野牛坪村、黄坪乡、岩坝乡、雪山乡、淌塘区公所等职工宿舍、乡政府、学校、招待所、卫生院和部分街道民居二层楼房的门窗角处、内墙壁出现细微裂缝、外墙沿砖缝产生轻微细裂缝。在松坪、野牛坪、黄坪、岩坝等乡多处墙体局部倒塌砸伤牲畜和家禽，砸坏电视机和家具；有一万多间烤烟房受到损坏，影响烤烟生产。Ⅴ度区有24个乡的一些房屋受到不同程度损坏，面积约1208平方千米。区内文箐乡、鲁吉乡坡脚、溜姑乡、新山乡、小街乡、老口乡、黄坪乡炭山坡、淌塘乡麦地、新田乡渔坝滩和平街、岩坝乡、普咩乡、鹿鹤乡、双堰乡、发箐乡、铁厂沟乡、野租乡、柏杉、拉马乡、海坝乡、雪山乡、嘎吉乡、柏岩乡狮子山、洛左乡犀草林和新马乡的土木结构夯土墙房屋，墙体普遍出现细微裂缝，多数旧裂缝加大。新田乡个别质量差的牲口用房有严重破坏。在整个受灾区内，金沙江西岸华弹至野牛坪、松坪至新山、大梁子至黄坪、会东至淌塘、淌塘至新田、淌塘至普咩等地段公路出现塌方和路面受到不同程度损坏。野牛坪乡、松坪乡、黄坪乡等10—35千伏安线路个别电杆折断；松坪小青山电站，厂房上方电站输水压力管安装槽中松动岩石滚下，压力管被砸破，滚石击穿电站机房外墙，石块飞入造成机房配电盘设备损坏。野牛坪乡—甘盐井地段小型水利设施、沟堰亦受到损坏。这次地震造成重伤4人，轻伤21人。四川境内灾区直接经济损失6557万元。

2005年8月6日07时40分55.2秒，会东发生M_S4.0（M_L3.8）级地震，震中位置北纬26°34′，东经103°03′。震源深度12千米。

2005年10月30日22时24分32.5秒，道孚发生M_L4.5级地震，震中位置北纬30°28′，东经101°33′。震源深度5千米。震中烈度Ⅵ度。道孚县八美镇、协德乡、色卡乡70个村、1935户、9166人受灾，受灾面积147平方千米。八美镇的机关、学校、医院和民用住房受到破坏。八美公路分局墙体裂缝，屋脊垮塌，八美中心小学教学楼墙与梁间出现剧齿状裂缝，八美镇卫生院消毒房和“四方来”饭店砖柱轻微裂缝，阴角线脱落，八美镇政府门墩瓷砖震落，八美镇上民居房屋墙体开裂。八美镇曲尔村、卡马村、麦通村等房屋墙体局部垮塌，藏民房屋屋面开裂，有的厕所垮塌。协德乡先风村、下一村房屋柱子位移，墙体开裂。其他村组片石墙房屋绝大部分墙体出现裂缝，有的局部垮塌，个别砖木结构瓦房基梁损坏，严重梭瓦。地震造成经济损失149.28万元。

2005年11月25日00时34分37.0秒，理塘发生M_L4.0级地震，震中位置北纬30°20′，东经99°52′。震源深度5千米。

2005年11月29日21时24分26.1秒，盐源发生 M_L4.0级地震，震中位置北纬27°22′，东经101°09′。震源深度8千米。

2005年12月1日08时24分47.1秒，白玉发生 M_L4.2级地震，震中位置北纬30°53′，东经99°08′。

2005年12月2日07时31分17.4秒，马尔康发生 M_L4.3级地震，震中位置北纬32°19′，东经101°34′。震源深度5千米。

2005年12月2日18时55分18.0秒，马尔康发生 M_L4.3级地震，震中位置北纬32°15′，东经101°36′。震源深度5千米。

2005年12月14日16时44分37.6秒，马尔康发生 M_L4.0级地震，震中位置北纬32°14′，东经101°35′。

2005年12月26日18时35分31.7秒，泸定发生 M_S4.3（M_L3.5）级地震，震中位置北纬29°35′，东经101°58′。震源深度5千米。

1986—2005年四川地震情况表（$M \geq 4.0$）

表1－1

编号	发震时间						震中位置			震源深度（千米）	精度	震级		震中烈度
	年	月	日	时	分	秒	纬度	经度	参考地点			M_L	M_S	
1	1986	1	23	21	36	10.4	29.5°	99.8°	巴塘				4.0	
2		1	28	04	32	06.5	29.9°	98.7°	巴塘				4.0	
3		3	7	05	46	20.4	29.3°	99.3°	巴塘				4.2	
4		3	18	09	22	33	26°37′	103°00′	会东、巧家间	10	C	4.5	4.8	Ⅴ
5		3	25	19	46	42	27°03′	102°52′	宁南倮格	15	B		4.4	Ⅴ⁺
6		4	13	02	53	20	26°27′	102°55′	会东南东		B		4.2	
7		4	28	16	16	24	29°06′	104°40′	宜宾孔滩	（>5）	B		4.1	Ⅴ
8		7	10	09	15	25	27°22′ （27°19′）	101°25′ （101°20′）	盐源黄草一带	15	B		4.7	Ⅵ
9		8	7	03	55	13.4	29°16′	100°47′	理塘日乃	10—15	A		5.6	Ⅶ
10		8	11	10	29	20.8	27°24′	101°22′	盐源西	15		4.0		
11		8	12	03	58	37	27°24′	101°18′	盐源南西	15	B		4.6	
12		8	12	18	45	49	27°23′ （27°25′58″）	101°21′ （101°25′32″）	盐源梅雨	15			5.2	Ⅶ
13		8	13	10	32	00.3	27.4°	101.4°	盐源				4.2	
14		10	13	06	40	49.5	27.5°	101.5°	盐源				4.3	
15		11	2	04	33	58.1	33.2°	103.4°	松潘				4.1	
16		11	10	04	55	19	31°06′ （31°15′48″）	103°33′ （103°38′01″）	灌县虹口乡		B	4.1	4.2	Ⅴ⁺
17	1987	5	17	07	12	10	28°42′	104°54′	南溪石鼓	10			4.1	
18		6	11	20	08	39.7	28°46′ （28°48′）	104°56′ （104°53′）	南溪罗龙	10	B	4.3		Ⅵ

续表 1－1

编号	发震时间						震中位置			震源深度（千米）	精度	震级		震中烈度
	年	月	日	时	分	秒	纬度	经度	参考地点			M_L	M_S	
19		7	2	23	37	53.4	30°12′（30°10′）	108°19′（108°08′）	石柱万朝		C	4.3	4.5	Ⅵ
20	1988	4	2	14	27	30.8	30.3°	99.6°	巴塘	13			4.2	
21		4	15	01	53	13.6	26.3°	102.7°	会东	21			4.2	
22		4	15	18	58	15.2	26°18′（26°19′）	102°45′（102°43′）	会东鹿鹤	15	A		5.2	Ⅶ⁻
23		4	24	03	04	04.9	29.2°	99.7°	乡城	7			4.1	
24		4	25	21	40	04.0	30°29′（30°25.8′）	103°01′（103°04.2′）	芦山太平	15	A	4.5	4.6	Ⅵ
25		5	24	23	39	28.2	27.4°	101.4°	盐源	15			4.0	
26		6	2	12	39	35.8	30°35′	101°29′	道孚南东	15	A		4.0	
27		6	2	14	11	43.2	30.6°（30°36′）	101.5°（101°26′）	道孚乾宁	15			5.0	Ⅵ
28		6	3	11	17	22.5	30.6°	101.5°	道孚	21			4.0	
29		7	18	11	05	11.1	31°42′	103°54′	茂县宗渠	15	A	4.3	4.1	Ⅴ⁺
30		12	3	02	15	07.7	30.3°	101.7°	康定	10			4.3	
31	1989	1	19	02	22	45.0	30°04′（30°08′）	100°00′（100°03′）	理塘西	30	A	4.6	4.6	Ⅵ⁺
32		3	1	21	00	33.3	31°30′（31°34′）	102°26′（102°24′）	小金黑虎硐	15	B		5.0	Ⅵ
33		4	16	04	33	43.0	29°54′	99°15′	巴塘	15		4.1		
34		4	16	04	34	10.5	29°56′（29°56′21″）	99°15′（99°12′50″）	巴塘小坝冲	15（17）	B		6.7	Ⅷ
35		4	17	02	25	49.5	30°00′	99°24′	巴塘	15		3.9	4.2	
36		4	17	03	50	56.4	30°00′	99°25′	巴塘	10		3.9	4.1	
37		4	17	10	59	05.0	29°56′	99°15′	巴塘				4.2	
38		4	18	07	05	01.6			巴塘	15		3.8	4.1	
39		4	25	10	13	20.0	29°59′（29°59′41″）	99°24′（99°23′15″）	巴塘央莫龙一带	10	B		6.7	Ⅷ
40		4	25	10	16	14.3			巴塘南东				5.0	
41		4	25	11	31	23.4	30.0°	99.3°	巴塘	33			4.0	
42		4	25	15	34	11.0	30°00′	99°23′	巴塘	25		4.3	4.5	
43		4	25	16	14	56.0	30°00′	99°22′	巴塘	20		3.7	4.2	
44		4	25	18	27	42.9	30°01′	99°25′	巴塘	25			4.0	
45		4	26	00	42	57.4	30°00′	99°21′	巴塘	25			4.6	
46		4	26	02	26	49.9	29°59′	99°25′	巴塘	10			4.2	
47		4	28	21	14	56.5	29°57′	99°20′	巴塘	5			4.2	
48		4	28	21	15	06.5	29°58′	99°12′	巴塘	15		3.9	4.3	

续表 1－1

编号	发震时间						震中位置			震源深度（千米）	精度	震级		震中烈度
	年	月	日	时	分	秒	纬度	经度	参考地点			M_L	M_S	
49		4	30	19	04	21.2	30°02′	99°27′	巴塘	10		3.9	4.4	
50		5	1	07	05	24.5	29°58′	99°26′	巴塘南东	10			5.4	
51		5	2	01	34	07.0	29°56′	99°29′	巴塘	10		4.2	4.3	
52		5	3	13	53	00.9	30°01′	99°27′	巴塘东	10			6.4	
53		5	3	13	55	18.4	29°54′	99°26′	巴塘				4.9	
54		5	3	14	41	31.8	30°02′	99°23′	巴塘	5		4.5	4.6	
55		5	3	16	12	03.1	30°03′	99°30′	巴塘	10		4.2	4.1	
56		5	3	16	19	05.7	29°59′	99°31′	巴塘			4.0	4.2	
57		5	3	17	28	04.2	30°03′	99°31′	巴塘			3.9	4.2	
58		5	3	17	52	02.4	30°00′	99°26′	巴塘	10		4.3	4.2	
59		5	3	23	41	29.5	30°01′	99°25′	巴塘东	5			6.2	
60		5	4	00	06	50.4	31°45′	104°10′	茂县北东	7	A		4.8	
61		5	4	01	28	19.3	30°04′	99°24′	巴塘南东	10			5.2	
62		5	4	05	07	20.9	29°58′	99°24′	巴塘	10		4.0	4.0	
63		5	4	09	31	17.1	29°57′	99°26′	巴塘	10		4.5	4.7	
64		5	4	13	30	44.4	29°58′	99°28′	巴塘	10		4.1	4.2	
65		5	4	16	25	48.9	30°01′	99°24′	巴塘	10		3.9	4.0	
66		5	4	18	56	56.7	29°57′	99°26′	巴塘	10		3.8	4.1	
67		5	4	22	21	57.6	29°57′	99°26′	巴塘			4.4	4.5	
68		5	5	02	10	26.7	29°59′	99°25′	巴塘			4.5	4.5	
69		5	6	12	12	38.4	29°59′	99°23′	巴塘	10		3.9	4.2	
70		5	7	04	52	46.2	29°57′	99°27′	巴塘	15		3.5	4.2	
71		5	7	11	00	23.9	29°55′	99°27′	巴塘			3.7	4.0	
72		5	18	02	56	26.7	30°04′	99°23′	巴塘	20		4.0	3.8	
73		5	19	11	34	03.0	29°59′	99°37′	巴塘	5		4.5	4.7	
74		5	27	12	14	39.2	30°01′	99°38′	巴塘	10		3.7	4.0	
75		5	27	19	39	23.2	30.2°	102.1°	康定	10			4.0	
76		5	29	13	09	57.1	29°58′	99°33′	巴塘	10		4.3	4.8	
77		5	31	04	13	40.0	29°56′	99°25′	巴塘	15		4.0	4.0	
78		6	2	02	03	43.7	31°26′（31°30′15″）	109°00′（109°08′42″）	巫溪镇溪	（7.5）		4.4		Ⅴ⁺
79		6	4	09	21	54.3	29°59′	99°29′	巴塘	10		3.7	4.0	
80		6	9	22	46	03.8	29°16′（29°15.6′）	102°15′（102°15.5′）	石棉安顺场	10	B		5.3	Ⅶ
81		7	21	11	09	12.1	29°55′	99°15′	巴塘南东	15	B		5.8	Ⅵ

续表 1－1

编号	发震时间						震中位置			震源深度（千米）	精度	震级		震中烈度
	年	月	日	时	分	秒	纬度	经度	参考地点			M_L	M_S	
82		8	5	20	29	16.6	29°52′	99°17′	巴塘	25		3.7	4.0	
83		8	5	21	33	45.3	30°02′	99°29′	巴塘	25			4.8	
84		9	1	03	54	41.2	28.7°	99.7°	乡城	10			4.2	
85		9	9	05	07	14.5	29.9°	106.9°	长寿	15			4.0	Ⅴ⁺
86		9	15	08	09	08.2	30°01′	99°30′	巴塘	25		3.5	4.0	
87		9	17	00	13	27.6	30°02′	99°30′	巴塘	25		4.0	4.3	
88		9	17	01	58	58.9	29°59′	99°38′	巴塘	10		3.8	4.0	
89		9	22	10	25	48.2	31°33′ （31°37′）	102°23′ （102°22′）	小金梭罗寨	10	A		6.6	Ⅷ
90		9	24	01	54	44.6	29°50′	99°58′	巴塘南	15	A		4.8	
91		11	19	01	33	48.4	28°19′ （28°23′）	104°47′ （104°42′）	珙县南西	10	B	4.0		Ⅵ⁺
92		11	20	11	18	37.2	29°55′ （29°51′）	106°53′ （106°51′）	江北统景	5	B		5.2	
93		11	20	11	21	03.2	29°55′ （29°51′）	106°53′ （106°51′）	江北统景	5 （＜5）	B		5.4	Ⅶ
94		12	6	20	53	51.0	30°16′ （30°22′）	103°06′ （103°16′）	邛崃银杏乡一带	30	B	4.8		Ⅵ
95		12	25	21	24	02.8	31°31′	99°46′	甘孜南东		B		4.6	
96	1990	1	9	14	35	03.1	30°43′ （30°37′12″）	103°12′ （103°13′36″）	大邑双河	15	A	3.6	4.2	Ⅳ⁺
97		1	15	11	19	44.1	30°45′ （30°37′12″）	103°11′ （103°13′36″）	大邑双河	15	A		4.6	Ⅶ
98		2	5	17	20	03.5	32°16′	98°25′	德格北西	10	C	4.1		
99		2	14	04	13	31.3	31.3°	102.4°	小金北	10			4.1	
100		4	9	03	13	49.6	29°55′	99°21′	巴塘、理塘间	10	B		5.2	
101		6	12	02	56	57.2	27.8°	103.8°	昭觉	10			4.2	
102		7	13	04	27	01.3	29°28′ （29°29′）	103°10′ （103°10′）	洪雅高庙一带	15	A	4.3	4.7	
103		7	14	09	37	30	31°27′ （31°38′）	108°48′ （108°51′）	巫溪镇溪		D		4.2	
104		7	29	05	13	27.5	30.0°	99.4°	巴塘				4.1	
105		8	4	20	52	28.3	29°30′ （29°14′）	103°10′ （103°04′）	洪雅、峨边间	15	A	4.9	4.2	Ⅵ
106		8	18	21	38	16.4	27°01′ （27°01′）	101°12′ （101°17′）	盐边温泉	15	A		4.8	Ⅵ
107		8	19	23	32	44.7	29°53′	99°17′	巴塘南东	20	B		4.4	
108		10	2	02	02	24.2	30.2° （30°15′）	103.7° （103°43′）	彭山、眉山间	20			4.0	Ⅴ
109		12	28	21	03	42.6	30.0°	99.3°	巴塘	10			4.1	

续表 1－1

编号	发震时间						震中位置			震源深度(千米)	精度	震级		震中烈度
	年	月	日	时	分	秒	纬度	经度	参考地点			M_L	M_S	
110	1991	2	18	17	06	18.3	31°35′(31°28′)	102°23′(102°30′)	小金两河	10	A		5.0	Ⅶ
111		7	24	16	17	12.3	30.2°	107.0°	石柱	5			4.1	
112		10	29	02	43	21.5	31°35′	102°25′	小金北东	10	B	4.0		
113		12	26	21	24	15.9	30°55′	99°45′	新龙、白玉间	15	A	4.0	4.1	
114	1992	1	1	05	14	14.4	30°53′	99°48′	新龙南西	10	B		4.3	
115		1	8	00	23	05.2	30°16′	99°40′	巴塘北东	10	B		4.4	
116		4	2	17	21	08.7	33°01′	104°01′	平武、南坪间	15	B		4.2	Ⅳ
117		4	17	21	55	14.5	28°45′	104°52′	南溪南西	10	B	4.3		Ⅵ
118		5	22	13	47	29.8	30°53′	99°44′	新龙西	15	B		4.2	
119		6	25	12	38	13.1	30.2°	101.7°	康定	17			4.0	
120		9	2	11	14	23.4	28.0°	102.9°	昭觉	15			4.2	
121		10	27	06	17	22.1	31.9°	99.8°	甘孜	11			4.3	
122		11	30	01	39	37.2	33°12′(33°04′)	98°00′(98°00′)	石渠		B	4.9	5.1	Ⅶ
123	1993	1	29	08	27	57.6	28°49′	108°28′	酉阳		B		4.0	
124		3	2	21	36	37.2	30.6°	103.4°	大邑三坝	15			4.0	Ⅵ⁻
125		3	29	13	45	15.2	27.6°	103.0°	布拖	20			4.1	
126		4	9	05	11	25.1	28.1°	100.9°	木里西秋	16			4.2	
127		4	10	11	13	02.1	27°55′	101°01′	木里	12	A	3.7	4.1	
128		4	12	14	54	41.1	28.1°	101.0°	木里	15			4.0	
129		5	24	07	57	44.9	31°47′(31°45′)	98°48′(98°38′)	德格		B	4.1	4.8	Ⅵ
130		7	10	11	14	33.4	29.3°	104.0°	犍为龙孔				4.2	Ⅴ
131		7	11	23	15	26.4	31.5°	103.9°	什邡红白	2			4.3	Ⅳ
132		8	7	16	36	06.3	29.0°(29°01′26″)	103.6°(103°40′17″)	沐川	5			4.8	Ⅶ
133		8	20	14	37	53.1	29.6°	105.5°	荣昌				4.5	
134		9	20	17	17	08.4	33°28′	103°53′	南坪		B	4.0		
135		10	14	07	34	17.7	28°33′(28°32′)	103°19′(103°23′)	马边永红	1	B	4.3	4.0	Ⅵ
136		12	6	07	57	20.4	31.3°	108.3°	石柱				4.3	
137		12	30	13	55	36.6	30°57′	103°43′	都江堰土桥	15	B	4.4	4.3	Ⅴ
138	1994	2	23	09	53	15.2	29°31′	105°35′	荣昌		B	4.0		
139		2	25	15	42	13.7	31°43′(31°42′00″)	104°42′(104°41′25″)	江油	(10)	B	4.4	4.7	Ⅵ⁺

续表 1－1

编号	发震时间						震中位置			震源深度（千米）	精度	震级		震中烈度
	年	月	日	时	分	秒	纬度	经度	参考地点			M_L	M_S	
140		4	15	01	57	05.4	29°29′	105°32′	荣昌	1	A	4.4		
141		5	6	12	23	19.7	29°06′	104°39′	宜宾	13	B	4.1	4.0	
142		5	6	13	26	50.4	29°06′	104°39′	宜宾		B	4.1	3.9	
143		9	5	04	13	36.3	32°17′	104°35′	平武	26	A	4.3		
144		9	16	12	38	53.7	32.2°	104.7°	平武	20			4.0	
145		9	21	03	13	53.6	29.1°	104.7°	宜宾	24			4.0	
146		12	11	16	29	06.9	29°06′	104°39′	宜宾	18	A	4.1	4.3	
147		12	30	02	58	27.3	29°01′ (29°02′15″)	103°39′ (103°38′30″)	沐川	13	A		5.7	Ⅶ
148	1995	1	3	08	46	37.9	29°19′	105°27′	荣昌	32	A	4.2	4.2	
149		1	19	22	54	15.8	28°34′	103°31′	雷波	1	A	4.0	4.1	
150		2	9	04	47	58.6	32°47′	102°00′	阿坝		B	3.9	4.2	
151		4	26	11	46	29.3	28°59′ (29°01′24″)	103°39′ (103°42′12″)	沐川凤村	(10)	B		5.0	Ⅵ$^{+}$
152		4	30	09	07	12.5	29°25′	105°28′	荣昌		B	4.2	4.2	
153		5	9	02	37	27.5	33°28′	103°27′	若尔盖		B	4.4		
154		5	12	17	36	15.0	31°59′	101°39′	马尔康	1	B	4.3	4.3	
155		6	10	13	08	53.9	31°43′	104°09′	安县千佛村	17	A	4.1	4.3	
156		6	12	11	37	30.1	31.9°	104.1°	北川	12			4.1	
157		7	30	21	03	56.7	32°10′	101°10′	壤塘	23	B	4.2	4.2	
158		8	12	22	12	04.5	26°53′	102°50′	宁南	37	A	4.1	4.1	
159		12	26	11	31	07.7	29°24′	105°31′	荣昌		B		4.5	
160	1996	1	16	08	08	16.1	29°22′	105°33′	荣昌		B	4.0	4.0	Ⅴ
161		2	28	19	21	58.5	29°02′ (29°02′)	104°38′ (104°35′)	宜宾永兴		B		5.4	Ⅶ
162		4	23	21	35	28.0	29°32′	102°12′	泸定磨西	5			4.0	
163		5	4	08	15	58.3	29°58′	103°12′	雅安草坝	41	A	4.0		Ⅳ$^{+}$
164		8	26	12	47	49.4	30.4°	101.7°	道孚	30			4.0	
165		11	16	14	41	58.4	28°49′	103°38′	马边	16	A	4.3	4.3	
166		12	21	16	39	38.6	30°36′ (30°23′)	99°25′ (99°20′)	白玉	5	C		5.5	Ⅶ
167	1997	2	25	02	43	05.2	29°24′	105°32′	荣昌	(15)	B	4.3	4.3	Ⅴ$^{+}$
168		3	10	11	12	24.3	29°19′	103°05′	峨边	20	A	4.3		Ⅴ
169		4	22	17	00	27.7	28°50′	102°00′	九龙	20	A	4.0		
170		5	25	01	08	56.2	31°28′ (31°31′)	104°10′ (104°10′)	绵竹	29	A	4.2		Ⅴ

续表 1－1

编号	发震时间						震中位置			震源深度（千米）	精度	震级		震中烈度
	年	月	日	时	分	秒	纬度	经度	参考地点			M_L	M_S	
171		6	28	07	07	17.1	28°19′	104°46′	珙县	30	A	4.2		
172		7	15	17	59	17.5	30°15′	108°14′	重庆石柱		B	4.4		
173		8	2	03	05	00.9	28°51′	101°07′	木里	15			4.1	
174	1997	8	13	16	13	30.9	29°30′（29°25′）	105°29′（105°32′）	重庆荣昌	（13）	B		5.2	Ⅶ
175		10	19	19	52	27.6	28°58′	99°21′	巴塘	17			4.0	
176		10	28	19	41	42.5	30°20′	101°56′	康定	33			4.1	
177		12	5	07	52	36.1	27°09′	102°38′	宁南	14	A	4.2		
178	1998	3	3	14	57	28.8	32°45′（32°52′）	104°09′（104°12′）	平武	21	A	4.4	4.5	Ⅵ
179		3	14	10	02	49.6	27°27′	102°33′	普格	19			4.0	
180		3	26	00	36	39.2	32°08′	104°04′	壤塘		B	4.1	4.2	
181		3	26	01	05	31.9	32°08′	104°04′	壤塘吾伊乡		B	3.9	4.1	Ⅴ
182		8	30	17	03	17.3	27°43′	101°11′	盐源	16			4.2	
183		8	31	08	09	48.6	27°45′	101°09′	盐源	15			4.3	
184		9	24	12	44	26.7	27°18′	101°07′	盐源		B	4.1		
185		12	9	00	08	19.7	27°12′	102°41′	宁南	1	B	4.0		
186	1999	1	4	05	21	06.6	32°27′	101°06′	壤塘	5	A	4.0		
187		9	14	20	54	31.3	31°36′（31°34′45″）	104°05′（104°07′05″）	绵竹	（>20）			5.0	Ⅵ
188		9	30	16	43	27.4	27°24′	101°23′	盐源		B	4.2		
189		11	30	16	24	52.5	31°26′（31°28′）	104°20′（104°09′）	绵竹汉旺		A		5.0	Ⅵ
190		12	22	04	06	39.1	26°58′	102°46′	宁南	9	B	4.0		
191	2000	1	2	02	49	07.5	28°31′	102°36′	越西	12	1	4.2		
192		1	16	10	13	38.6	30°56′	107°29′	达县		2	4.0		
193		2	12	13	23	11.9	33°29′	102°56′	若尔盖	2	1	3.8	4.0	
194		3	29	20	37	32.8	31°35′	101°08′	甘孜		1	4.0		
195		7	17	19	15	16.2	29°25′	104°50′	自贡	7	1	3.8	4.1	
196		9	8	10	13	12.7	28°25′	104°44′	珙县	6	2	3.4	4.0	
197		9	23	00	14	47.3	31°14′	100°42′	炉霍		2	4.3		
198		10	15	04	13	07.0	29°29′	101°02′	康定	11	1	3.1	4.0	
199	2001	2	14	15	27	28.2	29°24′（29°21′）	101°05′（101°04′）	雅江	8—10	1		5.1	Ⅵ
200		2	23	08	09	19.8	29°25′（29°21′）	101°06′（101°08′）	雅江	6	1		6.0	Ⅷ

续表 1-1

编号	发震时间						震中位置			震源深度（千米）	精度	震级		震中烈度
	年	月	日	时	分	秒	纬度	经度	参考地点			M_L	M_S	
201		2	23	10	11	51.0	29°26′	101°02′	雅江		1	4.2		
202		3	7	19	51	23.6	27°45′	102°45′	布拖	6	1	4.2	4.4	
203		4	27	14	39	56.9	31°20′	100°56′	炉霍	33	1	3.9	4.0	
204		5	24	05	10	37.3	27°37′	100°55′	盐源、宁蒗	11	1		5.8	Ⅶ
205		5	24	05	20	49.1	27°37′	100°56′	盐源		3	4.0		
206		6	4	19	56	24.6	31°05′	98°49′	白玉		3	4.0	4.2	
207		6	24	16	35	35.0	27°40′	100°55′	盐源		1	4.1		
208		7	26	02	25	07.7	27°31′	100°53′	盐源		2	4.2		
209		8	6	02	12	13.5	30°26′（30°23′）	103°17′（103°13′）	邛崃	11	1	4.2		Ⅴ
210		8	10	15	26	30.3	27°41′	100°53′	盐源		1	4.3	4.6	
211		8	10	15	31	11.0	27°41′	100°54′	盐源		2	4.1		
212		8	10	16	16	20.3	27°40′	100°55′	盐源		1	3.9	4.0	
213		9	23	06	34	47.5	31°56′	102°02′	马尔康	2	1	3.9	4.1	
214		9	25	02	05	45.0	33°49′	102°30′	若尔盖		2	4.1	4.3	
215		9	28	06	31	34.4	28°22′	104°43′	珙县	11	1	4.3		
216		11	15	22	59	49.6	29°26′	101°02′	雅江		1	4.0	4.3	
217		12	23	06	41	54.3	29°08′	104°36′	宜宾	2	1	4.1		
218	2002	3	3	08	23	05.0	28°41′	102°14′	冕宁		1	4.4		
219		4	10	14	30	17.6	27°32′	102°30′	普格	4	1	4.6	4.9	
220		5	23	22	26	38.0	27°28′	102°45′	布拖		1	4.0		
221		5	31	11	53	00.1	30°19′（30°16′）	104°11′（104°11′）	仁寿	10	1	4.4		Ⅵ
222		7	9	12	59	47.4	31°40′	99°06′	白玉	33	3	3.9	4.3	
223		7	10	07	16	39.4	31°33′	99°12′	白玉	5	3	4.2	4.6	
224		7	30	10	12	40.5	31°17′	99°17′	白玉	33	3	3.8	4.1	
225		8	8	19	42	00.4	30°52′（30°51′）	100°01′（99°54′）	新龙		2		5.3	Ⅶ
226		8	17	03	53	54.2	27°50′	100°49′	盐源		2	4.5		
227		11	20	21	44	56.4	33°55′	102°50′	若尔盖		3	4.3	4.0	
228		11	25	14	11	01.5	30°50′	99°54′	新龙		2	4.7		
229		12	12	09	09	19.9	33°06′	103°56′	九寨沟		1	4.1		
230	2003	3	18	14	48	35.8	29°18′（29°17′）	104°00′（104°00′）	犍为	5	1	4.0		Ⅴ
231		6	17	22	46	18.2	27°52′	102°18′	西昌	5	1	4.6		

续表 1－1

编号	发震时间						震中位置			震源深度（千米）	精度	震级		震中烈度
	年	月	日	时	分	秒	纬度	经度	参考地点			M_L	M_S	
232		7	10	09	33	56.6	27°47′（27°48′）	102°28′（102°25′）	昭觉	5	1	4.6		Ⅵ
233		8	21	10	17	48.8	27°25′（27°28′）	101°16′（101°10′）	盐源	5	1	5.1	5.0	Ⅵ
234		8	21	13	38	54.5	27°26′	101°13′	盐源	5	1	4.1		
235		8	21	18	58	10.2	27°26′	101°18′	盐源	5	1	4.5		
236		8	21	23	20	24.4	27°28′	101°14′	盐源	5	1	4.3		
237		9	16	16	00	37.6	29°29′	100°58′	雅江		1	4.4		
238		10	9	17	41	24.0	29°01′	102°13′	石棉		1	4.1		
239		11	26	15	30	10.7	28°11′	101°10′	木里		1	3.9	4.0	
240		11	27	22	14	53.2	29°28′	101°00′	雅江		1	4.2		
241		12	3	07	26	46.2	30°52′	101°16′	道孚		1	4.9		Ⅴ
242	2004	2	1	10	47	25.4	27°25′	101°06′	盐源		2	4.0		
243		3	1	18	15	51.0	28°02′	103°24′	雷波	5	1	4.0		
244		6	17	05	25	21.7	29°06′（29°06′19″）	104°38′（104°38′00″）	宜宾	13	1	4.5		Ⅵ
245		11	4	09	05	49.5	30°05′	99°40′	理塘	5	1	3.3	4.1	
246		12	15	22	31	30.7	32°15′	101°37′	马尔康	5	1	4.3	4.5	
247	2005	1	5	06	05	17.6	32°17′	101°33′	马尔康	5	1	5.0	4.7	Ⅵ
248		1	8	02	00	44.7	27°36′	101°07′	盐源	5	1	4.0		
249		1	12	19	35	49.1	32°14′	101°35′	马尔康	5	1	4.1		
250		5	9	08	15	19.4	31°57′	104°16′	北川	5	1	3.4	4.4	
251		6	6	14	37	52.4	32°34′	102°05′	阿坝	5	2	4.0		
252		7	27	08	49	52.4	27°25′	101°18′	盐源	11	1	4.1		
253		8	5	22	14	43.3	26°35′（26°32′）	103°04′（103°01′）	会东、会泽	10	2		5.3	Ⅵ
254		8	6	07	40	55.2	26°34′	103°03′	会东	12	2	3.8	4.0	
255		10	30	22	24	32.5	30°28′	101°30′	道孚	5	1	4.5		Ⅵ
256		11	25	00	34	37.0	30°20′	99°53′	理塘	5	1	4.0		
257		11	29	21	24	26.1	27°22′	101°09′	盐源	8	1	4.0		
258		12	1	08	24	47.1	30°53′	99°08′	白玉		2	4.2		
259		12	2	07	31	17.4	32°19′	101°34′	马尔康	5	1	4.3		
260		12	2	18	55	18.0	32°15′	101°36′	马尔康	5	1	4.3		
261		12	14	16	44	37.6	32°14′	101°35′	马尔康		2	4.0		
262		12	26	18	35	31.7	29°35′	101°58′	泸定	5	1	3.5	4.3	

1986—2005 年四川地震震源机制表

表 1－2

编号	年·月·日	发震时间（北京时）时—分	北纬（°）	东经（°）	震中地名	震源深度（km）	震级 M_S	节面Ⅰ（°）			节面Ⅱ（°）			X 轴（°）		Y 轴（°）		P 轴（°）		T 轴（°）		N 轴（°）		矛盾比	资料来源
								走向	倾向	倾角	走向	倾向	倾角	方位	仰角	方位	仰角	方位	仰角	方位	仰角	方位	仰角		
1	1986.07.10	09—15	27°22′	101°25′	盐源黄草	15	4.7	53	NW	60	160	SSW	44	195	46	324	30	167	9	274	60	71	28	10%	（1）
2	1986.08.07	03—55	29°16′	100°47′	理塘日乃	10—15	5.6	32	SE	85	118	NE	55	28	35	112	50	82	29	340	20	220	54	9%	（2）
3	1986.08.12	03—58	27°24′	101°18′	盐源西南	15	4.6	49	NW	65	123	SW	61	214	29	319	25	175	3	268	39	51	50	8%	（1）
4	1986.08.12	18—45	27°23′	101°21′	盐源梅雨	15	5.2	19	SEE	85	107	NNE	75	17	15	108	5	332	6	64	14	218	74	7%	（1）
5	1988.04.15	18—58	26°18′	102°45′	会东鹿鹤	15	5.2		NW	67	323	NE	30	53	60	274	20	79	20	304	63	174			（3）
6	1989.03.01	00—33	31°30′	102°26′	小金两河乡	15	5.0	78	SSE	74	342	NEE	70	72	21	168	16	129	26	30	30	294	62	8%	（4）
7	1989.04.16	04—34	29°56′	99°15′	巴塘小坝冲	15	6.7	16	SEE	70	101	NEE	75	10	15	106	20	58	14	150	4	249	65		（5）
8	1989.04.25	10—13	29°59′	99°24′	巴塘央莫龙	10	6.7	12	SEE	85	104	SSW	65	194	25	102	5	240	13	145	21	1	64		（5）
9	1989.05.01	07—05	29°58′	99°26′	巴塘南东	10	5.4	14	NWW	75	117	NE	52	25	37	284	15	71	14	330	37	177	48		（5）
10	1989.05.03	13—35	30°01′	99°27′	巴塘东	10	6.4	17	SEE	85	108	SSW	73	197	17	108	5	244	19	152	16	2	62		（5）
11	1989.05.03	23—41	30°01′	99°25′	巴塘东	5	6.2	52	NW	67	145	NE	85	54	5	323	23	276	12	11	19	155	67		（5）
12	1989.05.04	01—28	30°04′	99°24′	巴塘南东	10	5.2	136	NE	55	166	SWW	45	256	45	46	35	241	2	337	75	150	15		（5）
13	1989.06.09	22—46	29°16′	102°15′	石棉安顺	10	5.3	N	W	70	N78E	SE	60	S11E	20	W	20	S39E	9	S42W	36	N28E	53		（6）
14	1989.07.21	11—09	29°55′	99°15′	巴塘南东	15	5.8	40	SE	85	130	SW	75	129	5	220	15	266	6	174	13	22	75		（5）
15	1989.09.22	10—25	31°33′	102°25′	小金北	10	6.6	69	NW	79	348	NE	58	78	33	339	12	122	13	23	32	320	55		（4）

说明：（1）据王力；（2）据李桂芳；（3）1988 年中国地震年鉴；（4）1989 年小金地震（四川省地震局）；（5）1989 年四川巴塘强震群（四川地震局）；（6）1989 年 6 月 9 日四川石棉 5.2 级地震（石棉地震现场工作组）

续表1－2

编号	年·月·日	发震时间（北京时）时—分	北纬（°）	东经（°）	震中地名	震源深度（km）	震级 M_S	节面Ⅰ（°）			节面Ⅱ（°）			X轴（°）		Y轴（°）		P轴（°）		T轴（°）		N轴（°）		矛盾比	资料来源
								走向	倾向	倾角	走向	倾向	倾角	方位	仰角	方位	仰角	方位	仰角	方位	仰角	方位	仰角		
16	1989.11.22	11—18	29°55′	106°53′	江北统景	5	5.2	57	SE	65	338.5	SW	65	249	25	146	25	287.5	0	197	36	17	53		（7）
17	1989.12.06	20—53	30°16′	103°06′	邛崃银	30	4.3	26	SE	68	315	SW	50	226	40	116	22	265	11	163	46	4.5	42	15%	（8）
18	1990.01.15	11—19	30°45′	103°11′	大邑双河	15	4.6	78	SE	75	352.5	SW	75	262	15	168	15	305	1	215	21	35	69		（9）
19	1991.02.18	17—06	31°35′	102°23′	小金两河	10	5.0	62	SE	62	341	SW	73	251	17	151.5	28	109	8	203	33	8	56	17%	（4）
20	1993.08.07	16—36	29.0°	103°	沐川	5	4.8	24	NW	57	276	SW	65					337	5	238	43	68	47	12%	（10）
21	1993.12.30	15—55	30°57′	103°43′	都江堰土桥	15	4.3	4	SE	60	255	NW	60	345	30	94	30	310	0	40	45	220	45		（11）
22	1994.12.30	02—58	29°01′	103°39′	沐川	13	5.7	35	SE	85	358	SW	55					316	20	210	25	78	55	16%	（10）
23	1995.04.26	11—46	28°59′	103°39′	沐川凤村	10	5.0	11	NW	80	275	SW	60					141	14	238	28	27	58	20%	（10）
24	1996.02.28	19—21	29°02′	104°38′	宜宾永兴		5.4	53	SE	55	298	NE	60	29	30	142	35	84	50	176	3	296	41	11%	（10）
25	1996.12.16	16—59	30°36′	99°25′	白玉	5	5.5	17	NW	65	275	SW	65					236	25	326	0	56	53	17%	（12）
26	1997.08.13	16—13	29°30′	105°29′	重庆荣昌	13	5.2	20	NW	38	73	SE	64					320	12	207	57	38	27		（13）
27	1998.03.03	14—57	33°45′	104°09′	平武白马	21	4.5	345	NEE	65	67	NNW	75	336	15	74	26	116	7	22	30	219	60		（14）
28	1999.09.14	20—54	31°36′	104°05′	绵竹清平	>20	5.0	29	SE	75	29	NE	15	298	75	118	15	298	29	118	60	29	0		（15）
29	1999.11.30	16—24	31°26′	104°20′	绵竹汉旺		5.0	30	NW	70	136	NE	62	45	27	305	19	354	34	83	8	184	54		（15）
30	2001.02.14	15—27	29.6°	101.1°	雅江波斯河	10	5.0	12.2	NW	66.7	13.5	NE	60.4	102.2	23.3	203.5	24.6	243.1	0.8	152.5	35	（B轴）334.3	35		（16）

说明：（7）据胡方明；（8）1989年12月6日邛崃4.8级地震考察（四川省地震局地震考察组）；（9）据李昌树；（10）据李桂芳；（11）据江涛；（12）据程万正；（13）据重庆市地震办公室；（14）据绵阳市地震办公室；（15）据陈天长

续表 1－2

编号	年·月·日	发震时间（北京时）时—分	北纬（°）	东经（°）	震中地名	震源深度（km）	震级 M_S	节面Ⅰ（°）			节面Ⅱ（°）			X轴（°）		Y轴（°）		P轴（°）		T轴（°）		N轴（°）		矛盾比	资料来源
								走向	倾向	倾角	走向	倾向	倾角	方位	仰角	方位	仰角	方位	仰角	方位	仰角	方位	仰角		
31	2001.02.23	08—09	29°25′	101°06′	雅江波斯河	6	6.0	10.1	NW	67.7	111.4	NE	64.5	100.1	22.3	201.4	25.5	241.3	2.1	149.9	34.9	（B轴）334.3	35		（16）
32	2001.05.24	05—10	27.6°	100.9°	盐源泸沽湖	5	5.8	90	N	90	0	E	90	0	0	90	0	135	0	45	0	（B轴）270	90		（17）
33	2002.08.08	19—24	20.9°	100.0°	新龙通宵	5	5.3	59	NW	30	187	SE	70	98	20	330	60	65	58	295	21	（B轴）196	22		（18）
34	2003.06.17	22—46	27°52′	102°18′	西昌	5	4.6	158	SW	78	1	SE	13	248	12	91	77	241	57	252	33	339	5		（17）
35	2003.07.10	09—33	27°47′	102°23′	昭觉	10	4.6	93	SW	56	170	NE	71	183	34	80	19	127	38	225	10	326	50		（17）
36	2003.08.21	10—17	27°25′	101°15′	盐源大草	5	5.0	122	SW	60	47	NW	65	212	30	317	24	353	4	267	42	79	50		（19）
37	2003.08.21	18—10	27°26′	101°13′	盐源大草	5	4.6	117	NW	56	23	NW	83	27	34	293	7	334	29	75	18	193	55		（19）
38	2005.08.05	22—14	26°36′	103°06′	会东会泽间	10	5.3	50	NW	84	142	NE	66	232	24	278	12	184	21	36	65				（20）

说明：（16）据魏娅玲和陈天长；（17）据牟雅元；（18）据龙思胜；（19）据《2003年8月21日四川盐源地震科学考察报告》（四川省地震局）；（20）据《2005年四川地震年鉴》

图1-1 1986—2005年四川5.0级（或震中烈度Ⅶ度）以上地震等烈度线系列图（含个别地震震灾损失评估图）

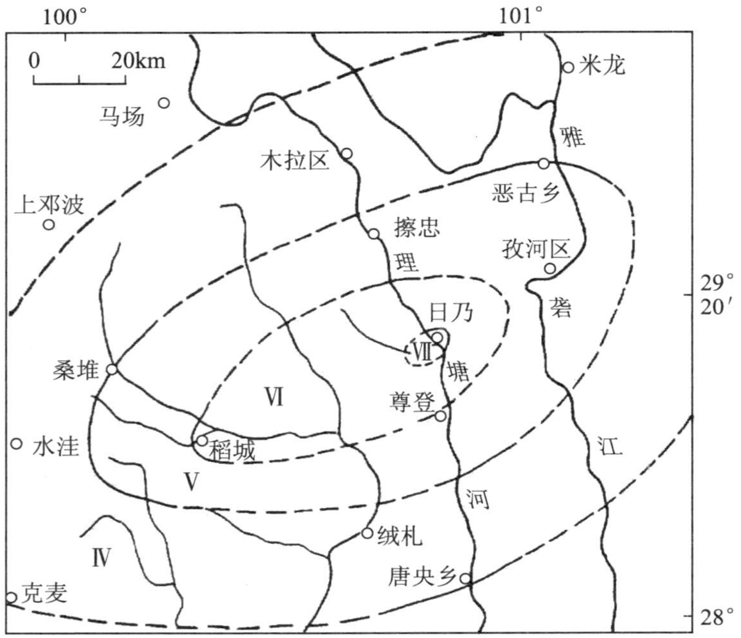

1986年8月7日理塘日乃5.6级地震等烈度线图

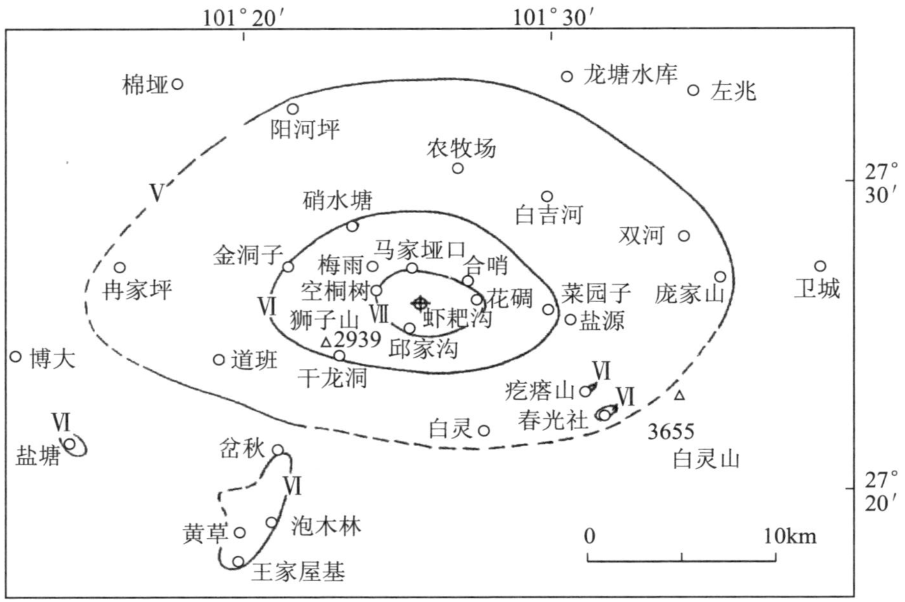

1986年8月12日盐源5.2级地震等烈度线图

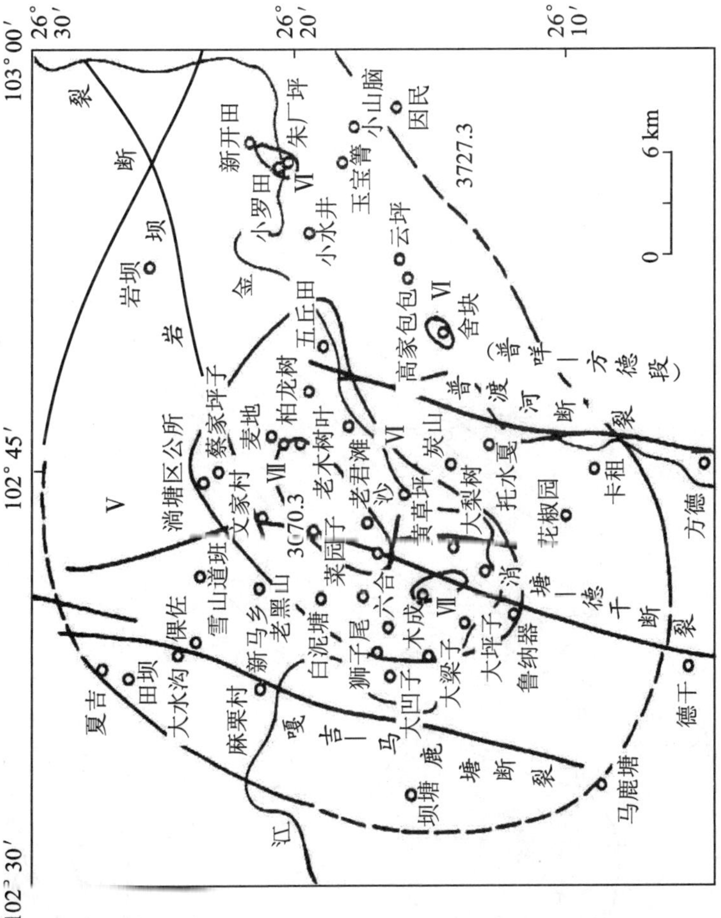

1988年4月15日会东5.2级地震等烈度线图

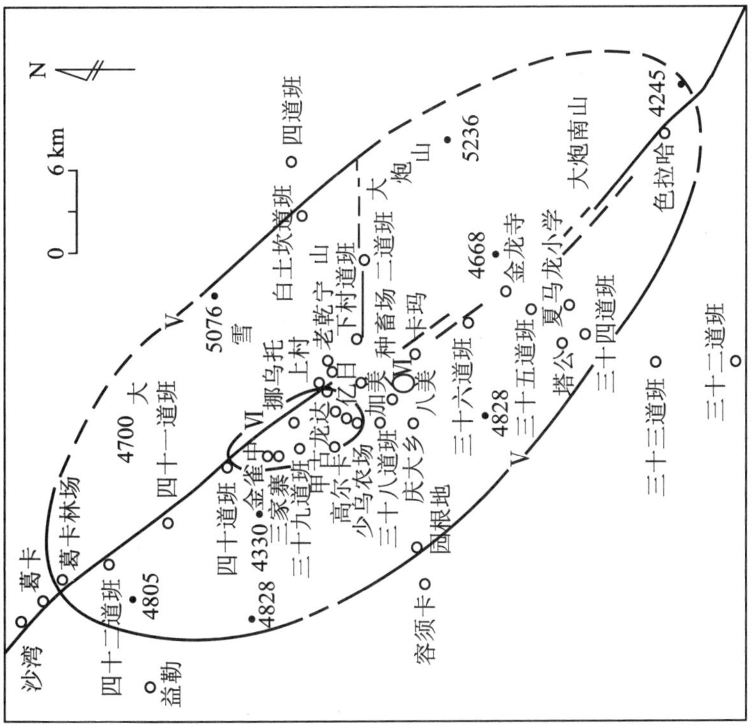

1988年6月2日道孚5.0级地震等烈度线图

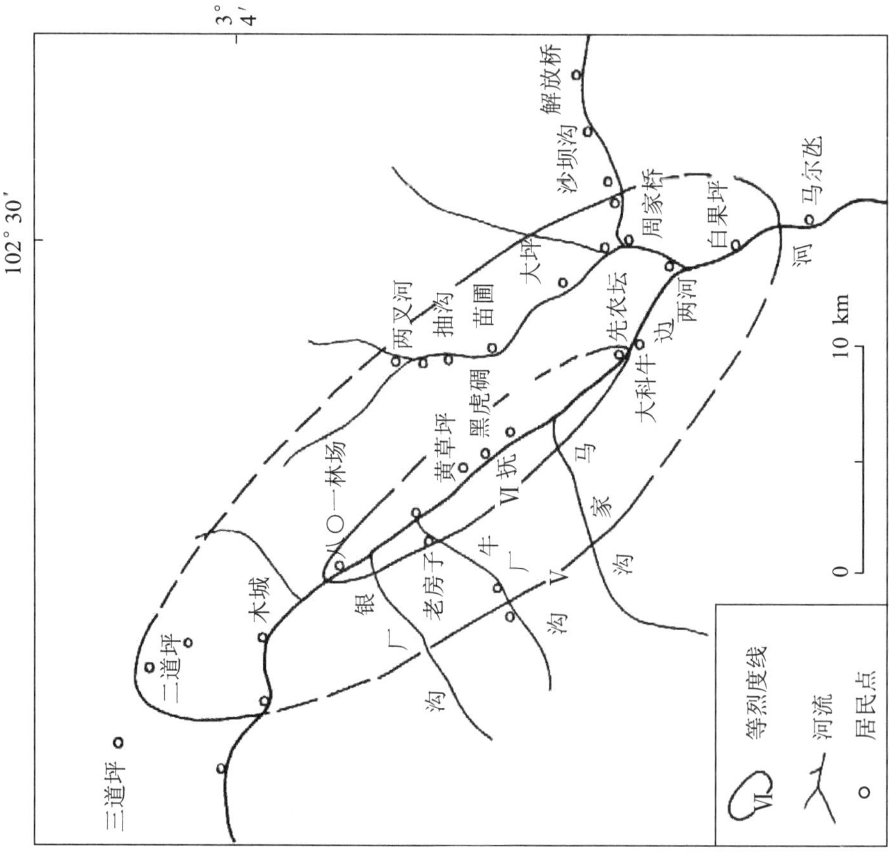

1989年3月1日小金5.0级地震等烈度线图

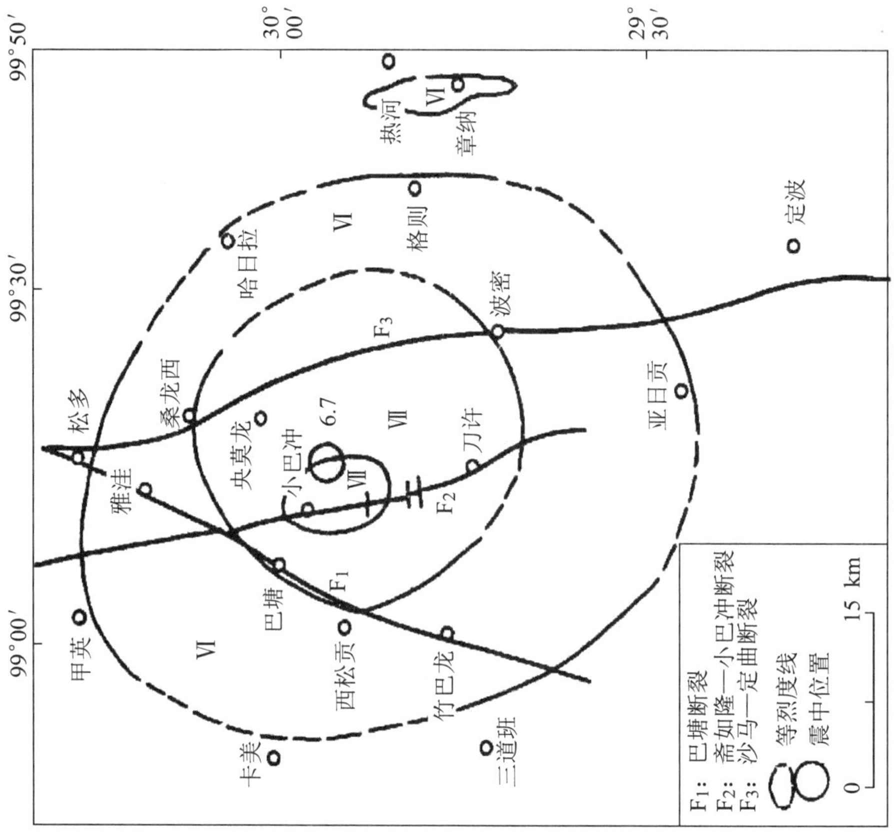

1989年4月16日巴塘6.7级地震等烈度线图

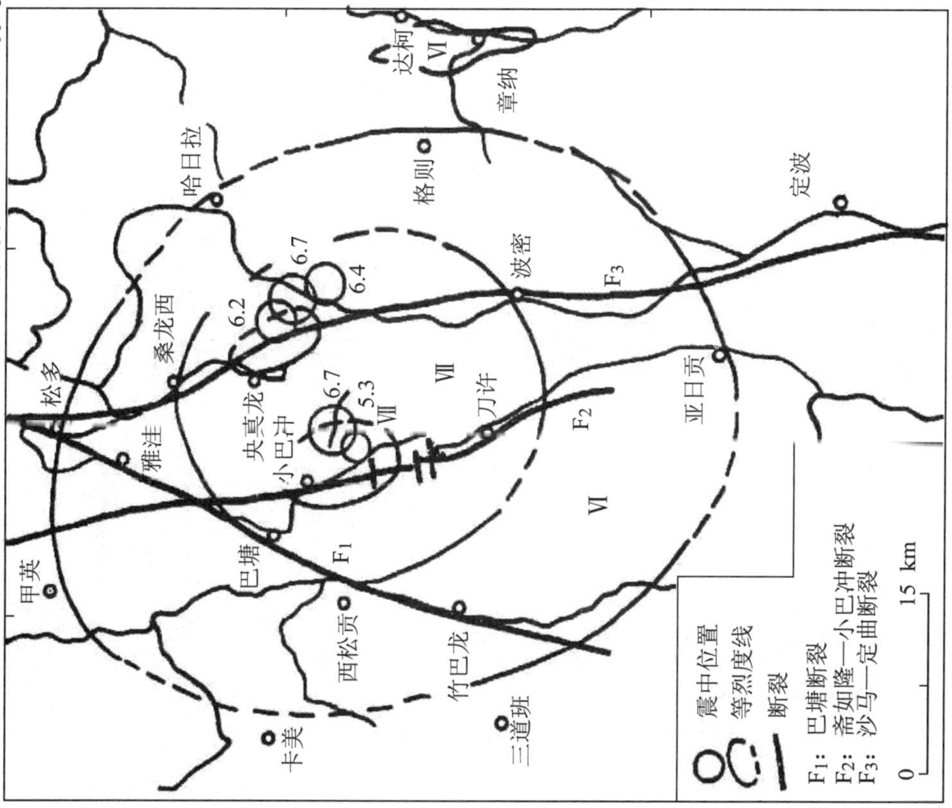

1989年4—5月巴塘6.7级强震群综合等烈度线图

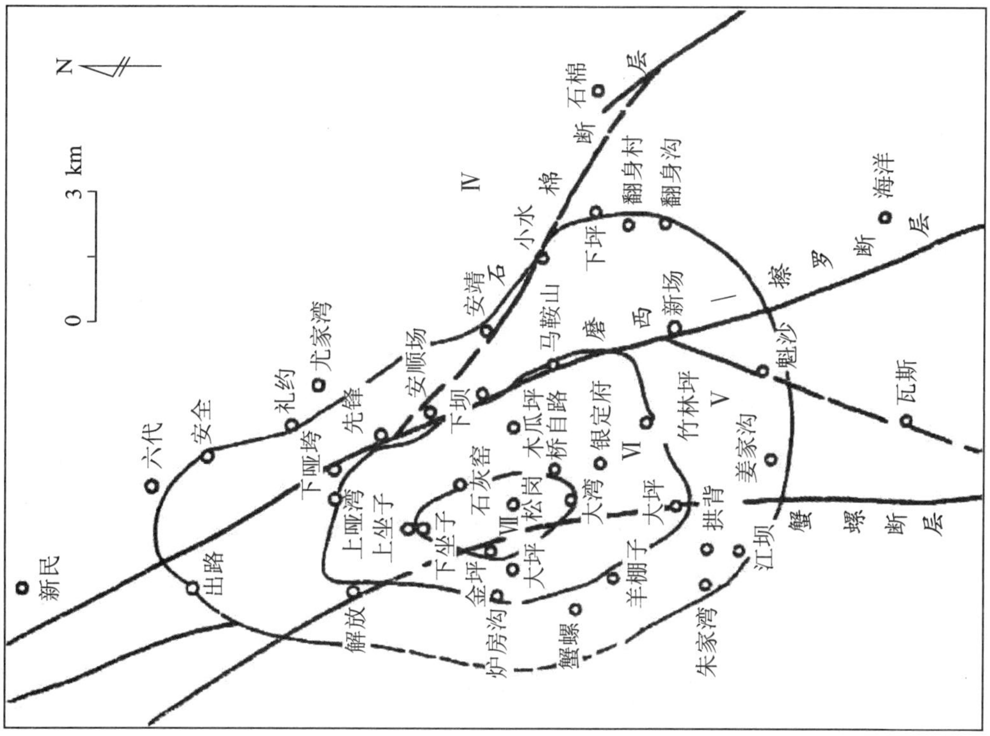

1989年6月9日石棉5.3级地震等烈度线图

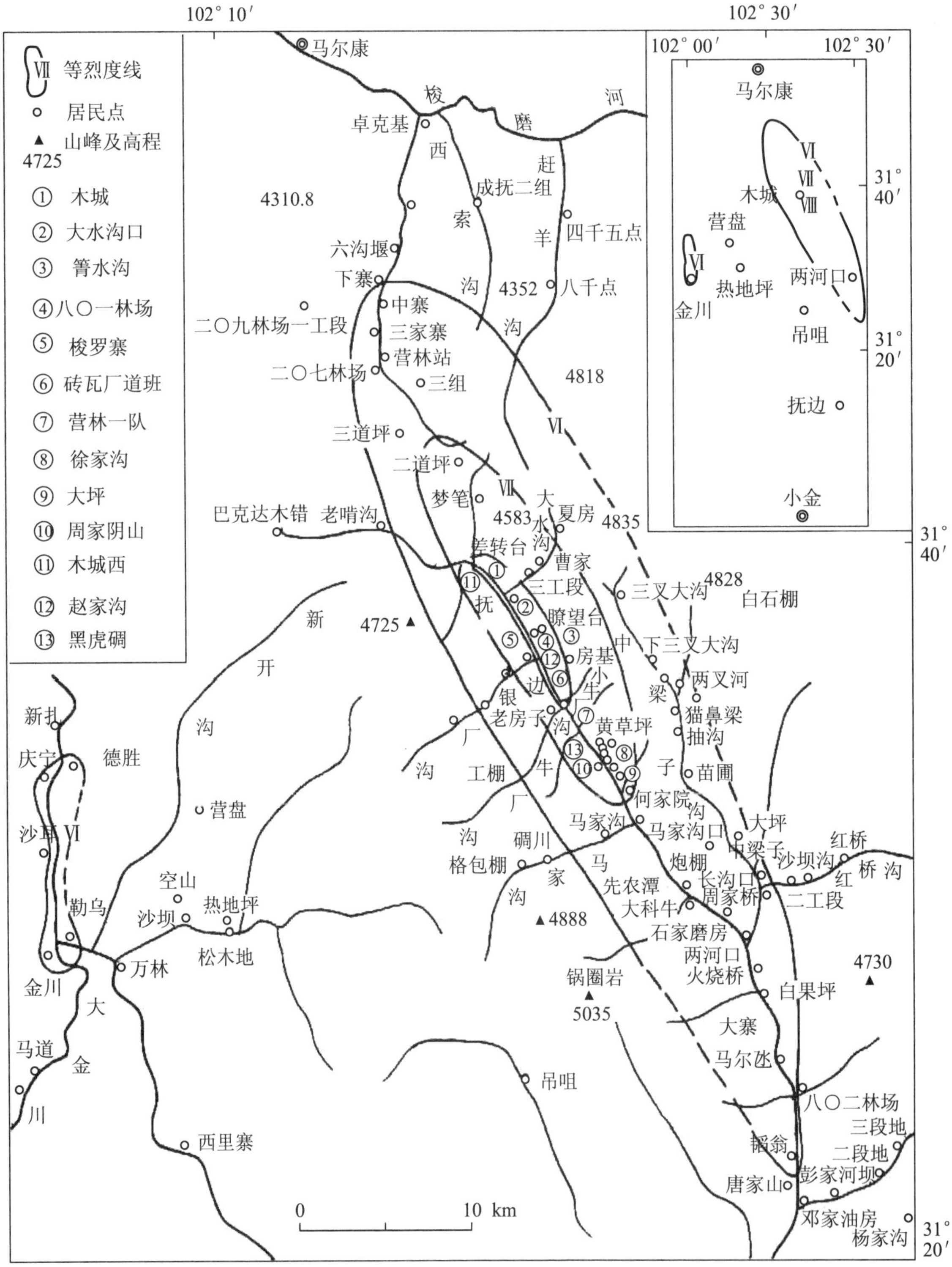

1989年9月22日小金6.6级地震等烈度线图

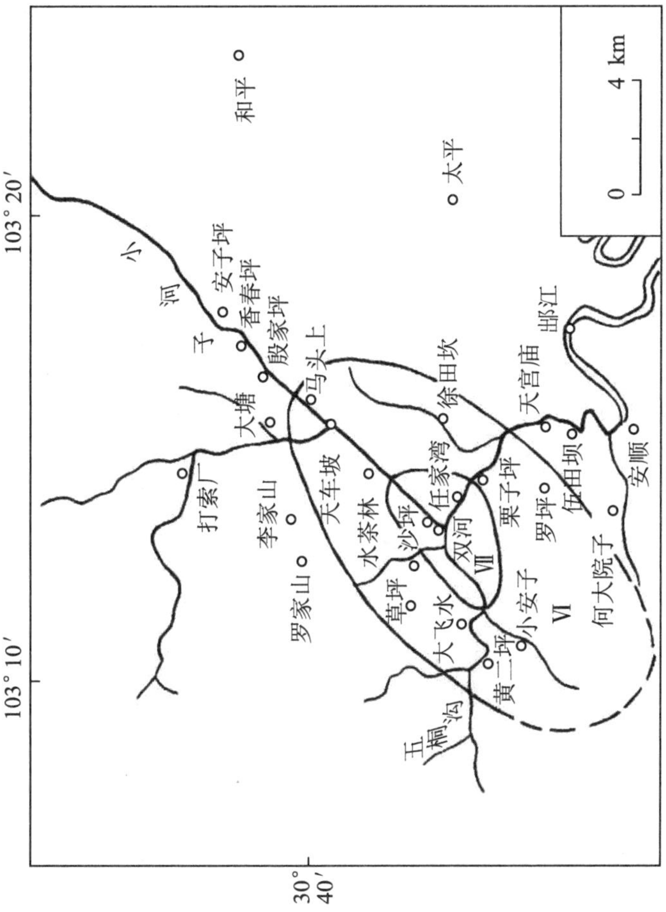

1990年1月15日大邑双河4.6级地震等烈度线图

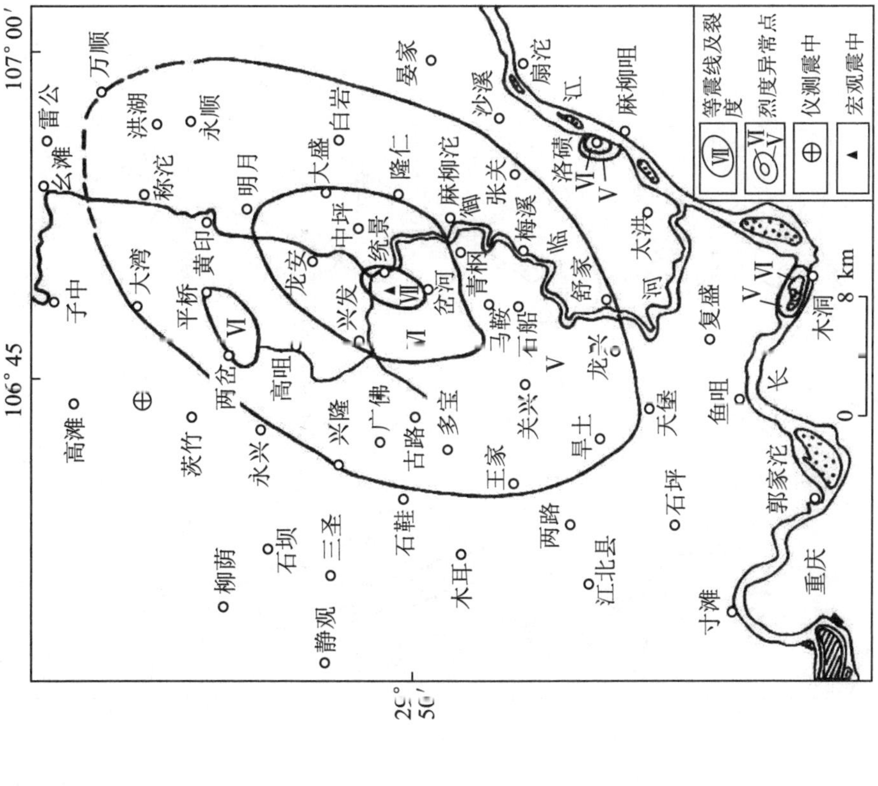

1989年11月20日江北5.2级和5.4级地震等烈度线图

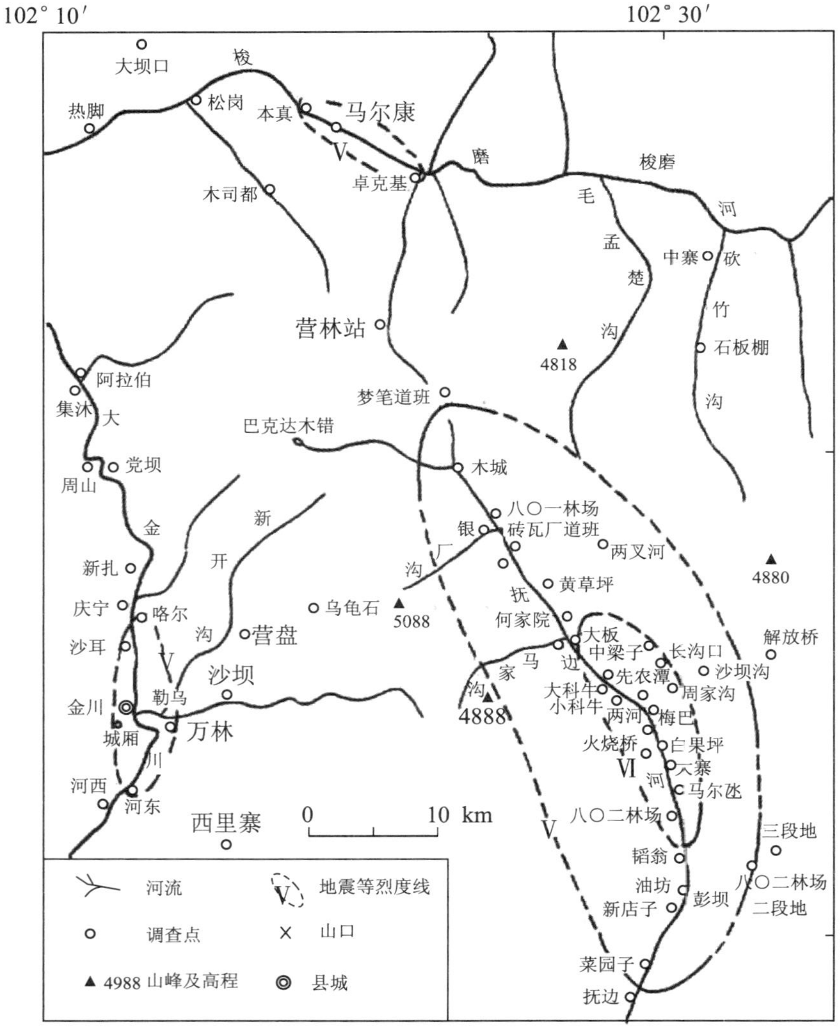

1991年2月18日小金5.0级地震等烈度线图

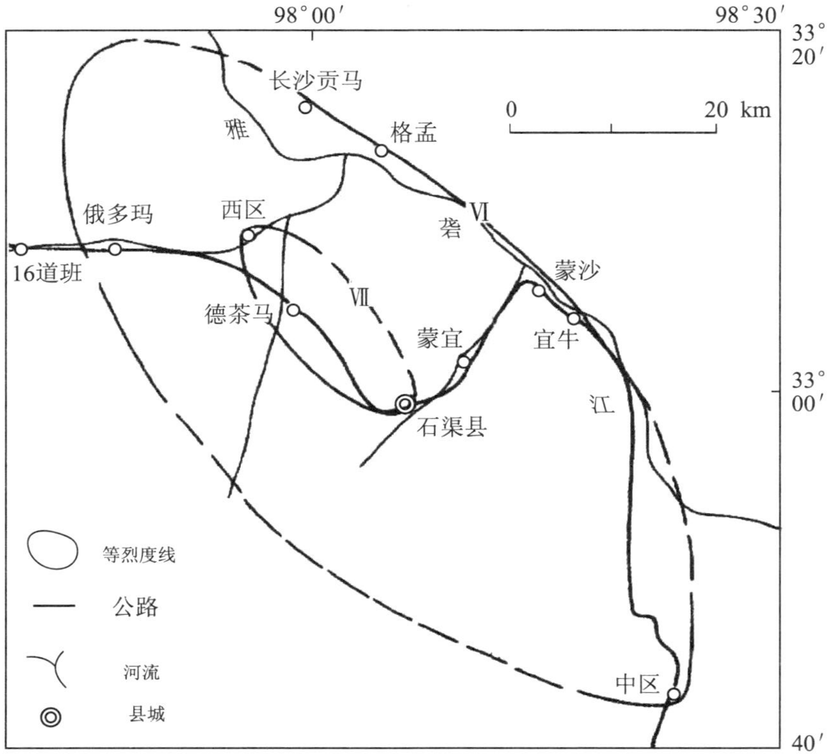

1992年11月30日石渠5.1级地震等烈度线图

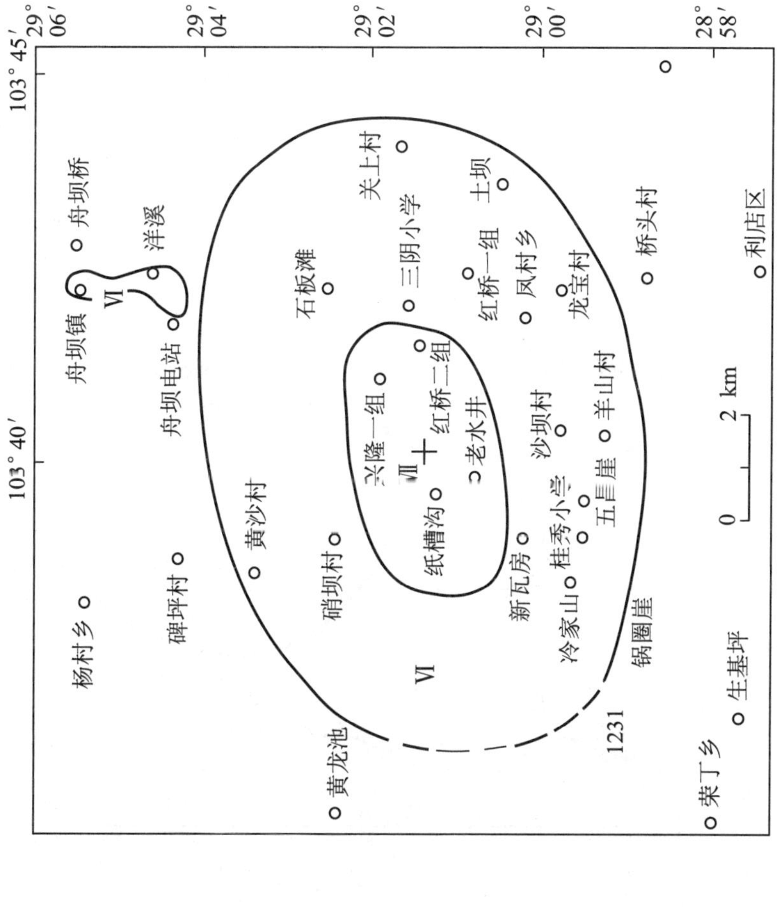

1993年8月7日沐川4.8级地震等烈度线图

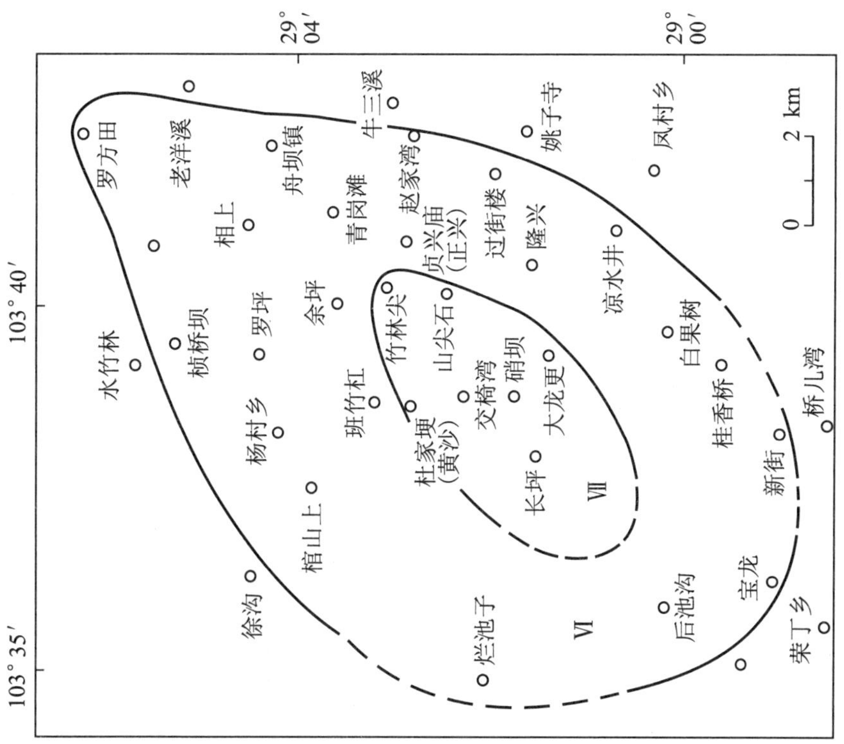

1994年12月30日沐川5.7级地震等烈度线图

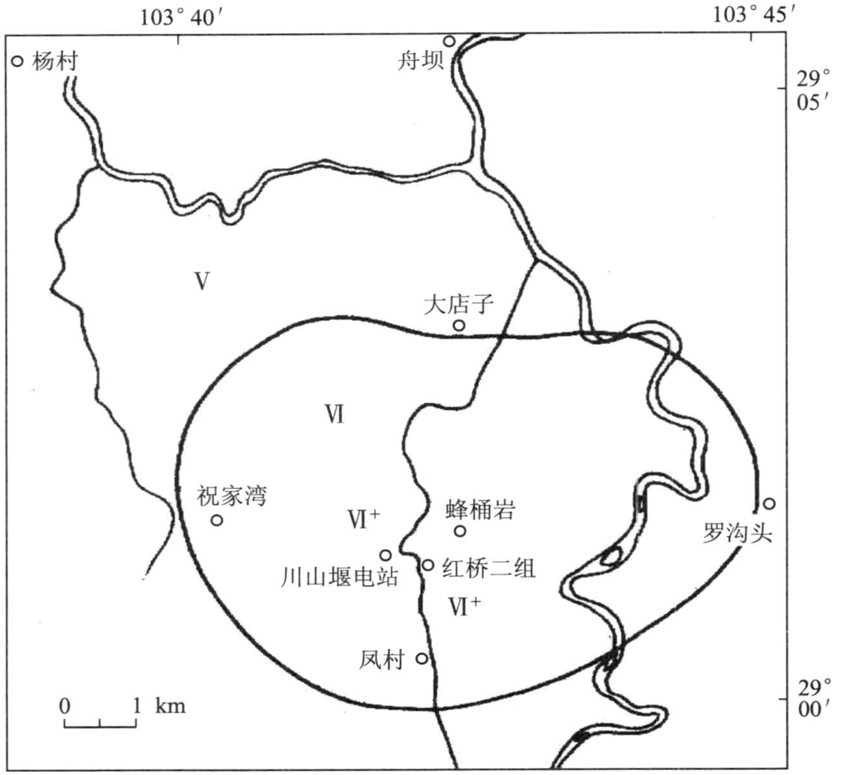

1995年4月26日沐川5.0级地震等烈度线图

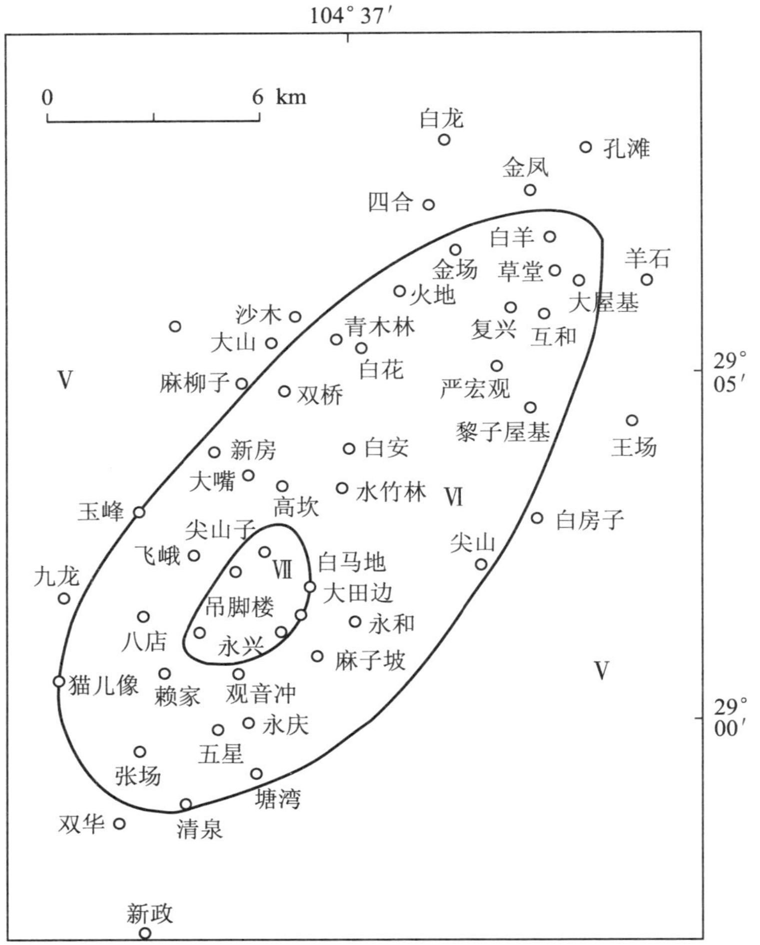

1996年2月28日宜宾永兴5.4级地震等烈度线图

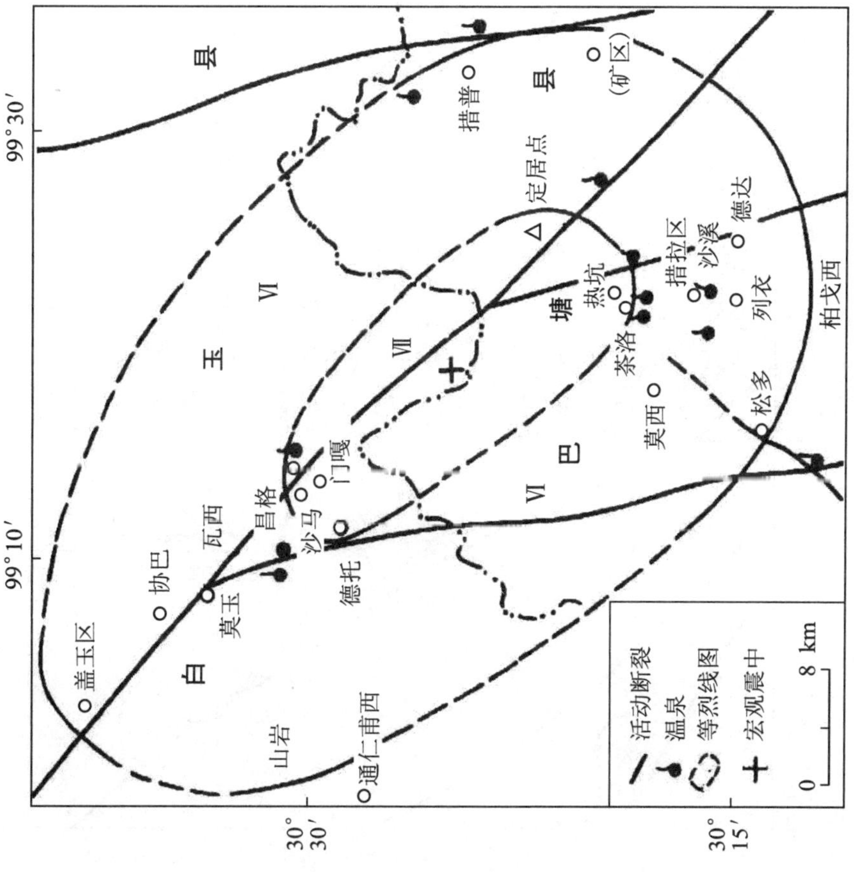

1996年12月21日白玉5.5级地震等烈度线图

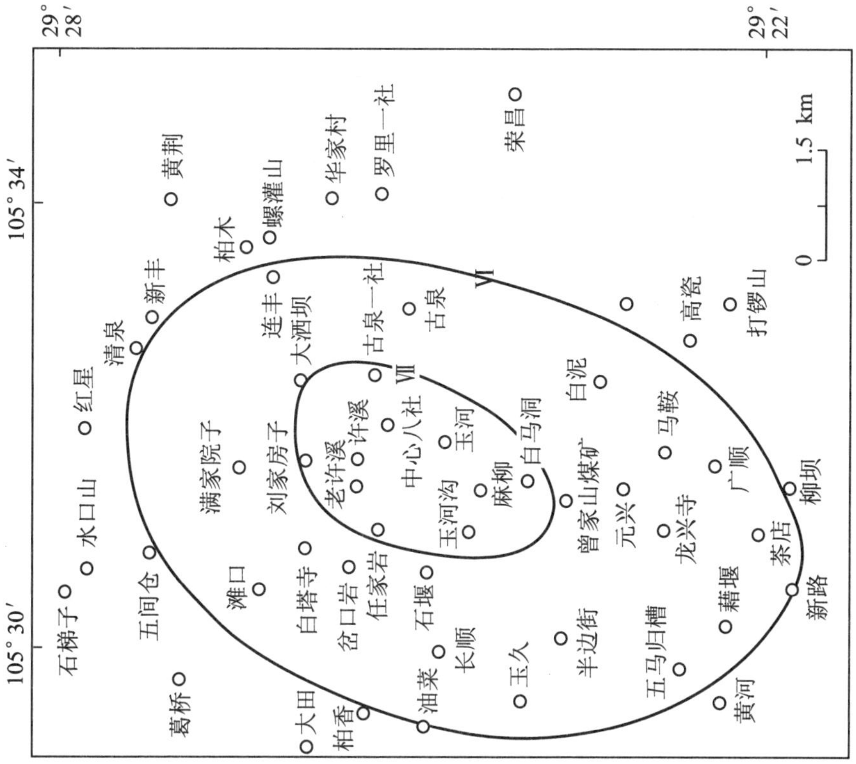

1997年8月13日荣昌5.2级地震等烈度线图

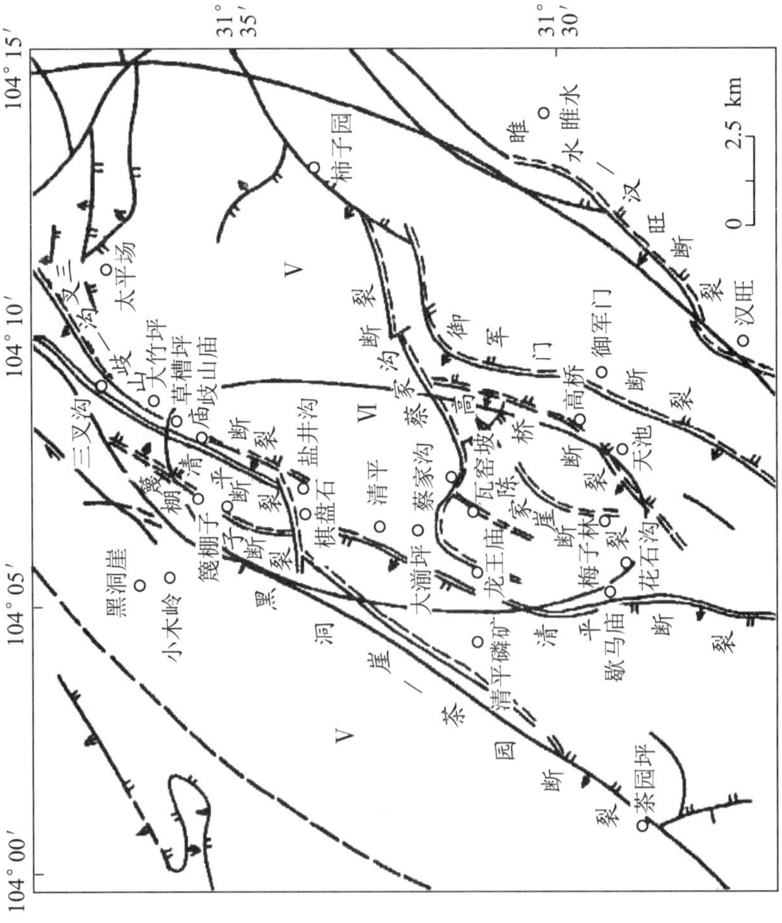

1999年9月14日绵竹5.0级地震等烈度线图

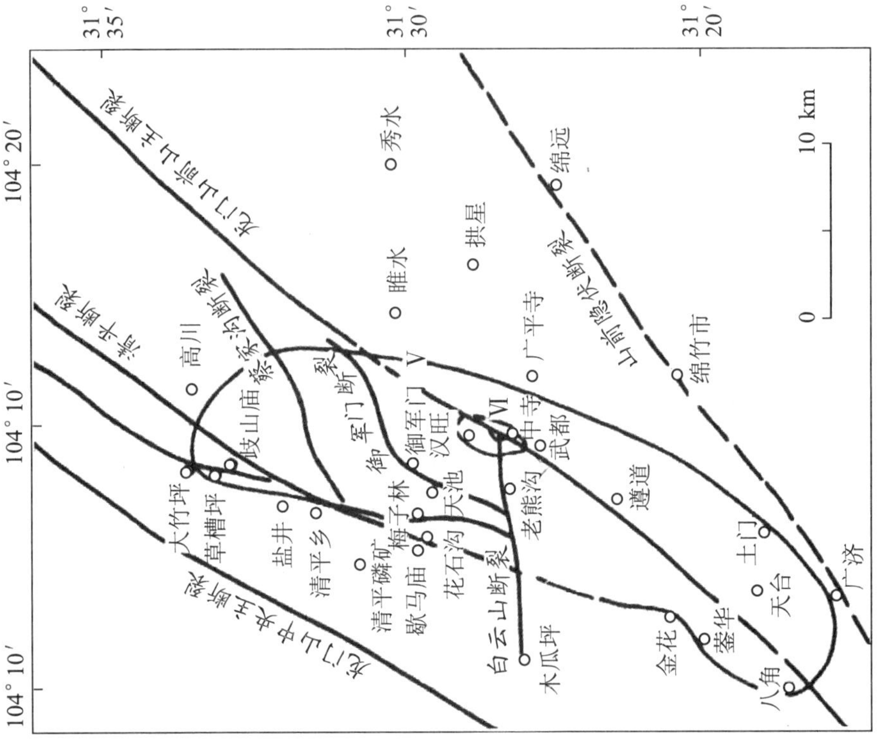

1999年11月30日绵竹汉旺5.0级地震等烈度线图

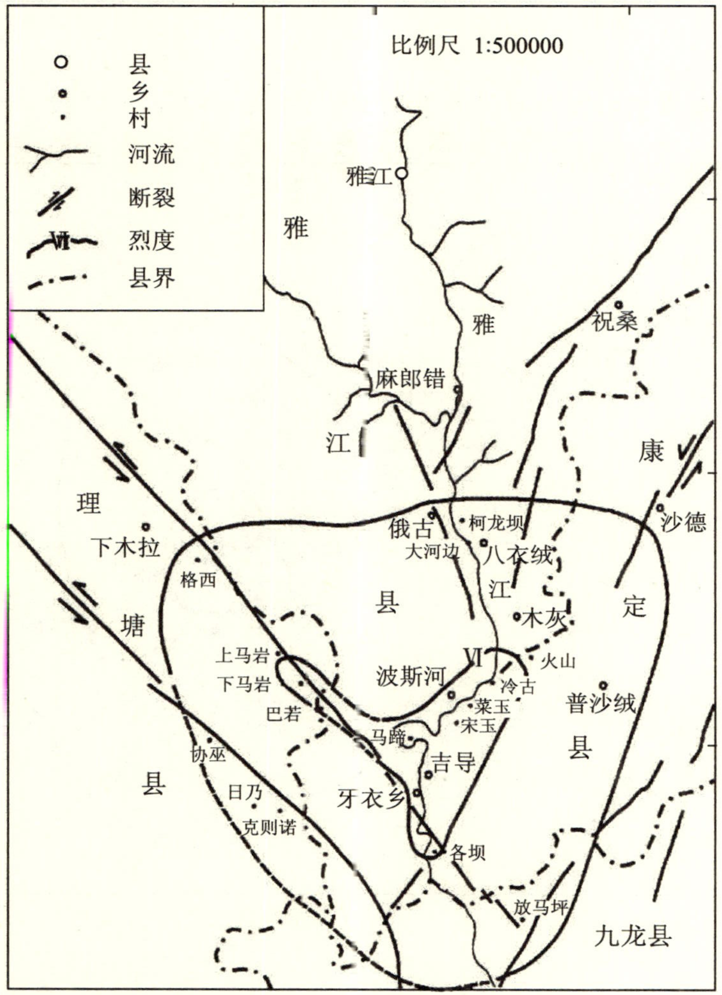

2001年2月14日雅江5.1级地震等烈度线图

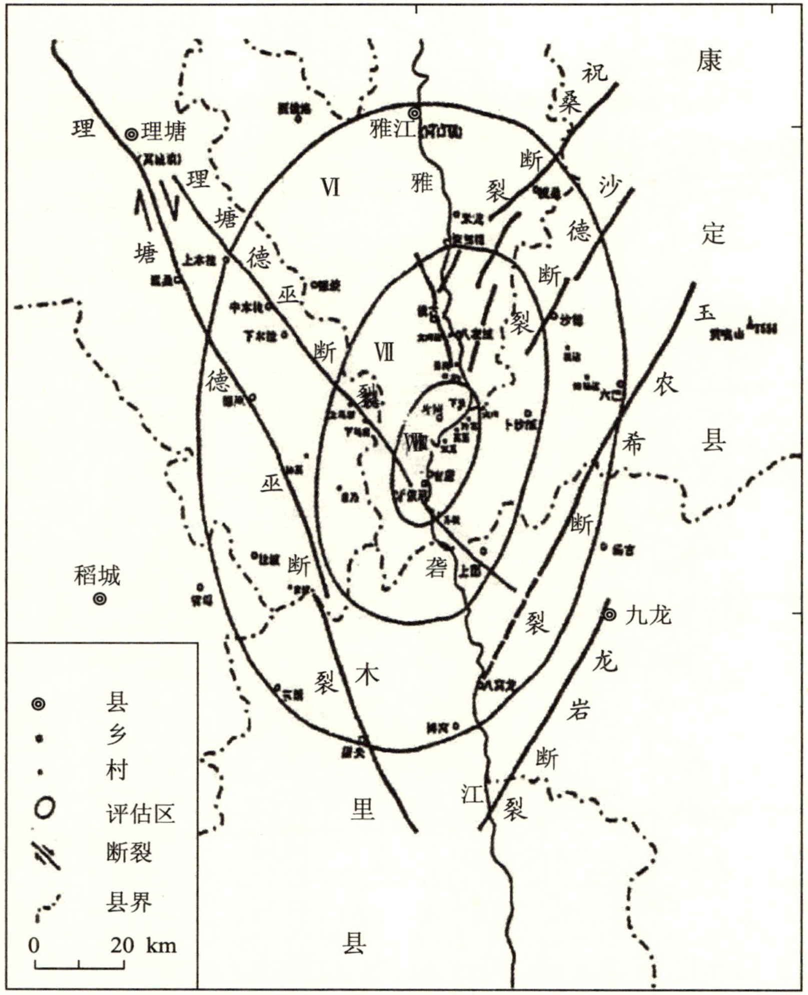

2001年2月23日雅江6.0级地震等烈度线图

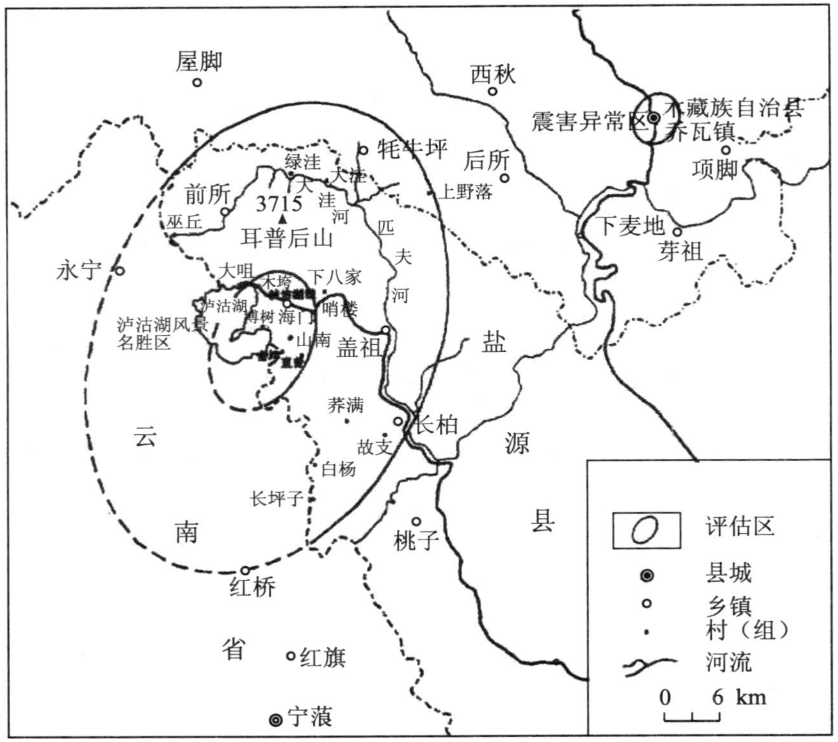

2001年5月24日盐源5.8级地震震灾损失评估区划分图

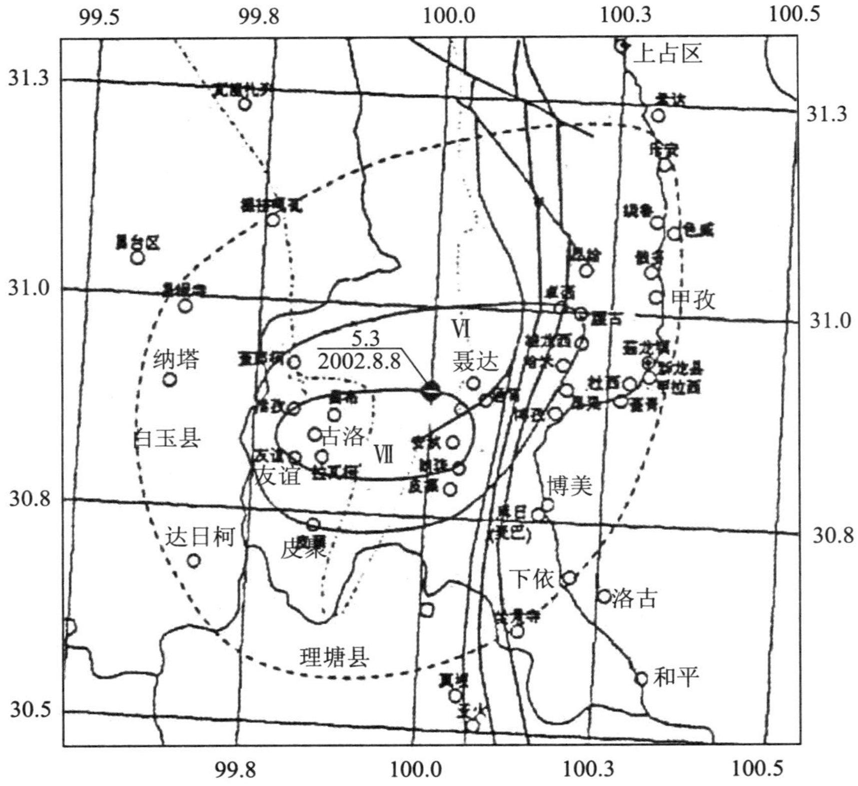

2002年8月8日新龙5.3级地震等烈度线图

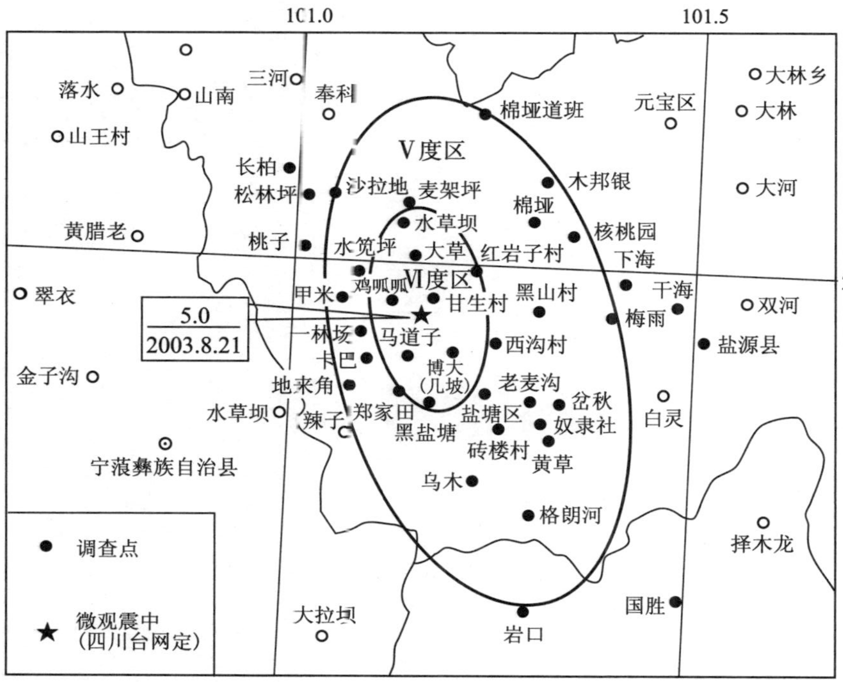

2003年8月21日盐源5.0级地震等烈度线图

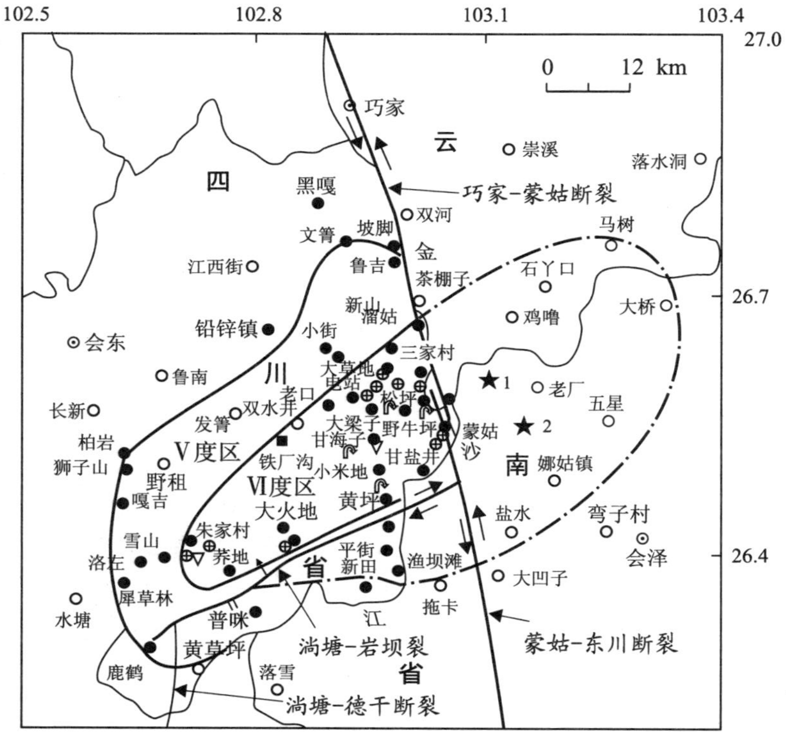

2005年8月5日云南会泽四川会东5.3级地震等烈度线图

V度区-VI度区　与云南对接VI度线　⊕公路路面裂缝或边坡崩塌　▽公路坡地滚石　电线杆折断　★微观震中　●抽样调查点　■访问调查点　断层

(微观震中编号：1 中国地震局快报，2 云南地震局月报，3 四川地震局月报，西昌地震台网)

第二篇　地 震 监 测

四川地震监测台站始建于20世纪60、70年代，承担着全国和全省地震监测任务，为地震预测预报、震灾预防和地震科研等积累了大量珍贵的观测资料。经历30多年的观测，台站仪器显得陈旧，设备老化；观测技术仍处于模拟纸介质记录；通讯落后，台站依靠电话报数据，图纸等观测资料通过邮寄方式传递。台站整体效益未能得到及时有效发挥。1996年以来，特别是2002年后，国家不断加大了对地震监测台站的投入，台站仪器、设备、通信和观测环境条件等不断得到更新和改善，一批先进技术在台站不断得到应用，四川地震监测台站正发生着新的变化。至2005年，四川地震监测台网（或监测系统）由7个国家级地震台站、14个省级地震台站、27个市县（企业）级地震台站（含6个专用观测井点）、2个省级遥测地震台网（28个台站）、6个市县（企业）级遥测台网（37个台站）、1个流动数字测震台网、15个强震台、69个流动形变观测场地、319个流动重力和流动地磁观测点、13个市（州）群测群防监测和地震信息通讯网络等组成。监测手段包括测震、电磁、形变和地下流体等四大学科。测震台站在四川及周边地区能检测3.0—3.5级以上地震，重点监视防御区可检测1.5—2.0级以上地震。

四川测震台站（含有人值守测震台站、遥测地震台网和强震台站）、前兆台站（含定点形变、电磁、地下流体等学科）、流动形变监测、群测群防监测和地震信息通讯传递等，正在全面向数字地震观测网络建设推进，一批新的观测技术初步取得效益，为推进四川防震减灾事业的进步发挥着积极的作用。

第一章 测震台站

1986—2005年，四川有人值守测震台站、遥测地震台网（含数字遥测和模拟记录遥测）和强震台站在几次清理和攻关研究的基础上，国家加大了投入，不断对测震台站进行调整、优化、改建、新建，台站的监测能力得到提升。特别是对大型的成都遥测地震台网由模拟观测记录顺利改造转换实现数字记录，体现出了数字遥测地震台网观测技术的先进性。成都数字遥测地震台网是集地震观测技术、地震遥测技术、计算机应用技术和计算机网络技术于一体的现代化数字遥测地震台网，是四川地震观测学科的主体。至2005年底全省有30个有人值守台站，8个遥测地震台网（含数字遥测网）65个子台，固定强震台15个，数字固定强震动台网（211个数字强震台）正进入设备安装和台站技术系统建设阶段，1个流动数字地震台网（12个流动台）初步具备了组网观测和并网观测能力。

第一节 有人值守测震台站建设

一、有人值守测震台

1986年前，四川有人值守测震台45个，经过不断的优化、调整和遥测台网建设发展的整合，停测了部分观测质量不高的测震台。至2005年底，全省大约在北纬26°—34°、东经99°—106°的范围内分布有人值守测震台30个，架设有各类测震仪器38台（套）。其中，短周期测震仪器30台（套），中长周期测震仪器4台（套），宽频带大动态数字记录测震仪器4台（套）。这些测震仪器分别用于记录地方震、近震和远震。四川的有人值守测震台站同全省遥测台网结合，在四川境内及周边地区能检测到M_L3.0—3.5级以上地震，在重点监视防御区可检测到M_L1.5—2.0以上地震。有关有人值守测震台见表2－1和图2－1。1986年后停测或划出的测震台见表2－2。

1986—2005年四川有人值守测震台情况一览表

表2－1

台名	地址	台基岩性	高程（米）	观测仪器	观测时间	类别
成都台	郫县新胜镇走石山	砾岩	628	BK型 DD1型 DD－2型 DK－1型 SK型 763型 数字JCZ－1型	1973—1989 1974—1989 1989— 1989— 1980—2002 1981.12— 2000—	国家基准台

续表 2－1

台名	地址	台基岩性	高程（米）	观测仪器	观测时间	类别
松潘台	松潘县进安镇东裕村拱背	碳质板岩	2830	D73 型 DD－2 型	1976—1994 1994—	国家级基本台
姑咱台	康定县姑咱镇	花岗闪长岩	1445	D73 型 DD－2 型 DK－1 型 SK 型	1985—1994. 11 1994. 12— 1994. 12— 1990－1994	国家级基本台
甘孜台	甘孜县斯俄乡布绒郎山下	砂板岩	3360	D73 型	1985－	国家级基本台
攀枝花台	攀枝花市仁和镇	石英闪长岩	1160	D73 型 SK 型 763 型 DD－2 型 DK－1 型 数字 CTS－1 型 数字 SLJ－100 型	1989 年停测 2001 年停测 2001 年停测 1990— 1989— 2001. 1— 2001. 1—	国家基准台
泸州台	泸州市江阳区新房村狮子岩	石英长石砂岩	320	SK 型 BK 型 DD－2 型	1966—1996 1967—1991 1991—	国家级基本台
马尔康台	马尔县马尔康镇	砂板岩	2765	D73 型 DD－2 型	1984—1996 1996—	省级台
道孚台	道孚县鲜水镇硝水沟	变质岩	2620	D73 型	1979—	省级台
巴塘台	巴塘县夏邛镇红军山下	角砾岩	2620	D73 型 数字 EBS－3 型	1980— 1998—	省级台
乡城台	乡城县桑坡镇西面巴姆山下	三叠纪灰岩	3000	D73 型	1980—	省级台
九龙台	九龙县呷尔镇东南热枯山下	石英砂板岩	3100	B73 型 D73 型	1983—1986 1986—	省级台
木里台	木里县乔瓦镇	灰岩	2260	DD－2 型	1986—	省级台
青川台	青川县乔庄镇马家院	砾岩	815. 5	D73 型 DD－2 型	1978—1998 1998—	市（县）级
安县台	安县安昌镇蔬菜村三组	胶质砂砾岩	576	D73 型 DD－2 型	1979—1993 1994—	市（县）级
广元台	广元市中区进修路153 号	侏罗纪砂岩	519	D73 型 DD－2 型	1979—2001 2001. 4—	市（县）级
平武台	平武县龙安镇东皋村火龙钩	板岩	870	D73 型 DD－2 型	1979—1993 1994—	市（县）级
茂县台	茂县凤仪镇	片岩	1600	D73 型 DD－2 型	1980—1997 1997—	市（县）级
汶川台	汶川县威州镇	变质灰岩	1390	D73 型 DD－2 型	1979—1994 1994—	市（县）级
壤塘台	壤塘县壤柯镇	灰岩	3317	D73 型 DD－2 型	1980—1997 1998—	市（县）级
黑水台	黑水县芦花镇	砂板岩	2414	D73 型 DD－2 型	1980—1994 1995—	市（县）级

续表 2－1

台名	地址	台基岩性	高程（米）	观测仪器	观测时间	类别
小金台	小金县美兴镇	灰岩	2460	D73 型 DD－2 型	1980—1993 1994—	市（县）级
若尔盖台	若尔盖县达札镇	浅变质砂板岩	3480	D73 型 DD－2 型	1980—1998 1999—	市（县）级
雷波台	雷波县锦城镇东五组	灰岩和页岩	1330	D73 型 DD－2 型	1980—1997 1998—	市（县）级
筠连台	筠连县筠连镇莲花乡红卫村八组	二叠纪灰岩	480.9	D73 型	1980—	市（县）级
石棉台	石棉县城西	花岗岩	868	DD－2 型	2001—	市（县）级
会理台	会理县东郊果园村三组	砂岩	1748	BK 型 DD－2 型	1972—1994 1995—	市（县）级
马兰山台	攀枝花市银江镇马兰山66号	辉长岩	1174	DD－2 型	1978—	市（县）级
金河台	什邡市红白镇	砂质页岩	860	DD－1 型 D73 型 DD－2 型	1981—1987 1988—1998 1999—	市（县）级
马边台	马边县民建镇	砂岩	590	BK 型 DD－2 型	1971—1986 1986—	市（县）级
八一四台	乐山市金口河区	第四纪冲积层	600	DD－2 型	1978—	企业台
重庆台	重庆市南温泉	灰岩	255	DD－2 型 D73 型	1975—1996	1997 年属重庆直辖市

1986 年后停测的测震台站表

表 2－2

台名	地址	台基岩性	高程（米）	观测仪器	停测时间	类别
康定台	康定县炉城镇北郭达山下	灰岩	2540	SK 型	1986 年	
雅安台	雅安市雨城区沙湾村曹家山下	砂泥岩	600	D73 型	1986 年	
冕宁台	冕宁县城厢镇西南	花岗岩	1820	BK 型	1987 年	
盐源台	盐源县盐井镇	砂岩灰岩	2550	D73 型	1994 年	
昭觉台	昭觉县新城镇	第四系泥岩	2173	SK 型 D73 型	1992 年 1994 年	
米易台	米易县攀莲镇铁建村	辉长岩	1200	BK 型	1987 年	
普格台	普格县普基镇	灰岩	1420	BK 型	1989 年	

续表 2-2

台名	地址	台基岩性	高程（米）	观测仪器	停测时间	类别
理塘台	理塘高城镇	变质石英砂岩	4187	D73 型	1988 年	
南坪台	南坪县城关庙沟	变质岩	1460	D73 型 DD-1 型	1986—1993 1986 年	
平地台	攀枝花市平地乡	花岗岩	1820	SK 型 BK 型	1987 年 1986—1989	
新康石棉矿台	石棉县城东南 10 千米	花岗岩	1213	D73 型	1975—2000	迁石棉台后停测
盐边台	原老盐边城附近	板岩	1200	—	1986 年	
自贡台	自贡市人民公园	砂岩	326.6	—	—	遥测台整合
岷齿台	彭州市龙门山镇胥家沟	砂岩	1158	—	—	企业搬迁停测

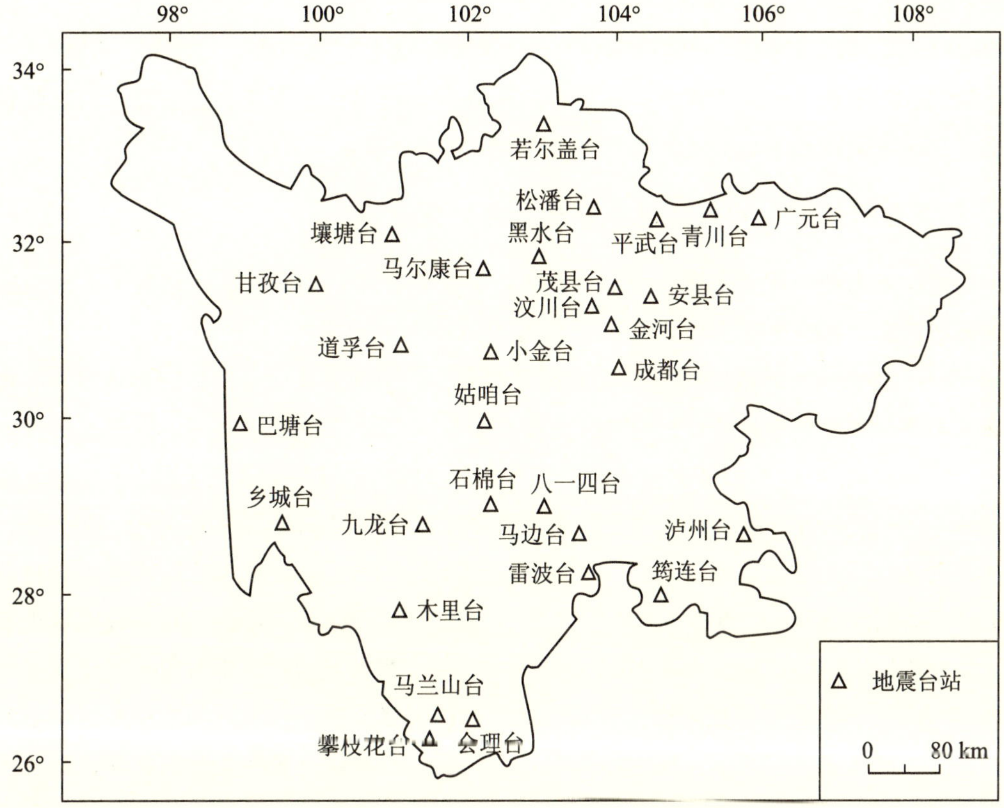

图 2-1 1986—2005 年四川有人值守测震台分布图

二、有人值守测震台初期数字化改造

四川省有人值守测震台 29 个（另一个县有人值守测震台未参加质量观测评比），所架设的短周期测震仪均为模拟观测记录，设备陈旧。1999—2000 年，根据四川省政府的安排，对四川部分有人值守测震台进行初步数字化改造，四川省地震局组织技术人员对测震台站进行调研，并经过专家论证，通过模拟地震记录器实现与计算机连接来进行初步数字化改造。初期的数字化地震观测是利用有人值守测震台现有地震信息采集系统，经模拟信号接口电路进行虑波放大，送入 A/D（模/数）转换电路，并加入 GPS 时间服务器产生的 BCD 串行时间码，送入一套微计算机组成的多信道数据实时采集器。利用开发的相应软件的计算机工作服务器，将记录的数据按要求形成分时记录文件，存放在预先设置的目录和文件中。在进行地震速报时，通过连接的网络拨号进入局域网，将数据传送到成都地震数据记录中心，实现数据的快速传递。利用此原理四川部分有人值守测震台进行了初步数字化改造。同时对 87 名台站人员进行了现场操作培训。

在测震台初期数字化改造时，对成都地震数据记录中心机房进行改造和网络建设。对原磁带记录机房重新布置了交流电源线路和 UPS 电源线路，改进了原 3KVA 不间断电源，将标机改为长延时，并加装电池。建成小型基于 NT 的局域网及拨号网络，记录中心所有计算机的资料可共享。对远程访问服务器、FTP 服务器设置、NT 无盘站等进行安装、调试；对地震波实时采集软件、GPS 钟、通用软件、远程控制软件、记录中心数据处理软件等进行研制和调试，对通用设备作了调研、选型和购置。

至 2000 年 12 月，四川有人值守测震台有道孚台、甘孜台、姑咱台、九龙台、松潘台、茂县台、黑水台、壤塘台、平武台、若尔盖台、汶川台、小金台、石棉台、筠连台、会理台、雷波台和马边台等完成了初期数字化改造。上述测震台仍保留模拟观测记录。

三、巴塘台和成都、攀枝花地震基准台数字化建设

数字测震仪是用现代电子计算机技术，现代数字通讯技术，GPS 时间定位技术，大动态反馈地震仪的位移、速度、加速度扩展技术等，把地震观测技术和地震资料分析处理推进一个全新阶段。“九五”（1996—2000 年）期间，根据中国地震局的安排，对四川区域台网的巴塘地震台和国家基准台网的成都地震台和攀枝花地震台进行数字地震的安装和建设。1998 年 6 月，完成了巴塘台数字地震仪安装、调试和试运行，8 月正式投入观测，其观测数据传递成都数据记录中心和中国地震局地球物理研究所，纸质记录存四川省地震局，存储光盘存中国地震局地球物理研究所。1999 年，对攀枝花台、成都台进行环境改造，新建洞室、摆墩、摆房和数字化记录机房。同年 10 月，攀枝花台完成了两套数字测震仪安装和系统联调，2000 年 7 月 1 日投入试运行。2000 年 7 月，成都台进行数字测震仪的安装和调试，8 月 1 日进行试运行。2000 年 12 月，攀枝花台、成都台数字测震仪运行通过验收，2001 年 1 月 1 日两台正式投入运行。其观测数据实时传输到中国地震局数字台网中心和成都数据记录中心，存储光盘保存国家台网中心和本台各一套。巴塘台、攀枝花台、成都台数字测震仪观测主要设备见表 2－3。

四、四川数字测震台网改建和新建

四川数字测震台网建设是“十五”（2001—2005 年）“四川省数字地震观测系统建设工程项目”的重要组成部分。2002 年 11 月 26 日，省发展计划委员会发出《关于对〈四川省数字地震观测系统建设工程项目可行性研究报告（代项目建议书）的批复〉函》，同意该项目建设内容（其中包括四川数字测震台网建设）。根据中国地震局《关于开展中国数字地震观测网络项目工程设计工作的通知》和《工程建设大纲》（2003 年 1 月），省地震局于 2002 年 12 月至 2003 年 8 月组织开展了对台

1998—2003 年巴塘台、攀枝花台、成都台数字测震仪观测主要设备表

表 2－3

台名	地震计系统	数据采集系统	时间服务	供电系统	辅助设备系统	开始观测时间
巴塘台	FBS－3 型宽频带地震计	EDAS－3 型 16 位，三通道数据采集器	GPS	CVT－2000 型静化电源，HV1000 型载线式 UPS，EF2600 型发电机，电源避雷器，直流稳压电源	Dell 型计算机，奔月型计算机、HP 打印机、刻录机、调制解调器	1998.8
攀枝花台	CTS－1 型宽频带数字地震计 SLJ－100 型力平衡加速度地震计	EDAS－C24 型 24 位双通道输入数据采集器	GPS	SANTAK 型 UPS，SMK－1000AL 型 UPS，Robin－EY 型发电机，JSW 型交流稳压电源，PS－12 型直流稳压电源，电源避雷器	集线器，工业控制机，调制解调器，激光打印机，计算机，卫星小站室内单元，微波通信天线，电话避雷器，报警告器，柜式空调，吸潮机	2000.7.1
成都台	JCZ－1 型三分向甚宽带拾震器	EDAS－C24 型数据采集器	GPS	SANTAK 型 UPS2 套，发电机 1 台	ESP240 型交流避雷器，ESP TN/B1 型电源线避雷器，HP8100 型光盘刻录机	2000.8.1

站建设的调研和对 41 个台站台址的初步勘选工作，编制完成了“四川数字测震台网初步设计”方案，基本确立了台网的建设规模、技术方案、工程方案、组织管理、建设工期和投资规模。2003 年 11 月至 2004 年 6 月，“四川省数字地震观测系统工程项目”初步设计方案相继得到四川省发展计划委员会和国家发展与改革委员会正式批复，四川省数字地震观测系统工程项目（包括四川数字测震台网建设）全面启动。四川数字测震台网建设数量为改建 2 个测震台网网部（含西昌数字测震台网中心），改建、升级和新建 52 个数字测震台。在 52 个台站中，改建和升级 7 个国家级数字测震台，新建、改建和升级 45 个区域数字地震台（见表 2－4）。2003 年 6 月至 2004 年 9 月，严格按照中国地震局颁布的《地震及前兆数字观测技术规范（试行）》《测震观测台站台址勘选要求》和《地震台站观测环境技术要求》，在完成 52 个台址的勘选中，以台基背景噪声在 1—20Hz 频带范围内速度 RMS 值作为评估台站台基类型标准，Ⅰ类台 22 个，Ⅱ类台 29 个（泸州台未定）。供电条件适合的 43 个台，一般适合的 9 个台；通讯条件适合的 49 个台，一般适合的 3 个台；安全条件适合的 51 个台，一般适合的 1 个台；基建条件适合的 46 个台，一般适合的 6 个台；交通条件适合的 51 个台，一般适合的 1 个台；气候条件适合的 51 个台，一般适合的 1 个台；避雷地网施工条件适合的 19 个台，一般适合的 18 个台，不适合的 15 个台（这在工程设计和施工中解决）。

四川数字测震台网包括台站系统、数据传输网络系统和台网中心系统三大部分。台站技术系统由地震观测系统（地震计、数据采集器等）、数据传输系统和供电避雷系统构成；数据传输网络系统依托 DDN 专网、CDMA、VPDN 网络、信息中心 SDH 网络，实现全网台站网络与中心的互联和数据传输；台网中心是基于计算机网络的分布系统，由台网硬件系统和软件系统构成，软件系统由多个在网络和数据库技术支撑下的行业专用软件相互协作完成各项功能。2004 年 10 月至 2005 年底，在完成台址勘选和初步设计的基础上，全面开展和相继完成了 2 个台网网部（网络中心）和 50 个数字测震台站（成都台、攀枝花台是原地改建）包括征地、旧房改造、机房装修、新建观测房、通信及供电线路、综合布线和避雷地网等建设，对已竣工的平武台、安县台、筠连台和阿坝州境内的 8 个

台等进行验收。对先期采购到货的116台（套）地震专用设备进行验收和测试。完成了数字地震台网中心处理软件的开发和研制。在阿坝州境建成了一个有8个子台的地方性区域数字地震台网，完成8个台（黑水台、小金台、若尔盖台、壤塘台、汶川台、茂县台、马尔康台和松潘台）仪器设备的安装调试，投入试运行和考核运行。至2005年12月，四川数字测震台网建设，共完成52个单位工程中的50项建设内容，签订施工合同59份，完成建筑面积2381平方米。先后完成一批专用设备、通用设备的采购，各类设备陆续到货，待安装调试和试运行。

2003—2005年四川省数字测震台网工程建设一览表

表2－4

序号	建设内别	台站名称
1	改建2个测震台网网部	四川数字测震台网部、西昌数字测震台网中心
2	改建和升级7个国家数字地震台	改建：姑咱、乡城、松潘、泸州、巴塘 升级：成都、攀枝花
3	新建13个区域数字地震台	巴中、理塘、宣汉、西充、雅江、泸沽湖、木里、普格、美姑、冕宁、盐源、华蓥山、剑门关
4	升级10个数字地震台	仁寿、沐川、峨眉山、雅安、荣县、高县、中江、江油、都江堰、马尔康
5	改建22个区域数字地震台	安县、平武、青川、井研、筠连、雷波、会理、若尔盖、壤塘、茂县、汶川、黑水、小金、马边、道孚、甘孜、九龙、石棉、园艺场、石门坎、玄生坝、丙乙底

五、流动数字地震台网

1999年3月，中国地震局为西南地区新配备一套流动数字地震台网，主要任务是监测西南几省大震活动和大震的余测监测。该套设备由四川省地震局负责管理。这一套流动数字地震台网由8个子台和1个中心组成，每个子台配备有JC－V100－3D三分向短周期地震计，EDAS－3型流动地震数字采集器，GPS授时服务、太阳能板，大容量免维护电瓶、超短波数据电台发端等。中心配备有3.5KVA汽油发电机、UPS载线式电源、发电机控制箱及工具，工业便携式计算机，32兆内存3.1G硬盘富士通笔记本电脑、SCO UNIX5.0操作系统，多路数据汇集，实时处理等。2001年2月23日，雅江发生6.0级地震，2月25日至4月27日，省地震局在雅江县城、康定新都桥镇架设流动数字地震观测台和由3个台（1号台新二村、2号台夏白桑、3号台甲安村）组成的无线流动数字地震观测台网，结合九龙地震台和康定数字遥测地震台，对震中形成监控，以实现对地震的精确定位和对余震活动分布进行实时跟踪，为震情研究和判断提供资料依据。此次流动数字测震台网野外实际观测是第一次，带有一定的试验性质，在野外选取台址、进行观测受到很多因素限制。这套流动数字测震台网全部采用了超短波无线组网就地观测模式，难以实现台站数据在台网部并网运行，不能满足对地震应急流动监测的要求。“十五”（2001—2005年）期间，省地震局在实施四川数字测震台网建设时，新建由1个流动数字台网中心、12个数字流动台和1台流动车辆构成的流动数字地震观测系统。该系统基本上由流动台系统、数据传输系统和流动台中心组成。流动台系统包括地震计与数据采集器部分（含存储功能）、电源部分和通信单元三部分。四川数字地震流动台网共12个流动台，其中8个台配置短周期地震计，24位3通道地震数据采集器和相应的通信，供电设备；4个台配置宽频带地震计、加速度计，24位6通道地震数据采集器和相应的通信供电设备。数据传输采用CDMA传输和超短波两种方式。流动台网中心主要硬件由1台高性能工业控制计算机、2台笔记本电脑、CDMA路由器、交换机、无线IP接入设备、UPS电源和发电机等组成；软件系统包括SUSE LINUX操作系统和区域数字地震台网专用地震数据处理软件裁剪集成。2005年底，四川流动数字地震台网初步具备了组网观测和并网观测的能力。

第二节 遥测地震台网

一、成都数字遥测地震台网

成都数字遥测地震台网是在成都遥测地震台网的基础上，经1995—2000年数字记录改造后不断优化建立起来的一个大型数字遥测地震台网。该数字遥测地震台网由1个数字记录中心、2个大容量汇集微波中继站、3个超短波中继站和14个固定数字遥测地震台构成（见表2-5）。配置有9个三分向短周期速度观测、5个三分向宽频带速度观测和1个三分向加速度观测，共15个观测项目，45个分向。台网地理位置大约在北纬28°30′—32°30′，东经102°00′—106°00′之间，覆盖了龙门山和雷波—马边—屏山两个地震带（区），个别地震台站伸入到了鲜水河地震带的南端。台网孔径南北400千米，东西400千米。台网记录中心设在成都。台网具有完备的数字地震观测系统及地震数据汇集处

1986—2005年成都数字遥测地震台网情况一览表

表2-5

台名	地址	海拔岩性	使用观测仪器		动态范围（dB）	观测精度（灵敏度）
油罐顶台	仁寿县钢铁镇	825米石英砂岩	JC-V100	EDAS-3	81.9	0.125μm/s/count
五马坪台	沐川县五马坪茶场	1280米砂岩	JC-V100	EDAS-3	80.7	0.0285μm/s/count
垠台山台	广元市西垠台山	1480米砾岩	FBS-3A	EDAS-3	81.5	0.029μm/s/count
油榨坪台	都江堰市青城山镇	600米砾岩	JC-V100	EDAS-3	83.3	0.0285μm/s/count
仲家沟台	江油县瓖水	650米白云岩	JC-V100	EDAS-3	81.6	0.0285μm/s/count
郭达山台	康定城东	2540米白云岩	FBA-3A	EDAS-C24	113.8	0.0017μm/s/count
汉王山台	高县月江镇	860米砂岩	JC-V100	EDAS-3	83.3	0.0303μm/s/count
峨眉山台	峨眉山市西南交通大学	615米红砂岩	JC-V100	EDAS-3	82.2	0.1250μm/s/count
金鸡寺台	中江县集凤镇	940米砂岩	FBA-3A	EDAS-C24	115.4	0.0018μm/s/count
老寨子台	永川市新胜茶场	885米砂岩	FBS-3A	EDAS-3	75.9	0.0285μm/s/count
鲜家坪台	汉源县马烈乡	1730米玄武岩	JC-V100	EDAS-3	82.8	0.1250μm/s/count
马尔康台	马尔康县城大郎足沟	2765米砂板岩	FBA-3A	EDAS-C24	120.8	0.0016μm/s/count
蒙顶山台	雅安市陇西乡蒙泉村	120米砂岩	JC-V100	EDAS-3	81.4	0.0285μm/s/count
花马石台	荣县东兴镇花马石村	860米石英砂岩	JC-V100	EDAS-3	79.9	0.0263μm/s/count

理系统，并采用了以超短波无线数字传输为主体，DDN 数字传输为辅助的无线遥测体制，实现了长站距传输和大孔径有线、无线混合组网（见表2－6，图2－2）。成都数字遥测地震台网是集地震观测技术、地震遥测技术、计算机应用技术和计算机网络技术于一体的现代化数字地震台网。台网的监测能力见图2－3。

1986—2005 年成都数字遥测地震台网子台地震信号传输路由一览表

表2－6

台站名称	台站经中继站至中心传输路由	线路形式	台站至中心传输距离（千米）
广元垠台山台	台站—金鸡寺—中心	超短波＋微波	257
江油仲家沟台	台站—金鸡寺—中心	超短波＋微波	140
都江堰油榨坪台	台站—中心	超短波	54
雅安蒙顶山台	台站—油罐顶—中心	超短波＋DDN	114
汉源鲜家坪台	台站—桥顶山—油罐顶—中心	超短波＋DDN	189
峨眉山台	台站—油罐顶—中心	超短波＋DDN	131
沐川五马坪台	台站—油罐顶—中心	超短波＋DDN	175
高县汉王山台	台站—花马石—油罐顶—中心	超短波＋DDN	229
荣县花马石台	台站—油罐顶—中心	超短波＋DDN	126
永川老寨子台	台站—油罐顶—中心	超短波＋DDN	222
中江金鸡寺台	台站—中心	微波	61
仁寿油罐顶台	台站—中心	DDN	48
康定郭达山台	台站—中心	DDN	212
马尔康台	台站—中心	DDN	224

成都数字遥测地震台网记录中心在未改造前是模拟观测记录，主要采用可见纸介质连续记录。1994年7月前同时还用SZ－7模拟磁带连续记录。1999年3月后，在14个遥测台陆续安装数字测震与遥测设备，台网中心已建成一个集数据通讯终端设备、计算机网络和应用软件构成的数据处理系统，2000年11月正式投入运行。有人值守台站的非实时数字地震波形事件数据通过拨号方式传到中心。成都数字遥测地震台网中心系统构成和数据处理系统见图2－4、图2－5。

成都数字遥测地震台网承担全省 $M_L \geqslant 2.5$ 级、国内 $M_S \geqslant 5.0$ 级、邻国 $M_S \geqslant 6.0$ 级、全球 $M_S \geqslant 7.0$ 级地震速报与地震序列处理；承担全省80个地震台站（含有人值守台、遥测台网）地震资料汇集、分析和编目；承担台网日常运行和维护以及数字流动台网设备维护与现场监测工作；承担地震波数据应用、研究和省内其他遥测台网技术指导。负责编辑出版《地震旬报》《四川地震月报目录》和《四川地震观测报告》，成都数字遥测地震台网速报流程见图2－6。

四川省的地震目录与地震观测报告统一综合编报，即将遥测台网和有人值守台站资料混合使用，

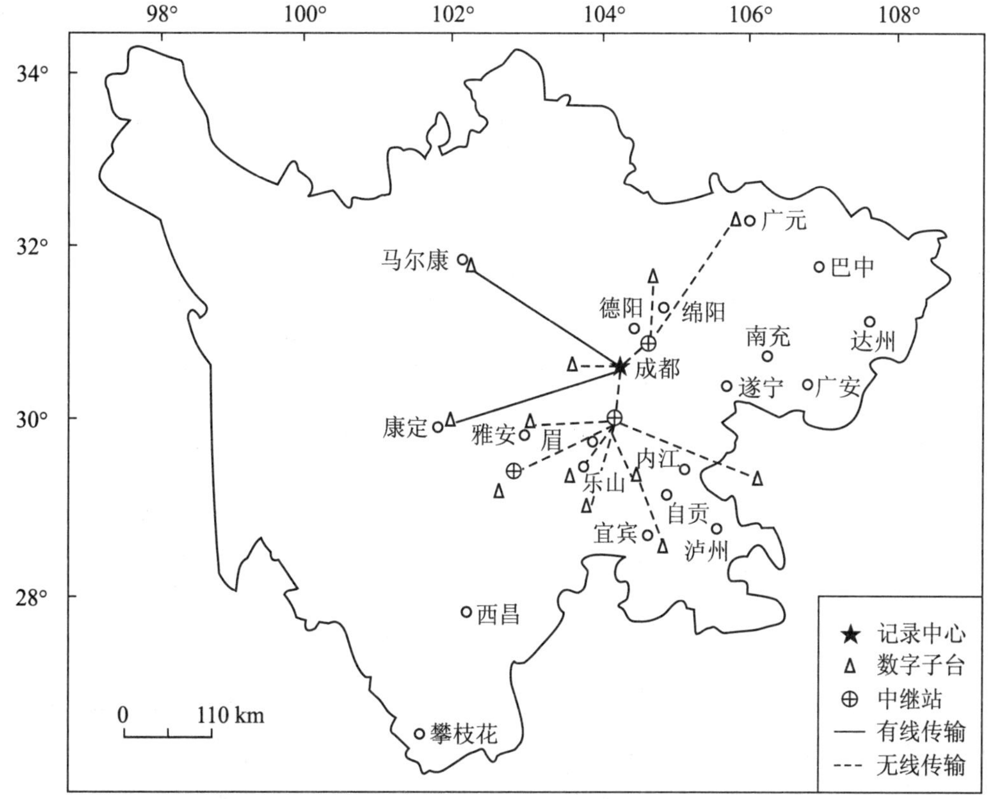

图 2－2 1986—2005 年成都数字遥测地震台网台站分布及地震信号传输路径图

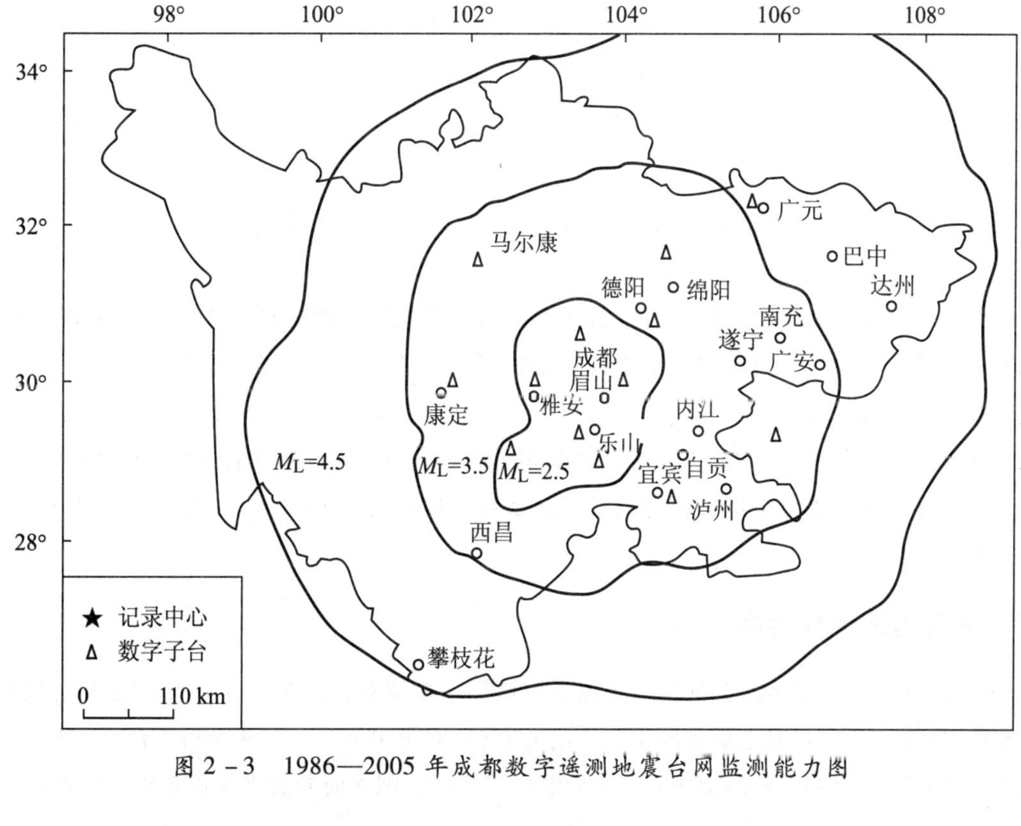

图 2－3 1986—2005 年成都数字遥测地震台网监测能力图

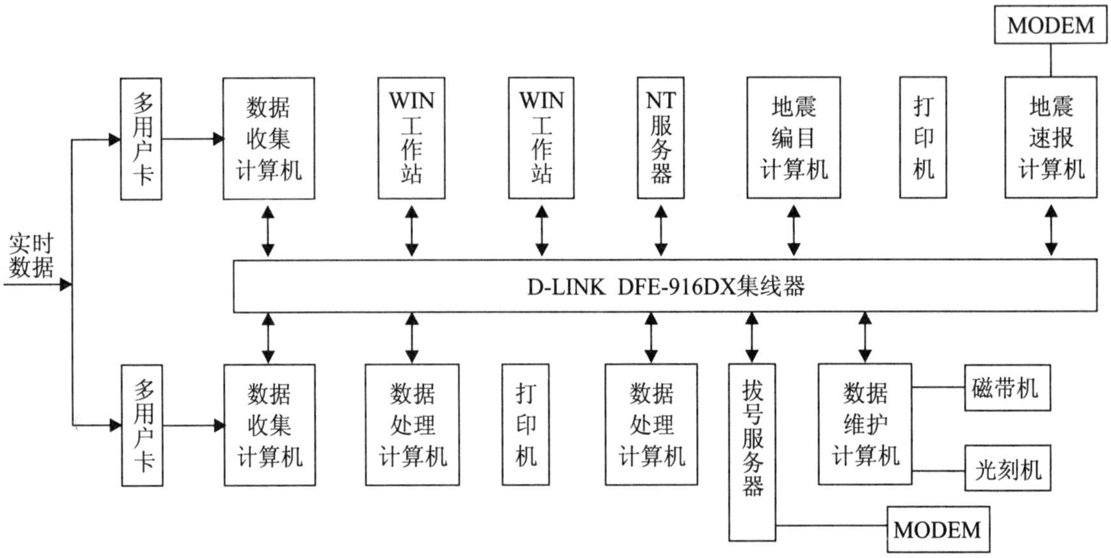

图 2－4　1986—2005 年成都数字遥测地震台网数字中心系统构成图

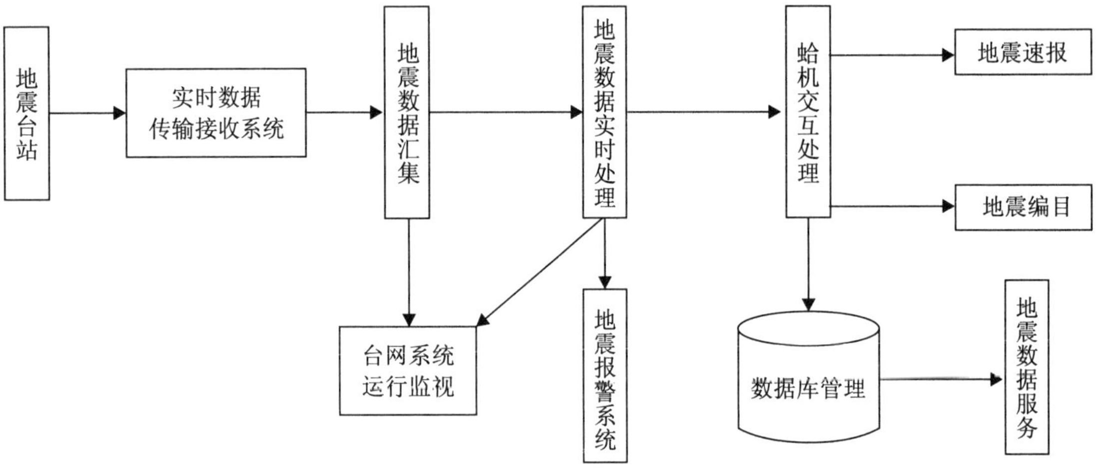

图 2－5　1986—2005 年成都数字遥测地震台网数据处理系统图

统一分析处理、定位并编辑出版地震月报目录及地震观测报告。地震目录资料以三种形式存储：一是印刷的纸介质；二是计算机存储，采用数据库管理；三是以 ASCⅡ码文本文件方式，磁盘或光盘存储。地震观测报告一是计算机存储，采用数据库管理；二是以 ASCⅡ码文本文件方式，磁盘或光盘存储。成都数字遥测地震台网 1997 年、1998 年、1999 年和 2001 年获全国区域遥测地震台网评比第二名；地震分析编目参加全国历年评比获优秀成绩，1987 年、1991 年、1994 年和 2000 年获全国评比第一名。

二、西昌遥测地震台网

1985 年，四川省地震局建成西昌遥测地震台网后，相继对台网进行了功能完善和台站的优化、调整。至 2005 年，西昌遥测地震台网由 1 个记录中心、6 个中继站（有 4 个由子台兼）和 14 个子台组成（见表 2－7）。台网以西昌为中心，沿南北向安宁河、则木河断裂带兼顾东西方向展布，子台分

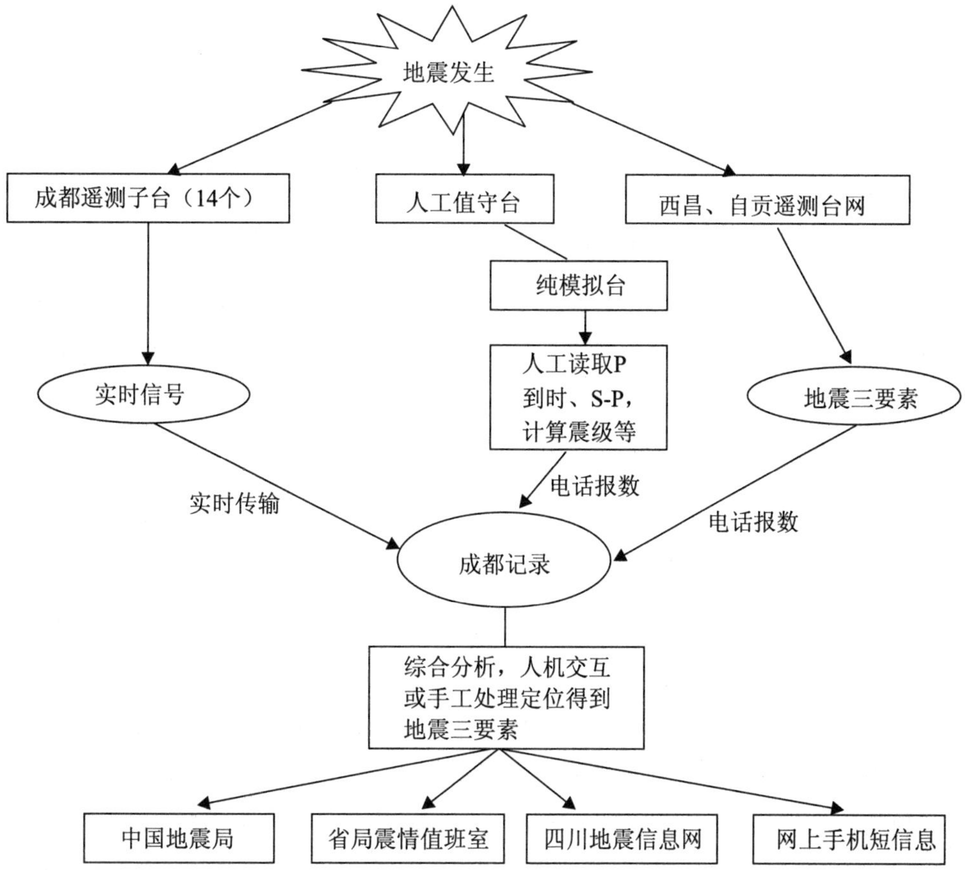

图 2－6　1986—2005 年成都数字遥测地震台网地震速报流程示意图

1986—2005 年西昌遥测地震台网情况一览表

表 2－7

台名	地址	高程（米）	台基岩性	地震计	观测内容	放大倍率	遥测方式	至中心距离（千米）
猫猫嘴台	喜德县桃园乡	1875	花岗岩	768	垂直向短周期位移	10 万倍级	无线中继	28
大堡村台	西昌市琅环乡	1590	花岗岩	768	垂直向短周期位移	5—6 万倍级	无线直传	31
北山台（兼中继）	喜德县北山乡	2330	泥质砂岩	768	垂直向短周期位移	10 万倍级	无线直传	14
玄生坝台（兼中继）	昭觉县玄生坝	2800	砂岩	768	垂直向短周期位移	10 万倍级	无线直传	18.4
园艺场台（中心台）	西昌市西郊乡新村	1590	砂岩	768 DS－1 DS－1 DS－1（改装）	三分向短周期位移 三分向短周期位移 三分向中长周期位移 三分向短周期中强位移	10 万倍级 万倍级 千倍级 百倍级	有线直传	0.8
大箐台	西昌市大箐乡	2500	砂岩	768	垂直向短周期位移	10 万倍级	无线直传	18
依普台	普格县哈力洛乡	2960	石灰岩	768	垂直向短周期位移	10 万倍级	无线中继	58

续表 2－7

台名	地址	高程（米）	台基岩性	地震计	观测内容	放大倍率	遥测方式	至中心距离（千米）
核桃湾台（兼中继）	西昌市佑君镇	2400	花岗岩	768	垂直向短周期位移	8 万倍级	无线中继	27
小高山台（兼中继）	盐源县卫城水关	3670	砂岩	DS－1	垂直向短周期位移	10 万倍级	无线中继	64
普威台	米易县普威灯草坪	2653	泥质砂岩	DS－1	垂直向短周期位移	10 万倍级	无线中继	98
大坪子台	普格县大平乡	2480	石灰岩	768	垂直向短周期位移	10 万倍级	无线中继	72.6
丙乙底台	金阳县热柯觉乡	3160	灰岩	768	垂直向短周期位移	10 万倍级	无线中继	126
棉垭台	盐源县棉垭乡	2290	石灰岩	DS－1	三分向短周期位移	10 万倍级	无线中继	198
石门坎台	会东县新街乡	2360	石灰岩	DS－1	垂直向短周期位移	10 万倍级	无线中继	118
牦牛山中继站	西昌市开元乡	3390	砂岩	—	汇集中继	—	无线中继	21.6
泸山中继站	西昌市泸山	2050	—	—	—	—	无线直传	2.5
台网中心	西昌市西郊新村							

布在北纬 26°51′—28°10′，东经 101°42′—102°51′范围内。台网孔径长轴 145 千米，短轴 144 千米，覆盖面积约 30000 平方千米。台网监测能力在西昌市区可监测 $M_L \geq 1.0$ 级地震，定位精度可达到 A 类，监测面积 16000 平方千米；对网内地区（北纬 26°51′—28°10′，东经 101°42′—102°51′）可监测 $M_L > 2.5$ 级地震，监测面积约 30000 平方千米，定位精度可达 B 类或 C 类；对台网边缘地区（北纬 26°21′—28°30′，东经 101°00′—103°30′）可监测 $M_L > 3.0$ 级地震，定位精度较差（见图 2－7）。西昌遥测地震台网信号传输基本采用无线直传和无线中继传输，仅有园艺场中心台采用有线传输（见图 2－8）。子台供电方式均采用太阳能电池供电。

台网中心共有 14 个台站记录，27 个观测分量。记录器全部采用 768 型记录器。台网中心建立一套地震实时处理系统。该系统将地震模拟信号通过一块 16 道的 A/D 板采样后进入计算机，从台网将地震信号进入该系统另一道时间服务信号。整个系统是一个局域网，由一无盘工作站和一台服务器组成，采用触发记录方式。当工作站实时监测到地震并触发后，系统便将此地震事件贮存到服务器上，然后工作人员在服务器上进行分析处理。台网将记录到的地震数据定期发送到成都台网，并刻录在光盘上。西昌遥测地震台网的地震速报先采用在模拟图纸上量取数据，再采用计算机定位的人机结合方法，对责任区内、网内、网缘和网外的地震按规定作速报。对有震模拟图纸、地震分析卡片、计算机交切结果、地震震中分布图等资科作归档保存。台网中心编印有《地震旬报》、每月出《地震观测报告》。该台网在参加全国地震系统模拟遥测台网观测质量评比中，1996 年、1999 年获得全国第二名。西昌遥测地震台网隶属四川省地震局西昌地震中心站。

三、自贡遥测地震台网

1986 年 7 月至 2001 年 11 月，自贡市人民政府和自贡市地震局在中国地震局和四川省地震局的支持下，经过多次踏勘、选建、改造和完善，建成了自贡遥测地震台网。该台网由 6 个子台、1 个中继站和 1 个台网记录中心组成。台网分布在北纬 29°11′—29°34′，东经 104°23′—104°59′的范围内。6 个子台是富顺县互助镇友爱村（称椅子湾台）、沿滩区联络镇新和村（称石佛寺台）、贡井区龙潭镇

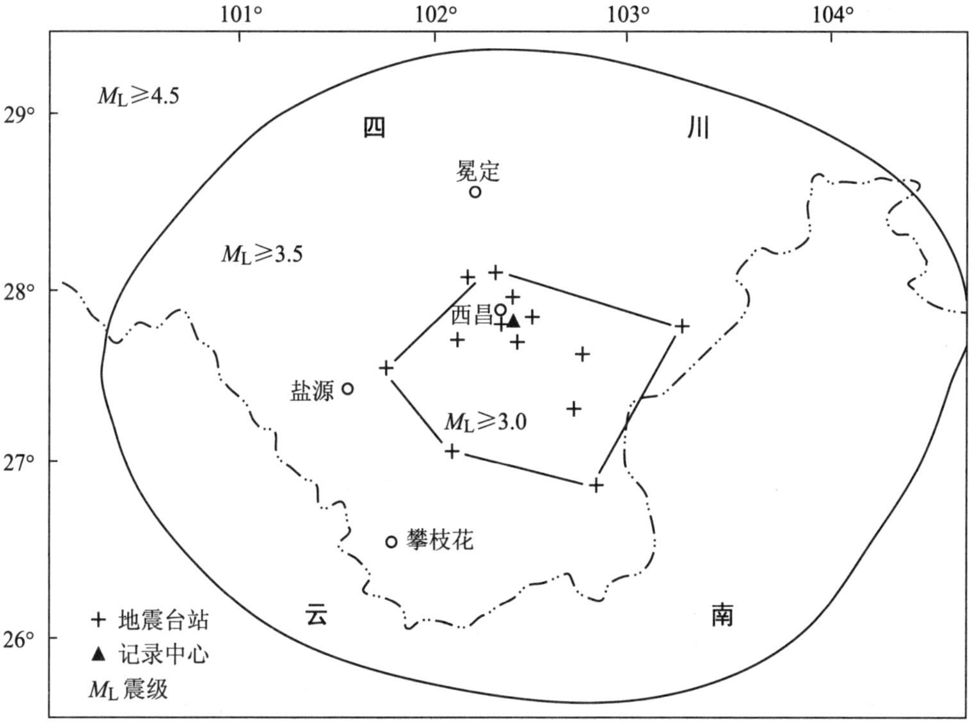

图 2-7 1986—2005 年西昌遥测地震台网子台分布和监测能力示意图

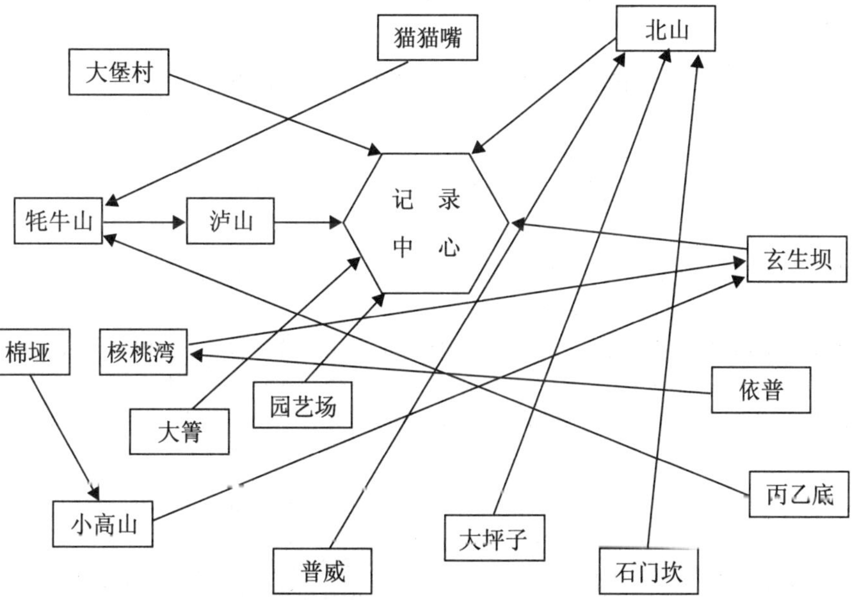

图 2-8 1986—2005 年西昌遥测地震台网地震信号传输路径示意图

将军村（称碾子山台）、荣县东兴镇观音坳村（称花马石台）、威远县东联镇赵家坡村（称赵家坡台）、大安区新民镇烈士村（称三元井台，兼中继站）（见图 2-9）。另有灯贸馆台，于 2000 年 12 月停测。台网记录中心建在自贡汇东开发区银华小区。台网孔径长轴 70 千米，短轴 35 千米。各子台使用的地震计、观测内容和传输通讯方式等见表 2-8。

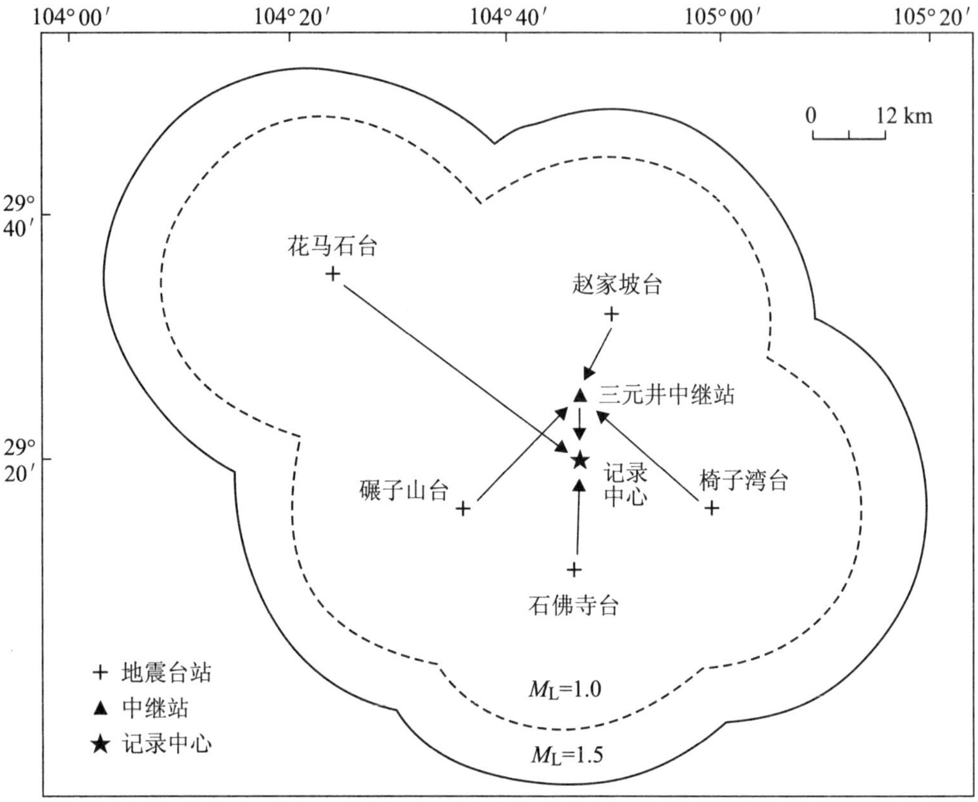

图 2－9 1986—2005 年自贡遥测地震台网台站分布监测能力及传输路径示意图

1986—2005 年自贡遥测地震台网情况

表 2－8

台名	地址	高程（米）	台基岩性	地震计	观测内容	放大倍率	通讯方式	至中心距离（千米）
椅子湾台	富顺县互助镇	—	粉砂岩	DS－1	垂直向速度量	10 万倍级	无线中速	23
石佛寺台	自贡市沿滩区联络镇	—	石英砂岩	DS－1	垂直向速度量	10 万倍级	无线直传	18
花马石台	荣县东兴镇	—	石英砂岩	DD－2	三分向位移量和垂直向速度量	4—5 万倍级	无线直传	45
赵家坡台	威远县东联镇	—	石英砂岩	DS－1	垂直向速度量	10 万倍级	无线中断	16.5
三元井台（兼中继站）	大安区新民镇三元井	420	砂岩	DS－1	三分向位移量和垂直向速度量	2 万倍级	无线直传	4
灯贸馆台（2000.12 停测）	自贡市彩灯博物馆	—	石英砂岩	维开克 DK－1	（1994 年停测）（2000 年 12 月停测）	—	—	—
碾子山台	贡井区龙潭镇	—	石英砂岩	DS－1	垂直向速度量	10 万倍级	无线中继	21.5
台网中心	自贡市汇东开发区银华小区							

自贡遥测地震台网的监测范围和定位能力：对自贡市区能监测到0.3级以上地震，对1.0级左右的地震可测定其震中位置，大于等于1.0级地震定位精度可达A类，监测面积约25平方千米；对网缘地区可监测到0.6级以上地震，大于等于2.5级以上地震可测定震中位置，地震定位精度可达到A类，监测区域大致为北纬28°58′—29°43′，东经104°50′—105°17′，监测面积约8100平方千米；对台网外70千米范围内大于等于3.0级的地震，监测定位能力可达到B类和C类，监测范围大约北纬28°30′—30°12′，东经104°00′—105°45′，面积约30600平方千米，定位精度较差。

台网记录中心全部采用768型自动换纸记录器，新建了地震波实时处理系统。联机系统同时解调器取出的地震信号经低频滤波器送入A/D模数转换器，然后进行数字化采样、事件触发、时间码判读、P波与S波震相自动判读、自动实时近震定位及波形数据存盘。脱机系统采用人工从存储器中读取事件波形数据，完成波形数据的回放，进行P波、S波的判读，计算机定位，震级计算及结果打印输出。联机系统的前台数据采集机和脱机系统的后台数据采集机，均通过计算机网卡连入Windows4.0网络服务器实现。台网中心设有监控系统、报警系统、时间服务系统等。2000年4月，记录中心进行了后端数字化改造，地震速报采取人机结合方法，进行定位得出地震参数进行速报。自贡遥测地震台网产出的地震资料进行刻盘存储，编辑出版有《地震周报》和每月《台站观测报告》。

四、成都市数字遥测地震台网

1999年10月至2005年7月，成都市地震局先后两期完成建设成都市数字遥测地震台网。该台网由7个子台和1个记录中心组成。7个子台分布是龙泉驿区同安镇望场坡台（简称龙泉台）、双流县中和镇应龙湾台（简称双流台）、新津县永商镇梨花沟台（简称新津台）、蒲江县白云乡看灯山台（简称蒲江台）、邛崃市平乐镇同乐村仙人顶台（简称平乐台）、大邑县晋原镇五童村高堂寺台（简称高堂寺台）和彭州市丹景山镇凤鸣村困牛山台（简称彭州台）。各子台分布见图2－10。台网记录中心建在成都市西华门街19号。台网孔径长轴121千米，短轴62千米。各子台采用市电、太阳能、

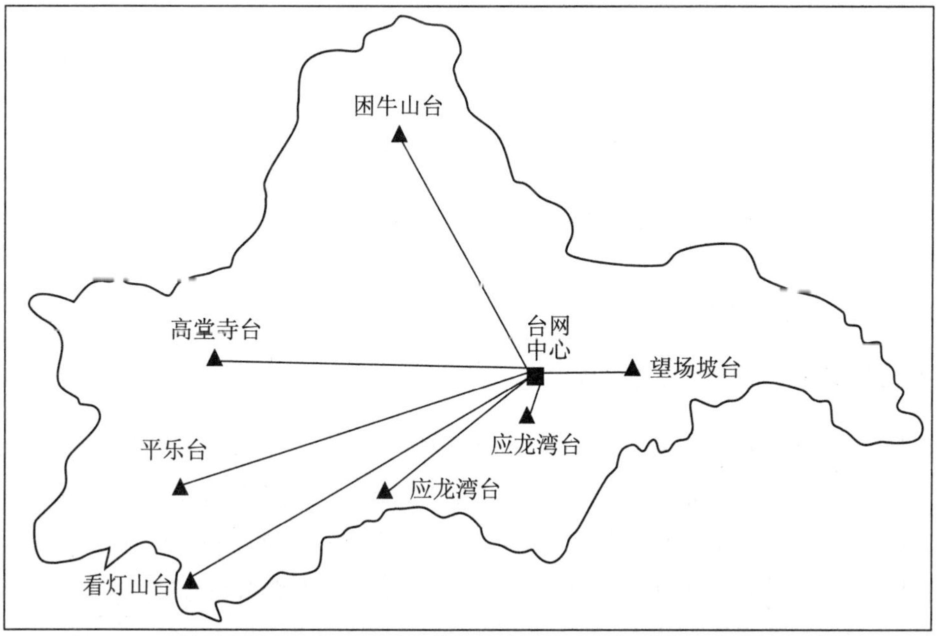

图2－10 1999—2005年成都市数字遥测地震台网分布及传输路径示意图

蓄电池供电。各子台使用的地震计、数据采集器和传输通讯方式等见表2－9。各子台数据信号经过滤波、汇集后通过Adapt系统实现人机交互分析处理。台网记录采用服务器和大屏显示器对各路数据进行记录和显示。记录数据实现实时双备份。台网记录中心的功能有：实时数据记录和台站监视、实时数据分析处理、自动报警、自动生成地震目录和观测报告、地震分布显示、波普分析、数据文件的合并和统计、系统自动标定、自动信息发布等。成都市数字遥测地震台网在1999年11月绵竹5.0级地震、2001年8月邛崃4.2级地震和2002年5月双流—仁寿4.4级地震后，在10分钟内分析处理完毕，及时向有关领导和社会发布地震信息和震后地震趋势判定意见，对领导决策和稳定社会秩序起到积极作用，显示了数字遥测地震台网的优越性。台网中心对成都市境内$M_L \geq 2.5$级地震，震中距在150千米内的$M_L \geq 3.0$级地震、震中距在250千米内的$M_L \geq 4.0$级地震、震中距在350千米内的$M_L \geq 5.0$级地震，均按规定向相关单位和人员发布信息。台网中心所记录的地震事件刻盘存储，每月编出《地震观测报告》一次。

1999—2005年成都市数字遥测地震台网情况表

表2－9

台站名称	地址（高程）	台基岩性	拾震器	数据采集器	观测动态范围（dB）	观测精度	通讯方式	至中心距离（千米）
望场坡台（简称龙泉台）	龙泉驿区同安镇（760米）	砂岩	DS－2A	TDC－224	>100	10^{-6}	超短波无线传输	31.8
应龙湾台（双流台）	双流县中和镇	砂岩	CSJ－1	TDC－324	>100	10^{-6}	DDN有线传输	12.5
梨花沟台（新津台）	新津县永商镇	砂岩	DS－4A	TDC－324	>126	10^{-6}	CDMA无线传输	38.4
看灯山台（蒲江台）	蒲江县白云乡	砂岩	DS－2A	TDC－224	>100	10^{-6}	CDMA无线传输	89.7
平乐台（邛崃台）	邛崃市平乐镇	砂岩	DS－4A	TDC－324	>126	10^{-6}	DDN有线传输	81.7
高堂寺台（大邑台）	大邑县晋源镇	砂岩	DS－2A	TDC－224	>100	10^{-6}	超短波无线传输	65.5
困牛山台（彭州台）	彭州市丹景山镇	砂岩	DS－2A	TDC－224	>100	10^{-6}	CDMA无线传输	44
台网中心	成都市西华门街							

五、攀枝花市数字遥测地震台网

2001年6月至2002年4月，攀枝花市防震减灾领导小组办公室组织实施建成攀枝花市数字遥测地震台网（四川省地震局水库地震研究所承建）。该台网由4个无人值守子台、2个中继站和1个台网记录中心组成。4个子台分布在米易县坪山乡五斗种、仁和区平地镇马头村苍蒲地、盐边县国胜乡大毕村和云南省华坪县荣将镇核桃湾，中继站建在务本乡境的大黑山和盐边县境的邓家垭口，台网记录中心建在攀枝花市炳草岗新华街13号规划院四楼。该台网孔径长轴106.5千米，短轴104.6千米。台网各子台均使用FSS－3B型地震计，ex104－24型数据采集器和CDDM－1型遥测设备，实现全数字化记录。台网功能主要是通过人机交互处理和计算机自动处理地震数据，时间服务采用GPS全球定位系统，实现地震三要素（时间、地点、震级）的确定，在15分钟内测定出攀枝花市境内M_L2.0级以上及邻区有感地震并作出速报。台网记录使用光盘作为地震数据存储介质，每月编辑出版《地震月报》。有关台网情况见表2-10、图2-11。

2001—2005年攀枝花市数字遥测地震台网情况一览表

表2-10

台站名称	地址	台基岩性	拾震器	数据采集器	遥测设备	传输路由	线路形成	至台网中心距离（千米）
坪山台	米易县坪山乡	玄武岩	FSS-3B	ex104-24	CDDM-1	开路	无线	47-2
平地台	仁和区平地镇	泥质砂岩	FSS-3B	ex104-24	CDDM-1	开路	无线	48.3
华坪台	云南华坪县荣将镇	白云砂岩	FSS-3B	ex104-24	CDDM-1	半开路	无线	58.1
国胜台	盐边县国胜乡	砂岩	FSS-3B	ex104-24	CDDM-1	闭路	无线	58.0
邓家垭口中继站	盐边县境							
大黑山中继站	务本乡境							
台网中心	攀枝花市炳草岗							

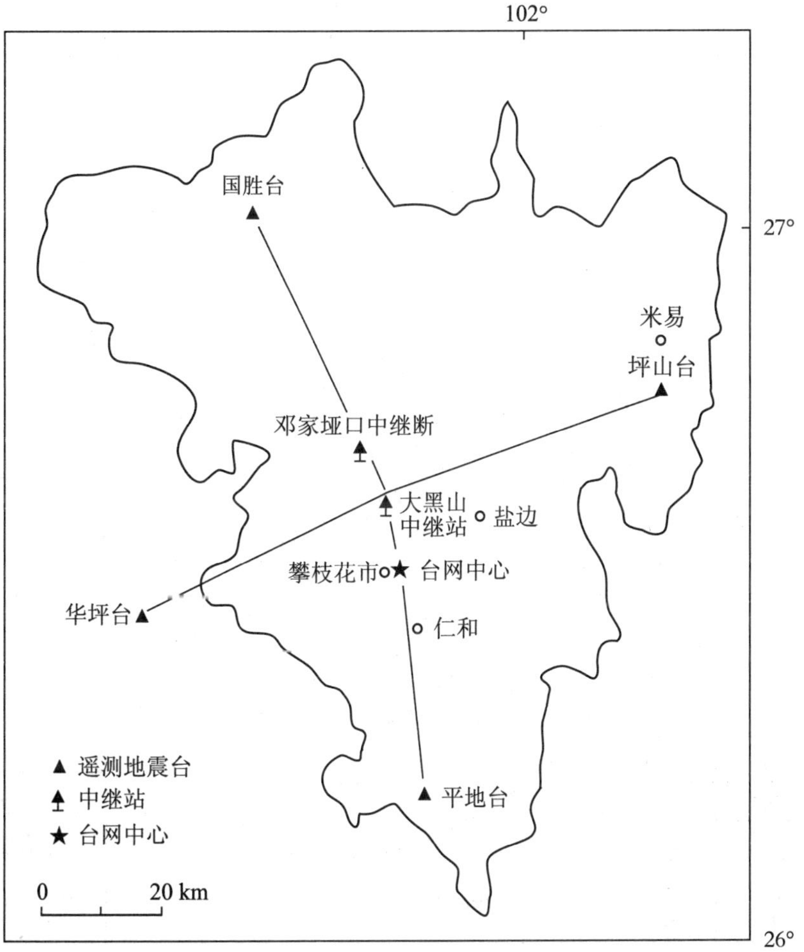

图2-11 2001—2005年攀枝花市数字遥测地震台网布局图

六、二滩遥测地震台网

二滩遥测地震台网是二滩水电开发公司投资，四川省地震局水库地震研究所承建，属企业台网。在技术和管理上隶属于四川省地震局水库地震研究所，全称四川省地震局二滩地震监测中心，驻盐边县方家沟（台网记录中心）。1987 年 5 月对台址进行现场踏勘，1989 年 4 月进行子台和中继站的勘选，同年 11 月至 1990 年 5 月进行台网土建工作。1991 年 2 月成立二滩地震监测中心，3—6 月进行中心机房和外台设备安装，7 月 1 日开始试记。1992 年 2 月 10 日进入考核运行，5 月 20 日通过了专家验收，投入正式运行。

二滩遥测地震台网围绕二滩水库，共有 8 个子台和 2 个中继站（后改为 3 个中继站）。台网布局的间距南北 42 千米，东西 36 千米，平均台距为 12 千米。台站主要展布在库首区，所有子台的放大倍率建网时均为 10 万倍。坝区及库首头滩断裂一带的监测能力为 $M_L=0.5$ 级，南坝和西番田两库段为 $M_L=1.0$—1.5 级。1998 年二滩水电站开始发电，震动干扰距大坝较近的几个台放大倍数有所下降，尤其是每年的雨季和大坝泄洪期间，放大倍数更要下降，其监测能力亦会下降。遥测台站的分布和监测能力见图 2－12。

二滩遥测地震台网的主要作用是监测二滩水电站库坝区的地震活动，为二滩水电站的安全运行提供资料。产权属二滩水电开发公司，由省地震局派出专业人员进行管理和维护，观测资料同时向

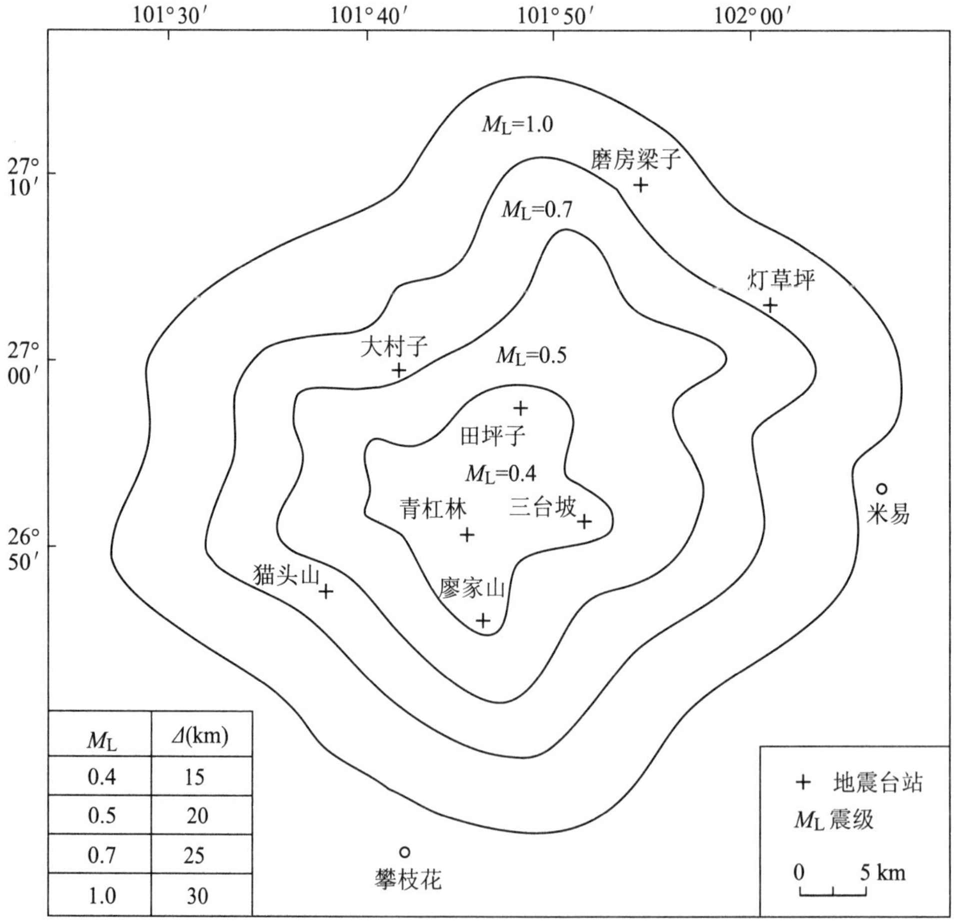

图 2－12　1992—2005 年二滩遥测地震台网台站分布和监测能力图

省地震局和二滩水电开发公司报送。二滩遥测地震台网观测动态范围见表 2－11。

1992—2005 年二滩遥测地震台网情况一览表

表 2－11

台名	地址	高程（米）	台基岩性	观测仪器	放大倍率	遥测方式	至台网中心距离（千米）
三台坡台和三台坡中继站	米易县麻陇乡	—	正长岩	DS－2 三分向地震计	10 万倍	直传	17.7
大村子台（兼中继站）	盐边县林海乡	—	砂页岩	DS－2 三分向地震计	10 万倍	中继	36.9
猫头山台	盐边县花椒箐乡	—	灰岩	DS－2 三分向地震计	10 万倍	中继	35.7
廖家山台（兼中继站）	盐边县金河乡	2320	碎屑岩	DS－2 单分向速度量地震仪	10 万倍	直传	12.5
灯草坪台	米易县普威乡	2635	灰岩	DS－2 单分向速度量地震仪	10 万倍	中继	45.1
磨房梁子台	米易县南坝乡	—	碎屑岩	DS－2 单分向速度量地震仪	10 万倍	中继	52.2
田坪子台	米易县胜利乡	—	碎屑岩	DS－2 单分向速度量地震仪	10 万倍	二次中继	48.7
青杠林台	米易县团结乡	—	白云岩	DS－2 单分向速度量地震仪	10 万倍	直传	20.2
台网中心	盐边县方家沟						

二滩遥测台网地震信号传输路径见图 2－13。

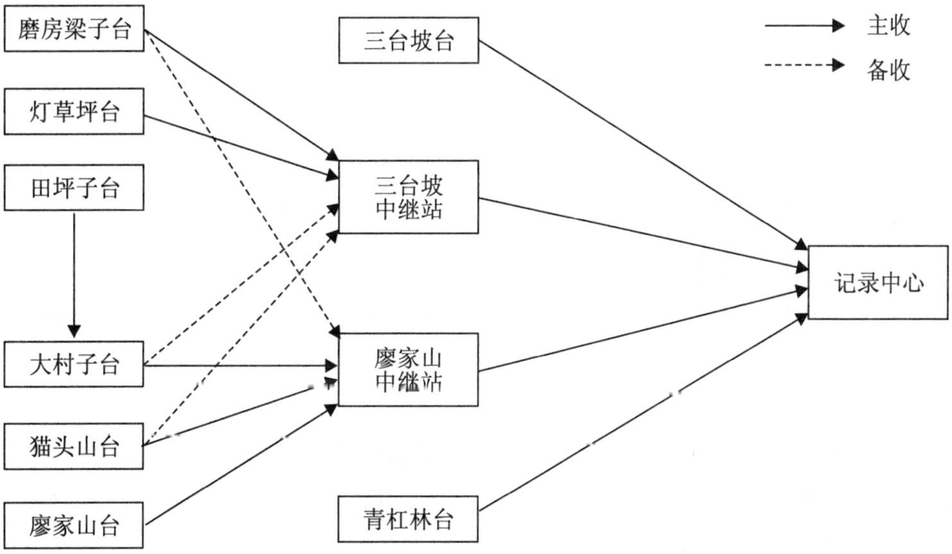

图 2－13　1992—2005 年二滩遥测台网地震信号传输路径图

二滩遥测地震台网记录中心设在盐边县方家沟。记录中心将接收到的遥测信号解调后分两路，一路输给记录器做笔绘记录，另一路输给计算机。当有地震事件触发时，计算机作实时采集。对地震的分析定位由人工处理，计算机采集到的波形由人工选取后保存在光盘上。当发生的地震达到一定强度时，报警系统发出警报。二滩遥测地震台网记录中心系统方框图见图 2－14。时间服务系统使用的是自动调整钟差的数字钟。

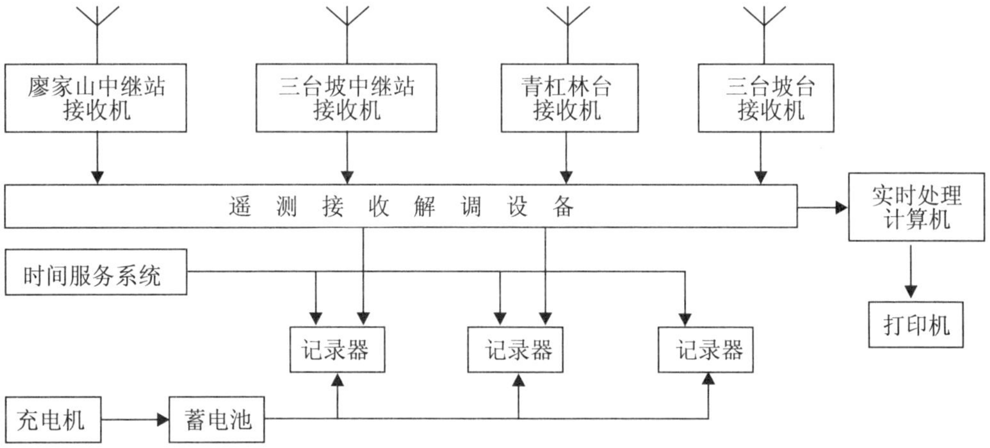

图 2－14　1992—2005 年二滩遥测地震台网记录中心系统方框图

二滩遥测台网同时向省地震局和二滩水电开发公司作地震速报；旬报、每月的地震目录和地震观测报告编辑出版后报给省地震局水库地震研究所和二滩水电开发公司。此外，每月还要向二滩水电开发公司提交地震分析报告，在每年的汛期和震情紧张时，发《震情日报》。地震记录图纸在记录中心保存两年后，清理出有用部分，计算机记录到的地震波形文件要刻成光盘，连同工作日记、常数表格等一起交给二滩水电开发公司档案馆保存。台网需要使用时可以借阅，不得带出，公开发表的文章需要引用二滩遥测台网的资料时，需经二滩水电开发公司同意。

七、大桥遥测地震台网

大桥遥测地震台网由大桥水电总公司投资，按合同由省地震局水库地震研究所承建。该台网从 1993 年 4 月初着手台址勘选的准备工作，基建工作从 1993 年 8 月底以凉风岗为示范开始施工。1994 年 9 月底全套设备的安装完毕即开始了试运行，1995 年元月台网就开始按正式运行管理。大桥台网属企业级台网，日常维护管理由大桥水库地震监测中心负责。大桥水库地震监测中心受省地震局西昌地震中心站和省地震局水库地震研究所双重领导。前者负责人事安排、人员组织和行政事务，后者负责技术、质量和经费（由大桥水电总公司按合同拨给省地震局水库地震研究所，水库地震研究所再按合同拨给）。

该台网有记录中心 1 座（600 平方米，与西昌遥测地震台网共用），无线中继站 3 个［泸山、牦牛山、彝海子（兼子台）］、台站 5 个，共计 16 个记录分量。地震资料采用脱机处理方式，定期与西昌台网联合出版《地震旬报》和《地震观测报告》，在报送省地震局有关部门的同时，并报送大桥工程主管部门。台网还担负省内及周边地区大震速报任务。

大桥遥测地震台网以冕宁县大桥水库为中心向四面展开，主要沿安宁河断裂展布，同时兼顾南面，子台分布在东经 102°05′—102°32′，北纬 28°24′—28°53′地区。分别分布在冕宁县和喜德县境，构成一个布局为南北 40 千米，东西 25 千米的地震监测网（见图 2－15）。台站以安装周期 1 秒的地震计为主，放大倍率为 10 万倍级和 2.5 万倍级。台网能达到的监测能力为：对大桥水库库区附近，通过鲁坝台、彝海子台、瓦坡支台、凉风岗台、瓦吉木台5个台组成密集台网，对以大坝为中心10千米以内的监测能力不小于M_L1.0级，定位精度可达到A类；对网内地区的地震，可监测到$M_L>$1.5级地震，定位精度可以达到B类；对台网边缘地区的地震，可监测到$M_L>2.0$级地震，定位精度较差。大桥遥测地震台网情况见表2－12。

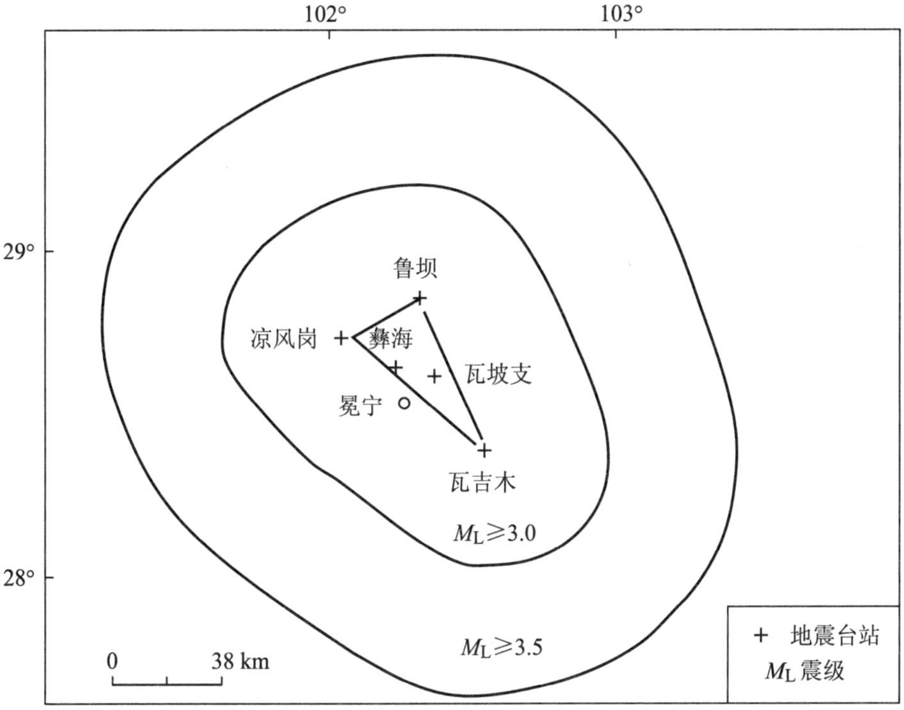

图2－15 1995—2005年大桥遥测地震台网台站分布和监控能力图

1995—2005年大桥遥测地震台网情况一览表

表2－12

台名	地址	台基岩性	观测仪器	放大倍率	遥测方式	至中心距离（千米）
鲁坝台	冕宁县拖乌乡鲁坝村	花岗闪长岩	DS－2型三分向地震计	2.5万倍	无线中继	—
凉风岗台	冕宁县宁源乡凉风岗村	黑色板岩	DS－2型垂直向地震计	10万倍	无线中继	—
彝海子台（兼中继站）	冕宁县彝海乡彝海村	花岗闪长岩	DS－2型三分向地震计	2.5万倍	无线中继	—
瓦坡支台	冕宁县彝海乡勒怕村	钾长花岗岩	DS－2型三分向地震计	10万倍	无线中继	—
瓦吉木台	喜德县团结乡瓦吉木梁子	粉砂岩	DS－2型垂直向地震计	2.5万倍	无线中继	—
牦牛山中继站	西昌市北西方向牦牛山上	—	—	—	无线中继	21.8
泸山中继站	西昌市新村泸山主峰	—	—	—	无线直传	3.5
台网中心	西昌市西郊新村					

大桥遥测台网的信号传输均采用无线中继传输。大桥遥测台网地震信号传输路径见图 2－16。

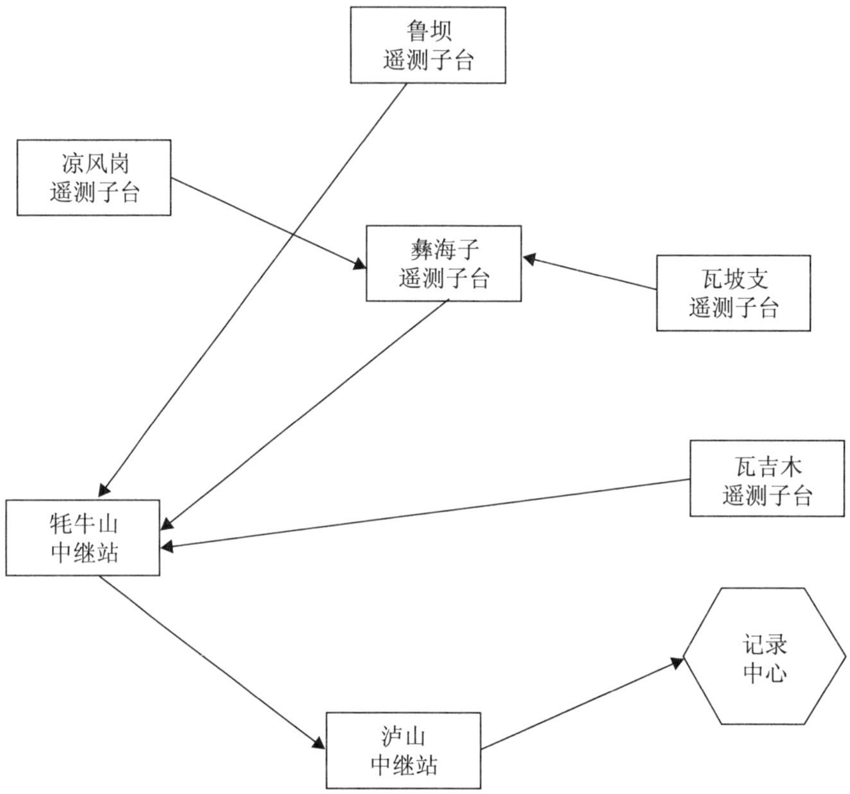

图 2－16　1995—2005 年大桥遥测台网地震信号传输路径图

台网中心共有 5 个台站记录，其中短周期万倍级垂直分量 5 个，水平分量 6 个，速度量 5 个，共计 16 个观测分量。记录器全部采用 768 记录器，每个记录器有 6 道笔。大桥台网有一套实时处理系统，这套系统是将模拟信号通过一块 16 道的 A/D 板采样后进入计算机，16 道中选取了大桥台网 5 个子台除速度量外的 11 道信号，另外一道是时间服务系统。其组成为当采集计算机记录到地震并触发后，将此地震事件记录到硬盘上，再通过专门的回放软件进行回放。台网中心系统见图 2－17。大桥台网的地震报警系统是由一个多路地震报警器组成，将台网的共计 12 路信号输入报警器，只要有任意的三路信号同时达到或超过设定的幅值，地震报警器就报警。

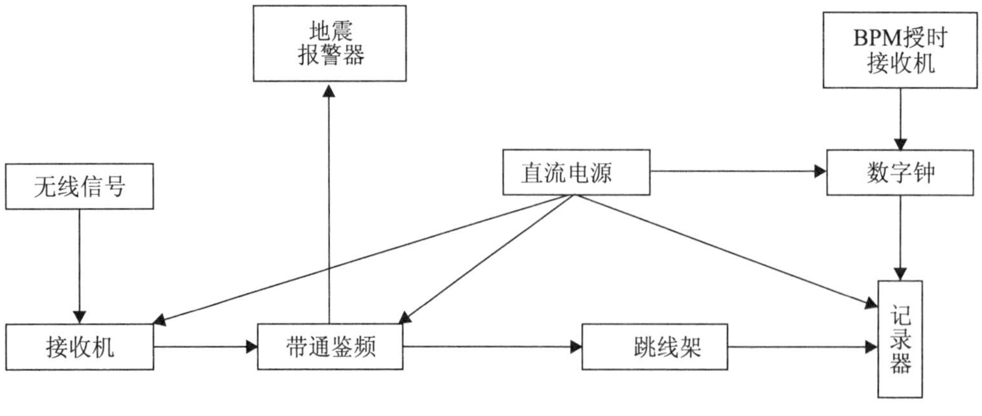

图 2－17　1995—2005 年大桥遥测地震台网中心系统方框图

大桥台网从1995年和西昌台网联合出版地震旬报、地震观测报告。编辑出版要求，按地震发生时间顺序排列，发震时间以北京时间为准，准确到秒。震中位置经纬度准确到分。标明地点方向，精度采用RMS，震级采用M_L震级，深度以千米表示。地震观测报告除上述要求外，凡是台网监测能力范围内地震，按地震发生先后编排序号，附各地震的处理数据。在观测报告中绘出每月地震震中分布图，由台网分析组负责出版，旬报每旬一期也由台网分析组负责出版。

八、紫坪铺数字遥测地震台网

四川省紫坪铺开发有限责任公司于2002年10月委托省地震局水库地震研究所规划设计紫坪铺水利枢纽水库诱发地震监测预测系统，2003年5月《紫坪铺水利枢纽水库诱发地震监测预测系统总体技术设计方案》报告（以下简称《总体设计》）由紫坪铺开发建设公司组织的评审会予以通过；2003年7月，四川省紫坪铺开发责任有限公司（甲方）与四川省地震局水库地震研究所（乙方）签订了《四川岷江紫坪铺水利枢纽工程水库诱发地震监测预测系统建设及运行技术服务合同》。

2002—2003年，经野外实地勘查、台站土建、仪器设备的采购、研制与生产、安装调试、总体联调，2004年7月31日全面竣工。经2004年8月16日至2005年1月31日试运行及2005年2月1日至2005年4月30日考核运行后，2005年6月27日，四川省紫坪铺开发有限责任公司组织中国水电顾问集团公司成都勘测设计研究院、成都理工大学、四川省地震局等单位的专家，在四川省紫坪铺开发有限责任公司基地召开了《四川岷江紫坪铺水利枢纽工程水库诱发地震监测预测系统建设》（简称“系统建设”）验收会议，顺利通过验收。该系统由水库专用数字遥测地震台网和台网分析中心组成。数字遥测地震台网由7个遥测子台、2个中继站和1个数字处理中心组成。该系统所有数据已进入四川省地震台网中心记录和处理，并开始服务于工程建设和运行。

该台网规模为7个子台；组网孔径为NS20km×EW30千米；观测项目种类为短周期微震观测；观测分向数均为三分向；频率响应类型为短周期地震观测速度平坦型；观测频带为短周期地震观测1Hz—40Hz；传递函数特殊要求系统传递函数为最小相移函数，通带内具有平时延特性；灵敏度为速度地震观测达到1×10^{-7}m/s；动态范围为实际动态范围不低于100dB；线性度优于0.1%；分辨率为2^{-23}；采样率为100次/每秒每通道；时间服务精度优于1ms；地震观测三轴误差小于1°，横向振动抑制优于1%；事件检测能自动处理重点监视区内$M_L\geq1.0$级地震，地震事件漏检率低于3%；定位精度网内$M_L\geq0.5$级地震定位精度优于0类；实时处理具有处理地震基本参数功能，在地震波掠过台网后15分钟内完成地震三要素测定；具有人机结合处理地震数据功能，人机结合除了精确判读震相和精确测定地震三要素外，还可完成地震矩张量、震源机制解等地震参数计算；自动触发和报警对4个台以上初动大于地噪声水平4倍的地震进行自动触发，并发出声音报警；记录方式为连续波形和地震事件数据均由光介质记录；全网系统平均运行率高于95%。

紫坪铺数字遥测地震台网是一个以无线遥测方式组网的台网。组网方式为数字无线遥测方式组网；中继方式为汇集中继；子台传输速率为接口码率9.6KBPS；无线工作频段，子台使用45—49MHz、223—235MHz频段；工作程式为无线连续单工固定点频工作；无线子台和中继为异步接口；误码率优于10^{-6}。

紫坪铺数字遥测地震台网的7个子台以平均约10千米的台距较为均匀地展布在库区，将三个水库诱发地震区段和穿越库区的断裂包围其中，构成的台网孔径为NS20千米×EW30千米。紫坪铺数字遥测地震台网情况见表2－13，紫坪铺数字遥测地震台网子台布局见图2－18。

2004—2005年紫坪铺数字遥测地震台网情况一览表

表2－13

台名	地址	高程（米）	台基岩性	地震计	数据采集器	观测内容	动态范围（dB）
灵岩寺台	紫坪铺镇白沙村3组	1320	页岩	RSFS	RSDA	三分向短周期	109
钻洞子台	玉堂镇大坪村5组	1032	砾岩	RSFS	RSDA	三分向短周期	118
桂花树台	龙池镇南岳村6组	1130	花岗岩	RSFS	RSDA	三分向短周期	118
八角台	汶川县八角庙村2组	1300	砂岩	RSFS	RSDA	三分向短周期	115
桃子坪台	汶川县映秀镇渔子溪村4组	1070	闪长岩	RSFS	RSDA	三分向短周期	108
庙子坪台	龙池镇茅亭村9组	850	泥灰岩	RSFS	RSDA	三分向短周期	113
白岩台	青城山镇红岩村1组	1150	砾岩	RSFS	RSDA	三分向短周期	119
灵岩寺中继站	紫坪铺镇白沙村3组	1380	砂岩				
走石山中继站	郫县新胜镇走石山	628	砾岩				
台网中心	成都市人民南路三段29号						

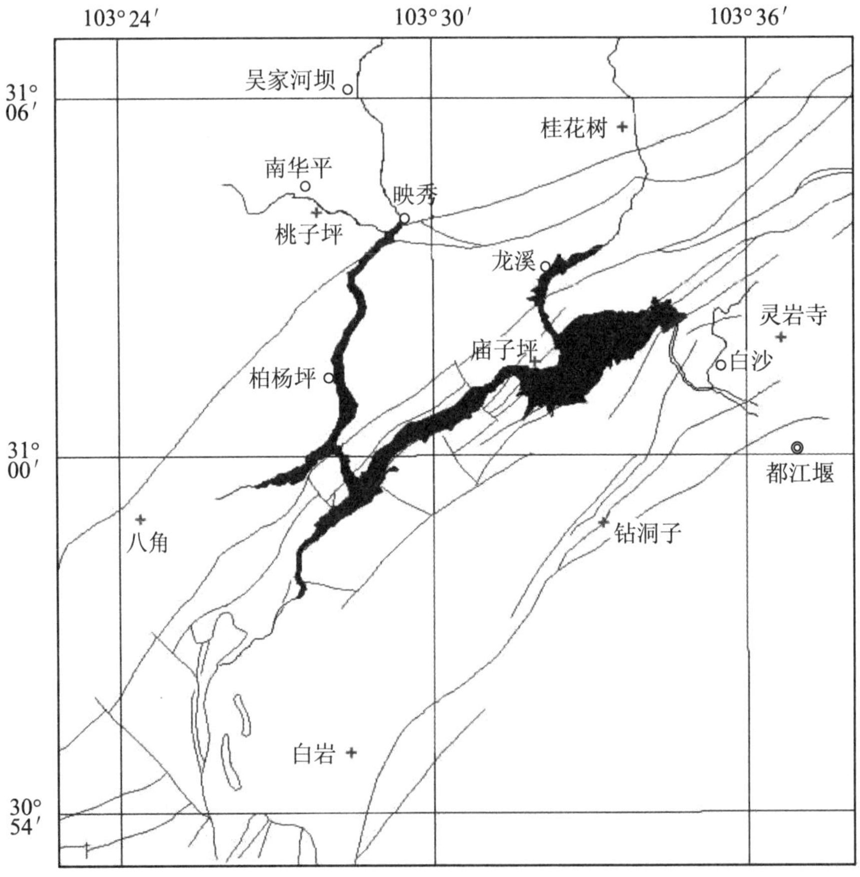

图2－18　2004—2005年紫坪铺数字遥测地震台网子台布局示意图

台网建成后，白岩、庙子坪、八角、桂花树、钻洞子 5 个子台的地动噪声的均方根值优于《总体设计》提出的地震学指标的 1×10^{-7}m/s，达到 10^{-8}m/s 数量级。灵岩寺台的地动噪声的均方根值为 1.976×10^{-7}m/s，接近指标值。将四个以上扇形面相应的圆弧确定为监测能力线绘制出紫坪铺数字遥测地震台网的微震监测能力见图 2－19。

该台网的技术系统主要由遥测子台、汇集中继站和台网中心三大部分构成。

遥测子台：实现地动信号拾取转换和发送；汇集中继站：实现子台地震数据接收、汇集、发送至台网中心；台网中心：实现地震数据的接收、分析处理、存贮、成果产出。三大部分有机的组合在一起构成技术系统实现对紫坪铺库区水库诱发地震的监测功能。

紫坪铺数字遥测地震台网的地震监测数据全部依靠遥测技术汇集传送回台网中心。紫坪铺数字遥测地震台网传输路由见图 2－20。

台网中心技术系统的主要任务是完成地震数据的收集、处理、存贮和管理功能。台网中心技术系统包含实时收集处理、人机交互处理、数据管理和地震编目四个部分，这四个部分都是基于计算机网络为核心的处理系统。紫坪铺数字遥测地震台网数据处理中心系统构成见图 2－21。

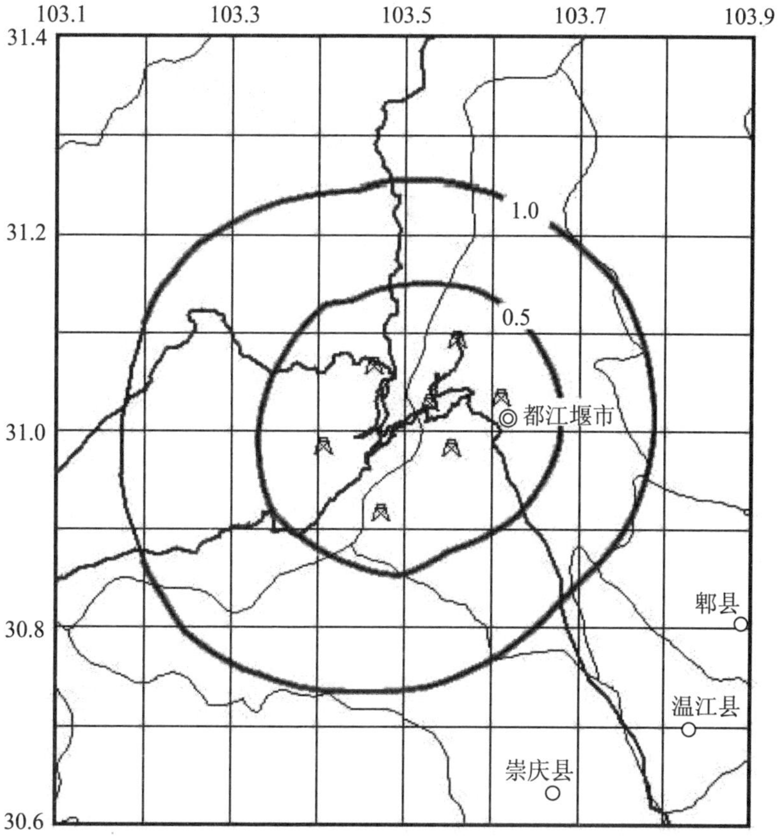

图 2－19　2004—2005 年紫坪铺数字遥测地震台网微震监测能力图

数据实时收集处理系统由 2 台计算机、高速调制解调器和 DDN 专线设备（MP9400）以及串口服务器构成。电信局 DDN 专线将高速地震数据流送到台网中心机房后，经高速调制解调器解调成对应 7 个子台的七路基带异步 9.6KBPS 地震数据流，再经串口服务器分配给 2 台（互为主备）实时处理计算机，实时处理计算机对连续地震数据流进行记录，同时自动完成地震事件的判定、定位处理和地震事件、标定信号的存贮等功能。

人机交互处理系统由 1 台计算机和打印机构成。该系统为分析人员提供人机交互分析地震的工具，实现人机交互地震事件复核、微震拾取、震相识别及人工精细分析和地震速报功能。

地震数据管理系统由 1 台计算机、刻录机和打印机构成，该系统完成以下任务：将连续波形文件经 Winzip 压缩后（一天的数据处理成一个文件）刻录光盘；将地震事件文件刻录光盘；将日标定文件刻录光盘；为编目计算机提供分析结果。

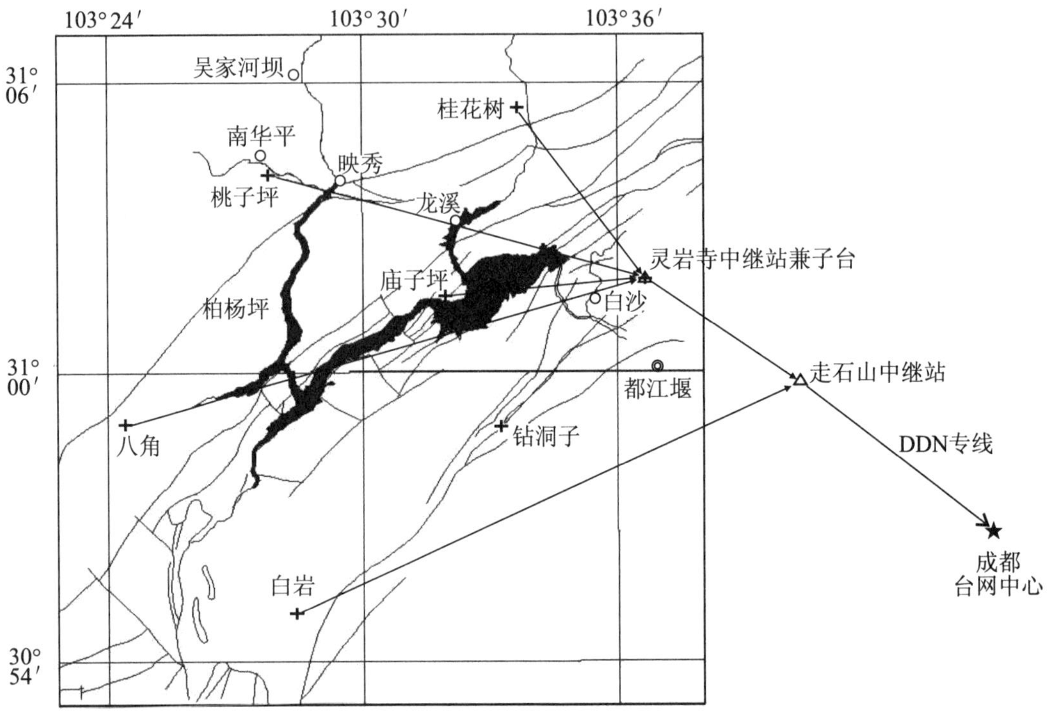

图 2－20　2004—2005 年紫坪铺数字遥测地震台网传输路由图

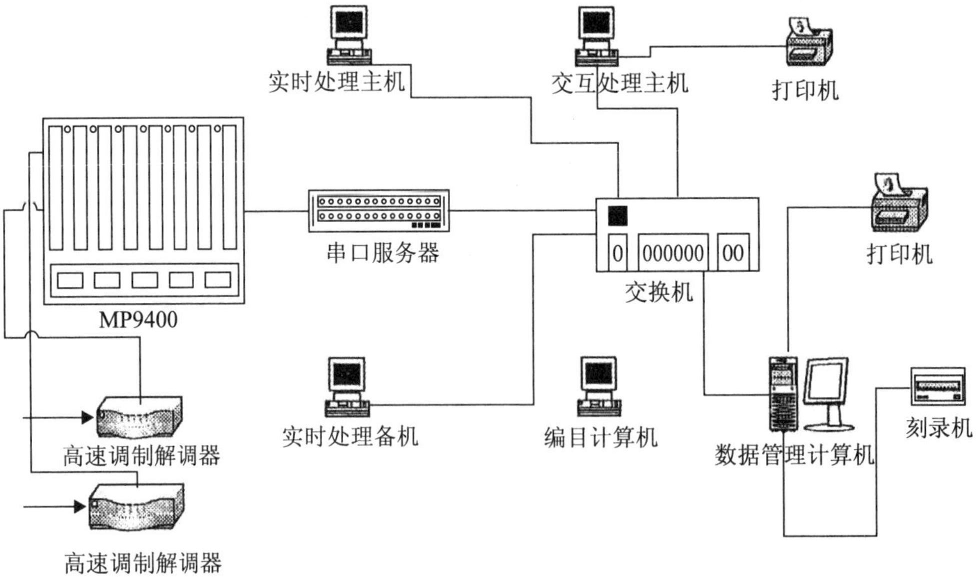

图 2－21　2004—2005 年紫坪铺数字遥测地震台网数据处理中心系统结构示意图

台网中心的地震编目工作配置了 1 台专用计算机。它为编目人员提供多种定位计算程序对地震进行分析处理，并将处理结果转入地震分析编目数据库，自动生成地震目录和地震观测报告。地震编目所用打印机采用网络共享，未单独配置。

台网中心各计算机之间通过交换机实现地震数据和处理结果的读取和交换。

紫坪铺遥测台网正式产出的资料包括：地震事件的波形数据文件和连续波形数据、地震旬报、地震月报目录、地震观测报告、误帧记录及值班日志等。存储采用光介质和纸介质两种方式。

紫坪铺数字遥测台网的大震速报是根据省地震局水库地震研究所提出的速报地震震级下限（M_L2.0 级）、速报范围（纬度 30.6°—31.4°，经度 103.1°—103.9°）和速报时间（15 分钟以内）进行速报。资料来源于紫坪铺台网的 7 个数字遥测台。定位方法采用基于 UNIX 操作系统下的交切法和遗传算法的 GELOR - P。

《紫坪铺数字地震遥测台网的月报目录与观测报告》是以紫坪铺各数字遥测地震台的原始波形数据为依据，严格按照《区域地震月报目录与观测报告编报技术规范》（中国地震局）的要求进行编写。紫坪铺数字遥测台网从 2004 年 8 月 16 日投入试运行后，运行期间，每月产生《地震月报目录》和《地震观测报告》。

紫坪铺数字遥测台网的地震波形数据是由系统自动生成的地震事件数据和人工截取的地震事件数据组成。台网地震波形数据和连续数据的存储均采用光盘和移动硬盘双备份。资料归档采用异地保管。

1986—2005 年四川遥测地震台站分布见图 2 - 22，1986—2005 年四川测震台站监测能力见图 2 - 23。

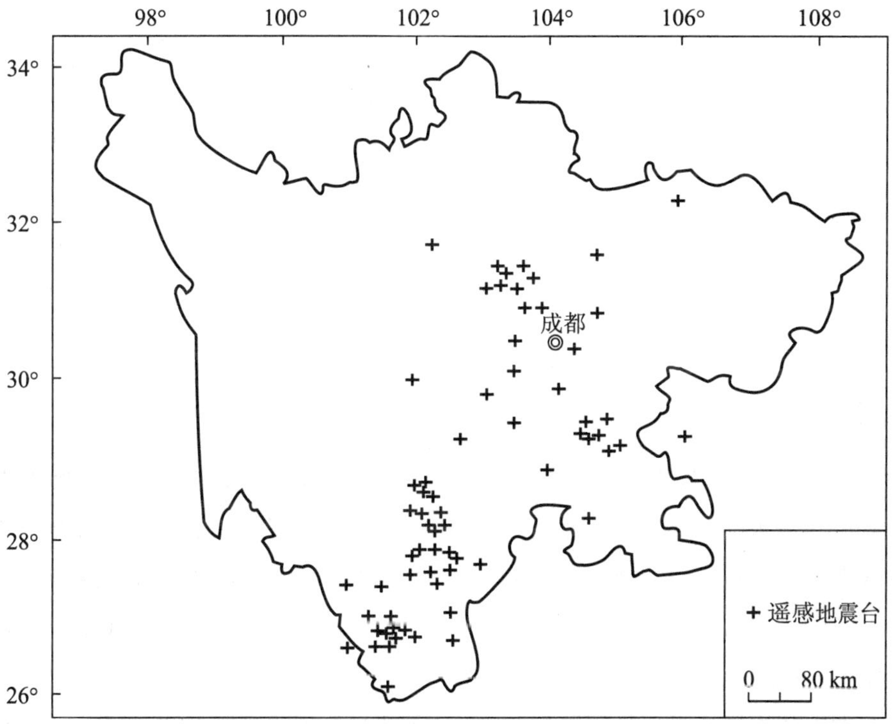

图 2 - 22　1986—2005 年四川遥测地震台站分布图

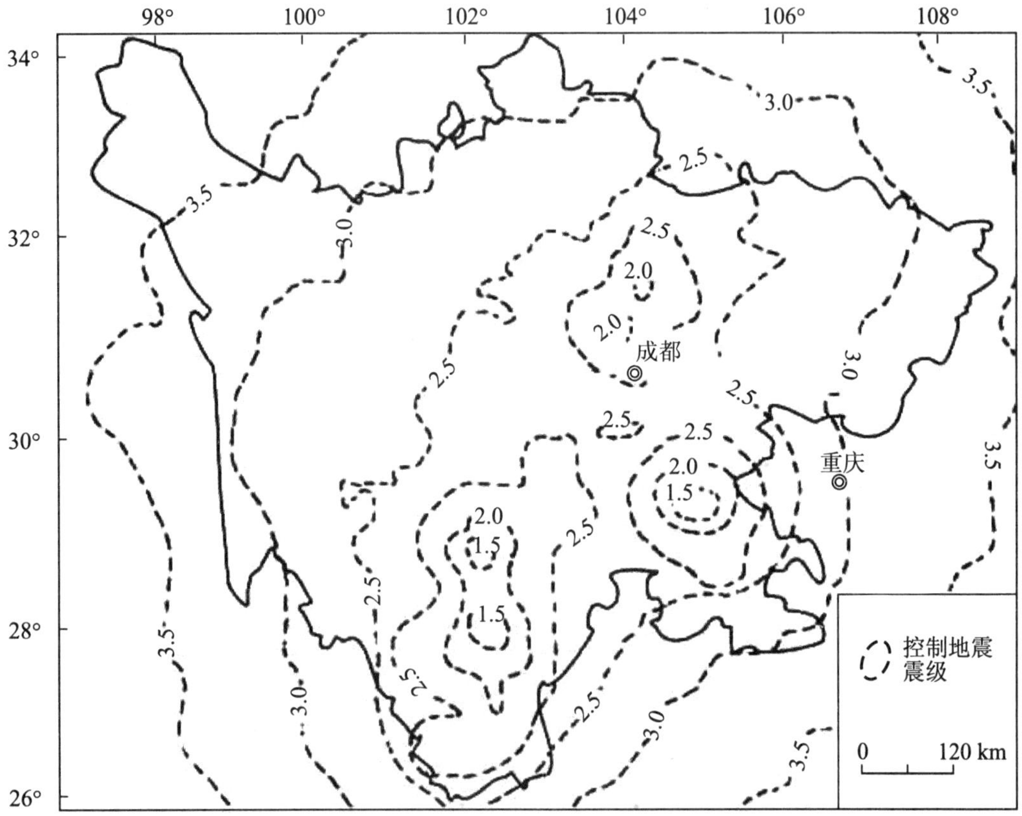

图 2－23　1986—2005 年四川测震台站监测能力图

第三节　强震台站

一、强震台

1986—1990 年，四川省地震局强震组陆续在安宁河－则木河断裂带、龙门山断裂带的攀枝花市仁和（后迁南山）、普格、宁南、都江堰市、汶川映秀、北川、安县、江油永丰和盐源等城镇架设国产 GQⅢ－A 型强震仪，以感光纸和胶片进行模拟观测记录的强震台站。这些强震台站同早期在自贡、西昌新村、西昌小庙建的强震台及 1989 年 4 月监测巴塘 6.7 级强震群余震留下的强震台共同组成了当时的四川强震台网。

1996 年、2001 年宜宾永兴、雅江发生强震，省地震局强震组携带 SSA－2 型、ETNA 型强震仪赶往现场作余震观测，对新仪器作适应性考察测试。2000 年 4 月，中国地震局先后拨给四川省地震局 7 台美国公司生产的 SSA－2 型固态存储数字强震仪（其中 1 台有故障不能使用）、6 台 ETNA 型强震仪和 2 台国产 CDQJ－1A 型强震仪。省地震局强震组把 3 台 SSA－2 型数字强震仪和 1 台 GQⅢ－A 型强震仪架设在二滩水库大坝作强震观测试运行试验。同年 7 月，按中国地震局安排，省地震局将 6 台 ETNA 型强震仪和 2 台 CDQJ－1A 型强震仪借调云南省地震局作震情短临跟踪。

2001 年 3 月，中国地震局借调 5 台 SMA－2400 型、2 台 GDQJ－1A 型和 3 台 ETNA 型强震仪到

四川省地震局作震情短临跟踪。省地震局强震组先后在石棉、冕宁、越西、布拖、德昌、天全、会东等地架设强震仪作震情短临跟踪。同时在攀枝花市南山、西昌县城、宁南县城、汶川县城、松潘县城、普格县城等处架设强震仪作固定强震台站。随着二滩大坝观测和第一期震情短临跟踪工作的结束，省地震局强震组就全川前后多次架设的强震仪地震台站进行了统一优化和调整。至2005年，全川有15个固定强震台（见表2－14），在马边、理塘及雅江仍架设有3台仪器作第二期震情短临跟踪台。

1986—2005年四川强震台情况一览表

表2－14

台名	地质构造环境	台基岩性	观测仪器	观测对象
都江堰台	龙门山断裂带	亚粘土卵石层	GDQJ－1A	覆盖层
映秀台	龙门山断裂带	花岗岩	GQⅢ－A	基岩
汶川台	龙门山断裂带	变质岩	SSA－2	基岩
松潘台	岷江断裂带	变质岩	SSA－2	基岩
安县台	龙门山断裂带	灰岩、砂页岩	GQⅢ－A	基岩
北川台	龙门山断裂带	灰岩、砂页岩	GQⅢ－A	覆盖层
江油台	龙门山断裂带	灰岩、砂页岩	GQⅢ－A	覆盖层
姑咱台	鲜水河断裂带	闪长岩	ETNA	基岩
石棉台	鲜水河断裂、安宁河断裂及龙门山断裂交汇处	—	ETNA	基岩
冕宁大桥台	安宁河断裂带北段	混杂岩	ETNA	基岩
西昌台	安宁河—则木河断裂带	—	SSA－2	覆盖层
普格台	则木河断裂带	灰岩	SSA－2	覆盖层
宁南台	则木河断裂带	—	ETNA	覆盖层
攀枝花南山台	昔格达断裂、倮倮断裂、纳拉箐断裂	辉长岩	SSA－2	基岩
自贡台	自流井背斜南东翼	紫红色泥岩	GDQJ－1A	覆盖层

二、强震观测记录

1989年4月，巴塘发生6.7级强震群，四川省地震局强震组在巴塘县夏邛镇架设两台GQⅢ－A型强震仪，进行余震流动观测，获取到10个余震的加速度记录图纸共12幅，加速度曲线35条。10个余震中大于6.0级3个（最大震级6.7级，这是省地震局利用国产强震仪记录到距震中最近、震级最大的强震记录），5.0—5.9级地震3个，4.0—4.9级地震3个，3.0—3.9级地震1个。余震记录资料经数字化和常规分析，给出有相对位移反应谱，相对加速度反应谱，绝对加速度反应谱和傅里叶谱结果。巴塘强余震加速度记录35条，经资料处理结果，其中最大峰值加速度为123.1cm/S^2。

1989年9月，小金发生6.6级地震，国家地震局工程力学研究所和省地震局强震组组成联合近场强震观测组，在木城牧场（PDR－1型/110）、牛场沟802营林一队（GQⅢ－A型）、大板道班（PDR－1型/189）、两河口乡供销社（PDR－1型/192）、两河口乡镇府（GQⅢ－A型）、802林场场部（SSA－1型）和大草坝202段（POR－1型/191）等，架设7个强震流动观测台，形成一个地震动衰减台阵进行观测，共获取到13次余震（最大为 $M_L=3.2$）的27个近场地面加速度记录，其中最大峰值为47.8gal。

1996年2月，宜宾县永兴、百花一带发生5.4级地震，省地震局强震组携带SSA－2型强震仪到地震现场进行流动余震观测，获取到四川省地震局第一批数字地震记录。

2000年4月，省地震局强震组在二滩水库大坝上架设3台SSA－2型数字强震仪和1台GQⅢ－A型强震仪，进行试验观测。在试运行期间，2台SSA－2型数字强震仪获取到同年盐源－木里地震和云南鲁甸地震对大坝的影响记录。

2001年3月，省地震局强震组在康定姑咱台（ETNA型）、宁南台（ETNA型）、冕宁大桥台（ETNA型）、石棉台（ETNA型）、石棉挖角台（ETNA型）和攀枝花南山台（SSA－2型）等进行短临震情跟踪及试运行期间，均获取了一批强震观测记录。其中康定姑咱台、西昌台等获取了一批加速度值大于15gal（lg＝1000gal）的强震观测数据（见表2－15）。

2000—2005年四川强震加速度幅值大于20gal观测记录摘要情况一览表

表2－15

台站名	位置	高程（米）	台基岩性	观测时间	仪器型号	记录情况说明
康定	姑咱地震中心站	1417	基岩	2002－4－22	ETNA	20.0gal（垂直向）
康定	姑咱地震中心站	1417	基岩	2002－9－13	ETNA	20.3gal（垂直向）
西昌	凉山州地震局	1514	覆盖层	2003－6－17	ETNA	30.8gal（垂直向）
马尔康	康山林业局	2765	覆盖层	2005－1－3	ETNA	48.9gal（垂直向）
马尔康	康山林业局	2765	覆盖层	2005－12－2	ETNA	25.0gal（垂直向）

三、数字强震动台网建设

1986—1990年，四川强震台网由9台感光纸或胶片模拟记录的国产强震仪构成，子台数量少。1991—2002年，中国地震局先后支持四川省地震局7台SSA－2型固态存储数字强震仪，3台ETNA型、5台SMA－2400型和2台GDQJ－1A型强震仪。省地震局将这些强震仪先后架设到地震现场、水库大坝作现场监测、试运行考察试验和震情短临跟踪监测；同时在攀枝花南山和西昌、宁南、汶川、松潘等地城市架设强震仪作固定台站。在这一过程中，经多次调整，稳定下来15—20个作固定台站，管理强震仪的技术人员对强震台站进行数字化改造，实施仪器异地远程通讯（MODEM）试验，获得了近百条近中远强震记录，从算法到程序开发出了自己的数据处理软件系统，探索实现有效的台网日常维护方式，实现了地震烈度的仪器评估与速报，积累了数字强震观测的经验，为后续全面开展数字强震动台网建设做了技术准备。

数字强震动台网建设是“中国数字强震动观测台网”的一部分，也是“四川数字地震观测系统”项目的分项目之一。2003年年初，根据“中国数字强震动观测台网”总体规划、总体设计和技术规程，四川数字固定强震动台网共建211个数字强震台（其中6个国家台、205个区域台），新建自贡地形影响观测台阵和二滩大坝结构反应观测台阵。强震动台观测主要设备选用强震动记录器（包括数采单元、触发单元、存储单元、时间单元和电源单元等）和加速度计；数据传输网络选用电话传输网络；仪器供电为交流200V供电，并配载线式UPS作后备电源。技术系统建设内容包括：观测室土建工程、设备选型与采购；供电线路、传输信道开通；软件和仪器设备安装与调试；系统联调和台站人员技术培训等。省地震局在2003年4—10月在完成该项目的初步设计报告、单位工程设计报告和台址勘测技术要求的基础上，组织大批技术人员在全省14个市（州）80多个县（市、区）境内沿活动断裂带、重点监视防御区、大中城市及附近，开展211个强震台台址环境条件、观测条件的勘选和测试。2004年，完成了162个强震台点的地质勘测、209个台点勘选测试，签订了139个台址征地用地协议和土地划拨，完成125个台点观测房等的土建工程建设，对采购到货的40套强震仪设备作初步检测和验收，协助哈尔滨工程力学研究所完成了自贡地形影响观测台阵的勘选定址工作。2005年，先后完成207个台点土建工程和验收，对其中136个台点接通了电源，在29个台点上安装强震仪并进行试运行和调试；完成了自贡地形影响台阵土建工程和二滩大坝结构观测台阵的勘选。合同采购的数字强震仪设备陆续到货，四川数字强震动台网建设进入设备安装和台站技术系统建设阶段。附四川数字强震动台网子台分布数目表（表2-16）。

2005年四川数字强震动台网子台分布数目表

表2-16

市州名称	子台个数	市州名称	子台个数
甘孜州	25	德阳市	3
阿坝州	30	绵阳市	14
凉山州	61	广元市	9
攀枝花市	15	自贡市	2
雅安市	25	宜宾市	6
乐山市	9	泸州市	1
成都市	10	眉山市	1
二滩大坝结构观测台阵测点22个		自贡地形影响台阵测点8个	

第二章 前兆台站

1986—2005年，前兆地震台站有定点形变观测台14个、重力观测台4个、应力－应变观测台2个、地磁观测台7个、地电观测台6个和地下流体观测台点22个。“九五”（1996—2000年）期间对10台（井）的28个主测项进行数字改造。“十五”（2001—2005年）期间改造、建设22个台站的地磁、形变、地电、流体等学科的专业测项48项。至2005年底，整个数字地震前兆台（网）在完成台址勘选、建设、环境改造和土建工程基础上，进入到台站技术系统建设和设备安装、试调阶段。新建的GPS观测网络和RS卫星遥感系统也基本完成，进入试运行和考核运行。

第一节 定点形变观测

一、地倾斜观测台

1986—2005年，四川有定点形变观测台14个，其中12个为定点形变观测台，2个为定点形变场地短水准、短基线和蠕变动态观测台。12个定点形变观测台架设有各类倾斜仪器32台（套），经数字化观测改造调整后，停测5台（套）。至2000年底，全省12个定点形变台使用各类形变观测仪器27台（套），其中模拟观测记录的JB型金属水平摆倾斜仪12台（套）、FSQ型浮子水管倾斜仪1台（套）、SQ型和SQ70型石英水平摆倾斜仪6台（套），共19台（套）；数字记录观测的DSQ型水管自记仪3台（套）、SS－Y型石英伸缩仪3台（套）、BSQ型数字倾斜仪2台（套），共8台（套）。14个定点形变观测中，有4个定点形变台和2个定点形变场地观测台，参加全国地震系统历年观测成果质量评比，均取得优秀以上成绩。有关四川定点形变台的情况见表2－17。

1986—2005年四川定点形变观测台情况一览表

表2－17

台名	地址	洞室岩性及深度（米）	观测仪器	始记时间	备注
姑咱台	康定县姑咱镇	前震旦纪似斑状黑云母花岗闪长岩，洞深90米	FSQ型 SSY－2型 JB型 SQ－70B型 SQ－70C型 DSQ型（自动） SS－Y型（数字）	1985—2001 1985—2001 1985.3 1980.12 1993.11 2002.1— 2002.1—	参加全省、全国观测质量评比

续表 2－17

台名	地址	洞室岩性及深度（米）	观测仪器	始记时间	备注
西昌小庙台	西昌市小庙乡九组	灰白色长石石英砂岩，洞深 31—55 米	JB 型 SQ－70C 型 BSQ 型（数字）	1985 1985 2002.7	参加全省、全国观测质量评比
攀枝花市南山台	攀枝花市东区前进镇	灰色石英闪长岩、辉长岩，洞深 125 米	BSQ 型（数字） JB 型 SQ－70 型 FSQ 型 DSQ 型 SSY 型 SS－Y 型	2002.7 1982.2 1982.4 1992.3— 2000 2000— 1987.6— 2001 2001—	参加全省、全国观测质量评比
乡城台	乡城县桑坡镇西 1000 米巴姆山下	三叠纪灰岩，洞深 25 米	JB 型	1980.1	参加全省评比
雅安台	雅安市雨城区沙湾村曹家山下	砂泥岩，洞石为条石拱砌，进深 7 米	JB 型	1974.9	参加全省评比
茂县台	茂县凤仪镇	片岩，山洞进深 30 米	JB 型	1978	参加全省评比
汶川台	汶川县威州镇	千枚岩夹白云质灰岩，洞深 30 米	JB 型 SQ 型	1979 1984	参加全省、全国评比
马兰山台	攀枝花市马兰山 66 号	辉长岩，洞深 52 米	JB－98 型	1978.8	参加全省评比
峨眉西南交大台	峨眉山市西南 5 千米马路桥镇	台基为红色砂岩、仪器墩为斑状花岗岩，洞室进深 33.195 米—95.815 米	CZB－1 型 JB 型 SQ 型 FSQ 型 DSQ 型（数字） SS－Y 型（数字）	1989.10— 1996 1986.3 1992.1 1993.3 2000.8 2001.5	参加全省观测质量评比
金河台	什邡市金河磷矿	砂质页岩，山洞主巷道深 50 米	JB 型	1981.1	参加全省评比
松潘台	松潘县进安镇东裕村拱背	石碳质板岩，洞室进深 30 米	JB 型	1985.8	参加全省评比
康定台	康定县炉城镇北郊郭达山下	三叠纪灰岩，洞室进深 22 米	JB 型	1980.1	参加全省评比
川主寺台	松潘县川主寺镇	定点短水准观测，下线由 5 点组成，测线长度 990 米；上线由 2 点组成，测线长度 270 米。水准标志为铜或不锈钢，标石埋深 0.4—1.5 米		1970.7	参加全省、全国观测质量评比
虾拉沱台	炉霍县斯木乡吉绒村	1. 定点短水准、短基线观测 2. DSJ 伸缩仪蠕变动态观测 3. 准直阵（跨断层）观测		1973—1976 1989 1982	参加全省、全国观测质量评比

二、重力观测台

1986—2005 年，四川有 4 个重力观测台，主要观测重力固体潮，对研究四川地区潮汐因子系数、地震预测提供观测数据。4 个重力观测台配备有 GS－15 型重力仪 2 台（套）和 DZW 型微伽重力仪 2

台（套），采用模拟观测记录，1 台（套）DZW 型微伽重力仪为数字记录。在西昌小庙重力台采用模拟和数字并行记录。4 个重力台参加全国地震系统历年观测成果质量评比，均获得优秀以上成绩。1988 年，成都重力台观测成果质量获全国第二名，1990 年获全国第三名。有关重力台情况见表 2－18。

1986—2005 年四川重力观测台情况一览表

表 2－18

台名	地址	观测项目	观测仪器	始测时间	备注
成都台	郫县新胜镇平乐村走石山	重力固体潮和气压、气温、湿度	GS－15 型	1973	参加全国、全省评比
姑咱台	康定县姑咱镇	重力固体潮和气压、气温、湿度	DZW 型	1989.9	参加全国、全省评比
小庙台	西昌市小庙乡九组	重力固体潮和气压、气温、湿度	DZW 型（模拟） DZW 型（数字）	1989.9 2001.9	参加全国、全省评比
南山台	攀枝花市东区前进镇	重力固体潮和气压、气温、湿度	GS－15 型	1989.2	参加全国、全省评比

三、钻孔应力—应变观测台

1987 年、1989 年，省地震局在沿安宁河断裂—则木河断裂交汇复合部位的西昌市小庙李金堡、攀枝花市仁和镇（今仁和区）磨盘山—绿汁江断裂西 10 千米处，分别钻孔架设 RZB－1 型压容式钻孔应力应变仪器，开展钻孔应力—应变观测。1999 年 12 月，西昌小庙钻孔应变仪安装改进后的 YR－1 型压容应变仪，数据用微机采集能自动绘制当日整点值曲线。仁和 RZB－1 型钻孔应力应变仪能记录到日变潮汐波及远大地震波，其异常形态对应地震较好。两个钻孔应力—应变观测台，参加历年全国地震钻孔应力—应变观测成果质量评比均获优秀成绩。1990 年小庙应力—应变观测台获全国第二名，1998 年仁和应力—应变观测台获全国第三名。有关应力—应变观测台情况见表 2－19。

1987—2005 年四川应力—应变观测台情况一览表

表 2－19

台名	地址及所处构造部位	岩性及海拔高程	观测仪器型号	探头深度（米）	孔斜度/倾向	观测的物理量	探头方向	灵敏度 10^{-8}	使用时间	备注
小庙台	西昌市小庙乡李金堡，处于安宁河断裂与则木河断裂交汇复合部位	红色粉砂岩海拔 1553 米	RZB－1	67	竖直	应变量	NS EW N45°E N45°W	10^{-8}	1987.11— 1999.12	参加全国观测质量评比
			YR－1	67	竖直	应变量	NS EW N45°E N45°W	10^{-8}	1999.12 1999.12 1999.12 1999.12	
仁和台	攀枝花市仁和镇处于磨盘山、绿汁江断裂带西 10 千米	花岗片麻岩海拔 1168 米	RZB－1	81.75	90°	线应变	NS N45°W EW N45°E 悬空	(5.00) (6.08) (5.04) (5.69)	1989.7 1989.7 1989.7 1989.7 1989.7	

第二节 电磁观测

一、地磁观测台

1986—2005 年，四川有 7 个地磁台，分别配备有地磁绝对观测仪器 8 套，即 CJ6 型地磁经纬仪 2 套（观测要素为 D. H）、GSI 型磁力仪 2 套（观测要素为 D. I）、ZZZ－1 型质子旋进磁力仪 1 套（观测要素为 F）、CTM－DI 型地磁经纬仪 2 套（观测要素为 D. I）和 G856 型质子旋进磁力仪 1 套（观测要素为 F）；地磁相对观测仪器 10 套，即 72 型地磁记录仪 1 套（观测要素为 D. H. Z）、CB3 型地磁记录仪 2 套（观测要素为 D、H、Z）、GM－3 型磁通门磁力仪 1 套（观测要素为 D、H、Z）、FHD－1型质子旋进磁力仪 1 套（观测要素为 D、H、F）和 CR2－69 型刃口式垂直磁力仪 5 套（观测要素 Z 分量）。上述共 18 套各类地磁仪器成都地磁台占 9 套。成都地磁台是国家Ⅰ类地磁基准台，也是西南地区第一个标准地磁台。1986 年后，该地磁台步入了规范化轨道，观测质量稳定，资料连续可靠。2000—2002 年，一批地磁数字记录仪器 GM－3 型、FHD－1 型、CTM－DI 型在该台投入观测，并和 G856 型质子磁力仪在地磁台上得到应用，改变了地磁台原有工作模式，取得了高灵敏度、高分辨率、高采样率、高信息含量的观测数据。成都地磁台按时向中国地震局、四川省地震局等十多个分析研究部门通过电台或电子邮件报送、提供观测数据，如北京时 D、H、Z 逐时值、日均值、极值，F、H、Z21 点绝对值、基线值；世界时时均值、极值、磁情 K 指数，D、H、Z 分量标度值，基线值以及磁暴报告等，并常为成都、北京、重庆等地研究部门科技人员提供所需的地磁数据资料；及时为日蚀、流动磁测、地磁图汇编等测量研究部门提供所需的地磁资料。成都地磁台是标准的国际资料交换台。自 1982 年以来，每年由地震出版社出版《成都地磁台观测报》《成都地磁台磁暴报告》《成都地磁台 K 指数报告》。成都地磁台观测资料完整率为 100%；观测精度为 DI＜0. 15′、H＜1. 5nT、Z＜1. 5nT。1986—2000 年，该台观测资料质量连续 15 年获四川地震系统第一名；1998—2000 年获全国地震系统三次第三名。有关四川地磁台情况见表 2－20。

1986—2005 年四川地磁观测台情况一览表

表 2－20

台名	地址	高程（米）	岩性	观测仪器	观测时间	备注
成都台	郫县新胜镇	628	砾岩	CJ6 型 GSI 型 ZZZ－1 型 G856 型 CTM－DI 型 72 型 CB3 型 GM－3 型 FHD－1 型	1980. 1 1982. 1 1989. 1 1995. 8 2000. 11 1975. 1 1985. 1 2000. 10 2000. 8	属国家级基准台（Ⅰ类）
松潘台	松潘县进安镇东裕村拱育	2830	碳质板岩	CR2－69 型	1982. 12	

续表 2－20

台名	地址	高程（米）	岩性	观测仪器	观测时间	备注
西昌台	西昌市海滨村泸山园艺场果园	1563	冲积坡积层	GSI 型 CTM－DI 型 CB3 型 CJ6 型	1982.1 2000.8 1985.1 1980.1	国家基本台（Ⅱ）
江油台	江油市永丰乡	532	砂岩	CR2－69 型	1978.3	
道孚台	道孚县鲜水镇硝水沟	3000	石英砂板岩	CR2－69 型	1973.10	
巴塘台	巴塘县夏邛镇红军山下	2620	角砾岩	CR2－69 型	1976.10	
马边台	马边县建民镇	590	砂岩	CR2－69 型	1973	

二、地电观测台

1986 年后，四川有 6 个地电观测台，各台使用地电观测仪器经过几次调整、更换。至 2005 年，成都地电台、西昌小庙地电台和红格地电台使用 ZD8B 型数字地电仪观测，甘孜地电台、江油地电台和冕宁地电台使用 DD－2A 型或 DD－2B 型电子自动补偿仪进行模拟观测。地电台观测的项目分别有自然电位 Vsp、视电阻率 ρ_s、δn（ρ_s 均方差）、δ（相对均方差）。成都、红格、西昌小庙、冕宁和甘孜 5 个地电台在参加历次全国地震系统地电观测成果质量评比中，均获优秀，江油台不参评，1994 年红格地电台获全国第三名。有关四川地电台情况见表 2－21。

1986—2005 年四川地电观测台情况一览表

表 2－21

台名	地　址	高程（米）	电极埋深（米）	勘察体岩性	观测仪器	观测时间	类别
成都台	郫县新胜镇	628	1.5	紫红色砾岩、砂岩	DDC－2A 型 DDC－2B 型 ZD8B 型	1974—1990 1991—1997 1998—	国家基准台
甘孜台	甘孜县斯俄乡	3360	1.5	三叠纪砂板岩	DDC－2A 型 DDC－2B 型	1971—1986 1987—	国家基本台
小庙台	西昌市小庙	1573	2.5 2.5 2.5—2.8	侏罗－白垩系砂砾岩	DDC－2 型 ZD8 型 ZD8B 型	1971—1989 1989—1999 1999.6	国家基本台
红格台	攀枝花市盐边县红格镇	1230	3.1－3.5	昔格达地层泥页岩	DDC－2A 型 ZD8 型 ZD8B 型	1970—1989 1988—1999 1999	国家基准台
江油台	江油市永丰乡	532	1.8	砂岩	DDC－2A 型	1977－	国家基本台
冕宁台	冕宁县城厢镇西南 700 米	1775	2.2—3.0	闪长辉绿岩	DDC－2A 型	1984－	国家基本台

三、电磁波观测台

1990—1994 年，四川省地震局在省内的重点监视防御区及鲜水河断裂带、龙门山断裂带和安宁河断裂带及附近架设一批地震电磁波观测仪（地表方向性天线台及深井垂直全方位天线台），组成四川地震电磁波台网。1994 年 5 月，制定出“电磁波台观测技术管理规范”和“观测资料质量评比条例”，把电磁波观测正式纳入地震前兆观测。有关四川电磁波台网情况见表 2－22。

1990—2005 年四川省电磁波台网概况表

表 2－22

台名	位置		高程（米）	岩性	构造部位	井深（米）或地表	观测仪器	记录器	观测时间	备注
	东经	北纬								
攀矿台	101°43′	26°35′	1176	辉长岩	昔格达断裂带西侧	地表	DPJ－Ⅲ ULF－Ⅲ	DD－1 DD－1	1992—1995 1992—1995	
攀枝花建材厂	101°36′	26°36′	1150	灰岩	昔格达断裂带西	369.36	JD－03	笔记录	1990.12	
宝兴地办台	102°49′	30°23′	1012	花岗岩	龙门山断裂带南段	地表	DPJ－Ⅲ ULF－Ⅲ	DD－1 DD－1	1992.10 1992.10	
石棉台 川－20 井	102°21′	29°14′	870	花岗岩	鲜水河、安宁河断裂复合部位	407.14	JD－03 型	笔记录	1990—2001	
道孚县地办台	101°07′	30°59′	3000	石英砂岩	鲜水河断裂带	地表	DPJ－Ⅲ ULF－Ⅲ	DD－1 DD－1	1993—1995 1993—1995	
什邡市金河台	104°01′	31°23′	860	砂岩	龙门山断裂带中段	70	JD－03	笔记录	1993.2	
都江堰地办台	103°36′	31°00′	720	砂岩	龙门山断裂带中南段	地表	DPJ－Ⅲ ULF－Ⅲ	JS－1 数采仪	1993.12	
剑阁台	105°27′	32°02′	635	砂岩	龙门山断裂带北东段	地表	DPJ－Ⅲ ULF－Ⅲ	笔记录	1998.9	
松潘县地办台	—	—	—	—	岷江断裂	—	DPJ－Ⅲ ULF－Ⅲ	—	1996	
荣昌台	105°35′	29°25′	318	—	螺观背斜	251	JD－03 型	笔记录	1991.2	1997 年属重庆直辖市

第二节 地下流体观测

一、地下水动态观测

1986 年，四川用于地震观测的井孔有 14 口，后经调整和补充，停测了 3 口井（泸定川－01 井、盐边川－04 井、炉霍侏倭川－14 井），增补了 5 口井（甘孜川－15 井、汉源川－16 井、会理川－18 井、石棉川－20 井、邛崃川－22 井）。至 2005 年，四川用于地震观测的井孔有 16 口（见表 2－23）。这些井孔主要分布在北纬 26°—32°、东经 100°—106°之间的龙门山断裂带、安宁河断裂带及甘孜、阿坝、宜宾和泸州地区。观测项目为静水位或动水位、气压、气温或地温、降雨、流量等，使用仪器有 SW40 型或 SW40－1 型日记水位仪、LN－3 型数字水位仪、DYJ1 型空盒气压计，或 RTP－1 型

1986—2005 年四川地震观测井孔情况一览表

表 2－23

井名	地址	构造部位	地下水类型	井深（米）	观测段（米）	观测项目	观测仪器	始测时间
川－18 井（国家级水网）	会理县中厂镇	（同川－06 井）	裂隙承压水	523.28	364.66—371.35	水位 水位 气压	SW40 型 SW40－1 型 DYJ1 型	1982－1990 1991.1 1982.3
川－02 井（国家级水网）	石棉县挖角乡境内	磨西－察罗断裂下盘	承压热水	501.71	3.1—110	水位 水位 动水位 3.2 米 地温 地热 气温 气压 雨量	SW40 型 SW40－1 型 LN－3 型 SZW－1A 型 RTP－1 型	1982—1990 1991.1 2000.11 2000.11 2001.12
川－20 井（国家级水网）	石棉县新棉镇滨河路 3 段与楠桠河间	石棉断裂破碎带上	裂隙承压水	400.14	79.34—400.14	水位 地热 气压	SW40－1 型 SZW－1A 型 DYJ1 型	1990.8 1992.11 1990.8
川－13 井（国家级水网）	泸州市东风镇	中兴场背斜倾没端	裂隙承压水	300.6	21.5—152	水位 水位 气压	SW40 型 SW40－1 型 DYJ1 型	1982—1990 1991.1 1982.5
川－03 井（国家级水网）	西昌市太和镇	安宁河断裂中段西侧	构造裂隙承压水	756.6	150—756.6	水位 水位 气压	SW40 型 SW40－1 型 DYJ1 型	1982—1990 1991.1 1982.4
川－10 井（国家级水网）	江油市永丰	龙门山断裂带南东侧	构造裂隙承压水	4076.5	2700	水位 水位 气压	SW40 型 SW40－1 型 DYJ1 型	1982—1990 1991.1 1982.2
川－11 井（国家级水网）	蒲江县大兴镇	龙门山断裂－熊坡断裂间的大兴构造	构造裂隙承压水	1688.5	5.1—101.54	水位 水位 气压	SW40 型 SW40－1 型 DYJ1 型	1982—1990 1991.1 1981.12
川－12 井（国家级水网）	南溪县新添镇	青山岭背斜西翼	构造裂隙承压水	101.54	5.1—101.54	水位 水位 气压	SW40 型 SW40－1 型 DYJ1 型	1980—1990 1991.1 1981.12
川－22 井（国家级水网）	邛崃市佐道镇	龙门山前山断裂的盐井沟断层	构造裂隙承压水	175.78	23.5—175.78	水位 水位 气压	SW40 型 SW40－1 型 DYJ1 型	1982—1990 1991.1 1986.8

续表 2－23

井名	地址	构造部位	地下水类型	井深（米）	观测段（米）	观测项目	观测仪器	始测时间
川－08 井（国家级水网）	罗江县白马镇新村	龙泉山构造带北东端	裂隙承压水	3072	1412.65—1737.03	水位 水位 水位 气压	红旗－1 型 SW40 型 SW40－1 型 DYJ1 型	1980—1982 1982—1991 1993.12 1980—1982
川－09 井（国家级水网）	安县安昌镇建国村李家沟	龙门山构造带	裂隙承压水	5234.35	3379.28—3384.70	水位 水位 气压	SW40 型 SW40－1 型 DYJ1 型	1982－1990 1990.8 1980.4
川－07 井	小金县农机厂镇	金汤弧形构造顶部附近	裂隙承压水	100.53	24.61—100.53	水位 水位 气压	SW40 型 SW40－1 型 DYJ1 型	1980－1990 1991.1 1980.7
川－06 井（国家级水网）	会理县中厂镇	磨盘山－昔格达断裂与宁会断裂交汇部位	裂隙承压水	600.2	—	水位 水位 气压	SW40 型 SW40－1 型 DYJ1 型	1982—1990 1991.1 1982.3
川－05 井	攀枝花市仁和镇机械厂内	倮倮断层南	构造裂隙承压水	200.6	—	水位 动水位	SW40－1 型 LN－3 型	1982.5 2001.1
川－15 井	甘孜县西河坝村	甘孜断裂	裂隙承压水	2	—	水位	—	1974.3
川－16 井	汉源县川河乡	—	—	—	—	水位	—	1981－

雨量、气温、气压观测仪，SZW－1A 型水温仪、流量计等。水位观测精度一般可达 10^{-8} 应变量，能记录到潮汐波。干扰水位观测的主要因素有下雨、河水和天然气等。

二、水化学观测

1986 年，四川用于地震观测的水化台有 17 个水氡观测点，姑咱水化综合台 10 个泉点，西昌水化综合台 9 个井泉，经过多次清理攻关，对水化观测的井泉点进行改造、调整和选建。至 2005 年，有水氡观测水点 15 个，姑咱水化综合台泉点 5 个，西昌水化综合台井泉 3 个。这些水化观测井泉水点分布在鲜水河断裂带、龙门山断裂带、安宁河－则木河断裂带及其他一些活动断裂上（见表 2－24），开展地下水化学组分浓度及性质变化的观测。西昌水化综合台是国家Ⅰ类水化基准台，有 3 个专业地下流体观测井（SZK－1 井、太和井、新村井），是一个水化观测手段较齐全、观测条件较好的水化综合台，在原有水氡、水汞、溶解气体、水质、水温、电导率、流量观测的基础上，2001 年 9 月进行数字化改造后，又增添了气氡、气汞、动水位、3.2 米地温、地热和气象三要素数字化测项。姑咱水化综合台是国家基本台，有 5 个观测泉点（姑咱海子泉、核桃湾泉、姑咱形变洞、二道桥温泉、龙头沟温泉），有水质、水氡、水汞、气体、水温、水位的观测。西昌、姑咱综合水化台，在历年参加全国地震水化观测质量评比中均获优秀，西昌水化台的水氡、水汞观测曾获两次全国第三名；姑咱水化台的水质观测在 1986 年、1987 年和 1989 年获全国第一名，1988 年获全国Ⅰ类综合观测（水氡、水质和气体）第一名。

1986—2005 年四川水化学观测泉井水点情况一览表

表 2－24

井名	地址	构造部位	地下水类型	井深（米）	观测段（米）	观测项目	观测仪器	始测时间
西昌水化综合台（国家基准台）5－ZK1 井	西昌市太和镇北 22.5 千米	安宁河断裂带中部西侧	承压自流井水	760	—	气体 水氡 水汞 水质 动水位 地热 气氡 气汞 3.2 米地温 气温 气压 降雨量	SP－1304A 型 FD－125 型 XG－4 型 721 型等 LN－3 型 SZW－1A 型 SD－3A DFG－B1 型 LN－3 型 RTP－1 型	1989.6 1985. 1994—1998 1985—1994 2001.9 2001.9 2001.9 2001.9 2001.9 2001.9
太和井	西昌市太和镇转山村	安宁河断裂带中部西侧	承压自流井水	—	—	水氡 水汞 水质	FD－125 型 XG－4 型 721 型等	1981—1985 1981—1998 1985—
新村井	西昌市新村海滨	则木河断裂带	承压自流井水	65.75	7.57	水氡 水汞 水质	FD－125 型 XG－4 型 721 型等	1985.7 1985—1998 1985—
雅安台观测泉	名山城西水碾坝村	龙门山断裂带	温泉上升泉	0.5	—	水氡 气温 水温 水位	FD－125 型 水银温度计	1994.12 1994.12
盐源台九洞桥井	盐源城北九洞桥	盐源弧形构造	—	98.52	—	水氡 流量 水温	FD－105K 型 流量筒 温度计	1980.9 1980.9 1980.9
姑咱水化综合台（姑咱海子泉、核桃湾泉、姑咱形变洞、二道桥温泉、龙头沟温泉）（国家基本台）	康定县姑咱及炉城镇南北	鲜水河断裂、安宁河断裂、龙门山断裂交汇部位附近	泉水	—	—	水氡 水氡 水汞 气体 水质	FD－125 型 FD－105K 型 XG－4 型 SP－2305E 型 721 型等	1970—1986 1987. 1995—2001 1985.6 1985.2
攀枝花市川－05 井（Ⅱ类基本台）	攀枝花市仁和镇机械厂内	倮倮断层南	构造裂隙承压水	200.6	143.66	水氡 水温 气氡 测汞 气压	FD－105K 型 SZW－1A 型 SD－3A 型 DFG－B1 型 DYJ1 型	1987.1 2000.11 2001.9 2001.9 1973.4
松潘观测井（省区域台）	松潘县进安镇东裕村	岷江断裂上盘	裂隙泉水	10	—	测氡 测氡 气压 水温 流量	FD－105 型 FD－105K 型	1977—1983 1983.4 1981—

续表 2-24

井名	地址	构造部位	地下水类型	井深（米）	观测段（米）	观测项目	观测仪器	始测时间
甘孜温泉01号（基本台）川-15井	甘孜县城西河坝村洗澡堂	甘孜断裂上盘	裂隙承压上升泉	2	—	测氡 气温 水气	FD-105K型	1974.3 1974.3 1974.3
昭觉瓦洛古井	昭觉县城北东4千米	凉山断裂中部	—	299.83	—	水氡 水温	FD-105K型 温度计	1979.7 1979.7
安县台观测水泉	安县永安镇向阳村八组	龙门山断裂前山断裂	泉水	—	—	水氡 气压	FD-105K型	1981.9 1981.9
理县观测井	理县甘堡乡	金汤弧形褶皱带	—	—	—	水氡 水温	FD-105K型 水银温度计	1984.7 1984.7
814台观测点	乐山市金口河	金口河旋扭构造断裂	裂隙水	—	—	水氡 气压 湿度	FD-105K型	1978 1978 1978
乌龟井台观测井	攀枝花市西区玉泉街道办事处乌龟井	安宁河断裂、箐河断裂	承压自流井水	383.27	—	水氡 气压	FD-105K型 MC型	1977.2 1977.2
川-02井	石棉县挖角乡	擦罗、磨西断裂	承压热水	501.71	—	气氡 测汞	SD-3A型 DFG-B1型	2000.11 2001.11

第四节 数字地震前兆台站改造和建设

一、“九五”（1996—2000年）期间数字地震前兆台站改造

四川数字地震前兆台站改造是中国数字地震观测系统建设和地震前兆台网技术改造的一部分。1996年由国家地震局安排立项后，四川省地震局按照国家地震局的任务要求和总体技术设计，组织技术人员对四川在运行的地震前兆台站所处的地质构造背景和观测环境进行调研、考察。1997年3月编写完成了“四川省地震前兆台站（网）技术改造工程实施方案”。该方案确立了四川数字前兆台站改造的基本技术思路、改造的任务、建设的规模和实现的目标。1999年，该实施方案经中国地震局调整确认后，四川数字地震前兆台站为建设省区域地震台网中心1个，对10个台（井）的28个主观测项进行改造（其中改造台9个，只更换仪器一个台，新增5个台站气象三要素观测项目建设）。在计划采购仪器设备的同时，开展了对台站环境条件、观测条件的改造（主要包括新建、装修仪器房、观测室；进行防潮处理，新打井孔，清理应变井孔和地下流体学科观测井口的改造），辅助工程建设（主要有水化观测的脱氧气装置设计与制作；通信专用线路架设，铠装埋地供电专用线路布设；避雷天网、地网的设计与制作；现场总线的布设等）。1999年7月至2001年8月，先后完成了数字地震前兆台站仪器设备安装（见表2-25），陆续完成了台网中心有关软件和数据库的建设、安装、调试和试运行。

数字地震前兆台站（网）采用（两级）星形拓朴结构，由前兆台网中心以点名方式对9个数字

地震前兆台站（井）进行管理控制，向其收集数据，并提供支持。前兆台站在结构上主要采用DQS－1型机柜构成的基本连接模式（有西昌小庙台、姑咱台、峨眉西南交通大学台）、DQS－2型机柜构成单纯主台模式（成都台、西昌新村台）、DQS－2型机柜与DQS－3型机柜连接的主台扩展子台模式（攀枝花南山台）、DQS－4型机柜构成的有线无人台模式［攀枝花沙沟川－05井、石棉台川－02井、西昌太和（5－ZK1）井］，涉及的通信单元、DK－2电源控制器和两种数采类型（DSC－2型、DSC－2A型数据采集器）共27个台项。交流供电线路全部采用铠装电缆埋地进入微机房及观测室，前兆台站全部采用的供电连接方式：交流220V→铠装电缆→ZH－1型避雷箱→HSV稳压器→前兆仪器和数字化设备。数字地震前兆台站（井）均安装避雷地网，接地电阻小于4Ω（欧），具有多层的避雷系统，埋地电缆、电源避雷器、稳压器及有要求的专业仪器均有良好的接地装置。

1999—2001年四川数字地震前兆台（井）仪器设备安装情况一览表

表2－25

台（井）名	仪器设备安装情况
成都地震台	①ZD8B型数字地电仪，②CTM－DI/22型地磁经纬仪，③GM3/19型磁通门磁力仪，④FHD－1型质子核旋仪，⑤DQS－2型机柜及公用设备（含公共数采、通讯单元）
西昌小庙地震台	①ZD8B型数字地电仪，②DZW型重力仪，③气象三要素观测仪，④DQS－1型机柜及公用设备（含公共数采，通讯单元），⑤辅助设备（稳压电源、避雷配电盘、交流稳压器、记录打印机等）
西昌太和（5－ZK1）井	①LN－3型数字水位仪，②SZW－1A型数字地热仪，③SD－3型自动测氡仪，④DFB－B1型智能测汞仪，⑤气象三要素观测仪，⑥DQS－4型机柜及公用设备（含公共数采，通讯单元）
西昌新村地震台	①CTM－DI/221型地磁经纬仪，②DQS－2型机柜及公用设备（含公共数采，通讯单元）
攀枝花南山地震台	①数字化DSQ型水管仪，②数字化SS－Y型伸缩仪，③GS－15型重力仪，④气象三要素观测仪，⑤DQS－3型、DQS－2型机柜及公用设备（含公共数采、通讯单元）
石棉挖角川－02井	①SZW－1A型数字地热仪，②LN－3型数字水位仪，③数字化SD－3A型自动测氡仪，④DFB－B1型智能测汞仪，⑤气象三要素观测仪，⑥DQS－4型机柜及公用设备（含公共数采，通讯单元）
峨眉（西南交大）地震台	①数字化SS－Y型伸缩仪，②数字化DSQ型水管仪，③GPS时钟、微机等，④DQS－1型机柜及公用设备（含公共数采，通讯单元）
攀枝花沙沟川－05井	①LN－3型数字水位仪，②SZW－1型数字地热仪，③SD－3型自动测氡仪，④DFB－B1型智能测汞仪，⑤DQS－4型机柜及公用设备（含公共数采，通讯单元）
姑咱地震台	①数字化SS－Y型伸缩仪，②数字化DSQ型水管仪，③DZW型重力仪，④GPS时钟，⑤气象三要素观测仪，⑥DQS－1型机柜及公用设备（含公共数采，通讯单元）
虾拉沱地震台	①水准仪（属设备更新、原已完成公用数字化及通讯设备等）

数字地震前兆台网中心地面采用防静电地板，供电电源采用仪器、照明和空调分开供电。前兆台网中心的网络结构采用星形结构，网络传输协议采用IPX/SPK、NETBUI和TCP/IP协议。台网中心硬件设备采用2台IBM300GL作为主域控制器和备份域控制器（IBM330PC－SERVER为数据服务

器，其他网络客户机均采用 IBM300GL）。主要硬件设备有主域控制器、数据库服务器、备份数据库服务器、数据汇集机、备份数据库数据显示、演示微机，管理微机，台网中心通讯控制单元及通讯控制卡1套，彩喷打印机、智能集成器、光刻机和 UPS 不间断电源等。前兆台网中心局域网应用快速以太网技术，智能集成器将前兆台网中心的服务器与客户机联接，并通过双绞线与省地震局计算机网络中心的交换机联接，实现数据的共享和交换。此外，还建成了用于前兆台站维护及维修的小型实验室。

2001 年 9 月 1 日至 11 月 30 日，数字地震前兆台站（网）进入考核运行。同年 12 月 13—15 日，该台网通过中国地震局专家组验收，正式投入运行。整个台网运行稳定，网络通信可靠，初步形成前兆信息采集、传输、存储、应用的规范化、网络化、现代化和自动化。

二、“十五”（2001—2005 年）期间四川数字地震前兆台网建设

四川数字地震前兆台网建设是四川数字地震观测系统工程项目的组成部分。2002 年 11 月 26 日，省发展计划委员会下发《关于对〈四川数字地震观测系统建设工程项目〉可行性研究报告（代项目建议书）的批复》，同意该项目的建设内容（其中包括数字地震前兆台网建设）。2003—2004 年，省地震局在完成“九五”（1996—2000 年）数字地震前兆台站改造的基础上，组织技术人员对实施本次项目改造建设的台站地址、地质构造条件、观测场地条件和水文环境、干扰源等进行勘选、考察和分析、测试，陆续编制完成“四川数字地震前兆台网设计方案”“工程实施方案”和“地震专用设备采购计划”等。提前对台站技术人员进行《地震及前兆数字观测技术规范》、数字仪与观测技术等的学习和培训（200 多人次）。完成了西昌地震中心站、攀枝花地震基准台、成都地震基准台、松潘地震台、甘孜地震台等较大规模的土建和改造。2004 年，完成“西昌地震前兆台阵初步设计方案”并上报中国地震局；对新建泸沽湖台、盐源台的地电场和红格台多极距地电阻率场地进行踏勘；对成都台重力、道孚台地磁、甘孜台地电、乡城台和小庙台形变及德阳、邛崃、北川地下流体等 8 个台项完成的土建工程进行验收；签订了近 94% 的前兆地震专用设备的采购合同。2005 年，相继完成攀枝花地震基准台的仁和台、南山台和红格台，姑咱形变台和水化综合站，以及巴塘台、九龙台、虾拉沱台、泸州台、冕宁台、峨眉台、石棉台和盐源台等观测环境改造的土建工程进行验收。对数字地震前兆台网网部与数字测震台网网部、地震信息网络服务部等集成为一个单位工程统一设计，统一实施。2005 年，前兆台网网部进行土建工程施工建设和改造（包括机房装修、机房供电系统、机房信息点和语音点的分布，机房通风系统、机房空调系统、机房消防报警和机房安全监控系统等）。

四川数字地震前兆台站（网）建设和改造，涉及到成都台、松潘台、西昌台、盐源台、昭觉台、会理川 - 18 井观测站、红格台、西昌小庙台、姑咱台、甘孜台、道孚台、乡城台、冕宁台、攀枝花南山台、北川地震办公室、德阳白马台、邛崃川 - 22 井观测站、南溪川 - 12 井观测站、泸州台、康定台、理县台、峨边 814 厂台等 22 个台站的地磁、形变、流体、地电等学科的专业测项 48 项。至 2005 年底，整个四川数字地震前兆台站（网）在完成台址勘选、设计、环境改造和土建工程的基础上，进入到台站技术系统建设和设备安装、调试阶段。

第五节 GPS和RS观测系统建设

一、四川GPS观测网络建设

四川GPS观测网络是四川数字地震观测系统工程项目中地震前兆台网建设分项的一个单位建设工程。2002年11月，四川GPS观测网络工程启动后，四川省地震局组织技术人员在实地调研和考察的基础上，编写完成该项目建设的勘选报告。2003年8月，完成了四川GPS观测网络初步设计（含施工图纸和施工大纲）。2003年9月至2005年8月，根据初步设计和施工大纲先后完成GPS基准网新建的6个基准站（成都、郫县、中江、仁寿、邛崃、简阳）选点、埋石、观测墩、观测房和辅助设施的建设，进行精密重力测量和水准测量，架设DDN专线，改造利用6个GPS基准站（雅安、泸州、内江、绵阳、宜宾、乐山）的供电系统、通信系统线路的建设，以及对12个GPS基准站设备的安装、调试和信号接收、发送调试，开通了成都电信到四川省地震局的光纤链路。完成GPS区域网新建28个GPS区域站测量标志埋设、墩标的建设、强制归心标志（盘）埋设、站址坐标测定和计算，利用省内中国地壳运动监测网络工程布设的26个GPS区域站组成54个区域站的联网测试，并进行两期观测。陆续完成GPS数据中心机房的改造，中心软件硬件设备安装调试，数据传输和数据处理分析系统的联合调试，数据处理分析系统与计算机网络接轨调试，数据中心与各数据应用系统联合调试，数据库系统的建立和完善，进行GPS差分信息的应用实验，完成数据传输与数据分析系统的总集成进行试运行。以GPS基准网和GPS数据中心为基础，在网络RTK核心技术支撑下，集现代数据传输技术、通讯技术、计算机网络技术等，搭建了拥有12个地面参考站，RTK有效服务面积达4.5万平方千米的四川网络GPS卫星定位服务系统。在四川网络GPS卫星定位服务系统的基础上，在成都、雅安两市约1.5万平方千米范围内，开展了大地水准面精化，取得了厘米级的大地水准面精化成果。至2005年8月，四川GPS观测网络建设基本完成，同年9月投入8个月的考核运行。

四川GPS观测网络是以全球卫星定位系统（GPS）观测技术为主的综合性、多用途、开放型的监测地壳运动观测网络，具有高精度连续动态监测和高精度实时动态定位功能。该网络以监测四川地壳运动，主要用于地震监测和预测预报，同时也兼顾社会服务。四川GPS观测网络由GPS基准网（由连续进行GPS观测的基准站组成的网络）、GPS区域网（由不定期复测GPS区域站组的网络）、GPS数据中心、网络GPS卫星定位服务系统和大地水准面精化构成。GPS基准网由成都及周边基准站组成，以监测成都地区断裂活动；GPS区域网由分布在四川西部多地震的鲜水河断裂带、安宁河－则木河断裂带和龙门山断裂带上的54个GPS区域站组成，以监测这些断裂构造活动；GPS数据中心是整个网络系统的控制中心，以快速获取地壳运动信息，进行数据通信、管理、处理和发布，保证网络的正常运行；网络GPS卫星定位服务系统是基于虚拟参考站技术和主辅站技术的应用服务系统，为在网络覆盖区范围内发布实时RTK（实时动态相位）和RTD（实时动态伪距）改正信息；大地水准面精化为网络覆盖范围内的用户提供厘米级的高程异常改正。网络的主要技术指标，基准网相邻站间GPS基线长度年变化率测定精度优于2毫米；区域网相邻站间基线每期测定精度，水平分量优于5毫米，垂直分量优于15毫米；数据吞吐量600MB/天，数据存储量200GB/年；系统向网络及周边4.5万平方千米的区域实时发布的RTK值，精度优于3厘米，网络及周边36万平方千米的区域实时发布的 DGPS（伪距差分 GPS）值，精度优于 50 厘米；提供成都地区 ±0.03 米精度的似大地水准面值，雅安地区 ±0.05 米精度的似大地水准面值。

二、四川 RS 卫星遥感系统建设

四川 RS 卫星遥感系统是四川省数字地震观测系统建设工程项目中地震前兆台网建设分项的一个建设子项目。1998 年 6 月至 2002 年，省地震局组织地震科技人员对卫星遥感热红外辐射在地震监测预报的应用开展研究。后成立项目组跟踪地震系统对热红外异常机理的研究，了解和掌握美国前后发射 Terra 卫星、AquA 卫星搭载的 MODIS（中分辨率成像光谱仪）遥感数据作为地球科学研究和生态环境监测的数据资源等情况，编写完成“四川 RS 卫星遥感系统项目可行性报告（代项目建议书）”。2002 年 11 月项目获准立项后，项目组针对 MODIS 卫星地面接收系统通过互联网查阅了大量国内外网站和网页，较全面地了解了国内外能够生产该种设备的公司和厂家，同时与国内外 MODIS 卫星地面接收站的用户建立联系，向 MODIS 数据研究应用专家进行咨询。2003 年 1—5 月，项目组成员分赴北京、武汉、西安和贵阳等地深入进行调研，调查了解 MODIS 卫星地面接收处理系统的主要部件、功能、工作流程和常见故障及原因；现场考察各家的关键设备生产基地以及考察厂家的主要用户，了解设备运行情况；派员进驻重点生产厂家对部件生产工艺、下线检验、安装调试的全过程进行考察。在此基础上完成了 X 波段 EOS/MODIS 卫星地面接收系统选型的调研。2003 年 6 月至 11 月，项目组编写完成了四川 RS 卫星遥感系统的设计和方案（施工大纲）；进行购买设备招标（中国电子科技集团公司 39 所烟台分所中标）和购买 MODIS 卫星遥感数据接收系统设备；完成了卫星地面接收站站址的选定（选定在省地震局防震减灾大楼楼顶，机房定在该大楼二层楼内）和三次站址无线电环境测试。按照技术要求和设计图纸进行卫星接收站室外天线基座的建设和搬运设备通道的改造（室外接收天线基底由专业建筑施工队伍承建，建设过程中与设备和技术相关部分由专家指导进行施工）。2003 年 12 月至 2004 年 3 月，进行设备安装、调试和试运行（室内外设备安装、调试由设备供应厂家完成）。

2004 年 3 月 8 日下午 14 时 23 分，四川省地震局 MODIS 卫星地面站成功接收到第一幅 MODIS 卫星遥感图像，EOS/MODIS 接收处理系统建成并进入运行状态。该系统的数据接收范围是以成都为中心，南至近赤道，北及黑龙江北部，东至日本，西至塔吉克斯坦（即北纬 7°—50°，东经 69°—138°）基本覆盖全国。每天可接收 7—8 轨由美国地球观测系统（EOS）的两颗（Terra 星和 AqUA 星）在轨运行的极轨卫星对地直播的遥感数据。在国内众多的 MODIS 数据接收站中是当时唯一能够生成 AIRS（大气红外探测器）和 AMSU（先进的微波探测器）1B 级数据的 MODIS 数据接收站。2004 年 4 月 21 日，该系统数据接收设备硬件部分通过验收，正式投入运行。至 2005 年 1 月，接收系统正常运行 9 个月，接收的数据量 2300Gb，数据接收率达到 97%。其间，对 AqUA 星的数据接收处理流程进行了改进；经过试验实现对卫星轨道参数的下载与更新，自主开发了全国地震系统第一套 MODIS 数据处理分析软件（MODIS 卫星遥感热红外地震前兆分析处理软件），开发了可供地震系统共享的 MODIS 卫星遥感红外数据的部分数据预处理软件（图像和数值），在国内首次建立了可覆盖西部地区 400 万平方千米面积的 MODIS 实测热红外数据库，提出了云层干扰去除法和 MODIS 亮温异常处理方法、MODIS 数据亮温增热异常点比值等热红外地震前兆定量处理分析方法和相应的空间图像处理。2005 年 1 月 11 日，验收专家组对四川 RS 卫星遥感系统项目进行验收。验收专家组认为所建立的 MODIS

接收处理系统技术先进，接收数据质量高，管理规范，运行稳定，在 MODIS 数据处理的方法上具有创新性，达到国内同类民用系统的领先水平。

四川 RS 卫星遥感系统工程建设最终产出：由 X 波段 EOS/MODIS 卫星数据地面接收站及与之相配套的海量数据存储管理、数据处理及图像处理等功能所组成的 MODIS 卫星数据中心；每天（白天和晚上）实时得到覆盖四川全省及西南地区的 MODIS 卫星数据；所指定的 MODIS 数据处理图像及 MODIS 数据产品；按各种需求产出可供共享的 MODIS 数据包。2005 年 1 月开始，MODIS 卫星遥感系统所接收和处理的实时热红外数据正式纳入四川省地震局日常震情监测分析使用。这相当于在四川及邻区每一平方千米建立了一个可昼夜观测地表温度的观测站，为地震监测预报研究搭建起了一个新的数据平台。同时也为四川及西南地区的农业、森林、气象、环保、灾害评估等部门提供全天候的数据资源。

1986—2005 年四川地震前兆台站（测项）分布见图 2－24。

1986—2005 年四川地震台站综合观测项目情况见表 2－26。

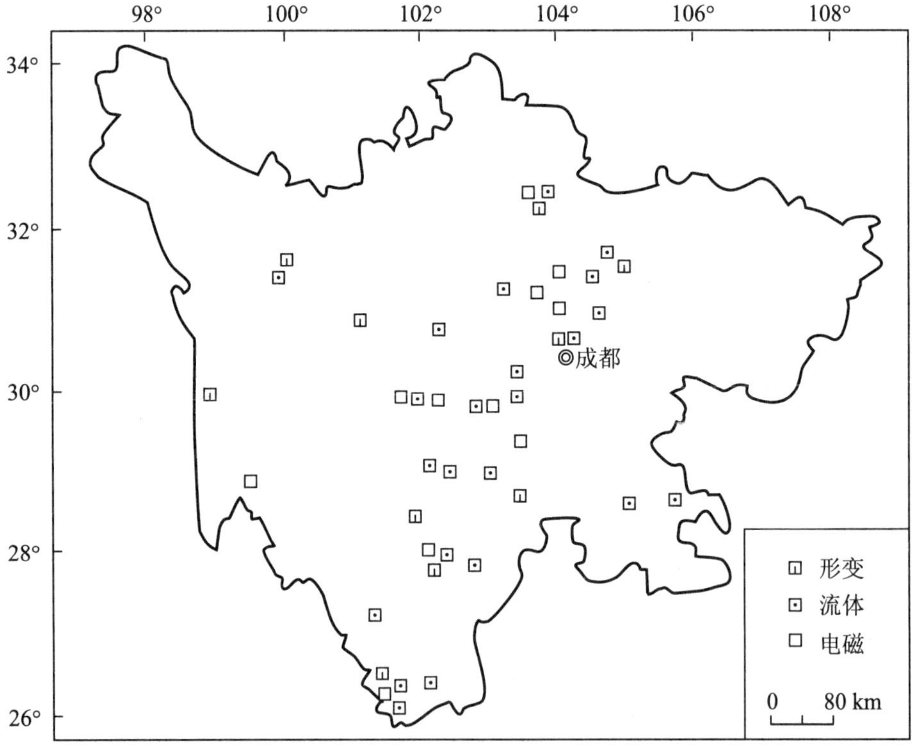

图 2－24 1986—2005 年四川地震前兆台站（测项）分布图

1986—2005年四川地震台站综合观测项目情况一览表

表2-26

台站名称	测震	重力	地电	地磁	形变	流体	建台时间	台站主管单位	台站级别
成都地震台	√	√	√	√			1970—1971	四川省地震局	国家级
攀枝花地震台	√	√	√		√	√	1970.10	四川省地震局	国家级
泸州地震台	√					√	1965.9	四川省地震局测绘工程院	国家级
姑咱地震台	√	√			√	√	1970.9	四川省地震局康定中心站	国家级
西昌地震台		√	√	√	√	√	1964—1984	四川省地震局西昌中心站	国家级
甘孜地震台	√		√			√	1970.6	四川省地震局康定中心站	国家级
松潘地震台	√			√	√	√	1971.10	四川省地震局成都基准台	国家级
九龙地震台	√						1981.10	康定中心站	省级
乡城地震台	√				√		1976—	康定中心站	省级
道孚地震台	√			√			1974.11	康定中心站	省级
江油地震台			√	√			1977.1	成都基准台	省级
冕宁地震台			√				1965.10	西昌中心站	省级
昭觉地震台						√	1965.12	西昌中心站	省级
木里地震台	√						1970.11	西昌中心站	省级
雅安地震台					√	√	1970.11	康定中心站	省级
虾拉沱地震台					√		1981.6	测绘工程院	省级
康定地震台					√		1965—	康定中心站	省级
川主寺地震台					√		1970—	测绘工程院	省级
马尔康地震台	√						1973.11	成都基准台	省级
巴塘地震台	√			√			1973.5	康定中心站	省级
盐源地震台						√	1973.10	西昌中心站	省级
平武地震台	√						1975.11	绵阳市地震局	市（县）级
广元地震台	√						1978.10	广元市地震局	市（县）级
攀枝花乌龟井地震台						√	1978—	攀枝花市防震减灾办公室	市（县）级
攀枝花马兰山地震台	√				√		1978—	攀枝花市防震减灾办公室	市（县）级

续表 2－26

台站名称	测震	重力	地电	地磁	形变	流体	建台时间	台站主管单位	台站级别
壤塘地震台	√						1978.10	阿坝州地震局	市（县）级
安县地震台	√					√	1977.10	绵阳市地震局	市（县）级
小金地震台	√					√	1977.2	小金县地震办公室	市（县）级
峨眉西南交大地震台					√		1986.7	西南交大峨眉分校	市（县）级
汶川地震台	√				√		1977.5	汶川县地震办公室	市（县）级
理县地震台						√	1990.4	理县地震办公室	市（县）级
石棉地震台	√					√	2000.11	雅安市地震局	市（县）级
筠连地震台	√						1977.11	筠连县科委	市（县）级
若尔盖地震台	√						1977.7	若尔盖县地震办公室	市（县）级
茂县地震台	√				√		1974.6	茂县地震办公室	市（县）级
马边地震台	√			√			1971.10	乐山市地震办公室	市（县）级
黑水地震台	√						1976.11	黑水县地震办公室	市（县）级
金河地震台	√				√		1976.6	德阳市地震局	市（县）级
会理地震台	√					√	1972.4	凉山州地震局	市（县）级
雷波地震台	√						1977.11	凉山州地震局	市（县）级
青川地震台	√						1977.7	广元市地震局	市（县）级
八一四地震台	√					√	1977.6	八一四厂	企业级
德阳川－08 井						√	1980.4	德阳市地震局	市（县）级
蒲江川 0－11 井						√	1982.5	成都市地震局	市（县）级
西昌川 0－3 井						√	1982.4	凉山州地震局	市（县）级
南溪川 0－12 井						√	1981.6	宜宾市地震局	市（县）级
邛崃川 0－22 井						√	1982.8	成都市地震局	市（县）级
江油川－10 井						√	1982.2	绵阳市地震局	市（县）级

说明：攀枝花地震台和西昌地震台各管辖 4 个台点

第三章　流动监测

1983—1985年，在完成大地形变测量清理攻关基础上，逐步建成了以鲜水河断裂带为主及安宁河－则木河、龙门山断裂的地面综合形变观测系统，全面开展了区域性精密水准、三角测量和跨断层近场小三角、激光测距、短水准、短基线等地震监测工作。1986年后，经过较长时间的实践，加强了鲜水河断裂带的大地形变监测，完成了主断层上的连续形变观测台阵建设，开展了三维网复测和整体大地形变测量的实验，逐步建成了鲜水河断裂带地震综合形变实验场。1989年7月后，增加了流动重力和GPS测量，加强了地震危险区的监测工作，提高完善了观测系统的现代化、数据信息的整体化。直到2005年，有跨断层短水准监测44处，监测数量90段（在测22处）；跨断层短基线18处，34边（在测9处）；相对重力（成都、甘孜、西昌网）223点（在测180点左右）；蠕变洞体观测6处，20边（在测）；GPS观测135处，56点（小网20处，网络工程94处）；跨断层测距33处，290边（在测4处，均为不定期观测），准直阵跨断层1处，13点（在测）。

第一节　流动水准、流动基线

流动水准测量按每年3—6个周期观测，执行国家地震局《跨断层测量规范》。短水准、短基线综合观测场地集中在鲜水河断裂带上，安宁河－则木河、龙门山断裂带上只侧重进行了部分短水准观测（其中仅在则木河断裂带上设汤家坪一处短水准、短基线综合形变监测场地）。自场地布设以来在鲜水河、安宁河、则木河断裂带上持续观测至2005年的共20处场地，其中综合场地8处；龙门山断裂带上短水准场地5处。至2001年共完成流动短水准观测3000余处次，短基线观测1200余处次。水准每千米偶然中误差平均达±0.20毫米，基线相对中误差平均达1/150万。观测使用德国蔡司厂生产的Ni004、Ni007、Ni002水准仪器。场地在观测应用中不断得到改造，观测条件也不断得到改善。流动观测网络的规模主要控制了鲜水河、安宁河－则木河以及龙门山断裂带。流动监测场地经过历年的调整改造，在测的20处场地已获得近20至30年的观测资料，成果被全国地震科技工作者广泛应用于地震分析和研究。在测部分场地各点基本情况见图2－25。流动基线测量场地与跨断层水准测量场地相同，观测一并进行，无单独基线场地（有关内容见图2－25）。

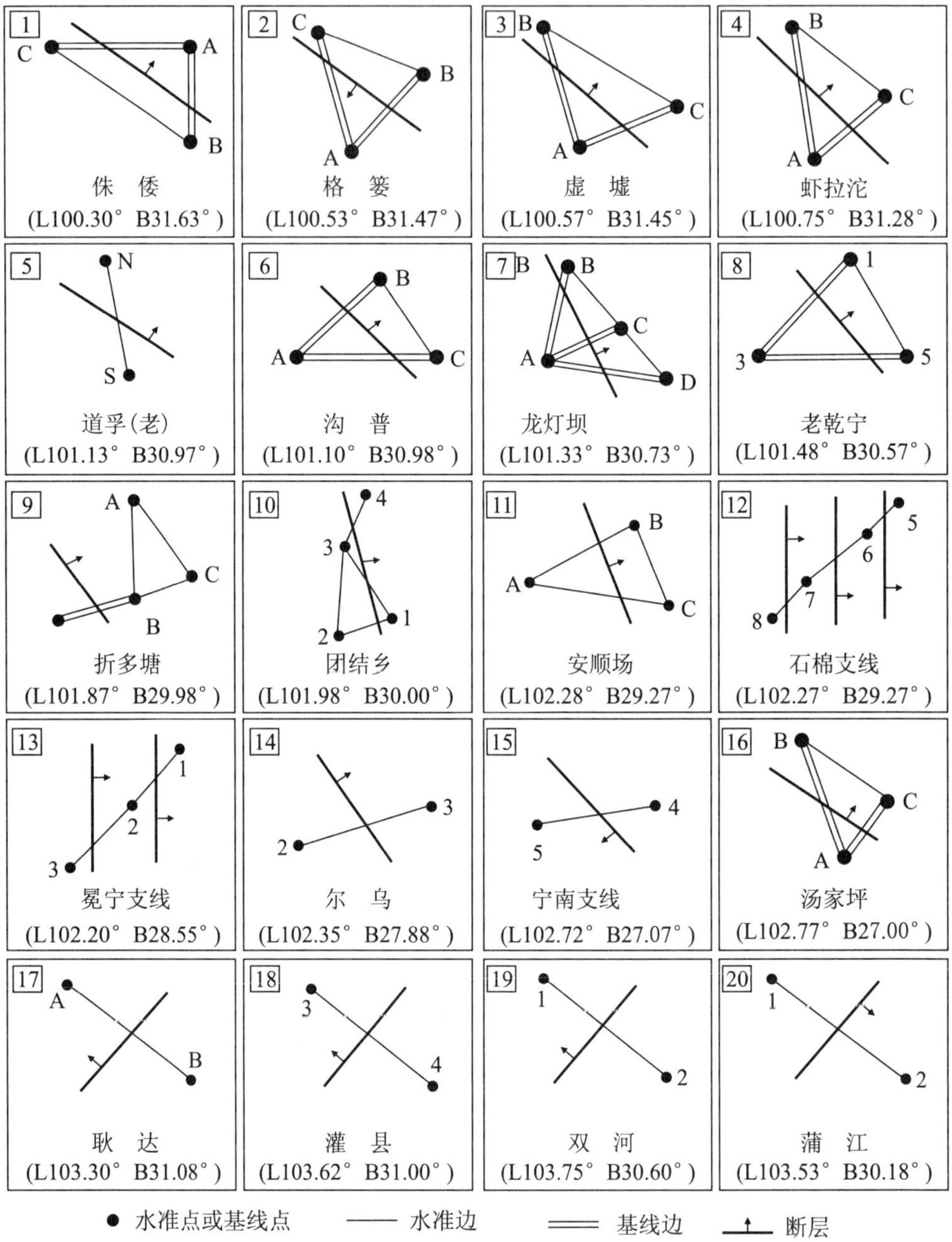

图 2－25　1986—2005 年在测部分场地各测点基本情况图

第二节　流动重力、流动地磁

一、流动重力观测

四川地震重力监测网主要分布在鲜水河断裂带、安宁河－则木河断裂带和龙门山断裂带及附近地区。重力观测包括鲜水河地区 3 个环（通称甘孜环）、西昌－会理 1 个环（称西昌环）和成都地区 1 个环（成都环）以及支线共 3000 千米，223 段。1985 年后重力测量采用 LCR－G 型仪器，执行国家地震局《地震重力重复测量规范和拉科斯特 G 型重力仪》作业技术细则，实测精度在 30μg 左右。

2005年已复测10至20周期不等，约计51000千米。重力观测情况见表2－27。流动重力观测资料质量1986—2005年曾两次获得全国质量评比第一名。

1986—2005年四川地震流动重力观测情况表

表2－27

年份	测网	工作量（段）	观测精度（μg）	年份	测网	工作量（段）	观测精度（μg）
1986	西昌	83	14.6	1996	西昌	83	11.0
1986	甘孜	67	15.4	1996	甘孜	67	12.3
1986	成都	30	15.1	1996	成都	30	13.2
1987	西昌	83	11.8	1997	西昌	83	12.0
1987	甘孜	67	13.4	1997	甘孜	67	16.2
1987	成都	30	10.9	1997	成都	30	15.3
1988	西昌	83	12.8	1998	西昌	83	11.5
1988	甘孜	67	15.0	1998	甘孜	67	12.5
1988	成都	30	13.6	1998	成都	30	14.1
1989	西昌	83	14.7	1999	西昌	83	13.4
1989	甘孜	67	15.4	1999	甘孜	67	11.6
1989	成都	30	11.9	1999	成都	30	10.4
1990	西昌	83	10.2	2000	西昌	83	12.6
1990	甘孜	67	13.4	2000	甘孜	67	11.0
1990	成都	30	15.2	2000	成都	30	13.6
1991	西昌	83	12.8	2001	西昌	83	15.1
1991	甘孜	67	10.6	2001	甘孜	67	13.8
1991	成都	30	14.9	2001	成都	30	13.4
1992	西昌	83	14.8	2002	西昌	83	10.4
1992	甘孜	67	15.4	2002	甘孜	67	13.7
1992	成都	30	14.9	2002	成都	30	12.5
1993	西昌	83	11.2	2003	西昌	145	16.1
1993	甘孜	67	12.4	2003	甘孜	140	20.4
1993	成都	30	15.9	2003	成都	61	14.0
1994	西昌	83	13.8	2004	西昌	290	16.1
1994	甘孜	67	11.4	2004	甘孜	296	20.4
1994	成都	30	13.5	2004	成都	132	14.0
1995	西昌	83	14.8	2005	西昌	128	14.5
1995	甘孜	67	12.2	2005	甘孜	146	17.7
1995	成都	30	13.6	2005	成都	60	17.4

二、流动地磁观测

四川省地震流动地磁监测网主要分布在鲜水河地区，即甘孜－石棉一线。共650千米，100对点。1985年磁力测量使用核子旋进式G816、G856、G866型仪器，执行国家地震局制定的《流动地磁测量规范》，测点精度达1.5nT。至2002年底已复测18个周期，计8400千米，1615对点。1985—2002年，流动观测1530点，使用G856仪器，存储介质为手簿，监测成果质量评比历年优秀，归档良好，观测资料保存在四川省地震局测绘工程院资料室。

第三节　动态蠕变观测台

蠕变台阵建在鲜水河断裂带上的虾拉沱至石棉间，按平均间距约30千米布设，组成监测研究断层蠕动的纵向分布、蠕变传播和前兆形变的一系列洞体式观测台和坑道式观测台。

虾拉沱蠕变台阵基建规模大、历时长。1979年、1980年经多次踏勘、勘选设计、槽探、测试。1986年扩大基建规模，以“N”型观测巷道、按多分段分别安装了武汉地震研究所的SSY－Ⅱ型水平陶瓷管伸缩仪和FSQ型浮子水管的倾向仪，同时安装国家地震局地壳应力研究所的DSJ铟瓦丝断层水平位移活动测量仪器。1989年完成基建和仪器安装，并进入试运行。由于SSY－Ⅱ型水平陶瓷管伸缩仪和FSQ型浮子水管倾向仪仪器性能和自动采集数据系统故障，该仪器在试运行两年后停止工作，DSJ仪器则连续观测至今，并取得了大量有价值的资料。

1987—1989年先后建设的沟普、龙灯坝、恰叫、老乾宁观测台建设规模较小。1996年在上述观测台又安装了YSL型断层垂直位移测量仪，完成了水平、垂直位移同步观测。

蠕变台阵建设是高烈度区的特殊基建工程采用软连结构延长巷、坑道使用寿命，以加固和深埋仪器墩确保与基底的耦合性能。巷、坑道分别被覆盖在地面2—4米以下以减少环境噪声干扰，按与断层主断面直交和斜交布设仪器以获得断层活动的法向和切向分量，在破裂部位和闭锁部位分别设站，以获得和区分断层蠕滑与应变形式。此外，在基建的同时，还进行了地质素描、摄影和编目录像，为场地保留了完整的原始资料。台阵已取得了较好的观测效果，性能稳定的DSJ和YSL仪器已记录到近场小震的突变和应变阶等短临前兆和远场强震的同震阶等运动学信息。

有关动态蠕变观测台情况见表2－28。

1987—2005年蠕变观测台情况一览表

表2－28

台站名称	台站地址	巷道布设	巷道长度	所跨断层	观测仪器	数据采集	观测精度	投测时间
虾拉沱蠕变观测台	炉霍县吉绒乡	N型	200米	炉霍、道孚断裂	DSJ型 YSL型	自动	30μm	1987 1996
恰叫观测台	道孚县孔色乡	V型	57米	道孚断层	DSJ型 YSL型	自动	30μm	1987 1996
龙灯坝观测台	道孚县龙灯坝乡	V型	57米	乾宁断层	DSJ型 YSL型	自动	30μm	1987 1996

表 2－28

台站名称	台站地址	巷道布设	巷道长度	所跨断层	观测仪器	数据采集	观测精度	投测时间
沟普观测台	道孚县麻孜乡	V 型	53 米	道孚断层	DSJ 型 YSL 型	自动	30μm	1987 1996
老乾宁观测台	道孚县协德乡	V 型	46 米	乾宁断层	DSJ 型 YSL 型	自动	30μm	1987 1996
紫马跨观测台	石棉县栗子坪乡	V 型	59 米	磨西断层 大桥断层	DSJ 型 YSL 型	自动	30μm	1987 1996

第四节 流动 GPS 监测网

四川 GPS 形变网于 1990 年和 1998 年先后由国家地震局（中国地震局）第二监测中心、第一监测中心，武汉地震研究所、国家测绘局、总参测绘局和四川省地震局测绘工程院建设完成，共埋设 100 余点，覆盖了全省大部分地区。1990 年起在鲜水河断裂带上布设了 4 处共 20 点的 GPS 区域形变监测小网以及部分科研项目 GPS 点。1998 年中国地壳运动观测网络在川埋设了 94 个 GPS 站，其中有省地震局设计完成的泸州 GPS 基准站 1 个，省地震局测绘工程院建设的乾宁 GPS 基本站 1 个和区域站 13 个，以及由其他部门建设的基本站 6 个和区域站 73 个。

1990 年，由省地震局测绘工程院协助武汉地震研究所利用 WM－102 型双频接收机在川西地区首次开展了科研项目 GPS 监测。1991 年、1992 年和 1996 年采用 Trimble 4000SSE 型双频接收机对鲜水河断裂带上 4 年 GPS 区域形变监测小网进行了监测。1998 年以来，采用 Ashtech Z－12 型双频接收机和 Trimble 5700 型双频接收机进行观测，在中国地壳运动观测网络工程中，泸州台 GPS 基准站已连续运行至今，并对乾宁 GPS 基本站进行了四次观测，1999 年、2001 年与武汉地震研究所共同完成了川滇区域网联测，省地震局测绘工程院每期完成 13 点。1999 年采用 Ashtech Z－12 型双频接收机协助武汉地震研究所完成了包括四川境内及周边地区的科研项目野外观测任务。

为了获得横向位移分布，把断层纵向的近场监测网点连成整体，并获得远场信息。1991 年在鲜水河断裂带上虾拉沱－乾宁重点段布设了 4 个 GPS 区域小网。道孚 GPS 小网是一条与主断层近于垂直的、点距为 2—5 千米、总长约 30 千米的 GPS 剖面测线，测点 10 个，与断裂纵向 120 千米的虾拉沱－老乾宁 GPS 小网进行联测，构成了长、短边长不一的整体观测，即沿断裂带的虾拉沱－恰叫－道孚－老乾宁 GPS 观测网络。虾拉沱 GPS 小网由 4 个点组成，跨越虾拉沱小盆地和鲜水河断裂该处主干断层。恰叫 GPS 小网由 3 个点组成，跨越鲜水河断裂该处主干断层。老乾宁 GPS 小网由 3 个点组成，跨越鲜水河断裂该处主干断层。网络地质条件与虾拉沱、恰叫、道孚、老乾宁水准场地或测距网相同。

1991 年 5 月，同自然基金课题组成员单位（武汉测绘科技大学、国家地震局地壳应力研究所、上海同济大学）合作，完成了首期 20 个点的初测。1992 年、1996 年进行了复测。

该网观测资料积累已达 10 年，观测条件良好，资料能够较好反映该地区地壳形变异常。该网观测点大多利用原米测距墩和基线墩，仅在道孚 GPS 小网中埋设了部分地下点。该网观测资料未纳入常规监测项目，监测经费无固定来源，观测周期不固定。

第五节 流动测距

边（角）测量网于1976—1984年间建成，平均边长小于3千米，观测墩标均配有强制归心装置，地形开阔。共建有33处形变监测场地计198点，大部分构成网状，多数分布在鲜水河和安宁河—则木河断裂带上。该系统建成后没有得到系统的复测和维护，观测环境大部分已遭到不同程度的破坏，很难全面恢复。

测边网分短边网（小于3千米），有虾拉沱、老乾宁、安顺场和泸沽场地；中边网（5—25千米），有乾宁中网、西昌中网场地；三角锁（小于60千米），有甘孜—塔公锁。在1980年至1985年间边（角）网共复测3期，复测锁网为甘孜—塔公寺三角锁和安顺场、泸沽、西昌网，复测边77条。自1986年以来取得完整的复测资料的场地只有虾拉沱、老乾宁、安顺场和泸沽测边场地，共复测4期，复测边213条。

一、老乾宁测边网

该场地位于四川省道孚县八美镇惠远寺，场地跨越鲜水河断裂带南东端（未能跨越断裂带全部），跨越带内三条主要断层，即由西向东依次跨越瓦日—塔公断层、中谷—折多塘和老乾宁—康定断层、标石类型为双锥标寻常标仪器墩，标志为铁质铜心强制归心盘，标石埋设深度为0.5—1.6米，观测环境良好。该场地由14点组成，最长边25千米，最短边5.8千米。

边距测量使用过多种型号仪器，1975—1977年间用AGA－2A型光速测距仪复测了西昌网、乾宁网和甘孜—道孚锁的一些边，观测精度达到1ppm以上。1984年后改用RM－Ⅲ型和ME－300激光测距仪，复测了乾宁网、西昌网和甘孜—塔公寺三角锁，观测精度在1ppm左右。1999年改用DI2002红外测距仪观测了安顺场、泸沽场地，精度达1ppm。其他场地仪器使用情况与该场地相同。

测距场地观测依据：《DI2002测距仪距离测量技术规定》（国家地震局1998年版），《跨断层测量规范》（国家地震局1991年）。测距观测为上下午分光段往返观测，使用DI2002测距仪和相配套的棱镜。记录采用国家地震局统一编制的PC－1500计算机程序。场地不定期进行观测。

该场地观测资料已有24年历史，观测次数较少。观测精度稳定，资料在参加国家地震局历年观测质量评比中均获得优秀。

二、虾拉沱测边网

虾拉沱测边网是鲜水河断裂带形变实验场虾拉沱基地建设的一部分，其相关参数及场地观测条件与虾拉沱台站相同。1984—1991年完善和优化了地面常规观测网、点，引进了近地面连续观测和空间大地测量技术，为持续全面开展区域性综合形变和断层近地面动态蠕变连续观测实验及研究工作奠定了基础。

1985年在基地内安装了气温、气压、地温、降雨量等环境因子观测仪器，并进行长期观测。同年集中对工地三维网作了测边、测角和直接水准观测，进行了有效的边角同测和三维观测试验。1987—1989年在多次修改、论证的基础上完成了虾拉沱洞体式巷道建设工程。巷道成“N”型布设，全长200余米，并分别在断层主滑面安装了五台套“DSJ”断层水平位移活动测量仪和四台套多头垂直位移测量仪。1989 年、1990 年对三维网进行了精密重力、测边、水准的联测和复测。同年在观测 GPS 全面网时于三维网中加测了 4 个 GPS 点。1991 年进行断层近场精密 GPS 连测时复测了 GPS 点。至此，在鲜水河断裂带虾拉沱盆地构成了“整体大地形变监测实验网”，建成了先进的具有地面、近地面空间不同观测手段；流动、定点、连续不同观测时段；主滑动面、主活动带、构造盆地不同监测范围的综合形变观测基地。

该场地标石类型为双锥标寻常标仪器墩，标志为铁质铜心强制归心盘，标石埋设深度为 0.5—1.6 米,观测环境良好。场地仪器设备和观测实施情况与老乾宁测距网相同。

该场地观测资料已有 11 年历史，观测次数较少。观测精度稳定，资料在参加国家地震局历年观测质量评比中均获得优秀。

三、安顺场测边网

该场地位于四川省石棉县安顺场，场地南北向跨越安宁河断裂带北端部和北西向跨越鲜水河断裂带南东端部，场地跨越带内两条主要断层，即安顺场—公益海断层和石灰窑断层。标石类型为双锥标寻常标仪器墩，标志为铁质铜心强制归心盘，标石埋设深度为 0.5—1.6 米，观测环境良好。场地仪器设备和观测实施情况与老乾宁测距网相同。

该场地观测资料已有 22 年历史，观测次数较少。观测精度稳定，资料在参加国家地震局历年观测质量评比中均获得优秀。近年，部分点被破坏或因林木成长影响了观测，测边数减少。

四、泸沽测边网

该场地位于四川省冕宁县泸沽，场地跨越安宁河断裂带泸沽断层和垭口村断层。标石类型为双锥标寻常标仪器墩，标志为铁质铜心强制归心盘，标石埋设深度为 0.5—1.6 米，观测环境良好。场地仪器设备和观测实施情况与老乾宁测距网相同。

该场地观测资料已有 22 年历史，观测次数较少。观测精度稳定，资料在参加国家地震局历年观测质量评比中均获得优秀。

另有准直阵建在虾拉沱地震台，场地布设于虾拉沱短基线 AC 测边方向，共 13 个点。其中利用了短基线过渡墩的 7 个点，其余 6 个点为水准点或测距网端点。其他详细情况见虾拉沱定点观测。

1986—2005 年有关四川流动形变场地分布和监测情况见图 2－26 和表 2－29。

1986—2005 年四川流动形变监测一览表

表 2－29

场地名称	流动类型	测点类型	起测时间	终止时间	断层名称
七盘沟水准	流动水准	形变基本点	1986－05－06		茂汶－汶川断层
中谷基线	流动基线	形变基本点	1980－05－18	1989－01－01	鲜水河断层
中谷水准	流动水准	形变基本点	1980－05－18	1989－01－01	鲜水河断层
会理基线	流动基线	形变基岩点	1974－07－05	1978－01－01	益门断层
会理水准	流动水准	形变基岩点	1974－07－05	1978－01－01	益门断层
侏倭基线	流动基线	形变基本点	1980－04－26		鲜水河断层

续表 2－29

场地名称	流动类型	测点类型	起测时间	终止时间	断层名称
侏倭水准	流动水准	形变基本点	1980－04－26		鲜水河断层
冕宁支线水准	流动水准	形变基本点	1981－09－01		周家堡子断层
冕宁水准	流动水准	形变基岩点	1972－06－09	1985－01－01	沙沟断层
双河水准	流动水准	形变基本点	1977－07－15		双河断层
团结乡水准	流动水准	形变基本点	1987－01－06		鲜水河断层
天全水准	流动水准	形变基本点	1973－05－02	1978－01－01	天全断层
宁南水准	流动水准	形变基本点	1972－06－22		马口街断层
安宁河－则木河重力网	流动重力	形变区域点	1985－05－15		安宁河－则木河断层主活动面
安顺场基线	流动基线	形变基本点	1977－08－28		安顺场－公益海断层
安顺场水准	流动水准	形变基本点	1977－08－28		安顺场－公益海断层
安顺场测边网	流动测距	形变区域点	1992－09－10		安顺场－公益海
尔乌水准	流动水准	形变基本点	1981－09－08		尔乌断层
川西磁力网	流动地磁	形变区域点	1985－05－15		鲜水河断层
恰叫基线	流动基线	形变基本点	1985－05－26	1987－01－01	鲜水河断层
恰叫水准	流动水准	形变基本点	1985－05－26	1987－01－01	鲜水河断层
恰叫蠕变	流动测距	形变区域点	1989－09－16		鲜水河断层
折多塘基线	流动基线	形变基本点	1974－08－01		鲜水河断层
折多塘水准	流动水准	形变基本点	1974－08－01		鲜水河断层
旦都基线	流动基线	形变基本点	1979－06－19	1987	鲜水河断层
旦都水准	流动水准	形变基本点	1972－05－28	1987	鲜水河断层
映秀水准	流动水准	形变基岩点	1985－05－05	1990－01－01	中滩铺断层
格篓坝子基线	流动基线	形变基本点	1974－08－19		鲜水河断层
格篓坝子水准	流动水准	形变基本点	1974－08－19		鲜水河断层
格篓基线	流动基线	形变基本点	1980－05－04	1990－01－01	鲜水河断层
格篓水准	流动水准	形变基本点	1980－05－04	1990－01－01	鲜水河断层
格鲁基线	流动基线	形变基本点	1980－05－04	1990－01－01	鲜水河断层
格鲁水准	流动水准	形变基本点	1980－05－04	1990－01－01	鲜水河断层
汤家坪基线	流动基线	形变基本点	1981－09－06		则木河西支断层之一小断层
汤家坪水准	流动水准	形变基本点	1981－09－16		则木河西支断层之一小断层
汶川水准	流动水准	形变基岩点	1980－08－20	1985－01－01	茂汶－汶川断层
沙湾水准	流动水准	形变普通点	1980－04－27	1987－01－01	鲜水河断层
沙湾基线	流动基线	形变基本点	1980－04－27	1987－01－01	鲜水河断层
沟普基线	流动基线	形变基本点	1983－05－08		鲜水河断层
沟普水准	流动水准	形变基本点	1983－05－08		鲜水河断层

续表 2-29

场地名称	流动类型	测点类型	起测时间	终止时间	断层名称
沟普蠕变	其他	形变区域点	1987-09-18		鲜水河断层
泸沽测边网	流动测距	形变区域点	1992-09-19		安宁河断层
灌县水准	流动水准	形变基本点	1976-08-14		灌县断层
理塘水准	流动水准	形变基本点	1975-09-18	1982-01-01	理塘断层
白水河水准	流动水准	形变基岩点	1981-09-05	1992-01-01	则木河西支断层
盐源基线	流动基线	形变基本点	1977-08-15	1985-01-01	隐河断层
盐源水准	流动水准	形变基本点	1977-08-15	1985-01-01	隐河断层
紫马跨蠕变	其他	形变区域点	1990-08-28		紫马跨断层
老乾宁基线	流动基线	形变基本点	1979-09-07		老乾宁-康定断层
老乾宁水准	流动水准	形变基本点	1979-09-07		老乾宁-康定断层
老乾宁测边网	流动测距	形变区域点	1985-05-23		鲜水河断层
老乾宁蠕变	其他	形变区域点	1988-10-27		老乾宁断层
耿达水准	流动水准	形变基本点	1985-05-06		耿达-七层楼高断层
茂汶水准	流动水准	形变基岩点	1976-09-10	1984-01-01	茂汶-汶川断层
荞窝水准	流动水准	形变基本点	1975-06-27	1988-01-01	则木河断层
蒲江水准	流动水准	形变基本点	1977-07-27		新津-蒲江断层
虚墟基线	流动基线	形变基本点	1980-06-13		鲜水河断层
虚墟水准	流动水准	形变基本点	1973-02-18		鲜水河断层
虾拉沱测边网	流动测距	形变区域点	1985-15-16		鲜水河断层
虾拉沱蠕变	其他	形变区域点	1989-08-15		鲜水河断层
西昌基线	流动基线	形变基岩点	1974-06-23	1987-01-01	李金堡断层
西昌水准	流动水准	形变基岩点	1974-06-23	1987-01-01	李金堡断层
道孚水准	流动水准	形变基本点	1972-05-26		鲜水河断层
鲜水河 GPS 网	流动 GPS	形变区域点	1992-05-16		鲜水河断层
鲜水河重力网	流动重力	形变区域点	1985-05-15		鲜水河断层
龙灯坝基线	流动基线	形变基本点	1985-05-31		鲜水河断层
龙灯坝水准	流动水准	形变基本点	1985-05-31		鲜水河断层
龙灯坝蠕变	其他	形变区域点	1989-09-16		龙灯坝断层
龙门山重力网	流动重力	形变区域点	1985-05-15		龙门山主断层面

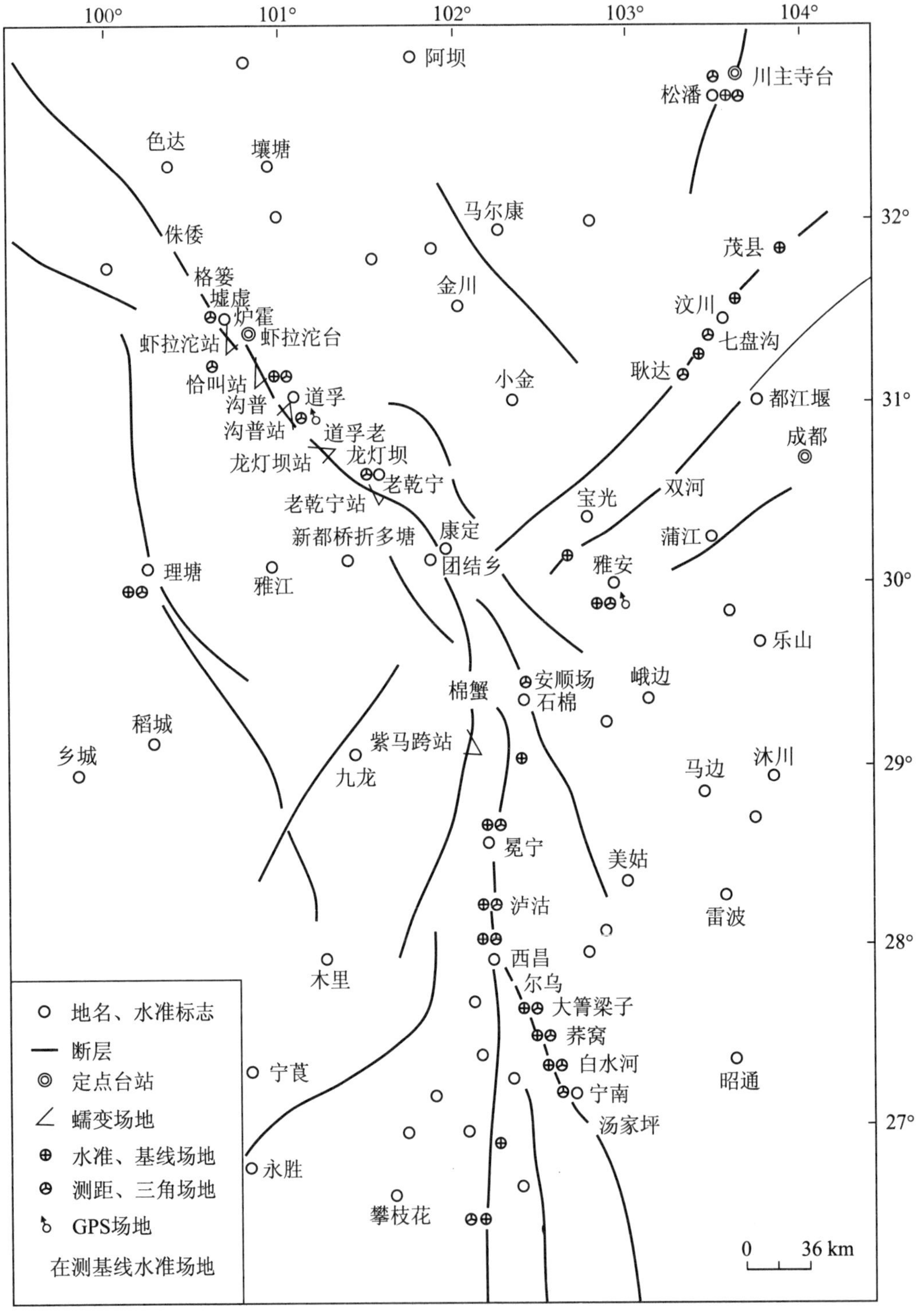

图2－26　1986—2005年四川流动形变场地分布示意图

第四章 群测群防监测

地震群测群防监测是地方地震工作的主要内容之一。1986—2005年，四川地震群测群防监测手段、观测项目在清理、论证的基础上，贯彻国家地震局提出的调整政策，“因地制宜”“积极稳妥、逐步过渡”的原则，各级地震部门加强了地方地震台、企业地震台的技术改造，不断改善观测工作条件，努力提高观测质量和监测效益；同时对群众日常开展的“土地电仪”“土地应力仪”和“土地磁偏角仪”等观测手段、项目，逐步地转向为“三水一动”①的微观、宏观观测（察），使群测群防监测工作内容得到不断扩展和提升，在防震减灾中发挥着重要的作用。

第一节 群测点的调整和建设

1985年11月25—30日，国家地震局在福建省泉州市召开全国群测群防地震工作会议。会议就全国各省市群测群防观测资料和观测手段，使用的仪器等作了清理、论证和说明。会议指出群众广泛使用观测的“土地电仪”“土地应力仪”“土地磁偏角仪”观测物理量不清楚；干扰因素多。会议提出各省、市、区群测群防工作要积极、稳妥、逐步过渡到“三水一动”等微观、宏观观测（察）。

1986年10月29日，四川省地震工作领导小组发出“关于切实加强地震预测预防工作的通知”，要求甘孜、阿坝、凉山三州和渡口（攀枝花）、绵阳、德阳、成都、自贡、乐山等市人民政府及雅安地区行署可结合实际建立地震工作领导小组，领导和组织本地区的地震预测预防工作；强调各地区要因地制宜建立一批以宏观为主、效果较好的“三水一动”群众测报点，组织震区群众注意观察、及时反映震前较多的宏观异常现象，为短临预报提供依据。

四川各级地震工作部门坚持了群众监测手段、项目的“转向”调整，坚持了“积极稳妥、逐步过渡”的原则，除宜宾地区已建有地下水网外，雅安、德阳、成都、绵阳等地震工作部门组织人力从基层抓起，积极开展地下水点、井点的调查工作。通过对地下水点的布局需要和水文地质条件、环境条件、观测人员和信息传递条件等多方面的论证和筛选，择优建立一批宏观观察（测）点。经过一段时间实践工作和考察，将其中条件特别好的点改建为微观骨干点。经过一段时期的努力，全省初步建成一批“三水一动”的宏观、微观观测点，群测点布设的格局围绕活动断裂带及其附近分布有了一定变化和改进。雅安地区的天全、石棉，成都的邛崃，甘孜州的泸定、甘孜，凉山州的冕宁等已初步建成了以宏观为主、业余为主的“三水一动”群众测报网。甘孜州地震部门还注意总结

注：①指地下水位、水温、水化学和动物。

宏观工作的经验，拟定出了宏观观测工作的规范，为其他地区开展地震宏观观察工作提供了一定的经验。各地区在注意进行“三土”[1]向“三水一动”转向的同时，针对地方地震台、企业地震台工作条件、仪器设备等观测环境进行了改善。先后对茂汶地震台、汶川地震台、青川地震台、重庆地震台、雷波地震台、安县地震台等进行技术改造、改善观测手段条件，使这些地方地震台和企业台逐步纳入统一的台站观测规范和归并到全省地震台站观测资料质量评比，不断地提高观测质量。雅安地区汉源县瀑布沟还新上了井水位和水氡观测，投入试运行。至2000年后，群测群防地震工作广泛地推进到行政执法监督，“三网一员”[2]建设，农房安居工程调查，大震急应预案制定，紧急救援队的建立等防震减灾的各个方面。

第二节　群测群防观测网

1986年后，四川地震群测群防观测手段、项目，初步完成了“三土”向“三水一动”转向；各级地方地震台、企业台经过技术改造，不断提高观测质量，陆续纳入全省地震台网，统一实行台站规范管理。全省一大批土简仪器不断被调整和停测，各级地震部门陆续新建一批新的群测点，使用新方法和观测技术；同时不断地调查选建一批以动物和地下水变化的宏观点。随着各级地震部门职能的转换、管理工作的拓展，四川地震群测群防的内容不断地增多，不少市（州）、县地震群测群防纳入了“三网一员”的建设。有关四川群测群防地震观测（察）项目见表2－30。

2005年四川群测群防地震观测（察）项目简表

表2－30

部门名称	观测项目	观测点名称
成都市地震局	测震	大邑县西岭地震台 蒲江县鹤山地震台 青白江川化地震台
	电磁波	蒲江县鹤山镇 邛崃市平乐镇 大邑县晋原镇
	水位、水温、水化学	邛崃市油榨10号井 邛崃市大同乡地下水观测点 邛崃市水口镇地下水观测点 大邑县西岭镇大飞水泉水观测点
	动物习性异常	彭州市涌泉珍稀鱼养殖基地 九峰野生动物养殖场，都江堰市养麝场 蒲江县青年养兔基地欣钰兔场 成佳镇两合水村渔场

注：①指土地电仪、土地应力仪、土地磁偏角仪。

②指地震宏观测报网、地震灾情速报网、地震知识宣传网和防震减灾助理员。

续表 2－30

部门名称	观测项目	观测点名称
甘孜藏族自治州地震局	水温、水位、水化学	理塘县毛垭川－51 泉 康定县龙头沟川－57 泉 康定县二道桥川－55 泉 巴塘县 305K 川－58 泉 泸定县共和川－63 泉 道孚县玉科川－53 泉 道孚县龙普沟川－54 泉 乡城县然乌川－52 泉、52 中泉 巴塘县夏邛镇城区温泉 甘孜县甘孜镇河坝村甘孜 15 井（深井）
阿坝藏族羌族自治州地震局	测震	汶川县地震办公室映秀湾地震台 九寨沟县地震办公室
	形变	汶川县地震办公室映秀湾 ZB 竖直摆倾斜观测仪
	电磁波	马尔康县地震办公室 DPJ－Ⅲ型电磁信息辐射观测仪
	磁偏角	汶川县地震办公室 汶川县地震办公室映秀湾地震台 茂县地震办公室
	断层气 CO_2	汶川县地震办公室断层气（CO_2）
	水温、水位、水化学	汶川县地震办公室水氡（FD－105K）射气仪 汶川县草坡乡金坡温泉 茂县石鼓乡吉鱼寨温泉
	短临跟踪观测点	另，2005 年全州又增补短临跟踪宏、微观骨干点 15 个
宜宾市地震局	水位	高县双河 S2269 井 江安县江安南井 10 井 屏山县龙桥 S2335 井（1982—1997） 南溪县川－19 井（1985—1990） 宜宾市翠屏区核桃坝 ZK2 井和市面粉厂井（1986—1995） 宜宾市翠屏区八一二厂 ZJ5 井（1986—1993） 筠连县巡司 201－1 井（1984—1996） 另有微观点 3 个，宏观点 10 个
自贡市地震局	水位、水化学	富顺县晨光研究院晨光 3 号井 宜宾县孔滩镇孔 14 井（1972—1997） 自贡市大安区大山铺镇大安盐厂 10 井（1988—1998） 自贡市沿滩区邓关镇邓关盐厂（1979—1998）
攀枝花市防震减灾办公室	水温、水位、水化学（宏观）	攀枝花市西区乌龟井 2 井水氡 仁和区大田镇斑庄村大田井水位 仁和区大龙潭乡格地温泉、宏观点 盐边县温泉乡温泉水温及宏观 米易县攀莲镇柳贤井、宏观 盐边县红格镇昔格达温泉水、宏观 米易县攀莲镇观音温泉、流量、水温、宏观
		另，2005 年全市增加 43 个宏观观察（测）点

续表 2－30

部门名称	观测项目	观测点名称
德阳市地震局	测震	绵竹市清平地震台 罗江白马地震台
	水位 水温 水化学	罗江县白马关镇新村二组川－08 井 什邡市四坪镇斑竹村三组四平川什－1 井 什邡市双盛镇农科村双盛 K2 井 绵竹市土门镇向阳村川绵－39 井 绵竹市西南镇兴泉村兴泉地震观测站
	α 径迹	绵竹市清平乡清平磷矿清平地震台 另有微观点 11 个，宏观点 20 个，辅助观测点 48 个
雅安市地震局	水温 水位 水化学	石棉县草科乡草科热水水温观测 宝兴县地震办公室川－42 井水位 瀑布沟地震台川－16 井
	α 径迹	宝兴县陇东乡地震测报站（1989—1991） 另有邓池沟地震测报站等微观点 75 个，宏观点 61 个
绵阳市地震局	测震	江油市大康镇 624 所地震台 “九〇三”测报点（1976—2000） 江油市长特三厂地震台
	电磁波	江油电厂地震台江油长特三厂地震台
	地倾斜	江油文胜乡华坪社区地震台 江油电厂地震台 江油市大康镇六二四所地震台
	断层气、α 径迹观测	北川县政府（F）场地 北川县魏家沟（W）场地 北川县擂鼓石岩（S）场地 北川县黑土湾（H）场地（1990.6—1995.6） 北川县青片河碧溪口（B）场地（1993.5—1999.5） 北川县委院内 CO_2 快速测定法
	水温 水位 水化学	平武县较场坝、进水闸水氡 平武县庙子坝泉点、烧房沟泉点水氡（1987—1990.5） 北川县委院内 FD－3017aA 测氡 北川县委院内 FD－841 型氡管仪 北川县委院内水温、水位 北川擂鼓清真寺水温 北川香泉乡香一井水温 平武县水柏测报点水温、水位
	土地电、磁偏角、地应力	安县桑枣中学土地电、磁偏角、地应力观测（1981—2004） 平武县九〇三测报点土地电、地应力观测（1998—2000.5）
	动（植）物	另，江油市境内“三网一员”结合，还有 42 个井水、池塘、动物习性异常和植物的观察点

续表 2-30

部门名称	观测项目	观测点名称
凉山彝族自治州地震局	水位 水温 流量	盐源县干海乡干海井水位、气压 会理县绿水乡松坪井流量、水温 昭觉县竹核村温泉水温、动水位 宁南县松新镇银厂沟温泉水温、动水位 普格县普基镇温泉水温 会东县鲁吉区温泉水温 木里县下麦地乡泉水（宏观） 冕宁县泸沽镇矿机井水位、气压、水温 冕宁县秧村沟地温
	断层气	冕宁县秧村沟土氡
乐山市地震局	水温、气温	马边县靛兰坝乡金华村水温、气温
		1983 年，乐山市境内有地震观测台（组）27 个，1989 年保存 14 个。至 2003 年保留了马边地震台、八一四地震台和西南交大峨眉分校地震台（见有关台站章节）。2005 年，乐山市群测群防监测纳入了“三网一员”建设，有 139 个网点
广元市地震局	测震	广元市宝珠寺电站地震台（1996 年 9 月运行）
	断层气	青川县地震台断层气观测
		2005 年剑阁县、青川县、旺苍县、元坝区、朝天区及广元市中区有 17 个群测群防点
重庆市地震办公室	测震	江北地震观测站（1997 年后划入重庆市地震局） 南桐地震观测站（1997 年后划入重庆市地震局） 荣昌地震观测台（1997 年后划入重庆市地震局）

说明：1. 各市（州）、县有一批测震台站和骨干群众测报点的监测项目或手段已列入本篇相关章、节作了记述，可供参阅；

2. 少数市（州）的群测点被纳入到有关篇章“三网一员”建设中作记述，本表未单独列出；

3. 广安市、资阳市、内江市、遂宁市等，在 2005 年内先后成立地震工作机构或地震工作领导小组，本表内未列入开展地震群测群防相关观测项目和手段等内容

第五章　地震数据传递和前兆数据库

20 世纪 80 年代前，四川地震监测预测工作中的地震信息传递主要依靠信函、电报、电话及少数电台（短波），数据处理主要为手工操作。20 世纪 80 年代初，建立了成都无线遥测地震台网，一些部门开始应用计算机技术处理地震与前兆资料。80 年代中期，四川省地震局参与了国家地震局组织实施的全国地震数据传输处理系统的建设（837 工程），这使无线传输和计算机技术在地震监测预测中得到了普及和发展，地震监测与分析预报工作的信息传递与处理的落后面貌开始发生转变。1991—1995 年，建成了省地震局至各市（州）、县、地震中心站、重点骨干台站及北京的短波电台通讯网和成都 VSAT 地面站组成的卫星通讯实验网，提高了数据通讯的质量和速度。

进入 20 世纪 90 年代，随着国家基础通讯设施的建设及技术水平的不断提高，地震信息网络技术开始走向建设和应用阶段，开展了四川省地震局至北京的电话拨号（PSIN）入网服务，先后接入了地震分析预报计算机信息网络（Apent）、大震速报网络（FEDnet）等重要的网络系统。2000 年后，又进一步建立和完善了全省及各市（州）、县的地震通讯骨干网络，地震信息传递与处理系统开始进入现代化。

第一节　地震通讯网络

四川地震通讯网络建设，由无线短波电台通讯不断发展到互联网传输。1986 年前，四川地震监测资料信息传递仅在部分骨干地震台站使用短波电台传递。1988—1989 年，四川省区域无线电通信网建成专业通信台 17 个，地方地震通信台 21 个，共 38 个组成四川区域地震一级通信网。地方相关地震部门自筹资金组建成各自网络，作为四川区域地震二级通信网。一、二级通信网组成一个完整的四川地震通信网络系统。四川地震通信网络系统采用无线短波台进行口报数据传输，设备为部队短波（400W）电台点对点手发式通讯。后改换为烽火无线电厂生产的设备（IC－M700TY 型 100W 电台和 XD－D2B 型单边带 15W 电台），对全省进行组网建设。天线为双极 24 米，架设高度为 7 米。组网后传输方式为点对点、口报数据传输。该通信网络系统除具备地震监测数据采集、大震速报、宏观资料收集、震情监视、大震现场的组织和指挥及时报告考察情况、接收信息及反馈功能外，大大改善了地震监测数据的传递和资料信息交换的能力。由 1988 年承担全省地震观测数据传递的 80%，提高到 96%；特别是在 1989 年巴塘 6.7 级强震群和小金 6.6 级地震发生的前后，该通信网络发挥了重要作用。1990—2002 年，建成了四川区域地震通信网络中心，完成省地震地面卫星站建设，并实现与中国地震局卫星中心通信（讯）。四川区域地震通信（讯）网络具备了和中央一级地震计算机网络互联功能。2002年9月前兆数据采用短波无线数传，设备是中国地震局地壳所生产的CCU-1型数传器，全省10个台进行组网建设。2002—2005年，整个通信网络系统由无线短波电台传输更新为互联网络传输、拨号（163）上网。硬件与软件配置：586电脑（32M或32M以上内存），打印机、调制解调器或网卡，Windows98操作系统，FTP数据传输软件等。传输软件PDTS由四川省台站数据网络传输课题组研制，实现系统表管理、系统设置、报文管理、报文入库、收/发报文、系统表生成等。整个短波电台作为大震应急系统。2003年3月，四川省地震局制定了“四川地震系统前兆数据传送工作质量评比办法（试行）”，把前兆数据传送纳入到地震监测管理。有关四川地震短波通讯站点情况见表2-31。

1986—2005年四川地震短波通讯站点统计表

表2-31

序号	站点	站点地址	设备型号
1	四川省地震局通讯站	成都市人民南路三段29号	IC-M700TY
2	成都基准台	郫县新胜乡走石山	IC-M700TY
3	松潘地震台	松潘县进安乡	IC-M700TY
4	江油地震台	江油市永丰乡	IC-M700TY
5	康定中心站	康定县姑咱镇	IC-M700TY
6	雅安地震台	雅安市沙湾	IC-M700TY
7	康定地震台	康定县炉城镇	IC-M700TY
8	道孚地震台	道孚县鲜水镇	IC-M700TY
9	甘孜地震台	甘孜县斯俄乡	IC-M700TY
10	乡城地震台	乡城县城关	IC-M700TY
11	九龙地震台	九龙县呷尔镇	XD-D2B
12	巴塘地震台	巴塘县巴仲镇	XD-D2B
13	西昌地震中心站	西昌市新村	IC-M700TY
14	冕宁地震台	冕宁县城厢镇	XD-D2B
15	盐源地震台	盐源县工农街	XD-D2B
16	木里地震台	木里县校园路18号	XD-D2B
17	昭觉地震台	昭觉县南郊	XD-D2B
18	小庙地震台	西昌市小庙乡	XD-D6
19	攀枝花地震台	攀枝花市仁和镇	IC-M700TY

续表 2－31

序号	站点	站点地址	设备型号
20	红格地震台	攀枝花市盐边县红格镇	XD－D2B
21	雅安测量队	雅安市上坝路 21 号	IC－M700TY
22	虾拉沱地震台	炉霍县虾拉沱区	IC－M700TY
23	川主寺地震台	松潘县元坝乡	IC－M700TY
24	泸州地震台	泸州市瓦窑堡	XD－D28
25	蒲江县地震办	蒲江县鹤山镇	XD－D3C
26	什邡市地震办	什邡市方亭镇	XD－D2B
27	绵阳市地震局	绵阳市临园西路	XD－D2B
28	平武县地震办	平武县龙安镇	XD－D2B
29	广元市地震局	广元市中区进修路	XD－D2B
30	阿坝州地震局	马尔康县马尔康镇	IC－M700TY
31	汶川县地震办	汶川县威州镇	IC－M700TY
32	九寨沟县地震办	九寨沟县城关镇	XD－D2B
33	甘孜州地震局	康定县炉城镇	IC－M700TY
34	宝兴县地震办	宝兴县城关镇	IC－M700TY
35	石棉县地震办	石棉县新棉镇	IC－M700TY
36	凉山州地震局	西昌市西河东路	IC－M700TY
37	会理县地震局	会理县城关镇	XD－D2B
38	攀枝花市防震减灾办	攀枝花市新华街	IC－M700TY
39	马边县地震办	马边县民建镇	XD－D2B
40	自贡市地震局	自贡市新民街	XD－D2B
41	宜宾市防震减灾办	宜宾市中山街	XD－D2B
42	筠连县地震台	筠连县莲花镇	XD－D2B
43	长庆厂地震台	南溪县长庆厂	XD－D2B
44	德阳市地震局	德阳市长江西路	XD－D2B
45	小金县地震办	小金县美兴镇	XD－D2B

第二节 前兆数据库

2000—2001 年，四川省地震局组织完成了地震数据传输系统软件的研制和相应硬件的采购，对整个通信系统进行了更新换代。在信息数据采集上使用了高精度的信息采集器，信息传递上采用无差错通信技术，时间服务采用 GPS 授时技术，前兆数据服务与存储采用 MS-SQL SERVER 数据库技术，建立了主域数据库和备份数据库，信息交换实现前兆台网与省地震局计算机网络中心的无缝连接，数据库与分析预报系统软件的无缝连接；安全供电实现了多层次的稳压和避雷抗干扰技术。前兆数据库建设主要完成了地震前兆台站信息表、前兆测项信息表和前兆各观测台站的数据表。前兆台网中心的软件主要包括地震前兆通讯控制软件，主要实现前兆数据采集、管理和控制台站数据采集设备（如对时、编制分量表）进行数据格式转换等，数据采集机器每日手动或自动实现地震前兆原始数据的采集等。数据库服务软件，主要实现地震前兆数字化数据的处理、数据入库、数据作图和报表等。每天将各地震台站上传的数据整理入库，供地震分析、预测人员、台站管理人员等直接在数据库提取数据。

前兆数据传输网络自 2000 年 9 月 1 日起开始运行，每日发送中心的各类前兆数据文件 576 个，随即进入数据库；通过传输网络发入中心的模拟前兆数据组数 29703 组，较过去电台发往的数据量提高了近 12 倍。

第三篇 地震预报

1986—2005年，四川地震台网有了较大发展，台站观测设备得到较好更新，观测条件也得到不断改善。台网观测从模拟观测发展到数字记录，观测资料的报送从电话、电台报数据发展到网络传递。四川地震观测系统获得了大批各类连续观测资料，为地震预测数据库系统、分析预报信息网络系统和地震趋势会商技术系统的建立创造了条件。四川地震台网观测资料包括测震台网地震资料（含有人值守台站和遥测台网）和前兆台站观测资料（包括地磁、地电、电磁波、地倾斜、伸缩仪、钻孔应力、重力、水位、水温、水质和水化、断层气、流动地壳形变、流动重力、鲜水河跨断层蠕变、卫星红外线和GPS观测等）。这些观测资料为各类预测技术的研究和分析打下基础。

根据人们目前对地震孕育过程的认识，台站前兆观测的是地震孕育过程中不同阶段地球物理场和地球化学场变化的信息，提出对地震预测的科学思路是长期、中期、短期和临震预测相结合，多学科、多方法综合分析相结合。在地震预测预报的实践中，经过对各学科观测资料和方法等一系列的清理攻关研究和分析，四川省地震局提出了地震活动性、定点形变、地下流体、地磁地电等各学科以及综合预测预报新指标和新方法。在边研究、边实践中，四川地区中短期预测预报有了一些提高，在中短期前兆异常识别、动态图像预测方法、强震中短期孕育过程的物理机理及预报模型等方面有一些进步。遵照《中华人民共和国防震减灾法》和有关地震预测预报的法律法规，运用清理攻关成果先后对一些中强地震、强余震进行过不同程度的预测，其中对1996年白玉、巴塘5.5级地震预测预报取得了好的效益。

人们对地震及地震机理的认识还很粗浅，地震预报存在较多的漏报、虚报现象，亦即是地震预报的难度。1986—2005年，四川省境内发生5.0—5.9级地震28次，6.0—6.7级地震6次，多数未作出预报，如1989年巴塘6.7级地震、小金6.6级地震和2001年雅江6.0级地震漏报，2002年普格、布拖、冕宁等6级地震的虚报。总体上地震预测预报水平不高，整个地震预测预报仍处于积累资料，边观测、边研究、边实践的探索阶段。

第一章 预测基本技术系统

1986—2005年，四川地震监测台网发展较快，为地震监测预报和科学研究积累了大量的观测资料；完成了地震预测数据库系统、分析预报信息网络系统和地震趋势会商系统的建设，并组合成了地震预测基本技术系统，连同对各类观测资料的获取、传递、汇集、存储和报送等，反映了地震预测基本技术系统的进步和现状。

第一节 基本技术系统的构成

一、数据库系统

1999—2000年，四川省地震系统建立了用于地震预测的数据库系统。这个系统包括地震前兆数据库和地震目录数据库。数据库是建立在Sybase平台上的一套规范化、格式化、计算机化的数据存储、管理和分析处理系统，具有灵活方便的输入、输出、查询、检索、浏览、修改、更新和重组等功能。

二、分析预报信息网络系统

20世纪90年代，随着国家基础通讯设施的建设及技术水平的不断提高，地震信息网络通讯技术开始走向建设和应用，实现了各省地震局至北京的电话拨号（PSTN）入网服务。地震信息网络先后接通了地震分析预报计算机信息网络（APent）、大震速报网络（FEDnet）等重要的网络系统。1996—2005年，随着计算机应用的普及、数据库系统和省地震局局域网的建立，进一步建立和完善了四川全省及各市（州）、县间的地震信息通讯骨干网络，地震信息传递与处理系统开始进入现代化的应用阶段。

三、地震趋势会商技术系统

20世纪80年代中期至90年代初，地震趋势会商工作所依据的地震前兆信息多以信函、电话和电台的方式进行传递。地震前兆数据处理方式也主要为手工操作，震兆和前兆分析图件大多为手工绘制，数据分析处理方法相对简单，震情会商基本是在看图识字的基础上进行。1996年国家地震局组织了地震震兆和地震前兆手段实用化攻关应用软件的研制和推广工作，震兆和前兆分析图件的绘制变得方便快捷，显示更为直观，大大方便了地震趋势会商工作。各种复杂数学分析方法在地震前兆数据的分析处理中得到广泛应用，大量地震活动性参数的计算和前兆异常指标的确立，为震情分析会商技术水平的提高提供了现代化技术的支撑平台。1996—2000年，又研制了基于GIS的地震分析预报软件MapSIS系统，这个系统在地震分析预报中得到了广泛的应用，使得数据处理和会商演示过程全部计算机化。在地震趋势会商时可以根据需要通过网络实时调取数据库数据进行及时计算和会商展示。随着网络系统的进一步建立和完善，逐步实现地震观测数据全国共享，各地市州、各省地震局和中国地震局间可通过网络进行可视化联合会商，会商技术系统的水平得到提高。

四、预测辅助系统

应用历次地震预报攻关研究成果，提取了地震短临预报所需要的各项预测参考指标，建立了地震中、短期预报等一套地震预报指标体系。这些研究成果的应用，为各手段日常地震分析预报和年度、半年度地震综合趋势预测提供了重要的参考依据。地震预报专家系统由知识库、推理机、数据库、知识获取和解释等部分组成。它具有建造专家系统和为地震预报咨询服务的功能，地震预报专家系统地震预测方法包括综合、经验计算和神经网络计算，根据计算结果进行的地震预测可作为日常地震分析预报和年度、半年度地震综合趋势预测的重要参考。

第二节　观测资料获取与报送

1986年以来，地震预测预报研究所需要的地震前兆基础观测资料主要通过全国地震监测台网获得。全国地震监测台网由国家地震监测基本台网、省级地震监测区域台网和市县地震监测台网构成。纵向上，专业监测台网主要由国家地震监测基本台网和省级地震监测区域台网组成。观测项目包括测震、地壳形变、地下流体、地电、地磁和地应力等。测震观测资料数据（地震目录）一直由省地震局地震监测研究所通过人工地震台网和遥测地震台网获取。前兆观测数据资料，在2002年10月以前，观测数据的传递主要依赖信函、电报、电话及短波电台方式进行，前兆数据的传递以电台方式为主。2002年10月以后，前兆数据主要通过网络进行传递。前兆数据通过网络进入省地震局前兆数据中心（数据库），在基于GIS的地震分析预报软件MapSIS系统的支撑下，分析预报人员可直接从数据中心调用观测数据，这大大提高了观测数据通讯的质量和速度。横向上，地方监测台网主要由市县级地震监测台网组成，观测项目主要有测震、地下流体和电磁波，其数据的报送与专业监测台网数据的报送方式基本一致。

地震观测台网观测的测震数据（地震目录）主要由省地震局地震监测研究所收集对全省人工值守测震台和遥测地震台网的地震资料，进行分析、处理、定位和整理，编辑成地震月报目录和地震观测报告，上报中国地震局。2002年10月以前，地震观测台网数据以信函（月报为主）和电台（日值）方式报送前兆数据，前兆数据一般由各前兆手段分析预报人员观测、收集、整理和保存，并陆续把大部分前兆观测日均值数据和少数手段的整点值数据经过整理以后录入计算机，进入数据库；对于中国地震局要求报数的台项数据，由电台组将每日收到的观测台网数据经过整理后上报。2002年10月以后，前兆数据主要通过网络进行传递。前兆数据通过网络进入省地震局前兆数据库，由省地震局台网中心统一管理。中国地震局要求上报的数据由省地震局台网中心通过网络上报。

第二章　地震预测技术与资料处理

1986—2005 年，四川省地震局组织地震科技人员积极参加“七五”“八五”“九五”，再到“十五”的地震预报清理攻关研究，就地震学和定点形变、重力、水位、水化等地下流体、地磁、地电、应力应变等前兆各学科，从观测资料到地震短临预报方法等进行清理和研究，总结出了地震预测技术一些常规的、多带经验性的方法和做法在日常地震预测中的应用。新开发、带探索性的 RS 卫星遥感预测技术也应用于日常地震监测和研究。

第一节　测震学预测技术与资料处理

1986—2005 年，四川省地震系统和有关水电部门先后在全省建有 31 个人工测震台（含重庆台）、8 个遥测地震台网（65 个子台）。省地震部门将遥测地震台网和有人值守台站记录的地震资料，统一分析处理、定位，编辑成地震月报目录及地震观测报告，采用计算机存储，数据库管理，供地震分析研究使用。

一、地震空区

地震空区可以分为两类：在巨型断裂带上，依靠历史记录、古地震研究等获得的一系列强震的破裂区的空缺部位，是未来可能发生强震的地区，称为第一类空区；强震前，在震中附近出现震级相对较低的地震活动性减弱，周围其他地区这类地震活动增强的图像对比情形，这种由震级相对较低的地震组成的空间被称为第二类空区。空区研究所需要的资料包括震级 4 级以上地震目录、活动断裂带分布图等。地震空区研究方法可以根据震中分布图并结合 R－T 图、D－T 图来进行。利用地震空区方法进行地震预报的规则在空区形成的后期，出现地震活动增强，尤其是在空区内部出现信号震后，就可预报几年内可能发生 6.5 级以上地震。

二、地震条带

地震条带是指大震前区域地震活动震中分布的态势由凌乱、分散的状态转为集中成带的地震分布情形。所需资料是比主震震级低 3 级的地震目录，根据震中分布图来确定条带存在。当异常条带出现后，可预报一年内有震，直至可以在条带结束一年半的时间里，条带相交点为发震地点。

三、前兆震群

经常发生的某些震群，本身不是前震序列，当它们预示着本区域或其周围地区正孕育着一个强震，这种震群具有某种前兆意义，称之为前兆震群。被判断为前兆震群，在未来一、二年内在该震群附近可能发生5级以上地震。

四、地震窗

在一个局部区域，一定震级的地震可能对较大区域范围内的强震具有指示意义，即存在点与面的关系。这种敏感的小区域称之为地震窗口。窗口内满足条件的地震称为信号型窗口地震。四川地区重要地震窗有长宁窗和茂汶窗，长宁窗内 $M_L \geqslant 3.5$ 级窗口地震与茂汶窗内 $M_L \geqslant 3.3$ 级窗口地震与四川及邻区的强震有一定的对应关系。

五、空间集中度C

计算地震空间集中度C时需尽可能齐全的地震目录资料，并剔除余震序列，选取计算半径和计算时间窗。异常出现后，可以预测1—2年可能发震，地点在异常区附近。

六、地震活动因子A值

地震活动因子A值为地震空间集中度C、地震危险度D、地震强度因子Mf值的线性组合，A值综合考虑了地震活动的时、空、强特征。通常较大地震发生前，震中周围地区的中小地震活动都可能表现出上述三方面的变化；在多数地震发生前一年左右的中短期阶段，A值中期异常区出现明显地缩小或消失，其中部分地震在临震前异常区再次出现明显增大。

七、GL值

GL值是刻画强震前中小地震活动在时空分布上不均匀性的参量，即地震非均匀度。GL值利用完整的地震目录，分别对时间和空间进行扫描计算。GL>1的时间和区域视为异常时间和区域。当GL值出现异常时，该区域或边界地区1—3年内有发生大震的可能。

八、b值

震级－频度关系中的系数b值是反映大小地震震级与地震次数的比例关系程度指数，根据b值的时空变化预报地震的办法，叫做b值预报法。计算这一个指标时需要连续、可靠、完整的地震目录资料，需要确定合适的震级下限。计算b值时要选择合适的窗长和步长，以满足一定的样本量的需要。计算出的b值超出2倍中误差范围时即视为b值异常。出现b值异常，在统计区内或边缘1年半内可能发生5级以上地震。

九、η值

η值是修正的G－R关系式，η值的资料处理同b值一样。当η值超出2倍中误差范围时即视为η值异常。η值出现异常后，统计区域内或边缘1年半内可能发生5级以上地震。

十、断层总面积

由于地震能量E与地震的断层面积有一个正比关系，可以通过地震的能量算出地震的断层面积S。计算时需要完整的地震目录资料，在进行断层总面积计算扫描后，发现断层面积S有加速过程，在未来 1 年半内统计区域可能发生中强震。

十一、地震频度 N

单位时间内发生在某个震级范围地震次数的统计量即地震频度 N，它可直观地反映出统计区域内地震活动的增强或减弱，为后续地震趋势判断提供依据。四川地区 3.5—5.9 级地震月频度为该区域强震年度判定指标。半年内出现 2 次月频度大于 1 倍均方差时或连续 3 月缺震，视为异常，估计未来 1 年内统计区域有发生强震的可能。小震平静或缺震现象也与强震有一定的对应关系。

十二、容量维、信息维及其变化率

容量维（或称 Hausdof 维）的计算采用数盒子法，计算时需要确定好窗长和步长后进行扫描。当容量维或信息维的变化率 ΔD_0（ΔD_1）的绝对值超过 0.15 时，即认为统计区域未来 1 年半内有可能发生中强震。

十三、数字地震波应用

利用数字地震波资料进行地震预测的技术研究尚处于初级阶段。利用地震波形资料计算区域视应力的相对变化；利用尾波 Q 值研究区域介质状况；根据地震波形的相似形对比来判断同一震区震源机制有无变化。

第二节 地壳形变预测技术与资料处理

1986—2005 年，四川省地震部门在全省建有 14 个定点形变观测台，安装有各类形变观测仪器 27 台（套），建有 2 个定点形变场地开展定点短水准、短基线观测和蠕变动态观测台，另有 4 个重力台，5 台（套）观测仪器主要观测重力固体潮。对于地壳形变现象的观测，多以地球固体潮汐为激励信号，利用重力、应变、倾斜等精密定点形变观测仪器记录其响应信号，由此探测深部介质的地壳物理特性，以此研究这些地壳参数有时间变化的规律。这些变化规律进行的地震预报方法主要包括提出异常判别和指标，根据原始记录来进行综合判别。

异常判据和指标以观测值的函数形式作为异常判别对象。以直接计算结果作为异常判别指标，以指标的动态变化作为判据。可以以异常结果的中误差作指标，依照所认识的其变化规律，选择相似的数学模式对观测值进行拟合或滤波，以拟合或滤波后的预估值与实际观测值的差值大小作为判别指标，也可以以残差的均方差或中误差作指标。作为判别对象的类比法是以标准做判据的对比方法，以相应台站各种的纵向统计作指标。γ 值对连续性要求较高，连续 3 小时以上的缺数，即将影响 γ 值的计算结果。

形变台站能够测出的地震形变的范围称为对大震的监控范围，根据过去的研究，对于 7.0 级地震的监控范围为半径 400 千米；6.0 级地震的监控范围为半径 200 千米；5.0 级地震的监控范围为半径 100 千米；4.0 级地震的监控范围为半径 50 千米。

震前原始记录图纸所呈现的异常有：震前记录曲线阶跃后出现地震，称此变化为阶跃异常图像；震前潮汐记录曲线畸变后出现地震，称此变化为潮汐曲线畸变异常图像；震前记录曲线脉动（曲线变粗）后出现地震，称此变化为脉动异常图像；震前记录曲线经过渐变后恢复到原来的水平之后发震，称此变化为渐变异常图像；震前记录曲线扰动或单脉冲之后恢复到平静，再后来发生地震，称此为脉冲（扰动）异常图像；串珠状异常图像，这是观测仪器受一组频率不等的高频脉冲波的影响，使仪器记录曲线变粗呈现出串珠状或者扁平体形状。这种异常多数出现在震前，震后消失。脉动的时间长度一般达到0.1—0.3秒，个别达到3.6秒。这些变化具有明显的方向性，与震中方位相近的那个分量的异常脉动幅度较大，其他方向较小。仪器工作周期为2—9秒的倾斜仪，震前记录到的脉动幅度大；仪器周期为15—24秒所记录的脉动幅度小。高频脉动波经过长距离传播形成面波与仪器自振频率接近时产生的共振现象使记录曲线产生串珠状或者扁平状图像。

第三节　地下流体预测技术与资料处理

1986—2005年，四川地震部门先后建设、改造用于地震地下水动态观测的井孔有18口，水氡观测水点15个，2个水化综合观测台井泉8个。观测内容包括水位、流量、水温、水化、气体及断层气等项目。多年来四川省地震预报效能检验，利用地下流体异常来预测地震具有一定效果。通过对孕震过程和地下流体地震前兆变化的深入研究，利用地下流体异常来预测地震分为长期预测、中期预测、短期预测、临震预测，在日常会商和地震趋势研究中主要使用以下方法获得地下流体异常：潮汐变化分析；气压、潮汐改正；水位变差分析；平滑滤波；多项式拟合滤波；周期分析；切比雪夫曲线拟合；从属函数提取异常（u≥0.5）；温度、气压等多元回归改正。基值变化率和滑动变化率。实践中总结出一些经验性预测方法。

在4个月内，半径500千米内观测到6个以地下流体异常相对集中，短期阶段的异常台数比达20%以上；预测3个月内，多个异常点的交汇点为中心，半径300千米内，地下流体正异常与负异常分界区域，强度M≥6；异常点半径200千米范围内，强度M≥5。地下流体违反正常年变动态或年变速率加快异常出现后，预测2—3个月内可能发震，当出现阶跃、脉冲和井喷等突变异常，可估计几天至1—2个月可能发震。地下流体异常所处的构造部位与未来地震所在构造带关系密切，即存在对应特定构造带地震的异常相关区。地下流体异常的持续时间与震级的关系仍在探索。

第四节　地磁预测技术与资料处理

1986—2005年，省地震局先后在郫县、松潘、西昌、江油、道孚、巴塘和马边建有地磁台，分别配有地磁绝对观测仪器8套，地磁相对观测仪器10套。2000年后，一批地磁数字记录仪器投入观测，取得了高灵敏度、高分辨率、高采样率、高信息含量的观测数据。地磁学预测地震常用的几种方法如下。

一、地磁加卸载响应比法

通过观测加卸载响应比（响应/载荷量）的差别，就能判断孕震系统的稳定程度，响应比越大，系统越不稳定，由此参数就可能定量地表征该地区发生地震的危险程度。以地磁加卸载响应比异常识别指标及预报能力评分，在正常情况下，地磁 DS 的加卸载响应比值 P（Z）为 1.5—2.0。当 P（Z）≥3.0，作为地磁异常。监测距离：对于震级 M_S≥5.0 的地震一般 Δ≤300 千米。预测时间至少提前 6 个月。监测发震强度为 M_S≥5.0。

二、地磁幅相法

地磁幅相法就是将 A、B 两个台每天的地磁垂直分量日变化曲线按整点值相减，得出一条差值曲线，称瞬时差值曲线（ΔZi）。瞬时差值曲线上最大值 ΔZmax 与最小值 ΔZmin 之差，叫瞬时差幅度 A。将每日的瞬时差幅度进行月滑动平均得到瞬时差幅度月均值（或直接用瞬时差幅度估算出本月的月均值）M。采用每天的瞬时差值幅度同本月估算出现的月均值相比较的办法，来尽量消除或压低季节变化与经纬度差异的影响。用每天的瞬时差幅度与本月的 L（标准线）比较，如果连续 10 天以上高出标准线，即视为异常。在全国范围内某区域出现多台组异常，即认为出现了中强以上地震的短临异常。以异常结束为起点再增加异常段的一倍或两倍时间点的前后 3 天为发震时间；在第一倍时间点已经发震，第二倍时间点不再使用。

三、地磁“低点位移”方法

四川省地磁垂直分量 Z 日变形态极小值出现时间（简称低点时间）一般集中在中午 11 点至 13 点内。某一天某台偏离此时间过多，认为该台低点时间发生了位移。地磁“低点位移”现象可预测 5 级以上中强地震。该方法不能预测准确的发震地点，只能指出发震地区在突变分界线附后。发震日期一般在异常出现后的 27 天或 41 天前后 3 天，27 天前后发生了地震，第 41 天不再预报。

四、磁暴预报法

磁暴是巨大的全球性的地磁扰动。磁暴的开始时间常常是突然的，在各地磁台站出现的时间只有一二分钟之差。K 指数是表示磁暴大小的物理量，是指以世界时零时为一天的开始，每 3 小时时段内地磁扰动强度的指数。它反映太阳微粒辐射的影响，描述均一的连续的或突发的瞬时太阳微粒辐射的地球效应，提供日地之间关系的重要信息。磁暴“倍九法”预测发震时间的原则：从磁暴之日起 9 天的倍数来预测破坏性地震的发生。磁暴不能对未来发震地区进行预测。

五、日变形态异常法

在地震孕育过程中，伴随着地下电导率的变化，使变化磁场的感应场产生一定异常。这种异常在地磁垂直分量上尤为明显。地磁场在一天之中的变化具有明显的周期性，这个现象叫做太阳日变化。正常的地磁垂直分量日变化是上午出现一个极大值，中午出现一个极小值，下午至晚上再出现一个极大值。日变幅度在冬季偏小，夏季偏大。地磁日变形态出现异常一般对应 5 级以上地震，发震时间控制在 20 天内。这与发震的地点关系不密切。

第五节　地电预测技术与资料处理

1986—2005 年，四川省地震部门先后在郫县、西昌小庙、甘孜、盐边红格、江油和冕宁架设地电观测台，开展自然电位、视电阻率的观测。地电预测预报地震方法主要是地电阻率法。地电阻率法是通过测量某固定台站处地下数百米深度范围内，某一定体积内的岩层电阻率因受力时表现出的变异情况。观测资料需经过消除年变化干扰后再应用于地震预报中。

四川现有地电阻率台站中，有大多数台站能够记录到准年周期的地电阻率变化，这种变化常在春季和秋季取得极值，经多年观测分析，认为这种年变化是非应力—应变因素变化引起的另一类干扰，是与地震无关的，习惯称其为年变化干扰（或季节性干扰变化）。为了去掉年变化干扰，常用数学滤波方法、月距平法和滑动富氏分析法（SFA）。地电阻率异常判别方法有：地电阻率长趋势异常的判别法，地电阻率长趋势异常是在相对正常背景值下，其地电阻率变化幅度超过观测标准差 3 倍以上的连续多点的持续下降或上升（或反复）类型的变化，背景值时段愈长，异常幅度愈大；地震异常的可能性愈大；地电阻率短临异常的判别法，地电阻率短临异常是指临近地震发生前，对于强震一般为 1—3 个月，地电阻率出现波折、加速、回返以及具有特殊功率谱特性的短周期脉冲等“谐振讯号”谱。

第六节 钻孔应力应变预测技术与资料处理

1987 年、1989 年，省地震局在西昌小庙、攀枝花市仁和分别架设压容式钻孔应力应变仪，开展钻孔应力—应变观测，4 分量钻孔应变观测曲线出现下列形态之一可判断为中期异常：上升—转平—下降的凸形，持续 3 个月以上，幅度为 5exp（ -6）以上；某一个方向的应变测值曲线变化趋势与其他方向相反，异常持续 3 个月以上。当应变观测曲线经过稳定变化、加速变化阶段后曲线转平，大幅波动时，标志着异常由中期进入短期阶段。当应变观测曲线出现阶跃、单点突跳或固体潮畸变幅度达 4exp（ -6）以上时，判断为短临异常。

当异常出现后，实施中期—短期—临震异常跟踪。预测震级的大小与异常持续时间成正比，5 级左右地震一般无中期异常出现，仅出现短临异常；6 级以上地震将出现中期、短期、临震异常。对于 7 级以下地震，发震地点一般在距台站 200 千米范围以内；7 级以上地震的发震地点范围相应增大。在某一区域内多个钻孔应变台站同步出现异常，可以综合分析区域应变场的特征提出时空强三要素预测意见。

第七节 RS 卫星遥感技术应用

2004 年 3 月开始，省地震局 MODIS 卫星地面站所接收的是美国 EOS 系列卫星免费对地直播的卫星遥感数据。2005 年 1 月，省地震局自主开发了中国地震系统第一套 MODIS 数据处理分析软件。首次在国内建立了可覆盖中国西部地区 400 万平方千米面积的 MODIS 实测热红外数据库，提出了云层干扰去除方法和 MODIS 亮温异常处理方法，接收和处理出的实时热红外数据以及开发的分析处理软件已经在四川、云南、江西、福建、广东等省的地震分析预报部门投入研究应用或试用。在实现了海量 MODIS 数据库管理的基础上，设计了地震前兆分析专用的数据处理系统，提供了数据入库前的预处理及数据入库、数据文件的拼接、数据文件云检测、数据入库等功能。可做亮温空间分布图、亮温差异空间分布图、亮温值异常点空间分布图、亮温差值异常点空间分布图等 4 种空间分布图和完成亮温、亮温差等 6 种时间序列图。

应用亮温增温异常点比值法和透热指数法，对内陆地震热红外增温异常现象及正常年变化特性进行了较为深入的研究，进行地震预测。

2005 年 1 月开始，省地震部门也相继将所接收和处理出的实时热红外数据和分析处理软件应用于日常地震监测和研究。

第三章　地震预测与预报发布

地震预测与预报发布主要记述地震预测的科学思路和任务，地震预测的管理，地震预测意见的形成、审核、报送和地震预报发布程序等。各级人民政府是地震预报意见的发布机关，任何单位和个人不得发布地震预报意见。

第一节　预测思路和任务

一、地震预测的科学思路

地震预测的科学思路和技术包括与地震有关的前兆观测资料综合特征的分析与判定、震情跟踪、科学研究与应用等地震预测工作。地震科技人员在30多年的地震预测实践中，不断加深对地震孕育过程的认识和对一些震例不断进行研究分析和总结，逐步形成长、中、短、临相结合和多手段综合分析相结合的地震预测思路。多手段综合分析相结合即从地震孕育过程中引起不同地球物理量、水文化学量的变化或其他效应，通过综合分析，寻找各种预测信息。长、中、短、临相结合是对地震孕育的各个阶段、各个环节进行细心研究，环环扣紧，步步逼近，对每个阶段在不同程度上作出未来地震的预测。对震情的判定由粗到细，由大范围缩小到小范围，逐渐明确对地震发生的时间、地点和强度提出预测意见，通过政府发布地震预报。

这一地震预测思路在实践中，对中长期预测有较好的作用，也对一些中强震、强余震有过不同程度的短、临预测。同时存在对多数强震未作出预测，也作过预测未发生地震的现象。现阶段，这一预测思路仍在实践中不断进行探索、总结和提高。

二、地震预报的任务

地震预报是在测震和各类前兆观测资料的基础上，努力提高震情分析的科技水平和地震预测能力，使长期预报更加科学，中期预报不断提高，短期预报有新的进步。地震预测预报的任务是通过对地震过程的观测、模拟和预测理论及方法研究，探索地震孕育、发生和发展的规律，促进地震科学发展和地震预测预报，为防震减灾服务。

第二节　预测意见形成和预报发布

一、地震预测的管理

地震预测包括长期预测、中期预测、短期预测、临震预测和震后趋势判定。地震长期预报是指对未来10年内可能发生破坏性地震的地域的预报；地震中期预报是指对未来一二年内可能发生破坏性地震的地域和强度的预报；地震短期预报是指对3个月内将要发生地震的时间、地点、震级的预报；地震临震预报是指对10日内将要发生地震的时间、地点、震级的预报。震后地震趋势判定是指对社会产生影响的地震事件发生后，对地震影响地区近期内地震活动形势的分析结果。各种类型的地震预报由各级政府主管地震工作的部门形成预报意见后报告政府，相应的各级政府向社会发布。

国务院地震工作主管部门和县级以上地方人民政府负责管理地震工作的机构，应加强地震预测工作管理。任何单位和个人根据地震观测资料和研究结果提出的地震预测意见，应当向所在地或者所预测地区的县级以上地方人民政府负责管理地震工作的机构书面报告，也可以直接向国务院地震工作主管部门书面报告，不得向社会散布。

二、会商意见形成与审核上报

任何单位和个人观察（测）到与地震有关的异常现象时，应当及时向所在地的县级以上地方人民政府负责管理地震工作的机构报告。国务院地震工作主管部门和省级人民政府负责管理地震工作的机构定期或不定期组织召开地震震情会商会，对各种地震预测意见和与地震有关的异常现象进行综合分析研究，形成地震预报意见。市（州）、县人民政府负责管理地震工作的机构可以组织召开地震震情会商会，形成地震预报意见，向省级人民政府负责管理地震工作的机构报告。

地震预报意见实行评审制度。评审包括地震预报意见的科学性、可能性；地震预报的发布形式；地震预报发布后可能产生的社会、经济影响。

国务院地震工作主管部门组织有关专家，对全国地震震情会商会形成的地震预报意见和省、自治区、直辖市地震震情会商会形成的可能发生严重破坏性地震的地震预报意见进行评审，并将评审结果报国务院。

省级人民政府负责管理地震工作的机构应当组织有关专家，对本省地震震情会商会形成的地震预报意见和市（州）、县地震震情会商会形成的地震预报意见进行评审，并将评审结果向省人民政府和国务院地震工作主管部门报告。

省级人民政府负责管理地震工作的机构，对可能发生严重破坏性地震的预报意见，应当先报经国务院地震工作主管部门评审后，再向本级人民政府报告。省级人民政府负责管理地震工作的机构，在震情跟踪会商中，根据明显临震异常形成的临震预报意见，在紧急情况下，可以不经评审，直接报本级人民政府，并报国务院地震工作主管部门。

三、预报发布程序

地震预报发布程序遵循国家《防震减灾法》《地震预报管理条例》《破坏性地震应急条例》和

《四川省防震减灾条例》等有关法律法规中规定的长期、中期、短期、临震和震后五类预报发布程序进行。国家对地震预报实行统一发布制度。全国性的地震长期预报和地震中期预报，由国务院发布。省级行政区域内的地震长期预报、地震中期预报、地震短期预报和临震预报，由省级人民政府发布。已经发布地震短期预报的地区，在发现明显临震异常的紧急情况下，当地市（州）、县人民政府可以发布48小时之内的临震预报，并同时向省级人民政府及其负责管理地震工作的机构和国务院地震工作主管部门报告。

地震短期预报和临震预报在发布预报的时域、地域内有效。预报期内未发生地震的，原发布机关应当做出撤销或者延期的决定，向社会公布，并妥善处理善后事宜。地震临震预报，由省级人民政府依照国务院有关发布地震预报的规定统一发布，其他任何组织或者个人不得发布地震预报。

对社会产生影响的地震事件发生后，有关县级以上地方人民政府负责管理地震工作的机构应当组织召开震情会商会。对本辖区近期内地震活动形势进行综合分析研究，形成震后地震趋势判定意见。市（州）、县人民政府负责管理地震工作的机构形成的震后地震趋势判定意见，向省级人民政府负责管理地震工作的机构报告。省级人民政府负责管理地震工作的机构应当将破坏性地震和严重破坏性地震后形成的震后趋势判定意见向国务院地震工作主管部门报告。

在人口稠密、经济发达地区发生的普遍有感地震的震后地震趋势判定和破坏性地震的震后地震趋势判定，由有关县级以上人民政府负责管理地震工作的机构向本级人民政府报告，并适时向社会公告。严重破坏性地震发生后的震后地震趋势判定，由省级人民政府负责管理地震工作的机构向本级人民政府报告，并适时向社会公告。

国务院地震工作主管部门根据社会需要，可以适时向社会公告地震事件的震后地震趋势判定。其他任何组织和个人关于震后地震趋势判定的意见，应当向当地人民政府负责管理地震工作的机构或者国务院地震工作主管部门报告，不得擅自向社会公告。

第四章　地震预报实例

1996年12月21日在四川省白玉、巴塘两县之间（北纬30°36′，东经99°25′）发生了5.5级地震，宏观震中位于白玉县的沙马乡至巴塘县的茶洛乡之间的高山区（北纬30°23′，东经99°20′），极震区烈度达Ⅶ度，面积约330平方千米。这次地震造成2人死亡（其中1人系抗震救灾中牺牲），重伤13人，轻伤47人，房屋损坏暂无法居住的人数在1500人左右。震区内建筑物破坏严重，地震造成总经济损失为4198.5万元人民币。

震前，四川省地震局监测预报研究所依据中小地震活动频度异常、短期形成的地震条带、各类前兆观测异常分析以及当时的震情动态跟踪结果，作出了一定程度的预测。四川省地震局正式将震情报告了国家地震局分析预报中心、四川省人民政府，同时通过甘孜州地震局向甘孜州人民政府作了通报。地方各级政府依据地震部门的预报意见均积极应对，进行了相应的工作部署，做好必要的防范准备。

2002年5—7月，普格、冕宁等地6级地震预报，引起了强烈的社会影响。各级地方政府采取了有力的应对措施，全力促进社会稳定和经济发展，把社会影响造成的损失减少到最低限度。

第一节　白玉5.5级地震预报

一、预测预报的主要依据

（一）地震活动性异常

1996年第二季度在四川康定、道孚、石棉、宝兴一带，即鲜水河、龙门山、安宁河断裂交汇的“三叉口”地区，地震活动性显示出相对活跃。至1996年第三季度末，尤其是云南丽江震区9月25日再次发生5.7级余震后，3级以上地震活动位置迅速从云南丽江沿金沙江断裂北移，在川滇藏交界一带形成新的地震活跃区。1996年9月25日，云南德钦与四川得荣间发生M_L4.6级地震，宏观震中位于四川得荣县西界，造成得荣县25户房屋的严重损坏和其他房屋的轻度损坏。1996年9—11月3级左右有感地震在这一地区频频发生，1996年9—12月内出现短期由南向北依时序发生的特点，形成短期地震成带分布。云南德钦和四川得荣县交界地区发生的M_L4.6级地震属前兆性震群，距离白玉—巴塘5.5级地震200千米，预示着北北西向的金沙江构造带的再次活动。从1996年9月12日至1996年12月24日，德钦—得荣M_L4.6级地震序列共记录0.8级以上地震72次，其中M_L4.6级地震前13天发生14次，震后发生58次（3.0—3.9级17次；2.0—2.9级22次，1.0—1.9级17次，1.0级以下记到2次地震）。4.6级序列3级地震频次高，多集中在9月和12月份，以2.0级以上地震作出序列能量释放曲线9月至12月加速明显。相应求出的序列参数多表现为异常性质，低b值（b=0.43），高熵值K（K=0.95）等。

（二）地震前兆异常

白玉—巴塘5.5级地震震中100千米范围内的前兆观测异常主要有巴塘川－58（305K道班）温泉水温，在地震震中101—200千米范围内前兆观测异常，有甘孜水氡、炉霍虾拉沱跨断层DSJ蠕变观测、道孚玉科温泉、乡城热乌温泉。

巴塘温泉由巴塘县地震办公室负责观测，测点距离白玉—巴塘5.5级地震震中88千米（距离宏观震中茶洛较近，为15千米左右）。该泉点水温测值从1996年12月13日起陡降，在正常基值水平持续下降9.1℃，至1996年12月21日5.5级地震发生时水温测值仍很低，白玉—巴塘5.5级地震发生后逐步恢复正常。

甘孜水氡观测点距离白玉—巴塘5.5级震中108千米，自1995年3月前取水点挖深后，观测氡值曲线一直平稳，1996年测值在渐升的过程中，于8月份开始呈高氡值异常状态。1996年12月21日白玉—巴塘5.5级地震时降到低值点，1996年12月22—23日又恢复到高值异常，1996年12月24日后再次降低到1996年4—7月的正常测值水平。其测值在震前、震时和震后的剧烈起伏变化较好反映与白玉—巴塘5.5级地震联系。该项短期异常作为省地震局监测预报研究所短临预测依据之一。

炉霍虾拉沱形变场地距离白玉—巴塘5.5级震中150千米，该场地蠕变观测从1989年开始观测，其跨断层的2—3边在1994年10月至1995年11月间蠕变明显加速，反映出鲜水河断裂加速左旋蠕动。在这种背景趋势异常中，沿鲜水河断裂距离观测场地西北480千米处，曾于1995年12月18日青海果洛发生6.2级地震。

道孚玉科川－53温泉测点距离白玉—巴塘5.5级震中151千米。1993年6月起，该温泉水温大幅度变化，震前最高水温达42.5℃，最低水温为31.0℃，震前3年左右时间一直持续大幅度起伏变化，反应出明显的背景趋势异常。1995年12月18日青海果洛6.2级地震前其日测值有较显著的短期起伏变化。1996年11月该测点水温增加显著，增幅1.2℃，持续20天时间后下降，在下降到低值段时发生白玉—巴塘5.5级地震，震前最高水温达42.5℃，最低水温为37℃。该项短临异常作为省地震局监测预报研究所短临预测依据之一。

乡城热乌川－52温泉测点距离白玉—巴塘5.5级震中200千米，水温月均值分析曲线显示1993年7月开始陡升，到1994年8月，温度从30℃上升到59℃，之后水温一直持续高值。在高值背景异常状态中，1996年9—10月间温泉水温测值出现4℃左右的起伏变化，同时1996年10—12月出现了显著的短期异常，水温逐渐下降，温度从59℃下降到51℃，下降幅度达8℃，在水温下降过程中发生白玉—巴塘5.5级地震。甘孜州地震局向省地震局报告了该测点的异常变化情况，同时作为省地震局监测预报研究所短临预测依据之一。

理塘毛垭温泉测点距离白玉—巴塘5.5级地震震中101千米。1995年8月该泉泉水干涸后一直作为重要背景异常项看待，同时继续对泉点进行监视。此次5.5级地震前后，观测员发现（据观测员口述，无文字记录），泉出水点的岩缝中出现翻泡、冒气现象，人能听到有声音。此种情况在1995年10月24日云南武定6.5级地震、1996年2月3日云南丽江7.0级地震前几天到十几天均出现过，所不同的是，这两次地震还同时出现冒水数日，然后又干涸的现象。1997年3月恢复出水。

在地震震中200千米外前兆观测异常的康定龙头沟温泉，距离5.5级震中250千米，气体组分

（N_2，O_2+Ar，CO_2）每隔2日取样分析，1996年9月11日三种离子组分同时出现短临突跳，异常幅度大，N_2 的百分含量为28.5%（正常应<5%），O_2+Ar 百分含量为7.4%（正常应<2%），CO_2 百分含量为64.3%（正常应>90%），之后14天发生德钦—得荣 $M_L4.6$ 级地震。1996年11月30日三种离子组分再次同时出现短临突跳，异常幅度仍较大，N_2 的百分含量为24.9%，O_2+Ar 百分含量为6.3%，CO_2 百分含量为68.2%，之后21天发生白玉—巴塘5.5级地震。震前姑咱水化台、康定地震中心站还据此提出的短临预测意见和填报的预报卡，三要素均正确。同时此项异常也作为省地震局监测预报研究所短临预测依据之一。

四川地磁观测在1996年12月8—11日连续四天出现低点位移现象，这四天出现的分界线均在川藏交界一带的四川一侧地区，白玉—巴塘5.5级地震恰好发生在分界线附近。此异常项震前作为省地震局监测预报研究所短临预测依据之一。

二、震前预报

（一）四川省地震局监测预报研究所地震震前预报

白玉—巴塘5.5级地震前震中周围地区出现有异常地震活动和多项与地下流体相关的水温、水化学短临异常及跨断层蠕变、地磁异常项。在趋势性背景异常情况下，出现短临异常，大多数短临异常时间均较短，多数出现在1996年11—12月份，尤其是1996年12月上旬异常相对集中。除此之外，震前还收集到一些宏观异常现象。甘孜州地震局、甘孜县地震办公室均曾上报了甘孜、炉霍、道孚及以西的得荣、乡城一带地区常听到有地声现象。1996年11月下旬，四川省地震局还接到省外个人的一些预测意见，国家地震局地质所强祖基曾利用卫星资料的远红外方法分析认为甘孜、理塘一带增温明显；上海沈宗丕利用地磁资料曾经报1996年12月3日至5日四川可能有强震。

省地震局监测预报研究所在震情跟踪分析中开始注意到1996年第二季度首先在四川康定、道孚、石棉、宝兴一带，即鲜水河、龙门山、安宁河断裂交汇的“三叉口”地区相对活跃。至1996年第三季度末，尤其丽江震区9月25日再次发生5.7级余震，震后3级以上地震活动迅速从云南丽江沿南北向金沙江断裂北移，在川滇藏交界一带形成新的活跃区，这一迹象引起高度重视。根据这一时期的地震活动以及各类前兆观测异常分析和震情动态跟踪，在1996年12月4日上午上报震情会商监视报告（1996，第73期）中，深入研究了川西及川、藏交界一带地区近期地震活动异常动态图象，分析一周来监测异常项有所增加，乡城、理塘一带温泉水温变化大；康定龙头沟水化组分短临异常突出；西昌压容应力异常持续等，震情会商作出结论：“短期内，尤其半月内在乡城、得荣、巴塘至川、藏交界一带可能发生中强地震，同时密切监视四川年度会商所圈定的2个地震危险区的震情动态”。

1996年12月6日上报了中短期地震预报（5—6级）A类卡。12月11日，省地震局监测预报研究所震情监视报告（1996，第74期）进一步分析了近期川西各构造块体地震活动的异常过程，给出了9项，包括：地震活动、地磁、压容应力、地电、地倾斜、水氡、水化组分、井水位、电磁波监视变化和异常内容的分析意见，会商结论：坚持1996年12月4日的会商结论意见（震前已上国家地震局Apnet网络，单位编码AP51，文件名：96121118.W51）。

1996年12月18日，省地震局监测预报研究所震情监视报告（1996，第75期）再次对川、滇、藏交界地区的地震活动提出了新的认识，1996年9月25日德钦—得荣间4.6级地震后两月内这一带地震活动频度异常增加，地震活动强度保持较高活动水平，由地震序列计算的熵值K接近异常指标。尤其至第三个月（1996年12月份以来）区域地震活动出现短暂平静。加之，川西地区监测的地磁、地应力等前兆观测异常表现仍十分突出。会商结论：“短期内，在巴塘、乡城、得荣至川、滇、藏交界一带可能发生（5—6级）中强地震”（震前已上国家地震局APnet网络，单位编码AP51，文件名：96121818. W51）。

省地震局监测预报研究所提出的短临地震预测预报意见均及时发送给了国家地震局分析预报中心，同时通知到了甘孜州地震局和州政府、地震站（台）。

（二）康定地震中心站地震震前预报情况

康定地震中心站根据康定龙头沟和姑咱水化组分等异常提出了准确的短临预测意见：“以北纬30°18′和东经98°36′为圆心，半径60千米圆形区域半月内可能发生5.5—5.9级地震（并填报了国家地震局短临预报卡片，预报实现为三级）。”

（三）甘孜县地震办公室和甘孜地震台震前预报情况

甘孜县地震办公室和甘孜地震台联合于1996年12月13日根据地震活动、甘孜水氡、地电观测异常发出以理塘为中心200千米范围内未来40天内可能发生6.0—6.4级地震的预测意见。

（四）甘孜州地震局震前预报情况

1. 中期监测预报意见

甘孜州地震局在1995年10月10日向省地震局提交的《甘孜州地震局关于1996年度地震活动趋势研究》的专题报告中提出：“1996年度甘孜州内发生6.0±0.5级地震的可能性很大，可能发生地震的危险区是邓柯—甘孜—理塘或道孚—康定—泸定一带及附近地区”。在1996年10月18日向省地震局提交的《甘孜州地震局关于1997年度地震活动趋势预测意见》的报告中再次提出：“1996年11月至1997年10月在巴塘—理塘—乡城—得荣一带发生5.5±0.5级地震的可能性较大”的意见。

2. 短临监测预报意见

自1996年8月中旬以来，甘孜州部分地区地震活动十分频繁，先后出现了一些宏微观异常现象。根据州政府领导的多次指示，州地震局曾多次通过电话、电台要求各县地震办公室要加强震情值班和抓好震情监测预报工作。同时，分别于11月27日、30日和12月13日向省地震局监测预报研究所报告了州内出现的重大宏微观异常情况。在抓好短临监测工作的基础上，甘孜州地震局对各种观测资料和宏观异常现象进行了认真的分析研究后，于11月27日、12月4日两次向省地震局提出：“未来两个月内，在得荣—乡城—巴塘或康定—道孚一带发生5.5±0.5级地震的可能性很大”。

震前甘孜州地震局及时向州人民政府报告了康定、雅江等县发生有感地震情况和道孚、甘孜两县的宏微观异常。主管州长立即指示州地震局派出得力人员组成工作组到北路3县，进一步深入核实宏微观异常，督促检查和指导工作。12月11日，甘孜州地震局派出了副局长带队的工作组到道孚、炉霍、甘孜、泸定开展工作，12月12日，州地震局向各县下发了《地震工作简报》，对地震活动和宏微观现象进行了通报，就如何抓好当前全州防震减灾工作提出了具体要求。12月13日，中共甘孜县委、县政府向中共甘孜州委、州政府报送了《甘孜县震情异常，可能孕育一场中强度地震》的传真报告，州委副书记德尔基彭措当天在此报告上作了三点指示：“1. 州局与康定中心站会商研究情况，2. 派出有关人员和技术员赴异常县加强监测，3. 甘孜县党委、政府应引起高度重视，注意防震”，并将该报告转报中共四川省委、省政府。中共甘孜州委、州政府依据地震部门的预测意见，进行了全面的工作部署，并采取了相应的措施，于1996年12月13日向甘孜州地区的得荣、甘孜、巴塘、理塘、雅江、道孚、炉霍、康定县速发了《关于加强对近期地震活动情况和进行监测预报的通知》的特急内部传真电报，同时上报了省委、省政府。

1996年12月21日16时39分，白玉—巴塘（北纬30°36′，东经99°25′）发生5.5级地震。由于甘孜州地震局在震前作出了较准确的短临预报，及时采取了相应的防范措施，震后应急工作得力，保证了抗震救灾的顺利开展，取得了较好社会效益。

三、震前应对措施

根据地震部门的短临预测意见，震前政府采取了有效的防震减灾措施。1996年11月下旬至12月上旬，四川省副省长前往省地震局听取省地震局领导和地震监测预报所负责人关于近期震情趋势及当前防震减灾工作的情况汇报，并指示“要加强监测预报工作，防震减灾是各级政府的一件大事，工作做好了可以收到很好的社会经济效益。”在四川省妇女儿童工作会议暨县长培训会上，省政府安排省地震局领导介绍了近期震情，副省长对加强全省防震减灾工作强调“地、市、州、县领导不能放松警惕，力争把各项准备工作做在破坏性地震到来之前，尽量减轻可能造成的震害损失。”

在省地震局监测预报研究所1996年12月4日上午震情会商提出短临地震预测意见后，省地震局当即决定在得荣县增上流动测震台和100瓦电台，于1996年12月8日出发经攀枝花、云南丽江，翻越雪山垭口至乡城到得荣县架台观测，弥补川藏交界地区测震台网过稀，以改善和提高中小地震定位精度，为进一步监视和分析震情创造条件。1996年12月4日下午，省地震局向正出差在成都开会的甘孜州副州长作了详细通报。对省地震局提出在得荣县上流动地震台表示欢迎并给予必要支持，同时立即责成得荣县科委配合开展工作。

中共甘孜州委、州政府依据地震部门预测意见，进行了全面工作部署，采取了相应的措施，于1996年12月13日向甘孜州地区的得荣、甘孜、巴塘、理塘、雅江、道孚、炉霍、康定县速发了《关于加强对近期地震活动情况和进行监测预报的通知》的特急内部传真电报，同时上报了中共四川省委、省政府。通知中要求：“加强防震减灾救灾工作是各级党委、政府义不容辞的责任。采取有力措施加强对可能造成的地震灾害的防范，做好必要的防范准备。甘孜州地震局、姑咱地震中心站是对地震活动情况进行监测预报的职能部门，要务必加大对州内近期地震活动情况进行监测和预报的力度。州地震局要派出得力人员组成工作组，深入地震活动频繁的有关县通报情况，督促、检查和指导工作。对出现的异常现象要及时上报上级业务部门和州级有关部门。”甘孜州地震局派出的工作组于1996年12月12日赶赴甘孜、炉霍、道孚等县开展工作。1996年12月13日，中共甘孜县委送省委各书记、常委和省委办公厅的震情反映（第245期），标题是：甘孜县震情异常可能孕育一场中强度地震，中共四川省委书记阅示“省地震局要加强监控、预测和及时报告情况”。

白玉—巴塘5.5级地震发生后，1996年12月21日当晚中共甘孜州委、州政府上报四川省委、省政府的内部传真电报（特急）“关于我州西部发生5.5级破坏性地震紧急情况报告”中再次肯定了地震部门所作的工作：“此次地震前根据地震部门提供的震情和异常情况，州委、州政府对重点县监测工作及时作了部署，提出了具体要求”。省政府副省长和省政府秘书长在听取省地震局领导汇报白玉、巴塘间5.5级地震灾情和震情的时候，对地震部门震前测报工作作了高度赞扬。

四、获奖情况

白玉—巴塘5.5级地震的成功预报，受到了国家地震局的通报表彰，1997年1月发出了“关于表彰四川省地震局实现白玉、巴塘5.5级地震较准确短临预报和上海市地震局等单位开展南黄海6.1级地震震后应急工作取得实效的通知”。同时，该预报成果被国家地震局评为1997年度科学技术进步三等奖（成果编号9711702）。此次地震预报为“九五”期间的防震减灾工作开了一个好头。国家地震局于1997年元月对甘孜州地震局给予了通报表彰和奖励，四川省人民政府在1998年2月召开的全省防震减灾工作会议上进行了表彰和奖励，甘孜州人民政府也给予了奖励。

第二节　普格、布拖、冕宁6级地震预报和影响

一、地震预报过程

2002年3月3日和4月10日，紧邻西昌市的冕宁和普格先后发生4.4级和4.9级地震。4月27—28日，中国地震局监测预报司在昆明召开全国7级地震研讨会，将四川雅江—布拖—川滇交界东侧、川甘交界、北天山三个地区确定为全国重点震情跟踪区。5月13日，云南昆明北嵩明发生4.8级地震。同日，中国地震局下发了《关于组织实施川滇地区地震短临跟踪工作的通知》，成立了以中国地震局副局长岳明生为组长的地震短临跟踪工作领导小组，全面指挥地震短临跟踪工作。5月17日，岳明生副局长率工作组来四川检查、指导工作，并向副省长马开明介绍了四川震情和中国地震局对加强预测预报采取的措施。5月18日，岳明生副局长一行到凉山州检查、指导震情跟踪监视工作。5月19日，中共凉山州委、州政府在西昌邛海宾馆主持召开中国地震局、四川省地震局和凉山州人民政府三方参加的震情形势分析会，中国地震局、四川省地震局和凉山州人民政府等领导出席会议。根据震情分析，会议提出了发生6级地震的可能性及组织监测跟踪。5月22日，中国地震局派出了专家组赴冕宁—西昌—普格开展异常调查和分析工作。5月23日，紧邻普格的布拖县发生了4.0级地震。

2002年5月24日，省地震局向中共四川省委、省政府呈送了《关于我省震情最新情况及近期趋势意见的报告》（以下简称《报告》），提出了“如果震情和宏、微观异常出现更突出的变化，近一、二个月内，雅江—布拖重点危险区，尤其是普格、布拖、宁南以及冕宁附近有发生6级左右地震的可能”近期趋势意见。5月24日和25日，省委、省政府主要领导分别作出批示：加强短临跟踪，震情异常凸现地区要及时采取措施，包括必要的监测工作，预案处理方案部署到基层。对重点地区的防范措施逐项落实，要组织精干力量，加强值班，做好防震工作，确保人民生命安全，避免引起社会波动。各地震局、台、站必须进入震前紧急状态，把各项措施落到实处。26日，省政府办公厅把省地震局的《报告》及省委、省政府领导的批示一并传至中共凉山州委。是日晚，中共凉山州委召集紧急常委会，传达省地震局的《报告》和省委、省政府领导的批示，研究部署工作，宣布正式启动凉山州大震应急预案。5月29日，中共凉山州委再次召开常委会，听取西昌地震中心站和凉山州地震局关于震情工作汇报，州委主要领导就如何重视当前震情和有关工作部署作了重要讲话。6月7日，副省长马开明到西昌听取地震部门的震情汇报，要求加强监测，加强对宏观异常的跟踪。中国

地震局、四川省地震局先后6批40人次的地震专家工作组，在凉山州开展了历时75天的震情监视和短临跟踪工作。各地群众报告有各种宏观异常现象86起，地震台站微观异常8起。西昌地震中心站选择认为有价值的40起进行跟踪考察，认为属重要异常的4起，异常和一般异常的16起，一时不能确定的5起，其余属无关异常和非异常。四川省地震部门持谨慎态度，未向省政府上报短临地震预测预报意见。8月1日，《凉山日报》刊发了“国家、省地震局专家组完成宏微观异常跟踪落实任务”的消息。预报区内未发生6级地震。

二、社会影响

2002年5月20日开始“西昌要地震”的消息，在西昌市境内的州级机关、市级机关各单位快速传播，随后扩展到城区居民和乡镇以及冕宁、普格、宁南等县。民众惊恐不安，纷纷打电话到地震部门询问震情，“西昌哪天发生地震?”“今晚安不安全?”“地震能不能预报?”“某处发现宏观异常”等等。以西昌市为中心的各单位办公室、公交车上、超市、学校、医院等人群密集地方，都能听到“西昌要地震”的议论声，处处能看到谈论“西昌要地震”的人群，甚至出现“西昌将发生毁灭性地震”的谣传。凉山州地震局、西昌地震中心站周边总有不少的社会民众观察地震系统的车到哪里，人到哪里，甚至有跟踪地震部门车辆的社会人员。2002年5月20日以后，西昌各商场、商店内的帐篷、饮料、食品等被抢购一空，部分市民从昆明等邻近城市购买，也有在外地出差的人员从北京、上海等地“空运”帐篷回来的。西昌市内城南大道及周边夜晚便成“帐篷营地”最集中地。有车的市民夜晚把车集中于城南大道及周边夜宿。部分单位、厂矿、学校的操场、院坝也是帐篷随处可见；普格、冕宁、宁南、德昌等县不少民众也在野外露宿。火车票是“一票难求”，车站窗口无票售出，倒卖出境车票超过票价本身的三倍以上。火车站人满为患，买票找票者比比皆是。汽车站和飞机场也滞留了大量出境的人员。外地在西昌做生意的商人也纷纷驾车撤离。中小商店和饭店陆续关门，一些中小学校部分学生也外出躲地震，部分私人幼儿园也出现放假情况。家居异处的建筑承包商工地大多数停工待建，部分建筑工地仅留下看守人员，出现了低价抛售商品房现象，一段时间商品房价跌破每平方米1000元，售房处亦难有人询问。此次地震预报影响到攀枝花市及省内其他地区。

三、应对措施

2002年5月19日，凉山州政府根据全州面临的地震形势，安排部署了强化震情跟踪和地震应急工作，有关单位、相应机关和地震部门强化了值班和震前应急预案工作。5月26日晚，凉山州政府正式启动凉山州大震应急预案，西昌地震中心站下发了《关于我州监测工作进入应急状态通知》，明确了领导干部24小时值班，保持同政府的联系，抓好宏微观异常考察落实登记的6项制度，并在全州增上了地震监测设备19台（套）。5月29日，州委、州政府召开州级部门负责人会议，通报了地震监测情况，要求以科学的态度对待震情，勿听谣传，努力工作。同日，凉山州地震部门的主要负责人，在凉山电视台发表讲话，澄清“西昌要发生大地震，甚至是毁灭性地震”的社会谣传，表明政府和地震部门有能力处置地震灾害的信心和决心。6月，凉山人民广播电台、《凉山日报》各分6期（次）播发和刊发了州地震部门编写的《防震减灾科普知识》。州地震局联合西昌第一王朝酒店编印了2万册《防震减灾宣传手册》，在西昌市和冕宁、普格、宁南等县广为散发，宣传普及地震科学知识和防震减灾知识。5—7月，中国地震局、四川省地震局先后派出40人次的地震专家工作组，同州、县地震部门一起开展宏微观异常的跟踪和核实工作。中共凉山州委、州政府坚持一手抓防震减灾，一手抓经济建设工作，依靠专家，重视专家，加强政府和专家的震情会商工作。6月8日，中共凉山州委、州政府在西昌市召开了全州党政干部大会，副省长马开明、省救灾办主要负责人及州委、州政府主要领导出席会议。州委常委、州人大常委会副主任、州政府副州长、州政协副主席及州级各部门，驻西昌中央、省、州属企事业单位，大、中专院校负责人和西昌、普格、冕宁、宁南、布拖等县市党政主要负责人参加会议。会议邀请省地震局负责同志作“地震形势分析报告”。会议通报了凉山州当前震情形势，把真实震情告诉广大干部和民众，就积极做好防震减灾工作，全力促进社会稳定和经济发展作出安排部署，把震情对社会的影响和损失减少到最低程度。7—8月后，西昌一带社会秩序逐渐恢复如常，各类商铺、饭店等照常营业。城乡安谧，商贾云集，集市贸易、建筑工地、交通运输等，又呈现出繁荣、兴盛景象。

第四篇　震灾预防

地震灾害预防是指在地震前所做的防御性工作。它是防震减灾工作的主要内容之一，也是推进防震减灾事业发展和减轻地震灾害的重要途径。四川的防震减灾工作坚持为国家经济建设服务，开展地震安全性评价，在对一大批建设工程场地及周围地区的地震地质条件、地球物理场的环境、地震活动规律、现代地壳形变及应力场等方面进行深入研究的基础上，采用地震危险性概率分析方法，按照工程所需要采用的风险水平，给出相应的工程规划或设计所需要的一定概率水准下的地震动参数（加速度、设计反应谱、地震时程等）和相应的资料。1986—2005 年完成各类建设工程的地震基本烈度复核鉴定及地震危险性分析、建设工程场地地震安全性评价和工程地震危险性分析及地震动参数确定等 270 余项。在攀西地区、石棉—西昌地区、德阳市、绵竹城区、自贡高新区等多处开展区域性地震区划和地震小区划；在四川西部地震重点监视防预区、龙门山断裂带中南段部分县市开展城乡震害预测，对未来发生地震造成的房屋损毁、人员伤亡、基础设施破坏、经济损失和次生灾害等进行预测，为各级政府在编制社会经济发展规划、国土资源利用规划和编制防震减灾规划以及制定应急预案、抗震加固、防灾投入等提供依据。

农村“三网一员”的建设和地震安全农居工程建设是震灾预防的主要内容之一，也是防震减灾工作的重要组成部分，更是法律赋予各级地震行政主管部门、建设行政主管部门的重要职责。这些工作开展时间不长，许多内容还有待在实践中探索、总结和推广。

防震减灾宣传教育工作是地震综合防御、减轻地震灾害的重要途径。向群众宣传普及防震减灾基本知识及法律法规知识，增强民众的防震减灾意识和应对灾害的能力，动员社会公众参与防震减灾行动，为国家经济建设发展和稳定社会服务。震灾预防要宣传群众，更要依靠群众。

第一章 地震安全性评价和地震区划

地震安全性评价和地震区划等都是为建设工程、城乡发展规划提供抗震设防的基础性工作。地震部门先后承担完成一些重大工程建设场地地震安全性评价、地震区划图编制、区域性地震区划和地震小区划等工作，为各级政府在编制社会经济发展规划、国土利用规划和编制防震减灾规划等方面提供依据和参考。

第一节 重大工程建设场地地震安全性评价

四川早期的地震安全性评价工作又称为地震烈度复核、地震烈度鉴定等。1988 年以前，主要采用的是确定性的评价方法。1988 年以后地震安全性评价工作主要以地震危险性分析、地震安全性评价等方式开展，主要采用的是概率性的评价方法。

1986—2000 年，省地震局开展了“攀钢二基地宜宾蕨溪厂区地震基本烈度复核鉴定及地震危险性分析”“四川省冕宁大桥工程地震基本烈度复核及地震危险性分析”“川藏公路竹巴龙大桥桥址区断层活动性判定”“四川广播电视塔工程地震研究”“成都双流机场活动断裂研究与地震危险性分析”“成都自来水六厂厂区地震危险性分析”“国道 317 线鹧鸪山隧道工程场地地震安全性评价”“四川攀枝花市炳草岗金沙江大桥工程场地地震安全性评价”“攀枝花民用机场工程场地地震安全性评价”“四川木格措及雅拉河梯级电站工程场地地震安全性评价”等 110 余项地震安全性评价工作。

2000—2005 年，省地震局开展了“成都市自来水厂 BOT 配套工程地震危险性分析及地震参数确定报告”“G318 线海子山至竹巴龙段公路工程场地地震安全性评价报告”“荥县七井沟水库工程场地地震安全性评价报告”“成都地铁一期工程试验段工程安全性报告”“成都金堂电厂地震安全性评价”“95 工程场地地震安全性评价”“乐山—宜宾高速公路工程场地地震安全性评价”等 160 余项。

第二节 地震区划图编制

1992 年 5 月 22 日经国务院批准，国家地震局和建设部于 6 月 6 日以“震发办〔1992〕106 号”通知，发布施行《中国地震烈度区划图（1990）》（比例尺 1：400 万），简称“中国第三代区划图”。该区划图编制的原则是采用地震危险性概率分析方法，反映地震活动时空不均匀性的特点，吸收地震预测方面的研究成果，并同国家新颁布的《建筑抗震设计规范》（GBJⅡ－89）具有概率含义的设防水准相衔接。《中国地震烈度区划图（1990）》赋予了有效时间区限和概率水平含义，它展示了地区之间潜在地震危险程度的差异，即指在50年基准内，一般场地条件下，可能遭遇超越概率为10%的地震烈度值。是风险烈度（1954年第一代区划图、1977年第二代区划图是定值烈度），反映不同时期地震区划图的科学水平。《中国地震烈度区划图（1990）》中反映四川省境内地震基本烈度值为Ⅶ度以上的县（市、区）105个，面积34万平方千米，占全省国土面积69%。Ⅶ度区以上的人口占全省总人口36%。《中国地震烈度区划图（1990）》中反映成都及市、州府所在地地震基本烈度值：成都Ⅶ度、自贡Ⅶ度、攀枝花Ⅶ度、乐山Ⅶ度、眉山Ⅶ度、宜宾Ⅶ度、雅安Ⅶ度、马尔康Ⅶ度、康定大于等于Ⅸ度、西昌大于等于Ⅸ度、泸州Ⅵ度、德阳Ⅵ度、绵阳Ⅵ度、广元Ⅵ度、资阳Ⅵ度、内江Ⅵ度、达州Ⅵ度、广安Ⅵ度、遂宁小于Ⅵ度、南充小于Ⅵ度、巴中小于Ⅵ度。

2000年中国地震局编制完成了《中国地震动参数区划图（2001）》，简称“中国第四代区划图”。2001年2月2日以国家标准正式发布《中国地震动参数区划图（GB18306－2001）》，8月1日起施行。该区划图编制的基本原则是使用地震危险性概率分析方法，充分吸收地震、地质和地球物理资料及地震预测新成果，编图时考虑地震参数的不确定性影响，采用峰值加速度和反应谱特征周期双参数编制地震区划图和考虑场地土层的影响。该区划图第一次由国家行政主管部门依据《中华人民共和国防震减灾法》的规定组织编制并具有法定效力，第一次以强制性国家标准的形式颁发实施，第一次用地震动参数取代了地震烈度，体现了国际上地震区划的主流和最新水平。该区划图包括正文、《中国地震动峰值加速度区划图》（比例尺1∶400万）、《中国地震动反应谱特征周期区划图》（比例尺1∶400万）和《中国地震动反应谱特征周期调制表》，采用峰值加速度和反应谱特征周期两个地震动参数共同表达，不再采用地震基本烈度。《中国地震动峰值加速度区划图》和《中国地震动反应谱特征周期区划图》的设防水准均为50年超越概率10%，场地条件均为平坦稳定的一般（中硬）场地，其他类型场地的特征周期按照《地震动反应谱特征周期调制表》进行调整。在该图中，成都市境内除金堂县、龙泉驿区的部分地区的峰值加速度为0.05g（相当于地震基本烈度Ⅵ度）以外，其余所有区（市）、县均为0.10g（相当于地震基本烈度Ⅶ度），其范围与第三代区划图成都市境内的Ⅶ度区基本一致；特征周期的情况较为复杂，成都市主城区和部分区（市）县的特征周期为0.40秒；另一部分区（市）县的特征周期为0.45秒。在四川省境内对于面广量大的一般性工业与民用工程选择50年超越概率为10%的风险水准，确定的抗震设防要求与中国第三代区划图的抗震设防要求大体相当。

地震烈度区划成果只能作为一般场地上一般工业与民用建筑物的抗震设防标准，重大工程、特殊工程及可能产生严重次生灾害的工程，以及一些构造位置或场地条件比较特殊的工程，还必须按照《中华人民共和国防震减灾法》的规定进行专门的地震安全性评价。

第三节　区域性地震区划

一、攀西地区地震危险区划

1985—1986年，省地震局为适应经济发展的需要，组织开展了攀西地区地震危险区划工作。攀西地处四川省西南部，位于北纬26°—29.3°之间、东经100°—103.5°，整个范围包括攀枝花市（原渡口市）和凉山彝族自治州22个县（市、区），国土面积6.67万平方千米，当时人口410.2万人。

在前人工作的基础上，省地震局开展了地震地质工作、地震活动性研究、历史地震考察和地震影响场的研究，收集了攀西地区地壳形变、深部构造、遥感地质等多方面的资料，在综合分析研究后，编制出1：50万攀西地区地震危险区划图和攀西地区地震危险性研究报告。

攀西地区地震危险区划的原则是历史重演原则，即历史上发生地震将来还可能发生；地质构造外推原则，即在同一地质构造条件下，可能发生同样强度的地震；对重点工作区所确定的潜在震源区使用了具有概率含义的地震危险性分析方法，即确定了强震发生概率、地震烈度重现率和确定大震重复周期的原则。对本区地震危险性估计主要采用线性预测方法、极值综合预测方法、马尔科夫过程计算方法和重复率估计发震概率方法，根据这几种方法综合判定攀西地区未来100年内至少可能有4次6级以上地震和1次7级以上地震发生。对本区地震危险区的确定，主要依据地震地质、地球物理场、地壳形变、地震活动性，还采用地震位移和断层长期活动速率资料估计强震重复率，根据同级强震重复周期估计同级地震的危险性的方法。对地震危险区地震震级确定主要根据活动断层的长度、地震位移、形变区、地震平静时间和断层平均位移速率等来估计未来地震震级。根据这些原则、依据和方法，编制出“攀西地区地震危险区划主要判据表”，对本区未来100年内地震危险性进行地震危险区划。攀西地震危险区划图上划有漫水湾—杨福山Ⅹ度地震危险区、西昌—大箐梁子Ⅸ度地震危险区、昔格达—魚鲊Ⅸ度地震危险区、大桥—冕宁Ⅷ度地震危险区、南坝Ⅷ度地震危险区、桐子林Ⅷ度地震危险区和普雄Ⅷ度地震危险区。

二、石棉—西昌地区地震区划

石棉—西昌地区位于四川省西部的凉山彝族自治州和雅安地区境内。该地区在历史上曾多次发生过强烈地震，一直为四川省地震重点监视防御区之一。为做好地震防御工作，为国家经济建设服务，1990—1992年，省地震局第六研究室（工程地震研究室），在石棉—西昌地区开展地震区划工作。地震区划范围为北纬27°40′—29°32′，东经101°36′—102°48′。为完成该地区地震区划工作，地震科技人员做了大量的地震地质工作、历史地震调查、深部构造和地震活动性研究等。按照《中国地震烈度区划图（1990）》的技术思路和原则方法，反映地震活动的时空非均匀性，采取国际上广泛使用的地震危险性概率分析方法，在对研究区及320千米范围内的表征地震活动程度的地震学指标进行扫描分析基础上，结合地震地质、深部构造等资料，对研究区及320千米范围内的潜在震源区作了判定和划分；确定地震统计区的地震活动参数（震级上限、起算震级、b值、年均发生率）和各潜在震源区的地震活动性参数（空间分布函数和方向性函数）；并通过逐步回归的方法得出了地震动（地震烈度和基岩峰值加速度）衰减关系；再进行地震危险性概率计算；在选定的年限和概率水平下，绘制概率的地震动（地震烈度和地表基岩水平加速度峰值）等值线图，即地震区划图（见图4-1、图4-2）。

石棉—西昌地区地震区划图选用的比例尺为1:50万，以50年超越概率10%的地震烈度值和地表基岩水平加速度峰值编制。图4-1是石棉—西昌地区地震烈度区划图（50年超越概率10%），从冕宁—石龙—杨福山—西昌南一带为Ⅸ度区，外围田湾、石棉、越西、中普雄、喜德、金河、里庄一带为Ⅷ度区；图4-2是石棉—西昌地区地表基岩水平加速度峰值区划图（50年超越10%），从小盐井—冕宁—石龙—杨福山—西昌邛海基岩加速度峰值为350gal，外围从石棉田湾直到西昌以南大片地域基岩加速度峰值为250gal。

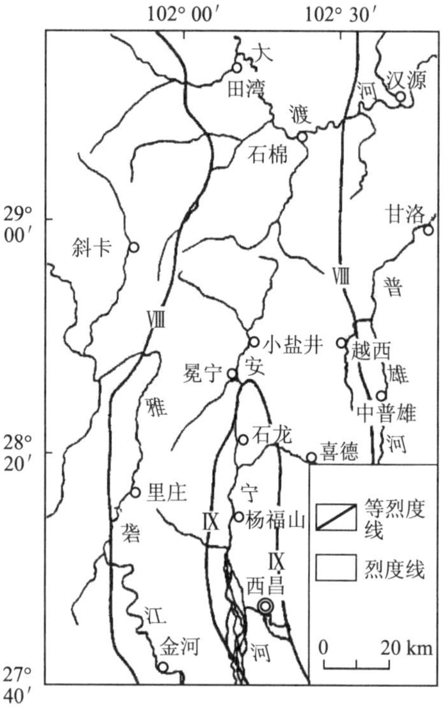

图 4－1　石棉—西昌地区地震烈度区划图（50 年超越概率 10%）

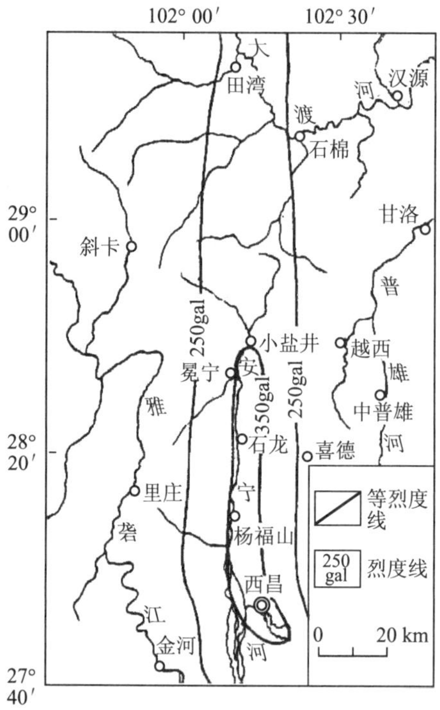

图 4－2　石棉—西昌地区地表基岩水平加速度峰值区划图（50 年超越概率 10%）

编制该区划图是为政府制定国土规划、工业布局等使用，对一般中、小型工程可参考使用。对重大工程和基础设施、生命线工程等必须按照《中华人民共和国防震减灾法》，做更细的工程地震工作。该区划图可以作为城市、大型企业开展地震小区划工作的基础。该区划图具有明确的时间性，是在 100 年左右地震活动趋势估计基础上进行的，它具有明确的概率意义，按该区划图进行抗震设防，50 年内工程所冒的风险为 10%。

三、川藏地区 2005 年前地震危险区划图编制

根据国家地震局的要求，开展中长期强震预测方法的研究，1991—1995 年，省地震局工程地震研究所组织进行了川藏地区 2005 年前强震危险区预测研究。在广泛研究四川、西藏近代地壳运动特征、主要断裂活动性、活断层参数、地震活动特征的基础上，汇集了川藏地区 $M\geqslant6$ 级地震档案资料和历史有感地震目录。采用确定性方法和非确定性的地震复发条件概率方法和思路，编制川藏地区 2005 年前强震危险区（$M\geqslant7$）综合预测图和川藏地区 2005 年前强震危险区（$M\geqslant7$）条件概率分布图。根据川藏地区活动断裂的控制条件（即断层的最新时代、断层平均滑动速率、地震断层破裂长度、断层运动性质、断层几何结构特征等），结合断层消失率、现今地壳形变、地震活动性（即借以表征区域地震活动程度的地震能量密度和地震活动度、地震重现周期、强震前的地震空区、地震迁移等），以及专家评判意见进行综合研究，以确定川藏地区 2005 年前可能发生强震地点（区）序次。结果判定四川地区有乾宁—康定 $M\geqslant7$ 级地震危险区和冕宁—西昌 $M\geqslant7$ 级地震危险区；四川境内的邓柯—玉隆、北川—汶川、马边—雷波等地有发生 $M\geqslant6$ 级地震的危险性。西藏地区有当雄—羊八井 7.5 级地震危险区、申扎—色林错 7 级地震危险区、错那—隆子 7 级地震危险区、康马—亚东 7 级地震危险区和聂拉木 7 级地震危险区。

四、攀西地区地震动参数区划图编制

为了适应国家社会经济的发展，有效地防御和减轻地震灾害，1996—2000 年，省地震局工程地震研究所，按照“全国抗震设防区划编制工作大纲”和“重点区地震参数区划编制工作大纲”，结合攀西地区地震活动区域特征，利用最新资料和成果，全面地研究、论证和反映攀西及外围地区的地震构造环境、地震区带与潜在震源区划分、地震活动的时空不均匀性，地震活动性参数确定和地震动衰减关系等。编制攀西地区地震动参数区划图思路和原则是充分吸收和全面反映近 10 年来有关的新资料、新成果，反映地震活动在时间上和空间分布上的不均匀性，充分吸收国内近 10 年来在长期、中长期地震活动趋势预测方面的研究成果，采用多参数、多方案方法进行地震动参数区划图的编制。

攀西地区地震动参数区划图编制的范围为北纬 26°30′—29°00′，东经 101°30′—103°00′。采用多参数、多方案的计算方法，针对不同情况，组合成 12 套区划图计算方案，最终加权平均，编制出了攀西地区地震动参数区划图。攀西地区地震动参数区划图共 2 幅，一幅是基岩场地 50 年超越概率为 10% 的有效峰值加速度（EPA）区划图（1∶100 万），见图 4－3；一幅是基岩场地阻尼比 0.05 的加速度反应谱拐点周期（Tg）区划图（1∶100 万），见图 4－4。

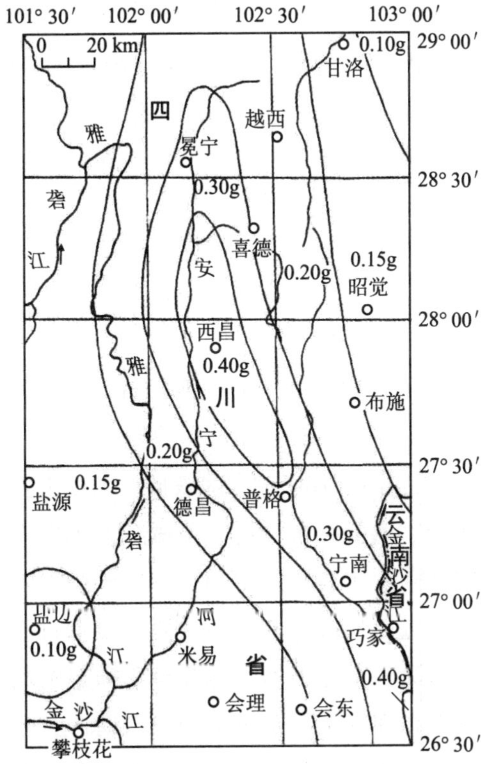

图 4－3 攀西地区有效峰值加速度（*EPA*）区划图

（基岩场地，50 年超越概率 10%）

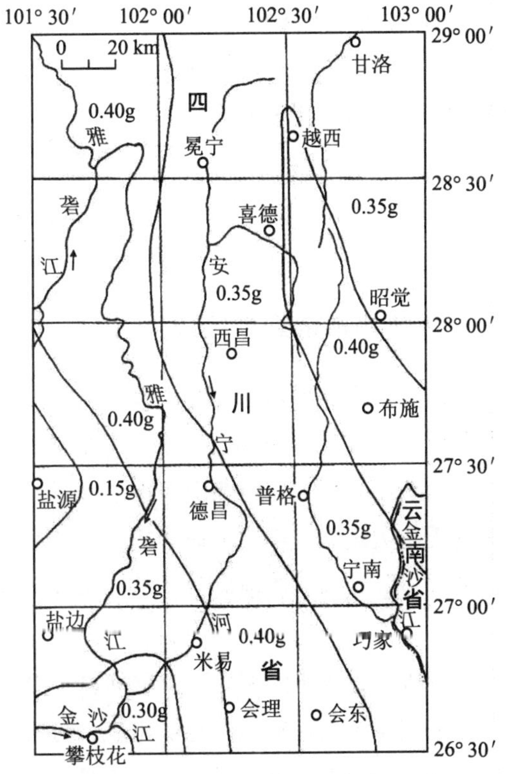

图 4－4 攀西地区加速度反应谱拐点周期（Tg）区划图

（基岩场地，阻尼比 5%）

为了与各行业规范和抗震设计标准相衔接，满足大量一般工业与民用建筑的抗震设计需要，根据实际计算数值，图 4－3 中分区值为 0.10g，0.15g，0.20g，0.30g，大于等于 0.40g。它们分别相当于《中国地震烈度区划图（1990）》（称“三代图”）中的地震烈度Ⅶ度，Ⅶ度半，Ⅷ度，Ⅷ度半，Ⅸ度。图4－3中有效峰值加速度（EPA）等值线呈近南北向带状分布，高值区沿着安宁河断裂带、则木河断裂带展布，大于等于0.40g区主要分布在泸沽—西昌—普格一线，长约120千米，宽约25千米；巧家南往东川方向，亦开始出现大于等于0.40g区。0.30g区主要分布于冕宁县冶勒—云南巧家地区，南北长270千米，宽25—50千米。0.20g区纵贯南北，长约290千米，宽50—100千米。0.15g区分布于0.20g区两侧，主要在甘洛—昭觉及盐源—米易一线。0.10g区仅有零星出现，分布于甘洛、盐边附近。图4－3与“三代图”相比，编图区地震动分布的形态基本相同。“三代图”Ⅸ度与0.40g区基本重合；0.20g区比“三代图”Ⅷ区范围略大，向东西两侧扩大了10千米左右；“三代图”图中大片Ⅶ度区在图4－3里大多成为0.15g（Ⅶ度半）区域。总体上，Ⅸ度以上地区二者基本相同，Ⅶ—Ⅷ度半区图4－3中数值有所提高，区域有所扩大。

根据大量强震记录所反映的实际情况，为增强大量涌现的十几至二十几层楼房的抗震水平，图4－4加速度反应谱拐点周期（Tg）分值为0.30s、0.35s和0.40s。图4－4总体面貌与图4－3区划图类似，呈近南北向条带状分布，图中0.30s、0.35s、0.40s区面积分别占总面积的6%、62%、32%。0.40s区主要分布在九龙—德昌—会东一线以及越西—布拖一线，0.35s区主要分布在冕宁—西昌—宁南一线、甘洛—昭觉一线以及盐边—米易一线，0.30s区仅在盐源和攀枝花附近零星出现。反应谱拐点周期Tg主要是受地震环境的影响，即近震和远震的影响。图4－4中Tg的分布特征，在编图区约三分之二的地区是受近场潜在震源区的影响（如0.30s和0.35s的分布区）；在潜在震源区外围，Tg相对较大，多为0.40s。

第四节　地震小区划

一、西昌市地震小区划

西昌市地震小区划又称西昌市抗震防灾规划。1987年7月至1989年5月，西昌市人民政府抗震防灾办公室依靠自身和社会力量，采取部分委托的方式，组织编制完成了西昌市地震小区划工作。西昌市地震小区划工作的范围为市中（区）、马道、新村、长安四个片区和太和铁矿。工作主要内容包括抗震防灾规划纲要、土地利用、工程抗震、生命线系统、避震疏散、防止与减少次生灾害、抗震防灾宣传与训练、震前应急及震后抢险救灾、抗震防灾规划的实施与管理和太和铁矿抗震防灾应急预案等。西昌市地震小区划编制的思路是以西昌市的地震危险性分析和震害预测的结果为基本依据，在各级人民政府的领导下，贯彻以“预防为主”的方针，立足于自救，依靠编制和实施城市规划、土地利用、工程抗震、避震疏散、防灾应急预案等科学合理的抗震防灾措施，以期在实际条件的情况下，把地震灾害的损失减少到最小程度。在大量调查、收集、整理和研究地震地质、水文地质、工程地质、建（构）筑物、生命线工程、国民经济发展和公用设施等方面资料的基础上，参考国内外一些城市抗震防灾规划编制的经验，结合西昌市的实际情况进行地震小区划编制。

在完成《西昌市城市抗震防灾规划》《西昌市抗震防灾震前应急预案与震后抢险规划》《太和铁矿抗震防灾应急预案》等报告资料前提下，最后形成了西昌市城市抗震防灾规划一套图件，计16幅，即：

西昌市及邻区断裂构造及震中分布图（1:100万），西昌市地面加速度峰值分布图（1:2万），西昌市抗震设防区划图（1:2万），西昌市抗震设防区及用地分析图（1:2万），西昌市场地区划图（1:2万），西昌市建筑密集图（1:2万），西昌市人口密集图（1:2万），西昌市建筑物震害预测图（50年超越概率10%）（1:2万），西昌市建筑物震害预测图（50年超越概率3%）（1:2万），西昌市经济损失与人口伤亡预测图（50年超越概率10%）（1:2万），西昌市经济损失与人口伤亡预测图（50年超越概率3%）（1:2万），西昌市供水管网震灾预测图（1:2万），西昌市地震次生灾害预测图（1:2万），西昌市震灾救援图（1:2万），西昌市抗震防灾规划图（1:2万）和太和铁矿震灾救援及规划图（1:1万）。

西昌市地震小区划的设防目标是：逐步提高城市的综合抗震能力，最大限度地减轻城市地震灾害损失。

第一个目标，当城市在遭遇到50年超越概率10%（相当于地震基本烈度）的地震影响时：一是要确保要害系统的基本安全，水、电、交通、通信、医疗、消防、粮食系统地震时能维持基本功能；二是重要工矿企业不致严重破坏，基本上不发生次生灾害，生产基本不受影响或能迅速恢复；三是保证新建住宅和公用建筑的基本安全，现有设防加固的建筑物不致严重破坏，人民生活基本正常。

第二个目标，在遭遇到意外大震，即相当于50年超越概率3%的地震影响时：一是不产生严重的次生灾害；二是人民能维持低标准的生产和生活条件；三是能为抗震救灾和恢复重建创造较好的环境条件。

第一个防御目标是本区划完成后的基本目标，应力争达到；第二个目标是第一个目标的补充和扩展，视当前和今后的经济发展情况可有所修正。

二、德阳市区地震小区划

1987年3月至1989年5月，省地震局工程地震研究室受德阳市人民政府的委托，对德阳市区开展地震小区划工作。小区划范围北起陈家院子、一道木桥、五里堆北一线，南至包家院子、旌阳磷肥厂公路，东、西分别以绵远河和宝成铁路为界，总面积24平方千米。

省地震局工程地震研究室根据德阳市周围的地震环境和区域地震衰减关系，用地震危险性分析的概率方法，估计德阳市区地震烈度和基岩地震动输入，作地震危险性分析的结果分别给出德阳市区50年超越概率63%、10%和3%的地震烈度和基岩峰值加速度以及50年超越概率为10%的加速度反应谱，再用人工数值模拟的方法合成基岩地震动输入地震波；

根据德阳市区的工程水文地质资料、场地土力学性质（包括场地土的常规物理学性质及大应变下土的非线性性质）以及原位波速测试资料，建立德阳市区场地力学模型；

根据德阳市区基岩地震动输入和场地力学模型，对选定的地面控制点计算地面峰值加速度PGA，峰值速度PGV；

编制设计地震动小区划图，包括PGA和PGV的分区图以及由它们标定的设计反应谱动力系数β（T）。

区划结果：对德阳市区地震环境进行评价。德阳市（110—120平方千米）地震烈度复核评定为Ⅵ度。根据地震危险性分析，分别得出德阳市在50年超越概率63%，地震烈度5.3度，基岩峰值加速度0.0395g；德阳市区50年超越概率10%，地震烈度6.3度，基岩峰值加速度0.0596g；德阳市区

50年超越概率3%，地震烈度6.7度，基岩峰值加速度0.0692g。提供了德阳市区地震动参数（地面峰值加速度、峰值速度、反应谱的预测），编制出了德阳市区24平方千米地震小区划（地基失效小区划，设计地震动小区划），作为城市抗震设计、震害预测和制定抗震防灾的依据。

三、绵竹市城区地震动小区划

1995年10月至1997年12月，省地震局工程地震研究所受绵竹市人民政府的委托，在绵竹市开展城区地震动小区划。小区划面积28.3平方千米。省地震局工程地震研究所考察和研究绵竹市城区周围不小于150千米范围内的地震地质环境并划定相应的潜在震源区，重点考察龙门山断裂带，尤其是龙门山前山断裂的活动性及其对绵竹市城区的影响，查明绵竹市城区隐伏断裂的位置及其活动性。对区域及场区地震活动的时间和空间特性作深入研究，确定相应的地震活动性参数，选用适当的地震动衰减关系，进行地震危险性分析，确定基岩输入的地震动参数值。根据场地工程地质勘探、场地剪切波速测量、场地土力学性质测试结果，划分工程地质单元，确定代表性控制点，建立场地动力反应模型，计算给出各单元的地表水平加速度峰值及反应谱分区结果。根据地震危险性分析及地震动小区划的结果，研究绵竹市城区地震地质灾害发生的可能性及可能造成的危害。

为解决一些技术难点，重点对龙门山断裂带进行了详细的野外地震地质考察，根据野外考察和室内研究，结合多组年代学样品测试结果，查明了龙门山断裂带，尤其是龙门山前山断裂的地震活动性和对绵竹市城区可能造成的影响，并划定了相应的潜在震源区。在绵竹市城区，开展了大地电磁测深研究和断层气测试研究，分别完成了总长30千米的物探剖面5条，观测点74个；总长30千米的断层气测量剖面5条，观测点500个；查明了绵竹市城区隐伏断裂的位置，对其活动性也作了相应的研究。根据绵竹市城区的具体情况，对工区进行了1:1万的地震地质填图，收集了钻孔资料17个，其中有2个基岩孔，实地布置了11个钻孔，总进尺364.7米，其中含3个基岩孔，同时还进行了场地剪切波速测试76次。另外，还分别测定了3组土力学样品，取得了大量第一手资料。建立了反映绵竹市场地特点的土动力反应模型，保证了所得结果的客观性和科学性。

结果查明了广济场—绵竹—兴塔隐伏断裂在绵竹市城区附近通过的具体位置、走向、结构特征和活动性。通过场区1:1万第四纪地质填图、电测深和断层气测量，以及大量钻探，对绵竹市城区的工程地质条件作了详细研究，划分了三个工程地质单元。采用地震危险性概率分析，分别给出了绵竹市城区50年超越概率63%，地震动烈度为6.1度，基岩水平峰值加速度为40cm/s^2；50年超越概率10%，地震动烈度为7.2度，基岩水平峰值加速度为115cm/s^2；50年超越概率3%，地震动烈度为7.7度，基岩水平峰值加速度为155cm/s^2。还给出了50年超越概率为63%和10%的基岩水平加速度反应谱。对不同的工程地质单元，确定了相应的场地反应分析模型和参数，计算得到了相应的地面水平峰值加速度、地面水平峰值速度和地面水平加速度反应谱，最后给出了相应的地震动小区划分区和设计地震动参数。根据场地工程地质条件和地震危险性分析结果，对绵竹市城区的地震地质灾害进行了评价。

四、自贡市高新区地震动小区划

为配合《自贡市防震减灾示范与研究》项目提供基础资料，1997年4月至1999年7月，省地震局工程地震研究所在自贡市高新区开展了地震动小区划工作。根据《大中城市防震减灾示范研究与方法合成了相应的基岩加速度时程，以此作为工业园区场地地震反应计算的输入地震波。根据工业园区的不同地质单元和不同的场地条件，分别确定了相应的场地地震反应分析模型和参数，共选取了12个控制点，并分别计算了相应的地面水平峰值加速度、地面水平峰值速度和地面水平加速度反应谱，最终确定了Ⅰ、Ⅱ、Ⅲ区的地震动小区划结果。根据园区的工程地质、水文地质、地形地貌等因素，结合园区所处的地震环境，综合评价了园区内产生砂土液化、滑坡、崩塌等地质灾害的可能性。

六、攀枝花市红格旅游度假区地震动小区划

2005年，省地震局工程地震研究院受有关单位的委托，在攀枝花市红格旅游度假区开展地震动小区划工作。工作主要内容是有关区域地震活动性研究，区域地震构造环境评价，近场及场区地震活动性与地震构造研究，地震危险性分析和地震动小区划等。

收集并研究了区域地球物理场资料，重点对该区的布格重力异常、航磁异常及地壳结构特征进行了分析，讨论了深部构造与地震活动的关系；研究了区域地震地质背景，特别对区域范围内的主要断裂特征及其活动性进行了评价，重点研究了昔格达—元谋断裂，采集了断层活动及第四纪沉积物测龄样品32件，进行了探槽及剥土工程300余立方米，对区域内断裂的展布、规模、产状、力学性质、几何结构、活动方式、新活动特征及最大可能地震能力作了全面研究；对旅游度假区25千米范围内的近场进行了详细的地震地质调查，对近场区第四纪地质、地貌及新构造特征、断层性质、规模及活动性进行了深入研究，讨论了近场区的地震构造环境；在4.8平方千米范围内的1∶1万地震地质填图成果的基础上，布置了16条高密度的电法勘探剖面和3条电测深勘探剖面，探明了场区内昔格达地层的厚度。本次工作在场地实地布设了5个钻孔，总进尺162米，并实测了钻孔内的剪切波速。最终将旅游度假区划分为两个不同的工程地质单元，为地震动小区划的计算提供了依据。

根据区域地震地质背景、地球物理场特征以及地震活动性特点，在旅游度假区周围大于150千米范围内划分了东、西两个地震统计区，77个不同震级上限的潜在震源区，通过统计计算，分别求得了相应的地震活动性参数，采用适合于本地区的地震动衰减关系，分别计算得到了攀枝花市红格旅游度假区50年超越概率63%、10%和3%的地震烈度、基岩水平峰值加速度及基岩水平加速度反应谱。在此基础上，用人工数值模拟的方法合成了相应的基岩加速度时程，以此作为旅游度假区场地地震反应计算的输入地震波。根据旅游度假区的不同地质单元和不同的场地条件，分别确定了相应的场地地震反应分析模型和参数，共选取了7个控制点，并分别计算了相应的地面水平峰值加速度、地面水平峰值速度和地面水平加速度反应谱，采用双参数标定方法，对不同工程地质单元的地面地震加速度反应谱进行了标定，最终确定了不同工程地质单元区的地震动小区划结果。根据旅游度假区的工程地质、水文地质、地形地貌等因素，结合旅游度假区所处的地震环境，对旅游度假区内产生砂土液化、滑坡、崩塌等地震地质灾害的可能性进行了评价。

最后结果，红格旅游度假区地震基本烈度为Ⅷ度；旅游度假区的场地条件总体较好，不具备产生砂土液化的条件，在遭受Ⅷ度地震的作用时不会产生地震沉陷现象。在Ⅰ区西南部存在滑坡、崩塌的发生条件，在Ⅷ度地震时有发生边坡失稳的可能。

第二章　震害预测

根据国务院1990年批转国家计委、国家地震局《关于加强破坏性地震减灾工作的意见》和四川省人民政府1990年《四川省重点监视防御区地震防灾对策方案（试行）的通知》，四川省地震部门开展了地震重点监视防御区震害预测调查与研究，对未来发生的地震造成的房屋损毁、人员伤亡、基础设施破坏、经济损失和次生灾害等进行预测，为各级政府和大型企业制定防震减灾规划、应急措施、土地利用、资源开发和防灾投入等提供依据，以减轻地震灾害和损失。震害预测的内容主要是预测区内的建（构）筑物和基础设施在遇到不同烈度地震时，基本完好的、轻微破坏的、中等破坏的、严重破坏的和毁坏的数量，由此造成的经济损失以及在确定时间跨度内它们的期望值（对未来损失的有所等待）；重要建筑物的单体震害预测；高危险性设施的安全；人员伤亡和无家可归者数量。预测时间跨度一般取50年（取决于地震危险性分析所取的时间尺度）。预测地域大小多数以城市为对象，地震重点监视防御区多以一个县城或县境内的区域为对象。预测方法一是概率方法（研究的是一个确定时间尺度内震害损失的期望值），一是确定性方法（研究的是在一个确定的地震强度下的地震损失值）。

1991年5月至1992年10月，省地震部门在冕宁县开展了城乡震害预测的试点工作。1992年11月至1994年底对四川中西部的宁南、普格、石棉、泸定、康定、西昌（后纳入“凉山州防震减灾指挥中心应急辅助决策系统”项目）等县进行震害预测（1993年后，自筹经费完成自贡、西昌、攀枝花、马尔康等县市有关震害评估资料的收集等工作，后分别并入当地开展的防震减灾应急辅助决策系统项目）。1994年10月至1995年12月，震害预测调查与研究工作推进到龙门山中南段的宝兴、邛崃、大邑西岭镇及安县等地；1997年11—12月，完成了什邡、马边等地的城乡震害预测。1997—1999年，自贡市和汶川县运用计算机技术和地理信息系统，综合分析具有地理空间内涵的各类资料及数据处理，进行震害预测和评估。

第一节　四川中西部重点监视防御区城乡震害预测

一、预测区内基本概况

预测区位于四川中西部，主要包括甘孜州康定、泸定，雅安市石棉和凉山州的冕宁、西昌、普格、宁南等7个县（市）和邻近的道孚、九龙、越西、喜德等县部分地域。据1992年资料统计，上述7县（市）总面积为26891平方千米，161个乡，26个镇（1516个自然村），总人口135.7万，年国民生产总值约25.6亿元。区内矿藏、水电能源储量丰富，工业相对较发达，年产值在100万元以上的大中型企业有108个，年工业总产值24亿元，年农业总产值12亿元（见表4－4）。预测区基本上沿大渡河、安宁河、黑水河河谷展布，地形高差悬殊，呈现山高峡谷的地貌景观，居民主要分布在河谷两岸及县城、州府城镇所在地和大中型工矿区。

1992年四川中西部地震重点监视防御区社会经济情况统计表

表4－4

项目		康定县	泸定县	石棉县	冕宁县	西昌市	普格县	宁南县	合计
幅员面积（平方千米）		11423	2164	2640	4420	2651	1918	1675	26891
乡镇数（个）	镇（个）	3	4	1	6	6	1	5	26
	乡（个）	19	8	16	33	31	35	19	161
人口（万人）	总人口	10.0	7.1	11.4	28.7	49.7	13.0	15.8	135.7
	农业人口	6.5	6.0	8.1	26.0	34.7	12.0	14.6	107.9
	非农业人口	3.5	1.1	3.3	2.7	15.0	1.0	1.2	27.8
年国民生产总值（万元）		19933	10840	29776	35154	132589	9776	18357	256425
年工业总产值（万元）		7911	6956	42507	19702	146081	3922	12939	240018
年农业总产值（万元）		5667	4792	9986	23995	51201	8263	16957	120861
年产值100万元以上的大中型企业（个）		14	8	13	20	41	3	9	108

预测区内有鲜水河断裂带南东段、安宁河断裂带和则木河断裂带，构造活动强烈。从公元624年至1992年区内共发生过5.0级以上地震37次，其中5.0—5.9级地震23次，6.0—6.9级地震7次，7.0—7.9级地震7次。6级以上强震多集中在安宁河断裂北段（7次），鲜水河断裂带南东段（5次），则木河断裂带（2次）。其震中且多在西昌、康定、道孚八美附近。据《中国地震烈度区划图（1990）》，预测区内为四川高烈度区之一，大部分地区未来50年超越概率10%的地震基本烈度值高达Ⅷ度以上；道孚八美—康定—泸定磨西、冕宁北—西昌—普格北、宁南县华弹镇金沙江沿岸基本烈度达到等于、大于Ⅸ度。

二、预测区内城乡震害预测

预测区内房屋建筑主要有以下六类：（1）多层框架结构房，（2）多层砖房，（3）R.C柱厂房，（4）砖柱厂房，（5）空旷房屋，（6）一般房屋（包括未经正规设计的砖混、砖木结构房，木结构房，土石木结构房，夯土墙土坯房以及其他民房）。其中前三类经过正规设计（大多数是20世纪80年代后修建，少数是80年代前建筑），对这三类房屋通过抽样，采用尹之潜研究员等提出的概率性预测方法及计算程序①②，先进行房屋单体预测，然后建立适用于房屋群体预测的破坏矩阵。对空旷房屋区内较少，未作预测。

预测区内房屋普查工作基础较差，仅选择了能获得较准确的房屋分类面积的16个重点城镇、场镇或企业进行房屋群体震害预测。各预测点的房屋分类面积见表4－5和表4－6。区内房屋总体上抗震性能差，前三类房屋仅占35.28%。

注：①尹之潜等，《地震及地震损失估计方法》，地震工程与工程振动，1990年，第10卷，第1期。

②尹之潜等，《地震灾害预测与地震灾害等级》，中国地震，1991年，第7卷，第1期。

1992 年预测区内重要城镇（企业）房屋面积统计表

表 4－5　　　　单位：平方米

县名	城镇（企业）名称		多层框架结构房	多层砖房	R.C 结构厂房	砖柱厂房	空旷房屋	一般房屋	合计
冕宁县	城厢镇		35238.00	52582.00	3894.00	9984.00	14623.00	459466.00	575787.00
	泸沽镇		3839.00	75906.00	2403.00	15138.00	18602.00	357122.00	473010.00
	复兴镇		528.00	2844.00	969.00	0	3162.00	348192.00	355695.00
	漫水湾镇		6471.00	13706.00	0	6180.00	10794.00	216878.00	254029.00
康定县	炉城镇		388600.00	203200.00	19300.00	33600.00	0	315400.00	960100.00
	鸳鸯坝		2929.40	7909.20	6645.10	2000.50	1694.40	12695.80	33874.40
	毛纺厂		9643.00	10906.30	2992.50	5612.80	6212.50	53606.80	88973.90
泸定县	泸桥镇		20122.00	105147.00	3740.00	15035.00	342.00	293177.00	437563.00
	冷碛镇		6261.00	14990.00	0	6500.00	960.00	116847.00	145558.00
	磨西乡		0	1850.00	0	0	0	140838.00	142688.00
石棉县	新棉镇	A 区	1835.00	10581.00	160.00	0	0	4803.00	17379.00
		B 区	0	12586.00	0	800.00	0	15964.00	29350.00
		C 区	20737.00	77590.00	335.00	0	1638.00	40602.00	140902.00
		D 区	13287.00	184849.00	0	0	0	68203.00	266338.00
		E 区	4976.00	186853.00	12402.00	59372.00	39932.00	212220.00	515756.00
		F 区	3363.00	184566.00	21813.00	15599.00	13768.00	64488.00	303597.00
		合计	44198.00	657025.00	34710.00	75771.00	55338.00	406280.00	1273322.00
宁南县	披砂镇	Ⅰ区	7316.76	57721.61	2585.35	0	58755.84	126779.60	253159.20
		Ⅱ区	0	40287.96	0	0	100621.30	140909.20	281818.50
		Ⅲ区	1058.23	76855.78	0	0	93880.89	171794.90	343589.80
		Ⅳ区	3282.80	24470.34	0	1653.65	34175.79	63582.58	127165.20
		合计	11657.79	199335.60	2585.35	1653.65	287433.80	503066.30	1005732.00
	华弹镇	Ⅰ区	0	8740.83	74.60	304.00	994.00	66672.71	76786.14
		Ⅱ区	7287.50	15658.43	2130.00	1611.00	1019.00	9309.00	37014.93
		合计	7287.50	24399.26	2204.60	1915.00	2013.00	75981.71	113801.10
	松新镇		13544.00	36350.37	2188.00	1738.39	5240.11	12641.29	71702.16
普格县	普基镇		773.00	123007.00	3460.00	308.00	0	125317.00	252865.00
	荞窝镇		1270.00	34680.00	3200.00	4101.00	6187.00	13306.00	62744.00

1992 年预测区内重要城镇及企业房屋分类面积统计表

表 4－6

类型	多层框架结构房	多层砖房	R.C 柱厂房	砖柱厂房	空旷房屋	一般房屋	合计
面积(平方米)	552361.69	1563837.73	88291.55	179537.34	412601.81	3450814.90	6247445.02
所占百分数(%)	8.84	25.03	1.41	2.88	6.60	55.24	100.00

在冕宁县城乡震害预测试点工作中，经过大量的抽样计算，建立了各类房屋的破坏矩阵，后预测区内的其他县就直接引用（或作适当修改）进行各点的房屋群体震害预测。区内各测点在遭遇到相对应的基本烈度的地震时，房屋群体震害预测结果见表4－7。按Ⅷ度和Ⅸ度预测结果见表4－8。在遭遇Ⅷ度地震时，预测区内的县城及场镇平均有2/3以上的房屋产生中等以上破坏，其中超过1/3的房屋将为严重破坏及毁坏。在遭遇到Ⅸ度地震时，房屋震害更严重，基本完好及轻微破坏约占15%，有近60%的房屋严重破坏及毁坏，农村房屋震害将会更严重。

1993—1994年预测区内重要城镇（企业）房屋群体震害预测结果表

表4－7

县名	乡镇（企业）名称	基本烈度	毁坏		严重破坏		中等破坏		轻微破坏		基本完好	
			面积（平方米）	百分数（%）	面积（平方米）	百分数（%）	面积（平方米）	百分数（%）	面积（平方米）	百分数（%）	面积（平方米）	百分数（%）
冕宁县	城厢镇	Ⅷ	2586.60	1.04	101643.60	40.94	16682.90	6.72	32031.20	12.90	95307.60	38.39
	泸沽镇	Ⅸ	125568.60	24.61	172393.70	33.79	140909.60	27.62	37601.70	7.37	33637.50	6.59
	复兴镇	Ⅸ	115070.40	31.79	167132.50	46.17	60270.60	16.65	18120.50	5.00	1356.10	0.37
	漫水湾镇	Ⅸ	73753.30	30.32	100508.00	41.32	42704.20	17.55	18836.00	7.74	7431.40	3.05
康定县	炉城镇	Ⅸ	125349.60	13.09	190302.00	19.87	213959.70	22.33	29626.70	30.93	132044.60	13.78
	鸳鸯坝	Ⅷ	21473.90	6.77	3394.40	10.57	9095.90	28.31	7408.90	23.06	10053.70	31.29
	毛纺厂	Ⅸ	7934.00	16.76	11132.90	23.52	10145.50	21.43	10905.90	23.04	7221.70	15.25
泸定县	泸桥镇	Ⅷ	46865.90	10.72	67257.4	15.38	161184.10	36.87	77886.10	17.82	83997.60	19.21
	冷碛镇	Ⅷ	18200.40	12.59	25422.90	17.58	60651.60	41.94	24255.00	16.77	16068.20	11.12
	磨西乡	Ⅸ	46582.90	32.65	63589.30	44.56	24322.60	17.06	7484.60	5.24	708.60	0.50
石棉县	新棉镇	Ⅷ	128271.00	12.34	215469.00	20.73	265067.00	25.50	152628.00	14.68	277746.00	26.72
宁南县	披砂镇	Ⅷ	46811.00	9.47	70761.00	14.32	174109.00	35.24	99874.00	20.21	102506.00	20.74
	华弹镇	Ⅸ	27401.10	32.13	13023.80	15.27	23698.40	27.79	13203.80	15.48	7937.90	9.31
	松新镇	Ⅷ	2655.60	3.99	5393.00	8.11	13436.30	20.21	14695.20	22.11	30281.30	45.56
普格县	普基镇	Ⅷ	30545.00	12.08	46059.00	18.21	88749.00	35.10	49504.00	19.58	37947.00	25.01
	荞窝农场镇	Ⅷ	6361.80	13.15	10335.50	21.36	13770.90	28.46	9175.70	18.96	8727.20	23.04

1993—1994年预测区内遭遇Ⅷ—Ⅸ度地震时房屋群体预测结果汇总表

表4－8

地震烈度	毁坏		严重破坏		中等破坏		轻微破坏		基本完好	
	面积（平方米）	百分数（%）	面积（平方米）	百分数（%）	面积（平方米）	百分数（%）	面积（平方米）	百分数（%）	面积（平方米）	百分数（%）
Ⅷ	284471.20	11.94	545735.80	22.90	802746.70	33.69	467458.10	19.62	282382.60	11.35
Ⅸ	521659.90	25.14	718082.20	34.61	516010.60	24.87	135779.20	6.57	183116.20	8.81

说明：表中百分数系该栏房屋面积占房屋总面积的百分数

预测区，选择了重要的或典型的17幢多层框架结构房、46幢多层砖房、13幢R.C柱厂房及1幢空旷房屋，共77幢进行房屋单体震害预测（见表4－9）；在冕宁县还选择44幢多层框架结构房屋进行抗震验算。

1993年预测区内各类房屋单体预测数量统计表

表4－9　　单位：幢

县名	多层框架结构房	多层砖房	R.C柱厂房	空旷房屋	合计
冕宁	4	10	5	1	20
康定	2	2	2	0	6
泸定	2	3	1	0	6
石棉	5	21	2	0	28
宁南	3	10	3	0	16
普格	1	0	0	0	1
总计	17	46	13	1	77

预测区内主要公路有国道108线（北京至昆明）、317线（川藏南线）、318线（川藏北线）以及省道泸定—石棉线、西昌—（云南）巧家线等构成公路骨干线，加上其他省道线、县道线、乡道线和一些专用路道形成枝状的公路网。至1993年底，预测区内总通车里程达3140千米，其中国道483千米、省道666千米，大中型公路桥梁147座（见表4－10）。对这些桥梁、路段进行震害预测。在预测区内147座大中型桥梁中，重点选择了位于县道以上的公路及重要河流上的84座进行调查，并按桥梁的上部结构分类进行统计（见表4－11）。采用四川省抗震部门的经验性的桥梁震害预测方法，按桥梁所处地震基本烈度进行预测，结果见表4－12。预测区内桥梁大多位于基本烈度Ⅷ度范围内，条石及钢筋混凝土拱桥居多（约占60%），桥长度较短，跨度及墩高较小、矮，桥基为Ⅰ、Ⅱ类场地，很少存在砂土液化条件。预测结果反映出总的震害较轻，有2/3的桥梁基本完好，约1/3产生轻微破坏，有2座产生中等破坏，无严重破坏或毁坏。预测区内为山高谷深的山区，主干公路多沿河谷或活动断裂带展布。经现场实地考察，结合地震地质环境、场地条件、历史强震震害调查，得出以下路段的地震山地灾害较重：第一，国道318线康定折多山路段、国道108线冕宁拖乌山路段；省道西昌至云南巧家的大箐梁子路段等，会出现大规模的构造地裂缝路段。第二，国道318线康定瓦斯沟路段，省道泸定至石棉的大部分路段，国道108线冕宁拖乌段，省道西昌至云南巧家线的部分路段等，会出现较大型崩塌、滑坡的路段。第三，泸定至石棉的部分路段，国道108线沿安宁河路段，省道西昌至云南巧家的黑水河谷路段等，会出现规模不等的泥石流路段。

1993年预测区内公路、桥梁统计表

表4－10

县（市）名称	康定县	泸定县	石棉县	冕宁县	西昌市	普格县	宁南县	合计
通车里程（千米）	518	269	401	501	531	382	538	3140
国道里程（千米）	152	63	88	103	77	0	0	483
省道里程（千米）	203	53	45	65	106	117	77	666
大中型桥梁数（座）	30	12	22	14	26	26	17	147

1993 年预测区内大中型桥梁统计表

表 4－11

桥　型	条石拱桥	钢筋混凝土梁桥	钢筋混凝土拱桥	钢索吊桥	钢桁架桥	合计
数量（座）	37	25	12	6	4	84
所占百分数（%）	44.05	29.76	14.29	7.14	4.76	100.00

1993—1994 年预测区内大中型桥梁震害预测结果汇总表

表 4－12

县名	数量（座）	震害预测结果（座）				
		基本完好	轻微破坏	中等破坏	严重破坏	毁坏
冕宁县	14	7	6	1	0	0
康定县	6	5	1	0	0	0
泸定县	12	11	1	0	0	0
石棉县	22	14	7	1	0	0
宁南县	17	12	5	0	0	0
普格县	13	6	7	0	0	0
合计	84	55	27	2	0	0
所占百分数(%)	100.00	65.48	32.14	2.38	0.00	0.00

据预测区内的康定、泸定、石棉、宁南、普格等五县初步统计，装机容量在 200 千瓦以上的水电站有 45 座，总装机容量在 25.4 万千瓦以上（见表 4－13）。水电站会出现的震害现象有：区内多数水电站采取筑低坝或不筑坝从河中引水，拦水坝一般不会有破坏，在遭遇到强烈地震时，才会使进水口或拦水建筑破坏。对作过烈度复核鉴定的南桠河、观音崖等处极少数水电站有较高的拦水坝，据烈度复核结果进行过抗震设防。凡地震烈度在Ⅶ度或Ⅶ度以上，预测区内水电站的引水渠段会出现崩塌、滑坡、滚石等，使渠道堵塞、坍塌，失去引水能力，迫使电站停止发电。在靠近发电厂房的蓄水前池及压力钢管，当遭遇Ⅷ度地震烈度时会出现裂缝，有的压力管接头会松动，会引起漏水，影响正常发电。预测区内五县的 45 座水电站的发电厂房中，有 23 座为 R.C 柱或框架结构，考虑了抗震设防，另 20 座为砖混或砖木结构，2 座为石木或土木结构，未进行抗震设防。在遭遇Ⅷ度或Ⅷ度以上地震烈度时，这些未作过抗震设防的厂房会产生中等以上破坏，影响正常发电或停产。预测区内所有发电厂的发电机组，均采用有固定措施，在发生Ⅶ度至Ⅷ度烈度的地震时，一般不会出现损坏或破坏。山泉及沟水，地震造成山地灾害时，会使水源地受到破坏或水量减少；石棉县城供水井孔一般震害不易破坏，其砖混结构的泵房，在遭遇到Ⅶ度或Ⅷ度以上地震烈度时，会出现不同程度破坏。预测区内的宁南、普格、冕宁、石棉等县从水源到蓄水池均有长数百米至数千米的管线，地震烈度较高时，凡为承插式连接的铸铁管在接头处易松动漏水。宁南、普格的输水管线通过滑坡或泥石流区，在产生地震山地灾害时，管线易断错出现断水。泸定泸桥镇、康定炉城镇，水源至蓄水池多为渠道引水，在出现地震山地灾害时易堵塞断流，失去引水功能。预测区内的县城多建有蓄水池，大多为钢筋混凝土结构的圆形或方形，有的为半地下式建筑，新的蓄水池按本地地震基本烈

度进行抗震设防。这些蓄水池在强震发生时会基本完好或只有轻微损坏。石棉南桠河水电分局、泸定中学和泸定汽车大修厂、兵站等单位为水塔供水，在Ⅷ度地震烈度区，这类筒式水塔底部会出现水平破裂或扭错，支架式水塔会基本完好。地震烈度在Ⅸ时，支架式水塔会出现破坏。冕宁县城厢镇有完整的供水系统，管线分布呈枝网状接合型。供水管网主管道直径为150毫米，铸铁承接式，石棉水泥接头，管节长一般为4米，埋深0.8米。震害预测结果见表4－14。

1993年预测区内水电站情况汇总表（装机容量≥200千瓦）

表4－13

县 名	数量（座）	全县总装机容量（千瓦）	其中较大的电站名称
康定县	8	60000多	升航、毛纺、金汤河、龙洞沟（两座）、瓦店子等
泸定县	9	10000多	余家庄子、磨西贡都桥、陈家河坝等
石棉县	15	170000多	南桠河、新康石棉矿、四川石棉矿、安顺、河口、铁索桥等
宁南县	8	10000多	老木河、500、龙王庙、立新跃进等
普格县	5	400多	白水河、扇子坝、湾洛
合计	45	250400多	

1993年冕宁县城厢镇供水管线震害预测结果表

表4－14

遭遇地震烈度	管段的破坏概率	系统的可靠性	系统震害预测
Ⅶ度	管段的基本完好概率达99%以上	可靠状态的概率达99.9%	供水系统基本完好
Ⅷ度	管段的基本完好和中等破坏的概率共占99%以上，且前者大于后者的概率	以中等不可靠状态为主，其概率占50%—90%，严重不可靠状态的概率接近于0	供水系统遭受中等破坏
Ⅸ度	管段的基本完好概率接近于0，严重破坏的概率70%—99%	严重不可靠状态的概率占99%以上	供水系统遭严重破坏，甚至全部瘫痪

地震造成人员伤亡预测是选用尹之潜等人提出的“人员伤亡比与房屋毁坏比关系法”，预测地震时人员伤亡率。冕宁县四镇预测估计结果见表4－15；康定、泸定、石棉、普格、宁南等县部分乡镇地震造成直接死亡人数预测结果见表4－16。对冕宁县预测区内未来地震受伤人数粗略预测估计为：在地震烈度Ⅶ度区内，以“正常”地震死亡人数的5倍估计；在地震烈度Ⅷ度区内，以“正常”地

1993年冕宁县四镇在地震烈度Ⅶ至Ⅹ度时造成人员死亡预测估计表

表4－15

地名	人口数（人）	Ⅶ			Ⅷ			Ⅸ			Ⅹ		
		最少	最多	正常	最少	最多	正常	最少	最多	正常	最少	最多	正常
城厢镇	25470	0	3	2	5	136	42	148	762	399	800	2263	1405
复兴镇	13840	0	2	1	3	74	23	80	414	217	434	1230	764
泸沽镇	22241	0	3	2	4	118	36	129	666	349	698	1976	1227
漫水湾镇	8351	0	1	1	2	44	14	48	250	131	262	742	461

1994 年康定、泸定、石棉、普格、宁南等县部分乡镇地震死亡人数预测表

表 4－16 单位：人

烈度地名	Ⅵ	Ⅶ	Ⅷ	Ⅸ	Ⅹ	
康定县	炉城镇	0	4	30	213	3022
	姑咱镇	0	1	8	54	764
	新都桥镇	0	1	7	50	711
	沙德乡	0	0	3	21	302
	塔公乡	0	1	7	51	721
泸定县	泸桥镇	0	2	17	119	1683
	冷碛镇	0	1	9	63	891
	烹坝乡	0	1	4	26	375
	磨西镇	0	1	6	42	587
	得妥乡	0	1	6	43	604
石棉县	新棉镇		0	18	168	591
	安顺彝族乡		0	10	95	332
	擦罗彝族乡		0	6	69	209
	丰乐乡		0	9	84	297
	挖角彝族藏族乡		0	5	48	170
普格县	普基镇	0	0	3	24	360
	大坪乡	0	0	1	8	120
	特尔果乡	0	0	1	6	86
	荞窝镇	0	0	3	18	259
	哈力洛乡	0	0	1	3	46
宁南县	披砂镇	0	1	5	32	455
	松新镇	0	0	3	19	272
	华弹镇	0	1	5	34	484
	六城镇	0	0	2	12	173
	竹寿镇	0	0	2	11	161

震死亡人数的 3 倍计；在地震烈度Ⅸ度区内，以“正常”地震死亡人数的 2 倍计；在地震烈度Ⅹ度区内，以“正常”地震死亡人数的 1.2 倍计。预测区内其他各县以估算得到的死亡人数的 3 倍作为受重伤的人数，受轻伤者未预估计。地震造成人员伤亡预测，冕宁县是以村作预测单元，其他各县只预估算到乡。决定地震造成伤亡人数因素多，估算结果准确很低。

地震造成的直接经济损失主要为建（构）筑物、工程设施等自身破坏造成的经济损失和室内财产遭受的损失。预测区内各县城镇遭遇不同烈度的直接经济损失预测结果见表 4－17。地震造成冕宁县企业停产的间接经济损失，见表 4－18。

1993—1994 年预测区内各县城地震直接经济损失预测结果汇总表

表 4－17

县及镇名	Ⅵ度		Ⅶ度		Ⅷ度		Ⅸ度		Ⅹ度	
	经济损失（万元）	所占百分数（%）	经济损失（万元）	所占百分数（%）	经济损失（万元）	所占百分数（%）	经济损失（万元）	所占百分数（%）	经济损失（万元）	所占百分数（%）
康定县炉城镇	516.70	2.60	1466.40	7.40	3380.90	17.00	11864.90	59.50	24293.70	121.90
泸定县泸桥镇	443.30	4.10	1566.10	14.40	3344.30	30.90	6494.50	59.90	11149.00	102.90
石棉县新棉镇	1008.90	3.40	2451.00	8.20	4976.80	16.70	8713.90	29.30	14090.60	47.30
冕宁县城厢镇	910.60	2.60	2490.60	7.10	4822.30	13.70	7472.60	21.30	11674.20	33.20
普格县普基镇	385.30	3.90	1062.50	10.90	2496.90	25.50	4673.20	47.80	8000.10	81.80
宁南县披砂镇	607.30	3.30	1977.30	10.80	4268.50	23.30	8222.00	44.90	14348.50	78.20

说明：所占百分数系指地震经济损失占当地全县年国民经济总产值的百分数

1993 年冕宁县企业停产引起的经济损失预测表

表 4－18

单位：万元

地名 \ 烈度	Ⅵ	Ⅶ	Ⅷ	Ⅸ	Ⅹ	期望值
城厢镇	34.70	211.30	481.40	935.50	1987.60	265.80
泸沽镇	57.30	349.00	794.90	1574.50	3282.10	1217.80
复兴镇	12.70	77.60	176.70	350.00	729.10	184.20

预测区主要易燃源油库、加油站、白酒厂等 198 处，易爆源主要是炸药库、烟花及爆竹库、弹药库等 93 处（见表 4－19）。这些易燃、易爆均有可靠、抗震的贮存装置，有健全的安全制度和一定的消防措施，一般不会成灾。在康定城郊国道 318 线沿线的油库、加油站较多，该地的地震基本烈度大于等于Ⅹ度，应特别注意防震。预测区内历史上曾发生地震山崩堵江造成次生水患多起。根据历史地震水灾和地形条件，预测区内未来强震能产生地震次生水灾地段主要有六处：康定城折多河及雅拉河的狭窄地段；康定县瓦斯沟沿河地段；泸定磨西河下游的狭窄河谷地段；泸定磨西河口至石棉县城间的一些峡谷地段；冕宁大桥水库至安宁桥间安宁河上游峡谷地段；宁南县黑水河上游一些峡谷地段。预测区内有剧毒源 81 处，易腐易污染源 45 处，均贮存量小，保存妥善，地震时一般不易成灾。

1993 年预测区内次生灾害源汇总表

表 4 - 19

类型	康定县	泸定县	石棉县	冕宁县	西昌市	普格县	宁南县	合计	所占百分数（%）
易燃源（处）	46	31	17	29	22	12	41	198	47.50
易爆源（处）	14	3	5	17	41	7	6	93	22.30
剧毒源（处）	8	9	2	13	33	5	11	81	19.40
易腐、易污染源（处）	5	5	1	8	13	4	9	45	10.80
合计	73	48	25	67	109	28	67	417	100.00
所占百分数（%）	17.50	11.50	6.00	16.10	26.10	6.70	16.10	100.00	

第二节　龙门山中南段部分县市城乡震害预测

预测区位于龙门山中南段主要包括成都市大邑县西岭镇、邛崃，雅安市的宝兴县和绵阳市的安县。据 1993 年资料统计，预测区 3 县（市）1 镇，总面积 6529.57 平方千米，共 27 个镇，38 个乡，总人口 1166807 人。年工农业总产值 121 亿元（见表 4 - 20）。区内矿产、水能、林材、旅游等资料丰富，工业发展不平衡，邛崃、安县工业比较发达。

1993 年预测区内社会经济情况表

表 4 - 20

预测区地名		大邑西岭镇	邛崃市	宝兴县	安县	合计
幅员面积（平方千米）		631.9	1377.38	3117	1404	6529.57
乡镇数（个）	镇（个）	1	15	3	8	27
	乡（个）	—	18	8	12	38
人口（万人）	总人口	0.6858	62.9820	5.1948	47.8181	116.6807
	农业人口	0.6531	55.8202	—	43.6890	
	非农业人口	0.0327	7.1619	—	4.1291	—
年国民生产总值（万元）		—	152736	—	69495	—
年工业总产值（万元）		3057	266401	18347	114344	402176
年农业总产值（万元）		666	74399	17775	50982	812156

预测区内龙门山断裂带中南段，褶皱强烈，断裂发育。从 1900 年至 1993 年，区内发生 4.0 级以上地震 16 次，其中 5.5 级地震 1 次，6.2 级地震 1 次。历史上邻近的茂县、汶川、康定、泸定等强震对区内影响强烈。据《中国地震烈度区划图（1990）》，预测区未来 50 年超越概率 10% 的基本烈

度为Ⅶ度。

一、大邑西岭镇震害预测

大邑县西岭镇（镇政府驻双河）位于大邑县西北部，幅员面积631.19平方千米，约占全县总面积的42.4%。全镇辖10村70个居民组，人口6858人（农业人口6531人）。西岭镇是大邑县重要的煤炭、水电、林业、建材生产基地，西岭雪山风景区是旅游胜地。1993年，全镇工农业总产值3723万元（其中工业总产值3057万元，农业总产值666万元）。全镇企业244个（其中镇办13个、村办13个、户办和联办218个），全镇拥有固定资产投资3782.76万元。龙门山断裂带中南段从镇境通过。1970年2月24日，大邑西发生6.2级地震；1990年1月15日，西岭镇境发生4.6级地震。根据《中国地震烈度区划图（1990）》，西岭镇未来50年超越概率10%地震基本烈度为Ⅶ度。西岭镇各类房屋建筑情况见表4－21，西岭镇各类房屋群体震害预测结果见表4－22。在遭遇地震烈度Ⅶ度时，房屋震害将以基本完好及轻微破坏为主，少数为中等破坏，极个别严重破坏，一般无毁坏现象。

1993年大邑县西岭镇各类房屋建筑面积统计表

表4－21　　单位：平方米

房屋分类 / 地名	多层框架结构房	多层砖房	R.C柱厂房	砖柱房屋	空旷房屋	一般房屋
西岭镇（双河）	2664.6	8036.6	900	3417.2	—	6125
出江煤矿炼焦厂	—	74331	—	3351.6	2303.1	8859.3
出江煤矿矿区医院	—	4473	—	—	286	798
出江煤矿火电厂	556	6983	—	1945	255	1863
栗子坪火电厂	—	—	—	1417	443	3864
出江煤矿栗子坪煤矿	—	6199	—	—	2192	3027
出江矿七星煤矿矿井	914	16234	—	2288	380	1370
出江矿大龙溪煤矿	—	4614	—	—	—	2347
西岭雪山风景区	1041	12190	—	—	—	5686

1994年大邑县西岭镇各类房屋群体震害预测结果表

表4－22

<table>
<tr><th>烈度 / 房屋分类</th><th>Ⅵ度</th><th>Ⅶ度</th><th>Ⅷ度</th><th>Ⅸ度</th><th>Ⅹ度</th></tr>
<tr><td>多层框架结构房屋</td><td>完好</td><td>基本完好</td><td>轻微破坏</td><td>中等破坏</td><td>严重破坏或部分毁坏</td></tr>
<tr><td>多层砖房</td><td colspan="2">轻微破坏</td><td>中等破坏</td><td>严重破坏</td><td>严重破坏至毁坏</td></tr>
<tr><td>R.C柱厂房</td><td>基本完好</td><td colspan="3">轻微至中等破坏</td><td>有严重破坏</td></tr>
<tr><td>空旷房与砖柱房屋</td><td>轻微破坏</td><td colspan="2">轻微至中等破坏</td><td>中等、严重至毁坏</td><td>毁坏为主</td></tr>
<tr><td>西岭镇木结构房屋
一般木穿斗房屋</td><td>基本完好</td><td>轻微破坏</td><td>中等破坏</td><td>严重破坏</td><td>毁坏</td></tr>
</table>

据1993年统计，预测区内有小水电站21座，电站总装机容量22610千瓦，日发电产值3.5万

元。设备估价总值953.66万元，厂房估价总值375万元。各类厂房经正规设计施工，均按Ⅶ度设防。根据1970年大邑西6.2级地震和1990年双河4.6级地震的震害，结合本区地震危险性，预测本区未来地震只要震中烈度不大于Ⅶ度，大多数电站厂房等房屋保持基本完好，仅个别电站的某些建筑会受到轻微破坏。发电设备、输变电站设施等较稳定，仅烟囱会产生裂缝，一些水电站引水明渠会出现崩塌、裂缝或被滑坡、滚石堵塞，影响发电。

预测区内有各类型公路10条，总计里程75.7千米，中小型公路桥梁10座。经预测，在地震烈度Ⅶ度时，这些桥梁应完好无损或基本完好。仅有一些乡道线和矿山专用线在一些高陡边坡地段会产生小规模的崩塌、滚石、滑坡等现象。西岭镇无自来水供水系统，仅邮江煤矿及下属矿山、电厂、医院各自建有供水系统，经预测，在地震烈度Ⅶ度影响时，只要水源和蓄水池不被破坏，供水系统应是完好或基本完好。西岭镇通讯设施齐备，有15瓦电台1部（林业部门）、自动电话4门、移动电话3部、座机1台，天宫庙邮电支局有通讯交换台。1990年双河4.6级地震通讯设施未受损坏。西岭镇的通讯设施基本能适应未来地震应急的需要。

西岭镇是大邑县最富裕的乡镇之一，乡镇企业多。经预测，工矿企业的经济损失大于农村，农村又以乡镇集体企业较发达的沙坪、花石、大龙、小河和高店等村的损失较大。工矿企业中以邮江煤矿的损失较大。在地域上，地震发生在西部，经济损失较小；地震发生在东部，预测一次地震烈度为Ⅶ度的地震，经济损失达1000万元左右。地震间接经济损失主要是煤矿停产损失，一天损失在数万元至数十万元（基础设施和旅游业的损失未预测估算）。

西岭镇的人口主要分布在东部的邮江江河及小河子、大龙溪沿岸。若一次Ⅶ度地震发生在西岭雪山风景区以西的地区，不会造成人员伤亡。如地震发生在东部白天，会无人员死亡，受伤会达数人至十多人；若在夜间发生地震会造成数人死亡，受伤人数有数十人。暂时会出现数十人至一百人无家可归。

在预测区内，地震产生的次生灾害沿邮江江河及其支流水系易于堵塞的河道有四处：即小河子的水茶林河谷段，小河子与长河汇流的双河口段，三义河谷（长河）段，大飞水桥头下流河谷段。这些区段发生洪水会对河谷沿岸的集镇、民居、交通和工农业生产带来危害和影响。预测区内的易燃易爆危险源主要是矿山炸药库和油库，其存放管理有严格制度，消防设备齐全，一般不会因地震造成爆炸。预测区内医院、学校、厂矿实验室使用的化学药品及易腐有毒物品点少、量少，不易由地震引发成灾。

二、邛崃市城乡震害预测

邛崃市地处四川盆地西缘，幅员面积1377.38平方千米。全市辖15个镇、18个乡，总人口62.98万人（据1993年统计）。邛崃市矿产资源丰富，工农业生产比较发达，1993年全市工农业总产值340800万元（其中工业总产值266401万元，农业总产值74399万元）。在地质构造上，邛崃市东部属成都凹陷，西部属龙门山构造带的天台山—邮江雁列带。区内断裂主要分布在背斜构造较陡一翼，其走向与背斜轴近于一致，规模较大的断层有水口场断层、李坪断层、盐井溪断层、川溪口断层、大川冲断层等。区内从1900年至1989年计发生3.1—5.5级地震12次，其中1989年12月6日在银杏、太和间发生4.8级地震，造成较重经济损失。1970年大邑西发生的6.2级地震对本区也有较大影响。根据《中国地震烈度区划图（1990）》，邛崃市在未来50年内超越概率10%的地震基本烈度为Ⅶ度。在震害预测中以Ⅶ度作为邛崃市未来地震的最大烈度进行预测。

预测区内房屋震害预测，城镇选择房屋数量较多、类型较全、分布集中的临邛镇（市政府驻地），农村考虑到乡镇的代表性，选择平乐镇和油榨、银杏两乡政府所在地进行预测。临邛镇、平乐镇、油榨乡、银杏乡各类房屋建筑面积见表4－23；临邛镇及农村三乡镇所在地的房屋，按遭遇Ⅶ度地震烈度情况预测结果见表4－24。临邛镇及农村三乡镇在遭遇Ⅶ度地震烈度时，房屋将以轻微破坏或基本完好为主，两者占房屋总面积的70%以上，中等破坏仅是少数，占总面积的12%—13%，个别严重破坏或毁坏的小于总面积10%。在同样遭遇Ⅶ度地震烈度的情况下，农村乡镇的房屋震害略高于临邛镇。农村三乡镇房屋震害可基本代表全市其他乡镇政府所在场镇的房屋震害。

1993年临邛镇、平乐镇、油榨乡、银杏乡各类房屋建筑面积统计表

表4－23　　单位：平方米

房屋分类 / 地名	多层框架结构房	多层砖房	R.C柱厂房	砖柱厂房	空旷房屋	一般房屋	合计
临邛镇	364686	819917	162958.00	85600.00	78540.00	1542697.00	3054398.00
平乐镇	9587	45550	3754.00	20782.00	4848.00	403463.00	787984.00
油榨乡	—	4327	—	—	411.00	54740.00	59478.00
银杏乡	—	1459	100.80	1355.84	777.90	10405.09	14098.63

邛崃市境内，1993年时有各类公路总长416.1千米（其中108线国道长40千米，省道1条长8.5千米，县道6条长114.9千米，乡道31条长224.4千米，专用线5条长28.3千米）。公路有大型桥梁9座，中型桥梁26座，小型桥梁69座，涵洞58个。经预测结果，在遭遇Ⅶ度地震烈度时，公路不会有严重破坏，在西部山区的县、乡道和专用线，地震时易受崩塌和小规模滑坡影响，天台山旅游专线的局部路段处在山区陡坡或峭崖之下，地震时造成的山地灾害，影响车辆通行。在Ⅶ度地震烈度时，预测区内绝大部分桥涵均会基本完好，仅有个别产生轻微损坏，不会影响车辆通行。

1994年临邛镇、平乐镇、油榨乡、银杏乡遭遇Ⅶ度地震时房屋群体震害预测结果表

表4－24　　单位：平方米

破坏等级		毁坏	严重破坏	中等破坏	轻微破坏	基本完好
临邛镇房屋面积		138959.30	272757.05	356955.50	975722.24	1231463.97
所占百分比（%）		4.67	9.17	11.99	32.79	41.38
房屋面积	平乐镇	27105.90	51548.78	63529.91	202606.29	138545.15
	油榨乡	352022. 00	6524.63	7871.69	26275.13	14875.32
	银杏乡	730.94	1436.27	1811.04	5478.38	3864.17
	合计	31357.06	59509.68	73212.64	234359.80	157284.54
所占百分比（%）		5.65	10.71	13.17	42.17	28.30

邛崃市境内，电站装机容量在100千瓦（含100千瓦）以上的有26座，总装机容量31150千瓦。正运转的25座水电站日发电产值4.35万元，设备估价总值1161.5万元。另有火电站1座，装

机容量 2×3000 千瓦，有 35 吨锅炉 2 台、砖烟囱高 88 米，年产值 1200 万—1300 万元。境内还有输变电站 6 个，1800 千伏安以上变压器 11 台，总容量为 36350 千伏安。经震害预测，在遭遇地震烈度为Ⅶ度时，一部分水电站引水建筑、厂房及发电设备会出现轻微破坏，一些引水建筑线路长，途经高陡地段或不稳定边坡，较长较高的引水渡槽，压力管道的接头部分等会受到破坏。西部山区的水电站还会出现崩塌、滑坡堵塞河道或断流，影响发电。热电厂 88 米高的烟囱会产生裂缝。一般的输变电站设施易受损坏是高压瓷瓶，或出现跳闸停电现象。

经预测，邛崃市的供水系统和各项生产、生活设施，在未来地震烈度为Ⅶ度时，一般能保持正常供水、供气。全市的通信工程设备也能保持基本完好，适应地震应急需要。

经震害预测计算，当地震烈度为Ⅵ至Ⅶ度时，临邛镇、平乐镇、油榨乡、银杏乡的直接经济损失见表 4－25。临邛镇的间接经济损失可达 324.9 万—1947.6 万元。

1994 年临邛、平乐、油榨、银杏乡镇直接经济损失预测表

表 4－25　　单位：万元

乡镇名 \ 烈度	Ⅵ度	Ⅶ度
临邛镇	3544.4	8134.7
平乐镇	752.7	2586.9
油榨乡	616.2	1556.9
银杏乡	299.9	757.7

地震烈度在Ⅵ至Ⅶ度时，预测临邛镇、平乐镇、油榨乡、银杏乡人员伤亡情况见表 4－26。

1994 年临邛、平乐、油榨、银杏在地震烈度Ⅵ—Ⅶ度时人员伤亡预测表

表 4－26

乡镇名 \ 人口及伤亡数	人口数（人）	死亡数（人）	受伤数（人）
临邛镇	127383	0—12	30—60
平乐镇	20808	0—3	9—15
油榨乡	16245	0—2	6—10
银杏乡	7775	0—1	3—5

邛崃市境内有石油储存库和公路加油站 40 多处；境内还有数百家酒厂，在农村有 7 处烟花爆竹生产厂。在市区境内发生地震烈度达Ⅶ度时，这些油库、加油站不会受到严重破坏，即使个别会产生轻微破坏，罐装半掩式储存的油料也不会泄漏。在前进镇崃山加油站、孔明乡迎宾加油站、卧龙乡金龙和四源加油站、火井镇林场加油站和一些乡镇酒厂、烟花爆竹生产厂、炸药厂尤应预防地震时发生火灾。在西部山区还应预防次生山地灾害引发的次生水灾，对电站和玉溪河引水灌溉工程的破坏。

三、宝兴县城乡震害预测

宝兴县地处四川盆地向西部高原过渡地带，幅员面积 3117 平方千米，97% 以上为中高山区和高山区。全县辖3镇8乡，人口51948人（1993年统计）。境内木材、石材资源丰富，年工农业总产值26122万元。在地质构造上龙门山断裂带中南段由北东向南西贯通全境。1970年大邑西6.2级地震，对宝兴县造成Ⅵ度破坏。1983年10月，宝兴县陇东场发生4.4级地震，地震有感较宽，震中岩石崩落，屋瓦震落，震中烈度达Ⅵ度。据《中国地震烈度区划图（1990）》，宝兴全县地震基本烈度为Ⅶ度。

宝兴县房屋震害预测选择房屋数量较多、类型较全、分布比较集中的穆坪镇（县政府驻地）及农村乡镇有代表性的陇东场、盐井场进行预测，其各类房屋建筑面积情况见表4－27。经震害预测计算，穆坪镇和陇东场、盐井场房屋群体震害预测结果见表4－28；穆坪镇遭遇Ⅶ度地震时，各类房屋的破坏情况见表4－29。

1993年宝兴县穆坪镇、陇东场、盐井场预测各类房屋建筑面积统计表

表4－27　　单位：平方米

地名＼类别	多层框架结构房	多层砖房	R.C柱厂房	砖柱厂房	空旷房屋	一般房屋
穆坪镇	5788	177158.00	540	14521	4276	20664.00
陇东场	—	8089.77	—	—	—	5033.27
盐井场	—	11742.41	—	—	—	2910.39
合计	5788	296990.18	540	14521	4276	28607.66

1994年宝兴县穆坪镇、陇东场、盐井场房屋群体震害预测结果表

表4－28

地名	房屋类型＼破坏程度＼烈度	Ⅵ度	Ⅶ度	Ⅷ度	Ⅸ度	Ⅹ度
穆坪镇	多层框架结构房	基本完好或轻微破坏			中等破坏	严重破坏
	多层砖房	基本完好或轻微破坏		轻微或中等破坏	严重破坏至毁坏	
	R.C柱厂房	完好		轻微破坏	轻微至中等破坏	
	空旷厂房和砖柱厂房	基本完好或轻微破坏		基本完好、轻微、中等	严重至毁坏	
	一般房屋	基本完好至轻微破坏	轻微至中等破坏	中等破坏	严重至毁坏	
陇东场	多层砖房	基本完好和轻微破坏		轻微至中等破坏	严重至毁坏	
	一般房屋	基本完好或轻微破坏		中等破坏	严重破坏	毁坏
盐井场	多层砖房	基本完好和轻微破坏		轻微至中等破坏	严重至毁坏	
	一般房屋	基本完好或轻微破坏		中等破坏	严重破坏	毁坏

1994 年宝兴县穆坪镇遭遇Ⅶ度地震时各类房屋破坏预测汇集表

表 4－29

单位：平方米

破坏程度 / 面积 / 房屋类型	毁坏	严重破坏	中等破坏	轻微破坏	基本完好
多层框架结构房	0	0	0	0	5788.00
多层砖房	6972.82	20603.47	30931.78	40283.92	63944.76
R. C 柱厂房	0	0	6.75	137.16	396.09
砖柱厂房	290.24	1306.08	2176.80	2814.01	7546.24
空旷房屋	85.52	384.84	641.40	940.72	2223.52
一般房屋	1239.60	2272.60	2685.80	9503.62	4958.40
合计	11288.18	24566.99	36424.53	53679.43	84857.01
所占百分比（%）	5.35	11.65	17.27	25.47	40.26

宝兴县有飞仙关至穆坪镇省道四级公路，境内全长 18.1 千米；县道两河口至永富线长 28 千米，宝兴县城至硗碛线长 54 千米（均为等外公路）；其他为乡道、林区和矿山公路。三条主干公路及支线上有大型桥梁 4 座，中型桥梁 4 座，小型桥梁 15 座，涵洞 157 个。经预测，宝兴县境遭遇Ⅶ度地震烈度时，大中型桥梁不会出现震害现象，即使Ⅷ度地震烈度时，仅有个别桥梁产生轻微震害。预测区内多是山区公路，在Ⅶ度地震烈度时，飞仙关至穆坪镇公路会出现小型的、零星的滚石、崩塌；宝兴县城至硗碛公路上的锅巴崖大理石矿矿渣会出现崩塌，滑坡群及幺堂子沟的泥石流会威胁到公路通行。两河口至永富线上的骆驼山仰天窝大滑坡会造成严重震害，断绝交通，甚至堵塞河流，威胁到陇东场及陇东西河大桥的安全。

预测区内有两河口电站（装机容量 6400 千瓦）、盐井乡上坪电站（装机容量 1200 千瓦）、灵关镇宝兴电站（装机容量 960 千瓦）、五龙乡羊村沟电站（装机容量 500 千瓦）和硗碛乡穿洞子电站（装机容量 640 千瓦），这 5 座电站均按地震烈度Ⅷ度进行抗震设计，多为 R. C 柱厂房和钢筋混凝土厂房。另有 11 座装机容量在 500 千瓦以下的水电站，多为砖木结构厂房。经预测，在Ⅶ度烈度地震作用下，11 座小水电站中个别厂房老旧，建筑质量差会出现墙体裂缝，屋瓦梭动掉落，其他电站大多基本完好。一些电站的引水渠会受到山地灾害破坏，影响正常发电。宝兴县城穆坪镇的供水系统，预测在遭遇Ⅶ度地震时，会基本完好，仅在山地灾害时对水源地及引水明渠会出现崩塌、滑坡或泥石流使其堵塞或破坏，不能正常供水。宝兴全县通讯系统，在遭遇Ⅶ度烈度地震时，一般都会基本完好，在出现严重的山地灾害地段，一些话路电杆会受到破坏，影响正常通讯。

预测区地震造成的直接经济损失主要为建（构）筑物、工程设施自身的破坏和室内财产损失。经预测计算，在遭遇Ⅶ度烈度地震时，地震的直接经济损失以县城穆坪镇为最大近 1000 万元，其次为灵关镇近 900 万元，其余乡镇损失从 100 万至 600 万元不等。间接经济损失主要是地震造成企业停产、减产，损失近 50 万元。

宝兴县辖 3 镇 8 乡，总计 5 万多人。经预测，在遭遇Ⅶ度烈度地震时，一般无人员死亡，受伤在数人至十多人之间。出现了中等至严重破坏的房屋面积较大，会造成暂时较多的无家可归者。

宝兴县境易燃、易爆、剧毒、易腐及易污染的灾源不多，油库和加油站采用大铁罐或油桶储存，有专人管理，经预测在遭遇Ⅶ度地震烈度时，不致破坏成灾。全县境内主要的次生灾害是地震时引起的山地灾害，预测在遭遇Ⅶ度地震烈度时，三条主干公路中，山地灾害对两河口至永富乡公路威胁最大，陇东以北路段会出现中断。宝兴至硗碛乡之间公路部分路段会受山地次生灾害崩塌、滑坡或泥石流威胁。

四、安县城乡震害预测

安县地处四川盆地西北缘龙门山中段，幅员面积1040平方千米，总的地势呈北西高，南东低。全县8镇12乡，总人口478181人（1994年统计），多分布在南东平坝地区。安县基本以农业为主，后乡镇企业、旅游业有较大发展，年工农业总产值165326万元。在地质构造上，安县处于龙门山断裂带中段。龙门山前山断裂在安县境内的晓坝断层大致从安县的桑枣、晓坝、沸水、睢水一带通过，长约38千米；龙门山主中央断裂从安县西部的茶坪、高川通过，长约24千米。据安县地震台1979—1994年记录，震中距小于等于20千米的地震2.0—2.9级5次，震中距小于等于50千米地震3.0—3.9级13次。1966年6月、1995年6月茶坪一带曾发生4.8级和4.3级地震，造成一定的破坏和损失。境外强震对安县也有较强的波及。据《中国地震烈度区划图（1990）》，安县境内地震基本烈度跨越Ⅶ度和Ⅵ度区。大致以黄土—秀水—迎新一线为界，西部山区及山前丘陵区为Ⅶ度烈度区，东部平坝为Ⅵ度烈度区。全县20个乡镇中有12个处于Ⅶ度区，占全县总面积70%；8个处于Ⅵ度区，占全县面积的30%。

安县房屋的震害预测选择数量较多、类型较全、分布又较集中的安昌镇（县政府驻地），地方乡镇企业较多的桑枣场镇、山区的高川乡场、平坝区的黄土场镇进行预测，其各类建筑面积情况见表4－30。安昌镇城区遭遇Ⅶ度地震时房屋群体震害预测结果见表4－31；桑枣、黄土、高川三场镇遭遇Ⅵ度和Ⅶ度地震时房屋震害预测结果见表4－32和表4－33。安昌镇在遭遇Ⅶ度烈度地震时，其基本完好和受轻微破坏的房屋占总数房屋面积约70%，只有少数房屋出现中等或严重破坏，极个别的房屋会毁坏。在遭遇Ⅵ度地震时，安县境内场镇的房屋85%以上会基本完好和轻微破坏，个别中等破坏，不会出现毁坏的房屋；在遭遇Ⅶ度地震时，安县境内的场镇有70%的房屋基本完好和轻微破坏，严重破坏的约占10%左右，个别老旧房屋有毁坏现象。广大农村老旧房屋特别是在遭遇Ⅶ度地震时，基本完好所占比例减小，相应轻微破坏的比例会有增加。

1994年安昌镇、桑枣镇、黄土镇、高川场预测区各类房屋建筑面积统计表

表4－30　　单位：平方米

地名＼房屋类型	多层框架结构房	多层砖房	R.C柱厂房	砖柱厂房、空旷房屋	一般房屋	合计
安昌镇	60853	521339.00	8606	7860	201956	800614.00
桑枣场镇	6281	32484.00	4415	3237	94804	141221.00
黄土场镇	900	14015.00	—	—	94638	109553.00
高川乡场	—	9085.60	—	—	22616	31701.60
合计	68034	576923.60	13021	11097	41404	1083089.60

1995 年安昌镇城区遭遇Ⅶ度地震时房屋群体震害预测结果表

表 4－31

单位：平方米

预测区 \ 破坏等级		毁坏	严重破坏	中等破坏	轻微破坏	基本完好
安昌镇城区	A 区	18395.41	37974.67	54529.11	98523.43	141920.35
	B 区	14484.83	29353.53	41048.44	83153.45	123570.75
	C 区	3881.48	8060.74	11680.48	20492.15	34118.15
	D 区	3768.62	7457.95	10129.62	24815.41	25395.40
	合计	40530.34	82846.89	117387.65	226984.44	325004.65
所占百分比（%）		5.11	10.45	14.81	28.63	41.00

1995 年桑枣、黄土、高川场镇遭遇Ⅵ度地震时房屋震害预测结果表

表 4－32

单位：平方米

场镇 \ 破坏等级	毁坏	严重破坏	中等破坏	轻微破坏	基本完好	合计
桑枣场镇	422.29	2638.87	13492.23	37253.35	86292.27	140099.01
黄土场镇	183.37	1221.38	6649.35	18175.28	38413.63	64643.01
高川乡场	119.02	693.16	3347.33	9087.23	18455.76	31702.50
合计	724.68	4553.41	23488.91	64515.86	143161.66	236444.52
所占百分比（%）	0.31	1.92	9.93	27.22	60.55	99.93

1995 年桑枣、黄土、高川场镇遭遇Ⅶ度地震时房屋震害预测结果表

表 4－33

单位：平方米

场镇 \ 破坏等级	毁坏	严重破坏	中等破坏	轻微破坏	基本完好	合计
桑枣场镇	7500.92	14396.68	18368.66	54315.00	46417.73	140098.99
黄土场镇	3747.00	7100.59	8915.67	26402.05	18477.69	64643.00
高川乡场	1853.03	3544.42	4526.43	12702.02	9076.62	31702.52
合计	13100.95	25041.69	31810.76	92519.07	73927.04	236444.51
所占百分比（%）	5.54	10.59	13.45	39.17	31.29	100.04

安县境内有各类公路 39 条，总里程 371 千米，各类桥梁 75 座（其中大中型桥梁 20 座）总长 2755 米。经预测，在Ⅶ度烈度地震时，绝大多数公路和桥梁保持基本完好；山区公路安昌至高川线中的睢水到高川段、晓坝至茶坪线部分路段会有滚石、滑坡和塌方出现，影响交通安全。安县全境有中型水库 1 座，小型水库 27 座，蓄水总量 2489 万立方米（最大库容量白水湖水库 1627 万立方米）。水库坝体材料有混凝土坝，更多为条石坝。坝高一般在 15—24 米（白水湖水库坝高 24.37 米）。全县境有小水电站 40 余处，总装机容量 7000 千瓦，年发电量为 2.5 亿度，这些小水电站多分布在靠龙门山区，多为几百米至数千米的明渠引水，电站厂房多为砖混结构。经预测，在遭遇Ⅶ度烈度地震时，水库坝体基本完好，极个别会出现细微裂缝；电站厂房及设备基本完好，唯引水明渠

会受到山地灾害的威胁，一旦遭遇强震，会出现严重破坏。安昌镇的供水系统，多按Ⅶ度地震烈度设防，经预测，在Ⅶ度烈度地震时，供水系统基本完好。

安县基本上是农业为主，年粮食产量284450吨，全县有乡及乡以上工业企业和生产单位154个，年产值在100万元以上的主要企业有54个。地震造成直接经济损失主要是建（构）筑物，工程设施等自身的破坏和室内财产损失。经预测计算经济损失结果见表4－34。企业厂房受破坏或毁坏，造成停产、减产引起的间接经济损失较小。

1995年安县各乡（镇）遭遇Ⅶ度地震直接经济损失预测结果表

表4－34　　单位：万元

烈度 / 乡镇	Ⅵ度		Ⅶ度	
	场镇	农村	场镇	农村
安昌镇	1480.9	540.1	2282.6	1382.5
桑枣镇	532.9	780.8	1364.2	1109.9
花亥镇	620.1	684.5	1587.4	1029.7
黄土镇	714.3	527.3	1828.4	747.0
塔水镇	734.1	740.2	1879.1	1088.9
秀水镇	975.7	718.2	2497.7	1057.5
河清镇	300.8	423.3	770.0	623.5
晓坝乡	123.5	23.6	316.0	48.9
永安镇	352.6	92.3	902.6	151.8
睢水乡	322.8	94.1	826.3	172.0
茶坪乡	48.1	35.5	123.2	68.4
界牌乡	303.9	70.2	778.0	162.9
兴仁乡	201.4	23.7	515.4	55.8
乐兴乡	329.1	58.6	842.4	93.4
清泉乡	248.0	50.3	727.1	109.4
宝林乡	252.3	220.2	645.7	342.2
永河乡	300.4	72.7	769.0	134.9
沸水乡	268.8	141.1	688.0	295.0
高川乡	103.0	122.5	263.7	267.0
迎新乡	240.9	48.9	616.7	85.8

安县全县有47万余人。人口密度南部地区平均每平方千米200人，西北部山区每平方千米36—52人。经预测，Ⅵ度地震烈度时，基本无伤亡，Ⅶ度地震烈度时个别乡镇有少数伤亡。出现严重震害时，会造成一部分人员暂时无家可归。西部山区预测次生灾害是诱发水灾和崩塌、滑坡、泥石流等山地灾害。对睢水、高川、茶坪等乡的水电设施、公路交通会造成较大影响。

第三节 什邡市和马边县城乡震害预测

一、什邡市城乡震害预测

什邡市位于成都平原西北部，幅员面积863.77平方千米，全境地势由西北向东南倾斜，北部为山区（面积492.17平方千米）。据1995年资料统计，全市辖20个乡镇，总人口425120人（其中农业人口349069人），多分布在南东部的平坝地区。什邡市经济发达，是粮油、烟叶生产基地，工业有化工、烟草、食品加工、建材、轻纺、医药行业等。年产值达100万元以上企业144个，1000万元企业35个，超亿元的企业7个。年国民生产总值307600万元，年工农业总产值1017653万元（其中工业总产值947353万元，农业总产值70300万元）。1995年财政收入5.4亿元，居全省综合实力十强县首位，也是全国财政大县之一。在地质构造上，什邡市北部山区处于龙门山断裂带中段。龙门山断裂带后山断裂的分支千佛山—九顶山断裂通过县境北部，龙门山断裂带主中央断裂、前山断裂亦斜穿过北部山区，丘陵、平坝有一隐伏断裂存在。什邡市是小震活动区，据1979—1993年资料统计，什邡及周边计发生地震2725次（其中1.0—1.9级地震2242次，2.0—2.9级地震428次，3.0—3.9级地震52次，4.0—4.9级地震3次）。1981年11月7日，什邡、彭县间发生4.6级地震，什邡境的红白、蓥华镇苏家湾等处受到Ⅵ度的影响和一些破坏。历史上外围地区强震对什邡也有较强影响。据1990年出版的《中国地震烈度区划图（1∶400万）》，什邡市境内未来50年超越概率10%的地震基本烈度均为Ⅶ度。

什邡市选择房屋分布集中、数量最多、类型齐全的方亭镇（市政府驻地）进行群体预测的同时，对部分重要或典型房屋进行单体预测；对皂角、元石、马井、隐丰、双盛、两路口、云西、民主、洛水、蓥华、八角、红白等12乡镇分场镇及农村分别进行房屋的群体震害预测，对龙门山的蓥华、八角、红白3乡镇还以村为单位进行详细的震害预测；对什邡市城区和9场镇、12乡镇农村及什化集团、金河磷矿、蓥华公司、兰剑集团、什邡烟厂等22个大中型企业（集团）单独进行房屋群体震害预测。什邡市各乡镇和大中型企业房屋建筑分类面积和房屋群体震害预测结果见表4-35和表4-36。在遭遇Ⅶ度地震烈度时，什邡市城区及各场镇房屋震害以基本完好和轻微破坏为主，计占房屋总面积的71.4%，中等破坏至严重破坏的占23.1%，仅有5.46%毁坏。农村房屋震害比场镇略重，基本完好和轻微破坏计占房屋总面积的68.74%，中等、严重破坏至毁坏的比例略有增加。22个大中型企业（集团）房屋震害比场镇、农村都轻得多，基本完好和轻微破坏计占房屋总面积的79.87%，中等至严重破坏仅占16.52%，毁坏者占3.61%。

什邡市境公路省道2条（长60千米）、县道8条（长101.1千米）、乡道44条（长242.2千米）、村道1242条（长793.4千米）、铁路支线1条（长51.5千米）。全境有大中型公路桥梁8座（长1111.3米），铁路桥梁9座（长1399米）。按地震基本烈度Ⅶ度及罕遇烈度Ⅷ度，对上述主干公路和铁路、公路桥梁进行震害预测，结果是公路主要震害在北部山区沿线，地震会引发山体滑坡、崩塌、泥石流等山地灾害，特别是红白镇马槽滩和柿子坪烂柴湾两大滑坡体会对公路、铁路造成一定影响。公路、铁路桥梁在地震烈度Ⅶ度时基本完好，出现Ⅷ度地震烈度时，个别会有轻微破坏。什邡市全境有水电站29座，总装机容量40725千瓦。这些电站主要利用石亭江（上游称金河）及其支流水能发电，另一部分是利用人民渠等人工灌溉渠发电。大多数电站厂房结构抗震性能好，在遭遇Ⅶ度地震烈度时，厂房基本完好，主要震害在北部山区地震山地灾害会对电站引水渠造成破坏。

1995年什邡市预测区各类房屋建筑面积统计表

表4－35　　单位：平方米

名称	房屋面积＼房屋分类	多层框架结构房	多层砖房	R.C柱厂房	砖柱厂房	空旷厂房	一般房屋	合计
方亭镇	房屋总面积	862219.56	2084247.01	80421.31	479085.63	214300.90	7354863.63	11093138.04
	所占百分比(%)	7.77	18.79	0.73	4.48	1.93	66.30	100.00
元石镇	房屋总面积	—	109890.00	—	8400	—	374610	492900
	所占百分比(%)		22.30	—	1.70	—	76.00	100.00
皂角镇	房屋总面积	16100.00	100030.00	—	22126.00	10300.00	563680.00	712236.00
	所占百分经(%)	2.26	14.04	—	3.11	1.45	79.14	100.00
双盛镇	房屋总面积	8000.00	90730.00	—	—	—	87317.00	971908.00
	所占百分比(%)	0.42	9.34	—	—	—	89.84	100.00
马井镇	房屋总面积		298145.00	2500.00	63830.00	—	740245.00	1104729.00
	所占百分比(%)	—	26.99	0.23	5.78	—	67.00	100.00
隐丰镇	房屋总面积	—	160344.00	—	26269.00	133290.00	407771.00	727674.00
	所占百分比(%)	—	22.03	—	3.61	18.32	56.04	100.00
两路口镇	房屋总面积	38400.00	100424.00	—	59889.00	4200.00	922955.90	1125868.90
	所占百分比(%)	3.41	8.92	—	5.32	0.37	81.98	100.00
云西镇	房屋总面积	9700.00	135847.00	7850.00	41210.00	—	717929.00	912536.00
	所占百分比(%)	1.06	14.89	0.86	4.52	—	78.67	100.00
民主乡	房屋总面积	—	14419.00	—	172587.00	—	430411.00	617417.00
	所占百分比(%)	—	2.34	—	27.95	—	69.71	100.00
洛水镇	房屋总面积	130800.00	170333.00	25800.00	33550.00	—	757851.00	1118334.00
	所占百分比(%)	11.70	15.23	2.23	3.00	—	67.76	100.00
八角乡	房屋总面积	—	22830.00	2900.00	6415.00	1350.00	385810.00	419305.00
	所占百分比(%)	—	5.45	0.69	1.53	0.32	92.01	100.00
蓥华镇	房屋总面积	28433.00	33890.00	12576.00	4682.00	—	627558.00	707139.00
	所占百分比(%)	4.02	4.80	1.98	0.66	—	88.74	100.00
红白镇	房屋总面积	—	29100.00	16574.00	—	—	212563.00	258130.00
	所占百分比(%)		11.27	6.42	—	—	82.31	100.00
22个大中型企业(集团)	房屋总面积	259283.28	526995.19	311477.77	76057.34	31499.92	140616.00	1345889.50
	所占百分比(%)	19.26	39.16	23.14	5.65	2.34	10.45	100.00

什邡市经济较发达，地震直接经济损失经预测，在遭遇Ⅶ度地震烈度破坏时，方亭镇地震经济损失最大，近7.7亿元；其次为马井镇和洛水镇，分别损失为1.11亿和0.75亿元。主要生产企业地震经济损失，最大为金河磷矿可达0.24亿元，其次是什邡卷烟厂0.17亿元，川西磷化总公司0.1亿

元，四川钻采设备厂0.1亿元。全市13个乡镇及主要生产企业在Ⅶ度地震烈度下，地震直接经济损失累积可达15亿元。由地震破坏造成停产、减产的间接经济损失4亿多元。全市人口分布不均，西北部人烟稀少，东南部人口较稠密。经预测计算，在地震烈度Ⅶ度的情况下，全市范围内由房屋倒塌造成人员死亡数人至数十人，伤者数十人至数百人。暂时无家可归者有数千人至上万人。

1997年遭遇Ⅶ度地震时什邡市城区、9场镇和12乡镇农村及22个大中型企业房屋群体震害预测结果汇总表

表4-36　　单位：平方米

预测区房屋总面积及所占百分比（%）			遭遇Ⅶ度地震时预测结果				
			毁坏	严重破坏	中等破坏	轻微破坏	基本完好
城区和9场镇	房屋总面积	12120268.14	662174.51	1245605.61	1557504.23	4378665.00	4267317.96
	所占百分比（%）	100.00	5.46	10.28	12.85	36.13	35.28
12乡镇农村	房屋总面积	7777612.90	495397.06	883657.33	1052578.44	3259625.70	2086349.65
	所占百分比（%）	100.00	6.37	11.36	13.53	41.91	26.83
22个大中型企业（集团）	房屋总面积	1314712.58	47469.74	90692.54	126469.75	287315.94	762786.69
	所占百分比（%）	100.00	3.61	6.90	9.62	21.85	58.02

说明：表中房屋总面积未包括空旷房屋面积，此类房屋未进行震害预测

什邡市境产生地震次生灾害，一是以生产、使用和储存的硫、磷有关的易腐、易污和剧毒类物质相关的化工、农药、化肥等化工企业较多，且多集中石亭江沿岸，地震烈度在Ⅶ度时，个别或少数灾害物质会引发外泄，对石亭江下游两岸农田和人畜会造成威胁；二是北部山区以地震造成山地灾害或场地效应，特别是在雨季，强震易引发燕子岩、红白镇烂柴湾、蓥华镇板坪村的滑坡，形成泥石流，将部分河段填塞后引起水灾，直接影响交通、农田、建筑物的安全。

二、马边彝族自治县城乡震害预测

马边彝族自治县（以下简称马边县）位于四川省南部边缘，幅员面积2382.93平方千米。该县是山高、坡陡、谷深的大山区，沿马边河两岸为主要的低山河谷产粮区，县境西缘无耕地，为亚高山草甸。全县辖1镇28乡，据1995年统计，全县人口167330人（其中彝族占三分之一），农业人口152479人（主要分布在东北部地区）。1995年国民生产总值27148万元（当年值），工农业总产值33956万元，其中工业总产值11724万元，地方财政收入2112万元。马边县在地质构造位置上处于四川盆地西缘的凉山断块内。区内主要断裂有利店断层、玛瑙断层、峨边—烟峰断层和靛兰坝断层。马边是多地震地区。据地震资料统计，1935—1995年间，计发生5级以上地震28次，其中1935年发生一次6级地震（震中烈度Ⅷ度），1936年发生2次$6\frac{3}{4}$级地震（震中烈度Ⅸ度），1971年8月又发生5.8级震群。这些地震给马边县及邻区造成巨大损失。据《中国地震烈度区划图（1990）》，马边县大部分地区地震基本烈度（即50年内超越概率10%的烈度）为Ⅷ度。

马边县选择民建镇（县政府驻地）为代表进行房屋群体震害预测。民建镇是一座山区古镇，根据该镇房屋分布情况，将其划分为老城、张坝、东光、光明、红牌坊等5个小区，分别进行震害预测。各预测小区房屋分类面积见表4－37。经预测，在遭遇Ⅶ、Ⅷ、Ⅸ度地震烈度时，民建镇房屋破坏情况见表4－38。马边县的地震基本烈度为Ⅷ度。当地震烈度为Ⅷ度时，民建镇（城区）木结构房屋、砖木结构平房均以中等破坏和严重破坏为主，尤其那些年久失修的老旧房屋抗震性能差，破坏会更重。

1995年马边县民建镇各类房屋建筑面积统计表

表4－37　　单位：平方米

预测区＼面积＼分类	多层框架结构房	多层砖房	R.C柱厂房	砖柱厂房	一般房屋	合计
老城小区	11273.00	61224.00	0	5271.00	75511.00	153279.00
张坝小区	2540.00	51931.00	382.00	804.00	64634.00	120291.00
东光小区	2355.00	14924.00	372.00	353.00	37633.00	55637.00
光明小区	1038.00	15357.00	0	2346.00	40250.00	58991.00
红牌坊小区	0	8428.00	0	964.00	17602.00	26994.00
合计	17206.00	151864.00	754.00	9738.00	235630.00	415192.00
所占百分比（%）	4.14	36.58	0.18	2.43	56.76	100.00

1997年马边县民建镇遭遇Ⅶ度、Ⅷ度、Ⅸ度地震时房屋破坏预测结果表

表4－38　　单位：平方米

面积＼破坏烈度＼破坏等级		毁坏	严重破坏	中等破坏	轻微破坏	基本完好	合计
Ⅶ度	全镇合计	25130.09	46492.4	58860.46	147216.63	137492.38	415191.95
	所占百分比（%）	6.05	11.20	14.18	35.46	33.11	100.00
Ⅷ度	全镇合计	59376.59	80293.20	150105.03	72890.41	52445.51	514110.74
	所占百分比（%）	14.30	19.34	36.16	17.56	12.64	100.00
Ⅸ度	全镇合计	124354.09	152713.36	79695.69	39060.94	19384.80	415208.88
	所占百分比（%）	29.95	36.78	19.19	9.41	4.67	100.00

马边全县有公路12条，总计里程258.5千米。各类公路桥梁有105座，总长3181.6米（其中大中型桥梁31座，占桥梁总长的57%），桥梁多进行抗震设计。经预测计算，在遭遇Ⅷ度地震烈度时，绝大多数桥梁保持基本完好，仅有几座会出现轻微破坏。马边县这些山区公路抵御山地灾害能力较差，在遭遇Ⅷ度地震烈度时，出现滑坡、崩塌、滚石现象较多，公路沿线会造成较大危害，交通中断。马边县有水电站12座（总装机容量8385千瓦），其中有8座经正规设计，按Ⅸ度设防，地震烈度为Ⅷ度时，不会受到破坏；另4座未进行抗震设计，会出现轻微或中等破坏。马边县水电站一般多有数百米至数千米长的引水明渠，在强震作用下，明渠会受到崩塌、滚石、滑坡等山地灾害的破坏，个别电站厂房及压力管的安全也会受到威胁。在遭遇Ⅷ度地震烈度时，马边县城（民建镇）的供水系统会基本保持完好。

马边县基本上以农业为主，地方工业主要有造纸、木材加工、建材、化工、农机修造和电站等。以乡（镇）为统计单元进行震害预测结果，地震直接经济损失较大的有荣丁乡、建设乡、下溪乡、劳动乡和民建镇等。这些乡镇在遭遇地震烈度为Ⅷ度时，地震直接经济损失都在3000万元以上。经预测计算，一个6级地震（震中烈度为Ⅷ度）发生在民建镇，地震直接经济损失达1.77亿元；若地震发生在靛兰坝，在马边县境内的经济损失会在0.84亿元左右。马边县工业不多，地震造成的停产、减产间接经济损失不大，在遭遇Ⅷ度地震烈度时，其间接经济损失有数百万元。马边县农业人口占人口总数的91.1%。全县人口平均密度为每平方千米70人。人口分布不均，西南、西北部每平方千米不到20人，东北部地区每平方千米100人以上，县城及附近乡每平方千米超过200人。经预测计算，在遭遇Ⅷ度地震烈度时，各乡镇死亡人员在几人至二三十人不等，受伤人员一般在数十人至一二百人之间，唯暂时无家可归人员会达几百人至数千人。

马边县有易爆源2处（年储硝铵、炸药200—400吨），房屋为木结构，无设防；易燃源加油站5处（一般储油量50—350吨），有3处按Ⅸ度设防，1处按Ⅷ度设防，1处无设防；另有剧毒源1处（磷化工厂，年产黄磷1000吨），按Ⅸ度设防。经预测估计，在遭遇Ⅷ度地震烈度时，不会出现大的破坏，那些未设防的灾源点最易引发的是火灾，尤其是民建镇未经改造的老城区的老旧木结构房屋，在强地震发生时应注意防止火灾。马边县发生强地震时，最易引起的是山崩、滑坡、泥石流等山地次生灾害。地震发生在雨季，预测区内的荣丁乡、下溪乡、镇江庙乡和高卓营乡就极易诱发泥石流、滑坡、岩崩等地震山地次生灾害。

第四节 自贡市和汶川县震害预测

1997—1999年，自贡市和汶川县应用计算机技术、网络技术和地理信息系统，管理和综合分析具有地理空间内涵的各类资料及数据处理，进行震害预测和评估，为地方政府制定防震减灾规划和应急预案，震灾应急决策，抢险救灾，重建家园和恢复生产等提供依据。

一、自贡市震害预测

自贡市位于四川盆地南部，幅员面积4373平方千米，人口313万人，辖自流井区、贡井区、大安区、沿滩区、荣县和富顺县，共128个乡镇，10个街道办事处。全市地形西北向东南倾斜，除部分低山外，主要为丘陵、平坝地区。境内沱江流长127千米，其支流釜溪河绕市区流过。矿藏主要有煤、天然气、卤水、岩盐及石灰石；工业以制盐、化工、机械为支柱，兼有电子、冶金、轻工、纺织、建材、煤炭等综合性工业体系。全市有各类企业1714户，其中各类大中型企业59家，各类化工厂高压设施、易燃、易爆、易腐蚀的气体和液体是潜在的次生灾源；市区基础设施管线复杂，主要有长距离供水系统，天然气田到城市内的供气系统，主要盐田到加工厂的卤水管道等。全市已形成包括铁路（内江至宜宾铁路纵贯过境）、公路、水运和管道运输组成的综合运输体系。据1997年统计，全市国内年生产总值126亿元；全部工业年总产值166.9亿元，农林牧渔年总产值48亿元，耕地面积14.4万公顷，粮食年产量126.5万吨（产值28亿元）。地方财政年收入10.1亿元。在地质构造上自贡市处于中国新华夏系第三沉降带的四川盆地西南隅，受威远隆起南缘断裂和华蓥山大断裂带的控制，形成自流井凹陷次一级构造单元。自贡城市区坐落在自流井背斜上，市中区处于北东向的长岩断裂和北西向的黄桶坡断裂交汇处。在断层附近多次发生过中强破坏性地震。据不完全统计，从1896年至1996年在距自贡市区35千米范围内发生4.6级至5 $\frac{3}{4}$级地震8次。其中1985年3月29日，在自贡市凉高山、燕子山至黄桶湾一带发生4.6级地震，震中烈度Ⅶ度，极震区面积17.5平方千米（Ⅶ度区内存在Ⅶ度强和Ⅷ度的烈度异常点），重庆、成都、峨边、宜宾南也有震感。地震造成1人死亡，280人受伤（其中重伤12人），倒塌房屋400多间，一些企业受到不同程度破坏，地震造成直接经济损失1.06亿元。境外主要是马边一带玛瑙断裂等发生的强震对自贡市有较强影响和波及。据1990年出版的《中国地震烈度区划图》，自贡市未来50年超越概率10%的地震烈度除荣县、富顺为Ⅵ度外，自贡市区大部分为Ⅶ度。

1996—1999年，在中国地震局、四川省人民政府和自贡市人民政府的支持下，自贡市组织开展了“自贡市防震减灾示范研究与应用”项目中的“震害预测”工作。预测区含自流井区、大安区和高新技术开发区，面积27.5平方千米，人口30万人。对预测区内410个单位，2万多栋建（构）筑物进行调查，其中3500栋建筑近1000万平方米作了详细调查。经过基础资料的收集和整理，在对地震地质背景、地震活动性、潜在震源区划分、地震危险性分析、地震小区划和设定地震等研究的基础上，在未来50年对自贡有一定破坏影响的设定地震有2次，一次是距自贡市125千米马边境玛瑙断裂北端的7级地震，一次是距自贡市中心4.5千米长岩断裂与黄桶坡断裂交汇处5.5级地震。两次地震影响预测区的地震烈度在Ⅵ—Ⅹ度（罕遇烈度）时，分别对各类建（构）筑物、基础设施、次生灾害、人员伤亡和经济损失等进行了震害预测和评估。

预测区房屋建筑震害预测：预测区内各类房屋建筑调查资料见表4－39，自贡市房屋建筑震害矩阵比较见表4－40。几种主要建筑结构中，抗震能力最差的是老旧民房，抗震性能最好的是钢筋混凝土结构房屋。

1998年自贡市震害预测区房屋建筑调查统计表

表4－39

房屋类型	面积（平方米）	所占比例（%）
多层砖房	4301600	45.9
钢筋混凝土房	1076700	11.5
单层工业厂房	459700	4.9
内框架与底框架房	101100	1.1
空旷房屋	45900	0.5
老旧房屋	3383900	36.1

注：房屋建筑总面积9368900平方米

预测区基础设施的震害预测：预测区及其附近道路的场地为Ⅰ类和Ⅱ类，地基条件较好，主要道路路面质量较好，即使发生强震也不会发生大面积砂土液化、地基沉陷等引起路基和地面的破坏，仅是在一些街巷局部陡坎、边坡出现失稳或塌落。在釜溪河两岸，出现Ⅹ度地震时会产生局部塌落或有滚石抛落等现象。预测区主要桥梁、隧道、通信设施、供电系统和变电站、供水管道和供气管网等震害预测结果分别见表4－41至表4－46。

1998 年自贡市震害预测区房屋建筑震害矩阵比较表

表 4-40

烈度	结构类型	震害预测（%）				
		基本完好	轻微破坏	中等破坏	严重破坏	毁坏
Ⅵ	多层砌体	72.00	24.79	3.21	0.00	0.00
	工业厂房	77.40	20.72	1.87	0.00	0.00
	钢混结构	98.04	1.96	0.00	0.00	0.00
	内底框架	70.57	25.04	4.39	0.00	0.00
	老旧民房	50.50	30.50	18.50	0.50	0.00
Ⅶ	多层砌体	16.90	65.10	15.60	2.40	0.00
	工业厂房	26.60	59.40	12.80	1.20	0.00
	钢混结构	88.20	10.00	1.80	0.00	0.00
	内底框架	32.80	45.40	17.50	4.40	0.00
	老旧民房	14.50	34.50	32.50	17.50	1.00
Ⅷ	多层砌体	3.30	14.20	64.90	14.70	2.90
	工业厂房	3.50	24.40	58.60	12.50	1.00
	钢混结构	36.10	51.30	10.70	1.90	0.00
	内底框架	2.90	25.70	52.70	17.20	1.50
	老旧民房	1.50	10.50	35.00	34.50	18.50
Ⅸ	多层砌体	0.00	2.90	15.20	66.50	15.40
	工业厂房	0.00	1.40	28.20	57.60	12.70
	钢混结构	2.10	30.20	54.50	11.40	1.80
	内底框架	0.00	2.90	29.60	52.80	14.70
	老旧民房	0.00	1.00	19.50	35.00	44.50
Ⅹ	多层砌体	0.00	0.00	2.97	26.29	70.74
	工业厂房	0.00	0.00	6.42	32.20	61.38
	钢混结构	0.00	1.56	30.05	50.70	17.69
	内底框架	0.00	0.00	3.48	39.29	57.23
	老旧民房	0.00	0.00	2.50	18.00	79.50

1998 年预测区主要桥梁震害预测结果表

表 4-41

名称＼烈度	Ⅵ	Ⅶ	Ⅷ	Ⅸ	Ⅹ
釜溪河铁路桥	完好	基本完好	轻微破坏	中等破坏	严重破坏
解放桥	完好	轻微破坏	轻微破坏	中等破坏	严重破坏
十字口桥	完好	基本完好	轻微破坏	中等破坏	中等破坏

续表 4－41

名称＼烈度	Ⅵ	Ⅶ	Ⅷ	Ⅸ	Ⅹ
釜溪桥	完好	基本完好	轻微破坏	中等破坏	严重破坏
东兴寺桥	完好	基本完好	轻微破坏	中等破坏	中等破坏
东兴公路立交桥	完好	基本完好	轻微破坏	中等破坏	中等破坏
东兴铁路立交桥	完好	基本完好	轻微破坏	中等破坏	中等破坏
簸米湾立交桥	完好	基本完好	轻微破坏	中等破坏	中等破坏
鸿鹤立交桥	完好	基本完好	轻微破坏	中等破坏	中等破坏
三八路立交桥	完好	基本完好	轻微破坏	轻微破坏	中等破坏
龙井路立交桥	完好	基本完好	轻微破坏	中等破坏	严重破坏

1998年预测区主要隧道震害预测结果表

表 4－42

名称＼烈度	Ⅵ	Ⅶ	Ⅷ	Ⅸ	Ⅹ
富台山隧道	完好	完好，洞口装饰物可能有轻破坏	洞口和上层洞局部可能有细裂缝	洞口及洞内衬砌出现裂缝，不影响通车	洞口裂缝，洞内衬砌和墙角、地面出现裂缝，局部有崩落物，不影响通行
簸米湾隧道	完好	完好，洞口护墙有裂缝	洞口砖墙面或洞内弧角、墙角出现裂缝	洞口和洞内裂缝较明显，局部有崩落物，不影响通车	裂缝和塌落物明显，需经检查或采取措施后方可通行
解放路隧道	完好	完好，洞口装饰物可能有破坏	洞口砖墙面或洞内弧角、墙角出现裂缝	洞口有明显裂缝，洞内局部有崩塌物，洞顶和墙体裂缝明显，不影响通行	裂缝和塌落物明显，需经检查或采取措施后方可通行

1998年预测区通信设备震害预测结果表

表 4－43

名称＼烈度	Ⅵ	Ⅶ	Ⅷ	Ⅸ	Ⅹ
市话长话中心	完好	基本完好	中等破坏	严重破坏	严重破坏
移动通信中心	完好	基本完好	轻微破坏	中等破坏	严重破坏
微波通信站	完好	基本完好	轻微破坏	中等破坏	严重破坏

1998年预测区110千伏变电站设备破坏震害预测结果表

表 4－44

名称＼烈度	Ⅵ	Ⅶ	Ⅷ	Ⅸ	Ⅹ
土地坡变电站	基本正常	基本正常	一般故障	严重故障	严重故障
汇东变电站	基本正常	基本正常	基本正常	一般故障	严重故障
代家坝变电站	基本正常	基本正常	一般故障	严重故障	系统瘫痪
燕子山变电站	基本正常	一般故障	一般故障	严重故障	系统瘫痪
莲花寺变电站	基本正常	一般故障	一般故障	严重故障	系统瘫痪

1998年预测区供水管道震害预测结果表

表4-45

管材	场地类型	管径	烈度为Ⅵ-Ⅹ度的震害预测结果				
			Ⅵ	Ⅶ	Ⅷ	Ⅸ	Ⅹ
普通铸铁管	Ⅰ类	ϕ100—ϕ350	完好	完好	中等破坏	中等破坏	破坏
球墨铸铁管	Ⅰ类	ϕ400—ϕ700	完好	完好	完好	中等破坏	破坏
预应力混凝土管	Ⅰ类	ϕ700 ϕ800 ϕ1000 ϕ1200	完好	完好	完好	中等破坏	破坏

1998年预测区供气管网震害预测结果表

表4-46

管材	场地类型	管径	烈度为Ⅵ-Ⅹ度的震害预测结果				
			Ⅵ	Ⅶ	Ⅷ	Ⅸ	Ⅹ
无缝钢管	Ⅰ类	ϕ108，ϕ159 ϕ168，ϕ199 ϕ219，ϕ245 ϕ299	完好	完好	完好	完好	破坏
无缝钢管	Ⅱ类	ϕ108，ϕ159 ϕ168，ϕ199 ϕ219，ϕ245 ϕ299	完好	完好	完好	中等破坏	破坏

次生灾害危险性评估：预测区及外围主要的地震次生灾害源为易燃、易爆及有毒气体、液体泄露或扩散。评估对地震次生灾害危险性分为四级。Ⅰ级——灾害蔓延大片，Ⅱ级——灾害涉及相邻区域，Ⅲ级——危及附近环境，Ⅳ级——只危及本体。预测区内的成片老旧民房地震次生火灾危险性评估为Ⅱ级以上，天然气配气站、大型油库在地震时出现火灾抢救不及时成蔓延大片评估为Ⅰ级，一些商用加油站地震时发生次生火灾，其危险性一般在Ⅲ级或Ⅳ级，天然气配气站及盐井井灶余留天然气是发生地震次生灾害的隐患。预测区内外，一批化工企业生产、储存大量易燃易爆的化工产品、原料或有毒气体、液体，这是地震时发生次生灾害的主要灾害之一，对这些化工企业和科研单位其灾害危险性评估为Ⅱ级或Ⅰ级。自贡市消防水平在全国同类城市中属一般水平，在对地震次生灾害危险性评估时建议全市（含预测区）应加强消防力量和增加消防设施及设备。

人员伤亡预测：预测区地震人员死亡预测情况见表4-47，地震重伤人员预测情况见表4-48，无家可归人员预测情况见表4-49。

1998 年预测区地震人员死亡预测情况表

表 4－47

烈度	死亡（人）＼地震时间	22 时－6 时	6 时－8 时	8 时－17 时	17 时－19 时	19 时－22 时
Ⅵ	平日	0	0	0	0	0
	假日	0	0	0	0	0
Ⅶ	平日	38	23	22	23	28
	假日	40	29	26	29	16
Ⅷ	平日	454	292	282	292	342
	假日	471	351	318	351	417
Ⅸ	平日	1305	860	855	865	1000
	假日	1346	1010	940	1017	1192
Ⅹ	平日	3212	2187	2256	2216	2546
	假日	3330	2484	2316	2518	2928

1998 年预测区地震重伤人员预测情况表

表 4－48

烈度	重伤（人）＼地震时间	22 时－6 时	6 时－8 时	8 时－17 时	17 时－19 时	19 时－22 时
Ⅵ	平日	4	3	2	3	2
	假日	5	3	3	3	4
Ⅶ	平日	184	116	114	116	137
	假日	191	142	128	142	170
Ⅷ	平日	1893	1229	1185	1233	1438
	假日	1964	1461	1333	1467	1743
Ⅸ	平日	5338	3549	3541	3576	5218
	假日	5539	4126	3801	4157	4889
Ⅹ	平日	12969	8865	9199	8991	10294
	假日	13406	10013	9347	10153	11799

1998 年预测区地震无家可归人员预测情况表

表 4－49

烈度	Ⅵ	Ⅶ	Ⅷ	Ⅸ	Ⅹ
无家可归（人）	18938	67952	186915	250507	267741
占人口比例（%）	7	24	65	87	93

直接经济损失预测：预测区地震造成的直接经济损失（包括各类房屋、室内财产和基础设施等）情况见表4-50。

1998年预测区直接经济损失预测（估计）情况表

表4-50

单位：亿元

烈度	Ⅵ	Ⅶ	Ⅷ	Ⅸ	Ⅹ
全市直接经济损失	1.81	6.91	19.36	40.95	65.02

二、汶川县震害预测

汶川县位于阿坝州东南部，素有阿坝州门户之称。全县幅员面积4084平方千米。地势由西北向东南倾斜，境内高山连绵，河流深切。全县有6个镇、7个乡，118个行政村，总人口107354人（其中农业人口70751人，非农业人口36603人）。据统计，1998年全县国民生产总值87710万元。1998年工业总产值10536万元，固定资产投资额4936万元，年财政收入2489万元。在地质构造上，汶川县地处龙门山断裂带中段（其中中央断裂和后山断裂穿越县境），历史上有地震资料记载以来到2005年，发生5级以上地震3次。1657年（清顺治十四年）发生6$\frac{1}{2}$级地震，震时“山崩石裂，江水皆沸，房屋城垣多倾，压死男女无数。”1933年8月25日，距汶川63千米的茂县叠溪发生7$\frac{1}{2}$级地震和次生地震洪灾，汶川县境损失尤重。据1990年出版的《中国地震烈度区划图（1：400万）》，汶川县未来50年超越概率10%的地震烈度为Ⅶ度。

1997—1999年，在四川省地震局、阿坝州人民政府和汶川县人民政府的支持下，汶川县组织开展了“汶川省级防震减灾综合防御示范县”建设项目中的“震害预测”工作。在完成各类资料的收集、整理和研究的基础上，对县城威州镇、水磨镇和映秀镇的部分房屋作了震害预测，对县境部分基础设施进行震害评估和预测。汶川县威州镇、水磨镇和映秀镇的房屋以砖混结构为主，也有少数框架结构房屋，对重大建设工程（如水电站、隧道、桥梁等）高于Ⅶ度地震烈度设防；机关办公用房和职工住房按照Ⅶ度地震烈度设防，部分私人房屋未作设防。农村房屋以土木结构为主，也有部分片石墙结构和砖混结构房屋，这些房屋基本未作抗震设防要求。汶川县威州镇、水磨镇和映秀镇房屋建筑分类统计见表4-51，汶川县威州镇、水磨镇和映秀镇遭遇Ⅶ度地震烈度时部分房屋震害预测情况见表4-52（另有大部分房屋未作震害预测、评估）。

公路有国道213线经过汶川，境内里程103千米，省道3条（长269千米），县道5条（长81千米），乡村道路及专用道长680千米。全境有大型桥梁2座，长276.9米；中型桥梁17座，长835.45米；小型桥梁2座，长108.6米；涵洞39个。按地震基本烈度Ⅶ度及罕遇烈度Ⅷ度，对上述主干公路、公路桥梁进行震害预测，公路主要震害为泥石流、滑坡和地基不稳造成的下陷；公路、桥梁在地震烈度Ⅶ度时基本完好，个别会有轻微破坏。

汶川县全境有水电站35座，总装机容量55.5亿千瓦。这些电站主要利用岷江主流及其支流水能发电。大多数电站厂房结构抗震性能好，在遭遇Ⅶ度地震烈度时，厂房基本完好。个别电站为地震发生后的泥石流、滑坡、堰塞湖等次生灾害造成危害。汶川县有各类大中小型企业45个（不含水电站)，主要有铝厂、铁厂、电解锰厂、化工厂、水泥厂等，在遭遇Ⅶ度地震烈度时，次生灾害主要为工厂冶炼废物、粉尘以及化工废物污染及火灾等。在遭遇Ⅶ度地震烈度时，震害可造成泥石流、滑坡阻塞交通、桥梁、涵洞，形成堰塞湖，造成严重的次生灾害。在遭遇Ⅶ度地震烈度时造成的人员伤亡，暂时无家可归者和经济损失未作评估和预测。

1992 年汶川县威州镇、水磨镇、映秀镇房屋建筑分类统计表

表 4－51

乡镇名称	多层 R. C 结构房		多层砖房		厂房				一般房屋				合　计	
					R. C 排架房		砖排架房		砖平房		农房			
	数量(幢)	面积(平方米)	数量(幢)	面积(平方米)	数量(幢)	面积(平方米)	数量(幢)	面积(平方米)	数量(幢)	面积(平方米)	数量(幢)	面积(平方米)	数量(幢)	面积(平方米)
威州镇	249	393900	228	319400	233	69800	931	279200	399	79800	2418	381200	4458	1528700
水磨镇	14	16800	27	2800	48	24000	192	96000	93	11200	3086	407000	3460	557800
映秀镇	87	130300	101	104200	270	135300	1082	541100	174	26100	1218	182700	2932	11197000
总计	350	546400	356	426400	551	229100	2205	916300	666	117100	6722	970900	10850	3206200

1999 年汶川县威州镇、水磨镇、映秀镇遭遇Ⅶ度地震时部分房屋震害预测情况表

表 4－52

预测区部分房屋总面积（平方米）及所占百分比（%）			遭遇Ⅶ度地震时预测结果				
			毁坏	严重破坏	中等破坏	轻微破坏	基本完好
威州镇	部分房屋总面积	51165.06	30322.89	54136.77	72263.46	125381.06	229560.88
	所占百分比（%）	100.00	5.93	10.58	14.12	24.50	44.87
水磨镇	部分房屋总面积	287335.03	16682.32	30570.93	36809.66	120144.27	83127.85
	所占百分比（%）	100.00	5.81	10.64	12.81	41.81	28.93
映秀镇	部分房屋总面积	72643.01	3302.2	6209.93	8667.97	15815.08	38647.83
	所占百分比（%）	100.00	4.55	8.55	11.93	21.77	53.20

在建设“汶川省级防震减灾综合示范县”开展震害预测工作的基础上，建起了省内第一个县级防震减灾系统的基础数据库和以图件、文字、表格为主的 GIS 管理的基础数据库。一旦破坏性地震发生，该系统可保证大量数据资料的快速处理和传递，对震灾损失提供各类资料数据和图表，为政府科学救灾决策指挥提供依据。

第三章 农村“三网一员”建设和地震安全农居工程建设

农村“三网一员”建设和地震安全农居工程建设，是防震减灾工作重要的组成部分，更是法律赋予各级地震行政主管部门、建设行政主管部门的重要职责。这些工作开展时间不长，只有几年，很多内容还有待在防震减灾实践中，不断探索和发展、丰富和完善、深化和规范。

第一节 防震减灾“三网一员”建设

1986年后，四川省地震部门根据新时期地震工作的要求和国家地震局的安排，对全省地震群测群防工作进行清理、整顿和调整，在地震重点监视防御区的一些乡村、居民小镇设置地震宏观员，开展地下水位、水温、水化学和动物习性异常的观测（察），简称“三水一动”观测（察）。在建立和开展“三水一动”观测（察）的过程中，什邡市地震部门在实践中不断探索，在各乡（镇）设一名兼职的地震宏观员，在每村（组）设一名兼职的地震宏观联络员与本村（组）各宏观点（哨）联系，收集震前各类宏观异常现象向乡（镇）地震宏观员反映。乡（镇）宏观员把各处的异常现象经核实后向市地震部门报告。什邡市地震部门把乡（镇）地震宏观员的工作职责和内容初步归纳为：做好震前地震宏观异常现象的收集、调查、核实和上报；宣传普及地震知识；震情、灾情及社会影响的调查和速报；平息地震谣传。逐步建起市（县）、乡（镇）、村（组）三级地震群测群防工作网络，不断形成了地震宏观监测网、科普知识宣传网、地震灾情速报网三网合一的“三网一员”的工作体系。2000年，什邡市全市共有20个乡（镇）地震宏观员，253个村地震联络员，有93个地震宏观点（哨），形成覆盖全市的地震群测群防网络。2001年，乡（镇）机构改革，把防震减灾工作列入镇政府行政职能，由镇社会事务办公室负责，并派员兼任。随着地震宏观员工作内容的增多，地震宏观员的称谓不能概括防震减灾工作内容。2003年12月，什邡市人民政府办公室发出《关于各镇设置防震减灾助理员的通知》，撤销镇一级地震宏观员，建立防震减灾助理员，并明确其职责和内容是：宣传、贯彻、执行国家有关地震法律法规和方针政策；普及地震科学知识；设置和管理地震宏观点（哨）并组织培训村级地震宏观员；负责地震宏观异常的收集、调查、核实和上报工作；开展震后应急工作，统计上报震情、灾情损失等情况；平息地震谣言，维护社会稳定；负责指导本辖区内农房的抗震设防工作等。至2005年，什邡市计有镇防震减灾助理员20人，村级地震宏观员257人。什邡市防震减灾工作形成市地震办公室、镇防震减灾助理员、村地震宏观员的网络体系。2004—2005年，德阳市地震部门在全市范围内推行了什邡地震群测群防“三网一员”的经验和作法。

2004 年 9 月 27 日，国务院发出《关于加强防震减灾工作的通知》，要求各省、市、区要研究制定加强群测群防工作的政策措施，积极推进“三网一员”建设，即推进地震宏观测报网、地震灾情速报网和地震知识宣传网建设，在地震多发区的乡（镇）设置防震减灾助理员，形成“横向到边，纵向到底”的群测群防网络体系。2005 年 1 月 3 日，省政府发出《关于进一步加强防震减灾的通知》，也向各市（州）人民政府提出了相同的要求。四川省地震部门在全省地震重点监视防御区推行以设置防震减灾助理员为内容的“三网一员”建设。成都市地震局采用因地制宜、因时制宜、分区分片办法，对“三网”体系进行清理、整顿，全市共建“三网”157 个，“三网”人员 223 人。并在都江堰市、彭州市、邛崃市、大邑县和蒲江县等 5 个地震重点监视防御市县，以专兼职相结合的方式，通过规范名称，明确职位职责，界定岗位责任，纳入目标管理，设置 89 个乡（镇）防震减灾助理员并对其进行业务培训，地震群测群防乡（镇）防震减灾助理员制度建设已初具规模。攀枝花市在全市地震群测群防实践中，建立了地震宏观测报网、地震灾情速报网、地震科普宣传网，实行三网合一，平时开展地震宏观异常收集上报和地震科普宣传工作，一旦破坏性地震发生，该网络立即履行地震灾情速报职能，明确在全市 34 个乡（镇）和 16 个街道办事处确定了 1 名防震减灾助理员，建立健全了联络机制。乐山市全市建成 139 个“三网一员”网点，有人员 216 人。2005 年 7 月，阿坝州人民政府印发了《关于在全州各乡（镇）人民政府建立防震减灾工作领导小组并设立防震减灾助理员岗位的通知》，全面开展了地震群测群防“三网一员”建设（见表 4－53）。自贡市、雅安市、甘孜州、凉山州、广元市、绵阳市、宜宾市等也推行了“三网一员”的建设。

2005 年阿坝州群测群防“三网一员”建设情况表

表 4－53

县	乡（镇）	已建立乡（镇、场）防震减灾领导小组	已建立助理员	村（社区）	村级联络员	备注
马尔康县	14	14	14	104	104	
金川县	23	23	23	108	108	
小金县	21	21	21	133	133	
阿坝县	21	21	21	84	84	包含贾柯河、若柯河牧场
若尔盖县	18	18	18	98	98	
红原县	11	11	11	36	36	
壤塘县	12	12	12	61	61	
汶川县	14	14	14	125	125	含卧龙管理局下属卧龙镇、耿达乡
理　县	13	13	13	85	85	
茂　县	23	23	23	149	149	
松潘县	25	25	25	144	144	
九寨沟县	17	17	17	122	122	
黑水县	17	17	17	124	124	
合　计	229	229	229	1373	1373	

第二节 地震安全农居工程建设

四川是个农业大省，经济发展相对滞后，农房建设工作量大面广，工作开展的广度和深度不够，农村民居抗震设防成了防震减灾工作的薄弱环节。1999 年 12 月，四川省第九届人民代表大会常务委员会第十二次会议通过修正的《四川省防震减灾条例》第二十条规定：“地震重点监视防御区的县级人民政府应当根据当地实际情况，组织和引导群众在村镇建设中采取抗震措施，提高村镇房屋的抗震能力。”2003 年，什邡市依据《四川省防震减灾条例》的规定，在乡镇建立防震减灾助理员时规定其职责之一就是负责指导农房抗震设防，以加强农村建房的指导工作。2003 年 7 月，德阳市地震部门召开了全市农村房屋抗震设防基本情况调查工作会议，决定把Ⅶ度地震设防区的什邡市、绵竹市按照山区、沿山区和平坝区随机抽取一个村（共 6 个行政村、9 个村民组、2032 户、6357 人）的住房抗震设防基本情况进行调查，结果是被调查的农房无正规设计建房的达 98%，无抗震设防措施建房的达 97%，楼房无圈梁建房的达 87%。反映出农房抗震设防工作急需指导和规范。绵竹市发挥乡镇政府基层管理的作用，对乡镇的乡建员、国土员、防震减灾助理员进行培训，制定《绵竹市农房抗震设防技术要求》（试行）发放到建房农户和施工工匠手中，以指导和监督农房建设。德阳市地震部门推行绵竹市的做法，开展农房抗震设防的宣传，制定《农房抗震标准》发到乡镇、村组直到农民手中，让农民按标准去建房。德阳市地震局、市委农工办、市建设局、市国土资源局四家联合发出《关于加强农村建筑抗震设防工作的通知》，明确各自在该项工作中的职责，以促进农村建筑抗震设防工作的持久开展。

2004 年 1 月，中国地震局震害防御司组织召开了全国农村防震工作研讨会后，胡事贤等 18 位院士联名提出关于启动“地震安全农居工程”提高农村民居防震能力的建议。国务院在《关于加强防震减灾工作的通知》中，要求各地实施农居工程，消除安全隐患，改善农民群众居住条件，逐步开展农村房屋抗震设防的指导。2004 年 4 月，省地震局在绵竹市召开了全省农房地震安全调查工作会议，甘孜、凉山、成都、绵阳、乐山、攀枝花、自贡、宜宾、雅安、广元等市（州）地震部门的负责人参加了会议，德阳市和绵竹市政府分别作了专题发言和经验介绍。会后，各市（州）地震部门同建设部门协调分工、合作，各自开展本辖区内农村房屋抗震设防情况的抽样调查和农村抗震设防的普及宣传工作。据各市（州）地震安全农居情况调查结果显示，全省符合抗震设防要求的仅占 0.29%，基本抗震的占 2.63%，一般抗震的占 16.76%，不抗震的高达 80.82%，反映出四川省农村民居抗震设防存在着严重隐患。2004 年 10 月，省政府召开了全省防震减灾工作会议，对地震安全农居工程进行了安全部署，通过示范试点，以点带面，逐步推广。四川省各级建设部门依据《四川省防震减灾条例》，为尽快改变农村民居和牧民建房普遍不设防的状况，积极编制了部分农房标准设计图册，引导农民选用；大力培训村镇建设助理员和建筑工匠，提高监管和技术水平；做好农民新村建设试点工作，至 2004 年底，全省设立市级试点村 232 个，县级试点村 381 个，编制完成新村规划 1154 个，已入住农户 7.76 万户。通过新村建设规划、设计、施工的技术示范和指导，大大提高了新村抗震防灾能力，辐射和带动了周边乃至区域的农房抗震工作。建设部门组织实施牧民新村建设试点工作，在甘孜、阿坝、凉山三州地区的红原、若尔盖、理塘、壤塘、石渠、色达等县选择了 9 个点作为试点，高起点规划，高水平设计，规范化施工监管，配套设施完善，牧民新村房屋建筑具有民族特色，功能齐全，抗震能力明显提高，为边远民族地区农牧民安居建房创造了良好示范和经验。

2005年1月31日，省政府向各市（州）人民政府和省级各部门发出《关于进一步加强防震减灾工作的通知》，提出逐步实施农村地震安全农居工程，高度重视并尽快改变农村民居基本不设防的状况，提高农民的居住安全水平。要把防震抗震知识普及到乡镇、村及农户，使广大农民把建设安全农居变为维护自身生命的自觉行动。省建设、地震部门要组织专门力量开发推广科学合理、经济适用、符合当地风俗习惯，能够达到抗震设防要求、不同户型结构的农村民居建设图集和施工技术并加强技术指导和服务。要对地震多发区、高危险区的农村建筑工匠进行培训，提高农居建设施工质量。地震重点监视防御区县级以上的地方人民政府要通过政策引导和扶持，在农民自愿的基础上组织实施“农村民居地震安全示范工程”，总结经验，以点带面，提高农村民居抗震能力。此后，全省各市（州）普遍开展了地震安全农居工程建设。在调查摸清了情况的基础上，各地编印了一批农房抗震设防知识宣传资料和农房抗震设防的技术要求资料：德阳市编有《农村抗震标准》《绵竹市农房抗震设防技术要求》，阿坝州编有《马尔康县村镇建设抗震防灾暂行办法》和《马尔康民居抗震设防一般规定》，自贡市编有《农村民居抗震设防知识》，攀枝花市编有《农村房屋抗震知识》和《农房抗震标准》，绵阳市编有《绵阳市北部四县农村自建房屋抗震设防技术要求》等。各地利用科技三下乡、防震减灾宣传日等活动深入农村开展抗震设防宣传，发放资料，接受来访咨询。自贡市地震部门还成立抗震设防便民利民咨询服务中心，免费向民众提供抗震设防知识咨询服务。2005年8月4日，德阳市地震部门在绵竹市清平乡盐井村召开全市抗震设防农居示范点现场工作会，会议安排参观了示范点，介绍了经验。根据2005年省政府《关于进一步加强防震减灾工作的通知》，四川省地震安全农居示范工程项目已列入2006—2020年的《四川省防震减灾规划》。

第四章 防震减灾知识宣传教育

防震减灾宣传教育工作是地震综合防御的重要组成部分，也是推进防震减灾事业的发展和减轻地震灾害的重要手段和途径之一。防震减灾宣传教育工作的基本任务是宣传防震减灾知识及有关法律法规，传播防震减灾工作信息，增强全社会的防震减灾意识，提高群众防震减灾的自觉性和应对灾害的能力，动员社会公众参与防震减灾行动，为国家经济建设发展和社会稳定服务。

第一节 宣传教育内容和形式

一、宣传防震减灾十年目标的制定和实施

1995 年 3 月，省政府提出了全省防震减灾十年目标，即在“各级政府和全社会的共同努力下，从 1995 年起，争取用十年左右的时间，使我省的成都、重庆、自贡、攀枝花、西昌、雅安、康定、马尔康等城市和广元—乐山、成都—重庆沿线人口稠密、经济发达的地区具备抗御 6 级左右地震的能力。”为了帮助各级领导干部和广大群众更好地理解和实施四川省防震减灾十年目标，推动全省防震减灾工作，省地震局组织一批对防震减灾的方针政策、法律法规、科学知识有研究水平的管理干部和科技人员，在《震苑报》上连续刊载 15 篇关于四川省防震减灾十年目标的制定与实施的系列文章（文章题目是“防震减灾的行动纲领”“走具有中国特色的防震减灾道路”“必须把经济建设同防震减灾工作一起抓”“政府领导是关键”“纳入规划是前提”“健全法制是保障”“社会参与是基础”“宣传教育是先导”“必须依靠科技进步”“必须加强地震监测预报”“必须提高地震应急反应能力”“必须加强抗震设防标准管理和地震安全性评价工作”“必须做好震害预测和震灾评估”“必须解放思想、转变观念”和“贵在坚持，重在落实”）。这些文章宣传了国家防震减灾的方针和政策、法律和法规，讲解了防震和避震的科学知识；帮助各级领导干部正确理解制定和实施防震减灾十年目标的重要战略意义及自身的责任和义务，提高了广大群众的防震减灾意识并积极参与实施防震减灾十年目标的实践活动。

二、服务西部大开发战略

2000 年 3 月，四川省地震系统的广大干部和职工群众开展了一场“西部大开发，四川防震减灾工作怎么办?”的大讨论。省地震局主办的向全社会发送的《震苑报》接连刊载了 7 篇系列文章和报道（文章题目是“抓住机遇迎接挑战，争做贡献促进发展”“养兵之时显身手”“大联合促大开发，大协作促大发展”“抓住地震科技新亮点，培育事业发展增长点”“大开发大检验”“西部大开发是

地震工作做贡献的舞台”“统筹兼顾、分步实施，扎实推进、再创辉煌”）。这些文章和报道积极宣传了防震减灾工作实行预防为主、防御与救助相结合的方针，宣传了四川防震减灾工作在实施西部大开发战略中的地位和作用，为西部大开发战略服务；宣传地震系统的广大干部和职工群众努力为实施西部大开发做贡献（如加强地震活动断层的研究，做好工程建设场地地震安全性评价，加强地震小区划工作，加强水库地震的监测研究，做好震害预测等）；宣传通过为实施西部大开发战略服务，促进四川防震减灾事业和地震工作的发展（如加强测震台网建设，健全应急指挥中心系统，健全地震前兆宏观监测网，加强前兆台网建设，加强以立法、普法、执法和监督为内容的防震减灾法制建设）；宣传深化改革，创造条件更好地为实施西部大开发战略服务，动员、调动四川地震系统的广大干部和职工群众以实际行动为实施西部大开发战略站岗放哨，保驾护航。

三、防震减灾法律法规宣传

1996 年 6 月 18 日，四川省第八届人大常委会第二十一次会议通过《四川省防震减灾条例》。同年 10 月 22 日，省法制建设领导小组和省地震局联合发出通知，要求各市（地、州）法制建设办公室、地震局（办），省级各部门将《四川省防震减灾条例》等纳入“三五”普法内容。通知指出国务院已先后直接发布或批准发布了《发布地震预报规定》《地震监测设施和地震观测环境保护条例》《破坏性地震应急条例》，省人大常委会和省政府也分别发布了《四川省防震减灾条例》《四川省工程建设场地地震安全性评价管理规定》，请各地区、各部门把上述防震减灾法规、规章纳入“三五”普法的计划和宣传学习内容。在“三五”普法期中，各地区、各部门组织广大干部、群众宣讲、学习、领会防震减灾法规、规章，各类宣传媒介纷纷开展宣传，特别是地震重点监视防御区的地震部门利用会议、讲座、录音、录像、板报、墙报、宣传橱窗、自编小册子资料以及开展防震减灾法规知识竞赛等多种形式进行宣传，提高广大干部和群众贯彻执行防震减灾法规、规章的自觉性。

1998 年 2 月 16 日，国家地震局、国务院法制局、司法部和全国普及法律常识办公室在北京联合召开了全国宣传、贯彻《中华人民共和国防震减灾法》电视电话会议，学习、宣传国家《防震减灾法》。四川分会场出席会议的有省人大常委会副主任钮小明、副省长欧泽高、省政府副秘书长陈信远以及省地震局、省司法厅、省法制局的领导同志；成都市人大、市政府及德阳市人大、自贡市人大的领导同志；省防震减灾领导小组成员单位，省政府办公厅、省司法厅、省政府法制局、省普法办公室等单位的同志；省地震局有关领导及机关各部门、局属各单位和各市（地、州）地震局（办）的主要负责人；成都市防震减灾领导小组成员单位和成都市地震局的有关同志。《四川日报》、四川电视台、《成都晚报》、成都电视台、《信息汇报》等新闻单位也派出记者到会采访。2 月 28 日，副省长欧泽高在《四川日报》上发表“贯彻实施《中华人民共和国防震减灾法》，努力实现防震减灾十年目标”文章，宣传《防震减灾法》。地震重点监视防御区的地震部门以多种多样的形式开展学习、宣传《防震减灾法》。

四、向各级干部宣传防震减灾知识

1999—2000 年，省地震局专门为各级干部编写了《防震减灾知识读本》，主要内容是地震的基本知识（地震的发生和分类、震级与烈度、地震的地理分布、地震灾害、地震前兆与地震观测、地震预测预报等）、应急避震与抗震救灾（地震瞬间抉择、震前防震准备、震时正确避震、震后的自救互救、抗震救灾）和防震减灾法律法规知识。共 7 万多字，重点突出了各级干部应了解的防震减灾基本知识，公民在防震减灾方面应当具备的法律知识和应承担的法律责任。副省长欧泽高在本书的序中说，各级干部既是防震减灾的领导者，又是防震减灾知识的宣传者、教育者，要当好先生，必须首先当好学生。由省地震局组织编写的《防震减灾知识读本》就是为四川省各级干部了解、掌握防震减灾的基本知识而编写的，通俗易懂。希望大家能认真学习，多了解一些基本知识，掌握组织防御和减轻地震灾害的必要技能，把四川省的防震减灾工作落实到基层，落实到群众中去，真正做到有备无患、临震不乱、救灾有序。这本书发至全省县以上的各级领导干部和各级防震减灾领导小组成员，地震重点监视防御区发送到乡镇干部。

第二节　防震减灾知识普及和应急宣传

一、防震减灾知识的常规性宣传

1986—2005 年，全省各级地震工作部门每年利用科技三下乡活动、“科技之春”“科普宣传月”“科普宣传周”“科普宣传日”“法制宣传日”“4.22 地球日”“7.28 唐山大地震纪念日”“8.16 松潘、平武 7.2 级地震纪念日”等活动，开展地震科学知识的普及宣传。2003 年 3 月，全省一些市（州）、县地震部门结合“科技之春”宣传活动，在所驻地的城区、公园、社区，并深入到乡村集镇、牧区、厂矿、部队和学校开展防震减灾知识和地震法律法规知识的宣传活动。据初步统计，全省在开展此次宣传活动中散发相关资料 20 余万份，播放录像 128 场，制作展板 276 块，办地震科普橱窗专栏 102 期，举办讲座 95 场次，接受公众咨询 4000 多人次，参加活动的社会公众近 100 万人次。据 2005 年全省 12 个市（州）的初步统计，全年悬挂宣传防震减灾各类标语 13260 余幅，知识橱窗 100 余个，宣传展板 670 余块，制作宣传图片 340 余幅，放映有关防震减灾影视片 110 余部、100 余场次，举办知识讲座 80 余场，开展大型咨询活动 6 场次、散发防震减灾各类宣传资料 49 万余份，40 多万人接受教育，建立防震减灾科普教育基地和防震减灾科普知识宣传示范学校 23 所。1995—2005 年，省地震局创建局域网，设有地震科普宣传网页，对外宣传防震减灾知识。后改版为四川防震减灾信息网，增设栏目有地震方面的基本情况、监测预报、震害防御、紧急救援、政策法规、科研园地、地震科普等，每日每周都有新的内容。

二、防震减灾知识的集中宣传

全省各级地震部门利用曾发生过的一些强烈地震或影响大的破坏性地震周年纪念日，集中开展防震减灾知识的宣传。有关市（州）地震部门还根据震情形势和社会舆论动向，集中开展防震减灾知识和地震科普知识宣传。1995 年 3 月 29 日是自贡 4.8 级地震十周年纪念日，自贡市地震部门开展较大规模的宣传活动，印发地震知识宣传手册 2 万多册，发送到市、区、县级政府各部门、单位、厂矿企业学习使用。举办了“自贡 4.8 级地震十周年”报告会，各级政府、各部门、单位、厂矿企业负责人 400 多人参加。自贡电视台在 3 月 29 日前后播放了 5 部地震科普知识录像片。组织地震知识电影招待会 6 场。举办专栏、墙报、板报 12 期，广播讲座 5 场，各群测网点播放地震知识录像片 20 场；散发《地震知识宣传手册》10000 余份，发放《防震减灾选编》3300 份，展出大量挂图。组织宣传稿件在《自贡日报》《自贡工人报》《鸿化报》和《震苑报》上宣传。2002 年 3—5 月，凉山州冕宁、普格和布拖等县接连发生 4.4 级、4.9 级和 4.0 级地震，邻近西昌一带民众惊恐，纷纷外出躲震。6月，凉山州地震部门等编印出《防震减灾宣传手册》2万余册，在西昌、冕宁、普格、宁南等县广为散发。凉山人民广播电台、《凉山日报》分6期（次）播发和刊发防震减灾科普知识，以促进社会稳定，取得好的效果。

三、组织开展防震减灾知识竞赛

1996年是四川省松潘、平武7.2级地震和盐源—宁蒗6.7级地震20周年纪念，中共四川省委宣传部和省地震局联合举行了一次大型“四川省防震减灾知识100题竞赛”活动。是年5月至8月，竞赛组委会印制了防震减灾知识100题6万份发至各市（地、州）组织干部、群众参加竞赛。全省14个市（地、州）及所辖77个县的机关工作人员、大型企业厂矿工作人员和全省石油系统的职工等，有5000多个单位、5.5万多人参加了这一知识竞赛活动（回收率92%）。其中乡级以上机关工作人员3.8万多人，县处级以上干部2500多人参加了竞赛。竞赛组委会对攀枝花市、甘孜州、成都市、阿坝州等组织单位和150名优胜者进行奖励和表彰。

1998年，省地震局系统组织群众、干部参加“全国地震、防震、法规知识竞赛活动”。全省发问卷4000份，回收率为97%，回答优秀达100%；各市（地、州）自行翻印发放问卷6500份，回收率为95%，回答优秀达100%。此次活动，四川赛区评出有组织奖和个人奖。

四、编绘防震减灾知识科普挂图

1991—1995年，四川省地震部门组织编绘了两套防震减灾知识挂图。第一套是《地震灾害与减灾科普挂图》，含封面共12幅。其内容是：“地震浩劫，瞬间成灾”“续发灾害，灾情扩大”“社会问题，不容忽视”“政府领导，综合防御”“监测预报，减灾基础”“抗震设防，防患未然”“临震应急，强化防御”“震时不慌，减轻伤亡”“紧急施救，减少损失”“一方有难，八方支援”“恢复生产，重建家园”。第二套挂图为《破坏性地震应急宣传挂图》，含封面共12幅，其内容是：“中强地震，祸及社会”“大震巨震，严重劫难”“有备无患，震时不乱”“速报震情，判定趋势”“调查灾情，决策依据”“实施预案，统一领导”“强化指挥，通力合作”“各司其职，抢险救灾”“涉外应急，对口安排”“严重灾害，全国支援”“通报灾情，接受外援”。两套挂图分别于1992年和1996年由地震出版社出版，全国发行，总印量3万套。2005年，成都市地震局编绘《防震减灾法律法规和地震科学知识》宣传挂图，向一些单位和民众散布。

五、组织和举办青少年地震科学夏令营

1986年7月22日至8月7日，由省地震局和省地震学会承办的全国第五届青少年地震科学夏令营岷山营在四川举行，来自云南、四川、北京、广西等省（市、区）的70多个县（市、区）、13个民族113所学校的129名青少年学生和辅导员参加了夏令营活动。营员们参观了四川省地震局电子计算机中心、成都电信传输记录中心；考察了灌县龙门山二王庙活动断层和峨眉山两河口氡泉、冲断层、玄武岩和沉积岩；听取了“关于自流井背斜深部断裂与地震的关系”和“自贡4.8级地震的经验和教训”等学术、科普报告；观看了自贡4.8级地震震害资料影片、美日地震科学录像片；开展了地震知识智力测验。

1995年8月，全国第十三届青少年地震科学夏令营在四川举行，来自北京、辽宁、内蒙古、河

南、安徽、福建、江苏、甘肃、青海和四川等省（市、区）的120多名营员、辅导员参加了夏令营活动。全体营员参观了省地震局成都遥测地震台网记录中心，在乐山、峨眉山进行了野外地震地质考察和参观游览活动。

1997年7月24—29日，全国第十五届青少年地震科学夏令营在四川举行，来自云南、内蒙古、贵州、广西和四川等省区的100多名青少年学生和辅导员参加了此次活动。营员们参观了都江堰水利工程、卧龙大熊猫自然保护区、世界遗产保护区九寨沟、红军长征纪念碑；考察了1933年叠溪地震遗址，地震形成的海子（堰塞湖），地震山崩城陷的遗迹，地震断层和海子暴溃形成次生水灾的危害等。通过参观、考察增强了青少年学生的爱国主义精神和防震减灾意识。

2005年8月，来自台湾多所大学的学生和教师组成的第四届海峡两岸地球科学夏令营大陆营一行30余人，到省地震局参观访问。营员们参观了四川RS卫星遥感技术系统、四川GPS观测网络系统、四川省防震减灾指挥中心、成都遥测地震台网中心和四川省地震局文化活动中心；听取了四川省防震减灾工作历史和现状的介绍，并同省地震局的专家、学者交流了一些共同感兴趣的问题。

六、重庆江北地震应急宣传

1989年11月20日11时，重庆江北县连续发生5.2级和5.4级地震，重庆市中区和近郊各区也有明显震感，大批群众纷纷打电话到地震部门和报社询问情况，了解震情灾情。此时，《重庆晚报》领导正在签发当天晚报大样，当即布置编辑将收到的地震消息以“本报上午新闻”“我市今日上午发生地震，近郊区县有感”加以刊载。有地震消息的晚报于12时半开机印刷，这时又收到记者发回的较详地震稿件，报社领导决定停印、拆排，将最新的地震消息以“快讯”拼入发表。“本报上午快讯；今日上午重庆发生地震。据省地震局初步测定：第一次地震发生在11时18分，震级5.2级；第二次发生在11时21分，震级5.4级。震中在江北县境内我市北部约65千米处，北纬30°0′，东经106°7′。据江北县政府电话，江北统景遭受较大破坏，统景饮料厂垮倒，山石滚下打死二人，其他房屋垮塌不详。江北县党政领导已赶赴统景地震灾区。市地震办公室的专家、干部也迅速赶赴现场。市区大部分地区有明显震感。市政府及市地震部门正在与省内各地震台站联系，密切注视震情，并部署抗震救灾工作，希望广大群众勿受惊扰。”

11月21日，震后第二天，晚报又刊载《震中行》《这里刚刚发生地震》《地震专家答本报记者问》；11月22日，晚报刊发《震后赶场天——再访江北统景》通讯；11月23日，《重庆晚报》刊载了中共四川省委、四川省人民政府致灾区人民的慰问电文；11月24日，报道了重庆市委、市政府领导到灾区检查救灾工作，首批救灾物资抵达统景灾区，驻渝部队、急救中心等单位派出人员支援灾民等。此次江北地震，仅《重庆晚报》就刊发文稿15篇，图片6幅。新华社、重庆日报社等单位也作了大量的宣传报道。地震部门和新闻媒体对江北地震应急宣传，及时安定了人心，稳定了社会秩序。

第三节 防震减灾科普读物

一、科普小报

1986年9月，省地震局主办防震减灾小报《四川震苑》（内部资料），用于指导工作，交流信息，普及防震减灾知识。四开四版，每期发行5000—10000份。原中共四川省委书记杨超为《四川震苑》创刊号题写报名并题词“认真贯彻我国地震工作方针，积极宣传地震科学知识”。1989年3月，副省长罗通达为《四川震苑》题词“普及地震科学，增强防震能力”。1993年，《四川震苑》更名为《震苑报》，至1997年12月总计出版173期后停刊。1998年1月，省地震局另创办《震苑》小报。

《震苑》报的宗旨是：贯彻执行经济建设与减灾一起抓的指导思想和“预防为主、防御与救助相结合”的防震减灾工作方针；宣传报道地震监测预报、震灾防御、地震应急、震后救灾与恢复重建等防震减灾各个环节的工作；及时报道各级政府和有关部门对防震减灾的有力领导、理解和支持；生动展现防震减灾战线职工的精神风貌；及时传递国家地震局的重大信息和各兄弟省（市、区）防震减灾工作的先进经验，为推进防震减灾事业发展服务。《震苑》面向四川全省各级政府和有关部门，全省专业和地方地震系统及各省（市、区）地震部门。《震苑》坚持指导性与科学性相结合，设置栏目有：《政策导向》《工作动态》《法制建设》《科普宣传》《工作风采》和《重大信息》等。至2002年8月，《震苑》出版印行了第56期后停刊。

二、其他科普读物

四川省各级地震部门在开展防震减灾工作过程中，结合工作实际，先后创办了一批防震减灾科普读物和刊物。

1986—2005年四川省防震减灾科普读物情况一览表

表4－54

名称	主办单位和作者	出版、印刷、制作时间
《四川震苑》—《震苑报》—《震苑》	四川省地震局	《四川震苑》1986年创办 1993年改名为《震苑报》 1998年创办《震苑》
《地震灾害与减灾挂图》	四川省地震局主编，包宗泽（四川省地震局）和吕贵选（乐山市地震办公室）撰稿，毛明祥（乐山市群众艺术馆）和余仲康（乐山市地震办公室）绘画	1992年地震出版社出版
《防震减灾宣传材料》	四川省地震局编	1996年
《绵阳地震报》	绵阳市地震办公室	1986年3月至1987年12月
《破坏性地震应急宣传挂图》	国家地震局组编，四川省地震局和云南省地震局主编，包宗泽（四川省地震局）、吕贵选和余仲康（乐山市地震办公室）、周本诚（四川省地震局）、张朝方（云南省地震局）撰稿、设计，陈烈（乐山市群众艺术馆）绘画	1996年地震出版社出版

续表 4－54

名称	主办单位和作者	出版、印刷、制作时间
《四川防震减灾信息》	四川省地震局震防处	2002 年 11 月
《四川省中小学生防震减灾知识必读》	四川省地震局、省教委编	1999 年
《防震减灾知识读本》	四川省地震局	1999 年
“防震减灾知识宣传拉页三种”	四川省地震局	2002—2005 年
《动物奇观》	国家地震局组编，余仲康（乐山市地震办公室）撰文，毛明祥、陈烈（乐山市群众艺术馆）绘画	1986 年地震出版社出版
《防震减灾法律法规及规范性文件汇编》	成都市地震局	2002 年
《未成年人自我保护教育 100 招》手册	成都市青羊区少年宫	2005 年
《成都市乡土教材》“城市建设与防震减灾”	成都市教育科学研究所	2005 年
《成都农村民居的防震减灾》宣传折页	成都市地震局	2005 年
《成都防震减灾》宣传折页	成都市地震局	2005 年
《防震减灾法律法规和地震科学知识》宣传挂图	成都市地震局 成都市防震减灾协会	2005 年
《阿坝地震》	阿坝州地震局 阿坝州地震学会	1989—1997 年
《防震减灾知识宣传资料》	阿坝州地震局	2004 年 6 月
《防震减灾基本知识读本》	阿坝州地震局	2002 年 3 月
《中小学防震减灾基本常识》	理县地震办公室	2005 年 11 月
《防震减灾基本知识读本》	九寨沟县地震办公室	2005 年 12 月
《科普文章剪辑》	甘孜州地震局余河生	1993 年
《科普作品汇集》	甘孜州地震局张庆云	1993 年
《防震减灾科普知识》	凉山州地震局	2002 年 6 月
《防震减灾宣传手册》	凉山州地震局、西昌第一王朝酒店	2002 年 6 月

第五篇 应急救援

地震应急救援是防震减灾工作的重要内容之一。四川省人民政府和重点监视防御区的市（州）人民政府都把地震应急救援列入破坏性地震应急反应预案，其目的就是在破坏性地震发生后，通过紧急施救援助，减少人员的伤亡和灾害损失。四川省人民政府根据四川省境内地震灾害面广、量大及多样性和续发性的情况，多次对破坏性地震应急反应预案进行修改，使政府对地震的应急响应更加符合实际。省和市（州）地震应急指挥技术系统的建设，是各级政府在对破坏性地震发生后从速、从快指挥调度一切可以应急救援的资源进行应急和紧急救援，组织指挥抗震救灾，最大限度地减少灾害损失，稳定灾区社会秩序。1989年巴塘强震群和小金6.6级地震应急响应，反映了灾区各级政府和地震部门在应对各种类型地震应急反应时的一些工作和做法，总结出一些好的做法和经验，增加或补充到各级政府地震应急预案中，使预案不断完善。

四川省地震灾害紧急救援队从成立以来，经过培训、演练和实战营救，逐步成为一支训练有素、反应迅速、机动性高、突击力强的地震灾害救援队伍。这支队伍成立时间不长，取得成绩引人瞩目，在地震或其他灾害紧急救援中是不可缺少的重要力量。

第一章 地震应急预案

1986年，四川省地震部门为了减轻地震灾害，更好的为国家经济建设服务，编制完成了《四川省大震对策提纲》，其主要内容有监测对策、群测群防对策、通讯对策、次生灾害对策、交通对策、医疗对策、治安对策、救灾对策、抗震对策（含重建家园）等，初步具有地震应急预案雏形。1992年6月，省政府制定了《四川省破坏性地震应急反应预案》。1995年和1997年，省政府对《四川省破坏性地震应急反应预案》两次修改为《四川省破坏性地震应急预案》。2004—2005年，省政府又再次修改完成了《四川省地震应急预案》。这次修改把强有感地震事件、地震谣传事件和邻省（市、区）震灾事件波及四川纳入了政府地震应急响应内容；在地震灾害事件的分级中，增加了初判标准，考虑到地震发生地区人口、经济状况，使政府的应急响应更加符合实际；在明确了省级有关部门应急职责的同时，还确定了各级政府在不同地震应急响应级别下的权限，增加了提高（或降低）应急响应级别的有关规定；还增加了地震预测预防和信息报送、处理的有关内容。一些县（区）应急避难场所设置、社区志愿者服务队等也列入地震应急预案内容。

第一节 地震应急组织机构和职责

1986年8月，省政府决定成立四川省地震工作领导小组。1995年5月，省地震工作领导小组工作内容纳入新成立的四川省防震减灾领导小组的工作范围。在发生特别重大、重大地震灾害时，省防震减灾领导小组自动转为省抗震救灾指挥部，统一领导、指挥和协调地震应急救援和救灾工作。相关部门、单位按照各自职责进入应急工作状态。

省抗震救灾指挥部组成如下：

指挥长：省人民政府领导同志；

副指挥长：省人民政府副秘书长、省地震局主要负责同志、省军区副参谋长、省政府救灾办主要负责同志、省发展改革委员会负责同志、省民政厅负责同志、省公安厅负责同志；

成员：省政府办公厅、省政府应急办、省经委、省教育厅、省科技厅、省财政厅、省国土资源厅、省建设厅、省交通厅、省信息产业厅、省水利厅、省商务厅、省卫生厅、省农业厅、省质监局、四川出入境检验检疫局、省环保局、省广电局、省食品药品监管局、省安监局、省旅游局、民航西南管理局、省气象局、省粮食局、省通信管理局、省新闻办、省台办、省外办、省港澳办、省国防科工办、成都海关、四川保监局、成都铁路局、四川石油管理局、武警四川省总队、省公安消防总队、省地震灾害紧急救援队、省红十字会等有关部门、单位负责同志。

省抗震救灾指挥部主要职责是：确定应急工作方案；部署和组织省级有关部门和有关地区对受灾地区进行紧急救援；协调省军区、武警四川省总队迅速组织指挥部队参加抢险救灾；向省人民政府报告震情、灾情和地震发展趋势，视灾情提出请求国务院支援和呼吁国际援助的建议；必要时提出交通管制、征用物资、灾区进入紧急状态等紧急措施的建议；处置地震应急和救灾工作的各类突发事件；承担其他有关地震应急和救灾的重要工作。

省抗震救灾指挥部办公室设在省地震局。办公室主任由省地震局主要负责同志担任，办公室成员为指挥部成员单位的联络员。视情况和应急需要，指挥部办公室下设综合联络、震情信息、灾情信息、信息发布、港澳台和国际联络、条件保障等组。办公室主要职责是：汇集、上报震情灾情和抗震救灾进展情况；提出具体的抗震救灾方案和措施建议；贯彻省抗震救灾指挥部的指示和部署，协调有关市（州）人民政府、灾区抗震救灾指挥部、省抗震救灾指挥部成员单位之间的应急工作；掌握震情监视和分析会商情况，分析、判断地震趋势；研究制定新闻工作方案，指导抗震救灾宣传，组织信息发布会；起草指挥部文件、简报，负责指挥部各类文书资料的准备和整理归档；承担省抗震救灾指挥部日常事务和交办的其他工作。

四川省地震局负责省抗震救灾指挥部办公室的日常事务，汇集地震灾情速报，管理地震灾害紧急救援工作，管理地震损失评估与灾害调查工作。

第二节 地震预测和预防

一、信息监测与报告

各级地震监测台网对地震监测信息进行检测、传递、分析、处理、存储和报送；群测群防网观测地震宏观异常并及时上报。省地震局对全省各类地震观测信息进行接收、质量监控、存储、常规分析处理，进行震情跟踪。

二、预测预防行动

根据国务院办公厅转发的地震重点危险区划分情况，省人民政府及时部署防震工作。

在地震重点危险区划分的基础上，省地震局组织震情跟踪，提出短期地震预测意见报告省人民政府；省人民政府决策发布短期地震预报，及时做好防震准备。

在短期地震预报的基础上，省地震局组织震情跟踪，提出临震预测意见报告省人民政府；省人民政府决策发布临震预报，宣布预报区进入临震应急期。预报区所在的市（州）、县（市、区）人民政府采取应急防御措施，主要内容是：地震部门加强震情监视，随时报告震情变化，根据震情发展和建筑物抗震能力以及周围工程设施情况发布避震通知，必要时组织避震疏散；储存应急物资；要求有关部门对生命线工程和次生灾害源采取紧急防护措施；督促检查抢险救灾的准备工作；平息地震谣传或误传，保持社会安定。

三、地震预报级别及发布

依据地震的紧迫程度，分为3级：“地震重点危险区划分”对未来1年或稍长时间内可能发生5

级以上地震的区域作出划分；"地震短期预报"对3个月内将可能发生地震的时间、地点、震级作出预报；"临震预报"对10日内将可能发生地震的时间、地点、震级作出预报。

依据地震的严重程度，分为3级："5级至6级地震""6级至7级地震""7级以上地震"。

全国性的地震重点危险区划分，由国务院办公厅发布；省内地震预报，由省人民政府发布；已经发布地震短期预报的地区，如果发现明显临震异常，在紧急情况下，市（州）、县（市、区）人民政府可以发布48小时之内的临震预报并同时向省人民政府、中国地震局及省地震局报告。

第三节 地震灾害事件分级和应急响应

一、分级响应

特别重大地震灾害，是指造成300人以上死亡或直接经济损失占本省上年度国内生产总值1%以上的地震。发生在成都市区、市（州）首府市区6.0级以上地震，发生在其他地区7.0级以上地震，可初判为特别重大地震灾害。

重大地震灾害，是指造成50人以上、300人以下死亡或造成一定经济损失的地震。发生在成都市区、市（州）首府市区5.0—5.9级地震，发生在其他地区6.5—6.9级地震，可初判为重大地震灾害。

较大地震灾害，是指造成20人以上、50人以下死亡或造成一定经济损失的地震。发生在成都市区4.0—4.9级地震，发生在市（州）首府市区4.5—4.9级地震，发生在其他地区6.0—6.4级地震，可初判为较大地震灾害。

一般地震灾害，是指造成20人以下死亡或造成一定经济损失的地震。发生在成都市区、市（州）首府市区以外地震5.0—5.9级地震，可初判为一般地震灾害。

地震灾害事件分级标准见表5－1。

地震灾害事件分级标准表

表5－1

地震灾害等级	分级标准		初判标准		
	人员死亡	经济损失占年生产总值比例	发生在成都市区地震的震级	发生在市（州）首府市区地震的震级	发生在其他地区地震的震级
特别重大地震灾害	300人以上	1%以上	6.0级以上	6.0级以上	7.0级以上
重大地震灾害	50—299人		5.0—5.9级	5.0—5.9级	6.5—6.9级
较大地震灾害	20—49人		4.0—4.9级	4.5—4.9级	6.0—6.4级
一般地震灾害	20人以下				5.0—5.9级

应对特别重大和重大地震灾害，启动Ⅰ级响应。省人民政府领导灾区的地震应急工作。启动省地震应急预案，同时启动省级有关部门和有关市（州）、县（市、区）地震应急预案。省抗震救灾指

挥部统一组织领导、指挥和协调全省地震应急工作，负责人为省人民政府领导同志。

应对较大地震灾害，启动Ⅱ级响应。在省人民政府的领导和支持下，灾区所在市（州）人民政府领导灾区的地震应急工作。启动市（州）和有关县（市、区）地震应急预案，视情况启动省级部门地震应急预案。省地震局在省人民政府领导下，组织、协调全省地震应急工作，负责人为省地震局负责同志。

应对一般地震灾害，启动Ⅲ级响应。在省人民政府和市（州）人民政府的领导和支持下，灾区所在县（市、区）人民政府领导灾区的地震应急工作。启动县（市、区）地震应急预案，视情况启动有关市（州）级地震应急预案。省地震局组织、协调全省地震应急工作，负责人为省地震局负责同志。

确定地震应急响应级别的权限：Ⅲ级响应由灾区所在县（市、区）人民政府决定，Ⅱ级响应由灾区所在市（州）人民政府决定。省地震局对灾区所在地人民政府确定的地震应急响应级别进行核准并考虑相关因素，确定相应的全省地震应急响应级别；当需要启动Ⅰ级响应时，省地震局向省人民政府提出建议，由省人民政府决定。Ⅲ级响应、Ⅱ级响应、Ⅰ级响应由省人民政府报国务院办公厅并抄送中国地震局。

二、扩大应急

如果地震灾害使灾区丧失自我恢复能力、需要上级人民政府支援，可相应提高响应级别。

地震应急期间，在受灾区域发生相同或更大等级的地震灾害事件，产生更严重的影响或破坏，已有应急力量不足，可相应提高响应级别，同时迅速将情况报告上级人民政府并提出应对建议。

发生造成其他严重社会影响的地震，造成严重次生灾害或造成灾区社会动荡，可相应提高响应级别，同时迅速将情况报告上级人民政府，启动相应突发公共事件应急预案。

三、信息报送和处理

震情速报：四川省地震台网在震后15分钟内完成地震速报参数测定，上报中国地震局。5级以上地震参数以中国地震局公布的参数为准。省地震局获得最终地震参数后30分钟内报省人民政府并通知灾区所在人民政府和地震工作机构。

灾情速报：地震灾情速报内容包括地震造成破坏的范围、人员伤亡、经济影响和社会影响等。

震区各级地震部门迅速启动地震灾情速报网，收集地震灾情并速报；迅速派人到震中或可能造成较大损失的地区收集震灾信息，向当地人民政府及有关部门了解灾害损失情况，汇总报市（州）地震部门，特殊情况下可直接报省地震局。市（州）地震部门尽快了解震区地震影响和大致破坏情况，震后1小时内（夜晚延长至2小时）将初步了解到的情况报省地震局；要与震区人民政府有关部门和灾情速报网保持联系，及时了解和掌握灾情发展动态，按1、2、6、6、6……小时间隔向省地震局报告或传真动态信息，直到应急结束，如有新的突出灾情应随时报告。震区各级地震部门、地震台站要做到“有灾报灾，无灾报安”。

灾情报送和处理：震区地方各级人民政府迅速调查了解灾情，向上级人民政府报告并抄送省地震局。

省级民政、公安、安全生产监管、交通、铁道、水利、建设、教育、卫生等有关部门迅速了解震情灾情，及时报省人民政府并抄送省抗震救灾指挥部办公室、省地震局、省救灾办和民政厅。

省地震局负责汇总灾情、社会影响等情况，报省人民政府并及时续报；同时向新闻宣传主管部门通报情况。

发现因地震伤亡、失踪或被困人员有港澳台人员或外国人，当地人民政府及有关部门、邀请单位要迅速核实并报省港澳办、省台办或者省外办并抄送省抗震救灾指挥部办公室、省地震局、省救灾办和省民政厅。省港澳办、省台办按照有关规定向有关地区、机构通报，省外办按照有关规定向有关国家通报。

震情灾情公告：省抗震救灾指挥部办公室、省地震局按照《四川省破坏性地震应急宣传预案》《四川省震情宣传报道统一口径的规定》和《四川省严重破坏性地震涉外工作应急反应预案》的有关规定及时公布震情和灾情信息；有关震情灾情的新闻报道须经省抗震救灾指挥部办公室审查后发布，涉及港澳台人员或外国人的报道，须商省港澳办、省台办或省外办后发布。

四、指挥与协调

Ⅰ级响应：由省人民政府领导灾区的地震应急工作；省抗震救灾指挥部统一组织领导、指挥和协调全省地震应急工作。

省人民政府了解震情和灾情，确定应急工作规模，报告国务院并抄送中国地震局和民政部，同时通报省内驻军领导机关；宣布灾区进入震后应急期；必要时决定实行紧急应急措施。

启动省抗震救灾指挥部，统一组织领导、指挥和协调全省地震应急工作。省地震局履行省抗震救灾指挥部办公室职责；省人民政府有关部门设立部门地震应急机构负责本部门的地震应急工作，派出联络员参加省抗震救灾指挥部办公室工作。

省人民政府领导同志召开省抗震救灾指挥部全体会议，通报震情和灾情，根据灾害程度和灾区的需求，决策和处理下列事项：

第一，协调省军区和武警四川省总队组织指挥部队参加抢险救灾。

第二，调遣省地震灾害紧急救援队、公安消防部队等灾害救援队伍和医疗救护队伍赴灾区。

第三，部署饮用水和食品的供应、伤员后送、物资调运、灾区内外交通保障。

第四，组织省抗震救灾指挥部成员单位和有关地区对灾区紧急支援。

第五，视情况决定向国务院请求支援和向国际社会呼吁援助。

第六，视情况决定采取交通管制、征用物资、灾区进入紧急状态等紧急措施。

第七，视情况决定向灾区发出慰问电，派出慰问团。

Ⅱ级响应：灾区所在市（州）人民政府在省人民政府的领导和支持下领导灾区的地震应急工作。省地震局在省人民政府领导下组织、协调全省地震应急工作。

市（州）人民政府了解震情和灾情，确定应急工作规模，报告省人民政府并抄送省地震局和省民政厅，同时通报当地军分区（警备区）；启动抗震救灾指挥部部署本行政区域内的地震应急工作。

市（州）抗震救灾指挥部组织人员抢救和工程抢险工作；组织指挥部成员单位和非灾区对灾区进行援助。

省地震局向省人民政府报告震情灾情、提出地震趋势估计并抄送省人民政府有关部门；派出省地震局地震现场应急工作队；及时向省人民政府报告地震应急工作进展情况。

当地震造成较多人员被压埋并且难以营救，省地震局向省人民政府建议派遣省地震灾害紧急救援队；经批准后，组织省地震灾害紧急救援队赴灾区。

视地震灾区的需求，省地震局向省人民政府建议组织有关部门对灾区紧急支援；经批准后，省地震局与有关部门协商行动。

省地震局对地震灾害现场的省人民政府有关部门工作组和各级各类救援队伍、支援队伍、保障队伍的活动进行协调。

Ⅲ级响应：灾区所在县（市、区）人民政府在省、市（州）人民政府的领导和支持下领导灾区的地震应急工作。省地震局组织、协调全省地震应急工作。

县（市、区）人民政府了解震情和灾情，确定应急工作规模，报告市（州）人民政府并抄送市（州）地震部门和民政局；启动抗震救灾指挥部部署本行政区域内的地震应急工作。

省地震局向省人民政府报告震情灾情、提出地震趋势估计并抄送省人民政府有关部门；派出省地震局地震现场应急工作队；适时向省人民政府报告地震应急工作进展情况。

省地震局对地震灾害现场的省人民政府有关部门工作组的活动进行协调。

五、紧急处置

地震灾害现场实行政府统一领导、地震部门综合协调、各部门参与的应急救援工作体制。

现场紧急处置的主要内容是：沟通汇集并及时上报信息，包括地震破坏、人员伤亡和被压埋的情况、灾民自救互救成果、救援行动进展情况；判断灾害对社会造成的影响程度，估计救灾需求的构成与数量规模；分配救援任务、划分责任区域，协调各级各类救援队伍的行动；组织查明次生灾害危险或威胁，消除次生灾害后果；组织采取防御措施，必要时疏散居民；组织协调抢修通信、交通、供水、供电等生命线设施；估计救灾需求的构成与数量规模，组织援助物资的接收与分配；组织建筑物安全鉴定工作；组织灾害损失评估工作。

各级各类救援队伍要服从现场指挥部的指挥与协调，按照有关技术要求开展救援工作。

人员抢救与工程抢险：省地震局协调组织地震灾害紧急救援队开展灾区搜救工作；协调省外搜救队的救援行动。

省军区、武警四川省总队组织指挥部队赶赴灾区，抢救被压埋人员，协助水利、电力、通信、交通、建设等部门进行工程抢险。

省公安厅组织调动公安消防部队赶赴灾区，扑灭火灾和抢救被压埋人员。

省卫生厅按照《四川省突发公共事件医疗卫生救援应急预案》要求，负责组织协调地方各级卫生部门开展医疗救治和卫生防疫工作。

应急人员的安全防护：在地震废墟中进行人员抢救要按照搜索营救程序实施。对震损建筑物进行危险评估；探测泄漏危险品，采取处置措施；监视各类次生灾害及建（构）筑物的坍塌危险，采取防范措施。

群众的安全防护：省民政厅做好灾民的转移和安置工作。

当地政府具体制定群众疏散撤离方式、程序的组织指挥方案，规定疏散撤离的范围、路线、避难场所和紧急情况下保护群众安全的必要防护措施。

次生灾害防御：省公安厅协助灾区采取有效措施防止火灾发生，处置地震次生灾害事故。

省水利厅、省国防科工办、省建设厅、省信息产业厅、省通信管理局、四川石油管理局、民航西南管理局等部门督导和协调灾区易发生次生灾害的设施采取紧急处置措施并加强监控；防止灾害扩展，减轻或消除污染危害。

省环保局按照《四川省突发环境事件应急预案》要求，加强环境监测，对灾区的重点污染源加强监管，防止或减轻次生环境污染事故的危害。

省国土资源厅会同建设、水利、交通等部门加强对地质灾害险情的动态监测。

省发展改革委会同省质监局、省安监局督导和协调灾区易发生次生灾害的地区、行业和设施采取紧急处置。

省农业厅采取措施恢复农业生产，减轻灾害损失。

地震现场监测与分析预报：省地震局向震区派出地震现场监测与分析预报工作队伍，布设或恢复地震现场测震和前兆台站，增强震区的监测能力，协调震区与邻近地区的监测工作，对震区地震类型、地震趋势、短临预报提出初步判定意见。

社会力量动员与参与：地震灾区的各级人民政府组织各方面力量抢险救灾，组织基层单位和人员开展自救互救；根据灾情，组织和动员非灾区社会力量对灾区提供救援；省人民政府视情况开展为灾区人民捐款捐物的活动。

地震灾害损失评估与灾害调查：省地震局会同省人民政府有关部门在各级人民政府的配合下开展地震灾害损失评估工作；地震灾害损失评估结果经省地震灾害损失评定委员会评审通过后专题向省人民政府报告，作为政府和有关部门抗震救灾和灾后重建决策依据。

省地震局开展地震烈度调查，确定发震构造，调查地震宏观异常现象、工程结构震害特征、地震社会影响和各种地震地质灾害等。

六、信息发布

信息发布按照《四川省突发公共事件新闻发布应急预案》要求，根据应急响应级别，由人民政府组织新闻宣传主管部门和地震部门管理，委托政府新闻发言人（或委托人）向媒体和社会统一发布。

七、应急结束

地震灾害事件的紧急处置工作完成；地震引发的次生灾害的后果基本消除；经过震情趋势判断，近期无发生较大地震的可能；灾区基本上恢复正常社会秩序。达到上述条件，由宣布灾区进入震后应急期的原机关宣布灾区震后应急期结束。有关紧急应急措施的解除，由原决定机关宣布。

第四节　地震应急保障措施

一、通信与信息保障

各级抗震救灾指挥部建设并完善通信网络，存储指挥部成员单位和应急救灾相关单位的通讯录并定期更新。

省通信管理局做好灾时启用应急机动通信系统的准备，组织、协调电信运营企业尽快恢复受到破坏的通信设施，保证抗震救灾通信畅通。自有通信系统的部门应尽快恢复本部门受到破坏的通信设施，协助保障抗震救灾通信畅通。

二、应急支援保障

应急队伍保障：具体内容见表5－2。

应急队伍资源及其组织方案一览表

表5－2

	先期处置队伍	第一支援梯队	第二支援梯队
人员抢救队伍	社区志愿者队伍	地方救援队 省地震救援队 当地驻军部队	邻近地区地震救援队伍 中国地震灾害紧急救援队
工程抢险队伍	当地抢险队伍	行业专业抢险队伍	邻近地区抢险队伍
次生灾害特种救援队伍	消防部队	行业特种救援队伍	邻近地区特种救援队伍
医疗救护队伍	当地急救医疗队伍	省卫生厅医疗卫生救援应急队伍	卫生部和附近军队医疗卫生救援队伍
地震现场应急队伍	当地地震部门现场应急队伍	省地震局现场应急队伍	邻近地区地震部门和中国地震局现场应急队伍

交通运输保障：成都铁路局、省交通厅、民航西南管理局组织对被毁坏的铁路、公路、港口、空港和有关设施的抢险抢修；协调运力，保证应急抢险救援人员、物资的优先运输和灾民的疏散。

电力保障：省发展改革委指导、协调、监督电力主管部门尽快恢复被破坏的电力设施和电力调度通信系统功能等，保障灾区电力供应。

城市基础设施抢险与应急恢复：省建设厅组织力量对灾区城市中被破坏的给排水、燃气热力、公共客货交通、市政设施进行抢险排除，尽快恢复基础设施功能。

医疗卫生保障：省卫生厅对灾区可能发生的传染病进行预警并采取有效措施防止和控制暴发流行；检查、监测灾区的饮用水源、食品等。

省经委协调灾区所需药品、医疗器械的紧急调用。

省食品药品监管局组织、协调相关部门对灾区进行食品安全监督；对应急药品、医疗器械的生产、流通、使用进行监督和管理。

其他部门应该配合卫生、医药部门做好卫生防疫以及伤亡人员的抢救、处理工作并向受灾人员提供精神、心理卫生方面的帮助。

气象监测预报服务保障：省气象局组织开展灾区气象监测，加强预报指导，为抢险救灾工作提供专题天气预报和气象服务。

治安保障：武警四川省总队加强对党政首脑机关、要害部门、金融单位、救济物品集散点、储备仓库、监狱等重要目标的警戒。

省公安厅、武警四川省总队协助灾区加强治安管理和安全保卫工作，预防和打击各种违法犯罪活动，维护社会治安，维护道路交通秩序，保证抢险救灾工作顺利进行。

物资保障：省粮食局调运粮食，保障灾区粮食供应。

省商务厅组织实施灾区生活必需品的市场供应。

省民政厅调配救济物品，保障灾民的基本生活。

经费保障：省财政厅按照《四川省财政应急保障预案》要求负责省级应急资金以及应急拨款的准备。

省民政厅负责省级应急救济款的发放。

社会动员保障：地方人民政府建立应对突发公共事件社会动员机制。

紧急避难场所保障：重点地震监视防御城市和重点地震监视防御区的城市结合旧城改造和新区建设，利用城市公园、绿地、广场、体育场、停车场、学校操场和其他空地设立紧急避难场所；公共场所和家庭配置避险救生设施和应急物品。

呼吁与接受外援：省外办、省民政厅、省商务厅按照国家有关规定呼吁国际社会提供援助并提出需求。

省民政厅负责接受国际社会提供的紧急救助款物。

省地震局、省外办负责接受和安排国际社会提供的紧急救援队伍。

省红十字会通过中国红十字总会向国际对口组织发出提供救灾援助的呼吁；接受中国红十字总会转赠的国际社会和境外红十字会提供的紧急救助。

涉外事务：外国专家和外国救灾人员到现场进行考察和救灾，外国新闻记者到现场采访事宜，由省外办、省新闻办按有关规定办理。上述人员在华期间，由归口管理部门负责接待并依法进行管理。

省外办商本国驻外使领馆对申请来华救灾人员、新闻记者及科学考察专家的入境手续可作特殊处理，成都海关、四川出入境检验检疫局予以配合；成都海关、省商务厅、四川出入境检验检疫局对救灾物资的入境手续按照有关规定及时予以办理。运送救援队、救援物资的外国飞机经批准允许直接飞往灾区就近的对外开放机场降落。

处于灾区的外国驻华领事机构及其人员、外国民间机构或国际组织代表机构及其人员，由归口管理部门负责协调安置；应有关部门邀请临时来华的外宾、外商及海外人士，由邀请单位负责协调安置；外国来华旅游者和港澳台旅游者由旅游接待部门负责协调安置。

三、宣传、培训和演习

公众信息交流：各级地震、科技、教育、文化、出版、广播电视、新闻等相关部门通力协作，开展防震减灾科学知识普及和宣传教育，使公众树立科学的灾害观。在提高公众减灾意识和心理承受能力的基础上逐步实行把地震重点监视防御区和地震重点危险区的判定信息向社会发布，动员社会公众积极参与防震减灾活动。最大程度公布地震应急预案信息，宣传和解释地震应急预案以及相关的地震应急法律法规，增强社会公众的地震应急意识，提高自防、自救、互救能力。

培训：各级人民政府定期组织各级应急管理、救援人员和志愿者进行业务知识及技能的培训。

演习：各级人民政府和有关部门、行业、单位要按照预案要求，协调整合各种应急救援力量，根据各自的实际情况开展不同形式和规模的地震应急演习。

四、监督检查

由省地震局会同省人民政府有关部门，对《四川省地震应急预案》实施的全过程进行监督检查，保证应急措施到位。

第五节 其他地震事件处置

一、有感地震应急

有感地震是指人们感觉到的、未直接造成人员重伤和死亡以及显著财产损失的地震。

当大中城市、大型水库、核电站等重要设施场地及其附近地区发生有感地震并可能产生较大社会影响，省地震局收集震情与社会影响情况，提出震情趋势判断，及时报告省人民政府和中国地震局；省人民政府督导有关地方人民政府做好保持社会稳定工作，将应急情况及时报告国务院办公厅并抄送中国地震局。

当小城市和乡镇地区发生有感地震并可能产生较大社会影响，所在市（州）人民政府督导有关地方人民政府做好保持社会稳定工作，将应急情况及时报告省人民政府并抄送省地震局；省人民政府将应急情况及时报告国务院办公厅并抄送中国地震局。

发生在本省境内除成都市区以外的其他人口较密集地区的4.0—4.9级地震，称为强有感地震。应对强有感地震，由震区所在县（市、区）人民政府领导震区的地震应急工作，震区所在市（州）地震工作部门组织、协调本行政区的地震应急工作，负责人为市（州）地震工作部门负责同志。

二、地震谣传事件应急

地震谣传事件，是指某地区广泛出现地震谣言，对正常社会秩序造成较严重影响的事件。

当大中城市或人口稠密地区发生地震谣传事件，省人民政府要督导谣言发生地区人民政府采取措施，平息地震谣言并将应急情况及时报告国务院办公厅并抄送中国地震局；省地震局派出专家分析谣言起因，做好宣传工作，协助当地人民政府工作。

当小城市和乡镇地区发生地震谣传事件，所在市（州）人民政府要督导谣言发生地区人民政府采取措施，平息地震谣言并将应急情况及时报告省人民政府办公厅并抄送省地震局；省人民政府要将应急情况及时报国务院办公厅并抄送中国地震局。

三、应对邻近省、市震灾

当邻近省（区、市）发生地震事件波及本省，视其对本省的影响程度启动相应级别响应。省人民政府或当地人民政府及相关部门积极与邻近省（区、市）人民政府和部门联系、协调，共同做好抗震救灾工作。

第六节　应急避难场所设置和社区志愿者服务队

一、乐山市五通桥区四望关应急避难所

1986—2004年，四川全省未设置地震应急避难场所。2005年10月，乐山市五通桥区完成了城镇应急避难场所规划，在四望关建成了四川省第一个应急避难场所，并投入使用。

四望关应急避难场所地处五通桥区竹根镇文化街，位于四望关大桥东侧，属黄桷井社区管辖，社区总人口1.3万人。四望关广场地震应急避难场所包括四望关广场及附近实验小学。该场所可用空旷场地及平整绿化地合计18000平方米，按人均2平方米原则，灾时最多可容纳9000人，可设置民用帐篷1500顶。应急物资主要储存于广场办公室附后建筑内，总的物资量约150吨。应急厕所按10000人20个厕所坑位计算，应需厕所18个坑位；该处现有公厕2处，小学厕所1处，合计36个坑位。新建一套应急给水管线，沿管线设置取水点，现有取水点4处，新设14处，共计18处（按500人一个取水点）。新设机井2口，水量按每人每天15升计算，每日需水135000升。生活垃圾按每10户100升垃圾箱标准需30000升垃圾箱；设置垃圾场3处，每处占地6.5平方米。设置备用发电机2台，分置于广场配电房及实验小学配电房。应急指挥中心和应急医疗救护设置于广场办公室。应急指示牌分为场外道路指示牌、场内道路指示牌和场内场所指示牌。利用周边道路及广场内部分空地设应急停车场，共计750平方米，可停车辆30辆。将应急监控布置于广场各处灯杆上。应急广播结合广场现有广播系统。

二、社区志愿者服务队

2004年，德阳市旌阳区城南街道办事处成立社区地震志愿救护队。该志愿救护队由旌阳区城南街道办事处机关干部、退伍军人、民兵、社区联防队员、公安干警、消防官兵和医院医务人员等组成，共17个分队，175人，年龄在18至50周岁之间，配备了队旗、统一服装、头盔和救护标志。

2005年7月29日，阿坝州地震局与共青团阿坝州委员会联合印发《关于将地震紧急救援任务纳入我州青年志愿者服务内容的通知》，把地震应急救援纳入全州青年志愿者服务的内容。全州各县也建立了志愿者队伍。2005年11月17日，乐山市中区泊水街道办事处社区也成立了地震灾害应急救援志愿者队伍。

第二章　地震应急指挥技术系统

四川省地震应急指挥技术系统是为四川省人民政府进行地震应急、紧急救援、抗震救灾等提供指挥的场所和技术支持平台。严重性地震发生时，为各级政府提供震情、灾情的实际情况，并由此提出一系列科学的救灾和调度方案，协助指挥人员迅速调度指挥一切可以救灾的资源（救灾队伍、救灾物资等）进行针对性的救灾工作的决策过程。其目的是为了最大限度减少灾害损失，稳定灾区社会秩序。

第一节　省地震应急指挥技术系统建设

1998—2005 年，四川省地震部门在四川省防震减灾数据库、震情灾情信息快速反应系统、四川数字地震观测台网和地震应急基础数据的基础上，建成了四川省地震应急指挥技术系统。

一、四川省抗震救灾指挥部技术系统

四川省抗震救灾指挥部是四川省地震应急指挥技术系统的重要组成部分，设在省地震局大楼内，由指挥场所建设、技术支撑平台、软件平台和应急基础数据库四部分组成。根据应急的需要，扩建、改建了指挥大厅以及相关辅助设施，其中指挥大厅面积 300 多平方米，是一个平震结合的多功能大厅以及相关辅助设施。震时，它主要作为指挥部成员工作的场所；平时，主要作为省地震局的会议活动、学术交流场所。

四川省抗震救灾指挥部（四川省地震应急指挥部）硬件支撑平台技术系统主要由大屏幕投影墙、数字会议系统、音响及监控系统以及其他相关系统组成。其中大屏幕投影墙用 6 块 67 英寸的屏幕以 2×3 的方式拼接组成。在指挥大厅前面椭圆形会议桌上配置的一套数字会议系统，它采用 Philip 公司的技术，共设置 16 个发言席，为参加会议人员提供人声清晰的发言效果。此外，整个指挥的音响效果是由分布在指挥大厅前后的音箱以及控制室的调音设备完成。在指挥大厅的前面（左、右两侧）以及后面分别设置 1 台摄像机，主要负责对指挥大厅的摄像。摄像系统与音箱系统一起对整个会议过程进行记录，并制成 DVD。指挥中心建成有一套视频会议系统，指挥部成员可以通过它与国务院抗震救灾指挥部以及其他省抗震救灾指挥部进行音频、视频通信的联系。另外，在大楼的一楼大厅设置有一套 LED 信息公告屏和触摸查询系统，主要用于信息发布、科普知识宣传。

四川省抗震救灾指挥部（四川省地震应急指挥部）软件系统由地震信息通告系统、地震应急快速响应系统、地震辅助决策系统、地震应急指挥命令系统等组成。这套软件系统是建立在 GIS 基础

上，主要作用是为指挥员提供信息、出好主意、辅助下达命令。余震活动情况、灾害损失情况、灾区目前哪里最危险、哪里最需要救援、最优先救灾任务是什么、救灾资源在哪里、如何优化调度和派遣救灾力量等信息，这套系统都能作出响应。

四川省地震应急指挥技术系统建设过程中，收集、整理和入库地震应急基础数据43类，几乎覆盖了社会生活的各个方面。其中包括基础地理图、人口统计、各类房屋基本情况调查、震害与救灾案例、地震应急预案等。

二、地震现场应急指挥技术系统

地震现场应急指挥技术系统是四川省抗震救灾指挥部技术系统的延伸系统。该系统是一套流动应急指挥系统，平时放置在省地震局，地震发生时用于地震现场。主要作用是将地震现场的数据、话音、图像等信息，实时、动态的传回指挥部。搭建地震现场与指挥部实时沟通的平台。

三、重点城市地震应急技术系统

重点城市地震应急技术系统是四川省地震应急指挥技术系统的延伸应急系统，它设置在地震重点监视防御区防震减灾的重点城市。它可以在震后第一时间获得地震灾区的震情和灾情，并上报信息。同时，在省级地震应急指挥系统尚未下达救灾命令之前，可启动本地地震应急反应辅助决策子系统，先期开展必要的救灾行动。

四、地震应急指挥技术系统的响应与启动

当严重破坏性地震发生时，四川省数字测震台网在5分钟内，将地震发生的时间、震级、经纬度（地点）等信息通过网络、电话、传真、手机短信等方式，第一时间将这些信息传至国务院抗震救灾指挥部、四川省人民政府、地震行业内部、公众及媒体等。在四川省抗震救灾指挥部的指挥大厅电子地图上可以看到地震发生的确切位置，软件系统可以在电子地图上勾画出地震的影响范围，判定地震的规模，提供地震造成的建筑物破坏情况。在震后10分钟内可快速估计到经济损失和人员伤亡情况。它可以全面提供灾区的情况信息：人口数量、老旧房屋分布、危险源的分布、救灾力量的分布等。根据地震破坏的规模和经济损失情况，可为指挥员提供初步的地震应急方案。

当现场系统与城市系统将传回的震情、灾情资料传回指挥大厅时，软件系统还可以根据灾区的实际情况为指挥部提供更为详细和准确的辅助信息。

第二节　市、州地震应急指挥中心

1998—2005年，四川地震重点监视防御区的市（州）城市，先后建起了本地区的防震减灾应急指挥中心，有的称防震减灾应急决策辅助系统，有的称综合防震减灾应急指挥中心，有的称防震减灾决策系统。

一、技术思路

市（州）地震应急指挥中心，包括地震监测预报、震灾预防、地震应急、地震救灾与灾后重建四个环节内容。充分利用计算机多媒体的运行及演示功能，在统一基本格式的基础上，强调地域特

征。同时，结合本地区的实际，分别拟定编制和建立起具有可实现性、可操作性的功能模块和数据库及图形库，达到查询便捷、调用迅速、操作灵活、图文并茂，能及时为政府领导决策提供准确的信息资料，以便地震应急工作能快速有效地实施，达到可供领导决策指挥和防震减灾综合管理的目的。

二、主要数据库

基础地理信息库：包括本市（州）中心城区及各区、县、重要城镇的行政区划图、建筑物分布图、财产分布图、人口分布图、潜在震源区分布图等分层地图信息；本市（州）中心城区、重要城镇生命线工程分布图，泥石流、滑坡、剧毒、易燃易爆物等主要次生灾害源分布图，水库分布图，交通图；包括市（州）及周边地区地质构造及震中分布图和地震烈度分布图。

地震专业信息库：包括全球 $M_S \geqslant 7.0$ 级地震目录，中国 $M_S \geqslant 4.0$ 级地震目录，四川全省 $M_L \geqslant 2.5$ 级地震目录，本市（州）及邻近地区 $M_L \geqslant 2.0$ 级地震目录，历年地震前兆观测数据，历史地震资料等。

资源信息库：包括人口信息、工业产值、农业产值，各类房屋建筑面积，各类资产总值等。

三、功能模块

功能模块包括 GIS 基本功能模块、震害评估模块、辅助决策模块和日常分析模块。震害评估的基本过程是根据地震发生的位置用计算等烈度线表征地震影响，计算在各烈度区域内的人口、财产、建筑物等数据，结合建筑物的震害计算人员、财产损失。辅助应急指挥决策是快速提供生命线工程，次生灾害，医疗救助，应急预案，防震减灾法律、法规、规定等内容的信息，以及防震减灾领导小组成员联系网络图等。

第三节 省地震应急指挥技术系统的功能

地震应急指挥技术系统可为地震应急指挥提供会议场所和配套的指挥技术平台，可实现大屏幕显示、扩声、音视频调度以及网络信息查询等功能；

可对地震事件做出快速响应，实现基于计算机网络平台的地震事件自动触发功能，确保系统能够及时可靠的启动；

可对地震灾情做出快速评估，能依据应急数据库资源和现场信息快速完成地震灾害损失评估，并给出形象的图形化描述；

具备应急指挥命令的发布、管理功能，可实现命令的多类型、多渠道发布，并配备相应的命令管理平台；

具备应急指挥辅助决策功能，可为指挥决策人员提供基于应急基础数据信息和震情趋势判定为依据的决策支持；

可通过网络、传媒等多种方式，面向行业、政府、社会不同层面发布地震应急信息；

可与地震现场应急指挥技术系统实现基于卫星等多种信道的数据、语音、视频传输；

可实现应急指挥系统的统一管理和调度。

第三章 地震应急反应

1986—2005年，四川省境内发生5.0—6.7级地震34次（包括强余震），其中多数地震发生后，各级政府和地震部门都作出了不同程度的应急反应。1992年前发生的破坏性地震，依照《四川省大震对策提纲》作出应急反应；1992年后发生的破坏性地震，启动《四川省破坏性地震应急反应预案》和《四川省地震应急预案》作出响应。地震应急反应着重记述了1989年巴塘6.7级强震群、小金6.6级地震和2005年四川会东、云南会泽5.3级地震的应急反应。

第一节 巴塘6.7级强震群应急反应

1989年4月16日04时34分10.5秒，巴塘发生6.7级地震，后又陆续发生6.7级、6.4级和6.2级地震。地震造成大量房屋倒塌，山体滑坡，地面裂缝，交通阻塞，通讯中断，水利水电等公共设施及群众生产、生活资料受到严重破坏；川藏公路金沙江大桥损坏。震区干部、群众采取了应急措施，减少了损失。

一、自救互救，抢险救人

地震发生后，震中区的小坝村全村89户、90幢民房和1所小学全部倒塌，全村死亡4人，重伤8人，轻伤23人。该村的党支部书记和村长立即组织青壮年挖出遇难者遗体，抢救伤员，抢救出一批粮食、衣物和耕畜、农具；组织帮助老弱民众迅速撤离危险地带，轮流护理受伤的群众。党巴乡茶马贡村受灾惨重，36幢房屋倒了8幢，28幢震裂严重倾斜。老民兵班长、退伍军人月登曲批召集全村11个民兵，从废墟中抢救出3名幸存者，挖出4名遇难者遗体。党巴乡的干部还为重灾户搭建起避风的窝棚。

二、成立巴塘县抗震救灾指挥部抗震救灾

地震发生后，中共巴塘县委、县人大、县政府和县政协召开紧急会议，研究抗震救灾工作，同时成立巴塘县抗震救灾指挥部，派出5个工作组连夜赶赴中咱、中心绒、雅洼、夏邛和城郊等重灾区，调查灾情，组织抗震救灾。巴塘县邮电局和县机务段于震后10分钟成立了临时抗震保通讯领导小组，组织突击抢修队，外出查修线路，中断了3小时的通讯线路，抢修恢复通话。巴塘县抗震救灾指挥部立即向甘孜州政府、四川省政府发出了第一份巴塘地震情况报告；同时，指挥部通知震前派到各区乡的28个工作组、125名工作人员立即就地查明灾情，组织群众抗震救灾。

4月16日12时30分，川藏公路巴塘至康定段抢修恢复通车，18时县竹茨公路抢修通车。4月19日，经抢修川藏公路金沙江大桥恢复通车。至此，川藏公路全线畅通。巴塘县武装部组织前进乡、团结乡民兵52人和农民214人，抢修县城至重灾区小坝村路段驿道，20日抢通，政府的救灾物资1.6万斤粮食及油毡、帐篷等不断运抵小坝村。

4月17日，巴塘县抗震救灾指挥部救灾工作组，在重灾区茶马贡村发动群众，自力更生，就地取材，用小圆木、木板、羊毛毡帮助灾民搭建简易防震棚36个，500多平方米；给重灾户发放救济款400元，救济粮200斤。

4月21—23日，经过昼夜抢修，巴塘自来水厂恢复临时供水，电厂恢复供电。成都军区后勤部、川藏兵站、甘孜州军分区工作组、巴塘大站、驻军医疗所、武警部队、县中队等出兵员350人，到虎头山腰帮助夏邛区前进乡、团结乡灾民抢修土堰渠通水，使架炮顶至茶树山一带上千亩小麦得到浇水，解决了一季玉米播种的用水。

至4月21日，县医疗卫生部门组织医疗小分队，分赴重灾区小坝村、茶树山、回墨龙、竹巴龙、茶马贡、党巴、苏洼龙、中咱等灾区开展巡诊185人次，诊治伤病员879人（其中重伤23人，轻伤91人，上感575例，菌痢145例）。同时对11户村民进行食物卫生检查，发放饮水消毒及灭蝇药品844户。6月，雅洼区波戈乡发生麻疹流行，中心绒区暴发菌痢流行，累计发病1113人（已死亡13人），巴塘县抗震救灾指挥部立即组织卫生局、县医院、县防疫站派出医疗队赶赴疫区进行救治和扑疫工作。

至6月，全县中小学校搭建临时防震教室基本完成，全面恢复上课。

截至8月5日，巴塘县抗震救灾指挥部已在全县范围内发放灾区救灾物资，计油毡10330卷，帐篷96顶，元钉2325千克，元丝590千克，大晒席47床，茶叶480千克，盐巴510千克，粮食72000千克，布匹4233米，炸药2000千克，引线950米，雷管1950支，蜡烛2310支，电筒275支，电池1171对，军棉衣237套，军单衣4714套，军大衣160件，棉毯160床，饼干1000千克，搭建防震棚木料789.5立方米。

巴塘县将联合国世界粮食计划署用以工代赈形式援助巴塘灾区的2062.5吨加拿大小麦作为抗震救灾主要内容，成立巴塘县4047Q快速工程项目领导小组，于9月25日前完成修建居民临时住房6643户，修复农田水渠20条（计103千米），修复水电站1座，修复乡村驿道20千米，修复区、乡人行便道桥8座，修复区乡公路167千米，总投工634515个。

巴塘地震后，中央和省、州政府派来慰问团和救灾工作组，帮助抗震救灾；同时收到全国及港澳同胞发来的慰问电函676封，国内外社会各界捐赠救灾款物100余万元。中央拨款1亿元人民币，帮助巴塘灾区人民恢复生产，重建家园。

三、地震部门应急响应

巴塘地震发生后，省地震局迅即报告国家地震局、省政府，并组织紧急震情会商；康定地震中心站和甘孜州地震局的人员于地震当晚到巴塘进入震中区了解灾情，同巴塘地震台一道开展震情监测。17日晚，省地震局工作人员奔抵巴塘，参加现场震情监视，分析预报、信息传递和野外地震宏观考察、震害评估工作，并立即成立了四川省地震局巴塘地震现场工作指挥部。国家地震局派出的专家工作组亦赶到现场，对现场监视和震情分析给予指导、帮助。从4月16日至8月初，整个现场工作历时 70 余天，先后参加现场工作有 120 人。

地震部门的科技人员一到地震现场就开展了现场震情分析预报工作，仅用 2 天时间就处理完积存地震图纸和大于等于 1.0 级地震 2196 次，并编出了序列地震目录供分析预报使用。整个现场期间共处理 1.0 级以上地震 15468 次，为现场分析预报的开展提供了条件。对 4 月 25 日巴塘 6.7 级地震、5 月 1 日巴塘 5.4 级地震、5 月 3 日巴塘 6.4 级和 6.2 级地震、5 月 4 日巴塘 5.2 级地震等后续地震和强余震作了预报，除第一次和最后一次震级估计偏低外，其余都比较符合实际，并判定巴塘地震属震群型地震。巴塘县政府、巴塘县抗震救灾指挥部及时采取了预防措施，动员未撤离危房的群众搬出危房，这些余震未造成大的损失，为灾区政府和现场抗震救灾提供了有效服务。

地震部门在现场开展了监测工作，架设流动地震仪、强震仪各 2 台，DR - 200 型数字地震仪 1 套，水准、重力观测组 1 个；同时建立了 3 个温泉点、1 个冷泉、1 个动物观察点和部分宏观哨组成群众测报网；强化了巴塘地震台的工作。很快组织起了一个专群结合、流动观测和固定观测结合、微观和宏观结合的地震现场监测网。在整个应急期间，巴塘地震台获得了 17000 余次余震的完整记录；竹巴龙、雅洼两个流动地震台分别处理地震 2053 次和 1796 次，更换图纸 138 张和 142 张；DR - 200 型数字地震仪获得 62 盒磁带记录，2000 余次地震事件；2 台强震仪记录到 11 条强震观测曲线；在茶树山、独角龙两场地开展跨断层短水准流动形变测量和 40 多千米路线水准观测，为地震现场预报提供重要信息。

地震部门在现场开展了地震宏观考察，共考察、访问了 147 个烈度点，对巴塘县城、茶树山、雅洼、竹巴龙 4 处居民点作了震害指数统计。考察了 4 处出露断层，取了测年代用的样品；完成野外记录 13 册，摄制录像资料带 5 盒，胶卷 42 卷；填写了地震宏观现象调查表 138 张，“地震地面破坏现象调查表” 9 张，整理房屋震害指数调查表 5 册和各区、乡村灾情统计资料。在上述资料基础上编制了 1：20 万的巴塘 4 月 16 日 6.7 级地震等烈度线图和巴塘 6.7 级强震群综合等烈度线图（见第一篇图 1 - 1 中巴塘 6.7 级地震等烈度线图和综合等烈度线图），为灾区恢复重建和地震科学研究积累了丰富资料。

地震部门在地震现场开展了社会经济影响调查和宣传工作，指导并直接参加灾情统计办法的拟订，并通过政府对全县灾情作出统计，收集和汇总了巴塘县分区、分乡、分村的社会经济资料，对其中缺漏或不实部分，进行补充调查和复核。同时，收集邻县资料，在此基础上完成灾情报告和灾害分布图，反映巴塘地震灾害在空间上的分布特点，为灾区恢复重建在选址上提供资料依据。巴塘余震多，地震谣传时有出现，灾区民众不安。在巴塘县抗震救灾指挥部的统一领导下，灾区加强了地震科学知识和防震抗震知识的宣传普及工作，向震区干部、群众分发大量宣传挂图、画册和资料，利用县、区、乡广播站播讲地震知识。并通过县电视台播映《谣传对策》《瞬间抉择》等 6 部地震科普录像片，不断增强民众防震减灾意识，解除群众的恐惧心理，特别是对后续地震和强余震的较好预报，灾民采取了预防措施，减少了损失，震区整个社会秩序比较稳定。

第二节　小金 6.6 级地震应急反应

一、各级政府的应急反应

1989 年 9 月 22 日 10 时 25 分，小金县两河乡一带发生 6.6 级地震后，中共阿坝州委、阿坝州人民政府立即中断正在召开的会议，主要领导直奔阿坝州地震局了解情况，在听取州地震局关于“近期不会再发生比6.6级更大地震”分析意见后，迅速作出决定：立即发布震情消息，稳定群众情绪，稳定社会秩序；严密监视震情变化，迅速派出救灾队伍赶赴震区，组织灾民自救互救，尽量减少伤亡和损失；向省政府报告灾情，请求援助；组织抢险队伍和救灾物资前往震区抢险救灾。震区的小金、金川和马尔康县委、县政府也采取应急措施，组织抗震救灾。

震后，阿坝州人民政府立即启动了《阿坝州大震应急预案》，快速成立了阿坝州抗震救灾指挥部，根据“应急预案”规定各有关部门和单位开展各项抗震救灾工作。地震使灾区129杆千米的电话线路、275杆千米有线广播传输线路和31处电视接收站、差转台遭受到不同程度破坏，州、县邮电、广播电视系统的领导和职工立即对倒断的电线杆和被破坏的广播电视设施进行抢修，通讯线路通畅，保证了各级抗震救灾指挥的通信联络。

地震后，小金县人民医院迅速派出医护人员和救护车，赶赴灾区抢救、抢运、治疗伤员，减少人员死亡。州、县卫生防疫部门、红十字会等派出医疗队、卫生防疫队赶赴灾区诊治伤员，防病治病，开展大面积的消毒灭菌工作。

震后，通往震区95.8千米公路和28座桥涵受到破坏和损失，州、县公路交通养路部门抢修公路、桥涵和便道，清除大量的塌方和滚石，保证道路通畅，使救灾物资及时运抵灾区。解放军、武警战士和民兵为灾民抢搭防震棚，解决震区灾民临时住所；公安干警严厉打击各类犯罪活动，灾区社会治安良好。震后，灾区连降中雨造成山体滑坡和泥石流，冲垮农牧民的房屋和学校，抗震救灾指挥部及时组织疏散，采取预防措施，没有人员伤亡。农牧、民政、林业、商业、物资等部门为灾民送去油毛毡、篾席、锅碗、粮食、棉衣、棉被等急需生活物资、稳定了灾民情绪。

小金地震发生后，中共中央、国务院极为关心，中共四川省委、省人民政府，中共阿坝州委、州人民政府向地震灾区发去慰问电，派出慰问团到灾区慰问受灾民众。震区各级党委和政府作出应急反应，开展抗震救灾。州、县政府成立了“小金6.6级地震恢复重建家园领导小组”，组织带领灾区干部、群众，帮助灾民安排生活，恢复生产，重建家园。

二、地震部门的应急反应

地震发生后，省、州、县地震部门即刻向各级政府报告了震情。阿坝州地震局震后1小时派出工作组奔赴震区调查灾情，四川省地震部门工作组震后2小时出发，当晚23时30分到达震区，成立了小金地震现场工作指挥部，开展地震现场震情监视和分析预报、地震宏观考察等工作。国家地震局也派出专家组到现场指导工作。

小金地震现场工作指挥部即时组建起了地震无线通讯网，以现场指挥部（小金）为中心，各流动台、固定地震台为子点，辐射到国家地震局通讯站、四川省地震局通讯站，并联系到省内各骨干通信台及邻省的云南省、甘肃省地震通讯站，为地震系统通讯联络，也为当地政府抗震救灾使用。地震现场工作指挥部通讯网，向上级地震部门、各级政府及时准确地发出了地震简报、快讯、震情、灾情等各种信息。

小金地震现场工作指挥部，在震后1—3天分别在小金县两河乡、金川县架设流动地震台，连同马尔康地震台、小金地震台组成监测台网，监测可以测定震中的$M_L \geq 1.5$级余震震中，有效监视震区的地震活动，为震后趋势判定提供依据。指挥部还与哈尔滨工程力学所在震中周围的两河乡、木城、大阪、802 林场、头人沟和老 801 林场等布设 7 个强震观测台，为地震烈度的定量化分析积累资料。

小金地震现场工作指挥部坚持每日震情会商，工作中共发出三次震情通报，认为原震区发生更大地震可能性不大，预测余震震级在 3.8 级左右，其预测意见与事实相符，为政府组织抗震救灾，稳定灾民情绪，提供了良好服务。

小金地震现场工作指挥部组织开展对 6.6 级地震的宏观考察，在震后 3 天查明了震中区的地震烈度及破坏情况，为震区开展抗震救灾提供准确信息。计调查烈度点 117 个（含震害指数调查点），地面破坏点 7 个，测绘 750 米地震地裂缝平面图 1 幅，野外记录本 12 本，填写地震烈度宏观调查表 117 张，地震房屋指数调查表 2 份，地震地面破坏现象调查表 12 份，录像磁带 5 盘，震害资料照片胶卷 30 卷。编制完成 1：10 万小金 6.6 级地震宏观考察实际材料图和地震等烈度线图各 1 份（见第一篇图 1－1 中小金 6.6 级地震等烈度线图），为震区经济建设和灾区重建家园提供了可靠的基础资料。

省地震局、阿坝州地震局和小金县人民政府组成了社会经济影响调查组，对小金、金川、马尔康 3 县的 4 个区、3 个镇、10 个乡、12 个村、8 所中小学、1 个牧场、6 个国营企业及教育、卫生、民政、公安等部门进行了震灾经济损失调查和分析。地震死亡 1 人，重伤 14 人，轻伤 137 人，牲畜死亡 6024 头（只），灾区受灾人口达 12 万余人。全州直接经济损失 20332.3 万元。

地震发生后，震区几度出现多起地震谣言，灾民不安。小金地震现场工作指挥部密切配合地方政府正面宣传地震知识，平息地震谣言。第一，州抗震救灾指挥部召集宣传、广播电视局、报社等部门正面进行地震知识和防震减灾知识的宣传；第二，地方政府出动宣传车，在区、乡、村巡回开展宣传，将地震现场指挥部采访到的关于震情趋势意见、识别地震谣言的方法、国家对发布地震预报的有关规定内容，录音后每天反复宣传；第三，现场工作指挥部派出专人到受灾较重的两河乡中心小学、抚边木坡中学为在校师生讲解地震知识和防震知识；第四，在震区的乡、村张贴宣传地震知识挂图、发放小册子，并提供防震减灾知识的录像片，通过卫星地面接收站播放。阿坝州政府领导在不同的会上，针对各种谣言多次公开辟谣。灾区民众情绪安定，社会秩序稳定。

第三节　四川会东、云南会泽 5.3 级地震应急反应

2005 年 8 月 5 日 22 时 14 分 43.3 秒，四川会东县与云南会泽县交界发生 5.3 级地震。地震发生后，中共四川省委、省人民政府的领导立即听取了省地震局的汇报，即时批示由省政府救灾办公室、省地震局、省民政厅的领导组成省委、省政府工作组，即刻赶赴地震灾区慰问和看望受灾民众，指导当地政府抗震救灾。凉山州人民政府领导率领有关部门的负责人第一时间赶到震区，指挥抗震救灾，抢救伤员，调拨物资，及时稳定灾区社会生活秩序。

震后，省地震局立即启动地震应急预案，开展应急工作：一是到现场人员做好出发准备，相关部门迅速准备现场应急设备、所需物资，做好现场图像传输准备，在最短时间赶赴灾区；二是快速组织凉山州地震局、西昌地震中心站、会东县地震局应急人员赶赴地震现场，了解最新震情和灾情及时上报；三是根据现场工作情况，及时编发震情简报，分送四川省政府、省救灾办公室、中国地

震局等有关领导提供科学决策依据；四是在震后几天进行多次加密震情会商，为地震监测、地震应急和震情应急跟踪等提供信息。

省地震局、凉山州地震局和西昌地震中心站组成的现场工作组，分别从成都、西昌赶赴会东地震现场，深入灾区开展震灾调查。现场工作组积极协助当地政府、科委、民政、交通、水利和电力等部门，及时将各行业的震灾情况收集汇总，以提高震灾评估效率。现场工作组开展了地震余震序列的跟踪，密切注意对会东及其邻区的地下流体、断层气、地形变、地磁和宏观异常变化，坚持每日会商，为准确把握震后地震趋势变化提供依据。现场工作组先后参加了省委、省政府，凉山州委、州政府，会东县委、县政府在现场召开的抗震救灾工作会议，为政府组织抗震救灾当好参谋。现场工作组与云南省地震局现场工作组就震情趋势、震灾损失评估等积极进行协商、交换意见。

截至 8 月 11 日，该次地震省、州、县三级共投入救灾资金 200 余万元，发放帐篷 800 余顶，彩条油布 16200 平方米。地震现场工作共完成抽查调查点 28 个，调查面积 1000 多平方千米，拍摄照片、图片 1200 幅，制作录像带 70 分钟，编印“会泽—会东 5.3 级地震震情”情况通报 5 期，填写灾情速报表 6 份，绘制地震等烈度线图 1 幅（见第一篇图 1－1 中云南会泽－四川会东 5.3 级地震等烈度线图）。

这次地震会东县 6 个区、22 个乡、27301 户、110097 人受灾，受灾面积 850 平方千米。灾区内一些房屋出现局部倒塌和破坏，一些公路路段、供电线路、小水电和水利设施受到不同程度损坏。地震造成重伤 4 人，轻伤 21 人。直接经济损失 6557 万元。

第四章　地震灾害紧急救援队

四川是一个多地震地区，也是国内遭受地震灾害最为严重的省区之一。随着经济的发展，城乡建设的加快，地震灾害救援工作的难度也相应加大。根据国内外地震灾害紧急救援的经验和教训，为提高对地震灾害应急救助的能力，组建一支反应迅速、机动性高、突击力强的地震灾害救援队伍，非常必要。一旦发生重大地震灾情，这支队伍能及时、有效地采取应对措施，实施紧急救援，减轻人员伤亡。

第一节　省地震灾害紧急救援队

一、省地震灾害紧急救援队成立

2003 年 1 月，四川省政协就将组建四川省地震灾害紧急救援队的议案转四川省人民政府。5 月，省政府指示省地震局制定四川省地震灾害紧急救援队的组建方案。6 月 3 日，副省长张作哈主持召开了组建四川省地震灾害紧急救援队的协调会，省地震局领导和省级有关部门负责人出席协调会议。7 月 17 日，副省长张作哈听取了省地震局关于组建四川省地震灾害紧急救援队情况汇报后，省地震局向省政府呈送了《关于组建四川省地震灾害紧急救援队的请示》报告。9 月 23 日，四川省政府第 18 次常务会议正式决定组建四川省地震灾害紧急救援队。10 月 17 日，省政府批复省地震局《关于组建四川省地震灾害紧急救援队的请示》，同意组建四川省地震灾害紧急救援队（以下称救援队）。组建工作由省地震局牵头，以省公安消防总队为依托，实行军民共建。救援队在省政府、省防震减灾领导小组领导下开展工作。省财政要加大救援队的投入，救援队装备经费和维持经费按省政府第 18 次常务会确定的原则安排。

根据四川省政府关于组建救援队的批复意见，省地震局同四川省公安消防总队紧密合作，按照“总体安排，分步实施，逐步完善”的精神，遵照“一队多用，专兼结合，警民结合，平战结合”的组建原则，组建起一支“反应迅速，机动性高，突击力强，能随时执行地震紧急救援任务”的救援队。2003 年 12 月 11 日，省政府在成都召开了四川省地震灾害紧急救援队成立大会暨举行授牌授旗仪式。出席成立大会的有中共四川省委副书记、四川省政府省长张中伟，省委常委、省政法委员会书记欧泽高，省人大常委会副主任陶希晦，副省长张作哈，省军区副司令员胡昌政，中国地震局副局长陈建明和震灾救援司司长徐德诗，成都市政府副市长朱志宏，以及省防震减灾领导小组成员单位和省级有关部门的领导。张中伟宣布救援队正式成立，欧泽高和陈建明向救援队授牌，欧泽高向救援队授旗，张作哈主持大会并致辞。

救援队由搜索与救援组和专家组两大部分组成。救援队总人数为80人，其中搜救与救援组50人，由成都市公安消防支队成都特勤大队士官组成；专家组30人，由省地震局和消防部队富有经验的专家组成。2004年后，救援队与成都市公安警犬大队和成都市120医疗急救中心建立了协作关系，警犬大队负责救援队搜索犬的驯养工作，市120医疗急救中心承担现场急救医疗任务。

二、四川省地震灾害紧急救援队联席会议

为了加强领导，协调各组建单位和救援队工作，2003年12月，省地震局、省公安消防总队决定建立救援队重大事项联席会议制度（以下称联席会议）。联席会议是救援队的决策机构，其主要任务是贯彻落实省委、省政府有关救援队的方针政策和省地震局、省公安消防总队的要求；审定救援队编制方案、发展计划、年度工作计划、年度和重大经费开支计划；审定救援队的技术标准、培训方案、培训大纲、训练场地建设方案和国内救援业务交流计划；审批救援队设备配置方案和采购计划等。

联席会议下设办公室，其主要职责任务是负责联席会议及救援队的日常工作；负责救援队组编方案及年度工作计划的编制和实施、工作经费的安排和管理、训练场地的设计和建设、救援设备的配置和采购、救援队的培训和教育、派出救援队伍的调配、救援任务的组织实施及现场救援的协调；联系省政府有关单位、部门和参与国内有关机构的地震紧急救援工作；负责救援队对外合作计划的编制和实施；参与编制省地震灾害紧急救援法规、技术标准和发展计划；参与地震应急救助技术和装备的研究开发等。

第二节 市（州）、县地震灾害紧急救援队

一、绵阳市地震灾害紧急救援队

2004年8月，绵阳市政府召开第40次常务会议，同意组建绵阳市地震灾害紧急救援队。2005年2月5日，绵阳市政府召开了筹建工作的第一次协调会议，出席会议的有绵阳市政府的领导和市地震局、市编委办、市财政局、市建委、市计委、市民政局、市消防支队、市卫生局等单位的领导。会议对成立绵阳市地震灾害紧急救援队的人员组成、编制、经费、装备等进行了认真研究并取得共识。绵阳市财政首期拨款70万元作为救援队专用设备的采购。10月8日，绵阳市政府召开筹建工作的第二次会议，对召开救援队成立大会的具体方案进行认真审议，同时再次调整了绵阳市地震灾害紧急救援队领导小组成员。10月25日，绵阳市政府在高新技术开发区召开成立大会，宣布绵阳市地震灾害紧急救援队成立。绵阳市政府、四川省地震局、四川省公安消防总队的领导出席了成立大会。

绵阳市地震灾害紧急救援队的领导决策机构为绵阳市地震灾害紧急救援队联席会议。联席会议由市地震局、市公安消防支队、市发改委、市建设局、市财政局、市国土资源局、市民政局、市卫生局、市气象局、市政府救灾办、市编委办等单位组成。救援队的日常工作由联席会议办公室负责。办公室由市地震局、市公安消防支队的有关人员组成。

绵阳市地震灾害紧急救援队总编制人员51人，其中抢险救援人员30人，地震专家2人，工程结构专家3人，气象专家1人，医疗救护人员15人。以上人员由市公安消防支队、市地震局、市建设

局、市卫生局选调。救援队所有人员平时任务、隶属关系不变，平时按年度计划适当组织模拟演练，震时按实战序列实施救援。

二、沐川县地震灾害紧急救援队成立

2005 年 10 月 28 日，沐川县人民政府印发《沐川县地震灾害紧急救援队组建方案》，组成单位包括县人武部、县地震办（救灾办）、县民政局、县卫生局、县公安局、县建设局、县交通局、县安监局、县粮食局、县供销社、县电力公司、县电信公司、县武警中队、县消防中队、县人民医院、县疾病控制中心等。11 月 16 日，沐川县政府召开了沐川县地震灾害紧急救援队成立大会，乐山市政府领导授旗讲话，省地震局应急救援处派员出席祝贺并开展培训。

三、自贡市、德阳市社区地震灾害紧急救援队

2005 年 5 月 23 日，以自贡市高新区丹桂街道办事处和红旗乡政府防洪抢险队为依托，街道社区干部为主的城市社区地震灾害紧急救援队成立。此后组织紧急救援队人员参加地震知识、救护知识、抢险营救等方面的学习、培训、演练，不断提高地震灾害紧急救援队伍的综合素质和实战能力。

2005 年，德阳市社区救援队伍组建工作得到各级政府的支持，各县（市、区）根据各地实际，采取不同形式组建了各自的社区救援队伍，部分救援队配备了统一服装和救援标志，举行授旗仪式。德阳市地震局对社区救援队成员进行培训，救援队明确了自身的职责和任务。德阳市地震局和各县（市、区）地震办公室分别同当地军分区、武装部进行积极协商，把地震救援纳入民兵组织的工作职责范围，发生破坏性地震时能做地震应急救援工作。

第三节　省地震灾害紧急救援队的培训演练和营救

一、培训和演练

2004 年，四川省地震灾害紧急救援队开展了搜救培训和技能训练工作，邀请中国地震灾害紧急救援队和相关行业的专家，到救援队讲授地震及其他灾害的救援知识。先后举办了“地震灾害与有关救援知识”“911 应急反应与救援行动概述”“近期世界地震灾害与地震结构震害特点概述”“城市地震搜索与救援工作程序”等知识讲座。组织编译和编纂地震救援知识培训资料 20 余万字。救援队员通过对各类搜救器材的操作使用和实际训练，使救援队初步形成了战斗力。

2004 年 10 月 26 日，四川省地震灾害紧急救援队向省政府进行了一次汇报演练。该次演练模拟在四川省某地发生了一次破坏性地震，救援队按照搜救程序对“遇难”人员实施了营救工作。汇报演练展示了救援队组建一年来所取得的进展，初步具备了实施城市灾害紧急救援的能力。省委副书记、省长张中伟，副省长张作哈，中国地震局副局长汤泉观看了本次汇报演练。

2005 年 11 月 1 日，为检验四川省地震灾害紧急救援的快速反应能力，检验救援队应急救援联动机制，锻炼队伍独立作战、野外生存以及协同作战等能力，救援队在邛崃市进行了一次综合模拟实战训练。救援队从接警、集结、编队出发、现场搜索和营救、协同作战、独立生存等环节进行了训练。这是救援队从组建以来第一次完整地模拟实际救援行动全过程。

二、实战营救

2005 年 8 月 12 日凌晨 3 时许，成都市武侯区川藏公路“太平园家私城”旁一栋 2 层楼 1800 平方米的钢筋混凝土结构建筑突然垮塌，有 18 名民工被埋压。灾情发生后，四川省地震灾害紧急救援队接到紧急出动增援的命令，立即组织 50 名成都市消防支队特勤大队队员和 5 名成都市警犬大队队员迅速集结到位，携带搜索犬、生命探测仪、库玛特蛇眼探测仪、起重支撑气垫、水泥救援切割器、液压扩张钳等特种搜救器材设备，在第一时间赶到了灾害现场，立即与其他营救力量一道按照搜索、施救、照明、警戒、宣传、保障等战斗编组。遵照现场指挥部制定的“先易后难、先救有生命体征者，定点、分组、定人指挥、跟点救护”的施救战术，开展救援行动。

询问幸存者、知情者，摸清了被埋压人员的大致分布情况，利用搜索犬、生命探测仪、库玛特蛇眼探测仪以及人工喊话，确定被埋人员的具体位置。用救援切割器、救援斧、冲击镐等破碎水泥构件，用液压剪、无齿锯等剪断钢筋，将大块的钢筋混凝土构件进行分割，再用起重支撑气垫和手抬肩扛，形成施救空间，最终于 12 日上午 8 时将被埋压的 18 名民工（8 名幸存者和 10 名遇难者）全部救出。整个救援行动历时 5 个小时。本次救援行动还动用了地震灾害紧急救援车、多功能救援车、照明车等 10 台特种装备车辆。

第六篇　法制建设

四川是中国大陆多地震的省区之一，为最大限度地减轻地震灾害，促进经济发展和社会稳定，依靠法制来保障防震减灾事业的发展，已成为社会进步的必由之路。在贯彻执行国家一系列法律、法规和规章制度的过程中，四川省人民政府《关于发布〈四川省地震监测系统保护管理办法〉的通知》（1986年7月）、省政府办公厅《转发四川省地震局、四川省建委、四川省民政厅〈关于进一步加强地震重点监视防御区有关工作的意见〉的通知》（1990年7月）、省政府《批转省计委、省地震局〈关于加强破坏性地震减灾工作的意见〉的通知》（1991年1月）、省政府《四川省工程建设场地地震安全性评价管理规定》（1996年3月）等一系列政府规章制度的基础上，1996年6月，四川省第八届人民代表大会常务委员会颁布实施了《四川省防震减灾条例》，省政府印发了新修订的《四川省破坏性地震应急预案》（1997年5月）。根据《中华人民共和国防震减灾法》和国家有关规定，1999年12月，四川省第九届人民代表大会常务委员会对《四川省防震减灾条例》进行了修改和公布；2001年1月，省政府根据《中华人民共和国防震减灾法》和《四川省防震减灾条例》的规定，对《四川省工程建设场地地震安全性评价管理规定》作了修改和发布。至2001年1月，全省有23个省级部门、12个市（州）人民政府、65个县（市、区）人民政府制定并多次修订印发了各自的《破坏性地震应急预案》。此后，省政府还发布了《四川省地震监测设施和地震观测环境保护规定》（2003年1月）和《四川省大型水库地震监测管理规定》（2005年1月）。在贯彻执行《中华人民共和国宪法》《中华人民共和国防震减灾法》的过程中，这些地方性法规、规章的陆续制定、颁发和实施，并即时组织对这些法规、规章的宣传，开展行政执法和执法监督，不断地推进着四川防震减灾工作走上法制管理的轨道。

第一章 法规制定

根据《中国地震烈度区划图（1990）》，四川全省181个县（市、区）中处于Ⅶ度区或Ⅶ度区以上的有105个，占全省国土面积69.4%。四川的防震减灾任务十分艰巨。四川省人民代表大会常务委员会和四川省人民政府对《四川省防震减灾条例》的制定和修正、《四川省工程建设场地地震安全性评价管理规定》的制定和修正、《四川省地震监测设施和观测环境保护规定》的制定和《四川省大型水库地震监测管理规定》的制定，把防震减灾工作纳入法制管理轨道，以法律、法规来调整、规范各级政府、社会各界和个人的行为，并依据法律、法规赋予参加防震减灾活动的义务，保障经济、社会健康协调的发展，造福于人民。

第一节 《四川省防震减灾条例》

一、《四川省防震减灾条例》的制定

1995年3月，在四川省第八届人民代表大会第三次会议上，周琳等17名代表联合提出关于制定《四川省防震减灾条例》的议案（第70号），经省人大教科文卫委员会审议和省人大常委会主任会议同意列入1996年的立法计划。同年5月初，由省人大常委会、省人大教科文卫委员会、省政府法制局和省地震局等单位领导正式组成《四川省防震减灾条例》起草领导小组，同时成立《四川省防震减灾条例》起草小组。起草小组根据《中华人民共和国宪法》和有关法律、法规及方针政策，查阅了国内外有关防震减灾立法方面的资料；先后派人到省内外遭受过地震严重灾害的地区进行调研、考察，借鉴和学习兄弟省市防震减灾立法的经验；参加全国防震减灾立法研讨会议。通过上述活动，起草小组明确制定《四川省防震减灾条例》（以下简称《条例》）的指导思想是"在各级政府的领导下，依靠科技进步和全社会的共同努力，提高全民的防震减灾意识和能力，减少地震灾害给社会经济和人民生命财产造成的损失，促进我省改革开放，经济建设和社会稳定发展，确保我省防震减灾的顺利进行。"《条例》制定遵循法制统一的原则，普遍性和特殊性相结合的原则，义务和权利对等的原则，奖励与惩罚相结合的原则。明确全省一切组织和个人在防震减灾活动中的义务和权利，明确守法行为和违法行为的界限，明确行政执法和执法监督的依据，使四川防震减灾活动的管理做到法制化、规范化和科学化。

1995年10月，《条例》起草小组首次拟定完成《条例（初稿）》的起草工作，并将《条例（初稿）》发送全省各级防震减灾行政主管部门和有关法律专家、学者征求意见，在此基础上形成了《条例（征求意见稿）》。起草小组随即将《条例（征求意见稿）》分送省级有关部门和全省市（地、

州）及部分县人大征求意见，并召开省级有关单位部门参加《条例（征求意见稿）》的座谈会。1996年3月3日至7日，四川省人大教科文卫委员会副主任原钧等一行深入到遭受三次地震灾害的沐川县凤村、舟坝以及马边地震台、铜街子地震台等基层征求《条例（征求意见稿）》的意见。

根据各方面的意见，起草小组再次对《条例（征求意见稿）》进行反复修改，字斟句酌，数易其稿形成《条例（草案）》。1996年4月，四川省第八届人大常委会第二十次会议，对《条例（草案）》进行审议，提出修改意见。根据省人大常委会委员们提出的修改意见，起草小组对《条例（草案）》进行修改，形成《条例（修改草案）》，并分送市（州）人大常委会、地区人大工作委员会和省级有关职能部门广泛征求意见。起草小组根据各市（地、州）和有关部门返回的修改意见，对《条例（修改草案）》再次进行修改，形成《条例（再修改草案）》。至此，省人大教科文卫委员会研究认为《条例（再修改草案）》基本成熟，建议提交省第八届人大常委会第二十一次会议审议。1996年6月11日，四川省第八届人大常委会第二十一次会议对《条例（再修改草案）》进行审议和修改，根据委员们的意见对《条例（再修改草案）》进行最后修改。6月18日，四川省人民代表大会常务委员会公告（第61号）："《四川省防震减灾条例》已由四川省第八届人民代表大会常务委员会第二十一次会议于1996年6月18日通过，现予公布，自公布之日起施行。"

二、《四川省防震减灾条例》的修正

1998年3月1日，《中华人民共和国防震减灾法》（以下称《防震减灾法》）颁布实施；同年12月17日，中华人民共和国国务院令（第225号）发布施行《地震预报管理条例》。1999年4月，省地震局根据《四川省防震减灾条例》施行三年的实践和《防震减灾法》及国家有关规定，提出修改《条例》的建议，受到省政府领导的重视，省政府法制局和省地震局联合向省人大教科文卫委员会提出修改《条例》的报告。5月，省人大教科文卫委员会牵头成立《条例》修改起草小组。修改起草小组根据国家《防震减灾法》，对照总结《条例》施行实践中的做法和经验，广泛收集各方面的反映，协调综合有关意见，经多次讨论后，归纳出9个方面计26条意见进行修改形成修改草案。修改草案对原《条例》的一些条款和文字作了相应调整、合并、删节、增补和修正。同年12月6日，《条例修正案（草案）》正式提交省人大常委会审议。12月10日，四川省第九届人民代表大会常务委员会第十二次会议，审议通过《四川省防震减灾条例》（修正案），并予公布，自公布之日起施行。

修改后的《四川省防震减灾条例》共七章53条，在基本原则上与国家法律严格一致，同时总结反映了四川防震减灾工作的实践，把一些有普遍性和指导意义的做法、经验上升到法规高度，结合四川省防震减灾形势，作出了相应规定，使其内容更加完善，地方特色更加鲜明。特别是对地震行政主管部门、经济综合主管部门、建设行政主管部门、救灾行政主管部门及其他有关部门，在同级政府领导下按照职责分工，各负其责，密切配合，共同做好防震减灾工作作了规定；对企业地震台站管理、防震减灾指挥中心建设、强震观测台网的建设、防震减灾规划的编制、地震监测设施和观测环境的保护、少数民族地区防震减灾工作经费的补助、村镇农房建设抗震措施、地震应急救助技术和装备的研制开发、生产、销售和储备等问题都作了明确规定。

第二节　《四川省工程建设场地地震安全性评价管理规定》

1994年11月，国务院在广州主持召开了全国首次防震减灾工作会议，针对在建设热潮中各地存在不重视工程建设抗震设防现象，会议提出了制定有关防震减灾工作的法律、法规，把防震减灾工作管理纳入法制轨道。1995年3月3日，四川省人民政府召开第34次常务会议，听取省地震局关于防震减灾工作情况汇报后，同意抓紧协调制定《四川省地震安全性管理规定》，由省政府发布实施。四川省政府法制局和省地震局在对四川工程建设场地地震安全性评价、基本烈度鉴定、地震烈度复核可作可不作的随意性、不规范性等问题进行调研基础上，联合起草了《四川省工程建设场地地震安全性评价管理规定（征求意见稿）》，省政府法制局就此“征求意见稿”征求省科委、省经委、省计委、省建委、省安全办公室、省物价局、省财政厅和省建设银行等单位和部门以及成都市、甘孜州等市（地、州）等政府、行署的意见，修改形成《四川省工程建设场地地震安全性评价管理规定（征求意见修改稿）》。1995年6月，在省政府主持召开的首届全省防震减灾工作会议上将“征求意见修改稿”印发参加会议代表进行讨论，征求意见。在此基础上，经过反复研究修改，形成《四川省工程建设场地地震安全性评价管理规定（草案）》。1996年2月29日，该《草案》提交四川省人民政府第52次常务会议审议通过，并于3月4日以四川省人民政府令（第78号）发布《四川省工程建设场地地震安全性评价管理规定》，5月1日起施行。

1996年7月11日，为切实贯彻执行《四川省工程建设场地地震安全性评价管理规定》，省计划委员会、省地震局联合行文《关于工程建设项目抗震设防标准管理和地震安全性评价工作纳入基本建设管理程序的通知》；同年10月31日，省地震局印发了《四川省工程建设场地地震安全性评价管理规定实施办法（试行）的通知》。

《四川省工程建设场地地震安全性评价管理规定》先于《中华人民共和国防震减灾法》（1997年12月）和《四川省防震减灾条例》（1996年6月）制定，其相关规定与法律、法规有不一致甚至相抵触之处；根据四年多的实践，在地震安全性评价工作中遇到一些新情况和新问题，需要作出相应的规定和调整，对《四川省工程建设场地地震安全性评价管理规定》作相应修改十分必要。2000年2月，省地震局成立了“修改起草小组”，在调研的基础上，依据《中华人民共和国防震减灾法》和《四川省防震减灾条例》以及国务院、中国地震局有关规定，起草了修改《四川省工程建设场地地震安全性评价管理规定（征求意见稿）》，后经过多次讨论、研究和修改，形成《四川省工程建设场地地震安全性评价管理规定（代拟稿）》，于7月初报送省政府法制办公室。省政府法制办公室在征求省级13个有关单位、部门和成都、绵阳、雅安、凉山等市（州）意见的基础上，经进一步审核、修改，形成《四川省工程建设场地地震安全性评价管理规定（修正草案送审稿）》。2001年1月31日，省政府第54次常务会议讨论通过了《四川省工程建设场地地震安全性评价管理规定》（修正案）。同年2月10日，四川省人民政府令（第146号）发布施行。《四川省工程建设场地地震安全性评价管理规定》（下称《管理规定》）的修正，坚持了法制的统一原则，体现了地方政府规章的特点，对四川工程建设地震安全性评价工作的管理起到规范和促进作用。《管理规定》对地震安全性评价单位的资质、地震安全性评价的范围和要求、地震安全性评价报告的评审及监督管理等诸方面作了具体规定。《管理规定》的发布，使四川省地震安全性评价工作全面纳入了法制化管理的轨道，对规范地震安全性评价工作的管理，保证地震安全性评价工作的质量，保护人民生命财产安全，有效地防御和减轻地震灾害和损失具有重要意义。

第三节 《四川省地震监测设施和地震观测环境保护规定》

为了保护地震监测设施、测量标志和观测环境的安全，1983年12月，四川省公安厅、省地震局联合发布了《关于保护地震台（站）观测环境及测量标志的通告》。至1986年，据省公安厅、省地震局的调查统计，四川地震系统监测台站、观测点、测量标志等设施仍有29%被破坏，41%的专业台站被盗，75%的专业地震观测环境遭到破坏，34%的专业台站观测项目被迫停止记录，造成不可弥补的损失。1986年7月31日，四川省人民政府下发《关于发布〈四川省地震监测系统保护管理办法〉的通知》（以下简称《通知》）。《通知》特别强调地震监测工作是分析、预报地震和进行地震科学研究的重要基础，必须认真保证地震监测系统的安全和良好的观测环境不受破坏，各级人民政府及有关部门，要积极做好这方面的宣传工作，提高广大群众对保护好地震监测系统重要性的认识，依靠人民群众做好工作。《四川省地震监测系统保护管理办法》明确提出地震台站监测仪器和房屋、洞体、电源线路、通讯设备、道路、水点（井、泉、钻孔）等设施和地震测量工作中所建造和埋设的永久性测量标志（包括木标、钢标、三角点中心标石、天文点基线中心标石、水准标志与水准标石、地形变测量固定标志、流动重力标志、地磁标志桩、观测平台和场地固定标志等）均属国家财产，各级人民政府、社会团体、企事业单位和全体公民都有保护的责任。

至1993年，四川26个专业地震台站有42%的观测点受到不同程度的影响和干扰，有7%—11%的台站和井泉观测场地被挤占，观测环境受到破坏，有27%的专业台站严重被盗，致使一地台站观测资料报废，工作被迫停止、中断，有的地震台站被迫停止观测项目或撤销。

1994年1月10日，国务院令（140号）发布了《地震监测设施和地震观测环境保护条例》，明确规定了地震监测设施所在地的人民政府负有保护地震监测设施及其观测环境的责任，任何单位和个人都有保护地震监测设施及其观测环境的义务。禁止任何单位或者个人危害、破坏地震监测设施及其观测环境。1996年6月，四川省第八届人大常委会颁布实施《四川省防震减灾条例》，1997年12月，全国人大常委会第29次会议颁发施行《中华人民共和国防震减灾法》，防震减灾工作得到了法律保障。国家对四川地震监测台站、观测项目布局不断进行优化和调整，加大了财力、物力的投入，地震监测仪器设备等不断得到更新，观测环境得到不断改造和完善。2001年上半年，省地震局向省政府法制办公室申报制定《四川省地震监测设施和地震观测环境保护规定》（以下简称《规定》）计划，并成立起草小组。起草小组根据国家的有关法律、法规和政策进行调查研究，查阅四川地震监测系统大量档案资料，拟出《规定（草稿）》，在地震系统相关部门、单位广泛征求意见基础上完成《规定（讨论稿）》，再经几次修改形成《规定（代拟稿）》，并于2001年7月25日报省政府法制办公室。2001年下半年，省政府法制办公室就《规定（代拟稿）》广泛征求了省公安厅、省国土资源厅、省建设厅、省交通厅、省水利厅、省广电局、省电信公司、省电力公司等省政府有关部门、单位及成都、阿坝、绵阳、广元、德阳、宜宾、遂宁、内江等市（州）人民政府的意见，修改形成《规定（送审稿）》。2002年4月、6月，省政府法制办公室、省地震局联合成立《规定》立法调研组到攀枝花、茂县等地进行立法调查研究，先后召开了两市县政府办公室、法制、公安、地震、国土、建设、广播、水电、规划和交通等部门的负责人座谈会，就《规定（送审稿）》进行研讨，对地震监测设施和地震观测环境保护方面存在的问题、防范措施、相关项目的审批、违法行为的查处以及向社会宣传教育等方面提出了许多建设性意见。在进一步听取、吸收有关方面、专家意见和建议的基础上，经反复论证、修改形成《规定（草案）》，2002年9月6日省政府法制办公室报省政府审议。12月26日，《规定（草案）》经省政府第86次常务会议通过。2003年1月30日，四川省人民政府令（第167号）发布了《四川省地震监测设施和地震观测环境保护规定》，4月1日起施行。

《规定》共19条和一个附件（地震监测设施距干扰源最小距离表），对地震监测设施和地震观测环境的法律含义及其保护应遵循的基本原则，并对地震监测设施所在地的各级人民政府和相关部门的职责作出原则规定；对地震监测设施和地震观测环境的保护范围、保护措施及专业术语作了规定和解释；对破坏、危害地震监测设施和地震观测环境行为的责任人或单位应承担的法律责任及其相关事宜作出了规定。

第四节 《四川省大型水库地震监测管理规定》

四川是中国大陆水力资源十分丰富的省区之一，中华人民共和国成立后各地不断建立了一些大、中、小型水电站。2000年后，在西部大开发的背景下，全省一大批大中型水电站陆续被列入开发规划（如金沙江流域在建、拟建5座大型水电站，雅砻江流域沿江已建、在建、拟建开发21座电站，大渡河流域已建、在建、拟建3座水电站，其他江河流域已建、在建、拟建12座水电站等），有的已建成，有的正进入实施和建设阶段。至2003年，已建、在建和拟建的26座电站的水库大坝坝高50—99米的有7座，100—305米的有19座。这些高坝电站位置一般都在四川主要活动断裂带或主要地震区（带）及其附近地区。据《中国地震烈度区划图（1990）》，多数水库大坝和电站处在Ⅶ度至Ⅷ度区，有的电站处在Ⅸ度区内。这些水库大坝和电站工程在建设前必须进行地震安全性评价，设计、施工建设中必须考虑进行抗震设防。据国内外水库诱发地震的事例，水库大坝越高，库容量越大，诱发水库地震的概率（可能性）越大，在水库大坝建成蓄水后必须进行水库诱发地震和发生环境灾害的监测、预测研究，确保水库大坝和电站的安全。2003年前，全省仅有已建成的二滩电站水库、大桥电站水库和后来建的紫坪铺电站水库建有水库诱发地震的监测台网，进行地震监测，在建的其他大型水电站均未考虑进行水库地震监测。已建电站中只有二滩电站水库大坝布设过强震监测台阵外（后由各种原因不能发挥正常监测能力），其余基本未建。其他一些已建、在建、拟建的电站水库大坝尚未把大型水库诱发地震监测和水库大坝坝体强震观测的内容纳入工程建设审批、项目设计和管理程序，为这些水电站工程埋下了不安全的隐患。为加强这方面工作的管理和规范，制定大型水库地震监测管理规定显得十分急迫和必要。

2003年5月，省地震局在《中华人民共和国防震减灾法》颁布实施五周年之际，为配合四川省人大教科文卫委员会进行执法检查，对全省水电站建设抗震设防的现状写出调研提纲，受到省人大教科文卫委员会的重视。6月下旬至7月上旬，省人大教科文卫委员会会同省地震局、省水利厅、省政府法制办公室，由省人大常委会副主任钮小明带队到绵阳、雅安、凉山3市（州）进行以工程建设抗震设防，特别是水利、水电工程抗震设防问题为主要内容的执法调研。调研组听取了3市（州）政府及相关部门的汇报，召开了有相关部门、项目建设业主和工程技术人员参加的座谈会，实地考察了凉山州冕宁县大桥水库和雅安市宝兴县硗碛电站，检查了这些地区的工程建设抗震设防要求等管理工作。8月，省人大教科文卫委员会向省人大常委会呈报了《关于我省工程建设抗震设防管理问题的执法调研报告》。《执法调研报告》在肯定四川贯彻实施《中华人民共和国防震减灾法》和《四川省防震减灾条例》取得成绩的同时，指出了一些存在的问题，特别是水利、水电建设中的抗震设防和地震监测问题形势更为严峻，亟需尽快加以规范。建议省政府根据国家和省有关防震减灾法律、法规，尽快制定规范我省水利、水电工程地震监测的政府规章，待条件成熟后，修改完善我省《防震减灾条例》，为我省水利、水电工程的抗震设防提供强有力的法制保障。建议政府要加大对工程抗震设防要求管理的执法力度，严格按照有关法律的规定，将地震安全性评价、抗震设防要求以及大型水库诱发地震监测、大坝坝体强震观测的内容纳入工程建设审批、管理程序，切实保障工程建设符合防震减灾的要求。省人大常委会办公厅将《执法调研报告》印发四川省第十届人大常委会第五次会议，并于2003年10月9日转送省政府办公厅，请予重视并研究处理。

2003年11月20日，省地震局向省政府呈送《关于报请〈四川省大型水库地震监测管理规定〉立法的函》（并附《管理规定》草稿），省政府法制办公室遂将其列入2004年地方立法论证项目。后省地震局针对省内水电建设的实际，依据《中华人民共和国防震减灾法》《四川省防震减灾条例》和水利、水电部门有关法律规章，组织有关专家调研、讨论编写出了《四川省大型水库地震监测管理规定》（征求意见稿及起草说明），并于2004年2月9日呈报省政府。3月5日，省政府正式行文，将四川省政协九届二次会议转来的《加强水库诱发地震及库坝安全》（195号）和《关于对水库诱发地震监测立法的建议》（53号）2件提案，作为督办事项交省地震局一并办理。省地震局将征求意见稿进行修改后呈省政府审查。省政府法制办公室收到交办件后，书面征求了省审改办、省建设厅、省水利厅、省财政厅、省电力公司等有关部门和有关市（州）政府的意见，并到攀枝花市、雅安市进行实地调研。在听取各方面意见和建议的基础上，依据《中华人民共和国防震减灾法》和国务院新发布的《地震监测管理条例》，经反复论证修改，形成了《四川省大型水库地震监测管理规定》（草案）及说明。7月1日，省政府法制办公室到省地震局召开座谈会，就《四川省大型水库地震监测管理规定》（草案）中的部分问题，组织有关人员及专家进行立法调研和修改。9月17日，省政府法制办公室会同省地震局对《四川省大型水库地震监测管理规定》（草案）进行审订，形成送审稿，于2004年11月3日呈报省政府。2004年12月27日，四川省人民政府第53次常务会议审议通过了《四川省大型水库地震监测管理规定》。2005年1月7日，四川省人民政府令（第187号）予以发布，自2005年3月1日起施行。

第二章　执法和执法监督

地震行政主管部门是地震行政执法的主体，在执法和执法监督过程中紧紧依靠当地人民政府的协调、督促，地震监测设施、观测环境得到了保护；一些重要或重大建设工程相继依照有关法律、法规开展了地震安全性评价和抗震设防，有关地震的法律法规得到落实。1986—2005 年，四川省防震减灾行政执法制度建设不断完善，地震行政执法责任制进一步落实，在边学习培训，边执法实践中，初步建起一支有良好职业道德和业务素质的执法队伍，开展了一系列的执法活动，取得了良好的成绩，促进了全省防震减灾依法行政工作的健康发展。

第一节　行政执法制度建设

四川省地震行政主管部门是地震行政执法的主体，其履行的职责之一是制定地震行政执法的制度并组织实施。地震行政执法的内容包括：地震行政检查、地震行政许可、地震行政确认、地震行政处罚、地震行政奖励以及法律、法规、规章规定的其他地震行政行为。1997 年 6 月，四川省地震行政主管部门同省政府法制局印发有《四川省防震减灾行政执法和执法监督管理办法》《四川省地震执法责任制》和《四川省地震系统行政处罚执法管理办法》等一些规章、办法和制度。至 2005 年 7 月，在开展行政法规清理的基础上，根据国务院《全面推进依法行政实施纲要》，不断完善地震行政执法制度的建设。四川省地震行政主管部门先后制定印发有《四川省地震局推进依法行政工作规划（2004—2008）》《四川省地震局行政执法责任制实施办法》《四川省地震系统行政执法责任制评议考核办法》《四川省地震局防震减灾行政规范性文件制定和备案实施办法》《四川省地震局防震减灾行政执法监督检查办法》《四川省防震减灾行政执法社会投诉举报事项处理办法》《四川省防震减灾执法公示办法（试行）》和《四川省重大防震减灾行政执法处罚案件备案审查办法》等相关文件，重新修订了《四川省地震系统行政执法和监督检查岗位管理规定》《四川省地震系统防震减灾行政执法过错责任追究办法》等地震行政执法相关制度规定。全省防震减灾行政执法制度建设不断完善，防震减灾行政执法责任制进一步健全和落实，促进了防震减灾依法行政工作的健康发展。

第二节　行政执法队伍建设

1996 年，《四川省工程建设场地地震安全性评价管理规定》和《四川省防震减灾条例》颁布实施后，四川省各级地震部门开始建起各自的行政执法队伍。1997 年 6 月，省政府法制局和省地震局

《关于印发〈四川省防震减灾行政执法和执法监督管理办法〉的通知》，明确了防震减灾行政执法和执法监督机构及人员的职责和法律责任，明确了行政执法和执法监督人员应具备的基本条件和业务素质。1998年3月，国家实施《中华人民共和国防震减灾法》（以下称《防震减灾法》）后，省地震部门组织、举办两次各级地震部门负责人和行政执法人员参加的《防震减灾法》学习讲座和培训班。1998年上半年，省政府法制局为全省地震系统相关工作人员举办首次执法培训班，并为省地震局6名执法人员和5名执法监督人员分别核发了执法证和执法监督证。全省地震重点监视防御区的12个市（州）地震工作部门也在当地政府法制部门支持下，陆续建立了执法队伍，在当地参加培训。到1998年底，全省地震系统有200多人次参加省、市（州）法制部门专门举办的法制业务培训，学习、培训国家《行政诉讼法》《行政处罚法》《行政复议法》《国家赔偿法》《防震减灾法》和《四川省防震减灾条例》等法律法规和相关知识。全省地震系统有145人按规定办理并领取了省政府统一制发的行政执法证件（其中领取行政执法证的126人，领取执法监督证的19人）。此外，行政执法人员还参加了中国地震局和省级相关部门组织的有关业务培训。1998年后，除省法制部门每年为地震部门举办一次培训外，地震系统还举办有关法规培训。

2001年8月，国家施行《中国地震动参数区划图》（称中国第四代地震区划图）。为在工程建设中进行地震安全性评价使用的新方法和标准，省地震局管理机关举办了有关领导和管理人员参加的培训班，后又在雅安、德阳等地举办了四期有各级地震部门的领导、职能部门的负责人和相关人170多人参加的培训班。同年12月，甘孜州、雅安市地震部门又派员参加中国地震局在南昌举办的全国市、县防震减灾培训班，就“地震行政执法”“防震减灾工作管理体系”“抗震设防要求管理”和“地震标准化工作”等进行培训。

2002年8月，省地震行政主管部门在成都举办法制培训班，省地震局机关、事业单位和12个市（州）地震部门负责人及法制工作人员56人参加培训。省政府法制局领导就《行政处罚法》和《行政复议法》等作了详细讲解；省地震局负责人就《四川省防震减灾条例》的修改及修改后《条例》的特点作了辅导性讲解。同年12月，省地震系统针对工程建设场地地震安全性评价管理中的一些新问题，在成都举办抗震设防要求管理的培训班，各级地震部门的相关人员学习和培训关于加强地震安全性评价、抗震设防要求管理的有关法律法规，分析讨论在安全性评价、抗震设防执法实践中存在的一些问题，提出进一步规范地震安全性评价、加强抗震设防审批的意见和措施。2002年底，地震重点监视防御区12个市（州）地震部门举办行政执法培训班，有100余人接受法制培训。

2003年，省地震部门遵照省政府《关于加强执法队伍教育管理的通知》要求，在全省地震系统开展了加强执法队伍教育，严格贯彻执行省政府的“十不准”规定，以提高全省地震系统法制工作人员的综合素质。该年度，四川省各级地震部门组织相关人员先后参加省政府法制办公室、省司法厅和中国地震局举办的各种培训班5次，一批执法人员接受了“行政执法”“执法监督”“行政许可法”等专题短期培训。同年12月上旬，四川省地震行政主管部门在乐山举办一期法制培训班，来自全省各级地震部门的负责人，抗震设防管理及法制工作人员40余人参加了培训。西南交大法学院硕士林毅和省地震局负责人分别讲解了《行政许可法》和《地震系统在防震减灾中的法定职责》。举办上述这些培训班，不断地提高全省地震系统执法人员的素质，促进了地震行政执法工作。

2004年7月1日起施行《中华人民共和国行政许可法》。为落实国务院关于全面推进依法行政，建设法制政府的要求，省地震局成立了“贯彻实施行政许可法领导小组”，向全省地震系统提出了

《关于开展法制学习的通知》，把《中华人民共和国宪法》《行政许可法》和国务院《全面推进依法行政实施纲要》作为学习重点，兼顾其他地震法律、法规学习，以提高执法人员和广大地震职工的法律素质和依法行政的水平。此后，又分别举办《行政许可法》培训班两期，对省、市（州）地震部门的领导和从事行政执法、执法监督的工作人员进行了集中培训。

全省通过深入学习和宣传，全社会的防震减灾意识和法制观念有了提高，各级政府有关部门依法开展防震减灾的自觉性不断增强，依法行政、依法治震工作取得了好的成绩。至2005年底，全省地震系统建立健全一支近250人的行政执法和执法监督队伍，做到了组织机构落实，制度健全，任务明确，措施完善，责任分明。这支年轻的地震行政执法队伍具有良好的职业道德和业务素质，在执法实践中不断地得到锻炼和成长。

第三节　行政执法

1986年以来，全省多数地方的单位、部门和民众，贯彻执行了国家有关防震减灾的法律、法规和规章。至2005年底，各级政府和地震行政主管部门直接参与地震行政执法案件有25件（见表6－1），其中反映危害或破坏地震监测设施和观测环境的10件，反映工程建设场地必须进行地震安全性评价的15件。

1986—2005年四川地震行政执法案件一览表

表6－1

时间	执法案件
1994年3—5月	都江堰市地震办公室电磁波观测室被××所架设、开通BP机发射塔，干扰电磁波观测。后经市政府领导出面协调，撤除BP机发射塔，恢复了地震电磁波观测记录
1995年11—12月	四川省地震局地震测量队“蒲水2号”地震测量标志，被修蒲江至眉山扶贫公路毁坏，后经蒲江县政府出面协调，由县交通局、当地镇政府出资、征地另新建“蒲水2号”测量标志
1996年4月	蒲江县驭虹酒厂生产活动，干扰了该县大兴镇地震观测井川－11井地震水位测报正常进行。后经县政府协调，驭虹酒厂生产用水应优先保证该井水井观测正常开展
1999年	成都地震基准台附近环境，被修成都至灌县高速公路新开采的石场严重影响。后由当地县政府出面解决，停止采石场施工，保护地震观测环境
2000年	危害油罐顶地震中继站观测环境（见执法典型事例）
2001年7月	202地质队在高县双河地震前兆观测站附近钻探300米深井，开发温泉资源，该观测站连续观测17年的水动态资料被破坏，观测水位畸变，改变了原有水动态变化规律。后高县政府依法制止了这一破坏行为
2001—2002年	危害西昌小庙地震台观测环境（见执法典型事例）
1997—2001年	危害攀枝花市红格地震台观测环境（见执法典型事例）
2002年10月	广元市建设部门修建凤凰北路，严重影响到市地震台观测质量，经广元市政府第31次常务会议研究决定，广元市建设局赔偿20万元由地震台就地改建，以解决干扰问题

续表 6－1

时间	执法案件
2003 年 3—4 月	汉源县移动通讯公司在马烈乡鲜家坪地震传输台旁 30—50 米处，建移动网络基站，影响该地震传输台地震信号传输。后经县政府执法部门同移动公司方协商，移动网络基站迁至距地震传输台西北方 120 米处另建
2003 年 6—7 月	四川省人大教科文卫委员会等在凉山州、雅安市进行立法调研过程中，发现石棉县冶勒水电站、宝兴县硗碛水电站均未计划考虑水库地震监测等问题。经指出后，石棉冶勒水电站、宝兴硗碛水电站均按四川省地震局要求提出了工程的抗震设防实施情况报告
2003 年	在地震行政执法部门的干预与督促下，四川圣达水电开发有限公司乐山市沙湾电站、乐山市自雅（安）公路开发有限公司岷江三桥补做了地震安全性评价
2003—2004 年	在地震行政执法部门的多次干预、督促下，国道 108 线石棉县大渡河大桥工程补做地震安全性评价
2004 年 3 月	在地震行政执法部门的督促下，雅安市“东安明珠”电梯公寓的开发商补办了相关手续，业主已联系有资质的安评单位进行工程场地地震安全性评价
2003—2005 年	乐山市舟坝水电站执法事例（见执法典型事例）
2004 年 7 月	洪雅瓦屋山水电站的瓦屋山电力开发公司，在地震部门的敦促下，接受了依法开展水库地震监测要求
2004—2005 年	宜宾市“光复大厦”执法事例（见执法典型事例）
2004 年 4—8 月	广元市地震执法部门分别对三棵树花园小区、摩尔天成大楼场地安全性评价工作进行了执法检查，协调、督促作了工程场地地震安全性评价
2004 年	德阳市地震部门对市计生委新建大楼不做地震安全性评价的行为，依法进行干预，及时进行了纠正
2004 年年初	攀枝花市攀阳工贸公司在马兰山地震台后山建设炼钢厂，该台观测环境受到大的影响。经地震部门对地震法律法规知识的宣传，多次谈判交涉，最终攀阳工贸公司赔偿地震台 50 万元，用于台站技术改造，以减少台站观测工作的影响
2004 年 12 月至 2005 年 8 月	茂县吉鱼电站未按照规定，工程场地未作地震安全性评价，经地震行政执法多次宣传、敦促和督办，业主方仍以各种借口进行推托、搪塞。在县政府的协调下，业主单位同意吉鱼电站做地震安全性评价
2004 年	自贡市鼎立房地产开发有限公司开发建设的 99 米超高建筑泰丰商务大厦，未按四川省地震局批复的抗震设防要求进行抗震设计，不经过建设部门的抗震设计审查，仅采用一般工业民用建筑的抗震设防标准。自贡市地震行政执法部门对其下达了行政执法处理通知书，责令开发商通过修改设计图，并督促其依照工程批复的抗震设防要求，改正抗震设计。并将其行政执法通知书抄送自贡市建设局、自贡市投资项目报批中心、自贡市建筑勘察设计研究院等单位。维护了法律的权威性
2005 年 6—8 月	成都市地震行政主管部门对成都御府花都工程，进行执法检查，敦促建设业主及时补办地震安全性评价手续
2005 年	绵阳市地震行政主管部门，对绵阳市体育馆在建工程发出了必须进行地震安全性评价的整改通知书
2005 年	雅安市地震行政主管部门提出了汉源大树大渡河大桥、萝卜岗隧道、白岩岗隧道、头道岩隧道必须进行地震安全性评价的意见，并委托资质单位进行了地震安全性评价经费预算，发出了《关于“汉源大树大渡河大桥”等工程建设项目抗震设防要求的意见》

第四节 执法典型案例

一、危害仁寿油罐顶地震遥测中继站观测环境行政执法案例

2000 年 1 月，国信通信乐山分公司（以下简称乐山分公司）在未与省地震局作任何联系和未作任何干扰实验的情况下，擅自在仁寿县油罐顶地震遥测中继站围墙边设立了寻呼机站。该寻呼机站工作时对地震台网油罐顶接收信号均有不同程度干扰，使该台网监测环境条件受到了破坏。

省地震局于 2000 年 5 月 16 日致函乐山分公司。根据《地震监测设施和地震观测环境保护条例》相关条款规定，要求乐山分公司限期搬迁寻呼机站，并请派员到省地震局进行磋商。

在收到省地震局函件后，2000 年 6 月 1 日，乐山分公司在复函中承认在寻呼机站的站址选择上，不完全符合国家有关《地震监测设施和地震观测环境保护条例》的要求，同时又不承认寻呼机站严重干扰了地震中继站信号接收、汇集，致使地震观测数据传输丢失或中断等问题，迟迟对寻呼机站的搬迁不予办理。

2000 年 5—6 月，省地震局多次与乐山分公司进行交涉，并于同年 7 月 6 日再次重申该传呼台仍在继续影响省监测台网的正常运行，对四川省地震速报产生了严重影响，要求乐山分公司在 2000 年 7 月 31 日前按要求完成寻呼机站的搬迁工作，否则，将依法进行处理。与此同时，省地震局还与四川省无线电委员会取得了联系和共识，省无委会也通知乐山分公司搬迁该寻呼机站。

乐山分公司按省地震局的责令要求，于 2000 年 7 月 26 日将寻呼机站拆迁至 5 千米以外，经现场测试，新搬迁的寻呼机站对地震遥测中继站已不构成干扰。

考虑到乐山分公司在该案的执行过程中基本能认真对待，比较积极地配合查处工作，特别是在限期搬迁后，能按期、按规定完成，未造成严重后果。鉴此，省地震局未对其进行罚款等行政处罚，以便有利于今后相关工作的开展。

二、危害西昌小庙地震台观测环境行政执法案例

2001 年 9 月，西昌地震中心站向四川省地震局报告：大桥水库漫水湾工程西德支渠从西昌小庙地震台附近（距观测山洞仅 25 米）通过，对该地震台站观测环境造成严重干扰。经调查核实后，2001 年 10 月 17 日，省地震局在对凉山州人民政府《关于解决西昌小庙地震台严重干扰的函》中指出，西昌地区历史上曾多次发生强烈地震的事实和目前严峻震情的基础上，反映了“漫水湾工程西德支渠从小庙地震台附近通过，对该台现有的 4 个观测造成巨大干扰，直接导致观测资料无法应用于地震异常信息的分析与处理，彻底丧失其地震监测功能，尤其是台站 20 年积累的资料、投入将完全报废，造成无法估量的损失，严重削弱西昌地区的地震监测能力”。同时，要求州政府“协调建设单位，尽可能修改原设计方案，使水渠远离小庙地震台至少 2 千米，避免造成对地震台的干扰”；同时指出，“确因建设需要又无法更改设计方案，我局拟择地迁建以及增上其他监测手段，保障工程施工期间及今后该区域的地震监测能力。按照法律、法规的相关规定，项目建设单位应承担拆迁、新建地震监测设施及增上流动观测的费用”。

凉山州委、州政府对此十分重视。2002 年 1 月 9 日，州政府主管副州长等领导以及大桥水电开

发总公司的负责人召集漫水湾供水工程开发中心、西昌地震中心站负责人召开协调会进行了专题研究。四川省大桥水电开发总公司漫水湾供水工程开发中心在承认应承担责任的基础上，考虑到实际需要等主要因素，同意一次补偿小庙地震台拆迁、新建地震监测设施等费用100万元。工程迁建由西昌地震中心站负责。同时，凉山州人民政府以《关于解决西昌小庙地震台被严重干扰的复函》，通报了四川省地震局。

小庙地震台迁建经费落实后，省地震局积极抓紧落实，及时提出了“西昌小庙地震台被干扰后加强该区地震监测能力的方案”，并就项目的建设时间、项目的实施方案以及项目的用款计划等问题致函凉山州人民政府。省地震局相关部门和单位按计划抓紧落实具体事宜。

三、危害攀枝花红格地震台观测环境行政执法案例

1997年上半年，攀枝花电业局为解决二滩库区7000多移民搬迁到红格镇及新兴、新民等乡村民的生活、生产用电问题，在红格镇建立了一座35千伏变电站。1997年7月30日，攀枝花地震基准台在致攀枝花市电业局《关于红格新建变电站对红格地震台观测环境造成严重影响有关问题的函》中指出：“贵局在红格新建了一座变电站，其变电容量较大，到红格地震台地电观测B1、N1、N3、B3四个地极点的实际距离，已大大小于《地震监测设施和地震观测环境保护条例》（以下简称《保护条例》）所限定的最小距离。地震台进行的实测结果为：变电站距B1极501米，N1极820米，N3极841米，B3极850米，均小于《保护条例》所限定的最小距离1000米。变电站投产后，将对红格地震台的地电观测环境造成破坏性的影响”。1998年3月3日，攀枝花地震基准台再次致函电业局《关于红格新建变电站对红格地震台观测环境造成环境影响及搬迁新建地震台有关经费的函》中指出：“该变电站于今年初投产后，产生的游散电流对大地电场造成极大干扰。从现在的观测资料图中可看出，大地电场干扰起伏变化相当大，变化幅度为±41%，严重影响了红格地震台的日常观测工作和地震分析预报工作的顺利开展”。并附图：红格地震台1997年VSP日均值图、ρ_s日均值图以及红格变电站对ρ_s干扰曲线图。同时根据《保护条例》第五、七、八、十二等条的规定，要求电业局对红格地震台的搬迁费用给予补偿。同时，攀枝花地震基准台还将相关情况及要求向攀枝花市防震减灾部门和省地震局作了汇报，以便进行行政执法。

攀枝花市电业局称：在红格建变电站是解决当地人民生活、生产正当需要，并经当地政府批准和城建部门统一规划进行的，在建设过程中地震部门并未提出，现已竣工投产才提出经费补偿问题，岂不造成市电业局的经济损失？市电业局迟迟对地震台搬迁所需经费进行补偿的要求不予理睬。

四川省地震工作部门严正指出，该变电站的建成已造成了红格地震台地电观测无法正常开展，其20年地震观测资料亦毁于一旦，后果严重。其认定事实清楚，适用法律、法规正确，市电业局必须依法予以搬迁经费补偿。由于电业局的上述理由，增加了执法难度。该案经长达4年的数十次交涉，历尽艰辛，特别是当地地震工作行政主管部门在行政执法中发挥了重要作用，促使双方终于在2001年6月21日达成协议：由攀枝花市电业局一次补偿20万元，作为红格地震台搬迁相关地震监测设施的费用。至此，该案结束。

四、乐山市舟坝水电站执法案例

舟坝水电站位于马边河沐川段，水库总库容量约2亿立方米，调节库容约1.13亿立方米，具有

季节性调节性能。电站东侧系侏罗系地层，岩性砂岩、泥岩。水库淹没区有五渡—利店断裂。该断裂为区域性大断裂，1993—1995年间在断裂北段的风村、杨村一带发生过3次5.0级以上地震，最大震级为5.7级。2003年9月15日，四川省发展计划委员会批复，同意舟坝水电站于当年开工建设。11月6日，乐山市地震行政主管部门（以下简称市地震部门）向舟坝水电站建设指挥部和海能电业有限公司介绍了舟坝水电站所处的地震地质构造背景，阐明开展抗震设防和地震安全性评价工作的重要意义，请业主方按照国家相关地震法律法规的规定做好该水电站抗震设防工作。同日，四川海能电业有限公司向市地震部门上报《拟建工程项目抗震设防要求审定申请表》。11日，市地震部门批复“工程必须进行专门的地震安全性评价，并根据评价结果确定抗震设防要求。”19日，海能公司向市地震部门发来传真称：“昨日，成勘院发来传真，根据水利水电工程地质勘察规范《GB50287—99》中4.2.8条款规定，本工程可不做地震安全性评价。”20日，市地震部门回复：“1. 法律法规的法律效力大于部门规章制度，新的部门规章制度出台以后，旧的规章制度自动失效；2. 马边、沐川属于全国地震重点监视防御区；3.《中国地震动参数区划图》不能放大使用；4. 如成勘院坚持可不做‘安评’，请出具书面材料。”

2004年2月2日，省、市地震部门与成勘院就按有关法律法规规定，做好舟坝水电站等水电工程地震安全性评价工作交换意见。20日，市地震部门向海能公司发出《关于做好地震安全性评价工作的函》称：“根据经审定的地震安全性评价结果确定的抗震设防要求，是工程设计的依据。鉴于舟坝水电站工程已开工建设的事实，请贵公司在3月15日前以实际行动或书面方式确认将有资质的机构在一定时限内（该机构开展工作前必须到市地震部门进行资质验证和任务登记）进行地震安全性评价，并根据其结果进行工程设计，逾期市地震部门根据《中华人民共和国防震减灾法》《地震安全性评价管理条例》《四川省防震减灾条例》和《四川省工程建设场地地震安全性评价管理规定》等法律法规的有关规定，依法启动行政处罚程序。”

2004年3月1日，在市政府协调解决舟坝水电站地震安全性评价工作会议上，市政府领导指出：“该项电站必须依法进行地震安全性评价工作。鉴于公司领导愿意进行地震安全性评价工作的表态，市地震部门暂不对其进行行政处罚，由海能公司出面约定时间，找市地震部门和成勘院坐到一起协调解决安评事宜。本周内搞清楚履行地震安全性评价义务的责任究竟属于哪一方（海能公司还是成勘院）。”同日，市政府领导还在海能公司向市政府上报的《请求协调乐山市地震办拟对我公司进行行政处罚的紧急报告》上批示：“请沐川县政府领导、地震部门领导商量，到省地震部门汇报一次。请省地震部门商成勘院共同研究妥善解决。”4月28日，沐川县政府与市地震部门领导就舟坝水电站地震安全性评价工作交换意见。其后，市地震部门向省地震部门作了专题汇报，并多次与沐川县政府和海能公司联系，要求尽快落实乐山市政府领导提出的处理意见。6月9日，市地震部门再次电话通知，要求海能公司履行3月1日“愿意开展地震安全性评价工作，并由其出面约请省、市地震部门和成勘院召开协调会，妥善解决有关部门”的承诺。6月14日，海能公司向市地震部门发出《关于舟坝水电站地震安全性评价的函》称，“省发展和改革委员会以川发改能源〔2004〕105号文件批复，对舟坝水电站的地质及地震安全性评价没有提出任何异议”“若市地震部门对舟坝水电站的地震安全性评价持有异议，请直接与国家电力公司成都勘测设计研究院协商处理。”市地震部门立即将此件电传省地震部门。16日，省地震部门回复舟坝水电站必须进行地震安全性评价。

2004年12月13日，省地震局、省发改委、省建设厅、省水利厅、省交通厅《关于印发四川省必须进行地震安全性评价的建设工程范围的通知》下发，乐山市政府高度重视，有关部门立即将其印发各区、市、县、自治县政府和市级相关部门及重点企事业单位。2005 年 1 月 6 日，海能公司向成勘院发出《关于开展舟坝水电站工程地震安全性评价的函》，要求该院舟坝水电站设代组尽快开展地震安全性评价工作。27 日，沐川县政府地震部门也向海能公司发函，指出“舟坝水电站项目属必须进行地震安全性评价的建设工程范围，请贵公司依法按程序予以报批。”省、市地震部门加大执法力度，5 月 11 日，由省地震部门领导带领工作组到沐川，与沐川县政府和海能公司负责人一起召开专门会议，商谈舟坝水电站地震安全性评价工作，并达成三条协议：“一、根据有关法律法规的规定，省地震局、沐川县政府、市地震办、舟坝水电站业主、成勘院设代组对舟坝水电站‘安评’工作达成共识，舟坝水电站应该进行‘安评’；二、业主方同意在 2005 年 6 月 10 日前委托具有‘安评’资质的单位开展‘安评’；三、鉴于业主方同意开展‘安评’的承诺等原因，省、市地震主管部门对业主方不再采取其他行政处罚措施。”5 月 28 日，《乐山马边河舟坝水电站工程场地地震安全性评价》合同正式签订。8 月 1 日，四川省地震安全性评定委员会评审通过了四川赛思特科技有限责任公司完成的《乐山马边河舟坝水电站工程场地地震安全性评价报告》。同日，省地震局批复同意。历时 19 个月的舟坝水电站“安评”执法工作初告结束。

五、宜宾市“光复大厦”执法案例

2004 年 6 月，宜宾市地震行政部门在执法检查中，发现怡安集团公司建设的高层建筑光复大厦（总高达到 95 米）未做地震安全性评价。经过现场查看施工图以及与总工交谈，取得了可靠的证据。宜宾市地震部门多次上门服务并耐心地进行执法宣传，还送发相关的法律法规文件资料。8 月，市地震部门发出《关于要求补做建设工程“光复大厦”地震安全性评价的函》，明确要求对该工程补做“安评”。2004 年 10 月，在市人大对《行政许可法》实施情况到地震部门进行视察中，地震部门向市人大汇报了此事。市人大常委会副主任侯传白，委员刘国正、陈克兰表示对此事的重视，要求依法办事。在此过程中，市人大两委员亲自到怡安集团公司进行了调研和宣传工作。12 月，省地震部门派人到怡安集团执法检查，明确要求必须补做“安评”。2005 年 1 月，宜宾市地震部门再次到怡安集团公司，与该集团郭董事长进行交谈，再次表明了依法行政的态度与决心。郭董事长当场明确表示愿意做安评。在此期间，市地震部门再次给市政府、市人大就此项工作作了专题汇报，得到了上级领导的大力支持。2005 年 3 月，在地震部门多次电信催促下，怡安集团向市政务中心的窗口递交了补做安评申请书，获得了批复。随后，怡安集团公司与省地震局工程地震研究院进行了联系，经市地震部门催促，但一直没有结果。6 月 6 日，省、市地震部门的同志一起到怡安集团与其商谈，怡安集团答应第二天给答复，此后就没有任何消息。鉴于此，市地震部门于 7 月 26 日下发了《补做“光复大厦”地震安全性评价责令改正通知书》，要求在 8 月 20 日前必须进行补做，怡安集团公司依然不予理睬。

怡安集团以种种原因对自己的违法事件不予以改正，在市人大、市政府和省地震局的支持下，宜宾市地震行政主管部门决定通过法律程序对其进行行政处罚。8 月 29 日，市地震部门下达了《行政处罚听证告知书》（罚字 001），并把相关的权利和义务告知怡安集团，安排人按程序送达。怡安集团在送达回执上要求进行听证。9 月 7 日，市地震部门接受怡安集团的听证要求后，根据《行政处罚法》向该公司发出了《行政处罚听证通知书》（罚字 002），同时附《行政处罚听证意见书》。市地震部门按照法律法规的规定，告知了听证的人员、地点、方式等内容。并准备邀请省地震局、市级相关部门和新闻单位参加听证会，进行公开听证。此后怡安集团公司在明知违法的情况下不愿召开听证会，派副总来市地震部门协商不开听证会一事，请求撤销行政处罚听证会。市地震部门明确表示在规定的时间内与具有做“安评”资质的单位签定做“光复大厦”的“安评”合同。于是，怡安集团公司写来《申请》：1．请撤销行政处罚听证，免于行政处理；2．规定时间内，将合同副本送达市地震部门；3．若违反第2条视为自己放弃听证。鉴于此情况，市地震部门决定撤销行政处罚听证会，没有免于行政处理。9月16日发出《宜宾市地震局关于同意撤销行政处罚听证会的通知》，要求怡安集团公司在规定时间内，把“安评”合同的副本送达市地震部门，否则将直接进行行政处罚。9月25日，市地震部门收到合同副本，于9月26日下达了《宜宾市地震局同意免予行政处理决定的通知》。

至此，对怡安集团“光复大厦”工程场地地震安全性评价行政执法以补做“安评”结束。

第三章 人大执法检查、监督和调查研究

四川省各级人民政府法制部门及防震减灾行政主管部门的法制机构，对各级具体从事防震减灾行政机构及人员执行防震减灾法律、法规的情况经常进行监督检查，全国人大常委会、四川省人大常委会也对防震减灾法律、法规在四川省内实施情况进行执法检查、监督和调查研究，把防震减灾法律、法规落到实处。

第一节 省人大防震减灾执法检查

在《四川省防震减灾条例》正式颁布实施一周年之际，1997年7月13—28日，四川省人大教科文卫委员会、省地震局、省法制局、省编制委员会等部门的同志，组成《四川省防震减灾条例》执法检查组（省人大有6名人大常委参加），先后在省人大常委会副主任康振黄、徐尚志的带领下，分别对省级机关有关部门、成都市、德阳市、绵阳市、阿坝州和江油、平武、南坪（今九寨沟）、松潘、汶川等县（市）以及部分国有大型企业贯彻实施《四川省防震减灾条例》情况进行执法检查。检查重点是有关市（州）各地区、各部门学习、宣传、普及《四川省防震减灾条例》等法律法规、规章的情况；各级人民政府负责组织实施《四川省防震减灾条例》法律、法规、规章落实防震减灾的具体措施等情况。执法检查组并深入到市（州）、县及企业地震观测台站，对观测环境和设施、工作状况、存在主要困难和问题进行了深入调研。

执法检查组听取了各级政府的汇报，召开座谈会，进行调研后指出：各地区各部门学习、宣传《四川省防震减灾条例》取得一定实效，防震减灾工作开始步入法制管理轨道，各级政府把防震减灾工作纳入规划，初步建立健全防震减灾工作体系，各企业地震台在防震减灾中仍发挥着重要作用。通过执法检查、监督，促进了这些地区的防震减灾工作。执法检查也提出一些存在的困难和问题：一是防震减灾立法、普法、执法和执法监督工作开展还很不平衡；二是防震减灾投入总量不足，严重制约着四川省防震减灾工作的运行和发展；三是四川省专业和地方地震队伍工作条件艰苦，生活清贫，待遇普遍偏低，这支队伍存在着不稳定的因素；四是部分地区在防震减灾工作的管理体制、机构名称、级别、人员编制、待遇等方面还存在这样或那样的问题，需要及时研究解决；五是一些企业不景气，其管理的企业地震台岌岌可危，人心涣散，队伍不稳；六是一些地震危险区中的县是贫困县，财力不足，监测设施陈旧老化，有的几乎没有监测能力，谈不上预防为主，这是亟待研究的问题。根据这些存在的问题，执法检查调研组拟向省人大常委会和省政府提交解决困难和问题的建议报告，促进困难和问题的不断解决，推进防震减灾事业的发展。

第二节 全国人大在川防震减灾执法检查

在《中华人民共和国防震减灾法》（以下称《防震减灾法》）颁布实施一周年之际，2000 年 10 月 14 日以全国人大教科文卫委员会委员张序三为组长，全国人大常委会委员兼教科文卫委员会委员聂力、全国人大教科文卫委员会委员谢光为成员的全国人大防震减灾执法调研组（下称执法调研组），在中国地震局领导陪同下在四川开展防震减灾执法调研活动。

10 月 15 日上午，执法调研组出席了由四川省人大常委会副主任刘永顺主持召开的省人大教科文卫委员会、省政府办公厅、省计委、省经贸委、省财政厅、省建设厅、省教育厅、省地震局、省法制办公室等部门负责人参加的贯彻《防震减灾法》的情况汇报会。执法调研组听取了四川省副省长欧泽高关于贯彻实施《防震减灾法》情况汇报。欧泽高向执法调研组报告了四川防震减灾工作的进展，在加强防震减灾法制建设和依法管理防震减灾工作取得的成绩，以及防震减灾行政执法工作中存在的具体问题。欧泽高还从继续加强防震减灾宣传、教育，加强防震减灾法制建设，加强防震减灾工作的投入，提高防震减灾科技含量等四个方面，提出了今后加强法制建设，全面推进防震减灾工作的打算。省地震局、省经贸委、省建设厅等部门的负责人在汇报会上回答了执法调研组关于四川省防震减灾工作机构和队伍建设、地震监测预报工作的现状、地震应急快速反应能力、群测群防工作、地震应急救助技术研制和开发、地震安全性评价、工程抗震设防要求管理、工程抗震加固、企业防震减灾等多方面的提问或质询。执法调研组在听取了汇报后指出：四川省在全面推进防震减灾工作中取得了成绩，为减轻地震灾害、发展防震减灾事业、促进社会经济进步作出了积极贡献。执法调研组就健全法规体系、巩固群测群防、提高地震预报实效、开展应急救助技术与装备的研发等工作提出了意见和建议。15 日下午，执法调研组听取了成都市人民政府关于贯彻实施《防震减灾法》的情况汇报，成都市地震局等部门负责人回答了执法调研组关于地震工作组织体系和队伍建设、防震减灾纳入规划计划及其投入、地震应急队伍的建设、平息地震谣言维护社会稳定、城市地震活断层探测工作进展等方面的提问。执法调研组视察了成都市地震局的工作，参观成都市遥测数字地震台网，并与成都市地震局的干部和职工进行了座谈。

10 月 16 日，执法调研组在四川省地震局视察工作。省地震局召开地震应急救助技术与装备研制汇报会，汇报了学习、宣传、贯彻实施《防震减灾法》，开展地震应急救助技术与装备研制开发的情况。执法调研组肯定了四川省地震局贯彻实施《防震减灾法》所做的工作，并对省地震局初步研制的部分减灾救助技术装备给予了积极评价。执法调研组还视察了成都地震基准台的工作。

10 月 17—18 日，执法调研组在德阳开展执法调研活动，听取了德阳市政府关于贯彻实施《防震减灾法》、依法推进防震减灾工作的情况汇报。执法调研组对德阳市宣传贯彻落实《防震减灾法》、依法编制防震减灾规划、开展地震小区划、收编管理企业地震台站、强化地震监测预报、提高地震应急反应能力等方面表示满意。执法调研组观看了德阳市防震减灾中心的演示，视察了德阳市地震局、绵竹市清平磷矿地震台、东方汽轮机厂地震办公室，听取了绵竹市人民政府和清平磷矿关于开展防震减灾工作情况汇报。执法调研组提出德阳市应加强地震工作机构和队伍的建设，配备好领导干部，建立健全群测群防测报点，加大防震减灾工作投入，补充完善防震减灾指挥中心基础数据和资料等工作。

10月19—20日，执法调研组在自贡市进行调研活动，自贡市人民政府召开了有市计委、市经贸委、市财政局、市民政局、市建设局、市地震局、市法制办等部门负责人参加的贯彻实施《防震减灾法》情况汇报会。自贡市人民政府汇报了贯彻实施《防震减灾法》、依法推进防震减灾工作、建设自贡市防震减灾示范区等方面的工作。执法调研组指出：自贡市人民政府和市级有关部门贯彻实施《防震减灾法》工作认识到位、工作到位、措施到位，执法的效果也是好的。执法调研组也提出：自贡市人民政府要按照防震减灾法律法规要求，充分履行政府职责，解决好地震工作和地震职工工作、生活方面面临的实际困难和问题；要稳定地震工作机构和队伍；加强地震监测预报、防震减灾教育、城市抗震设防管理、群测群防、工程抗震等工作，完善地震应急指挥中心的建设。执法调研组对自贡市防震减灾工作面临的困难和问题表示理解。执法调研组视察了自贡市地震局，观看了自贡市防震减灾示范项目汇报演示，考察了自贡市居民住宅小区。

第三节　省人大开展防震减灾执法调研

2001年8月16—17日和11月25日至12月1日，由四川省人大常委会副主任、省人大教科文卫委员会主任委员钮小明和省人大教科文卫委员会副主任委员刘世明、刘建纪、汪兴高、董任远、徐宗钰组成的四川省防震减灾执法调研组，在省地震局有关负责人的陪同下，先后对地震重点监视区的甘孜州、凉山州、攀枝花市和雅安市及石棉县开展防震减灾执法调研活动。执法调研组分别听取了当地市（州）、县政府关于贯彻实施《防震减灾法》《四川省防震减灾条例》等法律法规的情况汇报，调查了解防震减灾工作中有关问题和困难，实地视察了康定姑咱地震中心站、石棉地震台、石棉挖角地震前兆监测点川－02井的数字观测记录和石棉川－20井模拟观测记录、石棉县防震减灾指挥中心大楼、攀枝花地震基准台的工作情况，并与基层职工举行了座谈。

四川省防震减灾执法调研组认为：四川省防震减灾工作取得了长足的进步和发展，在加强防震减灾法制建设，推进行政执法工作方面，有力地保障了四川防震减灾工作顺利发展。执法调研组也指出：由于四川省整个经济水平低，经费投入严重不足，特别是少数民族地区的防震减灾工作和地震专业台站在经费保障方面存在的困难更大；社会防灾意识还比较薄弱；四川的地震监测能力、应急救助能力等还不能满足社会对防震减灾工作的需要，也亟需尽快改善和提高。执法调研组表示将把调查了解到的问题和存在的困难整理汇总后，正式向省人大常委会、省政府提交调研报告，建议省政府、中国地震局对四川地震系统存在的困难给予关照、支持和帮助，以利于推进全省防震减灾事业的发展。

第七篇　地震科研和科技服务

1986 年以后，随着地震事业的发展，四川省地震局根据防震减灾工作的需要，不断对地震科研机构和科研任务进行改革和调整，前后开展了观测技术研究，地震预测预报清理攻关研究，地震地质构造环境的研究，震害预测与地震减灾救助技术的研究，以及强震的科学考察和研究等。至 2005 年，完成各类科研项目（课题）360 多项。这些科研成果获得省部级以上科技进步（防震减灾优秀成果）奖三等奖以上有 87 项（其中一等奖 12 项、二等奖 28 项、三等奖 47 项）。

省地震局贯彻防震减灾工作以“预防为主”的方针，在加强地震监测预报、震灾预防、地震应急等各个环节工作的同时，利用自身的资源优势，服务社会。1986—2005 年，承担完成 270 多项工程场地地震安全性评价项目，50 多项地籍和勘界测量，9 项钻孔及水下爆破，17 项遥测地震台网设计、建设和提供主要设备，为全国一批水库、水利工程和地震部门提供了一大批 CDM 系列模拟地震信号无线传输设备，取得了良好的社会经济效益。

根据地震监测预报、地震应急指挥和地震灾害现场救援工作的需要，应用现代 IT 技术，建立起了地震信息服务系统，实现地震数据信息的计算机网络传递和共享服务。至 2005 年，收集、整理、著录各种地震科技档案 4800 多卷和一批中外文图书、期刊、资料，藏存 M≥2.5 级地震观测图纸 21 万多张，编辑出版各类地震科技图书 44 种。同 20 多个国家和中国台湾、中国香港地区开展了科技合作、学术交流和科学考察。对职工开展继续教育和专业技术培训。经过申请、考核，评定出了一批具有高、中级专业技术职务（职称）任职资格的技术人员。省地震局科学技术委员会和四川省地震学会也开展了一系列学术研究活动。

第一章　科研机构设置

1986年，四川省地震局根据工作方向和任务设置有9个研究单位（含生产单位）。1988年，随着地震事业发展，省地震局根据学科和任务设置了7个研究室和地震地质队、地震测量队、地震仪器厂。1993年9月，根据地震系统深化改革的意见和国家地震局“三定”方案，省地震局对研究室任务进行调整，撤销、合并2个研究室。1994年7月和9月，省地震局改研究室为研究所，财务管理实行内部独立核算，设置6个研究所（含开发部、公司）、地震地质队、地震测量队和地震仪器厂（实行企业管理）。

2002年6月，根据“四川省地震局职能配置、机构设置和人员编制方案”，省地震局科研机构设置预报研究所、监测研究所、工程研究院、减灾救助研究所、水库地震研究所、测绘工程院、地震地质勘察中心和地震仪器研究所，并对这些研究单位的职责任务作了规定。

第一节　科研机构调整和改革

1986年，省地震局从事科研、生产和科技服务工作的单位有9个。1988年1月，随着事业的发展，科研任务的重新分配，省地震局对其科研单位进行初步改革和调整，设置第一研究室（地震分析预报研究室）、第二研究室（地震传输与测震研究室）、第三研究室（地震监测技术管理室）、第四研究室（地震编辑与对策研究室）、第五研究室（监测仪器开发应用研究室）、第六研究室（工程地震研究室）、第七研究室（科技情报档案室）、地震地质队、地震测量队和地震仪器厂。

1993年9月，根据国家地震局《关于地震系统深化改革的若干意见》和国家地震局“三定”方案精神，省地震局为进一步贯彻防震减灾工作“以预防为主”的方针，加强地震监测预报、震灾预防、地震应急等各个环节工作，对科研机构设置及其职能作了必要的调整，保留了地震地质队、地震测量队和地震仪器厂，撤销了第五、七研究室，设置第一研究室（综合分析预报室）、第二研究室（测震分析和地震遥测台网）、第三研究室（台站管理中心）、第四研究室（科技信息研究室）、第六研究室（工程地震研究所）。

1994年7月，省地震局各研究单位实行纵向任务定编定员，全额拨款；横向任务不定编，实行差额拨款。在经费管理上，实行定编包干，财务管理实行内部独立核算。研究室改为研究所，设置监测预报研究所、地震观测研究所、计算机工程研究所（科技信息研究所）、遥测工程研究所（四川省地震技术开发部）、工程地震研究所和通讯技术研究所（四川长信公司）。同年9月，地震地质队、地震测量队纵向和横向任务实行研究所的体制，地震仪器厂实行企业化管理（不定编）。

2001年，根据《四川省地震局直属事业单位改革意见》，撤销科技信息研究所，相关任务归并到有关的处室、研究所和机关服务中心；设置地震分析预报研究所（一所）、地震观测研究所（二所）、减灾救助（计算机工程）研究所（三所）、水库地震研究所（五所）、工程地震研究所（六所）。2002年6月27日，根据《中国地震局关于印发〈四川省地震局职能配置、机构设置和人员编制方案〉的通知》，省地震局下属研究机构设置为：预报研究所、监测研究所、工程地震研究院、减灾救助研究所、水库地震研究所、测绘工程院、地震地质勘察中心和地震仪器研究所。

第二节 科研机构

一、四川省地震局预报研究所

四川省地震预报研究所是在1986—1994年地震分析预报室、综合分析预报室和地震监测预报所的基础上，几经调整、归并、整合后，于2002年6月设置的对地震预测预报进行研究的科研单位。它主要开展综合预报与地震孕育过程、震兆和地震活动性、环境因子与地震的触发因素的研究；对定点形变、地下流体、地电、地磁、钻孔应力等前兆学科观测资料与地震关系的分析研究；承担全省地震长、中、短、临的地震预报工作，短临强化跟踪、落实各类异常的研究，震后早期趋势快速判定研究，以及开展与地震相关课题、实用技术、技术攻关的研究和震情值班等任务。

二、四川省地震局监测研究所

四川省地震局监测研究所是在1986—1994年地震传输与测震研究室、测震分析和遥测台网研究室、地震观测研究所的基础上，几经调整、归并于2002年6月设置的一个科研单位。它主要分析研究全省地震台网记录资料，测定地震参数，出版四川地震台网地震目录和台网观测报告；承担大震速报、地震快报、旬报编印送发；成都遥测台网日常管理和技术改革，指导省内其他台网工作；开展地震观测相关的课题、实用技术、技术攻关的研究等。

三、四川省地震局减灾救助研究所

1994年，省地震局对原有的科研单位进行调整、改革后，设置计算机工程研究所（又称科技信息研究所），根据防震减灾的需要，1999年1月新成立减灾救助（计算机工程）研究所。2002年改称四川省地震局减灾救助研究所，主要承担地震应急、救助技术和装备的研究开发工作，维护网络、数据库的正常运行和保障大震应急的正常应用；新技术的研究与开发等。

四、四川省地震局水库地震研究所

1994年7月，省地震局对原科研单位进行调整改革后，设置遥测工程研究所（四川省地震技术开发部）。同年8月，改称四川省地震局水库地震研究所。它主要承担水库诱发地震研究；开展遥测地震台网（水库监测台网）的建设、水库地震监测有关遥测技术和仪器的研制开发工作等。

五、四川省地震局工程地震研究院

1986年，省地震局设置有工程地震研究室，1993年改称工程地震研究所，2002年称四川省地震局工程地震研究院。它主要承担强震观测资料收集、分析；地震现场工作调查；工程场地地震安全性评价；工程勘察与地震动参数应用开发工作等。

六、四川省地震局地震地质勘察中心

1986—2001 年，省地震局地震地质队从事野外作业，进行相关的研究工作。2002 年改置为四川省地震局地震地质勘察中心，它主要承担四川省内破坏性地震的现场灾害评估、震害预测和地震宏观考察；负责原地震地质队驻址基地的开发和管理等。

七、四川省地震局测绘工程院

1986—2001 年，省地震局地震测量队从事野外作业，进行相关的研究工作。2002 年改置为四川省地震局测绘工程院。它主要承担地壳形变监测、GPS 定位；开展地形测量、地籍测量，高层建筑、大坝、滑坡、地面沉降等形变观测及分析等。

八、四川省地震局地震仪器研究所

1986—2000 年，省地震局设置地震仪器厂，2002 年改称四川省地震局地震仪器研究所。它主要承担地震专用仪器设备的研制、生产和维修等工作；对外承接机械零配件的生产、加工等。

第二章　地震科学研究

1986—2005年，四川省地震局完成各类科研项目（课题）360多项。这些项目（课题）的来源主要是：地震科学联合基金课题、中国地震局和四川省对外合作课题、中国地震局招标合同项目（攻关）、承包合同项目（专项）、国家地震局计划项目（攻关）课题、四川省级课题、省地震局安排的项目（课题）、省地震局与其他单位合作的项目（课题）。研究的重要内容包括：地震监测配套设备及技术，地震数据处理，地震地质构造，地震预测预报方法与指标，地震重点危险区震害预测调查与研究，地震救生设备和强震调查研究等。这些研究成果获省部级以上科技进步（防震减灾优秀成果）奖三等奖以上87项（见表7－1）。

第一节　地震观测技术研究

一、CDM－1型无线地震遥测系列设备研制

1985—1987年，省地震局桂纪民等人，承担研制完成了"CDM—1型无线地震遥测系列设备"。该系列设备采用副载波和载二次调频频分多路遥测体制。为了适应不同用户的需要，便于在条件简陋的台站迅速检查并排除故障，该系列设备采用了积木化、模块化设计方案。全套设备分为地震遥测终端设备、多路副载波汇集设备和无线信道设备三大部分。地震遥测终端设备的功能是前放和多路副载波调制调解。副载波采用我国有线地震遥测流行的等带宽调频制式，在一个标准音频话路带宽的信道设备中可传八路最高频率为20HZ的遥测地震信息。无线信道设备的功能是为载荷地震信息的多路副载波提供优良的无线传输通道。有45－48MHZ和223－235MHZ两个频段可供选用。该无线信道设备的特点是：传输路径条件适应性强、灵敏度高、抗干扰性能好和非线性失真低，具有汇集中继能力。该设备在成都遥测地震台网、西昌遥测地震台网、二滩水库遥测地震台网、黄河小浪底水库遥测地震台网和长江三峡水库前期遥测地震台网等省内外其他台网推广使用。该项研究成果于1991年获国家地震局科技进步三等奖。

二、理塘—康定测震台汇接传输技术

1987年，省地震局王元友等对理塘—康定测震台汇接传输技术进行研究。理塘传输地震台，传4个分向的测震信号（电容延长）周期地震仪3个分向（N－S、E－W、U－D）属于千倍级，十万倍级的1秒速度地震仪1个。该信号通过载波线路，由理塘传输至康定邮电局，再下到康定台，将康定地震台本地的4个分向地震信号（中长周期3分向速度量一个）与之进行汇接，然后再上邮电

载波线路传输到成都进行分路实现记录（原设备只能用于单台对记录中心传输）。经过研制及改装，使原有设备能通过邮电载波线路，将相隔甚远的两个地震台的测震信号进行回接，再对记录中心传输。能在 PTY－G 八路均满载情况下达到信杂比指标，保证工作质量。

三、D73 测震仪器稳压电源研制

1989—1991 年，汶川县地震办公室胡长才对 D73 测震仪器稳压电源进行研制。D73 测震仪器稳压电源主要解决使用甲电池，每年更换 3—6 次，造成台站经费开支增加；并导致相应时间内数据缺失；由于电池新旧造成的仪器的放大倍数变化，使资料质量降低。该仪器研制使用后，解决以上问题。

该仪器由市电变压整流后供仪器使用。交流电本身的停、断、供送、波动，以及外界大功率电器、雷雨、闪电等，均不能对其产生丝毫干扰。稳压电源其分别供仪器 3 个分向的 3 组输出间，亦无串扰现象。经使用，效果良好。其主要技术指标如下：

有多组稳压输出。A. 3 个分向分别 12 伏；B. 10.5 伏供 139B 收讯机用；C. 9 伏供警报器用；D. 6 伏、3 伏供石英钟推动和讯号部分用。

交流电在 180—270 伏变化，都能稳压输出。低于 180 伏，自动转为直流供电；高于 270 伏时，自动关断交流，并转为直流电。

有市电供电时，能为所带的镍镉电池组或甲电池组充电，无市电供电或 270 伏 < 市电压 < 180 伏时，电池组自动供电。

有防雷和过压保护。

四、鲜水河断裂形变综合观测台阵建设和形变特征与现今构造运动关系的研究

1981 年至 1993 年 1 月，省地震局地震测量队刘本培等人，实施完成了对鲜水河断裂形变综合观测台阵建设和形变特征与现今构造运动关系的研究。该成果通过在鲜水河断裂带上原有的高精度观测数据，结合地质构造，采用先进的变形分析法分析，论述了鲜水河地区的稳态、滑动、变速蠕动前兆现象和鲜水河断裂带上应变积累和释放的规律及其动力来源。在数值处理上，采用了先进的变形分析法，用多种模型对鲜水河断裂带资料进行分析的结果与炉霍地震实际变形是相符合的。在综合观测台阵建设方面，吸取了美、日及国内有关技术的优点，并以地面测试和开挖等反复调查论证及精心设计施工，使初步观测资料和理论探讨在短暂时间内成效显著。

在整体分析工作中，结合板块构造理论、力学理论和流变理论等探讨该断裂带上应变积累和释放的规律及其动力来源，脆性变形，稳态形变，稳态变形的特征及其机理，最后在有充分理由的基础上，提出了近期地震的预测意见。该成果的实践和理论，在 1988 年 6 月 2 日沟普和龙灯坝二动态观测站之间 5.1 级地震得到检验，两动态观测站理想地记录了此次地震的主震及余震的蠕动短临前兆和同震阶跃，表明本项目在研究地震成因及前兆机理方面取得了一定的进展。1994 年，该成果获国家地震局科技进步二等奖。

五、地震观测系统高阶脉冲标定研究

1995—1997 年，省地震局黄敏、杨晓源等人开展完成了地震观测系统高阶脉冲标定研究。

该课题提出了用更多的脉冲个数、且允许幅度在较大范围内取值的多时隙标定脉冲。由于此脉冲波形幅度取值的自由度更大，可以根据频谱结构的特殊需要来反推所需的标定脉冲波形。由此得到的标定脉冲波形更复杂，频谱结构更适合于速度或位移平坦型地震观测系统的间接标定。用高阶脉冲进行间接标定可以准确地测得系统传递函数中主导二阶极点和参数，并能准确地测得影响通频带高端特性的零极点参数。根据研究成果制作了适用模拟地震观测系统的高阶脉冲标定器。

六、多制式高次群复接分接设备

1999 年 10 月至 2000 年 4 月，省地震局邱西征、黄敏等人完成了多制式高次群复接分接设备研制。多制式高次群复接分接设备是无线地震遥测组网的关键设备，属地震观测技术领域。该设备由复接和分接两端互相衔接、功能互逆的设备组成。每一端设备又分别由群路盘、功能繁多的接口盘和波道转换盘等组成。此外，与该设备配套研制的还有群路误码测试仪。

多制式高次群复接分接设备的主要功能是直接完成不同速率、多种制式的地震波形数据的复接和分接，以便用一条高速率的信道传送多个子台（数十个）的地震数据。该设备采用积木化结构设计，用户可以十分方便地根据待传数据的特征及其数量选用不同种类的接口盘来实现大容量复接和分接。根据所配接的界面盘不同，既可传送 16bit 子台送来的一次群同步或异步数据，亦可传送 24bit 子台送来的一次群异步数据，还可直接传送多个子台数据流合成的二次或三次群数据。

多制式高次群复接分接设备的群路端，可以是电信基群规定的 HDB3 码接口，也可以是 RS422 或其他高速接口。它可以和数字微波信道设备、光纤数字信道设备或超短波中继通道设备配合使用。用于三峡数字遥测地震台网黄牛岩中继站的一套设备就是为配合 11GHz 数字微波设备设计的复分接设备，它可同时复分接同步和异步格式的一次群地震数据，还可同时直接复接三次群同步数据，其总容量为 30 路。用于攀枝花数字遥测地震台网的一套设备是为配合 400MHz 或 600MHz 超短波中继设备设计的复分接设备，其总容量为 15 路。上述两种设备都采用 1 +1 热备和无损伤切换方式工作，具有很高的可靠性。

七、反馈式短周期地震计研制

2003—2005 年，省地震局饶文松等人完成了反馈式短周期地震计的研制。在反馈式短周期地震计的研制中，提出了合理设置开环频率，适当加大反馈深度，通过函数变换实现预期传递函数的两步法设计方案，做到动态范围、线性度、灵敏度和观测频带精度四重兼顾。采取分段绕制速度传感器，为加大反馈深度提供了可能；采用一阶高通反馈环，观测动态范围扩展更明显；零极点对消补偿完全消除闭环生成双一阶函数的影响；采用传递函数两步形成方案，有利于全面提升技术指标。按照上述技术方案研制完成的 RSFS－1A 反馈式短周期地震计，由于采用两步方案形成反馈地震计传递函数，使得闭环反馈地震计拥有与开环地震计完全相同的传递函数形式，各项指针完全达到了设计要求，也符合入网许可证指标规范。2005 年 8 月 27 日，通过四川省科技厅组织对该地震计的鉴定，获得了技术上国内领先的好评，是四川省地震观测技术领域内的重大应用技术成果。RSFS－1A 反馈式短周期地震计，先后应用于紫坪铺、武都、瀑布沟、瓦屋山等水库遥测地震台网。

八、中国数字地震观测与研究

“七五”“八五”“九五”期间，省地震局杨晓源参加研究完成“中国数字地震观测系统的设计、研制、生产、集成与推广应用”。“七五”计划期间完成中国数字地震观测的预研究；“八五”计划期间完成中国试验数字地震观测系统的设计、研制和样机生产；“九五”计划期间完成数字地震观测系统的全国推广应用。

随着计算机、通信和大容量数据存贮技术的发展和普及，设计建造包含数字地震波形数据采集、远程数据传输、地震参数实时处理、地震波形数据存贮和交换的数字地震观测系统的条件日趋成熟。中国现代数字地震观测系统一开始研究，就瞄准了国际上最先进的24位数字地震观测技术，将通信、计算机软硬件和微电子行业最先进的技术和产品都应用到地震部门，设计出具有自主知识产权的数字地震观测技术系统。中国数字地震观测系统主要由地震计、地震数据采集器、数据传输、数据实时接收处理软件等几个部分组成。

数字地震观测中的地震计采用了机电一体的反馈技术，在提高动态范围、扩展观测频带、增加传递特性的稳定性、降低非线性失真等方面较模拟地震观测时代广泛使用的开环地震计均有大幅度的进展。国家台网使用的超宽带地震计其等效工作周期高达330秒（远高于模拟地震观测时代中长周期地震仪的20秒，也大于世界台网使用的120秒）；动态范围，反馈地震计普遍达到120dB以上（模拟地震观测用的开环地震计仅数十dB）。进入数字地震观测时代，地震计能提供给用户使用的不仅是幅频特性，更能完整表征系统特性的传递函数。

地震数据采集器采用了24位采样模数转换技术，在提高无漏码模数转换精度、降低非线性失真、确保时间服务精度，增加系统可靠性、稳定性等方面较早期使用的瞬态浮点增益控制技术有大的改进。为了确保所有地震台站同步采集数据，地震数据采集器使用了GPS授时校时，将时间服务精度由模拟时代BMP授时校时的100毫秒提高到1毫秒。

中国数字地震观测系统研制成功后，除了用于国家和区域两级专业地震观测台网外，还用于周边国家的地震台网、地方地震台网、水库诱发地震观测台网和油田、矿山地震观测台网等。四川省有西昌、攀枝花市、阿坝州、宜宾市和雅安市等应用了该系统中的部分设备与软件，与省台网共享资源组建地方地震台网，紫坪铺、武都和瀑布沟等水库也部分应用了该系统中的设备与软件，开展水库诱发地震观测与研究。2001年，该系统设计应用推广评为中国地震局防震减灾优秀成果一等奖，2002年被评为国家科技进步一等奖。

九、三峡数字地震台网设计和建设

三峡数字地震台网是三峡水库地震监测预测系统中的一个子项，由国家地震局分析预报中心和四川省地震局共同派员完成设计。三峡数字地震台网总体设计完成于“九五”计划初期，所用的技术为当时成熟且批量生产的1秒短周期开环地震计，16位地震数据采集器和超短波无线组网。“九五”计划后期设备安装调试前夕，技术更先进、动态范围更大的反馈方式短周期地震计和24位地震数据采集研制成功，项目组应三峡公司要求将库坝的4个子台升级为24位，其余仍为16位。

三峡数字地震台网共有高增益子台24个，强震台2个，Ⅰ、Ⅱ类重点监视区的微震监测能力均可达到M_L0.5级，Ⅰ类重点监视区的定位精度可优于1千米，Ⅱ类重点监视区的定位精度为2千米。三峡数字地震台网的超短波数据传输组网中共使用了3个中继站。其中黄牛岩中继站和大金坪中继站的汇集中继容量分别达到30个子台和16个子台。

三峡数字遥测地震台网的24个子台仅覆盖了三峡水库的库首区，对远离大坝的库中段和库尾没有专门设台进行监测。后由重庆市政府向国家发改委申请到一笔投资用于三峡水库中段和尾段的地震监测，计划建设15个子台。

十、大桥水库遥测地震台网的设计与实施

1993—1995年，省地震局水库地震研究所完成“大桥水库遥测地震台网的设计与实施”项目。“大桥水库遥测地震台网的设计与实施”采用的是地球物理学与电子技术紧密结合的边缘应用技术，涉及到地球物理学、地震学、地震观测技术、传感技术、无线通信技术、计算机技术。其要点是将若干个点上振动传感器输出的电信号用无线遥测方式远距离传输至台网中心，进行计算机实时自动处理，或人机交互式处理，测得地震事件的时空强参数，供分析及预测研究使用。

该项目对微震监测能力高，实际监测能力超过合同规定监测范围的12倍；采用频分多路——频分多址——二次调频无线遥测技术，具有地形适应能力强、抗干扰能力强、路际串扰小、传递函数精度高、多站接力中继质量好、可靠性高的优点；观测项目配套齐全，既能观测地动位移，又能观测地动速度；记录方式多样，既有笔绘式记录，又有数字化磁介质记录；数据处理自动化程度高，台网配置的实时地震数据采集设备，可在5分钟内完成地震事件基本参数的测定，配置的人机交互处理设备，通过人机交互的方式得到高精度的测定结果。设计建成的大桥水库遥测台网规模为1个台网记录中心，3个中继站，5个遥测子台，共计16个记录分量。为大桥台网研制、生产的技术系统成套地应用于黄河小浪底、李家峡、龙羊峡、长江三峡前期台网等水库地震台网。1996年通过四川省科委组织的验收鉴定，认为这一新型的无线模拟遥测地震台网，不仅在同类型台网技术系统中处于国内领先水平，并已达到国际先进水平，是一项重大的科技成果。

十一、川滇遥测地震台网联网设计

1991年，省地震局杨晓源等人完成了“川滇遥测地震台网联网设计”。该联网设计的内容为成都、昆明两大区域遥测地震台网相互交换6个子台的单分向地震波形信息，西昌遥测地震台网向成都传送6个子台的单分向地震波形信息。遥测地震台网均使用模拟遥测技术，公用通信亦为模拟载波。网间交换的地震波信息采用多路副载波调频技术直传模拟地震波形。为该联网设计的实现，四川省地震局地震仪器厂根据联网设计要求研制生产了CDM－4型网间地震波形信息交换设备和多路无线接力传输设备。前者用于成都与昆明之间通过租电信部门的一个话路互传6个子台的垂直地震波形，后者用于西昌台网向成都台网经四跳传送6个子台的单分向数据。

川滇台网联网成功实现后，成都与昆明两个台网的速报孔径由原来的300千米左右扩至800千米，大大提高了远震定位精度。特别是川滇交界区域的地震，联网前对两个台网均是网外地震，定位精度很难满足抗震救灾的需要。联网完成后，川滇交界区的地震成了网内地震，定位精度得到大幅度提高。

十二、CDD系统数字地震信号无线传输设备研制

1998年，省地震局地震仪器厂桂纪民等人完成了“CDD系统数字地震信号无线传输设备”的研究。该设备是针对地震系统遥测地震台网数字化改造的需要，并根据其数据信息实时传输的特点研制的无线传输设备。同时适用于其他需要对数据信息进行实时传输的系统及部门，还可灵活机动地

组建小型固定或移动的无线数据传输网。

该设备工作频段为超短波（47MHZ—400MHZ），具有一定的绕射障碍能力，占有频带窄，在数字调制解调器中采用了先进的窄带调制技术——高斯滤波最小移频键控（GMSK）；采用了先进的编译码技术（FEC），一卷积码维特比编译码器加交织技术使设备具有极强的纠错能力，其纠正突发差错能力可扩展和升级；稍加改造即可作为车载电台，架设方便。

十三、成都数字遥测地震台网设计与建设

1996—2000年，省地震局韩进等人，承担完成了“成都数字遥测地震台网设计与建设”项目。成都数字遥测地震台网是在成都遥测地震台网的基础上经过数字记录改造后，不断优化建立起来的一个大型数字遥测地震台网（有关台网的规模、先进性等详见第二篇第二章第二节）。该台网具有完备的数字地震观测系统和地震数据汇集处理系统，采用了以超短波线数字传输为主体、DDN数字传输为辅助的无线遥测体制，实现了长站距传输和大孔径有线、无线混合组网。成都数字遥测地震台网是集地震预测技术、地震遥测技术、计算机应用技术和计算机网络技术于一体的现代化数字地震台网。

在设计和建设中，根据需要研制了系列无线传输设备。这些设备在地震系统内首次使用了前置晶体滤波、扰码、带交织维特比编译码等技术，实现了性能优良能抗御突发干扰的前向差错控制。频率能够覆盖地震优先使用的47MHZ和223MHZ频段范围。组织研制的准同步多制式数据复分接设备，既可以允许16bit、24bit系统的数据，也能复分接同步数据流、异步数据流和模拟遥测信号，还可供语音勤务通话，是大型汇集中继站的关键设备。台网中心采用计算机局域网技术，使数据处理可多机同时进行，并方便数据管理。以数据库为平台开发了地震编目软件。通过网络（Apnet、局域网、Internet）、手机短信息、磁介质、纸介质等多种形式提供地震速报、日报、周报、旬报及月报等数据服务。

新疆维吾尔自治区数字遥测地震台网、三峡水库地震台网、云南漫水湾水库地震台网和攀枝花市数字地震台网等全套使用了本项目研制的无线遥测设备。

第二节　地震预报研究

1986—2000年，四川省地震局承担和参加了国家地震局（1998年改称中国地震局）组织的从“七五”到“八五”“九五”、再到“十五”的短临地震预报攻关研究。攻关研究组成地震学、定点形变、大地测量、水位、水化、重力、地电、地磁、应力应变及综合预报方法等攻关小组开展攻关研究工作。

一、“七五”地震预报研究

借助R－t图、D－t图，结合震中分布图在四川地区圈定空区的研究　以川西地区为研究区，找到步长为24’，以此为间距布置网格扫描作R－t图，结合震中分布圈定空区，不至于漏掉可能有空区出现的5级以上地震；摸索了一套在R－t图、D－t图上圈定空区的标准、预报规则和工作程序；编制了有关计算机软件。

四川地区地震活动条带预报效能的研究 利用四川及邻近地区8次6级以上地震前的地震活动条带的研究成果，对地震活动条带预报效能进行研究，无论是背景性条带，还是密集条带都有预报能力。

利用地磁Z分量日变低点预报地震的新探索 该工作进一步从地磁低点时间的规律性着手，分别对单台、多台低点时间进行统计研究；为区分磁暴影响分别作了逐年变化统计；最终从震磁关系的角度进行了震例分析，低点异常对理塘、道孚、甘孜等4次中强地震有较好的对应。

成都台转换函数与地震关系的研究 该研究选取了成都地磁台1975—1987年磁变仪数据进行分析处理，尽量利用标度值较稳定的数据，剔除了标度值不可靠的数据。分析转换函数A、B随时间的变化，A的变化冬季要小一些，B的变化4—6月小些，认为该台转换函数年变规律不很明显。通过分析研究，认为在松潘7.2级地震过程中，成都台|A|值确实存在异常变化。这种变化在震后一段时间才能完全恢复。

四川省部分地震地电台站ρ_S异常预报概率评分研究 该研究通过对成都、西昌（小庙）、甘孜、雅安、渡口（红格）五个台站的数据清理统计和处理，采用检验进行综合评分，分别得出几个台的评分，体现出各台的环境干扰、台址、仪器条件的好坏，也说明引起漏报和准确率的高低。

甘孜6.0级地震地下水动态特征研究 该研究通过对距甘孜6.0级地震的四川境内500千米范围内的国家水网井泉观测数据进行清理，分析地下水动态异常特征，并得出各井泉观测资料对甘孜地震预报的贡献。

1986年8月7日理塘5.6级地震地下水动态震例研究 通过对理塘5.6级地震省内各地下水观测泉点数据的清理、分析和处理，得出了各泉点对理塘5.6级地震前的中短期、短临异常，形成了地下水异常特征。

川08井映震能力研究 通过对川08井异常进行分析处理，找出其异常特征。分别用以对龙门山地震带上200千米以内的4级以上，北东构造带上及其两端和附近地区800千米内的5级以上的地震进行分析，得出了映震能力。

二、地震学异常综合预报指标与方法研究

从多种地震学异常进行综合的技术思路与物理基础着手研究 在长、中、短、临逐步逼近的渐进式预报思路中，地震学预报方法主要在长期、中期及中短期预报中起作用，对于临震预报，在没有前震的情况下，目前的办法不多。在清理攻关中，主要对中期、中短期预报进行研究。

中期和中短期预报的各种单项地震学预报方法的研究 主要对强震前地震活动图像变化（包括带条、空区），强震前中小地震活动随时间的变化，强震前大小地震比例b值的变化，判别有前兆意义的特殊地震，强震前中小地震震源参数与介质性质的变化研究。

多种地震学异常的综合判据与综合预报方法研究 主要从各单项地震学异常的综合特征，以年度活动水平为重点的中期地震活动趋势综合判定，中期、中短期地震危险区及地震三要素的综合判定，综合概率法在地震综合预报中的应用，模糊识别在地震综合预报中的应用，模糊聚类分析方法在综合预报中的应用。

模式识别和模糊数学在震后趋势早期综合判断中的应用 该研究应用综合概率、模式识别和神经网络等单项指标分别对已发生的地震进行综合分析，形成三种综合预报方法，并就三种综合预报

方法的预报效能进行评分，计算、评出了三种方法的分值，显示了三种综合预报方法的预报效能的高低。

模式识别和模糊数学在震后趋势早期综合判断中的应用研究，首先选取在地震序列中可能用到的各种单项指标作为研究的初选单项，利用已有的地震序列数据和 Wallen 评分方法进行鉴别，挑选预报效能好的各种单项指标作为研究的原始特征。然后利用模式识别方法 CORA－3，HAMMING 方法和模糊数学的聚类方法和已有样本进行模式识别 CORA－3 的训练学习或模糊聚类的建模，进行内检评分。再利用预先留下的最近发生的若干样本作外推检验。

三、进入地震短临预报阶段地震学前兆标志体系的研究

该项目由省地震局韩渭宾牵头组成的项目组，从 1991 年 1 月至 1995 年 12 月进一步研究了从中期到短期，重点是短临阶段的地震活动图像演化过程，取得了更深入更系统的认识。从非线性科学和地震活动特点出发，在地震活动性、前震和前震序列、地震波、地震调制与相关等方面，提出、引进和开发了若干新的地震学短（临）期预报指标，改进、优化了若干老指标，使之适用于短临预报。分别以华北和西南为例，采用时空扫描或对固定地震带（区）的扫描，应用人工神经网络、专家系统、综合概率、模式识别、模糊聚类等多种方法开展综合预报方法研究，提高了预报效能。

该项目研制了一套功能更齐全、使用更方便的地震学短（临）期预报软件系统，提供有关单位使用，对地震震情形势的预测取得了比较好的效果，并被广泛推广使用。

四、四川地区中短期前兆识别、指标体系、预报方法及效能评价研究

1996—1999 年，省地震局韩渭宾等人，完成了“四川地区中短期前兆识别、指标体系、预报方法及效能评价研究”。该成果总结了四川地区近 30 年的预报实践的经验和教训，在几次攻关研究的基础上，形成了一套适用于四川地区的、多学科的前兆指标体系和预报方法。该研究成果包含了以下几方面的主要进展。

（一）对多种地震学预报地震的方法和指标，进行相关性的分析研究，从物理内涵及其相互联系上进行了较深入分析，同时从相关分析上进行了较系统的相关检验计算，筛选出一些相对独立、物理概念清楚和预报效能较好的测震学指标，提高了测震学预报的效能。

（二）对地壳形变、地电地磁、地下流体等多种前兆学科，从其观测方法，每条曲线出发，对其干扰因素及其排除方法，前兆异常的识别方法，异常的判据指标等方面进行了十分深入的研究，提出了一套排除干扰和判别异常的指标体系。

（三）对四川地区 20—30 年的地震及前兆资料进行了全时空的扫描式分析研究，形成了一套包含全部有震时段、无震时段的全面评价检验的中期、特别是中短期的综合预报方法。并给出了这些中短期预报方法的相应预报效能。

（四）为使上述研究成果便于应用和推广，在该成果中研制了适合四川地区地震预报实际，并对其他地区也有借鉴意义的地震学和地震前兆的软件系统。

（五）边研究、边应用、边检验，及时把该项研究成果应用于四川地震预报实践，取得了一定的成效。

第三节 地震构造环境及危险性分析研究

一、鲜水河构造带地震地质填图规范及样板图编制

1990—1995年，省地震局地震地质队李天祒等人开展了“鲜水河构造带地震地质填图规范及样板图编制”项目研究工作。该项工作从断裂带北西段的甘孜县东谷向南东经炉霍、道孚、八美、康定至康定南的雪门坎，以研究断裂带全新世以来断裂活动及大震复发周期为核心，采用填图为手段，对过去已开展过的地震地质工作进行系统总结，探索新的途径与方法。

利用物探和化探的新方法，结合航、卫片解释及其数字图像处理，系统研究了活动断裂的形成机制、内部结构、组合形态、断裂分段、断裂带的几何学、运动学。同时还研究了该断裂8次7.0级以上地震活动的地表破裂和破裂机制，揭示了断裂带上一些古地震事件及其分布规律，讨论了孕震和发震的地质环境。

该项研究工作完成后，相继开展了“鲜水河活动断裂1:5万地质填图”“则木河活动断裂1:5万地质填图及大震复发间隔研究”“安宁河断裂1:5万地质填图及综合研究”“川滇重点监视防御区康定—西昌段断裂现今活动习性与强震危险性研究”“甘孜—玉树断裂带晚第四纪活动特征及地震危险性评价”等工作。

二、活动断裂地震潜势的定量评估理论、方法与应用研究

1991—1996年闻学泽开展了活动断裂地震潜势的定量评估理论、方法与应用研究。深入系统地研究了多种地震复发模式，发展了利用断层滑动速率、古地震以及历史地震资料估计或修正地震复发间隔及其不确定的方法，发展和完善了考虑不确定性的活动断裂同震平均位移以及未来最大突发位移量的估计方法，引进并发展了时间相依的地震潜势概率评估理论和适用的概率模型，推导和建立起一系列有用的计算公式，统一了概率危险性分析模型的参数估计与地震复发时间估计的方法，给出了在不同的资料状态下，使用不同模型评估地震潜势的应用实例。

三、活动断裂的破裂分段理论与地震危险性的定量预测方法研究

1997—2000年，闻学泽等进行了活动断裂的破裂分段理论与地震危险性的定量预测方法研究。研究的主要内容是：活动断裂的破裂分段特征与分段地震强度估计、时间相依的活动断裂分段地震潜势定量评估模型的发展与完善、断裂分段地震危险性定量评估输入参数及其不确定性估计方法和基于地震活动资料的断裂带整体与分段地震危险性定量分析方法。通过实际资料分析揭示中国大陆活动断裂的地震破裂分段、复发行为的特点与复杂性，探讨与活动断裂破裂分段有关的理论，发展考虑破裂行为复杂性的活动断裂分段方法，以及定量评估地震的潜势与强度的方法与模型。

该研究取得进展有：揭示了活动断裂相同部分地震破裂尺度的可变行为，提出走滑断裂破裂的分段原则及地震强度的概率评估方法；证明时间可预报性和良好准周期性是中国大陆活动断裂单段地震复发的两类主体行为，并建立了相应的复发时间经验概率分布；系统引入并发展了时间—震级可预报模式的发震概率算法；系统研究了中国大陆板内活动断裂带整体地震复发行为及其与单段复

发行为的关系；发展了考虑误差的、由多种观测资料估计特征地震震级的定量方法。

四、时间相依的活动断裂分段地震危险性评估及其问题

1998 年，省地震局闻学泽研究发表了“时间相依的活动断裂分段地震危险性评估及其问题”。该研究论文系统、简要地回顾时间相依的概率地震危险性评估理论、方法及其应用的国内外动态，表述了“时间相依的地震潜势”及其不确定性的基本概念，着重分析、论述了时间相依的概率地震危险性评估有关的若干问题。研究表明：时间相依的概率地震危险性评估技术不仅可用于定量评估强活动断裂带特定段落在未来发生强震或大震的可能性，还可估计出潜在地震的可能强度。另外，该技术允许将活动断裂的地震地质学定量研究资料作为地震危险性分析输入参数，这不仅为缺乏历史强震记载活动断裂的地震危险性评价提供一条重要途径，也为其他技术方法尚难涉足的、具有地点的长期地震预测问题提供了探索的可能性。该论文发表在 1998 年 7 月《科学通报》第 43 卷 14 期 1457—1466 页。

五、甘孜—玉树断裂的晚第四纪滑动与地震破裂

闻学泽等人在 2003 年 4 月《中国科学》（D 辑）33 卷 B04 期，199—208 页中英文版上，发表“甘孜—玉树断裂的晚第四纪滑动与地震破裂”论文。该论文基于详细的野外调查，采用活动构造、地貌与第四纪地质、新地质年代、地震地质学分析方法，配合全站仪的野外测绘、横跨断裂的探槽开挖、遥感图像分析等技术，较系统论述了北西向甘孜玉树断裂不同部位的晚第四纪活动以及近代大地震破裂的新证据。对评估该断裂长期地震危险性提供了重要依据。

第四节　震害预测与地震应急救助技术研究

一、震害预测研究

1991—1997 年，省地震局开展地震重点监视防御区震害预测调查与研究。首先在地震重点监视防御区的冕宁县开展城乡震害预测，分别对建筑物、人口和社会经济影响、场地灾害和次生灾害进行现场调查和资料收集工作。在全县农村范围内已经定点调查基本上能代表全县农村社会经济水平的 80 户农户资料，采用三结合（面上统计报表、农村经济调查队的住户调查资料与区划资料相结合），三等九级（各乡以村为单位，按人均工业总产值分为上、中、下三等，再把每一等级中的农户按上、中、下分为三级）相对归类、分级推算的方法开展工作。调查机关、企事业单位 264 个。沿安宁河流域的 3 个区、33 个乡、66 个村调查了 49524 户，其中城镇 1000 多户，包括了各行各业和各种层次的家庭，取得了 36 处山地灾害和次生灾害资料。通过对资料的整理、分析和计算，提出了减轻地震灾害的对策。

通过对冕宁县的震害预测调查的工作过程及方法，陆续在地震重点监视防御区的宁南、普格、康定、泸定、宝兴、邛崃、大邑、什邡、安县、马边等县市开展震害预测调查研究。为建立震害评估数据库奠定了基础。

二、自贡市防震减灾示范研究与应用

1997—1999 年，省地震局李谊瑞等人完成了“自贡市防震减灾示范研究与应用”项目的专题研究。该项目也是联合国十年减灾委员会 RADIUS（城市地震灾害风险评估实例研究）的主要内容。该专题研究利用国内外先进方法和手段，对自贡市及其附近地区的地震地质背景、发震条件及可能性、地震可能对自贡市造成的破坏影响分布等多方面进行了深入研究；进行了地震危险性分析和地震动小区划，对场地、建筑物和生命线系统等进行了震害预测，次生灾害评估和损失估计的研究。制定了适合本地区的防震减灾规划和对策。

建立了自贡市城市防震减灾系统的基础数据库。该系统用图件、文字、表格等形式，建立了适用于该项目的 GIS 管理的基础数据库，符合系统功能要求。特别是对库中图件的地理信息建立统一编码，对种类繁多的数据建立统一的描述结构，规范化程度高。

建立了城市防震减灾计算机管理系统。充分利用 GIS 的功能，采用了多媒体技术，结合防震减灾信息管理的需要，使地震影响场分析、震害和损失评估、地震对策和预防减灾辅助决策等环节形成了一套科学化、实用化的城市防震减灾计算机管理信息系统。

实现了平震结合的系统功能。在给定地震条件下能进行震害预测和评估，可以方便更新基础数据，在建筑物、生命线工程等数据的动态管理方面较有特色；能针对震时的反馈信息，进行动态震害快速评估，具有辅助决策功能；平时也可以利用该基础数据库和 GIS 的功能，为城市规划、建设、公安、消防、供水、供气管网的管理等各行业服务。

该项目的技术原理、组织工作体系、应用方式和应用领域可为四川省和全国其他城市提供示范。

三、成都市震后早期趋势快速判定工作预案

1997 年下半年，成都市地震局洪时中等人完成了“成都市震后早期趋势快速判定工作预案”项目。该预案在前人工作基础上，系统整理了成都市及其外围地区地震地质、地震活动的资料，清理了成都市境内地震有感及地震破坏资料，对成都市及其相邻地区地震活动特征及中强地震的序列进行了较深入研究；编制了“地震序列类型分布图”“等震线长轴方向分布图”，对地震烈度衰减关系重新进行了拟合，为震后快速判定提供丰富的基础资料。

该预案首次编制了成都市城区和成都全境的“地震安全图”和“地震强烈有感图”。将“有感图”改为“强烈有感图”；将“烈度增量”改为“烈度的不确定校正”；并制作了一套透明量版，与上述两种图配合使用。

该预案首次对成都震害“盲区”进行研究。在前人几项局部地区震害预测工作基础上，经过分析研究，得出成都全市（城区、县城和三类乡镇）的地震经济损失和人员伤亡的“盲估表”，在震后快速判定时使用，为政府决策提供参考。

四、地震应急救助技术研究

2001—2004 年，省地震局减灾救助研究所联合中国地震局地球物理研究所、中国地震局地震研究所、成都理工大学、西南交通大学和四川省科维实业有限责任公司等，利用光学技术、声波/振动理论与测试技术、红外技术、传感器技术和信息技术等，完成了光学探生仪、声波/振动探生仪、红

外热像仪3种4套科研样机的研制，初步建立地震救助生命搜索定位技术系统。利用系统工程学原理和现代管理理论，完成地震灾害现场生命搜索与救援支持系统的研究。

该研究课题所有研究属国内首次，与国外同类产品对比，其主要创新点是：首次采用非旋转式大视场角光学探头替代旋转式光学探头；首次同时采用计算机技术和音频技术对被压埋人员发出的声波/振动信号进行探测。

（一）“光学生命搜索与定位仪”技术指标

微光探测成像最低光照度	不大于0.1勒克斯
成像分辨率	优于200线（TV）

（二）“声波/振动生命搜索与定位仪”技术指标

主控单元：双声道模拟信号输出频率	1—3000赫
传感器：频率范围	1—3000赫

（其中振动波频率范围1—200赫，声波频率范围300—3400赫）

抗冲击能力	大于1000克
连续使用时间	20°C时可连续使用24小时

（三）“红外热成像生命搜索与定位仪”技术指标

光谱响应范围	8—14微米
视频刷新率	30赫
温度灵敏度	0.2°C
视野	45°
耗电量	小于10瓦
一次充电可使用时间	大于60分钟

课题研发出的3种4套探生仪和搜索救援支持系统，不仅适用于地震、塌陷等自然灾害，也同样适用于建筑物坍塌、矿井救护、军事救援、防恐怖事件、重要场所或位置的防侵入实时监控等领域，具有广阔的应用前景。

第五节　历史地震和现今强震调查

一、1786年康定—泸定地震调查和研究

1985—1987年，省地震局地震地质队“1786年康定—泸定地震研究组”承担完成了1786年（清乾隆五十一年）康定—泸定地震调查研究。研究组采用地震地质方法，对地区航、卫片进行判释，直接获取震区断裂活动的证据，并在野外进行实地观察；充分利用历史档案文献资料记载的震害到现场进行核实，在前人工作的基础上，对照《新的中国地震烈度表》，确定了各烈度点烈度值，研究确定了地震的强度、宏观震中、等烈度线分布图和地震的发震构造。

调查研究认定该次地震发生在康定、泸定磨西之间的雅家埂一带。震中烈度大于等于Ⅹ度，震级$7\frac{3}{4}$级。等烈度线图呈北西向的长椭圆形。大于等于Ⅹ度区（极震区）长轴20千米，短轴5千米，

面积78平方千米；Ⅸ度区长轴55千米，短轴17千米，面积719平方千米；Ⅷ度区长轴97千米，短轴40千米，面积3049平方千米；Ⅶ度区长轴210千米，短轴90千米，面积14836平方千米。金龙寺—磨西断裂为该次地震的发震断裂。

二、1989年巴塘强震群调查

1989年4—5月，巴塘发生6.7级地震，后又接连发生6.7级、6.4级和6.2级地震的强震群。省地震局组织了对本次强震群的宏观考察和震害调查，采用地震地质方法和宏观调查方法，评定出本次强震群的综合等烈度线图（参见第一篇图1－1巴塘6.7级强震群综合等烈度线图）和震区复杂的发震构造。

根据考察结果，巴塘6.7级强震群综合等烈度线图沿主要断裂构造线呈北北西向椭圆形展布。第一个6.7级地震宏观震中位于巴塘县城东南14千米的小坝冲、江巴顶一带。震中烈度Ⅷ度，Ⅷ度区长轴16.2千米，短轴10千米，面积126.8平方千米；第二个6.7级地震宏观震中位于巴塘县城东边26千米的央莫龙南东一带。震中烈度Ⅷ度，Ⅷ度区长轴16.5千米，短轴10千米，面积124.0平方千米。综合等烈度线图Ⅶ度区长轴50.4千米，短轴44.6千米，面积1763.2平方千米；Ⅵ度区长轴96千米，短轴75千米，面积5815.0平方千米。另在理塘热柯有Ⅵ度异常区面积84平方千米；理塘甲洼Ⅵ度异常区面积80平方千米。综合分析认为震群中前两个6.7级主震明显与北东东—东西向的地壳破裂有关，后两次地震似乎与北北西方向的地壳破裂有关。

三、1989年9月22日的小金6.6级地震调查

1989年9月22日小金发生6.6级地震，省地震局组织了对该次地震的宏观考察。考察结果绘制的等烈度线图（参见第一篇图1－1小金6.6级地震等烈度线图）沿抚边河断裂延伸呈北西向纺锤形展布。宏观震中在梭罗寨一带，震中烈度Ⅷ度。Ⅷ度区（极震区）长轴9.8千米，短轴1.4千米，面积13平方千米；Ⅶ度区长轴21.5千米，短轴6.3千米，面积103平方千米；Ⅵ度区长轴51.6千米，短轴12千米，面积450平方千米。金川县庆宁乡出现有16平方千米的Ⅵ度异常区。认为震中区的抚边河断裂，既是地震断裂也是发震断裂。

四、2001年2月23日雅江—康定6.0级地震考察

该次地震发生后，省地震局组织现场考察，确认宏观震中位于雅江县波斯乡、牙依乡及康定县古居乡之间。震中烈度Ⅷ度，等烈度线分布图（参见第一篇图1－1雅江6.0级地震等烈度线图）呈南北向椭圆形分布。Ⅷ度区总面积400平方千米，涉及雅江、康定县所辖3个乡；Ⅶ度区总面积3000平方千米，涉及雅江、康定、九龙、理塘4县所辖5个乡；Ⅵ度区面积7650平方千米，涉及雅江、康定、九龙、理塘、稻城、木里6县所辖17个乡。地震发生在理塘德巫断裂、雅江桑祝断裂、康定沙德断裂和玉农希断裂交汇处。

1986—2005年四川地震科技成果获奖情况见表7－1。

1986—2005 年四川地震科技成果获奖项目情况一览表（省部级三等奖以上）

表 7－1

项目名称		完成时间	完成单位和主要完成人	获奖等次	批准时间
获国家科技进步奖成果	二滩地区断裂活动性研究及烈度复核	1982.1－1985.4	国家地震局地质研究所、四川省地震局，唐荣昌(2)、黄祖智(4)	三等	1987 年
	地震前兆和预报方法的系统研究	1983—1985	国家地震局分析预报中心……、四川省地震局(5)，韩渭宾(8)等	二等	1988 年
	攀西地区地震危险性研究	1984.10—1986.4	四川省地震局，唐荣昌、黄祖智、文德华、张耀国、伍先国	三等	1988 年
	中国大陆地震综合预报方法与地震学预报方法及软件系统研究	1986—1990	国家地震局分析预报中心……、四川省地震局(6)等 7 单位，四川省地震局无人排在前 9 名	二等	1992 年
	中国活断层图集(IGCP 第 206 项——全球主要活断层特性的对比)	1983—1988	国家地震局地质研究所……、四川省地震局(6)等 7 单位，丁国瑜……、邓天岗(9)	二等	1993 年
	中国历史强震目录编制与研究	1989—1992	云南省地震局……、四川省地震局(6)等 7 单位，闵子群……、江在雄(3)等	三等	1997 年
	中国数字地震观测系统设计、研制、生产、集成和推广应用	1991—2000.12	国家地震局分析预报中心……、四川省地震局(3)等，庄灿涛……、杨晓源(6)等	一等	2002 年
获四川省科技进步奖成果	攀西地区地震危险性研究	1984.10—1986.04	四川省地震局，唐荣昌、黄祖智、文德华、张耀国、伍先国	二等	1986 年
	地震及前兆数据综合处理软件包	1985.06—1986.12	四川省地震局，成小平、刘振军、王力	三等	1988 年
	汉字型地震数据库及地震信息处理系统	1985.03—1987.07	四川省地震局，吴碧春、李谊瑞、谭义成、罗伟、毕秋菊	三等	1988 年
	计算机远程数据通信网软件系统	1987.11—1988.07	四川省地震局，李谊瑞、吴碧春、辛华、杨利民、袁兴志	三等	1989 年
	四川省冕宁大桥水库工程区地震基本烈度复核及地震危险性分析报告	1990.01—1990.12	四川省地震局，唐荣昌、钱洪、文德华、黄祖智、张耀国、黄兴建、蔡长星	二等	1992 年
	地震前兆图形微机处理系统	1989.04—1991.11	四川省地震局，李谊瑞、辛华、吴碧春、张家涛	三等	1992 年
	蒲江-德阳活动断裂研究在工程评价中的作用	1992—1993	四川省地震局，唐荣昌、钱洪、张耀国、蒋国芳、马声浩	三等	1994 年
	四川活动断裂与地震	1987.01—1995.12	四川省地震局	二等	1996 年
	大桥水库遥测地震台网设计与实施	1993.04—1996.03	四川省地震局水库地震研究所、四川省地震局地震仪器厂、西昌地震中心站、成都航校，饶文松、邱西征、黄敏、杜文康、谢一平	三等	1998 年
	四川地区中短期前兆识别、指标体系、预报方法及效能评价研究	1996—1999	四川省地震局，韩渭宾、杜方、辛华、易桂喜、刘栋勋	三等	2000 年
	自贡市防震减灾示范研究与应用	1996.06—1999.12	四川省地震局、中国地震局工程力学研究所、自贡市地震局，李谊瑞、赵振东、雷建成、周德生、范灵春	二等	2001 年

续表 7－1

项目名称		完成时间	完成单位和主要完成人	获奖等次	批准时间
获西藏自治区科技进步奖成果	西藏察隅 8.6 级、当雄 8.0 级大地震考察	1985.04—1987.01	西藏自治区地震局、四川省地震局地震地质队等，游泽李、谢乐令、吴芝雄、张德成、胡锦祥、吴章明	二等	1989 年
获中国地震局科技进步奖成果	地震预报方法（地震、电磁、重力、倾斜、形变、水、应力、综合预报）的系列研究	1983—1985	国家地震局分析预报中心……、四川省地震局(5)等单位，……、韩渭宾(8)	一等	1986 年
	华北地区和南北地震带近期强震危险性的判定与研究	1983—1985	国家地震局分析预报中心……、四川省地震局(4)等 10 单位，马宗晋……、雍幼予(8)等 15 人	一等	1986 年
	鲜水河断裂带地形变监测网的布设与测量	1973.01—1985.12	四川省地震局，刘本培、胥泽忠、宗怀恩、沈乾章、孙世泽	二等	1986 年
	鲜水河断裂带近代构造活动与地震	1981.10—1982.06	四川省地震局，唐荣昌、黄祖智、钱洪、邓天岗、蒋能强	三等	1986 年
	DSY-Ⅱ多路数字化地震遥测设备	1983.03—1985.11	四川省地震局，叶鸿根、杨晓源、蒋国金、李书林、郑有和等	三等	1987 年
	西昌无线传输地震台网建设	1980.05—1985.11	四川省地震局，邱发青、兰庭昭、王耀如、尧西祖、户立夫	三等	1987 年
	1976 年盐源-宁蒗地震总结	1982.03—1984.04	四川省地震局、云南省地震局，雍幼予、程式、李丹阳、杨继登、周硕愚	三等	1987 年
	大渡河-瀑布沟水电站地震工作综合研究报告	1984.05—1985.12	国家地震局地质研究所、四川省地震局、国家地震局工程力学研究所，刘行松、江道崇、田启文、李志义、杨关娥等	三等	1987 年
	震源位置、区域地壳上地幔速度结构的确定及地震走时表编制方法的研究	1982.02—1986.02	四川省地震局，赵珠、张润生	三等	1988 年
	1985 年 3 月 29 日自贡 4.8 级地震后趋势判断和应急措施	1983.03—1985.12	自贡市地震办公室、四川省地震局，陈玉春、蒋华昭、陈农、李有才、蔡仲辉	三等	1988 年
	鲜水河断裂带地震地质调查	1981.05—1986.12	四川省地震局，邓天岗、龙德雄、卿志刚、黄义书、冯元宝	三等	1989 年
	1981 年道孚地震	1981.01—1986.02	四川省地震局，韩渭宾、唐荣昌、陈天长、黄祖智、李有才等	三等	1989 年
	中国地震地下水动态观测网	1979—1986	中国地震局分析预报中心……、四川省地震局(6)等，汪成明……、李介成(9)等	一等	1989 年
	中国分区地震波走时表的研制	1982—1988	兰州地震研究所……、四川省地震局(4)等 9 单位，张诚……、赵珠(4)等 9 人	下等	1990 年

续表 7－1

项目名称		完成时间	完成单位和主要完成人	获奖等次	批准时间
获中国地震局科技进步奖成果	鲜水河断裂带地震地质填图规范(1/10 万)及样板图的编制	1985.05—1987.11	四川省地震局,李天祒、杜其方、蒋远明、刘泗馨	三等	1990 年
	松潘地震社会经济影响调查与研究	1987.01—1988.12	四川省地震局,程万正、周湘泉	三等	1990 年
	自贡市地震对策	1986—1988	自贡市地震局,蒋华昭、唐建平、王世民、陈玉春、谢绍钦	三等	1990 年
	地震学学科分析预报地震方法指南及实用软件系统	1986—1989	国家地震局地球物理研究所……、四川省地震局(4)……、成都市地震办公室(7)等 7 单位,许绍燮……、韩渭宾(6)……成小平(9)……、洪时中(13)等 15 人	一等	1991 年
	地震综合分析预报实用化研究	1987—1989	中国地震局分析预报中心……、四川省地震局(6)等 7 单位,张国民……、罗灼礼(7)……、程式(14)等 15 人	一等	1991 年
	大地形变测量学科分析预报地震方法指南及实用软件系统	1987—1990	中国地震局第一形变监测中心……、四川省地震局(6),张祖胜……、吕弋培(8)等 9 人	二等	1991 年
	《CDM-1 型无线地震遥测系列设备》	1985.12—1987.10	四川省地震局,桂纪民、易坚、何学文、邓民德、钟立人	三等	1991 年
	鲜水河断裂带的近代滑动速率、地震复发间隔与地震复发可能性的概率估计	1987.04—1988.12	四川省地震局,闻学泽、贾晋康	三等	1991 年
	重庆江北地震中短期预测预报	1987.01—1989.11	重庆市地震办公室,余国政、廖登孝、雷万明	三等	1991 年
	中国活断层图集(IGCP 第 206 项-全球主要活动断层特性的对比)	1983—1988	国家地震局地质研究所……、四川省地震局(6)等 7 单位,丁国瑜……、邓天岗(9)等 15 人	一等	1992 年
	水文地球化学地震监测预报研究	1985—1990	国家地震局分析预报中心……、四川省地震局(7)等 10 单位,张炜……、王云基(12)等 15 人	一等	1992 年
	地震现场工作大纲和震情分析指南	1989—1990	山西省地震局……、四川省地震局(6)等 7 单位,苗良田……、刘盛利(8)等 9 人	二等	1992 年
	地震数据库系统技术规范	1986.05—1989.03	国家地震局地球物理研究所……、四川省地震局(3)等 7 单位,牟其铎……、李谊瑞(3)等 9 人	二等	1992 年
	中国地倾斜基本台网技术改造与综合效能	1985.01—1992.04	国家地震局地震研究所……、四川省地震局(4)等 7 单位,陈德福……、刘木培(4)等 9 人	二等	1993 年

续表 7－1

项目名称		完成时间	完成单位和主要完成人	获奖等次	批准时间
获中国地震局科技进步奖成果	1989 年四川巴塘地震	1989.04—1991.10	四川省地震局，罗灼礼、程万正、刘盛利、周湘泉、陈天长	三等	1993 年
	中国大陆震例研究	1986—1990	国家地震局分析预报中心……、四川省地震局（3）等 5 单位，四川省地震局无人排在前 5 位	三等	1993 年
	地磁短周期变化研究	1983—1993	天津市地震局……、四川省地震局（3），龚绍京……、王伯维（6）等 9 人	二等	1994 年
	鲜水河断裂带断层形变动态观测系统的建立和试验研究	1981.01—1993.01	四川省地震局等 3 单位，刘本培……、赵世君（6）……、黎定福（9）	二等	1994 年
	现代化震情分析会商系统建设	1987.01—1992.12	四川省地震局等 4 单位，李谊瑞（1）……、吴碧春（8）等 9 人	二等	1994 年
	四川省川-03 井地下水观测（1988—1992）	1988.01—1992.12	四川省地震局，张筱玲、李正中	三等	1994 年
	石棉-西昌地区地震区划研究	1988.03—1989.12	四川省地震局，唐荣昌、黄祖智、张耀国、文德华、雷建成	三等	1994 年
	1993 年大姚 MS5.3 级、姚安 MS5.5 级地震短临预报	1992.12—1993.08	攀枝花地震办公室，卢开南、刘凤义、张碧琼、邬国志、周厚德	三等	1995 年
	四川省地震重点监视防御区地震综合防御对策	1990.11—1993.06	四川省地震局，周本诚、刘盛利、包宗泽、周湘泉、吴耀强	三等	1995 年
	中国历史强震目录编制与研究	1989—1992	云南省地震局……、四川省地震局（3）等 10 单位，闵子群……、江在雄（3）等 15 人	一等	1996 年
	各类地震异常短临前兆标志体系及综合预报方法研究	1992.06—1995.06	河北省地震局、四川省地震局等 5 单位，罗兰格、程万正等 5 人	三等	1996 年
	GPS 在地壳形变测量与地震中长期预报中的应用研究	1991.02—1995.12	国家地震局地震所……、四川省地震局（5）等 5 单位，赖锡安……、刘本培（8）等 15 人	一等	1997 年
	进入地震短临预报阶段地震学前兆标志体系的研究	1991.01—1995.12	四川省地震局等 7 单位，韩渭宾……、辛华（9）等 9 人	二等	1998 年
	成功实现白玉、巴塘 MS5.5 级地震短临预报	1996.01—1996.12	四川省地震局、甘孜州地震局，程万正、程式、余河生、杜方、陈兵	三等	1997 年
	重庆地震台地震观测成果（1991—1995）	1991.01—1995.12	重庆市地震办公室，马天瑞、甘树云、戴应洪、赵壁佩	三等	1997 年
	攀枝花台 1990—1994 年硐体应变观测成果	1990.01—1994.12	四川省地震局，杜全明、郭飞华、任义芝、陈万金、桑培谋	三等	1997 年

续表 7－1

项目名称		完成时间	完成单位和主要完成人	获奖等次	批准时间
获中国地震局科技进步奖成果	活动断裂地震潜势的定量评估理论方法与应用	1991.01—1996.12	中国地震局，闻学泽	二等	1998 年
	中国大陆及邻区现今构造运动和强震活动规律		中国地震局分析预报中心……、四川省地震局(3)，罗伟、罗灼礼、吴碧春、闻学泽、朱航	三等	1998 年
	鲜水河-小江断裂带的研究	1990.01—1994.12	中国地震局，李平……、闻学泽(3)等 9 人	二等	1998 年
	成功实现 1998 年宁蒗 5.3、5.2、6.2 级地震短临预报	1991.01—1996.12	四川省地震局、攀枝花市地震办公室、凉山州地震局、甘孜州地震局，程式、杜方、胡方良、牟雅源、程万正、周朝晖、卢开南、廖志和、邱桂兰	二等	1999 年
	2005 年前中国大陆强震预测方法和预测图编制	1998.08—1998.12	……、四川省地震局(5)等 5 单位，四川省地震局无人排在前 9 名	二等	1999 年
获中国地震局防震减灾优秀奖成果	中短期前兆识别准则和评价研究	1996.05—2000.11	河北省地震局、四川省地震局等 7 单位，罗兰格、韩渭宾……、程万正(9)等 15 人	一等	2001 年
	我国城市防震减灾示范研究	1996.05—2000.12	中国地震局工程力学研究所……、四川省地震局(3)等 9 单位，赵振东……、李谊瑞(6)等 14 人	一等	2001 年
	地震预报管理制度的研究与地震预报管理条例的制定	1997.01—1999.6	中国地震局分析预报中心……、四川省地震局(6)等 6 单位，孙仕宏……、刘成仁(7)等 9 人	二等	2001 年
	《四川省防震减灾规划》研究与编制	1999.01—1999.06	四川省地震局、四川省发展计划委员会、四川省财政厅，王云基、吴耀强、扎喜旺登、王雪梅、李建明	三等	2001 年
	四川会理川－18 井地下水观测成果（1993—1998）	1993.01—1998.12	四川省地震局，王顺蓉、陈兴国、李小梅、李正中	三等	2001 年
	在人口稠密经济发达地区成功实现 1999 年 11 月 30 日绵竹汉旺 5.0 级地震短临预报	1999.01—1999.11	德阳市地震局、四川省地震局，潘正权、武至慎、申群太、何益均、程万正	三等	2001 年
	活动断裂的破裂分段理论与地震危险性的定量预测方法研究	1997.06—2000.05	四川省地震局、中国地震局地壳研究所、江苏省地震局，闻学泽、江娃利、易桂喜、侯康明、谢新生、王焕贞、范军、肖振敏、杜方	二等	2002 年
	多制式高次群复接分接设备	1999.10—2000.04	四川省地震局，邱西征、黄敏	三等	2002 年
	成都数字遥测地震台网设计与建设	1996.11—2000.11	四川省地震局，韩进、吕智勇、钟立人、杜文康、戴仕贵、康宏、吕微、苏国君、冯克全	二等	2003 年

续表 7－1

项目名称		完成时间	完成单位和主要完成人	获奖等次	批准时间
获中国地震局防震减灾优秀奖成果	四川省地震局断层形变场地观测（水准 1997—2001）	1997.01—2001.12	四川省地震局，廖华、舒华荣、段明、尹菊、段青、周耀祖、詹景平、黄杰、苏义	二等	2003 年
	四川省防震减灾数据库及震情灾情信息快速反应系统	1998.04—2000.09	四川省地震局，李谊瑞、范灵春、何玉林、辛华、吴碧春	三等	2003 年
	四川省炉霍（虾拉沱）地震台定点水准观测（1997—2002）	1997.01—2002.12	四川省地震局，杨永林、詹景平、舒华荣、廖华、段青	三等	2004 年
	2001—2003 年度四川地震趋势研究	2000.01—2002.11	四川省地震局，杜方、程万正、官致君、李桂芳、朱航	三等	2004 年
	川滇数字地震、前兆场变化及强震预测研究	1999.07—2004.04	四川省地震局、云南省地震局，程万正、秦嘉政、钱晓东、陈天长、蔡静观、吕弋培、苏有锦、官致君、皇甫岗	二等	2005 年
	广州市部分城区震害预测与防御对策研究	1999.09—2004.6	广东省地震局……、四川省地震局（4）4 单位，四川省地震局无人排在前 9 名	二等	2005 年
	中国灾害性地震震例汇编与研究	2001.01—2003.08	中国地震局地震预测研究所……、四川省地震局（5）等 7 单位，四川省地震局无人排在前 9 名	二等	2005 年
	四川 RS 卫星遥感系统	2002.12—2004.12	四川省地震局，刘放、辛华、程万正、江小林、漆德方	三等	2006 年
	强震短期前兆异常特征的物理分析和解释		中国地震局兰州地震研究所……、四川省地震局（5）5 单位，四川省地震局无人排在前 5 名	三等	2006 年
获四川省人民政府第八届哲学社会科学优秀奖研究成果	《四川省志·地震志》（公元前 26 年至公元 1985 年）	1986—1995	四川省地震局，江在雄、张升林、陈正渎、黄俊辉、李兴海	三等	1999 年

说明："（）"中的数字表示排名顺序

第三章　科技服务

四川地震部门在改革开放过程中，在开展防震减灾工作的同时，利用本单位人力、技术、信息等资源优势，优化组合，走向市场，服务社会。在整个科技服务活动过程中，遵纪守法，坚守诚信，确保质量，获得了良好的信誉。1986—2005 年，承接和完成了一大批工程建设场地地震安全性评价、地籍和勘界测量、遥测地震台网设计和建设、地震地质勘探钻孔和爆破，以及承接生产、来料加工设备和配件等，培养锻炼了一支过硬的复合型人才队伍，推动了地震科研的开展，促进了防震减灾事业的发展，取得了良好的社会经济效益。

第一节　工程建设场地地震安全性评价服务

工程建设场地地震安全性评价工作，早期称地震烈度复核、地震烈度鉴定。随着科技的不断进步，又作地震危险性分析、地震安全性评价、地震小区划。2001 年后，执行国家标准《中国地震动参数区划图（2001)》，用地震动参数取代地震烈度，统称工程场地地震安全性评价。开展这些工作的目的是为工程建设提供基本参数进行抗震设防，按照设防烈度标准进行建设，保证工程建设质量和使用年限，减少国家经济损失。1986—2005 年，省地震局工程地震研究所（院）、局地震地质队和成都工程地震研究所等受有关单位的委托，承担工程建设场地地震安全性评价的项目有 270 余项，其中主要重大工程建设场地地震安全性评价 89 项。

1986—2005 年四川地震系统承接主要重大工程建设场地地震安全性评价项目表

表 7－2

序号	项目名称	业主	委托时间
1	冶勒水库地震基本烈度鉴定	水电部成都勘察测绘研究院	1986 年 1 月
2	四川省大邑县双河电站工程地震基本烈度复核	大邑县双河电站工程指挥部	1986 年
3	四川省灌县岷江紫坪铺电站工程地震基本烈度复核	灌县岷江紫坪铺电站工程指挥部	1986 年
4	四川省汶川县沙排水电站工程区地震基本烈度复核	汶川县沙排水电站工程指挥部	1986 年
5	四川省理县甘堡水电站工程区地震基本烈度复核	理县甘堡水电站工程指挥部	1986 年
6	四川省重庆市铜梁县安居水电站工程区地震基本烈度复核	重庆市铜梁县安居水电站工程指挥部	1987 年

续表 7－2

序号	项目名称	业主	委托时间
7	重庆市合川水利枢纽工程地震基本烈度复核	合川水利枢纽办公室	1987 年 12 月
8	重庆市铜梁县热电厂地震基本烈度复核	铜梁县热电厂工程指挥部	1987 年
9	国家 I 类构筑物，四川省松潘县川主寺“红军长征纪念碑”（碑体高度 30 米）地震基本烈度复核	成都军区	1987 年
10	四川省重庆市合川县渭沱水电站工程区地震基本烈度复核	重庆市合川县渭沱水电站工程指挥部	1987—1988 年
11	四川省合江县榕山四川天然气化工厂大化肥装置（装置高度 30 米）地震基本烈度复核	合江县榕山四川天然气化工厂	1988 年
12	彭水水利枢纽工程区地震基本烈度复核	长江流域规划办公室	1988 年 8 月
13	里伍铜矿地震基本烈度鉴定	里伍铜矿筹建处	1989 年 7 月
14	筠连煤矿工程地震研究	筠连煤矿筹备处	1989 年 11 月
15	德阳市区地震小区划	德阳市人民政府	1990 年
16	岗嘎大桥部队营房区地震基本烈度复核及地震危险性分析	成都军区后勤部	1990 年 9 月
17	巴塘县城建区地震基本烈度复核及地震危险性分析研究	四川省重建家园办公室	1991 年 1 月
18	满拉电站地震基本烈度鉴定	西藏水利局	1991 年 10 月
19	二郎山隧道地震基本烈度复核及地震危险性分析	交通部第一勘测设计院	1992 年 1 月
20	重庆市 327 工程地震基本烈度评定及地震危险性分析	重庆渝海实业开发总公司	1992 年 5 月
21	四川广播电视塔工程地震研究	四川省广播电视塔工程建设指挥部	1992 年 1 月
22	成都双流机场活动断裂研究与地震危险性分析	成都双流机场建设指挥部	1993 年 8 月
23	绵—茂公路工程场地地震安全性评价	四川省绵竹县人民政府	1993 年 9 月
24	九寨—黄龙民用机场地震安全性评价	四川省旅游局	1994 年 1 月
25	桑日沃卡一级电站工程区地震基本烈度复核	西藏自治区水利电力勘测院	1994 年 2 月
26	康定机场工程建设场地地震安全性评价	甘孜州康定机场筹建领导小组	1994 年 11 月
27	重庆广播电视塔工程场地地震安全性评价	重庆广播电视塔筹备领导小组	1994 年 12 月
28	西藏仁多水库工程区地震安全性评价	日喀则地区一江两河管理局	1995 年 4 月
29	四川输气干线抗震安全性评价	中国石油天然气总公司抗震办	1995 年 4 月
30	国道 317 线鹧鸪山隧道工程场地地震安全性评价	省交通厅公路规划勘察设计院	1995 年 8 月
31	华蓥山公路隧道工程场地地震安全性评价	省交通厅公路规划勘察设计院	1995 年 9 月
32	四川省涪陵市三峡水库防护堤工程场地地震安全性评价	涪陵市移民迁建防护工程	1995 年 9 月
33	西藏江雄水库地震基本烈度复核	长春市水利水电勘察设计院	1996 年 7 月

续表 7－2

序号	项目名称	业主	委托时间
34	泸州长江二桥工程场地地震安全性评价	四川省隆纳高速公路建设指挥部	1996 年 12 月
35	平武涪江火溪河梯级电站工程场地地震安全性评价	华能国际	1996 年 12 月
36	西藏萨噶县水电站工程水库诱发地震评价	萨噶县人民政府	1997 年 1 月
37	汶川福堂水电站工程场地地震安全性评价	四川省阿坝州水电开发总公司	1997 年 6 月
38	高县惠泽水库工程场地地震烈度复核	高县水利电力局	1997 年 6 月
39	四川彭州炼油厂工程场地地震安全性评价	四川省石油管理局	1997 年 7 月
40	西昌—攀枝花高速公路主要桥梁、隧道工程场地地震安全性评价（共 16 个场点）	省交通厅公路规划勘察设计院	1997 年 8 月
41	绵竹市城区地震动小区划	绵竹市人民政府	1997 年 8 月
42	雅安—石棉段高速公路工程场地地震危险性评价（共 14 个场点）	省交通厅公路规划勘察设计院	1997 年 12 月
43	汶川桑坪水电站工程场地地震安全性评价	中国水利水电建设工程成都公司	1998 年 1 月
44	忠县天然气净化厂工程场地地震安全性评价	四川省石油管理局	1998 年 8 月
45	贵阳市西郊水厂工程场地地震安全性评价（共 3 个场点）	贵阳市西郊水厂建设指挥部	1998 年 8 月
46	攀枝花民用机场工程场地地震安全性评价	攀枝花市民用机场建设领导小组	1998 年 9 月
47	国道 108 线金沙江大桥地震动参数确定	省交通厅公路设计院	1999 年 3 月
48	四川省都江堰水泥厂工程场地地震安全性评价	都江堰市建材总公司	1999 年 4 月
49	四川大渡河支流田湾河梯级电站工程场地地震安全性评价	四川省投资集团公司	1999 年
50	国道 318 线二郎山隧道西出口至康定段公路沿线主要工程场地地震安全性评价	省交通厅内河勘察规划设计院	1999 年 11 月
51	马边官帽舟水电站地震安全性评价	马边县官帽舟电站筹备组	2000 年 3 月
52	宜宾—水富高速公路柏溪金沙江大桥工程场地地震危险性概率分析及场地地震动参数确定	省交通厅公路规划勘察设计院	2000 年 8 月
53	彭州市东林寺水库工程场地地震安全性评价	彭州市水电局	2001 年 1 月
54	攀枝花高耗能工业开发区小区划	攀枝花市防震减灾办	2001 年 5 月
55	GD318 线海子山—竹巴龙地震安全性评价	省交通厅公路设计院	2001 年 6 月
56	四川省人民医院门诊、住院综合楼地震安全性评价	四川省人民医院	2001 年 10 月
57	武警四川省总队指挥中心地震安全性评价	武警四川省总队工程办	2001 年 11 月
58	成都地铁一期工程地震安全性评价	成都市城市轨道交通公司	2002 年 2
59	成都市第二污水处理厂地震安全性评价	成都市排水有限责任公司	2002 年 3 月
60	罗家寨天然气净化厂地震安全性评价	西南油气田川东北项目部	2002 年 4 月
61	田湾松林河电站地震安全性评价	四川清源工程咨询公司	2002 年 9 月
62	紫东正街 54 号地震安全性评价	四川省省级机关房屋统建服务中心	2002 年 10 月
63	大渡河大岗山水电站工程地震安全性评价	国家电力公司成勘院	2003 年 3 月

续表 7－2

序号	项目名称	业主	委托时间
64	四川省黑水河梯级电站地震安全性评价	四川清源工程咨询公司	2003 年 6 月
65	攀枝花市雅砻江二桥工程场地地震安全性评价	攀枝花市交通局	2003 年 6 月
66	四川大学华西医院慢病部地震安全性评价	四川大学华西医院	2003 年 6 月
67	国道日尔朗山隧道、拉瓦括大桥地震安评	省交通厅内河设计院	2003 年 7 月
68	石棉 500KV 变电所地震安全性评价	西南电力设计院	2003 年 9 月
69	开行大厦地震安全性评价	四川央扩置业有限责任公司	2003 年 10 月
70	攀枝花大竹河水利工程场地地震安全性评价	攀枝花大竹河水利有限责任公司	2003 年 12 月
71	石棉 500KV 变电所（美罗）地震安全性评价	西南电力设计院	2004 年 1 月
72	香格里拉大酒店地震安全性评价	香格里拉大酒店(成都)有限公司	2004 年 3 月
73	四川涪江小河、丰登堡水电站地震安全性评价	都江堰凡水工程咨询公司	2004 年 8 月
74	大渡河深溪沟水电站工程场地地震安全性评价	国电成都勘测设计研究院	2004 年 8 月
75	四川省金汤河二期工程地震安全性评价	国电中南勘测设计研究院	2004 年 8 月
76	木里鸭嘴河水电站场地地震安全性评价	四川关家房地产公司	2004 年 9 月
77	国电黄桷庄电厂二期工程场地地震安全性评价	黄桷庄电厂二期工程筹建处	2004 年 9 月
78	95 工程场地地震安全性评价	中国核动力研究设计院	2004 年 11 月
79	木里河卡基娃水电站场地地震安全性评价	国电成都勘测设计研究院	2004 年 12 月
80	成都地铁新益州和南三环站地震安全性评价	成都市地铁有限责任公司	2005 年 1 月
81	四川亚东水泥彭州制造厂地震安全性评价	四川亚东水泥有限责任公司	2005 年 1 月
82	丹巴县关州水电站场地地震安全性评价	四川省水利水电勘测设计院	2005 年 3 月
83	攀枝花市红格旅游度假区地震小区划	攀枝花防震减灾办公室	2005 年 4 月
84	铁山坡气田净化厂地震安全性评价	中国石油西南油气田川东北气矿	2005 年 7 月
85	锦屏—苏南特高压直流输变电工程地震安评	西南电力设计院	2005 年 8 月
86	阿坝州茂县吉鱼水电站场地地震安全性评价	四川茂县吉鱼水电开发有限公司	2005 年 8 月
87	四川革什扎河水电站场地地震安全性评价	四川革什扎河水电开发有限公司	2005 年 10 月
88	乐山—宜宾高速公路工程场地地震安全性评价	省交通厅公路设计院	2005 年 11 月
89	凯丽滨江花园地震安全性评价	成都和俊投资有限公司	2005 年 12 月

第二节 地籍、勘界测量

1986—2005 年，省地震局测绘工程院受有关地方政府和单位的委托，承担完成地籍测量、勘测定界测量、地形测量、数据库建设、大坝形变测量、滑坡体形变观测、房屋沉降观测和大楼变形观测等计 56 项。

1986—2005 年承接地籍、勘界测量一览表

表 7－3

序号	项目名称	委托单位	签约时间	完成时间
1	成都军区联勤部下属各单位地籍测量	成都军区联勤部	1988 年 5 月	1989 年 2 月
2	四川农业大学地籍测量	四川农业大学	1989 年 3 月	1989 年 10 月
3	双流县各场镇地籍测量	双流县国土资源局	1990 年 3 月	1991 年 2 月
4	成都青羊区国有土地地籍测量	成都市青羊区国土资源局	1992 年 9 月	1993 年 6 月
5	成都市锦江区国有土地地籍测量	成都市锦江区国土资源局	1992 年 12 月	1993 年 8 月
6	重庆市合川县东京沱地籍测量	重庆市合川县国土资源局	1994 年 1 月	1994 年 6 月
7	重庆市铜梁县地籍测量	重庆市铜梁县国土资源局	1994 年 6 月	1994 年 12 月
8	雅安市多营镇地形测量	雅安市国土资源局	1995 年 2 月	1995 年 5 月
9	雅安市地籍测量	雅安市国土资源局	1996 年 3 月	1997 年 3 月
10	雅安市芦山县地籍测量	芦山县国土资源局	1996 年 11 月	1997 年 5 月
11	雅安市宝兴县地籍测量	宝兴县国土资源局	1997 年 4 月	1997 年 6 月
12	成都市黄田坝地形测量	成都市勘察测绘研究院	1997 年 7 月	1997 年 8 月
13	雅安市天全县地籍测量	天全县国土资源局	1997 年 4 月	1997 年 11 月
14	雅安市名山县地籍测量	名山县国土资源局	1997 年 6 月	1997 年 12 月
15	丁村坝水电站大坝变形观测	雅安地区丁村坝电站指挥部	1997 年 12 月	2001 年 3 月
16	宜宾市南溪县地籍测量	南溪县国土资源局	1998 年 2 月	1998 年 6 月
17	宜宾市兴文县地籍测量	兴文县国土资源局	1998 年 6 月	1998 年 8 月
18	宜宾市李端镇地籍测量	宜宾市国土资源局	1998 年 8 月	1998 年 10 月
19	宜宾市高县罗场镇地籍测量	高县国土资源局	1999 年 6 月	1999 年 8 月
20	南溪县大观镇地籍测量	南溪县国土资源局	1999 年 8 月	1999 年 9 月
21	宜宾市南溪县地形测量	南溪县国土资源局	1999 年 9 月	1999 年 11 月
22	宜宾市兴文县玉屏乡地籍测量	兴文县国土资源局	1999 年 11 月	2000 年 1 月
23	雅安地区财政局经济适用房沉降观测	雅安地区财政局	2000 年 9 月	2002 年 3 月
24	南溪县城区地籍修测、补测	南溪县国土资源局	2001 年 5 月	2001 年 8 月
25	雅安市城区地籍修测、补测	雅安市国土资源局	2002 年 4 月	2003 年 5 月
26	雅安市大兴生态园区新征建设用地勘测定界测量	雅安市农业高科技工业园区管理委员会	2003 年 3 月	2004 年 1 月
27	雅安市电信局通信大楼变形观测	雅安市电信局	2003 年 3 月	2004 年 10 月
28	荥经县城区 1∶500 地形测量	荥经县建设局	2003 年 3 月	2003 年 6 月
29	雅安市周公山温泉蓄水拦河大坝变形观测	四川雅安温泉旅游开发股份有限公司	2003 年 5 月	2003 年 12 月
30	川大江安校区绿地面积测量及不高山土方量测量	四川大学国有资产管理处	2004 年 5 月	2004 年 9 月
31	精化大地水准面 GPS/水准点选埋、GPS 观测、雅安二等水准联测	四川省地震局减灾救助研究所	2004 年 5 月	2004 年 7 月

续表7－3

序号	项目名称	委托单位	签约时间	完成时间
32	四川雅安水津关电站新征建设用地勘测定界测量	四川雅安杰森电力有限公司	2004年8月	2005年6月
33	宝兴滑坡地段1:1000地形测量	宝兴县建设旅游局	2004年8月	2004年10月
34	邓池沟电站新征建设用地勘测定界测量	宝兴蜂蛹寨水电有限责任公司	2004年10月	2005年4月
35	四川松林河洪一电站新征建设用地勘测定界测量	四川松林河流域开发有限公司	2004年10月	2005年1月
36	雅安市金鸡关垃圾处理场1:500地形测量	雅安市建设局	2004年10月	2005年1月
37	成都军区联勤部下属各单位地籍测量修、补测及数据库建设	成都军区联勤部	2004年11月	2005年2月
38	芦山县电力公司地籍测量	芦山县电力公司	2004年12月	2005年2月
39	内江土地整理1:2000勘测定界测量	四川信达测绘咨询有限公司	2004年12月	2005年5月
40	雅安市第二人民医院医务大楼变形观测	雅安市第二人民医院	2004年12月	2005年12月
41	四川雅安沙坪水电站新征建设用地勘测定界测量	四川雅安杰森电力有限公司	2005年3月	2005年11月
42	咔日沟一、二级电站新征建设用地勘测定界测量	四川浩源电力建设有限责任公司	2005年3月	2005年6月
43	成都市青羊区地籍、地形测量及数据库建设	成都市国土资源局、成都市勘测院	2005年4月	2006年8月
44	国资公司信贷项目地籍测绘	雅安市国有资产经营有限责任公司	2005年4月	2005年6月
45	宝兴县给水扩建工程新征建设用地勘测定界	宝兴县给水扩建工程指挥部	2005年4月	2005年6月
46	宝兴县教育局拟建校区新征建设用地勘测定界	宝兴县教育局	2005年4月	2005年6月
47	芦山县城区1:500地形测量	芦山县建设局	2005年4月	2005年11月
48	葫芦坝电站大坝变形观测	四川雅安杰森电力有限公司	2005年4月	2005年12月
49	汉源垃圾处理场地形测量	汉源县国资公司	2005年5月	2005年10月
50	厂房尾水下游周公河右岸红岩脚滑坡体变形监测	四川瓦屋山电力实业有限公司	2005年5月	2005年12月
51	四川泛华航空仪表厂地籍测绘	四川泛华航空仪表厂	2005年6月	2006年3月
52	瀑电工程占补平衡土地整理项目六标段（石棉）1:2000地形测量	雅安市土地整理储备中心、石棉县国土资源局	2005年8月	2006年3月
53	雅安市雨城区耕地整理（移民安置）测量	雅安市国土资源局雨城分局	2005年10月	2006年5月
54	天全下村电站新征建设用地勘测定界	天全下村电力有限公司	2005年12月	2006年5月
55	天全始阳电站新征建设用地勘测定界	天全始阳水力发电有限责任公司	2005年12月	2006年5月
56	天全切山电站新征建设用地勘测定界	天全切山水力发电有限责任公司	2005年12月	2006年5月

第三节 地震地质勘探钻孔、爆破

1986—2005 年，省地震局地震地质队受有关单位的委托，承担完成钻孔及水下爆破、岩石标本采集和草场灌溉工程施工方案设计等 9 项。

1986—2005 年承接钻孔及水下爆破等工程一览表

表 7－4

序号	项目名称	委托单位	任务	实施时间
1	青藏高原岩石圈结构、演化和地球动力学	中国科学院地球物理研究所	钻孔及水下爆破	1994 年
2	青藏地区措勤盆地物性采集和初测	国家地震局地质研究所	岩石标本采集（物性采集和初测）	1996 年
3	长江三峡 SX9309 工程（三峡工程南北向剖面人工地震探测）	国家地震局地壳应力研究所	钻孔及水下爆破	1997 年
4	国家重点科技项目湖北省三峡地区长江坝区人工地震测深工程的炮点选择及爆破实施工作	国家地震局地壳应力研究所	钻孔及水下爆破	1988 年
5	新疆天山—昆仑山地学断面宽角反射与折射地震	中国地质科学院实验地震队	钻孔及水下爆破	1997 年 9 月
6	973 项目子专题“川滇地区活动地块的深部构造与强震活动的关系”	中国地震局地球物理研究所	钻孔及水下爆破	2000 年 9 月
7	高原深部三维物性结构、物性状态及其形成的动力学过程	中国科学院地质与地球物理研究所	钻孔及水下爆破	2001 年 7 月
8	西藏革吉县帮巴区饲草饲料基地草场灌溉工程	西藏自治区革吉县帮巴区政府	可行性报告的组织和设计	1991—1992 年
9	西藏革吉县土种选优站嘎尔嘎草场引水灌溉工程	西藏自治区革吉县政府	施工方案设计	1991—1992 年

第四节 遥测地震台网设计和建设

1986—2005 年，省地震局水库地震研究所受有关单位的委托，承担遥测地震台网设计、建设和提供主要设备等 17 项。

1986—2005 年四川省地震局水库地震研究所承建遥测地震台网情况表

表 7－5

台网名称	所在省区	签约、设计、承建时间	台网规模	观测项目	备注
二滩	四川	1989 年—1992 年 5 月	8 个模拟子台，2 个中继站	测震	已建成
大桥	四川	1993 年初—1996 年 7 月	5 个模拟子台，3 个中继站	测震	已建成
花土沟	青海	1995 年初—1995 年 5 月	5 个模拟子台，1 个中继站	测震	已建成
小浪底	河南	1996 年	8 个模拟子台，1 个中继站	测震	提供全套遥测设备和安装
龙羊峡	青海	1995 年 4 月—1996 年 12 月	5 个模拟子台，1 个中继站	测震	重新设计改建，已建成
李家峡	青海	1997 年 7 月—1999 年 2 月	5 个模拟子台，1 个中继站	测震	已建成
克孜尔	新疆	1999 年 8 月—2000 年 1 月	5 个模拟子台	测震	已建成
三峡前期	湖北	1996 年	7 个模拟子台	测震	提供主要设备和软件
隔河岩	湖北	1994 年—1995 年	7 个模拟子台，1 个中继站	测震	提供主要设备和软件
高坝洲	湖北	2000 年	4 个模拟子台，1 个中继站	测震	提供主要设备和软件
三峡	湖北	1997 年 11 月—2001 年 8 月	24 个数字化子台，3 个中继站	测震	承建并提供部分设备
攀枝花	四川	2001 年—2002 年 2 月	4 个数字化子台，1 个中继站	测震	已建成
漫湾	云南	2001 年 11 月—2002 年 5 月	4 个数字化子台，1 个中继站	测震	数字化改造，已建成
紫坪铺	四川	2003 年 7 月—2005 年 6 月	7 个数字化子台，2 个中继站	测震	已建成
百色	广西	2003 年 12 月—2004 年 10 月	6 个数字化子台，1 个中继站	测震	已建成
武都	四川	2005 年 6 月—	5 个数字化子台，2 个中继站	测震	在建
瀑布沟	四川	2005 年 12 月—	13 个数字化子台，3 个中继站	测震	在建

说明：四川省地震局水库地震研究所还先后提交有“成都台网数字化改造总体设计”“绵阳遥测地震台网总体设计”等工程设计报告。同时还派员参加了“中国数字台网总体设计”“长江三峡水库地震监测预测总体设计”等设计报告

第五节　生产、加工设备、配件

1986—2005 年，省地震局地震仪器研究所（原地震仪器厂），利用研究所的人力、技术、设备资源，研制、生产和销售了数百套 CDM 系列模拟地震信号无线传输设备。为二滩、三峡、小浪底、丹江口、隔河岩、大桥、高坝洲、李家峡、龙羊峡九大水库和水利工程生产提供了全套模拟地震信号无线组网设备；为四川成都台网、西昌台网、自贡台网、宁夏地震局、内蒙古地震局、青海地震

局、新疆地震局、河南地震局、河南驻马店地震办公室、河北地震局、北京台网、秦皇岛地震办公室、辽宁大连地震办公室、山东枣庄地震办公室、福建地震局、山东惠民地震办公室、山东淄博地震办公室、陕西地震局、陕西汉中地震办公室、广西地震局等20个模拟地震信号台网生产提供了全部或部分设备。生产销售CDM系列模拟设备产值为300多万元。1997—1999年，为上海地震局加工生产拾震器，产值10万。1999—2001年上半年，为成都数字地震信号无线台网的改造、三峡数字地震信号无线台网，生产提供了全部CDD数字地震信号无线传输设备，产值60余万元。

1986—2005年，地震仪器研究所金工车间，受成都内燃机总厂、铁道部资阳431厂、成都汽保厂的委托，承接对外加工任务的产值562万元。

1986—2005年，地震仪器研究所下属青年加工厂（又称震华机械厂），实行独立核算，自负盈亏，自主经营。先后为成都内燃机总厂提供加工490Q提前器、4100惰轮轴等配件产值1310万元。

第四章　地震科技信息服务

应用现代 IT 技术，根据地震监测预报和地震应急指挥、地震灾害现场救援等实际需要，建立地震信息服务系统（早期是地震科技信息网，2002 年变更为四川防震减灾网。它是四川省地震局的门户网站），实现地震数据信息的计算机网络传递和共享服务是四川地震信息服务系统的主要任务。

地震信息服务系统是四川数字地震观测网络的基础平台，系统建设遵循实用性、安全性、可靠性、先进性、可扩充性、易维护性和开放性。地震信息服务系统为四川地震观测（测震、前兆、强震、应急）网络提供基础的网络通信平台；为各级节点的数据汇集、交换、存储和综合业务监控系统提供基础的软硬件支撑平台；为各级节点的信息服务提供统一的网络发布支撑平台；根据四川数字地震观测网络业务系统的安全需求，地震信息服务系统提供统一的安全访问策略和安全服务；为行业内部用户和科研人员提供良好的网络基础服务和网络科研环境。

1986—2005 年，收集整理、著录各类地震科技档案 4800 余卷，保存各类地震观测图纸 21 万余张，馆藏各类图书、期刊 11000 余册、地形图和航卫片 64000 余张（片），出版各类地震图书资料 44 种，为地震监测预报、震灾预防、地震应急救援、地震宏观考察和地震科研等提供服务。

第一节　地震科技信息网络和信息服务

2002—2005 年，省地震局完成了四川地震信息服务系统建设。四川地震信息服务系统是全省数字地震观测网络系统中各技术系统的纽带，是四川数字地震观测网络系统的动脉。四川地震信息服务系统又是四川数字地震观测网络系统的数据共享平台，为地震分析预报和地震应急、地震科学研究提供数据信息共享。它又是四川省地震局面向政府和公众的一个重要窗口，其产出结果为不同层次的用户提供不同的服务。

一、四川地震信息服务节点建设内容

地震信息节点是以信息网络技术为基础平台，实现各分项技术系统有机联接，是四川数字地震观测网络系统建设的重要组成部分。包括工作环境改造；信道方式、速率选择；关键设备选型与集成；网络结构配置；网络布线、接地、网络安全；供配电安装调试等。充分考虑业务需要和发展趋势，具有实用性、灵活性、安全性、先进性。

二、四川地震信息服务系统功能

平时为全省地震部门提供测震、前兆、强震观测数据的数据传递；保存地震、地质、地球物理

的有关数据和信息，为社会提供服务。在地震发生时向四川省地震应急指挥系统提供服务，震情灾情上报、上传下达抗震救灾指挥部信息，指挥调度保障，涉密地震观测数据及信息安全存储/处理/交换，发布辟谣信息等。

三、四川地震信息服务系统的组成

通信网络系统　四川地震信息服务系统以先进的 IT 技术为主体，采用星型网络拓扑结构构建整个网络。主要涉及四川省区域中心、5 个大中城市节点、9 个县级节点、17 个台站信息节点以及各测震、前兆、强震台。局域网采用冗余方式设计，双冗余核心交换与楼层交换组成局域平台。地震行业通信业务包括以下几类：

常规网络服务：域名、邮件服务等；专业应用：专业业务网站、FTP 数据交换等；专业数据流：采用 TCP/IP、SOCKET 协议的测震、前兆、强震数据流的传递，基于数据库和活断层、应急、信息系统的数据队列等；音视频数据流：IP 电话、视频会议、视频直接等实时数据流；对外服务：数据下载服务、对外信息发布、流量数据下载等；其他：个人通信，使用因特网等。

应用支撑系统　地震信息服务应用支撑系统包括网络通信平台、服务平台、应用平台、开发平台、数据库平台、管理平台、WEBGIS 平台、存储平台、电子政务平台和用户平台等系统建设。

地震数据共享与信息服务　地震数据共享主要是利用四川地震信息服务系统所建的基础设施将四川数字地震观测网络所产生的测震观测、前兆观测、强震观测和地震灾害调查等数据在地震行业内实现及时、无偿、完全共享；面向行业外的科研人员、政府机构和公众有条件地提供部分数据服务。

地震信息服务将为各节点内部、行业内部、各级政府和公众快速提供由原始地震数据经过分析提取出来的信息，包括地震消息、预测预报信息、地震应急信息和地震科学研究信息等，还提供行业相关的法律法规、地震行业动态、地震知识和地震文献等资料。

地震数据共享与信息服务是整个四川地震信息服务系统面向用户服务的窗口，地震数据共享与信息服务主要采用网站形式提供服务。

地震信息服务的内容：内部网站主要发布行业消息，包括国家台网速报信息、国家中心和各区域节点业务系统运行状况，行业动态、重大课题协作和进展等；各节点内部网站，提供自动化办公和内部信息发布。公众门户网站提供地震速报信息、破坏性地震灾情与救灾信息、有感地震相关信息、临震避震信息、台网分布和检测能力信息、地震科普知识、地震行业和区域法规、地震行业动态和用户反馈等。各类网站除静态网页外，提供交互式的数据库查询服务。

安全平台　四川地震信息服务系统区域中心采用防火墙 + 入侵检测系统 + 防病毒网关 + 漏洞扫描系统 + 防病毒系统的模式搭建网络安全平台。安全技术包括数据包过滤、数据加密及身份认证、入侵检测、病毒防治、内部地址转换和数据备份等多种技术。区域中心核心网络设备和服务器采用双机系统，对系统和数据进行备份，对数据库、电子邮件等重要服务器定期进行增量备份和完全备份。

运行管理与支撑　为了使四川数字地震观测网络中的资源得到更加有效的利用，维护网络的正常运行，当网络出现故障时能及时报告和处理，并协调、保持网络系统的高效运行。四川地震信息服务系统具有配置管理、性能管理、故障管理、安全管理、网络流量管理和网络规划管理等多种网络管理功能。

运行支撑包括系统的设备状态，信息状态，核心系统运行状态的监视和管理，网络运行质量统计，产出系统运行报告、报表等内容。区域中心须提供面向地震行业的目录服务功能。为通过查询目录服务器来获得所需要的信息，实现单位和个人进行统一信息管理，实现单一用户登录，统一管理服务、资源和应用程序的使用等功能提供支持。集中建立统一的用户信息，供各项业务和网络服务使用。

第二节　科技档案、图书资料和科技刊物

一、地震科技档案

四川省地震局科技档案主要内容有地震科技管理、地震监测、地震预报、地震考察报告、工程场地地震安全性评价报告、地震地质调查报告、仪器研制报告、地震台站改造基建报告和地震模拟记录图纸等。科技档案按照中国地震局《中国档案分类法地震分类表》进行分类和建档，按《中国地震局科学技术档案管理办法》和《地震科技档案工作业务规范》进行管理，以计算机档案管理系统进行操作。至2005年，收集、整理、著录各类地震科技档案4866卷，其中永久1756卷（透明图128张）、长期1523卷（透明图34张）、短期197卷，雅安保存部分地震测量等档案1390卷，由纸质文字材料和部分电子文档保存。另保存有 $M_L \geq 2.5$ 级地震观测图纸217132张（2635卷）和缩微胶片106张。

二、图书、资料

2000年，四川省地震图书室对一批陈旧、过期的图书、期刊进行清理。至2005年，馆藏各类图书9000余册，中外文期刊2000余册（合订本）；库藏地形图11634张，卫片939片，航片51860片，地质报告和地震目录等5185册。

三、《四川地震》期刊

《四川地震》是省地震局和省地震学会共同主办的综合性学术刊物。该刊物于1977年创刊，每逢季末出版，面向国内外公开发行。《四川地震》坚持理论与实践相结合的原则，贯彻“百花齐放，百家争鸣”的办刊方针，刊载地球科学方面的学术研究论文，以及与地球科学有关的边缘和交叉学科等方面的科研成果和综述性文章。促进学术交流，为防震减灾服务。《四川地震》的主要读者对象是从事地震及防震减灾领域的科技人员、各级地震工作部门的管理人员和有关大专院校地球物理专业的师生。

《四川地震》在2001年前为16开本，每期64页。2001年起改为A4版面，每期48页。每期发行1000册。1986—2005年，共出版80期，8万册，刊载各类文章749篇，约计800万字。

《四川地震》从1999年起被《中国学术期刊（光盘版）》收录，后又被《中国核心期刊（遴选）数据库》《万字数字化期刊群》收录。现为“中国学术期刊综合评价数据库”“中国期刊全文数据库”“中文科技期刊数据库”源期刊。2000年，在全国科技期刊规范执行评优活动中，《四川地震》

获得首届《AJ－CD规范》执行优秀奖。

四、《四川地震科技参考》

《四川地震科技参考》是省地震局科技信息研究所主办的地震科技情报性刊物，用于内部交换信息。该刊物主要报道省内地震科技活动、地震学术动态、地震科研进展；介绍地震监测预报的一些新方法、新思路和新成果；编译国外地震学术活动、国际地震动态，介绍一些新成果、新方法；同时也编发、刊载一些基础研究资料、专题报道。为有关领导和地震科技人员提供参考资料和信息，推进学术交流。1986—2001年该刊计出版152期，后停刊。

第三节 科技成果出版

四川省地震局科技人员对承担的科研项目、日常工作、地震科学考察、地震地质填图以及其他研究工作完成后产出的科研成果进行归纳、整理，编辑成册，提供研究人员查阅，或继续深入研究，或向省内外有关单位、大专院校交换。1986—2005年，共编辑出版各类地震科技图书44种，其中英文版1种。

1986—2005年四川地震科技图书出版一览表

表7－6

书名	作（编、译）者	出版社、出版时间及书号	备注
地震理论及应用	［日］松泽武雄著，黄兴建、唐贤书译	地震出版社，1980年， 书号：13180.72	前卷增补
鲜水河断裂带地震学术讨论会文集	四川省地震局编	地震出版社，1986年， 书号：13180.346	
1981年道孚6.9级地震资料图片集	四川省地震局情报资料室、甘孜藏族自治州地震局	四川科学技术出版社，1986年， 书号：13298.52	
攀西地区地震危险性研究	四川省地震局，唐荣昌、黄祖智主编	四川科学技术出版社，1986年 书号：13298.97	
西南地震简目（川、滇、黔、藏）	四川省地震局、云南省地震局、西藏自治区地震办公室地震简目编辑组	四川科学技术出版社，1988年， 书号：ISBN7－5364－0661－4/P.14	
一九七六年盐源—宁蒗地震	盐源—宁蒗地震编辑组	地震出版社，1988年， 书号：ISBN7－5028－0035－4/P.36	
活动构造学	［美］R.E华莱士，C.R艾伦等著，四川省地震局译	四川科学技术出版社，1989年， 书号：ISBN7－5364－1058－1/P.19	
松潘7.2级地震档案资料图片集	阿坝藏族羌族自治州地震局、档案局编	四川科学技术出版社，1989年， 书号：ISBN7－5364－1516－8/P.28	
鲜水河活动断裂带	四川省地震局，邓天刚主编	四川科学技术出版社，1989年， 书号：ISBN7－5364－1119－7/P.20	
松潘地震预报学术讨论会文集	四川省地震局编	地震出版社，1989年， 书号：ISBN7－5028－0227－4/P.146	
阿坝藏族羌族自治州地震灾害与对策研究	阿坝藏族羌族自治州地震局编，徐吉廷主编	地震出版社，1991年， 书号：ISBN7－5028－0562－1/P.374	

续表 7－6

书名	作（编、译）者	出版社、出版时间及书号	备注
地震词典	周存忠主编	上海辞书出版社，1991 年， 书号：ISBN7－5326－0150－1/P. 2	
计算机信息系统设计实现与应用	孙其政、李谊瑞主编	四川科学技术出版社，1991 年， 书号：ISBN7－5364－2199－0/TN. 71	
小金地震资料图片集	阿坝藏族羌族自治州地震局编	成都地图出版社，1992 年， 书号：ISBN7－80544－306－8/K. 296	
中美双边鲜水河断裂带地震学术讨论会文集	四川省地震局编	地震出版社，1991 年， 书号：ISBN7－5028－0664－4/P. 45	英文版
石棉—西昌地区地震区划研究	四川省地震局，唐荣昌主编	成都科技大学出版社，1992 年， 书号：ISBN7－5616－1151－3/P. 21	
一九八九年四川小金地震	四川省地震局，周本诚主编	四川科学技术出版社，1993 年， 书号：ISBN7－5364－2831－6/P. 48	
四川活动断裂与地震	四川省地震局，唐荣昌、韩渭宾主编	地震出版社，1993 年， 书号：ISBN7－5028－0854－X/P. 532	
微型计算机图形处理技术与应用	李谊瑞等编著	地震出版社，1993 年， 书号：ISBN7－5028－9046－5/TP. 9	
重庆江北地震学术讨论会文集	重庆市地震办公室，廖登孝主编	地震出版社，1993 年， 书号：ISBN7－5028－0907－4/P. 562	
四川地震预报研究进展	四川省地震局，韩渭宾主编	四川科学技术出版社，1994 年， 书号：ISBN7－5364－1078－6/P. 55	
四川中短期地震预报研究	四川省地震局，程万正主编	成都地图出版社，1994 年， 书号：ISBN7－80544－409－9/P. 8	
1989 年四川巴塘强震群	四川省地震局，罗灼礼主编	地震出版社，1994 年， 书号：ISBN7－5028－1179－6/P. 718	
四川西藏地震等烈度线图资料汇编	四川西藏地震等烈度线图资料汇编编辑组，江在雄等编	成都地图出版社，1994 年， 书号：ISBN7－80544－367－X/K. 354	
活动断裂地震潜势的定量评估	闻学泽著	地震出版社，1995 年， 书号：ISBN7－5028－1277－6/P. 795	
内存管理深入剖析	［美］Gary Saxer and Ellen Sander 著，李谊瑞、周克昌译	电子工业出版社，1995 年， 书号：ISBN7－5053－3243－0/TP. 1200	
阿坝州历史地震研究与资料汇编	阿坝州地震局，徐吉廷主编	成都地图出版社，1996 年， 书号：ISBN7－80544－468－4/P. 12	
四川地震台站典型震相图集	四川省地震局，苏国君编	成都地图出版社，1997 年， 书号：ISBN7－80544－493－5/P. 14	
中国强震活动图像与地震预报	四川省地震局，黄圣睦、董瑞英著	成都地图出版社，1997 年， 书号：ISBN7－80544－485－4/P. 13	
鲜水河活动断裂带及强震危险性评估	四川省地震局，李天袑、杜其方、游泽李、张成贵著	成都地图出版社，1998 年， 书号：ISBN7－80544－508－7/P. 15	
四川省志·地震志	四川省地方志编纂委员会编纂，江在雄主编	四川人民出版社，1998 年， 书号：ISBN7－220－03756－7/K. 583	

续表 7-6

书名	作（编、译）者	出版社、出版时间及书号	备注
地震地下流体观测技术研究与应用	四川省地震局，王云基、李正中等编著	成都地图出版社，1999 年，书号：ISBN7-80544-569-9/P. 17	
攀枝花市地震灾害与对策研究	攀枝花市防震减灾领导小组办公室，刘凤义、卢开南主编	成都地图出版社，1999 年，书号：ISBN7-80544-504-0/P. 15	
四川地震资料汇编第三卷（1979 年 6 月至 1999 年 12 月）	四川地震资料汇编第三卷编辑组江在雄、刘素琼、田力、刘登周、吕勋、陈正渎、董雪梅等编	成都地图出版社，2000 年，书号：ISBN7-80544-599-0/P. 18	
四川省地震监测预报方案（试行）	四川省地震局编	地震出版社，2001 年，书号：ISBN7-5028-1990-8/P. 1102（2541）	
四川省地震监测志	四川省地震局，江小林、安明智主编	成都地图出版社，2004 年，书号：ISBN7-80544-871-X	
西藏察隅当雄大地震	西藏自治区科学技术委员会、国家地震局科技监测司编（谢乐今、游泽李、吴芝雄、胡锦祥、张德成、吴章明）	西藏人民出版社，1988 年，书号：ISBN7-223-00143-7/P. 4	游泽李、吴芝雄、胡锦祥参加合作
西藏察隅当雄大地震资料图片集	西藏自治区科学技术委员会、国家地震局科技监测司编（谢乐今、游泽李、吴芝雄、胡锦祥、张德成、吴章明）	成都地图出版社，1989 年，书号：ISBN7-80544-085-9/K. 78	游泽李、吴芝雄、胡锦祥参加合作
监测网理论与应变分析方法	陶本藻、汪晓庆、杜方	武汉测绘科学技术大学出版社，1992 年，书号：ISBN7-81030-150-0/P. 25	杜方参与合作
云、贵、川、藏历史有感地震简目	云南、四川、西藏地震局编，罗荣联主编	成都科技大学出版社，1993 年，书号：ISBN7-5616-2969-3/P. 53	张升林、刘素琼、白兰香参与合作
1992—1993 年尼木地震和拉孜地震	西藏自治区地震局编，谢乐金主编，程万正、张文甫、刘洪发副主编，龚宇、江在雄等编写	成都地图出版社，1994 年，书号：ISBN7-80544-391-2/P. 7	程万正、张文甫、龚宇、江在雄参加合作
中国历史强震目录（公元前 23 世纪—公元 1911 年）	国家地震局震害防御司编，闵子群主编，吴戈、江在雄、刘昌森副主编，张升林等编辑	地震出版社，1995 年，书号：ISBN7-5028-1152-4/P. 694（1545）	江在雄、张升林参加合作
西藏自治区地震目录（公元 642 年—1995 年）	西藏自治区地震局编，李兴海、谢乐金主编，刘洪发、江在雄副主编	成都地图出版社，1998 年，书号：ISBN7-80544-533-8/K. 510	江在雄参加合作
一九八一年道孚地震	四川省地震局编	地震出版社，1986 年，书号：13180-263	

第五章　学术活动

1986—2005 年，四川省的地震学术活动很活跃，有关部门和学术组织举办了一系列的地震学术讨论会和国际地震学术交流会议。地震部门加大了地震科技合作、学术交流的广度和深度，先后接待 16 个国家和中国台湾、中国香港地区地震代表团专家、学者 79 批次、163 人次；派出 103 批次、137 人次到 22 个国家和中国台湾、中国香港地区进行科技合作、学术交流、考察访问、技术培训；还邀请国内一些专家、学者到四川省地震局讲学、考察和作学术交流。

第一节　学术组织

一、四川省地震局科学技术（学术）委员会

1978 年，四川省地震局学术委员会成立，1998 年更名为四川省地震局科学技术委员会。到 2005 年，该组织共换届 6 次，每届任期 4 年。设主任 1 名，副主任 2 名，秘书长 1 名，委员若干名。

四川省地震局科学技术委员会是省地震局为实施“科教兴国、科教兴川”战略，促进四川地震科技进步和防震减灾事业发展，充分发挥科技专家作用，提高科技决策民主化、科学化水平建立的地震科技咨询及审议机构。四川省地震局科学技术委员会在省地震局的领导下开展工作。

四川省地震局科学技术委员会主要职责和任务是：根据国内外防震减灾科技发展趋势和要求，结合四川省地震局工作的实际需要，在防震减灾科技发展方向和前沿动态、战略重点、科技政策、科技体制改革、人才培养和科技开发等方面的重大问题上进行调查研究，主动提出建议和报告，为省地震局领导决策提供科学依据；对全省防震减灾科技工作的长远发展规划及五年计划，提出咨询意见并进行审议；接受省地震局委托，对重大科技问题、重大项目和课题进行咨询、论证、评估和审议；关心地震科技人才的培养工作，向中国地震局和省级有关部门推荐优秀年轻的防震减灾科技人才；对国内外防震减灾科技合作与交流提出咨询意见或建议；了解四川省防震减灾重大科技项目立项、进展和执行情况；开展学术交流，促进地震科技进步；根据社会和公众的需要，积极参与科学普及活动。

二、四川省地震学会

四川省地震学会成立于 1980 年。到 2005 年，共换届 5 次，每届任期 4 年。四川省地震学会理事会设理事长 1 名，副理事长 1 名，秘书长 1 名，常务理事和理事若干名。四川省地震学会设有地震观测技术专业委员会、地震工程专业委员会、组织与协调专业委员会、地震预报专业委员会、减灾救

助专业委员会、科普与情报专业委员会、地震地质和工程地震专业委员会。

四川省地震学会由四川省从事地震科技研究和参与防震减灾事业的科技工作者自愿组成。依法登记成立，是具有法人资格的、公益性的、全省性的学术团体，是发展四川省地震科技事业的一支重要社会力量，是四川省科学技术协会的组成部分。

四川省地震学会的宗旨是：遵守国家宪法、法律法规和国家政策，遵守社会道德风尚，贯彻“科学技术必须面向经济建设”“百花齐放、百家争鸣”的方针，贯彻“经济建设同减灾一齐抓”的指导思想，坚持实事求是的科学态度，弘扬与时俱进的时代精神，倡导献身、创新、求实、协作精神，团结和组织省内广大地震科技工作者，积极开展学术交流、科普宣传、咨询服务，促进地震科技的繁荣与发展，促进地震科技的普及与发展，促进科技人才的成长和提高，为四川省经济和社会发展服务。

四川省地震学会的主要任务是：围绕地震科技和防震减灾开展学术交流活动，组织学术讨论会、报告会和各种讲座以及科学考察活动；普及地震科学知识，开展地震科技培训和青少年地震科普活动，推广地震科学技术成果，评选科普优秀作品；协助办好《四川地震》等科技刊物的出版发行，热心为会员服务，增强与会员及会员单位的联系，经常向有关部门反映科技工作的意见和呼声；接受政府和有关部门的委托，对重大建设项目和科研课题进行论证，提供咨询意见；举办各种科技讲座、学习培训、科技考察，传授新知识、新技术，开发智力，培养人才；鼓励会员和科技人员从事地震监测预报、震灾预防、地震应急救助等的研究，促进地震事业的发展，积极组织参加省科协和中国地震学会举办的各种学术、科普活动，密切与省学术团体、市（州）地震学会的联系，接纳新会员和团体会员；根据建立社会主义市场经济的需要，发挥学科优势，开展合法经营活动。

第二节　学术会议

1986—2005 年，四川省举行的地震学术会议计有 20 多次。这些地震学术会议内容包括地震前兆观测技术、地震预测预报研究、地震地质构造环境、地震活动性、地壳形变、地球物理、信息处理等，对推进防震减灾工作起到一定作用。

一、松潘、平武地震十周年地震预报学术讨论会

1987 年 5 月 11—13 日，中国地震学会前兆专业委员会、地震地质专业委员会、地震学专业委员会震源力学组、国家地震局分析预报中心、四川省地震局、四川省地震学会、绵阳市地震学会、阿坝藏族羌族自治州地震学会在成都联合召开了“松潘、平武地震十周年地震预报学术讨论会”。来自全国有关单位的专家、学者、科技人员 207 名参加学术讨论会。会议收到学术论文 230 余篇，在会议上交流了 112 篇。这些论文内容包括地震地质构造环境、地震活动性、地下水与地球化学、地球物理、震源物理、信息处理、前兆异常特征和前兆机理、潜在震源及地震危险性分析、地震预报的经验教训等。会后，部分代表还到地震现场进行实地考察，并出席“松平地震纪念碑”揭幕仪式。1989 年 8 月，四川省地震局编、地震出版社出版了《松潘地震预报学术讨论会文集》。

二、重庆江北地震学术讨论会

1991年12月，重庆市地震办公室在重庆举行“江北5.2、5.4级地震两周年纪念暨学术讨论会”。省内外有关单位的科技人员、专家、学者80余人出席了讨论会。会议收到论文数十篇，在大会上交流有40余篇。这些论文内容包括地震监测预报、地震现场工作决策、地震地质构造环境、地震灾害及宏观考察、地震对策及措施、抗震救灾、重建家园、地震科普宣传及社会经济影响调查、地震成因探讨等。1993年1月，重庆市地震办公室编、地震出版社出版了《重庆江北地震学术讨论会文集》。

三、中美双边鲜水河断裂带学术讨论会

为执行中美地震科技合作意向书的合作计划，经国家地震局、美国地质调查局和美国国家科学基金联合会发起，由四川省地震局和国家地震局组织筹办的“中美双边鲜水河断裂带学术讨论会”于1990年9月22—30日在成都举行。参加会议人员有100余人，其中中方地震科研工作者24人，美方地震科研工作者15人。国家地震局局长方樟顺、国家地震局科学顾问丁国瑜和国家科委、国家地震局、四川省地震局以及美领事馆等相关部门负责人出席了会议。四川省副省长罗通达及省外事办公室、省科委、省科协等有关部门负责人等应邀出席了开幕式。新华社四川分社、四川日报社、四川画报社和四川电视台、成都电视台等新闻单位亦派员赴会，并对会议作了及时报道。会议编印有“鲜水河断裂带考察指南”（英文），“中美双边鲜水河断裂带学术讨论会论文摘要”（中英文）。

会议分为大会交流和野外考察两部分。在3天的大会期间，中美双方宣读学术论文、报告37篇，其内容涵盖了鲜水河断裂带形成的历史环境及演变、发展进程，有关鲜水河断裂带的运动学、地震地质、古地震、地壳形变、地震活动性、测震学、地震前兆和地震预报等，反映了对鲜水河断裂带活断层及地震研究的最新进展和水平。6天野外考察使中外地震专家实地了解了鲜水河断裂带在大地构造中的概貌。在该断裂带经过的老河口、虾拉沱、恰叫及松林口等处，中外同行对跨断层形变测量、断裂带的近代运动以及古地震现象等表现出了浓厚兴趣。“中美双边鲜水河断裂带学术讨论会”为中美两国地震科技学者提供了交流学术思想、互相启发的良好机会，为推进中美两国今后地震科技合作研究创造了条件。不少美国地震专家表示希望能有机会在鲜水河断裂带上进行合作研究，特别是该断层几何学及古地震为代表的地震地质构造活动，利用GPS（全球定位系统）测量现今形变以及地震台网观测等方面有广阔的合作前景。

1992年，由四川省地震局编辑、地震出版社出版《中美双边鲜水河断裂带地震学术讨论会文集》（英文版）一集。

四、四川省纪念松潘—平武、盐源—宁蒗地震预报20周年学术研讨会

1996年9月3—5日，四川省地震学会、四川省地震局联合举办“四川省纪念松潘—平武、盐源－宁蒗地震预报20周年学术研讨会”。国家地震局副局长汤泉，中国地震学会副理事长、中国科学院院士丁国瑜，中国工程院院士谢礼立，省科协学会部副部长杜大洲等应邀到会。会议正式代表124人，收到学术论文79篇，大会交流论文67篇。这些论文涉及与防震减灾有关的各个学科，范围广、内容丰富，反映20年来，尤其是“八五”地震预报攻关科研成果和四川省防震减灾工作的新进展。

两位院士在大会作的学术报告，反映了活断层研究和抗震设防标准的前沿课题和最新成果。会后，《四川地震》就此次研讨会的论文出版了专集；《四川地震科技参考》也选了部分论文出了专集。

五、RADIUS 项目国际会议

1998 年 10 月 12—17 日，联合国十年减灾委员会 RADIUS（城市地震灾害风险水平评估）项目“自贡市城市地震场景讨论会”在自贡市举行。联合国十年减灾委员会秘书处官员等 7 位外国专家，中国地震局、四川省地震局、自贡市人民政府有关领导和相关部门负责人、科技人员等 80 多人出席会议。外国专家介绍了日本、印度、澳大利亚及斐济的震例和城市防震与地震应急经验；会议模拟了自贡发生强烈地震破坏场景，演示了自贡地震破坏评价结果，中国地震专家报告了 RADIUS 项目在地震危险性分析、工程建筑易损性分析和 GIS 技术应用取得的进展，介绍了自贡市防震减灾组织指挥体系和初步行动计划等内容。1999 年 5 月 21 日，联合国十年减灾委员会（IDNDR）秘书处在自贡市举行了“自贡 RADIUS 实例研究地震行动计划讨论会”，中外专家、学者及有关部门的负责人 130 多人参加了会议。

六、数字地震观测研讨会

2002 年 10 月 29 日，四川省地震学会、四川省地震局联合举办“数字地震观测研讨会”。研讨会上，韩进、庞明虎、吕智勇等就“水库地震发展面临的困难和挑战”“基于 TCP/IPS 构架的虚拟地震台网方案”“数字地震观测台网现状与发展”作了报告。研讨会开阔了科技人员的视野，了解了国内外对数字地震观测技术的发展动态，对四川省地震局科研工作提出了许多建议。

第三节　科技合作和学术交流

1986—2005 年，四川省地震部门本着突出重点、量力而行，加大了对中外地震科技合作、学术交流等的广度和深度，以不断提高地震监测预报、震灾预防和地震应急救援水平，推进地震科技事业的发展。根据需要和可能，地震部门先后接待了来自 16 个国家和中国台湾、中国香港地区的地震代表团（专家、学者）79 批次、163 人次来四川进行参观访问、科学考察、合作研究和学术交流。派出 103 批次、137 人次的科技人员或管理干部到 22 个国家和中国香港、中国台湾地区进行参观访问、学习培训、研究进修、技术考察、科技合作和参加国际地震学术讨论会等。邀请国内一些知名的专家、学者来四川省地震局举办专题讲座、短期讲学、作学术报告和考察交流。相关情况见表 7－7、表 7－8 和表7－9。

1986—2005 年外国和中国台湾、中国香港地区的地震代表团、专家、学者来川进行学术交流情况一览表

表 7－7

时间	参观访问、科技合作、学术交流等情况
1986 年 3 月 13—27 日	日本东京大学胁田宏副教授来川合作开展“地球化学与地震关系”项目的研究，并到康定、西昌调查了解水点情况
1986 年 3 月 8 日至 6 月 16 日	美国加州大学地震实验室艾伦教授、周华伟（研究生）应邀来川进行考察访问。重点考察、合作研究鲜水河断裂带的构造活动及 1973 年等几次地震的断层活动情况

续表7－7

时间	参观访问、科技合作、学术交流等情况
1986年10月13—10月26日	日本东京大学胁田宏副教授来川合作研究，在康定地震中心站架设日本产的NW—101型水氡连续观测装置，正式投入测试
1987年4月	联邦德国汉堡大学杜达教授来四川省地震局作“谱震级”学术报告
1987年6月6—8日	日本东北大学地震研究室地学部地震预知观测中心长谷川昭副教授来四川省地震局作学术报告
1987年6月29日	印度国家科学院名誉教授德希潘德博士在四川省地震局就震前动物习性异常进行学术交流
1988年3月4—14日	日本东京大学胁田宏教授等5人来四川省地震局进行科技合作，在西昌地震中心站太和水点，安装日方提供的水氡连续观测装置，投入试运行
1988年6月13日	加拿大多伦多大学秦建业副教授应邀在四川省地震局作“一种Lg波测定Q值的计算方法及其在地震预报应用的意义”等学术报告
1988年6月21—25日	捷克斯洛伐克科学院地球物理研究所地震研究室瓦尼克（主任）来四川省地震局访问
1988年11月6—10日	日本气象厅地震预知课课长津村建四郎应邀来四川省地震局进行学术访问
1988年12月4—9日	美国加利福尼亚大学伯克利地震台塞尔W塞尔（主任工程师）应邀到四川省地震局参观访问
1989年6月4日	日本东京大学理学部尾池和夫教授应邀来川进行学术交流，在四川省地震局作了“低频段观测到的浅源地震电磁辐射”等学术报告
1990年2月21日	苏联科学院海洋研究所地震探测试验室涅普罗契诺夫教授来川进行学术交流，在四川省地震局作了“太平洋岩石圈结构及地震活动性”学术报告
1990年2月2日至9月30日	美国地质调查局门罗帕分部、构造物理分部巴肯博士、威廉·普雷斯科特博士等15人，应邀来川出席“中美双边鲜水河断裂带学术讨论会”作学术交流。会后到鲜水河断裂带进行考察
1990年12月6—7日	希腊萨洛尼卡大学地震研究所柯拉科斯·佩夫特塞里斯先生来四川省地震局访问，参观了成都地震传输台网
1991年5月8—9日	日本东京大学理学部地球化学实验室主任胁田宏教授、中村俊一应邀到四川省地震局访问，就中日双方继续开展水氡观测合作研究达成协议
1991年8月11—17日	西德尔兰根大学柯韦纳斯博士和尼泊尔锐玛来四川省地震局进行考察访问
1991年11月7—17日	日本东北大学理学部地震预知火山预知观测中心长谷川昭教授、崛内茂木副教授到四川省地震局进行合作研究和学术交流
1991年11月21—24日	日本东京大学地震研究所沟上惠教授等4人到四川省地震局进行参观访问和学术交流
1992年4月10—15日	英国爱丁堡大学斯图尔特·克朗平教授等2人到四川省地震局进行学术交流，作了“S波分裂在地震预报中应用的可能性”等学术报告
1992年5月7日至6月3日	日本东北大学地震预知火山预知观测中心崛内茂木副教授应邀到四川省地震局作“中日地震波自动处理”项目的合作研究
1992年6月11—16日	美国科罗拉多大学大地测量学、地质学、物理学教授罗杰·比尔·哈姆到四川省地震局进行合作研究，并就“断层蠕动特征和断裂滑动分布模型”等作学术报告
1993年11月24—30日	日本东北大学长谷川昭教授、崛内茂木副教授等3人来四川省地震局进行地震科技合作，在成都作地震波自动记录实时处理系统的仪器扩容、检修，并去西昌地震中心站安装、调试地震波自动处理系统
1993年11月30日至12月7日	日本东北大学崛内茂木副教授继续在西昌和成都同四川省地震局的科技人员开展合作研究

续表 7-7

时间	参观访问、科技合作、学术交流等情况
1994 年 11 月 8—22 日	日本东北大学地震预知火山预知观测中心峒内茂木副教授、松本聪博士和河野俊夫先生为执行中日地震波科技合作研究项目，应邀到四川省地震局进行学术活动，对地震波研究、流动观测作讲解和演示
1995 年 6 月 5—7 日	德国汉堡大学杜达教授应邀到四川省地震局进行学术交流，介绍了宽频带地震记录分析的进展情况
1995 年 6 月 27 日至 7 月 30 日	美国俄勒冈大学雷 J·威尔登副教授等 4 人应四川省地震局邀请来川开展中美古地震合作项目的研究和学术交流。在鲜水河断裂带上开挖探槽，采年代学泥土样品，对断错地貌进行测量
1995 年 10 月 4—8 日	新西兰惠灵顿维多利亚大学统计和运筹研究所教授大卫·威尔琼斯及夫人访问四川省地震局，并进行学术交流
1995 年 10 月 19—29 日	日本东北大学理学部地震预知火山预知观测中心长谷川昭教授、峒内茂木副教授和仁田交市技官等人来四川省地震局，继续开展中日双方地震波项目的合作研究，分别对四川地区地壳结构、S 波分裂、第九介质 Q 质、地震精确定位、地震震源矩张量反演等进行研究
1996 年 5 月 25 日至 7 月 13 日	美国俄勒冈大学雷 J·威尔登副教授等一行 3 人来川开展中美古地震合作项目的研究和学术交流。在鲜水河断裂带上的炉霍、道孚、康定考察古地震遗迹，前后两年开挖探槽 15 个。取年代学泥土样品 66 个，在 26 个场地绘制局部地形图
1996 年 8 月 6—12 日	美国康涅狄格大学刘兰波副教授应邀来川进行中美合作研究立项考察，并作了“板内地震”的学术报告
1996 年 10 月 19—24 日	日本东北大学峒内茂木副教授应邀到四川省地震局进行中日地震波项目合作研究，作学术报告，参观访问了自贡遥测地震台网
1997 年 2 月 15—20 日	日本全国地震学与防灾研究所伊诺威博士和美国全球地震遥测台网中心博洛曼博士到四川省地震局进行学术交流
1997 年 3 月 15—21 日	美国南加州大学邓大量博士、李眉博士（女）到四川省地震局进行学术交流，作了“美国地震实时速报、预警系统的进展与南加州地震危险性分析”的学术报告
1997 年 11 月 10—11 日	美国联合国十年减灾委员会约翰·哈丁博士、日本东京大学工业学院国际工程减灾中心水品知之教授，代表联合国十年减灾委员会来川对自贡市申报“世界城市地区预测地震灾害风险评估工具实例研究”项目进行考察
1998 年 3 月 29 日至 4 月 17 日	美国俄勒冈大学雷 J·威尔登教授应邀来川，对“中美鲜水河断裂带与古地震合作研究项目”进行室内研究，并作学术报告
1998 年 4 月 8 日至 4 月 17 日	新加坡孙吉春（日本 OYO 公司新加坡分部）博士到四川省地震局、自贡市检查指导开展 RADIUS 项目工作
1998 年 4 月 9—15 日	日本科技厅国家地学防灾研究所峒内茂木教授应邀对四川省地震局进行地震波及地壳结构方面的学术交流
1998 年 8 月 21—22 日 8 月 26 日至 2 月 28 日	德国汉堡大学杜达教授到四川省地震局进行学术交流，并就“宽频带地震学和地震震级”作了学术报告
1998 年 8 月 25 日至 9 月 1 日	联合国十年减灾委员会项目技术专家濑川秀春博士（日本）、孙吉春博士（新加坡）到自贡市检查指导开展 RADIUS 项目工作的进展情况
1998 年 9 月 24—28 日	美国加州洛杉矶大学地球物理教授里昂·诺波夫及夫人、女儿一行来四川省地震局进行学术交流
1998 年 10 月 12—17 日	联合国十年减灾委员会秘书处以冈崎健二为首的日本、印度、澳大利亚、新加坡等国的 7 名专家到自贡，出席联合国十年减灾委员会 RADIUS 项目“自贡城市地震场景讨论会”
1999 年 3 月 18—20 日	日本科技厅防灾研究所地圈地球科学部井上公博士到四川省地震局进行合作研究

续表 7－7

时间	参观访问、科技合作、学术交流等情况
1999 年 5 月 2—22 日	IDNDR 秘书处特派指导委员会主席、日本 OYO 公司金子史夫等 6 人出席自贡市人民政府召开的“联合国——自贡 RADIUS 计划对策研讨会”；金子史夫等人还出席了联合国十年减灾委员会（IDNDR）秘书处在自贡市举行的“自贡 RADIUS 实例研究地震行动计划讨论会”
1999 年 9 月 29 日至 10 月 3 日	德国波茨坦地球物理研究中心皮特·波曼教授到四川省地震局进行学术交流
1999 年 12 月 22 日至 2000 年 2 月 24 日	美国麻省理工学院地球资源实验室朱正亚博士到四川省地震局商讨中美合作研究“四川地震精确定位”课题
2000 年 4 月 15—24 日	北爱尔兰共和国圣三合一学院 Alexander Densmore 博士、美国孟菲斯大学 Michael Eillis 教授来四川省地震局进行合作研究
2000 年 5 月 15—19 日	联合国区域发展中心减灾计划兵库事务所雷杰·萧博士（日本，印度籍）、都都博士（日本）来四川省地震局进行合作研究，在省地震局、自贡市地震局作了“全球城市地震安全计划（GESI）”等报告
2000 年 7 月 5—13 日	美国麻省理工学院地球资源实验室朱正亚博士来四川省地震局进行地震精确定位合作研究
2000 年 8 月 16—24 日	美国 MULTIMIX 公司焦文捷博士来四川省地震局进行合作研究
2000 年 11 月 6—8 日	美国国家科学基金会地震工程研究所刘师琦教授、美国大宇公司祁贵仲教授应四川省地震局邀请，来川考察访问，并作了“美国地震工程研究简介”报告
2000 年 12 月 3—7 日	联合国区域发展中心减灾计划兵库事务所雷杰·萧博士（日本，印度籍）应邀在自贡市地震局进行合作研究
2001 年 4 月 20—22 日	美国地质调查局布莱恩·布里泽尔专家来四川省地震局进行科技合作
2001 年 6 月 2—6 日	美国国家科学基金会地震工程研究所刘师琦教授、美国风险管理解决公司董伟民教授、美国密苏里大学 Franklin Y-cheng 教授、美国大宇公司祁贵仲教授来四川考察龙门山活动断裂及叠溪地震遗址
2001 年 7 月 10—30 日	美国孟菲斯大学 Michael Eillis 教授、北爱尔兰共和国圣三合一学院 Alexander Densmore 教授来四川龙门山地区进行合作地质考察
2001 年 9 月 25—28 日	日本东北大学地震预知火山预知观测中心长谷川昭教授来四川省地震局进行“地震波资料处理分析”项目合作研究
2002 年 9 月 5—9 日	日本东北大学崛内茂木博士到四川省地震局调查研究和学术交流
2003 年 2 月 3—25 日	美国 Seaspace 公司 Lei Shi 教授应邀到四川省地震局就卫星远红外技术用于地震监测预报进行学术访问，并作 EOS/MODIS 学术报告
2003 年 3 月 5—25 日	美国孟菲斯大学 Michael Eillis 教授、北爱尔兰共和国圣三合一学院 Alexander Densmore 博士应邀到四川省地震局合作研究，对四川龙门山断裂带进行野外地震地质考察
2003 年 8 月 1—3 日	美国 Seaspace 公司 Aark Magnano 专家来四川省地震局就卫星远红外技术应用进行合作研究
2004 年 4 月 7—12 日	日本国际计测器株式会社部长田代和义一行来四川省地震局合作，开展大桥水库强震台网建设
2004 年 4 月 9—11 日	新加坡民防部队总队陈赞成总监等一行 5 人到四川省地震局参观和考察四川省防震减灾指挥中心和工作系统
2004 年 4 月 12—14 日	日本高技国际计测器（上海）有限责任公司 KOKUSAI，北京办事处主任马剑来四川省地震局对强震组人员进行技术培训
2004 年 4 月 14—15 日	马来西亚 JUMSAR（SARWAK）SDN. BHD 公司常务董事陈耀钦来四川省考察水库地震观测技术，就马来西亚建水库地震监测台网进行协商
2004 年 6 月 14—20 日	美国华盛顿大学焦文捷博士、彼德·布凯特博士应邀到四川省地震局讲授数字流动地震仪的安装、调试及软件使用，并现场操作、演练

续表 7-7

时间	参观访问、科技合作、学术交流等情况
2004 年 6 月 18—21 日	美国麻省理工大学地球资源实验室孙友顺博士应邀到四川省地震局作“中国地壳上地幔三维速度结构”的学术报告
2004 年 7 月 7—9 日	德国 Trimble 公司 Cornelia Waldeoker 工程师到四川省地震局就 GPS 网络、VRS 软件使用作培训授课
2004 年 7 月 14—17 日	希腊雅典亚力士多德大学 Papadimitriou Eleftheria 教授等一行 6 人，来四川作“川滇活动断裂库伦应力场及地震预测合作研究”，并作了学术报告
2004 年 7 月 14—24 日	日本东京大学加藤尚之副教授、日本产业技术综合研究所雷兴林博士来四川省地震局作学术报告，并赴野外作考察
2004 年 7 月 29 日至 8 月 2 日	日本国际计测器株式会社部长田代和义到冕宁大桥水库对强震仪进行维修、调试
2004 年 10 月 21 日至 11 月 2 日	美国马里兰大学土木工程系 Peter C. chang 教授来四川省地震局进行学术交流
2004 年 11 月 11—12 日	美国 MIT 地球与行星科学系 Rober vande Hilst 教授、俄罗斯荷兰乌列支大学 Sergey Lebeder 博士后来四川省地震局进行学术交流
2005 年 1 月 19—20 日	瑞士徕卡测量系统股份有限公司 Cranenbroeck（市场开发部经理）、香港吕振业（大中华区 GPS 网络经理）到四川省地震局参观、技术考察“成都虚拟参考站卫星定位服务系统（CDVRS）”
2005 年 5 月 30 日至 6 月 12 日	美国麻省理工学院地球与行星科学系姚建华博士到四川省地震局进行合作研究，作了“基于双台法的高分辨率区域面波层析成像”的学术报告
2005 年 6 月 17—19 日	瑞士徕卡测量系统股份有限公司 Cranenbroeck（市场开发部经理）、香港吕振业（大中华区 GPS 网络经理）到四川省地震局讨论技术合作，进行技术交流
2005 年 8 月 27—29 日	北朝鲜科学院技术部经理 Ri Si Hun 等 2 人应邀到四川省地震局考察、学习卫星遥感数据处理技术
2005 年 11 月 4—5 日	瑞士徕卡测量系统股份有限公司市场开发部经理 Cranenbroeck、香港徕卡测量系统股份有限公司大中华区 GPS 网络经理吕振业到四川省地震局作技术交流
2005 年 11 月 29 日至 12 月 2 日	瑞士徕卡测量系统股份有限公司 GPS 参考站网络产品经理 Pache、香港徕卡测量系统股份有限公司大中华区 GPS 网络经理吕振业到四川省地震局作技术交流
2005 年 12 月 15—17 日	日本 Nippon GPS 解决公司系统开发部部长五百竹义胜，应用开发部部员小烟弘毅来四川省地震局作 GPS 产品 VRS 技术考察

1986—2005 年四川地震科技人员出国和到中国台湾、中国香港地区学术交流等情况一览表

表 7-8

时间	学术交流、科技合作、考察、培训和进修学习等情况
1985 年 9 月 28 日至 1986 年 12 月 30 日	四川省地震局科技人员陈天长赴英国爱丁堡进修
1986 年 11 月 14 日至 12 月 13 日	四川省地震局局长罗灼礼和钱洪、闻学泽应美国加州工学院地震实验室主任安德森和艾伦教授邀请，赴美执行中美地震科技合作协议，访问考察、合作研究、出席美国地球物理学会年会秋季会议
1986 年 11 月 18 日至 12 月 2 日	四川省地震局地震测量队副队长刘本培参加国家地震局形变测量工作考察团赴日本考察访问
1987 年 3 月 15—29 日	四川省地震局副局长韩渭宾（副研究员）、杨晓源（局副总工程师）、裘凯先（工程师）、赵日升（工程师）应邀赴日作地球化学“水氡连续观测”项目的合作研究和考察访问
1988 年 9 月 24 日至 10 月 5 日	四川省地震局余位清（副局长）、李兴海（局办公室主任）、徐世林（高级工程师）、巫荣富（工程师）应邀赴日本作中日地球化学“西昌水氡观测”项目合作研究和访问

续表 7－8

时间	学术交流、科技合作、考察、培训和进修学习等情况
1989 年 1 月 20 日至 11 月 27 日	四川省地震局赵珠应联邦德国基尔克里斯琴——奥尔布雷克茨大学地球物理所所长迈斯纳教授邀请，赴德国作访问学者，研究进修
1989 年 11 月 6—15 日	四川省地震局局长罗灼礼（研究员）应日本东京大学胁田宏教授邀请，为执行中日地震科技合作计划项目，赴日本东京、筑波、仙台等进行学术访问
1990 年 10 月 5—17 日	四川省地震局副局长韩渭宾（研究员）赴苏联参加中亚加尔姆地震试验场召开的首届中苏地震预报学术讨论会，作了学术报告
1991 年 5 月 27—29 日	四川省地震局局长罗灼礼（研究员）赴伊朗德黑兰参加第一届国际地震学与地震工程会议，交流了学术论文
1991 年 7 月 10—21 日	四川省地震局韩进（助理工程师）、庞明虎（工程师）赴日本东京参加“机动微震台网”操作技术培训和仪器验收
1991 年 7 月 15 日至 8 月 2 日	四川省地震局黄兴建（副研究员）赴美国洛杉矶，参加强震仪的操作培训和仪器验收
1991 年 7 月 16—25 日	四川省地震局李谊瑞（高级工程师）赴香港电讯公司参加区域通讯网短波 AKM 无线调制解调器技术培训
1991 年 9 月 14—25 日	四川省地震局副局长韩渭宾（研究员）赴美国圣佛朗西斯，参加中美双边地震预报实验场学术研讨会，作学术交流
1991 年 10 月 21—28 日	四川省地震局罗伟（副研究员）赴法国巴黎出席中法双边地震学术研讨会，作学术交流
1991 年 11 月 6—20 日	四川省地震局唐荣昌（高级工程师）参加中国地震代表团赴泰国考察访问
1992 年 10 月 30 日至 1993 年 3 月 10 日	四川省地震局徐叶邦（助理研究员）赴英国东安格利亚大学学习、研究
1993 年 7 月 20 日至 8 月 27 日	四川省地震局陈天长（副研究员）赴日本就中日地震波自动记录实时处理系统项目进行合作研究
1993 年 9 月 2—16 日	四川省地震局闻学泽（副研究员）赴土耳其开展中土地震科技合作研究，进行学术访问和野外考察
1994 年 1 月 27 日至 2 月 4 日	四川省地震局程万正（高级工程师）、罗治江（助理研究员）赴越南参加“东南亚地震构造和地震灾害国际学术会议”，作学术交流
1994 年 2 月 24 日至 1995 月 3 月 31 日	四川省地震局曾健（助理研究员）赴日本参加中日地震波研究项目进行合作研究和留学学习
1994 年 8 月 19—26 日	四川省地震局副局长韩渭宾（研究员）、陈天长（研究员）、周兴和（翻译）应邀赴日本，就中日地震波研究项目进行合作研究
1994 年 12 月 11 日至 1996 年 2 月	四川省地震局曾勇（副研究员、博士）赴新西兰对“地震小区划研究项目”进行合作研究
1995 年 2 月 21 日至 3 月 3 日	四川省地震局副局长韩渭宾（研究员）参加国家地震局组团到台湾地区台北市，出席第二届两岸地震研讨会
1995 年 5 月 5—15 日	四川省人民政府副省长欧泽高参加中国防震减灾代表团，赴新西兰考察防震减灾工作
1995 年 6 月 15—21 日	四川省地震局攀枝花地震基准台台长江镇国参加国家地震局组团，赴泰国作台站观测技术考察
1995 年 6 月 16—29 日	四川省人民政府副秘书长侯更新参加国家地震局组团，赴美国考察、访问美国联邦紧急事务管理局及防震减灾工作
1995 年 12 月 11—25 日	四川省地震局刘放（高级工程师）应邀赴香港中文大学地理系进行学术交流
1996 年 1 月 9 日至 2 月 6 日	四川省地震局赵珠（副研究员）赴日本东北大学理学部地震预知火山预知观测中心，对地震波合作项目进行合作研究
1996 年 9 月 5—12 日	四川省地震局程式（研究员）赴哈萨克斯坦阿拉木图参加“中哈第三届天山地震预报研讨会”，作学术交流

续表 7-8

时间	学术交流、科技合作、考察、培训和进修学习等情况
1996 年 9 月 10—22 日	四川省人民政府副秘书长侯更新赴日本神户、京都、静冈、东京、川崎等地作防震减灾立法考察
1996 月 10 月 1—30 日	四川省地震局副局长韩渭宾（研究员）、吕弋培（工程师）、闻学泽（副研究员）赴美国进行中美古地震合作研究与考察访问
1996 月 12 月 14—19 日	四川省地震局闻学泽（研究员）出席美国旧金山召开的美国地球物理学会年会
1997 月 9 月 1—8 日	四川省地震局副处级调研员周兴和（翻译）参加国家地震局组团，赴泰国考察访问地震台站
1998 月 3 月 16 日至 4 月 17 日	四川省地震局雷建成（副研究员）赴泰国曼谷，参加联合国 RADIUS 项目举办的“地震危险性评价及结构抗震培训班”的技术培训
1998 月 5 月 11 日至 6 月 19 日	四川省地震局何玉林（副研究员）赴日本筑波，参加联合国 RADIUS 项目举办的“地震学与地震工程培训班”的技术培训
1998 月 6 月 22—30 日	自贡市人民政府副市长徐荣旋等 2 人赴日本参加 IDANR 举办的“城市政府官员 RADIUS 培训班”的技术培训
1998 月 7 月 20—28 日	四川省地震局局长龚兆和参加中国地震局组团，赴美国出席“应急管理技术合作研究展示会”，考察美国城市防震减灾工作
1998 月 9 月 7 日至 9 月 15 日	四川省地震局西昌地震中心站站长邱发青（高级工程师）参加中国地震局组团，赴俄罗斯考察地震观测技术工作
1998 月 9 月 15—21 日	四川省地震局裴锡瑜（高级工程师）赴亚美尼亚参加“第二届地震灾害及减轻地震危险性国际会议”
1998 月 11 月 10 日至 1999 月 1 月 9 日	四川省地震局陈天长（研究员）赴日本执行地震波合作研究项目课题，利用地震波记录资料进行合作研究
1998 月 12 月 10—20 日	四川省地震局李谊瑞（研究员）、自贡市地震局局长周德生（高级工程师）赴日本执行“大中城市防震减灾示范项目”和“联合国自贡 RADIUS 项目”技术考察
1999 月 3 月 2—8 日	四川省地震局赵珠（研究员）参加中国地震局组团，赴日本茨城“全球地震数据交换培训班”接受技术培训
1999 月 4 月 10—26 日	四川省地震局杨晓源（研究员）参加中国地震局组团，赴美国作水库诱发地震监测的技术考察
1997 月 7 月 18—31 日	四川省地震局副局长韩渭宾（研究员）参加中国地震局组团，赴英国参加第十二届国际地球物理及大地测量会议
1999 月 10 月 7—17 日	四川省地震局何玉林（副研究员）、自贡市地震局副局长李广俊（高级工程师）赴墨西哥蒂华纳市，参加 RADIUS 大会
1999 月 10 月 23 日至 11 月 2 日	四川省地震局副局长王云基（高级工程师）、攀枝花市防震减灾领导小组办公室主任刘凤仪，赴日本考察防震减灾对策
1999 月 10 月 25 日至 11 月 9 日	四川省地震局程万正（研究员）参加中国地震局组团，赴韩国考察地震监测技术
2000 月 5 月 23 日至 6 月 5 日	四川省地震局局长龚兆和和李谊瑞（研究员）赴新西兰考察城市防震减灾工作
2000 月 9 月 12—22 日	四川省地震局副局长吴耀强（高级工程师）赴德国参加地震应急技术培训
2000 月 10 月 10—28 日	四川省地震局易桂喜（副研究员）、成都市地震局副局长洪时中（研究员）赴伊朗德黑兰市参加国际地震学术会议
2000 月 10 月 20—28 日	四川省地震局闻学泽（研究员）应邀赴台湾地区参加海峡两岸中青年科学家学术交流会和地震现场考察
2000 月 10 月 30 日至 11 月 9 日	四川省甘孜州人民政府副州长王定清、四川省地震局贾晋康（副研究员）、德阳市地震局局长申群太、阿坝州地震局局长王顺蓉、成都市地震局局长李昌树等组团，赴日本东京大学科学研究所国际工程减灾中心，考察交流防震减灾对策，研讨 RADIUS 项目的后续活动

续表 7－8

时间	学术交流、科技合作、考察、培训和进修学习等情况
2000 年 12 月 3—14 日	四川省地震局姑咱地震中心站站长张绪奇赴泰国作地震监测与分析预报技术考察
2000 年 12 月 6—26 日	四川省地震局邓一唯（高级工程师）赴美国参加地震应急技术人员培训
2000 年 12 月 11—25 日	四川省地震局朱建钢（副研究员）赴美国参加强震流动观测项目仪器培训
2001 年 1 月 28 日至 2 月 8 日	四川省地震局范灵春（工程师）赴日本神户参加全球地震安全国际会议（EMI）
2001 年 2 月 25 日至 3 月 12 日	四川省地震局副局长韩渭宾（研究员）、吕志勇（高级工程师）赴美国麻省理工学院、孟菲斯大学进行学术访问
2001 年 4 月 18 日至 5 月 1 日	四川省地震局副局长韩渭宾（研究员）赴新西兰参加第二届国际统计地震学会议
2001 年 5 月 20 日至 6 月 8 日	四川省地震局江小林（工程师）赴德国参加地震台网监测技术人员培训
2001 年 7 月 12—25 日	四川省地震局杜方（研究员）赴美国进行地震监测技术考察
2001 年 8 月 13—27 日	四川省地震局吕弋培（高级工程师）赴德国参加仪器考察、验收
2001 年 11 月 15—29 日	四川省地震局贾晋康（副研究员）赴法国图卢兹第三大学生命及地震科学系作考察交流
2002 年 4 月 5—25 日	四川省地震局副局长邓昌文赴美国参加地震灾害紧急救援技术培训
2002 年 7 月 1—18 日	四川省地震局副局长朱荃（高级工程师）赴俄罗斯访问、培训
2002 年 7 月 9—12 日	四川省地震局易桂喜（副研究员）赴新西兰参加“西太平洋地球物理学会议”
2002 年 7 月 17—27 日	四川省地震局攀枝花地震基准台台长张振勋赴韩国参加技术培训和访问
2002 年 8 月 17 日至 9 月 14 日	四川省地震局测绘工程院院长廖华（高级工程师）赴德国参加地震监测台网技术人员培训
2002 年 9 月 25 日至 10 月 17 日	四川省地震局雷建成（副研究员）赴日本作地震访问、考察
2002 年 11 月 22—29 日	四川省地震局易桂喜（副研究员）赴尼泊尔出席“亚洲地震委员会（ASC）第 4 次学术大会”
2002 年 11 月 23 日至 12 月 9 日	四川省地震局局长吴耀强（高级工程师）、李谊瑞（研究员）赴美国 SYBAS 公司访问考察
2003 年 8 月 31 日至 9 月 6 日	四川省人民政府副秘书长敖玉明赴日本对日本琦玉县入间市“第 24 届八都市联合防灾演练”作技术考察
2003 年 9 月 9—29 日	四川省地震局范军（副研究员）赴日本参加数字地震应用技术培训
2003 年 12 月 19—31 日	四川省地震局副局长朱荃（高级工程师）、程万正（研究员）、周荣军（副研究员）、陈维锋（高级工程师）、杜国光（高级工程师）、陈达（高级会计师）、杜文康（高级工程师）、韩进（高级工程师）和局机关服务中心主任王永明等赴美国作地震监测技术考察
2004 年 1 月 6—17 日	四川省地震局闻学泽（研究员）参加“新世纪百人计划”项目代表团赴法国、意大利出席学术交流会议，参观访问了有关科学研究单位
2004 年 2 月 11—25 日	四川省地震局李建明（高级工程师）参加地震科技信息考察团，赴意大利作地震科技信息交流
2004 年 6 月 16—26 日	四川省地震局刘放（高级工程师）赴挪威就 MODIS 数据卫星接收系统作技术交流和学习
2004 年 8 月 24 日至 9 月 1 日	四川省地震局江小林（高级工程师）赴韩国作地震台站技术考察
2004 年 9 月 17—24 日	四川省地震局副局长王力、徐志勇（工程师）、赖敏（工程师）和凉山州大桥水库开发总公司副总经理黄道成、吕崇祥、王建华等赴日本作强震仪设备考察和技术培训
2004 年 10 月 13—17 日	四川省地震局闻学泽（研究员）赴日本参加“地球动力学国际研讨会”
2004 年 10 月 16—23 日	四川省地震局易桂喜（副研究员）赴亚美尼亚参加“亚洲地震委员会（ASC）第 5 次学术大会”

续表 7-8

时间	学术交流、科技合作、考察、培训和进修学习等情况
2004 年 11 月 8—19 日	四川省地震局代宽洪（工程师）赴日本作数字强震动台项目考察
2004 年 11 月 18—29 日	四川省地震局副局长邓昌文、彭长虹（高级工程师）、攀枝花市防震减灾领导小组办公室主任卢开南、绵阳市地震局局长夏建国、甘孜州地震局局长郭劲赴法国、德国、意大利等作城市灾害防御与法规等技术考察
2004 年 12 月 4—15 日	四川省地震局安明智（高级工程师）、副处长袁斌、裴锡瑜（高级工程师）、办公室副主任江敬坚、饶文松（高级工程师）、信息所所长李福康等人赴法国、德国作地震监测技术考察与交流
2004 年 12 月 9—12 日	四川省地震局陈维锋（高级工程师）、廖华（高级工程师）赴香港参加香港徕卡测量系统 GPS 台站交流、学习和技术考察
2005 年 6 月 19—25 日	四川省地震局杜方（研究员）、闻学泽（研究员）赴新加坡参加“亚洲—太平洋地球科学协会（AOGS）第二届年会”
2005 年 7 月 3—12 日	四川省地震局局长吴耀强（高级工程师）参加中国地震局组团赴英国访问与交流
2005 年 9 月 4—17 日	四川省地震局李谊瑞（研究员）赴德国、意大利考察地震应急技术
2005 年 10 月 15—27 日	四川省地震局杜方（研究员）赴俄罗斯作地震台站监测技术考察
2005 年 11 月 25 日至 12 月 15 日	四川省地震局龚宇（高级工程师）赴美国参加“地震应急项目培训”
2005 年 12 月 1—20 日	四川省地震局副局长王力赴德国参加“政府应急管理项目培训”
2005 年 12 月 29 日至 2006 年 1 月 10 日	四川省地震局副局长吕弋培（高级工程师）、孙玮（工程师）赴美国作强震仪考察与技术培训

1986—2005 年国内有关专家、学者来川进行学术交流、考察情况一览表

表 7-9

时间	学术交流、考察情况
1986 年 6 月 1—3 日	国家地震局副局长陈颙研究员来四川省地震局作“岩石破裂的前兆”学术报告
1986 年 6 月 20—23 日	国家地震局地球物理研究所许绍燮研究员应邀来四川省地震局作“地震活动性图像及其解释”的学术报告；国家地震局分析预报中心马宗晋研究员在四川省地震局作“全球和中国的地质构造”学术报告
1986 年 10 月 5—8 日	天津市地震局冯德益研究员来四川省地震局作“模糊数学及其应用”的专题讲座
1987 年 8 月 18—28 日	国家地震局工程力学研究所廖振鹏研究员应邀到四川省地震局作“工程地震”的短期讲学
1987 年 10 月 21 日至 11 月 3 日	国家地震局地球物理研究所房明山副研究员应邀来四川省地震局作“远震分析的基本理论及方法”的讲学
1994 年 9 月 12 日	国家地震局地质研究所洪汉净博士应邀来四川省地震局作“关于国内外地震成因及地震预报研究动态”的学术报告
2002 年 3 月 21 日	原中国地震局局长陈章立研究员来四川省地震局作地震预报研究的学术报告
2004 年 2 月 27 日	中国工程院院士、武汉大学宁津生教授和武汉大学罗志才教授应邀到四川省地震局分别作“数字城市建设与测绘信息产业化”“省市级大地水准面积化与应用”的学术报告
2004 年 6 月 25 日	中国地震局地球物理研究所所长王椿镛研究员应邀到四川省地震局作“关于青藏高原东缘壳幔速度结构和地幔多形场的地震学研究”的学术报告
2004 年 9 月 23—24 日	中国地震局地质研究所所长张培震、副所长马胜利、徐锡伟研究员等到四川省地震局作交流、考察
2005 年 1 月 11 日	中国地震局地质研究所地震动力学国家重点实验室马谨院士，应邀到四川省地震局作“利用卫星热红外信息探讨断层活动的尝试”的学术报告
2005 年 2 月 21 日	中国地震局预测研究所所长任金卫研究员和沈正康博士应邀在四川省地震局作“2001 年昆仑山口 8.1 级地震的地壳形变”“中国大陆地壳形变及其构造动力学意义”的学术报告

第六章 继续教育和职务（职称）评定

四川省地震局为地震事业的发展和防震减灾工作的需要，坚持组织职工的继续教育和业务技术学习培训，相应开展了专业技术职务（职称）任职资格的评定和聘任。

第一节 职工继续教育和专业技术培训

1986—2002年四川地震系统举办各种类型的业务技术学习培训班（讲座）50余次，2000余人次参加了培训，具体见表7－10。2001—2005年，参加学历教育的250余人和业务培训的1800多人次具体见表7－11。2004年，四川省地震局与成都理工大学信息工程学院联合举办工程硕士班，全局共有16名职工参加了工程硕士班的学习。2名职工在职攻读MBA（工商管理硕士），3名职工在职攻读博士研究生。

1986—2002年四川省地震系统职工培训情况表

表7－10

培训班名称	培训时间	参加人数	培训地点
传输台网维护培训班	1986年4月19—29日	15人	成都
地震活动模式识别、全球及中国地震构造讲座	1986年6月20—23日	250人次	成都
VAX11/750计算机及BASIC语言学习班	1986年7月14—24日	20人	成都
水化学及PC－1500学习班	1986年10月2日至11月5日	31人	康定、西昌
模糊数学讲座	1986年10月5—8日	240人次	成都
科技管理讲座	1986年10月13日至12月8日	10—25人次	成都
地震仪石英钟、放大器维修学习班	1986年11月10—19日	17人	郫县
MCS－48、51单片机讲习班	1986年11月17—29日	30人	成都
水氡观测、水质分析应用技术培训班	1987年4月5—16日	26人	西昌
测震业务技术培训班	1987年9月15日至10月11日	38人	西昌
远震分析短训班	1987年10月21日至11月3日	32人	成都

续表 7－10

培训班名称	培训时间	参加人数	培训地点
现代领导与管理科学研修班	1988 年 4 月 20 日至 5 月 7 日	27 人	成都
地震地下水动态观测规范学习班	1989 年 8 月 1—5 日	45 人	成都
地震现场工作学习班	1989 年 3 月—	—	成都
测震分析培训班	1989 年 10 月—	—	攀枝花
地磁学科实用化攻关学习班	1989 年 10 月 10—14 日	13 人	成都
地震观测人员岗前培训班	1990 年 5 月 7 日—	30 人	郫县
全国地下水微动态研讨班和地下水学科方法实用化攻关 IBM 成果推广研讨班	1990 年 10 月 8—15 日	100 人	邛崃
川滇震害预测培训班	1990 年 11 月 22—27 日	—	成都
地震重点监视防御区大震防御对策研讨班	1990 年 11 月 30 日至 12 月 1 日	50 余人	成都
地震分析预报公用软件学习研讨班	1991 年 4 月 10—16 日	46 人	成都
地震分析预报研讨班	1991 年 6 月底	24 人	成都
震害调查与评估学习班	1991 年 7 月初	—	成都
地震知识培训班	1991 年 7 月 16 日—	—	郫县
电磁波仪、数字测温仪学习班	1992 年 1 月—	10 人	昆明
川西北片区震害预测培训班	1992 年 5 月下旬	30 余人	安县
断层气土氡观测技术规程培训班	1992 年 12 月 7—12 日	—	成都
震害评估及灾情上报研讨班	1993 年 4 月 23—24 日	56 人	成都
地震科技档案管理标准培训班	1993 年 9 月 14—17 日	21 人	都江堰
省地震局处级以上干部培训班	1994 年 10 月下旬	—	双流
震灾速报及地震现场工作研讨班	1995 年 7 月 5—7 日	80 余人	邛崃
事业单位财务规则培训班	1997 年 6 月 9—12 日	50 余人	雅安
全国“八五”地震短临预报理论与方法成果推广培训班	1997 年 9 月 4—13 日	88 人	成都
地震现场考察培训班	1998 年 7 月 6—9 日	50 余人	成都
国家公务员行为规范专题辅导讲座	1998 年 11 月 12 日	50 余人	成都
地震测量培训班	1998 年 12 月 1 日至 1992 年 1 月 10 日	45 人	雅安
地震分析预报培训班	1999 年 6 月 3—9 日	50 余人	成都
重点防御区大震现场工作培训班	1999 年 8 月 1—5 日	20 余人	西昌
地震文书档案管理业务培训班	2000 年 5 月 17—19 日	50 余人	成都
省地震系统法规培训班	2000 年 8 月 6—9 日	56 人	成都
地震现场应急工作培训班	2001 年 5 月 14—15 日	—	成都
抗震设防要求管理、地震动参数区划图业务知识培训班	2001 年 10 月 31 日至 11 月 2 日	40 余人	成都

续表 7－10

培训班名称	培训时间	参加人数	培训地点
参加全国市县防震减灾管理工作培训	2001 年 12 月 7—10 日	2 人	南昌
事业单位改革分流人员转岗培训	2001 年 12 月 10 日—	—	成都
会计人员继续教育培训班	2002 年 1 月 16—22 日	25 人	成都
测震数字化观测技术培训班	2002 年 3 月 17—18 日	60 余人	郫县
地震监测工作技术交流培训班	2002 年 3 月 19—22 日	90 余人	郫县
数字观测台网数字观测技术（规范）培训班	2002 年 4 月 3—15 日	50 余人	成都
GIS 技术及其在地震工作的应用培训班	2002 年 4 月 24—25 日	50 余人	成都
地震分析预报方法及 MAPsis 软件培训班	2002 年 4 月 25—27 日	40 余人	成都
地震前兆数字观测系统技术培训班	2002 年 5 月 15—17 日	25 人	成都
地震应急基础数据收集培训班	2002 年 5 月 28 日—	30 余人	双流
RS 观测技术培训班	2002 年 6 月 7—8 日	50 余人	成都
地震传输系统和软件培训班	2002 年 8 月 20—22 日	45 人	成都
管理干部培训班	2002 年 9 月 15—21 日	60 余人	郫县
GPS 观测技术培训班	2002 年 11 月 7—9 日	50 余人	成都

2001—2005 年四川省地震局职工学历教育和业务培训情况

表 7－11

年份	学历教育	业务培训	全员培训率
2001	33 人	301 人次	47.70%
2002	47 人	343 人次	75.00%
2003	45 人	400 人次	60.96%
2004	60 人	463 人次	72.00%
2005	68 人	385 人次	63.45%

第二节 专业技术职务（职称）评定

1980 年初，开始恢复专业技术职务的评审工作。后按国家职改工作领导小组通知，暂停专业技术职务的评聘工作。1986 年 5 月 30 日，根据国家和四川省专业技术职称改革精神成立了四川省地震局职称改革工作领导小组和四川省地震局专业技术职务任职条件评审委员会。1987 年 2 月至 1989 年 11 月，经申报、考核、评审、验收，四川省地震系统评出了一批具有高级、中级和初级专业技术任职资格的人员。此后，专业技术职务（职称）评聘工作逐步转入正常化。1986—2005 年具有高级专业技术职务（职称）任职条件人员见表 7－12。

1986—2005 年四川地震系统高级专业技术职务任职资格名录

表 7－12

姓　名	性别	任职资格	批准时间	姓　名	性别	任职资格	批准时间
雍幼予	男	高级工程师	1987.02	张明新	男	高级工程师	1988.05
罗　伟	女	副研究员	1987.02	陈玉春	女	高级工程师	1988.06
徐世林	男	高级工程师	1987.02	杨之方	男	高级工程师	1988.04
蒋泽雄	男	高级工程师	1987.02	王树华	男	高级工程师	1988.09
叶鸿根	男	高级工程师	1987.02	林开性	男	高级工程师	1988.03
邓先述	男	高级工程师	1987.02	蔡仲辉	女	高级工程师	1989.03
伍富昆	男	高级工程师	1987.02	周德生	男	高级工程师	1989.12
黄修武	男	高级工程师	1987.02	余河生	男	高级工程师	1989.10
刘本培	男	高级工程师	1987.02	邓春泉	男	高级工程师	1989.11
何锡光	男	高级工程师	1987.02	何如仁	男	高级工程师	1989.11
葛培基	男	高级工程师	1987.02	董瑞英	女	高级工程师	1989.11
邓天岗	男	高级工程师	1987.02	魏成俗	男	高级会计师	1989.11
陆联康	男	高级工程师	1987.02	刘栋勋	男	高级工程师	1991.07
郭建华	男	高级工程师	1987.02	裘凯先	男	高级工程师	1991.07
罗灼礼	男	研　究　员	1987.05	杨晓源	男	研究员	1992.05
周湘泉	男	高级工程师	1987.05	张文浦	男	高级工程师	1992.05
王春平	男	高级会计师	1987.05	廖志和	男	高级工程师	1992.05
周本诚	男	高级工程师	1987.05	刘素琼	女	副研究馆员	1992.05
吴永德	男	高级工程师	1987.05	易　坚	男	高级工程师	1992.05
李家隆	男	高级工程师	1987.05	马崇智	男	高级工程师	1992.05
江道崇	男	高级工程师	1987.05	文德华	男	高级工程师	1992.05
孙林松	男	高级工程师	1987.06	游泽李	男	高级工程师	1992.05
朱皆左	男	副　编　审	1987.06	李正中	男	高级工程师	1992.05
黄子波	男	高级工程师	1987.09	包宗泽	男	高级工程师	1992.05
韩渭宾	男	研　究　员	1987.11	胥泽忠	男	高级工程师	1992.05
余位清	男	高级工程师	1987.11	李致民	男	高级工程师	1992.05
骆志松	男	高级工程师	1987.11	李有才	男	高级工程师	1992.05
张定千	男	高级工程师	1987.11	李丹阳	男	高级工程师	1992.05
张　珍	男	高级工程师	1987.11	王雅杰	男	高级工程师	1992.05
柏自兴	男	高级工程师	1987.11	王新民	男	高级工程师	1992.05
李介成	男	高级工程师	1987.11	蒲朗文	男	高级工程师	1992.05
刘成仁	男	高级工程师	1987.11	任昭明	男	高级工程师	1992.05
蒋能强	男	高级工程师	1987.11	王伯维	女	高级工程师	1992.05

续表 7－12

姓　名	性别	任职资格	批准时间	姓　名	性别	任职资格	批准时间
何熙平	男	高级工程师	1992.05	罗绪刚	男	高级工程师	1993.03
谢文正	男	高级工程师	1992.08	李家彦	男	高级工程师	1993.03
李志君	男	高级工程师	1993.03	王德流	男	高级工程师	1993.03
蒲玉泰	男	高级工程师	1993.03	邓明德	男	高级工程师	1993.03
贾晋康	男	副研究员	1993.03	吴大均	男	高级工程师	1993.03
饶文松	男	高级工程师	1993.03	唐宇雄	男	高级工程师	1993.03
颜永发	男	高级工程师	1993.03	桂纪民	男	高级工程师	1993.03
王德富	男	高级工程师	1993.03	钟华德	男	高级工程师	1993.03
徐叶帮	男	副研究员	1993.03	曾　勇	男	副研究员	1993.03
刘　放	男	高级工程师	1993.03	陈德顺	男	高级工程师	1993.03
吴碧春	女	高级工程师	1993.03	杜国光	男	高级工程师	1993.03
李明光	男	高级工程师	1993.03	李建明	男	高级工程师	1993.03
谭义成	男	高级工程师	1993.03	黄圣睦	男	研　究　员	1993.05
杨玉明	男	高级工程师	1993.03	唐荣昌	男	研　究　员	1993.05
贺天培	男	高级工程师	1993.03	周　玖	男	研　究　员	1993.05
尹奎声	男	高级工程师	1993.03	程　式	男	研　究　员	1993.05
程光前	男	高级工程师	1993.03	李天袑	男	研　究　员	1993.05
张升林	男	高级工程师	1993.03	江在雄	男	编　　审	1993.12
刘登周	男	高级工程师	1993.03	李昌树	男	高级工程师	1993.08
吕　勋	男	高级工程师	1993.03	方合第	男	高级工程师	1993.08
伍先国	男	高级工程师	1993.03	邓仁政	男	高级工程师	1993.12
蔡长星	男	高级工程师	1993.03	向云高	男	高级工程师	1993.12
马声浩	男	高级工程师	1993.03	马明理	男	高级工程师	1993.12
宗怀恩	男	高级工程师	1993.03	沈均礼	男	高级工程师	1994.01
蒋良志	男	高级工程师	1993.03	邱发青	男	高级工程师	1994.09
李建中	女	高级工程师	1993.03	沈乾章	男	高级工程师	1994.09
魏继裕	男	高级工程师	1993.03	杨兴孝	男	高级工程师	1994.09
吴芝雄	男	高级工程师	1993.03	蒋远明	男	高级工程师	1994.09
邹定元	男	高级工程师	1993.03	夏大德	男	高级工程师	1994.09
张成贵	男	高级工程师	1993.03	张碧琼	女	高级工程师	1994.09
甘遐荣	男	高级工程师	1993.03	秦月发	男	高级工程师	1994.09
黄全忠	男	高级工程师	1993.03	陈茂高	男	高级工程师	1994.09
章守渭	男	高级工程师	1993.03	张绿茵	女	高级工程师	1994.09
杜其芳	男	高级工程师	1993.03	王守源	男	高级工程师	1994.09

续表 7－12

姓　名	性别	任职资格	批准时间	姓　名	性别	任职资格	批准时间
刘文泰	男	高级工程师	1994.09	黄兴建	男	研　究　员	1995.11
陈正渎	男	高级工程师	1994.09	廖国林	男	高级工程师	1995.10
高凤群	女	高级工程师	1994.09	程安国	男	高级工程师	1995.09
陈　农	男	高级工程师	1994.09	王元友	男	高级工程师	1995.10
白兰香	女	高级工程师	1994.09	赵　珠	女	研　究　员	1996.11
蒋国芳	女	高级工程师	1994.09	闻学泽	男	研　究　员	1996.11
裴锡瑜	男	高级工程师	1994.09	蒲晓虹	女	高级工程师	1996.11
刘泗馨	男	高级工程师	1994.09	何玉林	男	副研究员	1996.11
赵映泉	男	高级工程师	1994.09	吕弋培	男	高级工程师	1996.11
郭飞华	男	高级工程师	1994.09	李广俊	男	高级工程师	1996.12
董玉善	男	高级工程师	1994.09	姚志强	男	副研究员	1996.11
胡德江	男	高级工程师	1994.09	叶富华	男	高级工程师	1996.11
陈命忠	男	高级工程师	1994.09	向丹河	男	高级工程师	1996.11
郑开碧	女	高级工程师	1994.10	田忠尧	男	高级工程师	1996.11
周如品	男	高级工程师	1994.10	张绍昌	男	高级工程师	1996.11
陈天长	男	研　究　员	1994.11	杜贞林	男	高级工程师	1996.11
黄祖智	男	研　究　员	1994.11	撒国鼎	男	高级工程师	1996.12
钱　洪	男	研　究　员	1994.11	陈文德	男	高级工程师	1996.11
邹孔其	男	高级工程师	1994.07	杜平山	男	高级工程师	1996.11
胡长才	男	高级工程师	1994.07	欧阳光	男	高级工程师	1996.02
罗世高	男	高级工程师	1994.04	查　青	女	副主任医师	1997.04
吕贵选	男	高级工程师	1994.01	张保全	男	高级工程师	1997.10
王承先	男	高级工程师	1994.01	陈　兵	男	高级工程师	1997.10
李昌芝	女	高级工程师	1995.10	徐本俊	男	高级工程师	1997.10
李平林	男	高级工程师	1995.10	程万正	男	研　究　员	1997.01
曾　健	男	副研究员	1995.10	翟映武	男	高级工程师	1997.10
雷建成	男	副研究员	1995.10	李桂芳	女	高级工程师	1997.10
李　军	男	高级工程师	1995.10	高碧华	女	高级工程师	1997.01
朱建钢	男	副研究员	1995.10	张家涛	男	高级工程师	1997.10
龙文智	男	高级工程师	1995.10	吕志勇	男	高级工程师	1997.10
冯克全	男	高级工程师	1995.10	辛　华	男	高级工程师	1997.10
廖　华	男	高级工程师	1995.10	李谊瑞	男	研　究　员	1997.10
郭铭奎	男	高级工程师	1995.10	杜全明	男	高级工程师	1997.09
刘盛利	男	研　究　员	1995.11	徐吉廷	男	高级工程师	1997.11

续表7－12

姓　名	性别	任职资格	批准时间	姓　名	性别	任职资格	批准时间
邓小华	女	高级工程师	1998.12	龙德雄	男	高级工程师	2001.10
范　军	男	副研究员	1998.12	邓建平	男	高级工程师	2001.10
安明智	男	副研究员	1998.12	胡先明	男	高级工程师	2001.10
彭长虹	男	高级工程师	1998.12	朱　航	男	高级工程师	2001.10
张　海	男	高级工程师	1998.12	刘成明	男	高级工程师	2001.12
钟立人	男	高级工程师	1998.12	傅丽华	女	高级会计师	2002.08
韩　进	男	高级工程师	1998.12	杨晓义	女	高级会计师	2002.08
周荣军	男	高级工程师	1998.12	曾新元	男	高级工程师	2002.11
陈长寿	男	高级工程师	1998.12	陈秀波	女	副　编　审	2002.11
陈志林	男	高级工程师	1998.12	江小林	男	高级工程师	2002.11
朱　荃	男	高级工程师	1998.12	田　力	女	副　编　审	2002.11
张耀国	男	研　究　员	1998.12	杨永林	男	高级工程师	2002.11
曾智伶	女	高级工程师	1998.12	黄　进	女	高级工程师	2002.11
杨子洲	男	高级工程师	1998.09	黄　敏	女	高级工程师	2002.11
郎志明	男	高级工程师	1998.09	汪碧澜	女	高级工程师	2002.11
彭仁安	男	高级工程师	1998.12	陈文康	男	高级工程师	2002.12
牟雅源	男	高级工程师	1999.09	刘太平	男	高级工程师	2002.12
吴耀强	男	高级工程师	1999.09	董雪梅	女	副研究馆员	2003.12
邓一唯	女	高级工程师	1999.09	钟思美	女	高级工程师	2003.11
龚　宇	男	高级工程师	1999.09	游凤林	女	高级工程师	2003.11
杜文康	男	高级工程师	1999.09	戴仕贵	男	高级工程师	2003.11
龙思胜	男	高级工程师	1999.09	陈维峰	男	高级工程师	2003.11
杜　方	女	研　究　员	1999.12	彭晋川	男	副研究员	2003.11
邱西征	女	高级工程师	1999.09	廖维生	男	高级工程师	2003.11
胡方良	男	高级工程师	1999.11	赵建军	男	高级工程师	2003.11
洪时中	男	研　究　员	1999.09	詹　明	男	高级工程师	2003.11
吴小平	女	高级工程师	2000.11	吴　江	男	编　　审	2004.09
周　玮	男	高级工程师	2000.11	官致君	男	高级工程师	2004.10
王云基	男	研　究　员	2000.11	易桂喜	女	研　究　员	2004.10
吕　微	女	高级工程师	2000.11	陈　银	男	高级工程师	2004.10
苏国君	女	高级工程师	2000.11	叶友清	男	高级工程师	2004.10
杨贤和	男	高级工程师	2000.11	张振勋	男	高级工程师	2004.10
罗兴富	男	高级工程师	2000.11	尹　菊	女	高级工程师	2004.10
陈　达	男	高级会计师	2001.09	徐水森	男	高级工程师	2004.02
				范灵春	女	高级工程师	2005.12

第八篇　管理机构

1986 年 8 月和 1995 年 5 月，四川省人民政府不断加强对地震工作和防震减灾工作的领导，先后成立了四川省地震工作领导小组和四川省防震减灾领导小组，对全省防震减灾工作进行指导和协调。四川省地震工作（防震减灾）管理体制实行以中国地震局与四川省人民政府双重领导，以中国地震局为主的管理体制；市（州）、县地震工作实行双重领导，以地方政府为主，同时接受上级地震工作部门的业务指导的管理体制。四川省地震部门既按照中国地震局的部署承担全国性和区域性的任务，又在省政府的领导下，根据《中华人民共和国防震减灾法》《四川省防震减灾条例》，依法履行防震减灾的职能，履行四川省人民政府赋予的行政管理职能和社会管理职能，监督检查防震减灾相关工作，做好地震灾害防御，减轻地震灾害损失，为经济建设和社会稳定服务。省地震部门根据不同阶段的职能配置和职责任务，对内设的管理机构和管理制度，不断地进行调整和改革；市（州）、县地方地震工作机构，也不断地进行整顿、调整和充实。

第一章　地震工作机构

1986年和1995年，四川省人民政府先后成立四川省地震工作领导小组防震减灾工作领导小组，不断加强对防震减灾工作的领导。2001年，四川省人民政府赋予省地震局防震减灾工作行政管理职能，各级防震减灾部门加强了社会管理职能和行业管理职能，依法履行防震减灾工作机构的各项职责，为四川的经济发展和社会稳定服务。至2005年，全省有17个市（州）建有地震工作机构（其中5个市为合署办公或内设机构），99个县（市、区）建有地震工作机构（其中有44个县为合署办公、内设机构或挂靠代管）。

第一节　四川省防震减灾工作领导小组

一、四川省地震工作领导小组

四川省人民政府为了进一步加强对地震工作的领导，有效地组织和协调社会各界进行防震抗震工作，确保四川四化建设和体制改革的顺利进行，1986年8月成立了四川省地震工作领导小组。省政府顾问丁长河任组长，省军区副司令员丁兆乾、省政府副秘书长岳忠、省计委委员宁望成和省地震局局长罗灼礼任副组长，省民政厅、省公安厅、省物资局、省邮电局、省交通厅、省广播电视厅、省建设委员会、省财政厅、省卫生厅和成都军区等单位有关负责人为成员。领导小组下设办公室，负责处理日常工作，罗灼礼兼办公室主任，办公地点设在省地震局。1988年6月，四川省地震工作领导小组进行了调整，省政府副省长罗通达任组长，其他成员单位未有变化。

四川省地震工作领导小组的主要任务是经常了解省内及其邻区的震情变化趋势，对地震预报的发布和发布方式进行决策，组织领导全省防震抗震工作，掌握震害情况，确定采取安定民心和维持社会秩序的对策等。1995年后，四川省地震工作领导小组的工作纳入了新成立的四川省防震减灾领导小组的工作范围。

二、四川省防震减灾领导小组

1990年7月至1995年3月，四川省人民政府先后制定和印发了《四川省地震重点监视区地震防灾对策方案》《四川省破坏性地震应急反应预案》和“四川省防震减灾十年目标”。为了加强防震减灾工作，不断推进防震减灾事业发展，1995年5月9日，省政府决定成立四川省防震减灾领导小组。副省长欧泽高任组长，省政府副秘书长侯更新、省地震局局长龚兆和任副组长，领导小组成员由省计委、省经委、省建委、省教委、省民政厅、省公安厅、省财政厅、省卫生厅、省物资厅、省交通厅、省水电厅、省商业厅、省广播电视厅、省地震局、省邮电管理局、省粮食局、省医药局、成都铁路局、省政府救灾办、省政府财办、省供销社、省保险公司、四川航空公司、成都军区、省军区、成都空军和武警四川总队等单位各派一名负责同志组成（后又陆续增加省委宣传部、省科委、省石油局、省冶金局、省电力局、省核工业局、省外经委、省外办、省旅游局和省红十字会等为成员单位）。领导小组办公室设在省地震局，龚兆和兼任办公室主任，日常工作由省地震局承担。领导小组制定有“四川省防震减灾领导小组工作规则”。

四川省防震减灾领导小组主要职责是做好“四川省防震减灾十年目标”和《四川省地震重点监视区地震防灾对策方案》及《四川省破坏性地震应急反应预案》实施中的指导、协调和防震减灾工作。

2001 年和 2003 年，四川省防震减灾领导小组两次进行调整，副省长马开明和副省长张作哈先后任领导小组组长，领导小组成员单位有 30 多个。

第二节 四川省地震局

一、管理体制

1986—2005 年，四川省地震工作实行中国地震局（原国家地震局）与四川省人民政府双重领导，以中国地震局为主的管理体制。省地震局既是中国地震局的下属单位，又是四川省人民政府的防震减灾工作机构；既按中国地震局的部署承担全国性和区域性的防震减灾任务，又根据四川省人民政府赋予的承担本行政区域内防震减灾工作政府行政管理职能，依法履行防震减灾主管机构的各项职责，为四川的经济发展和社会稳定服务。

二、职能调整

2001 年 9 月，四川省人民政府赋予省地震局防震减灾工作的行政职能后，2002 年 6 月 27 日，《中国地震局关于印发〈四川省地震局职能配置、机构设置和人员编制方案〉的通知》中，加强和新增的职能：加强社会管理职能——依照《中华人民共和国防震减灾法》《四川省防震减灾条例》等有关法律、法规的规定，监督、检查四川的防震减灾工作；加强行业管理职能——管理市（州）、县防震减灾工作，对省级以下（含省级）地震台网（站）实行统一规划，资源共享；建立健全四川省地震监测预报、震灾预防和紧急救援等工作体系；管理主要由地方投资并主要为地方防震减灾工作服务的一般项目。

三、主要职责

根据《中华人民共和国防震减灾法》《四川省防震减灾条例》和四川省人民政府的授权，监督、检查四川省的防震减灾工作，组织起草或修订与防震减灾事业相关的地方性法规、规章，并组织实施。

组织编制四川省防震减灾规划和计划；组织年度防震减灾工作计划的实施；管理、监督事业费、基本建设费和专项资金的使用。

负责建立地震监测预报工作体系。负责统一规划四川省地震台网（站）及信息系统的建设，实现资源共享；制定全省地震监测预报方案并组织实施；管理省级地震监测台网（站）；负责提出地震预测预报意见；强化全省地震重点监视防御区的震情跟踪；会同有关部门依法保护地震监测设施和地震观测环境。

会同有关部门建立震灾预防工作体系。负责监督管理本行政区域内建设工程抗震设防要求和地震安全性评价工作，按职责权限审定地震安全性评价结果，确定抗震设防要求；管理本行政区域内地震灾害预测；制定四川省破坏性地震应急预案并检查落实情况；组织开展防震减灾知识的宣传教育工作。

承担四川省人民政府抗震救灾指挥机构办事机构的职能；负责震情和灾情速报，会同有关部门组织地震灾害调查与损失评估；参与制定地震灾区重建规划。

会同有关部门建立地震紧急救援工作体系。开展地震应急、救援技术和装备的研究、开发和生产；协助地方人民政府建立地震重点监视防御区的地震应急救援物资储备系统。

组织开展水库地震的监测和研究工作，会同有关部门防范地震次生灾害。

承担四川省的地震行政复议、行政诉讼工作；负责地震行业质量与技术监督管理工作。

推进地震科学技术现代化；组织开展地震科学技术研究及成果的推广应用；开展地震科学技术国际合作与交流；指导和管理与防震减灾事业有关的学会、协会工作。

四、机构改革

1986 年，四川省地震局机关设置有 9 个职能处室，直属事业单位有 7 个研究室，下属事业单位有 7 个（站、队、厂）。1986 年后，省地震局根据不同时期的职能配置和主要职责任务，对其机关机构和下属事业单位不断进行改革和调整。1988 年 7 月 26 日，经中共国家地震局党组以〔88〕震发党字第 20 号文批复，撤销中共四川省地震局党组。1989 年 4 月，经中共四川省直机关工委同意，新设中共四川省地震局机关委员会办公室。1991 年 4 月 4 日，为贯彻中央治理整顿和深化改革的精神，中共国家地震局党组同意，恢复中共四川省地震局党组。

1993 年 9 月 10 日，省地震局下发了《关于机关、研究机构设置的通知》，强化宏观管理和社会管理职能，在明确职责的前提下，实行定编、定岗、定员，推行目标管理。机关机构调整为 8 个，行政管理处从机关分离出来成立行政后勤服务中心，不再列入机关序列（仍保留行政管理处的牌子与职能）；各研究室按照业务性质、工作任务进行调整，归并设置为 5 个研究室（所）。

1994 年 7—9 月，省地震局机关仍设置 8 个职能处室，并先后印发了《关于局属部分事业单位机构设置、主要工作及方向任务的通知》和《关于印发〈关于下属事业单位深化改革的意见〉的通知》，对原局直属研究室（所）调整为 5 个研究所、1 个公司和 1 个行政服务中心；下属事业单位调整为 2 个野外作业队、2 个地震中心站、2 个地震基准台、1 个仪器厂（暂不定编）和 1 个汽车队（暂不定编）。对局直属、下属各事业单位实行纵向任务定编定员，实行全额拨款；横向任务不定编，实行差额拨款。在经费使用上实行定编包干，财务管理实行内部独立核算。对地震台站继续实行承包的办法，对仪器厂、汽车队继续实行经费自收自支，超支不补，盈利不交的办法。

1995 年 8 月，为加强行政管理职能和社会管理职能，省地震局下发了《关于我局机关机构设置的通知》，其机关内设机构为 11 个职能部门。1998 年 3 月，按照政事分开和精简、统一、效能原则，省地震局下发《关于印发〈四川省地震局机关部门设置及职责任务〉的通知》，对局内设机构进行了调整，设置8个职能部门。

2002年6月，根据《中国地震局关于印发〈四川省地震局职能配置、机构设置和人员编制方案〉的通知》，省地震局内设管理机构有办公室、人事教育处、计划财务处、监测预报处和科技发展处（合署办公）、震害防御处和法规处（合署办公）、应急救援处、纪检监察审计处、机关党委和离退休干部管理处。下属单位机构设置有预报研究所、监测研究所、工程地震研究院、减灾救助研究所、水库地震研究所、测绘工程院、地震地质勘察中心、地震仪器研究所和机关服务中心；地震台站管理设置康定地震中心站、西昌地震中心站、攀枝花地震基准台、成都地震基准台，另在监测预报处下设置台站管理中心。

第三节　市（州）、县地震工作机构

一、1986—2005年市（州）级地震工作机构

四川是多地震的省份。1986年以来，境内多震区或重点监视防御区的市（州）人民政府成立有地震工作机构。2000年后，少震区或一般监视防御区的市人民政府多以挂靠或合署办公形式陆续成立地震工作机构。至2005年底，全省有17个市（州）建有地震工作机构，履行市（州）级防震减灾工作的管理职能和职责。17个市（州）级地震工作机构是：

成都市地震局；自贡市地震局；攀枝花市防震减灾局（1986—1996年称攀枝花市地震办公室、1997—2004年改称攀枝花市防震减灾领导小组办公室）；德阳市地震局（1986—1996年称德阳市人民政府地震办公室）；乐山市地震局（1986—2004年称乐山市人民政府地震办公室）；绵阳市地震局（1986—1998年称绵阳市地震办公室）；雅安市地震局（1986—1995年称雅安地区行署地震办公室，1996—1999年称雅安地区地震事业局）；宜宾市地震局（1986—1996年称宜宾地区行政公署地震办公室，1997—2001年称宜宾市防震减灾工作办公室）；凉山彝族自治州地震局；阿坝藏族羌族自治州地震局；甘孜藏族自治州地震局；广元市地震局（1986—1992年为绵阳市辖属，1993—1996年称广元市地震办公室）；眉山市地震办公室（1999年前为乐山市辖属，2000年成立市地震办公室，同市科学技术情报研究所实行一套人马，两块牌子）；广安市地震办公室（2004年11月成立市地震办公室，与市政府救灾办公室合署办公，两块牌子，一套人马）；遂宁市地震办公室（2005年6月成立，在市国土资源局地质环境监测站增挂地震办公室牌子）；内江市地震办公室（2003年5月成立，在内江市人工降雨防雹办公室增挂地震办公室牌子）；资阳市防震减灾办公室（2002年7月成立，挂靠资阳市气象局管理）；重庆市地震办公室（1997年6月重庆市成立直辖市后划出）。

二、2000—2005年县（市、区）级地震工作机构

县（市、区）级地震工作机构，在1986年前后经过多次整顿、调整，变化较大，一些地区建有独立的工作机构或台、办合一的形式，先后稳定了下来。其他一些地区的县（市、区）级地震工作机构，受当地人员编制的限制，多以代管、内设、挂靠或合署办公的形式出现，没有独立的建制。2000—2005年四川县（市、区）级地震工作机构有：

成都市：大邑县地震局（2001年前称大邑县地震办公室）、邛崃市人民政府地震办公室、蒲江县人民政府地震办公室、彭州市人民政府地震办公室、都江堰市人民政府地震办公室。

自贡市：富顺县地震办公室。

攀枝花市：盐边县防震减灾办公室、米易县防震减灾办公室、仁和区防震减灾办公室、东区防震减灾办公室、西区防震减灾办公室。

德阳市：绵竹市人民政府地震办公室、什邡市人民政府地震办公室、旌阳区地震局（2002年1月成立，由区科技局代管）、广汉市地震办公室（2004年成立，由县科技局代管）、罗江县地震办公室（2002年3月成立，由县科技局代管）、中江县地震办公室（由县科技局代管）。

乐山市：马边彝族自治县地震办公室、峨边彝族自治县地震工作由县国建局代管、沐川县地震工作由县政府办公室代管、夹江县地震工作2002年起由县建设局代管、井研县地震工作2002年起由县建设局代管、犍为县地震工作前后由县科委和县建设局代管、峨眉山市地震工作先后由市科委和市科技局代管、金口河区地震工作先后由区政府办公室和区救灾办公室代管、沙湾区地震工作2002年后由区城环局代管、五通桥区地震工作2002年由区建设局代管、市中区地震工作2002年后由区民政局代管。

绵阳市：平武县地震办公室、北川县地震办公室、安县地震办公室、江油市地震办公室、梓潼县地震办公室、游仙区地震办公室、三台县地震办公室。

雅安市：石棉县人民政府地震办公室、宝兴县地震办公室、天全县地震办公室、汉源县地震办公室、荥经县地震工作由县科技局代管、名山县科技局履行防震减灾职能、雨城区科技局履行防震减灾职能、芦山县科技局内设地震工作机构。

宜宾市未设县级地震工作机构。

凉山州：会理县地震局、冕宁县地震局、雷波县地震局、盐源县地震办公室、普格县地震局、宁南县地震局、会东县地震局、木里县地震局、布拖县地震局（同县科技局合署办公）、越西县地震办公室（同县科技局合署办公）、甘洛县地震办公室（县科技局内设机构）、昭觉县地震办公室（县政府办公室内设机构）、金阳县地震局（县科技局内设机构）、喜德县地震局（县科技局内设机构）。

阿坝州：马尔康县地震办公室、壤塘县地震办公室、小金县地震办公室（台办合一）、若尔盖县地震台、汶川县地震办公室、理县地震办公室、茂县地震办公室（台办合一）、黑水县地震办公室（台办合一）、松潘县地震办公室、九寨沟县地震办公室。

甘孜州：泸定县地震办公室、道孚县地震办公室、九龙县地震办公室、炉霍县地震办公室、甘孜县地震办公室、理塘县地震办公室、巴塘县地震办公室、乡城县地震办公室、稻城县地震办公室、康定县地震办公室（2000年前县科委设防震减灾办公室）、白玉县科委设专人分管（2000—2002年为地震办公室）、新龙县科委设专人分管、雅江县国土局设专人分管、得荣县科委设专人分管。

广元市：青川县地震办公室、剑阁县地震办公室（2000—2001年剑阁地震台）、苍溪县地震办公室（挂靠县科委）、旺苍县地震办公室（挂靠县科委）、利川区地震办公室（挂靠区科委）、元坝区地震办公室（挂靠区科委）、朝天区地震办公室（挂靠区科委）。

眉山市：洪雅县地震办公室（设在县科技局）、仁寿县地震办公室（2002年成立，设在县科技局）、彭山县地震办公室（2004年12月成立，设在县气象局）、青神县地震办公室（设在县科技局）、丹棱县地震办公室（设在县气象局）。

广安市：华蓥市防震减灾办公室（2005 年 4 月成立，与市救灾办公室合署办公）、广安区地震办公室（2005 年 8 月成立，与区救灾办合署办公）、邻水县地震办公室（2005 年成立，与县救灾办合署办公）。

内江市：资中县地震办公室（2005 年成立，挂靠、专人负责），威远县地震办公室（2005 年成立，挂靠、专人负责），隆昌县地震办公室（2005 年成立，挂靠、专人负责）。

三、体制、职能和职责

1986—2005 年，四川省市（州）、县地震工作机构实行双重领导，以地方政府为主，同时接受上级地震工作机构的业务指导的管理体制。各市（州）、县人民政府管理地震工作的部门是当地政府防震减灾的职能部门，对所辖行政区的防震减灾实行统一管理，贯彻以预防为主、防御与救助相结合的方针，根据《中华人民共和国防震减灾法》《四川省防震减灾条例》依法履行防震减灾工作的管理职能，监督检查防震减灾有关工作，做好地震灾害的综合防御，为国民经济建设和社会稳定服务。其主要职责是：

贯彻执行国家和省有关地震工作的方针、政策、法律、法规、规范和标准，制定本行政区防震减灾发展规划、编制当地防震减灾年度计划并组织实施；负责本行政区内的地震监测设施及其观测环境保护工作的监督检查、指导和协调；管理本行政区内的地震监测分析预报，提出趋势意见，开展震情跟踪，做好重大宏、微观异常的核实上报；在当地政府领导下，会同有关部门制定地震综合防御对策和应急预案，并组织实施；承担当地政府地震工作领导小组办公室的日常工作，破坏性地震发生后履行政府抗震救灾指挥机构办事部门职责；管理上级部门授权的、本级政府批准立项的重点项目和城乡建设有关的烈度区划、震害预测、建设场地地震安全性评价，并监督实施；组织开展防震减灾科普知识的宣传教育，提高全社会防震减灾意识；对地震谣言进行辟谣和制止误传，维护社会稳定。

第二章　管理制度改革

1986—2005 年，省地震局根据《中华人民共和国防震减灾法》《四川省防震减灾条例》和省政府赋予承担防震减灾工作政府行政管理职能，地震工作由过去管理内部向管理整个社会转变。在推进监测预报、震灾预防和紧急救援等三大体系建设中，对地震监测、地震预报、地震应急、工程地震、地震科研、计划财务和人事教育等方面的管理制度进行改革和建设，以促进防震事业的不断发展。

第一节　计划财务管理制度改革

一、经费管理

1986 年 4 月，省地震局贯彻执行中共中央《关于科学技术体制改革的决定》和国家地震局《地震事业经费管理办法》，坚持地震监测预报、科学研究为中心，面向经济建设，促进地震事业发展，制定了《四川省地震事业经费管理实施办法》，实行按编制、任务核定经费的办法。地震事业经费划分为地震科学基金制经费（用于支持地震预报、工程地震有关的基础研究和应用性基础研究工作），合同制经费（用于实行合同制管理的重点地震科技监测项目），责任包干制经费（用于单位人员经费、行政经费、日常监测、分析预报和一般的科研项目），简称“三制”经费，另设专项经费（用于教育培训、外事活动等），进行分类管理。其中责任包干制是计划财务管理的主体，保证日常地震监测预报及相应的科研工作，实行预算包干，超支不补，节约留用的管理办法。

二、财务预算管理的改革

1994 年下半年，省地震局贯彻执行国家地震局、财政部《地震事业财务管理暂行办法》，在继续实行“三制”经费管理的基础上，根据国家地震局下达的事业计划、任务和单位收入、支出的不同情况，单位预算管理划分为全额预算管理、差额预算管理和自收自支管理三种形式。

对局属 7 个研究室（所）承担防震减灾工作纵向任务的定编定员，实行全额拨款；横向任务不定编，实行差额拨款。经费拨款和任务挂钩，在经费使用上实行预算包干，结余留用，超支不补，财务管理实行内部独立核算。

对局下属单位地震地质队、地震测量队（简称“两队”）、西昌地震中心站、康定地震中心站（简称“两站”）、成都地震基准台、攀枝花地震基准台（简称“两台”），在财务管理上实行核定经费，总额包干，节约留用，滚动使用，超支不补的办法，根据“两队”“两站”“两台”的实际，进行分类管理。对承担纵向任务的“两站”“两台”实行全额拨款；对没有纵向任务或纵向任务不多的、主要从事开发创收的单位（“两队”），实行差额拨款；对各地震台继续实行合同制承包办法管理。

对有稳定性的经常收入，可以抵补单位的经常性收入，又尚未具备企业管理条件的局属汽车队、地震仪器厂实行经费自收自支，以收抵支，增收节支留下，减收超支不补的管理办法。

省地震局按照“统一领导，分级负责，归口管理”的原则，对局属各单位财务进行管理、指导、监督和检查。

三、部门预算等制度的改革

2001 年后，省地震局严格按照国家《预算法》和《预算法实施条例》的有关内容，全面推行部门预算、政府集中采购和国库集中支付等的改革。

部门预算改革。一是改革现行的经费安排分配科目，取消责任包干制、合同制、科学基金制等传统的“三制”，严格按照预算科目分项编制预算。编制内容上由过去分项或分口单一预算资金收支，改为包含部门所有预算内外资金的收支；编制方法上由过去的“基数加增长”，改为按“零基预算”编制支出预算；编制程序上由过去“一上一下”，改为“两上两下”。二是实行改革计划编制方式，改变过去的计划和预算混淆不分的状况，由预算管理经费，由计划管理工作内容和进度。三是改革过去的年初第一批计划分配经费、年中调整、年末补充的计划经费管理方式，变为年初一次核定经费，按工作计划实施，无特殊情况，原则上不再调整。四是严格局属各单位预算管理，并加强正常的审计和监督。

政府集中采购改革。省地震局机关及下属纳入财政预算管理的事业单位，凡使用预算内专项资金购买列入“政府集中采购目录”的商品或设备，均交由省政府采购中心采购，改变过去由单位自行采购的方式。

国库集中支付改革。省地震局机关及下属事业单位，凡属财政性质资金拨付实行国库集中支付，通过财政直接支付和财政授权支付到货物供应商和劳务承担者，减少了财政资金拨付的中间环节，规范了财政资金的拨付程序和行为，提高了资金的使用效益。

四、财务管理制度建设

“十五”（2001—2005 年）期间，为了适应经济建设的发展，国家不断加大了对地震事业经费的投入，省政府和地震部门启动了一批“十五”重点建设项目。省地震局对这批重点建设项目资金的管理，严格执行部门预算管理制度，先后制定一系列的规章制度，规范了全局自制 8 种会计凭证、凭证审核、会计档案保存；对下属 13 个单位全部实行会计电算化，细化预算执行，强化预算管理，有效建立科学的会计核算体系和预算执行、考核体系。先后制定了《四川省地震局“十五”重点建设项目管理办法》《四川省地震局“十五”重点建设项目经费管理办法》《四川省地震局财务会计工作考核评比暂行办法》《四川省地震局“十五”重点建设项目财务管理规定（试行）》《四川省地震局“十五”重点项目监理（质保）工作管理规定》《四川省地震局政府采购管理办法（暂行）》《四川省地震局“十五”重点建设项目劳务津贴发放办法（试行）》《四川省地震局政府采购管理办法（暂行）的补充规定》和《四川省地震局“十五”重点建设项目财务管理规定（试行）的补充规定》等。

第二节　台站管理制度改革

一、分级、分类管理

根据《中华人民共和国防震减灾法》规定，国家对地震台网的建设，实行统一规划，分级分类管理。四川地震监测台网，按照统一规划布局的要求，由国家级地震基本台、省级地震监测台网和市（州）、县地震监测台网及有关企业单位地震监测台网组成。按行政隶属关系进行分级、分类管理，其建设所需投资，按照事权和财权相统一的原则，由各级人民政府承担。为本单位服务的地震监测台网，由所在单位投资建设和管理，并接受所在地的县级以上人民政府负责管理地震工作的部门或机构的指导。

省、市（州）、县人民政府负责管理地震工作的部门按照国家标准（GB）、地震行业标准（DB）及其他技术规范等，对辖区的地震监测台网实施管理。全省地震台站实行统一规划布局，地震专用仪器设备统一入网监理。全省各级各类地震台网（站）在布局、仪器选型、观测质量、观测资料使用和处理上等，要接受省地震工作行政主管部门的统一行业管理，以实现台网布局上相互补充和观测资料的共享。

全省各级各类地震台网（站）正式运行后，不得擅自中止或终止。确需中止或终止的，国家级台网（站）和省级地震台网必须经国务院地震工作主管部门批准，市（州）、县级地震台网（站）必须经省人民政府负责管理地震工作的部门或机构批准，并报国务院地震工作主管部门备案。企业台网（站）中止或终止运行的，应报省人民政府负责管理地震工作的部门或机构备案。省级地震工作部门应当对企业台网（站）的运行予以指导。

省级地震工作主管部门或机构，应加强对从事地震监测台站工作人员的业务培训，以提高其专业技术水平。

二、推行台站承包责任制

四川省地震台站观测工作，在原承包责任制试点的基础上，1986年4月，省地震局下发《关于印发〈四川省地震台网观测工作承包责任制试行办法〉等改革制度的通知》，并制定了“四川省地震台人员定编和手段消耗定额标准”，在国家基本台和省级区域台网进一步推行地震台观测工作承包责任制。承包责任制内容是：

定任务。根据四川省地震局下达给地震台的任务，认真执行《地震台观测规范》，保证观测仪器正常工作，为监测、预报、科研工作及时、准确地提供可靠、连续、完整的观测资料。

定人员。任务确定后，省地震局根据地震台人员定编标准，结合各地的实际情况，确定地震台的人员编制。

定经费。根据任务和人员定编数、仪器台（套）数，由省地震局下拨经费（含人员工资、台站津贴、行政经费和材料消耗），实行包干使用，节约提成的办法。

定质量。全国基本台网的观测手段，按照国家地震局有关质量检查评比标准；省区域台网的观测手段，按照省地震局有关质量检查评比的标准，并以质量检查评比的成绩作为奖惩的主要依据。

三、台站制度建设

全省各级各类地震台站建有观测人员、值班人员的岗位责任制度；观测资料质量检查验收和评定制度；观测资料报送和管理制度；地震速报、异常核实及震情会商制度；仪器设备使用和物资管理制度；经费开支和财务管理制度；科技档案管理制度；业务学习和技术考核及奖惩制度；安全保密制度等。

第三节　地震预报管理制度改革

一、地震预报管理

1988 年 8 月 9 日，经国务院批准、由国家地震局颁发了《发布地震预报的规定》。1998 年 12 月 17 日，中华人民共和国国务院令发布了《地震预报管理条例》。新的《地震预报管理条例》对地震预报类型、地震预报意见的形成和评审，地震预报的发布和法律责任等都作出了明确规定。四川省各级地震部门严格遵循和贯彻执行《地震预报管理条例》。国家对地震预报实行统一发布制度，任何单位和个人不得向社会散布地震预报意见及其评审结果。

为了进一步提高地震科研和地震预测预报的水平，省地震局根据有关规定采取了对辖区内的单位和个人作出了具有减灾实效的地震预测、并提交填写了《四川省地震局短临预报卡片》；有科学分析方法和充分依据的、对发生地震的“三要素”（时间、震级、地点）有比较准确的，给予一定奖励的办法。

二、地震日常分析预报制度

1994 年以前，四川省地震日常分析预报管理工作，按照国家地震局的规定和要求，每周进行周会商，时间定为每周四；同时，将会商意见在下班前，上报国家地震局分析预报中心。月会商时间定为每月末的最后一周的星期四，其会商意见在会商当天下班前上报。

四川省地震局规定各市（州）地震局、局属有关单位的周会商时间为每周三，会商意见在周三下班前报四川省地震局一所（分析预报研究所）；月会商要求时间为每月末的最后一周的星期三，其月会商意见要求在会商当天下班前上报。

1994 年初，国家地震局要求各省地震局将周、月会商时间改在每周星期四和月末的最后一个星期四。省地震局在 1994 年 3 月 3 日下发了《关于统一周、月会商时间的通知》，要求各市（州）地震局、局属有关单位的周、月会商时间改为每周星期四和月末的最后一个星期四。

半年和年度地震会商会。省地震局按照国家地震局（1998 年后称中国地震局）的要求，向国家地震局提交会商报告前 2 星期之前召开会商会。半年会商会和年度会商会时间分别安排在 6 月上中旬和 11 月上中旬。会商会后，根据会议的会商意见，综合半年和年度地震趋势意见，组织预报人员编写会商报告。根据省地震局 1999 年 4 月 14 日《关于下发〈四川省地震预报意见评审暂行办法〉的通知》的规定，半年和年度地震趋势会商结论意见要通过四川省地震预报评审委员会评审，方可上报。省地震局要求市（州）地震局（办）提交年度会商报告时间一般是10月下旬。

三、地震短临预报奖励制度

1992年和1994年，国家地震局印发了《关于开展地震短临预报评奖活动和试行〈地震短临预报意见评定标准〉的通知》《关于设立地震中短期预报奖励的通知》。省地震局根据上述文件精神，于1995年11月10日，制定印发了《四川省地震局短临预报评定办法（试行）》。该《办法》明确了评定对象、评定程序、评定办法和奖励办法。

1998年5月14日，中国地震局根据《中华人民共和国防震减灾法》，重新明确地震短临预报奖励的适用范围、地震短临预报三要素规定、预报实现的涵义、奖励范围、奖励标准和奖励的评定和实施等。2000年12月1日，中国地震局在原有基础上，再次修订了《地震短临预测奖励评定标准及实施办法（试行）》，再次明确了奖励的适用范围，提出短临预测意见的“规定程序”和“技术指标”、预测检验的标准，还制定了评定程序和奖励标准。对上述奖励办法和规定等，省地震局遵照实行。

四、地震日常分析工作和年度会商报告的评比制度

1987年12月25日，省地震局制定印发了《地震分析预报工作评比奖励办法（试行）》。该《办法》规定了适用范围，震情监视、预报评分办法和震情监视、预报评比奖励办法。在震情监视、预报评分办法中，规定了常规工作基分及评分标准；非常规工作基分及评分标准，技术进步基分，预报能力评分，安全判断评分办法和预报水平评分。

1992年，省地震局为了保证年度地震趋势研究报告的编写质量，制定了《年度地震趋势研究报告的评比办法》，使评比标准更加科学、公平和公正。

2002年6月28日，省地震局印发了《四川省地震局年度地震趋势研究报告评比奖励办法》。该《办法》规定了报告分值的组成，评分标准和要求，提交的时间，评比内容和奖励办法。

第四节　地震科研管理制度改革

一、科研项目管理制度

1986年4月11日，省地震局为了巩固、消化、补充、完善改革成果，遵照中共中央《关于科技体制改革的决定》等文件精神，制定下发了《四川省地震局科技项目管理办法》。该《办法》对科技项目的来源、项目的确定、项目的分级管理、项目的执行和项目完成后的鉴定、验收；项目资料归档，项目全部完成结束等作了规定。

1986年课题的主要管理方式是：地震科学联合基金课题，对外合作课题，招标合同制项目，承包合同制项目和专项，省地震局安排的项目和课题。后由攻关项目取代了招标合同项目。

1990年后，省地震局课题的主要管理方式变为：地震科学联合基金课题，国家计划项目（攻关）课题，省地震局安排的项目和课题。1992年及以后又增加了“与外单位协作课题”。

1992年5月6日，省地震局参照“科技兴川五十条”及“地震科学联合基金课题津贴条例”，

制定印发了《四川省地震局科研津贴和科研项目结余提成奖励办法》。该《办法》规定了科研津贴的发放范围、科研津贴的来源、科研津贴的额度及发放，以及课题经费的节余提成奖励。

二、科技成果管理制度

1986 年 4 月 11 日，省地震局为了加强科技成果管理，根据《国家地震局科学技术成果管理实施细则》，制定印发了《四川省地震局科学技术成果管理实施办法》。该《办法》规定了地震科技成果范围及成果类别，科技成果鉴定或评审应提交的科技文档资料，科技成果的建档、登记时间和申报程序及应归档的文件材料等以及科技成果奖励、科技成果交流和推广应用等。

1989 年 6 月 27 日，为了完善地震系统的科技成果鉴定管理工作，国家地震局制定颁发了《国家地震局地震科学技术成果管理鉴定办法实施细则（试行）》。该《细则》明确了地震科技成果的类型、可进行鉴定的科技成果范围、申请科技成果鉴定应具备的条件、科技成果鉴定的形式、鉴定委员会成员条件、鉴定的主要内容，鉴定委员会的权力、义务和责任、组织鉴定单位的职责和科技成果的计划管理等。

省地震局在 1986—2005 年的科技成果管理工作中，按照省地震局制定的《四川省地震局科学技术成果管理实施办法（试行）》、国家地震局制定颁发的《国家地震局地震科学技术成果管理鉴定办法实施细则（试行）》，以及国家科委发布的《国家科学技术成果鉴定办法》分阶段进行实施。具体执行情况是 1986 年 4 月 11 日至 1988 年 12 月 31 日按《四川省地震局科学技术成果管理实施办法》进行成果管理；1989 年 1 月 1 日至 2005 年按《国家科学技术成果鉴定办法》以及《国家地震局地震科学技术成果管理鉴定办法实施细则（试行）》执行。

三、科技成果奖励制度

1988 年，省地震局制定了《四川省地震局科学技术进步奖励办法》和《四川省地震局科学技术进步奖评审标准》。按照奖励办法和评审标准，进行评审和奖励。

1990 年，省地震局按照国家地震局的要求和规定，增加了地方地震科技进步奖，评审标准执行《四川省地震局科学技术进步奖评审标准》，推荐国家地震局科技进步奖励与获得四川省地震局科技进步奖的相同。在申报四川省科技进步奖时，可直接按照四川省科技进步奖励评审标准进行推荐。

2000 年省地震局根据中国地震局的要求和规定，取消了四川省地震局科技进步奖，并于 2001 年设立四川省地震局防震减灾优秀成果奖。省地震局在 2001 年 9 月 3 日制定印发了《四川省地震局防震减灾优秀成果奖励办法（试行）》和《四川省地震局防震减灾优秀成果奖评审标准（试行）》。《四川省地震局防震减灾优秀成果奖励办法（试行）》分设四个奖励等级，奖金分别是：一等 3000 元，二等 1500 元，三等 800 元，四等 500 元。该奖励一年评一次。2001 年后，申报四川省科技进步奖的成果，经项目组申请，再经四川省地震局科技委大会投票同意，方可进行推荐申报。

第五节 地震应急管理制度

一、编制和修改地震应急预案

1992 年、1995 年和 1997 年，四川省人民政府制定和几次修改《四川省破坏性地震应急预案》

并组织实施。2004 年后再次修改的《四川省地震应急预案》对省级各部门、单位的应急职责和分工作了明确规定，形成了制度。破坏性地震发生后，按各部门、单位的地震应急职责和分工，启动各部门、单位的地震应急预案，立即组织对震灾地区进行人员抢救和工程抢险、医疗救护与卫生防疫、交通运输保障、通讯保障、电力保障、生活物资保障、社会治安保障、灾民安置、城市基础设施抢救、重要目标警卫、消防安全、次生灾害防御、地震监测、震灾损失评估及地震科学考察、应急资金筹拨、对外呼吁与接受外援、新闻发布和媒体宣传报道、涉外事务等。

四川省地震局、省科委、省建委、省卫生厅、省公安厅、省石油管理局、省贸易厅、武警、西南民航管理局等单位、系统和成都、绵阳、德阳、广元、乐山、宜宾、自贡、攀枝花、雅安、甘孜、凉山、阿坝等市（地、州）人民政府均制定和修改完善各自系统或单位的《破坏地震应急预案》，在省政府的统一领导下，应对地震灾害。

二、地震系统地震应急制度

四川省地震应急组织指挥体系由省地震局地震应急指挥部、省地震局地震现场指挥部（或省地震局地震现场工作组）组成，在四川省抗震救灾指挥部和中国地震局的领导下，统一领导、指挥和协调四川省地震系统地震应急工作。

重大地震灾害事件或破坏性地震发生后，立即启动四川省地震系统地震预案，成立四川省地震局地震应急指挥部。省地震局机关各处室、局直属单位、局下属单位和地震灾区有关市（州）地震部门，按地震系统地震应急预案规定，各自履行其地震应急职责和任务；并根据震灾事件大小派出地震现场指挥部（或地震现场工作组）。了解、收集、汇总震情、灾情、组织开展震情会商会，实施地震现场流动监测和加密监测、督促各地震台站快速处理和报送仪器观测资料；负责震情跟踪预报工作，对地震类型、震情趋势和短临地震预报提出初步判断；负责速报，确定地震参数，分析处理地震序列，组织测震台的架设；负责地震现场通讯及图像资料传输，在省地震局网站主页和大屏幕上发布地震信息；组织安排新闻采访和新闻发布会；强化地震科普知识宣传，制止地震谣言传播，维护社会稳定；开展地震灾害损失评估，考察震害和地震烈度、地震构造及有关宏观异常现象；开展工程结构地震特征、地震社会影响、次生灾害等地震科学考察；配合当地政府和地震部门开展地震应急工作。

震灾事件发生后，四川省地震系统应急指挥部立即向省政府和中国地震局速报地震参数，报告震情灾情；向省政府提请是否启动四川省地震应急预案、成立四川省抗震救灾指挥部和地震应急指挥部；为中国地震局地震现场指挥部和地震现场应急工作提供保障；及时向省政府和中国地震局续报震情、灾情、社情和震后地震趋势判定等信息；向省抗震救灾指挥部积极提出抗震救灾工作的建议，适时向省政府报告地震系统开展地震应急工作的情况。

三、省地震灾害紧急救援队管理制度

2003 年 10 月，四川省人民政府批复组建四川省地震灾害紧急救援队，组建工作由省地震局牵头，以省公安消防总队为依托，实行军民共建。同年 12 月，为了加强统一领导、协调各组建单位与救援队的工作，省地震局、省公安消防总队决定建立四川省地震灾害紧急救援队重大事项联席会议制度，以加强对救援队的管理；审定救援队编制方案、发展计划、年度工作计划、年度和重大经费开支计划；审定救援队技术标准、培训方案、训练大纲、训练场地建设方案和国内救援业务交流计划；审批救援队设备配置方案和采购计划等一系列管理制度的建设。

联席会议下设办公室，负责联席会议及救援队的日常工作，派出救援队的调配、救援任务的组织实施及现场救援的协调等。

第六节 工程地震安全性评价管理制度改革

1987年以前的地震安全性评价工作主要采用的是确定性的评价方法，又称为地震烈度复核、地震烈度鉴定等。1988年以后，地震安全性评价工作主要以地震危险性分析、地震安全性评价等方式开展，采用的是概率性的评价方法。即按照国家地震局编制的《中国地震烈度区划图（1990）》（国家地震局，1996）执行。该区划图编制的核心是采用地震危险性概率分析方法，并结合中国地震活动特点加以改进。该区划图由建设部和国家地震局联合颁布，并作为一般工业与民用建筑抗震设防的依据。工程地震安全性评价报告由省地震局烈度复核鉴定委员会评审。

后省地震局经向国家地震局申报核准一批具有从事地震安全性评价资质的技术人员，同时获准两个具有从事地震安全性评价资质的单位。获得资质的单位还有成都市地震局、重庆市地震局和成都地质学院三家。地震安全性评价管理部门设在省地震局震害防御处，建立有对地震安全性评价项目进行安排、组织评审和备案等制度。

1996年，《四川省防震减灾条例》和《四川省工程建设场地地震安全性评价管理规定》施行，规定了一批新建、扩建、改建的重大工程和可能产生严重次生灾害的工程，必须进行地震安全性评价工作。使工程地震安全性评价管理进入法制化管理的轨道。

1997年开始，国家地震局组织编制了《中国地震动参数区划图（2001）》。该区划图的核心内容是采用地震动参数编图，直接给出工程设计所需的地震反应谱的关键参数。这是工程地震安全性评价报告必须作的内容或规定。工程地震安全性报告执行由省地震安全性评定委员会评审的制度。

2001年10月，省地震局进入四川省政务服务中心地震行政窗口，负责地震安全性评价报告的评审和工程建设抗震设防要求的确定。与此同时，各市（州）地震工作部门也陆续将本地地震安全性评价工作，纳入当地政府行政许可管理，成为一种制度。

第七节 人事教育管理制度改革

1994年6月，四川省地震局根据国家地震局关于省、自治区、直辖市地震工作机构改革方案提出的要求，出台了《关于深化干部人事制度改革的若干问题的暂行规定》。《规定》明确了对领导干部实行分级管理和分类指导，改革了任免制度：局机关处、室领导干部实行任命制；局属事业单位的领导实行聘任制；有条件的事业单位可实行选举制。《规定》对省地震局工作人员分四大类进行管理，以促进正常分流。这四大类是：机关管理人员、防震减灾工作人员（含管理人员）、开发人员（含管理人员）和不在岗人员。《规定》的附件对在职职工有偿借调和停薪留职等有关问题作了具体规定。同年7月，省地震局印发了《〈关于深化干部人事制度改革若干问题的暂行规定〉的补充规定》，对“自愿提前退休人员”的管理做了“补充修改”和具体规定。是年9月，省地震局印发了《关于印发〈关于下属事业单位深化改革的意见〉的通知》，对野外作业队和凉山、甘孜、阿坝三州的地震台站工作人员的退休年龄和专业技术人员的聘任、考核等作了规定。后又印发《关于下发〈局机关机构改革人员转岗分流的暂行办法〉的通知》，鼓励机关人员、下岗待业人员、借调人员或停薪留职人员从事个体、民营经济或到民营企业工作。

为了加强对各级领导干部的管理、监督、培养、选拔、考核和任用等，中共四川省地震局党组印发了《四川省地震局关于加强领导班子思想政治建设的意见》《四川省地震局机关、事业单位领导班子成员考核暂行办法》《四川省地震局选拔任用领导干部及领导班子配备的暂行规定》和《四川省地震局关于抓紧培养选拔优秀年轻干部的意见》。

2001年，省地震局根据中央机构编制委员会印发的《省、自治区、直辖市地震机构改革方案》，以及《中国地震局关于省、自治区、直辖市地震机构改革方案的实施意见》要求，本着整体推进、分步实施的原则，先后制定了《四川省地震局直属事业单位改革意见》，印发了《四川省地震局下属事业单位改革方案》和《四川省地震局机关机构改革的实施意见》。针对局机关和直属事业单位人员实际和与岗位调整需要，出台了《职工离岗休养的试行办法》和《职工转岗培训的试行办法》；针对下属事业单位点多面广，按照“提高素质、一专多能、减员增效、提高待遇”和分类管理的原则，围绕进一步健全防震减灾工作体系，建立一支“思想过硬、业务精通、纪律严明、精干高效”防震减灾队伍，重新核定了各下属事业单位的编制。并配套出台了相应的《经费的预算管理》和《工作考核奖惩办法》。

2005年，在总结以往学历教育管理经验基础上，省地震局制定印发了《四川省地震局职工学历教育管理暂行办法》。《办法》分别对大学专科、大学本科、研究生和博士生学历教育及其相应的学习专业，做出了明确的政策导向，鼓励岗位成才，学有所需；并严格控制非主流专业和与工作实际需要相差较大专业的学习，为事业的发展创造了较好的学习环境。

四川省志·地震志

附　　录

一、名 录

1986—2005年四川省地震工作领导小组、四川省防震减灾领导小组组长、副组长名录

表附－1

姓 名	职 务	任职时间
丁长河	四川省地震工作领导小组组长（四川省政府顾问）	1986年8月至1988年6月
丁兆乾	四川省地震工作领导小组副组长（四川省军区副司令员）	1986年8月至1988年6月
岳 忠	四川省地震工作领导小组副组长（四川省政府副秘书长）	1986年8月至1988年6月
宁望成	四川省地震工作领导小组副组长（四川省计经委委员）	1986年8月至1988年6月
罗灼礼	四川省地震工作领导小组副组长（四川省地震局局长）	1986年8月至1988年6月
罗通达	四川省地震工作领导小组组长（四川省政府副省长）	1988年6月至1995年5月
张凤蛟	四川省地震工作领导小组副组长（四川省军区副司令员）	1988年6月至1995年5月
郭 湖	四川省地震工作领导小组副组长（省政府副秘书长）	1988年6月至1995年5月
宁望成	四川省地震工作领导小组副组长（四川省计经委委员）	1988年6月至1995年5月
罗灼礼	四川省地震工作领导小组副组长（四川省地震局局长）	1988年6月至1992年
欧泽高	四川省防震减灾领导小组组长（四川省政府副省长）	1995年5月至2001年5月
侯更新	四川省防震减灾领导小组副组长（四川省政府副秘书长）	1995年5月至1998年
陈信远	四川省防震减灾领导小组副组长（四川省政府副秘书长）	1998年至2001年5月
龚兆和	四川省防震减灾领导小组副组长（四川省地震局局长）	1995年5月至2001年5月
马开明	四川省防震减灾领导小组组长（四川省政府副省长）	2001年5月至2002年
唐建军	四川省防震减灾领导小组副组长（四川省政府副秘书长）	2001年5月至2002年
吴耀强	四川省防震减灾领导小组副组长（四川省地震局局长）	2001年5月至2002年
张作哈	四川省防震减灾领导小组组长（四川省政府副省长）	2003—2005年
敖玉明	四川省防震减灾领导小组副组长（四川省政府副秘书长）	2003—2005年
吴耀强	四川省防震减灾领导小组副组长（四川省地震局局长）	2003—2005年

1986—2005年中共四川省地震局党组历任书记、副书记名录

表附-2

姓　名	职　务	任职时间
张其宿	中共四川省地震局党组书记	1986—1988年
何熙平	中共四川省地震局党组副书记	1986—1989年
罗灼礼	中共四川省地震局党组书记	1990年2月至1992年2月
韩渭宾	中共四川省地震局党组书记	1992年2月至1994年3月
龚兆和	中共四川省地震局党组书记	1994年3月至2001年8月
吴耀强	中共四川省地震局党组副书记	1997年12月至2001年8月
吴耀强	中共四川省地震局党组书记	2001年8月至2005年12月

1986—2005年四川省地震局历任局长、副局长名录

表附-3

姓　名	职　务	任职时间
罗灼礼	四川省地震局局长	1986年至1992年2月
何熙平	四川省地震局副局长	1986—1990年
韩渭宾	四川省地震局副局长	1986年至1992年2月
韩渭宾	四川省地震局局长	1992年2月至1994年3月
韩渭宾	四川省地震局副局长	1994年3月至2001年8月
余位清	四川省地震局副局长	1987年5月至1997年12月
王云基	四川省地震局副局长	1990年12月至2003年10月
周湘泉	四川省地震局副局长	1992年6月至1997年12月
龚兆和	四川省地震局局长	1994年3月至2001年8月
吴耀强	四川省地震局副局长	1997年12月至2001年8月
吴耀强	四川省地震局局长	2001年8月至2005年12月
邓昌文	四川省地震局副局长	1997年12月至2005年12月
朱　荃	四川省地震局副局长	2001年8月至2004年1月
吕弋培	四川省地震局副局长	2001年8月至2005年12月
王　力	四川省地震局副局长	2002年11月至2005年12月

1986—2005年四川地震系统先进（优秀）集体（单位）名录

表附－4

时间	先进单位及荣誉称号
1986年	中共四川省省级机关党委授予四川省地震局第一研究室为优秀党支部
1989年	四川省人民政府授予四川省地震局第六研究室烈度区划图组先进集体
1990年	国家地震局授予四川省地震局1989年度地震监测预报工作先进单位
1990年	国家地震局授予四川巴塘地震现场工作队1989年度地震分析预报工作及地震现场工作优秀集体
1990年	国家地震局授予四川小金地震现场宏观考察组1989年度地震分析预报工作及地震现场工作优秀集体
1990年	国家地震局授予重庆江北地震现场工作队1989年度地震分析预报工作及地震现场工作优秀集体
1990年	国家地震局授予四川省地震局第一研究室1989年度地震分析预报工作及地震现场工作优秀集体
1990年	国家地震局授予四川省地震局通讯站地震监测工作先进集体
1990年	国家地震局授予四川省地震局地震测量队地震监测工作先进集体
1990年	国家地震局授予成都地震台重力组地震监测工作先进集体
1990年	国家地震局授予西昌地震台水化组地震监测工作先进集体
1990年	国家地震局授予姑咱地震台水化组地震监测工作先进集体
1990年	国家地震局授予黑水地震台地震监测工作先进集体
1990年	国家地震局授予广元地震台地震监测工作先进集体
1990年	国家地震局授予乐山市地震办公室全国地方地震工作先进集体
1990年	国家地震局授予自贡市地震办公室全国地方地震工作先进集体
1990年	国家地震局授予布拖县地震办公室全国地方地震工作先进集体
1990年	国家地震局授予雅安地区地震办公室全国地方地震工作先进集体
1990年	国家地震局授予阿坝州地震局全国地方地震工作先进集体
1990年	国家地震局授予邛崃县地震办公室全国地方地震工作先进集体
1990年	四川省地震局荣获全国测绘成果保密工作先进单位
1991年	国家地震局授予西昌地震中心站车班1991年度后勤系统先进单位
1992年	四川省地震局获1992年度四川省党政系统信息工作先进单位
1992年	国家地震局授予四川省地震局审计监察处1992年度审计监察工作先进单位
1993年	国家地震局授予四川省地震局全国地震监测预报先进单位
1993年	国家地震局授予四川石渠地震现场考察组地震分析与地震现场工作优秀集体
1993年	国家地震局授予四川省地震局防震减灾宣传工作先进单位
1993年	国家地震局授予四川省地震局审计监察处1993年度审计监察工作先进单位
1993年	四川省地震局获1993年度四川党政系统信息工作先进单位
1993年	中国科协授予阿坝州地震学会为全国先进学会
1993年	国家地震局授予四川沐川5.0级地震现场工作队全国地震监测预报及地震现场工作优秀集体
1994年	国家地震局授予四川省地震局1994年度地震监测预报工作先进单位
1996年	国家地震局授予四川省地震局1996年度地震监测预报工作先进单位

续表附 - 4

时间	先进单位及荣誉称号
1996 年	国家地震局授予四川宜宾 5.4 级地震现场工作组 1996 年度先进集体
1996 年	中共四川省委宣传部、省科委、省科协授予四川省地震局四川省科普工作先进集体
1996 年	国家地震局授予四川省地震局 1993—1995 年度地震事业综合统计先进单位
1996 年	国家地震局授予四川省地震局 1995 年地震系统清产核资工作先进单位
1996 年	国家地震局授予四川省地震局普法办公室“二五”法制宣传教育先进集体
1997 年	人事部、国家地震局授予四川省地震局地震监测预报所全国地震系统先进集体
1998 年	中国地震局授予四川省地震局 1998 年度地震监测预报先进单位
1998 年	中国地震局授予西昌地震中心站 1998 年度地震监测预报及现场工作优秀集体
1999 年	国务院授予四川省地震局全国民族团结进步模范集体
1999 年	中国地震局授予四川省地震局 1997 - 1998 年度纪检监察审计工作先进集体
1999 年	中国地震局授予四川省地震局 1999 年度地震监测预报工作先进单位
2000 年	中国地震局授予四川省地震局地震测量队 2000 年度地震监测预报及现场工作优秀集体
2000 年	人事部、中国地震局授予康定地震中心站全国地震系统先进集体
2001 年	中国地震局授予四川省地震局机关服务中心全国地震系统后勤工作先进集体
2001 年	中国地震局授予四川省地震局 2001 年度全国地震监测预报工作先进单位
2001 年	中国地震局授予阿坝州地震局全国地方地震工作优秀单位
2002 年	中共中央宣传部、中国地震局授予攀枝花市防震减灾领导小组办公室全国防震减灾宣传工作先进集体
2002 年	中国地震局授予德阳市地震局 2001 年度全国防震减灾综合评比优秀奖
2002 年	四川省人民政府授予西昌地震中心站第四次民族团结进步先进集体
2002 年	中国地震局授予四川省地震局 2002 年度全国地震监测预报工作先进单位
2002 年	中国地震局授予四川省地震局震情短临跟踪工作队 2002 年度地震监测预报及地震现场工作优秀集体
2003 年	中国地震局授予四川省地震局 2003 年度地震监测预报工作先进单位
2003 年	中国地震局授予四川省地震局监测预报研究所 2003 年度地震监测预报优秀集体
2003 年	中国地震局授予乐山市地震办公室全国市（区）防震减灾工作综合评比优秀奖
2004 年	四川省政府办公厅授予四川省地震局 2003 年度全省政务信息工作先进集体
2004 年	中共中央纪委驻中国地震局纪检组授予四川省地震局 2003 年度纪检监察审计部门“争先创优”优秀单位
2004 年	中国地震局授予西昌地震中心站地震现场应急救援先进集体
2005 年	中国地震局授予四川省地震局测绘工程院全国地震系统优秀集体
2005 年	中国地震局授予四川省地震局 2004 年度财务决算先进单位
2005 年	中国地震局授予四川省地震灾害紧急救援队 2004 年度地震应急救援工作先进集体
2005 年	四川省地震局 2005 年失业保险工作获四川省先进单位
2006 年	中共四川省委、四川省人民政府授予四川省地震局 2001—2005 年度四川省法制宣传教育先进集体

1986—2005 年四川地震系统先进（优秀）工作者名录

表附－5

时间	姓名	工作单位	荣誉称号
1986 年	张绍昌	四川省地震局	中共四川省省级机关党委授予优秀党员
1986 年	陈兴华	四川省地震局	中共四川省省级机关党员授予优秀党员
1987 年	卿显义	马边中学	中国科协授予全国优秀青少年科技辅导员
1990 年	程万正	四川省地震局	国家地震局授予 1989 年度地震监测预报先进个人
1990 年	王怀明	四川省地震局	国家地震局授予 1989 年度地震监测预报先进个人
1990 年	游风林	四川省地震局	国家地震局授予 1989 年度地震监测预报先进个人
1990 年	刘盛利	四川省地震局	国家地震局授予 1989 年度地震监测预报先进个人
1990 年	刘冬福	康定地震中心站	国家地震局授予 1989 年度地震监测预报先进个人
1990 年	余国政	重庆市地震办公室	国家地震局授予 1989 年度地震监测预报先进个人
1990 年	徐吉廷	阿坝州地震局	国家地震局授予 1989 年度地震监测预报先进个人
1990 年	赵世君	四川省地震局	国家地震局授予地震监测工作先进个人
1990 年	张学笔	西昌地震中心站	国家地震局授予地震监测工作先进个人
1990 年	邓先茂	松潘地震台	国家地震局授予地震监测工作先进个人
1990 年	朱长元	成都地震台	国家地震局授予地震监测工作先进个人
1990 年	李海山	康定地震中心站	国家地震局授予地震监测工作先进个人
1990 年	李云莲	姑咱地震台	国家地震局授予地震监测工作先进个人
1990 年	李荣锋	—	国家地震局授予地震监测工作先进个人
1990 年	饶文松	四川省地震局	国家地震局授予地震监测工作先进个人
1990 年	桂纪民	四川地震仪器厂	国家地震局授予地震监测工作先进个人
1990 年	王云基	四川省地震局	国家地震局授予地震监测工作先进个人
1990 年	邓开碧	四川省地震局	国家地震局授予地震监测工作先进个人
1990 年	吕宝华	理塘毛垭温泉	国家地震局授予地震监测工作先进个人
1990 年	卢开南	攀枝花市地震办公室	国家地震局授予全国地方地震工作先进工作者
1990 年	陈兴国	会理县地震办公室	国家地震局授予全国地方地震工作先进工作者
1990 年	倪　玲	黑水县地震办公室	国家地震局授予全国地方地震工作先进工作者
1990 年	郎　吉	—	国家地震局授予全国地方地震工作先进工作者
1990 年	陈愉龙	宜宾市地震办公室	国家地震局授予全国地方地震工作先进工作者
1990 年	潘相珍	德阳市地震办公室	国家地震局授予全国地方地震工作先进工作者
1990 年	向云高	安县地震办公室	国家地震局授予全国地方地震工作先进工作者
1990 年	赵璧佩	重庆市地震办公室	国家地震局授予全国地方地震工作先进工作者
1991 年	蒋仕华	西昌地震中心站	国家地震局授予全国地震系统后勤工作先进工作者
1993 年	程万正	四川省地震局	国家地震局授予全国地震监测预报先进个人
1993 年	王新民	四川省地震局	国家地震局授予全国地震监测预报先进个人

续表附－5

时间	姓名	工作单位	荣誉称号
1994 年	刘栋勋	四川省地震局	国家地震局授予 1994 年度监测预报先进个人
1996 年	程万正	四川省地震局	人事部、国家地震局授予 1996 年度全国地震系统先进个人
1996 年	余河生	甘孜州地震局	人事部、国家地震局授予 1996 年度全国地震系统先进个人
1997 年	何玉林	四川省地震局	国家地震局授予 1996 年度地震监测预报及地震现场工作先进个人
1998 年	杜　方	四川省地震局	中国地震局授予 1998 年度地震监测预报工作先进个人
1999 年	周　涛	四川省地震局	中国地震局授予全国地震系统优秀档案工作者
1999 年	程渤生	四川省地震局	中国地震局授予纪检监察先进工作者
1999 年	程　式	四川省地震局	中国地震局授予 1999 年度地震预报工作先进个人
2000 年	杨晓源	四川省地震局	人事部、中国地震局授予全国地震系统先进工作者
2000 年	江在雄	四川省地震局	四川省人民政府授予四川省地方志先进工作者
2002 年	王顺蓉	阿坝州地震局	中国地震局授予防震减灾宣传工作先进个人
2002 年	张少松	什邡市地震办公室	中国地震局授予防震减灾宣传工作先进个人
2002 年	王云基	四川省地震局	中共四川省直机关党委授予优秀党务工作者
2002 年	范灵春	四川省地震局	中共四川省直机关党委授予优秀党员
2002 年	官致君	四川省地震局	中国地震局授予 2002 年度地震监测预报工作先进个人
2003 年	牟雅源	西昌地震中心站	中国地震局授予 2003 年度地震监测预报先进个人
2004 年	张振勋	西昌地震中心站	中国地震局授予 2003 年度地震现场应急救援先进个人
2004 年	李建明	四川省地震局	省政府办公厅、省人事厅授予全省政务系统先进工作者
2005 年	陈　达	四川省地震局	中国地震局授予 2004 年度财务决算编制先进个人
2005 年	杜　方	四川省地震局	四川省直机关评为“十大女杰”

1986—2005 年四川地震系统享受政府特殊津贴人员名录

表附－6

姓名	姓别	工作单位	批准时间
罗灼礼	男	四川省地震局	1990 年（后调离）
韩渭宾	男	四川省地震局	1991 年 12 月
杨晓源	男	四川省地震局	1992 年 10 月
唐荣昌	男	四川省地震局	1992 年 10 月
江在雄	男	四川省地震局	1992 年 10 月
黄圣睦	男	四川省地震局	1992 年 10 月
李谊瑞	男	四川省地震局	1992 年 10 月
王云基	男	四川省地震局	1993 年 1 月
李家降	男	四川省地震局地震仪器厂	1993 年 1 月
李天祒	男	四川省地震局地震地质队	1992 年

续表附－6

姓名	姓别	工作单位	批准时间
张学笔	男	西昌地震中心站	1994年1月
黄祖智	男	四川省地震局	1994年1月
钱　洪	男	四川省地震局	1994年1月
周湘泉	男	四川省地震局	1994年1月
闻学泽	男	四川省地震局	1994年1月
程万正	男	四川省地震局	1998年2月
程　式	男	四川省地震局	1999年4月

1986—2005年四川地震系统有突出贡献优秀专家、学术带头人、跨世纪人才名录

表附－7

姓名	性别	称　号	批准时间
韩渭宾	男	国家级中青年有突出贡献专家	1992年12月
闻学泽	男	“国家地震局青年科星”	1993年
闻学泽	男	国家地震局系统第一批“跨世纪学术与技术带头人”第一层次人选	1996年
张耀国	男	四川省有突出贡献优秀专家	1999年
杜　方	女	四川省有突出贡献优秀专家	1999年
杜　方	女	中国地震局跨世纪科技人才培养系统工程第一层次人选第四批	1999年
吕弋培	男	四川省有突出贡献专家	2001年
杜　方	女	中共四川省委组织部、四川省人事厅、省科技厅、省财政厅、省发展计划委员会、省科协等联合批准为四川省学术和技术带头人	2002年
雷建成	男	入选中国地震局“优秀人才百人计划”第一批人选	2003年
杜　方	女		
闻学泽	男	入选中国地震局“跨世纪人才系统工程”第一层次人选	2004年
杜　方	女		
雷建成	男	入选中国地震局“跨世纪人才系统工程”第二层次人选	2004年
何玉林	男		
吕志勇	男		
廖　华	男		
易桂喜	女		
吕弋培	男		
闻学泽	男	四川省自然科学类第六批学术和技术带头人	2005年
韩　进	男	四川省有突出贡献优秀专家	2005年

二、大事记

1986 年

1 月 2 日 四川省地震局发出《四川省地震局大震工作期对策方案》。

1 月 西昌遥测地震台网全面投入正式运行。

4 月 11 日 四川省地震局印发了《四川省地震台观测工作承包责任制试行办法》等 8 个改革制度文件。

5 月 26 日 副省长罗通达到康定地震中心站检查、视察工作。

5 月 30 日 四川省地震局职称改革领导小组成立。四川省地震局专业技术职务条件评审委员会成立。

6 月 1—3 日 国家地震局副局长陈颙来四川省地震局检查地震监测预报工作，并为地震科技人员作了题为《岩石破裂的前兆》的学术报告。

7 月 31 日 四川省人民政府印发《关于发布〈四川省地震监测系统保护管理办法〉的通知》。

8 月 7 日 03 时 55 分 13.4 秒 理塘南东发生 5.6 级地震，震源深度 10—15 千米，震中烈度Ⅶ度。

8 月 12 日 全国人民代表大会常务委员会副委员长班禅额尔德尼·却吉坚赞在虾拉沱地震台视察，并考察了 1973 年炉霍 7.6 级地震碑亭。

8 月 12 日 18 时 45 分 49 秒 盐源西南发生 5.2 级地震，震中烈度Ⅶ度，震源深度 15 千米。地震造成直接经济损失 1200 万元。

8 月 13—14 日 《四川震苑》报创刊。

8 月 28 日 四川省人民政府决定成立四川省地震工作领导小组。组长为丁长河（省政府顾问）。

10 月 29 日 四川省地震工作领导小组发出《关于切实加强地震预测预防工作的通知》。

1987 年

5 月 11—13 日 中国地震学会、国家地震局分析预报中心、四川省地震局、四川省地震学会、绵阳市和阿坝州地震学会，在成都联合召开了“松潘、平武地震十周年地震预报学术讨论会”。会后，部分代表出席“松平地震纪念碑”落成典礼。

7 月 15—17 日 国家地震局组织专家、学者对四川省地震局的方向任务进行评议。

1988 年

3 月 16 日 四川省地震局领导向四川省人民政府副省长罗通达汇报了地震工作情况。罗通达副省长对地震工作发表了重要谈话。

4 月 15 日 18 时 58 分 15.2 秒 会东南东发生 5.2 级地震，震中烈度Ⅶ度弱，震源深度 15 千米。地震造成直接经济损失 1144 万元。

6 月 2 日 14 时 11 分 43.2 秒 道孚乾宁（八美镇）发生 5.0 级地震，震源深度 15 千米，震中烈度Ⅵ度。

6 月 12 日 四川省地震工作领导小组进行了调整，副省长罗通达任领导小组组长。

7 月 26 日 中共国家地震局党组批复，撤销中共四川省地震局党组。

12 月 四川省地震局、四川省广播电视厅联合发出《关于加强地震宣传工作的通知》。

1989 年

2 月 22—25 日 四川省地震局在成都召开了四川省重点地震台站工作会议。副省长罗通达到会作了重要讲话。

3 月 1 日 21 时 00 分 33.3 秒 小金北东发生 5.0 级地震，震中烈度Ⅵ度，震源深度 15 千米。

4 月 6—8 日 四川省人民政府召开四川省地震监视地区市长、州长、专员会议。会议由四川省政府主持，国家地震局副局长陈颙、副省长罗通达出席会议并发表讲话。

4 月 16 日 04 时 34 分 10.5 秒 巴塘发生 6.7 级地震，震中烈度Ⅷ度。震源深度 15 千米。地震造成房屋倒毁，山体滑坡、地裂，交通阻塞、通讯中断、地震死亡 8 人，受伤 69 人（其中重伤 24 人），砸死各类牲畜 500 余头。

4 月 16 日 四川省人民政府成立以省长张皓若为指挥长的抗震救灾指挥部，并召开紧急会议，部署抗震救灾工作，组织省慰问团赶赴巴塘指导抗震救灾和慰问受灾民众。

4 月 17 日 23 时 四川省地震局组成巴塘地震现场工作指挥部，具体负责巴塘地震现场的震情监测、会商和预报以及地震考察、灾害损失评估等工作。

4 月 18 日 22 时 以副省长罗通达为团长的省慰问团一行 24 人抵达巴塘慰问灾民。

4 月 25 日 10 时 13 分 20.0 秒 巴塘南东发生 6.7 级地震，震中烈度Ⅷ度、震源深度 10 千米。地震造成地裂、崩塌，压死牦牛 8 头、伤 30 余头。

4 月 25 日 10 时 16 分 14.3 秒 巴塘南东发生 5.0 级地震。

4 月 28 日 国家民委副主任陈欣（女）率领的国务院巴塘地震慰问团一行 7 人抵达巴塘，慰问灾民，指导抗震救灾工作。

5 月 1 日 07 时 05 分 24.5 秒 巴塘发生 5.4 级地震，震源深度 10 千米。巴塘地震现场监测工作组有预测意见，巴塘县抗震指挥部向全县发出了通知，避免了损失。

5 月 3 日 13 时 53 分 00.9 秒 巴塘东发生 6.4 级地震。震源深度 10 千米。震前巴塘现场指挥部向甘孜州政府、巴塘兵站通报震情，建议未撤离危房的群众尽快撤离。

5月3日23时41分29.5秒 巴塘东发生6.2级地震。震源深度5千米。灾情叠加震害严重，新倒房591幢，严重震裂628幢，受伤24人（其中重伤4人），各类牲畜死亡157头（只）。

5月4日01时28分19.3秒 巴塘南东发生5.2级地震。震源深度10千米。

5月14日 省长张皓若、省政协副主席杨岭多吉一行抵达巴塘灾区视察，听取四川省地震局现场指挥部关于巴塘地震情况汇报，并连夜开会研究抗震救灾工作。

5月31日 国务委员、国家科委主任宋健在北京听取了国家地震局关于巴塘地震情况汇报，表扬巴塘地震现场工作，并作了重要指示。

6月9日 四川省人民政府发出《关于切实加强地震监测预报和抗震防灾工作的通知》。

6月9日22时46分03.8秒 石棉发生5.3级地震，震源深度10千米。震中烈度Ⅶ度。地震造成经济损失355.91万元。

6月15日 省人民政府赴巴塘重建家园规划工作组（专家组）一行23人抵巴塘，进行重建家园考察、论证。

6月19日 巴塘县将联合国世界粮食计划署援助巴塘灾区2062.5吨加拿大小麦作抗震救灾的重要物资，成立巴塘县4047Q快速工程项目领导小组，具体负责组织实施。

7月21日11时09分12.1秒 巴塘南东发生5.8级地震。震源深度15千米。震中烈度Ⅵ度。至7月21日止，巴塘6.7级强震群，造成总的经济损失41339.35万元。

7月26日 苏联政府援助巴塘灾区7万卢布的救灾物资（棉毯、帐篷）运抵巴塘。

截至8月5日 巴塘县收到全国及港澳同胞发来的慰问电（信）676封，赠送的救灾款物达100万元。

8月21日 英国政府援助巴塘灾区的7万英镑救灾物资（40吨奶粉）运抵巴塘。

9月22日10时25分48.2秒 小金北发生6.6级地震。震源深度10千米，震中烈度Ⅷ度。地震造成经济损失20332.3万元。

9月24日 省委、省政府慰问团到达小金县两河乡慰问灾民，指导抗震救灾工作。

9月25日 联合国世界粮食计划署驻北京办公室秘书赵欣敏抵巴塘，对4047Q项目准备情况逐一进行检查。对巴塘灾区完成4047Q快速项目工作和实施计划表示满意。

10月4日 国务院委托国家计委副主任叶青主持召开了“四川省巴塘地震灾区重建家园汇报团”的汇报会议。

10月6日下午 国务院委托国家计委召集财政部、民政部、民委、中国人民银行、中央统战部开会研究，提出了国家为巴塘地震灾区重建家园解决一亿元资金，所需物资按资金量给予配套，木材指标由州县自己调剂的意见，并报国务院审批。

11月6—9日 四川省地震局召开各市（地、州）地震局（办）局长（主任）座谈会。会议对全年四川省地方地震工作进行总结。

11月20日11时18分37.2秒 江北县发生5.2级地震，11时21分03.2秒，江北县又发生5.4级地震。震源深度5千米，震中烈度Ⅶ度。地震总的经济损失14651.76万元。

11月20—21日 江北地震后，国务院听取了国家地震局汇报，并发电报对灾民进行慰问。中共四川省委、省政府、成都军区、驻渝某集团军、中共自贡市委、市政府纷纷致电致信慰问。省委、省政府慰问团一行7人到灾区进行慰问。

12月13日 四川省地震工作领导小组组长、副省长罗通达在成都主持召开四川省地震工作领导小组会议，听取了四川省地震局的震情通报和工作汇报，并对当前地震工作提出要求。

1990年

3月16日 中共重庆市委、市政府举行表彰大会，对在江北地震抗震救灾中涌现出的206个先进集体和99名先进个人进行表彰奖励。

4月9日03时13分49.6秒 巴塘、理塘间发生5.2级地震，震源深度10千米。

7月16日 四川省人民政府办公厅《转发省地震局、省建委、省民政厅〈关于进一步加强地震重点监视防御区有关工作的意见〉的通知》。

7月17日 四川省人民政府办公厅《印发〈四川省地震重点区地震防灾对策方案（试行）〉的通知》。

9月22—30日 中美双边鲜水河断裂带学术讨论会在成都举行。会后，中美双方地震专家到鲜水河断裂带进行了6天野外实地考察。

12月13—15日 四川省地震工作领导小组在成都主持召开了四川省地方地震工作会议。会议贯彻全国地方地震工作会议精神，动员社会各方面的力量做好防震减灾工作。

1991年

1月14日 国家地震局局长方樟顺、顾问丁国瑜等人到重庆市地震办公室、重庆地震台视察。

1月31日 四川省人民政府《批转省计委、省地震局〈关于加强破坏性地震减灾工作的意见〉的通知》。

2月18日17时06分18.3秒 小金北发生5.0级地震，震源深度10千米，震中烈度Ⅶ度。

4月4日 中共国家地震局党组批复，同意恢复中共四川省地震局党组。

4月29日 副省长罗通达主持召开会议，研究小金“2.18”地震抗震救灾工作。

1992年

1月28日 四川省地震工作领导小组在省政府召开扩大会议。副省长、省地震工作领导小组组长罗通达在会上作了重要讲话。

2月 国家地震局调整、充实了四川省地震局领导班子，韩渭宾任四川省地震局局长、党组书记。

2月 “四川省破坏性地震应急反应预案”制案工作座谈会在四川省地震局举行。

4月8—14日 国家地震局局长方樟顺一行来四川省地震局检查、指导防震减灾工作。

5月20日 四川省地震局承建的二滩遥测地震台网投入正式运行。

6月1日 四川省人民政府发出《关于加强防震减灾和抗震救灾工作的通知》（附：《四川省破

坏性地震应急反应预案》)。

7月14日 经四川省政府同意，由省地震局主持的全省厂矿、学校地震工作会议在峨眉西南交通大学召开。

11月1—4日 四川省首个冕宁县城乡震害预测项目，正式通过国家地震局评审鉴定委员会的评审、鉴定。

11月30日01时39分37.2秒 石渠县发生5.1级地震，震中烈度Ⅶ度。地震造成直接经济损失4369万元。

11月 四川省计划委员会、省建设委员会、省经济委员会、省地震局联合发出《关于实施〈中国地震烈度区划图(1990)使用规定〉的通知》。

1993年

3月20日 中共四川省委宣传部、四川省地震局联合发出《关于认真做好防震减灾宣传工作的通知》。

6月11日 四川省人民政府办公厅《转发省救灾办、省地震局〈关于做好我省地震灾情评估及上报工作的意见〉的通知》。

8月7日16时36分06.3秒 沐川发生4.8级地震，震源深度5千米，震中烈度Ⅶ度。地震造成直接经济损失935万元，间接经济损失147.2万元。

8月23日下午 副省长欧泽高、省政府副秘书长张宗源听取了省地震局地震工作情况汇报。欧泽高就落实综合防御措施，做好防震减灾工作发表了重要讲话。

8月25日 副省长欧泽高主持召开省政府防震减灾工作会议，四川省地震局主要领导向会议通报了震情，欧泽高作了重要讲话。

12月6日 由四川省地震局等8个单位共同研制完成的“现代化震情分析会商系统建设”项目，在北京通过了国家地震局组织的技术鉴定。

12月17日 副省长、四川省地震联席会议主席欧泽高在四川省地震局召开了四川省地震联席会议第二次会议。欧泽高要求联席会议成员单位和各级政府实行以预防为主的方针，从各方面多关注防震减灾社会公益事业。

1994年

1月 自贡遥测地震台网通过省、市组织的专家组验收后，整个台网投入运行。

2月7日 副省长欧泽高一行到成都地震基准台慰问，并视察了地磁观测室。

2月27日 副省长欧泽高为学习、宣传国务院《地震监测设施和地震观测环境保护条例》，在《四川日报》上发表《认真贯彻〈条例〉搞好防震减灾》文章。

3月14日 国家地震局副局长陈颙宣读中共国家地震局党组和国家地震局的重要任免决定：龚兆和任四川省地震局局长、中共四川省地震局党组书记。陈颙还就深化改革，综合减灾作了重要讲话。

6月27日 副省长欧泽高在省政府听取了省地震局负责人关于地震工作情况的汇报，并与省编制委员会研究了地方地震工作机构问题。

上半年 四川省地震局根据国务院批准国家地震局“三定”方案精神，进行机构改革。

7月27日 为纪念唐山地震18周年，贯彻国务院140号令《地震监测实施和地震观测环境保护条例》，副省长欧泽高发表电视讲话。

7月28日上午 四川省地震局在成都召开座谈会，纪念唐山地震18周年，学习、宣传、贯彻国务院140号令《地震监测设施和地震观测环境保护条例》。

8月17—26日 国家地震局、财政部联合调研组来四川对《地震事业单位财务管理暂行办法》的执行情况和重点监视区地震台站（网）专项经费使用情况进行调研。

12月30日02时58分27.3秒 沐川发生5.7级地震。震源深度13千米，震中烈度Ⅶ度。地震造成经济损失3181万元（其中马边164万元）。省委、省政府向灾区发出慰问电。

是年 四川省地震局完成了局机关和直属、下属事业单位的机构改革和人员分流。同时加强了制度建设，先后制定下发了20余项规章制度。

是年 四川省人民政府办公厅印发了《关于贯彻实施〈地震监测设施和地震观测环境保护条例〉的通知》。

1995年

1月11日 副省长欧泽高主持召开会议，听取了省地震局关于沐川县5.7级地震灾害损失评估结果的汇报，研究和部署了震区当前救灾及今后重建的有关问题。

1月 四川省地震局承建的凉山州冕宁大桥遥测地震台网开始正式运行。

3月3日下午 四川省人民政府召开第34次常务会议，听取四川省地震局建议省政府召开四川省首次防震减灾工作会议和请求解决几个具体问题的汇报。

3月 四川省人民政府提出四川省防震减灾十年目标，即“在各级政府和全社会的共同努力下；从1995年起，争取用十年左右的时间，使我省的成都、重庆、自贡、攀枝花、西昌、雅安、康定、马尔康等城市和广元—乐山、成都—重庆沿线人口稠密、经济发达地区具备抗御6级左右地震能力”。

3月 在四川省第八届人民代表大会第三次会议上，周琳等17名代表提出关于制定《四川省防震减灾条例》的议案（第70号），经省人大教科文卫委员会审议和省人大常委会主任会议同意列入1996年的立法计划。

4月1日 副省长欧泽高到沐川县听取了县政府关于该县5.7级地震抗震救灾和恢复重建工作的汇报，并到遭灾较重的舟坝镇视察。

4月26日11时46分29.3秒 沐川发生5.0级地震，宏观震源深度10千米，震中烈度Ⅵ度强。地震造成沐川县经济损失1711.3万，马边县经济损失83万元。

5月5日 四川省地震工作联席会议扩大会在省政府召开。四川省地震局汇报了沐川5.0级地震和近期震情形势，会议就今后工作作了安排部署。

5月9日 四川省人民政府发出通知，决定成立四川省防震减灾领导小组，组长由副省长欧泽高担任。领导小组办公室设在省地震局内。

5 月　四川省人民政府决定成立四川省地震安全性和地震灾害损失评定委员会。

6 月 1—3 日　四川省人民政府在成都召开全省首次防震减灾工作会议，副省长欧泽高发表了发挥政府职能的讲话。

7 月 20 日下午　四川省防震减灾领导小组第一次（扩大）会议在省政府举行，领导小组全体成员和省级主要新闻单位的负责同志参加了会议。省人民政府副省长、省防震减灾领导小组组长欧泽高作了重要讲话。

9 月 15 日　四川省政府召开了四川省地震安全性和地震灾害损失评定委员会第一次会议。会议向评委们颁发了聘书。

10 月 24 日 06 时 46 分 51.7 秒　云南武定县发生 6.5 级地震，震中烈度Ⅸ度，震区毗邻四川会理、会东和攀枝花市仁和区受到破坏。地震造成四川境内直接经济损失 3600 万元，间接经济损失 1000 万元。

是年　冕宁、普格、宁南、石棉、宝兴、康定、泸定等县和大邑县西岭镇的震害预测研究报告正式通过国家地震局评审验收，并获得较高评价。邛崃、安县、什邡、马边等震害预测研究报告已按要求完成。

四川省人民政府印发《四川省破坏性地震应急反应预案》。

1996 年

1 月 25 日　副省长欧泽高到四川省地震局视察工作，听取了省地震局地震趋势汇报。

1 月 29 日　四川省防震减灾领导小组召开会议。副省长、省防震减灾领导小组组长欧泽高对 1996 年工作做了重要指示。

2 月 9 日　四川省第八届人大四次会议审议通过“四川省防震减灾数据库及震情灾情信息快速反应系统”和“成都地震遥测台网改造”等工程项目，正式列入四川省国民经济和社会发展“九五”计划。

2 月 9 日　四川省地震安全性和地震灾害损失评定委员会工作会议在省政府召开。

2 月 28 日 19 时 21 分 58.5 秒　宜宾发生 5.4 级地震，震中烈度Ⅶ度。地震造成总的经济损失 5261 万元。

3 月 1 日　中共四川省委宣传部、四川省地震局联合发出《关于开展纪念松潘—平武地震 20 周年宣传活动的通知》。

3 月 3—7 日　四川省人大教科文卫委员会副主任原钧一行到沐川县、马边彝族自治县一带调查研究，并指导防震减灾工作。

3 月 4 日　副省长、四川省防震减灾领导小组组长欧泽高主持召开了专题会议，传达了国务院办公厅《转发国家地震局关于重点监视防御区的确定和加强防震减灾工作意见的报告的通知》，研究部署四川省防震减灾工作。

同日　四川省人民政府令第 78 号发布《四川省工程建设场地地震安全性评价管理规定》，5 月 1 日起施行。

3月14日 四川省人民政府在乐山召开地震重点监视防御区雷波、马边、峨边、沐川、屏山等防震减灾工作座谈会，研究落实加强防震减灾工作的措施。

3月14—16日 副省长欧泽高率领有关部门负责人深入地震重点监视防御区的石棉、冕宁等县检查指导防震减灾工作，安排专项经费，落实大震应急措施。

6月18日 四川省第八届人大常委会第21次会议通过《四川省防震减灾条例》，公布施行。

6月20日 四川省教育委员会、四川省地震局发出《关于中小学中加强防震减灾教育的通知》。

7月11日 四川省计划委员会、四川省地震局发出《关于工程建设项目抗震设防标准管理和地震安全性评价纳入基本建设管理程序的通知》。

7月12日上午 四川省防震减灾领导小组召开全体成员会议，审议并原则通过四川省防震减灾“九五”目标。省防震减灾领导小组组长、副省长欧泽高作了重要讲话。

7月12日下午 省人大、省政府领导同省级有关部门的代表一起就贯彻执行《四川省防震减灾条例》举行座谈会。

8月5日 副省长、省防震减灾领导小组组长欧泽高在《震苑报》上发表署名文章“认真执行《四川省防震减灾条例》，努力开创我省防震减灾工作新局面”。

8月 由中共四川省委宣传部和四川省地震局联合举办的“四川省防震减灾知识竞赛活动”圆满结束。全省14个市（地、州）及所辖77个县5000多个单位，5.5万多人参加这一知识竞赛活动。

9月3日上午 四川省人民政府召开的纪念预报松潘—平武地震、盐源—宁蒗地震20周年大会在成都举行，中共四川省委、省政府、省政协有关领导，以及有关人员200多人参加纪念大会。

9月3—5日 四川省地震局、四川省地震学会在成都联合召开四川省纪念松潘—平武、盐源—宁蒗地震预报20周年学术研讨会。

10月22 四川省法制建设领导小组办公室、四川省地震局发出《关于将〈四川省防震减灾条例〉等法规纳入“三五”普法内容的通知》。

12月21日16时39分38.6秒 白玉发生5.5级地震，震源深度5千米，震中烈度Ⅶ度。地震造成总的经济损失4198.5万元。震前，政府根据地震部门的预测意见，采取了应对措施，震后立即紧急部署抗震救灾，减少了损失。

是年 四川省人民政府办公厅发出《关于进一步加强我省防震减灾工作的通知》。

1997年

1月7—11日 国家地震局党组在全国年度地震趋势会商会上，宣布表彰四川省地震局实现白玉、巴塘5.5级地震较准确预报，取得实效的通知。

1月13日 常务副省长张中伟主持召开了省级有关部门负责人会议，听取中共甘孜州委、州政府关于白玉、巴塘5.5级地震的灾情和抗震救灾工作情况汇报。张中伟在会议上就抗震救灾，恢复生产，重建家园提出了要求。

2月26—27日 四川省地震局在成都召开了1997年防震减灾工作会议，四川省副省长欧泽高向地震预报有功单位颁发了奖金，并发表了重要讲话。

3月12日 四川省防震减灾领导小组召开全体成员会议，安排部署1997年全省防震减灾工作任务。

3月24日下午 省长宋宝瑞主持召开省政府第72次常务会议，专题研究了四川省的防震减灾工作。

3月 副省长、省防震减灾领导小组组长欧泽高，省政府副秘书长、省防震减灾领导小组副组长侯更新，在成都召集有关市（地、州）和省级部门领导开会，专题研究当前震情形势和加强地震重点危险区的防震减灾工作。副省长欧泽高作了重要讲话。

4月1—6日 国家地震局副局长葛治洲一行，深入到四川地震重点监视防御区的雅安、石棉、冕宁、西昌、攀枝花市等地指导防震减灾工作。

4月 为贯彻落实国务院办公厅有关文件精神，省政府办公厅发出了《关于进一步加强我省防震减灾工作的通知》。

5月27日 四川省人民政府对1995年实施的《四川省破坏性地震应急反应预案》进行修改和补充，发出《关于印发我省破坏性地震应急预案的通知》。

5月 四川省人大教科文卫委员会、四川省地震局印发《关于检查〈四川省防震减灾条例〉实施情况的通知》。

6月25日 四川省人民政府法制局、四川省地震局《关于印发〈四川省防震减灾行政执法和执法监督管理办法〉的通知》。

7月13—28日 《四川省防震减灾条例》执法检查组，在省人大常委会副主任康振黄、徐尚志带领下，分别对成都、德阳、绵阳、阿坝等三市一州和部分国有大中型企业、省级机关有关部门贯彻实施《四川省防震减灾条例》情况，进行了执法检查。

8月13日16时13分30.9秒 荣昌发生5.2级地震，宏观震源深度13千米，震中烈度Ⅶ度。地震造成经济损失7387.8万元。

10月7—8日 新华社、《光明日报》《法制日报》《人民画报》和《中国减灾报》等报社记者参加的首都新闻界防震减灾工作采访团来川采访防震减灾工作。

11月10—11日 联合国IDNDR（国际减灾十年委员会）实施的RADIUS（城市地震灾害风险水平评估）项目实例研究考察组到自贡市访问。

11月25—26日 四川省地震局在成都召开了“加强企业防震减灾工作座谈会议”。

12月30日 中共国家地震局党组、国家地震局公布四川省地震局新一届领导班子成员。龚兆和任中共四川省地震局党组书记、局长。

1998年

2月3日 自贡市被联合国IDNDR科学委员会选作RADIUS（城市地震灾害风险水平评估）项目实例研究城市。

2月6日 四川省人大教科文卫委员会、四川省法制建设领导小组办公室、四川省人民政府法制局、四川省地震局发出《关于学习、宣传和贯彻实施〈中华人民共和国防震减灾法〉的通知》。

2月16日下午 全国宣传、贯彻《防震减灾法》电视电话会议结束后，四川省副省长、省防震减灾领导小组组长欧泽高即主持召开了省防震减灾领导小组（扩大）会，对贯彻落实全国电视电话会议精神，做好1998年的防震减灾工作作了全面的安排部署。

2月16—17日 四川省地震系统防震减灾工作会议在成都召开。会议在全面总结1997年全省防震减灾工作成绩的基础上，确定了1998年全省防震减灾工作的总体目标。

2月26日下午 省人大、省政府在成都主持召开了宣传、贯彻《防震减灾法》座谈会。

2月28日 副省长、四川省防震减灾领导小组组长欧泽高在《四川日报》发表《贯彻实施〈防震减灾法〉努力实现防震减灾十年目标》文章。

3月1日 《中华人民共和国防震减灾法》正式实施，四川省各级人大、政府防震减灾主管部门及有关单位、部门开展了广泛深入的学习、宣传活动。

4月21日 四川省人民政府办公厅下发了《关于进一步加强全省防震减灾工作的通知》。

4月 四川省地震局机关完成机构改革。

5月3—4日 国家地震局副局长何永年一行到自贡市检查“全国大中城市防震减灾示范区”自贡地区的工作。

5月14—15日 省政府在成都召开四川省首次城市防震减灾工作会议，副省长欧泽高在会上作了工作报告。

5月 中国地震局副局长岳明生一行视察四川防震减灾工作。

6月8日 省地震局、省计委、省财政厅联合发出《关于建立健全防震减灾计划体制和经费渠道的意见的通知》。

上半年 四川省人民政府法制局为省地震系统举办首次执法培训班。

8月28日 联合国十年减灾委员会派出项目技术专家，检查自贡市RAIUS项目进展情况。

9月17—18日 中国地震局副局长汤泉一行在四川检查、指导防震减灾工作。

10月2日20时49分27.1秒 云南宁蒗发生5.3级地震，紧邻震区的四川盐源县受Ⅵ度破坏，地震造成经济损失526万元。

10月27日04时01分34.8秒 云南宁蒗发生5.2级地震。紧邻震区四川盐源县受到Ⅵ度破坏，造成经济损失447.44万元。

11月19日19时38分06.4秒 云南宁蒗发生6.2级地震，震中烈度Ⅷ度。震区紧邻的四川盐源、盐边县受到Ⅶ—Ⅵ度破坏，总的经济损失5670.84万元。

12月6—11日 国务院地震应急工作检查组在四川检查地震应急工作。

下半年 四川省地震局直属事业单位进行改革。

1999年

1月14日 四川省人民政府在德阳市组织召开了全省防震减灾工作会议。副省长、省防震减灾领导小组组长欧泽高出席会议，并作了“责任重于泰山，依法防震减灾”的报告。

1月15日 副省长欧泽高专程赶赴康定姑咱，亲切看望和慰问康定地震中心站的全体职工，并与台站职工举行座谈。

1月26日 四川省人民政府办公厅发出《关于进一步加强全省防震减灾工作的通知》。

1月 中共四川省委第26次常委会议，专题研究了全省防震减灾工作，形成议事纪要，提出了加强防震减灾工作的具体要求。

3 月 10—12 日 1999 年度四川地方地震工作会议在成都召开。

3 月 11 日 中国地震局工作组检查指导四川省的防震减灾工作。

3 月 25 日 四川省人民政府法制局、四川省地震局联合印发《关于学习贯彻〈地震预报管理条例〉和〈震后地震趋势判定公告规定〉的通知》。

3 月 30 日 副省长欧泽高和省政府副秘书长陈信远召开专题会议，对 1999 年四川省防震减灾工作作了全面部署。

4 月 19 日 中共四川省委宣传部、四川省地震局《关于印发〈四川省破坏性地震应急宣传预案〉和〈四川省震情宣传报道统一口径的规定〉的通知》。

5 月 5 日 四川省人民政府印发《四川省防震减灾十年目标实施纲要》。

6 月 22 日 中国地震局、四川省地震局、重庆市政府的领导同志对重庆市地震局挂牌表示热烈祝贺。

7 月 20 日 省人大常委会副主任钮小明、教科文卫委员会副主任扈远仁等听取了四川省地震局关于《中华人民共和国防震减灾法》颁布一周年、《四川省防震减灾条例》颁布三周年贯彻实施的情况汇报。

9 月 14 日 20 时 54 分 31.3 秒 绵竹发生 5.0 级地震，宏观震源深度 20 千米。震中烈度Ⅵ度。地震造成经济损失 458 万元。

10 月 18 日 中国地震局“三讲”教育巡视组进驻四川省地震局，对“三讲”教育工作进行检查和指导。

10 月 28 日 省人大常委会副主任钮小明和人大内务司法委员会负责人，听取了四川省地震局领导关于地震法律、法规“三五”普法情况的专题汇报。

11 月 30 日 16 时 24 分 52.5 秒 绵竹发生 5.0 级地震，震中烈度Ⅵ度。地震造成直接经济损失 355 万元。

12 月 4—6 日 由中国地震局、四川省人民政府和自贡市人民政府共同资助的自贡市防震减灾示范研究与应用项目通过验收鉴定。

12 月 10 日 四川省第九届人大常委会公告，《四川省防震减灾条例》（修正后）公布施行。

12 月 13 日 四川省防震减灾领导小组召开成员会议。副省长、省防震减灾领导小组组长欧泽高总结了 1999 年工作，安排部署 2000 年工作的主要任务。

12 月 16 日 四川省人民政府召开省级有关部门和新闻单位参加的贯彻实施修正后的《四川省防震减灾条例》新闻发布会。

12 月 22 日 四川省人民政府第 32 次常务会议通过《四川省防震减灾二十年规划》和《四川省“十五”防震减灾重点项目计划书》。

12 月 22 日和 28 日 由四川省地震局、阿坝州和汶川县政府共同出资建设的汶川县省级防震减灾示范县项目通过验收。

12 月 30 日 四川省人民政府发出《关于印发〈四川省防震减灾规划〉和〈四川省防震减灾‘十五’计划重点项目〉的通知》。

是年 国务院决定授予四川省地震局“全国民族团结进步模范集体”称号。

2000 年

1 月 18 日 中共四川省委主要领导视察康定地震中心站，向坚守工作岗位的职工表示慰问。

1 月 24—26 日 2000 年度四川省地方地震工作会议在成都召开。

7 月 14 日 四川省人民政府第 44 次常务会议听取了四川省地震局关于贯彻落实全国防震减灾工作会议精神的汇报，并决定召开全省防震减灾工作会议。

7 月 28 日 四川省地震局水库地震研究所“三峡数字遥测地震台网”课题组在成都召开汇报会。课题组受到三峡公司和中国地震局的好评。

8 月 8—15 日 中国地震局局长陈章立率工作组来四川检查指导防震减灾工作。

8 月 10 日 由省政府主持召开的四川省防震减灾工作会议在自贡市隆重举行，中国地震局局长陈章立、副省长欧泽高出席会议并讲话。

8 月 27—31 日 在冰岛首都雷克米雅克市召开的第四届地方政府处理灾害和紧急事件国际大会上，自贡市的防震减灾工作获得“1998—1999 年度安全城市奖”。

9 月 16—18 日 中国地震学会第八次学术大会暨四川省地震学术大会在成都召开。

10 月 14—20 日 全国人大防震减灾执法调研组在四川开展防震减灾执法调研活动。

10 月 15 日 全国人大防震减灾执法调研组听取了四川省人大常委会、四川省人民政府贯彻实施《中华人民共和国防震减灾法》情况汇报。

11 月 22—24 日 中国地震局和四川省人民政府有关部门专家组成验收组，对成都数字遥测地震台网进行验收。

11 月 24—25 日 “四川省防震减灾数据库及震情信息快速反应系统”经专家验收组一致同意通过验收。

2001 年

1 月 1 日 攀枝花、成都地震台数字测震仪正式投入运行。

1 月 4 日 四川省防震减灾领导小组在四川省地震局召开全体成员会议。会议总结了“九五”全省防震减灾工作成绩，提出“十五”防震减灾工作初步设想。

1 月 9—10 日 2001 年度四川省地方地震工作会议在成都召开。

2 月 10 日 四川省人民政府令第 146 号发布施行《四川省工程建设场地地震安全性评价管理规定》（修订）。

2 月 14 日 15 时 27 分 28.2 秒 雅江发生 5.0 级地震，震源深度 8—10 千米，震中烈度Ⅵ度。地震造成总的直接经济损失 771 万元。

2 月 15 日 副省长马开明到省地震局视察工作，听取雅江 5.0 级地震灾情和工作情况汇报。并就做好震灾评估和加强震情监视作了重要指示。

2 月 15 日 由中国地震局副局长陈建明带队的工作组一行，来四川省地震局检查、指导地震监测预报、短临跟踪和大震应急工作。

2月23日08时09分19.8秒　雅江发生6.0级地震，震源深度6千米，震中烈度Ⅷ度。地震造成总的经济损失18822.1万元。

2月23日　中共四川省委、四川省人民政府向遭受地震灾害的甘孜州委、州政府，雅江、康定、九龙县委、县政府发去慰问电，向灾区干部、群众表示亲切慰问。

2月23日　中共四川省委主要领导对雅江发生6.0级地震救灾工作作重要批示。省委副书记、省长张中伟，省委副书记席义方、副省长马开明也分别作了批示。

2月23日　雅江6.0级地震后，省地震局立即启动了地震应急系统二级对策。

2月23日下午　四川省人民政府副省长马开明主持召开了雅江6.0级地震抗震救灾工作会议，研究部署抗震救灾工作等有关问题。

2月24日　国务院副总理温家宝就四川雅江6.0级地震要求省委、省政府组织好抗震救灾工作，要妥善安排好群众生活。

2月24日　下午，中共四川省委副书记、省长张中伟主持召开了省政府有关部门和驻川部队参加的雅江6.0级地震抗震救灾工作紧急会议，安排部署抗震救灾工作，决定由副省长马开明率省抗震救灾工作组先赶赴灾区指挥抗震救灾。

2月25日　省委、省政府再次召开紧急工作会议，进一步安排部署雅江6.0级地震抗震救灾工作。

2月26—27日　中共四川省委副书记、省长张中伟，省委常委、省民工委书记欧泽高，省政府秘书长李洪仁率领的省救灾工作组到甘孜州康定听取甘孜州委、州政府对抗震救灾的汇报，并到重灾县雅江察看灾情，慰问灾民，现场指导抗震救灾工作。

2月27日　民政部、中国地震局分别派出工作组前往四川雅江地震灾区，指导抗震救灾工作。

2月28日　四川省人民政府省长张中伟在康定主持召开了专题会议，听取雅江6.0级地震震情、灾情和抗震救灾工作情况汇报和通报，要求灾区各级党委、政府切实安排好灾民生活，帮助灾民搞好恢复重建工作。

3月4日　中共四川省委常委、省民工委书记欧泽高在省政府听取了中国地震局、四川省地震局关于雅江6.0级地震灾情初评结果的情况通报和汇报。

3月10—14日　中共四川省委常委、省民工委书记欧泽高率省委工作组赶赴凉山州，对3月7日普格—布拖4.4级地震震害情况进行实地调查，转达省委、省政府对受灾群众的关怀和慰问。

4月6日　四川省地震局召开雅江5.0级、6.0级地震总结会议，会议对两次地震震前监测预报，震后应急救援和震灾调查评估等工作进行了认真分析和反思总结。

4月23—29日　中国地震局副局长陈建民陪同国务委员司马义·艾买提到雅江地震灾区视察和慰问。

5月16日　四川省人民政府办公厅发布通知，副省长马开明接任四川省防震减灾领导小组组长。

5月24日05时10分37.2秒　四川盐源、云南宁蒗交界处发生5.8级地震，震源深度11千米。震中烈度Ⅶ度。四川境内地震造成总的经济损失9074万元。

6月1日　四川省人民政府办公厅印发《关于进一步加强全省防震减灾工作的通知》。

6月25—26日　财政部和中国地震局组成的工作组，对四川省地震局有关“十五”期间的拟建、改建项目深入到地震台站进行实地考察和调研活动。

6 月 26 日 四川省人民政府法制办公室、四川省地震局联合召开《四川省地震监测设施和地震观测环境保护规定》调研座谈会。

8 月 9 日 中共中国地震局党组、中共四川省委组织部宣布四川省地震局新一届领导班子成员任命通知，吴耀强任局党组书记、局长。

8 月 16—17 日和 11 月 25 日至 12 月 1 日 省人大常委会副主任、教科文卫委员会主任钮小明等组成的防震减灾执法调研组，先后在雅安市、攀枝花市、凉山州、甘孜州进行执法调研活动。

8 月 28 日 四川省外事办公室、中共四川省委宣传部、四川省民政厅、四川省地震局《关于印发〈四川省严重破坏性地震涉外工作应急反应预案〉的通知》。

8 月 30 日 副省长马开明在省政府听取了四川省地震局新一届领导班子的工作汇报。

9 月 13 日 中共四川省委副书记、省长张中伟，省委常委、省委民工委书记欧泽高视察了成都遥测地震台网和四川省防震减灾网络中心，听取了省地震局的工作汇报，对进一步加强全省防震减灾工作提出了要求。

9 月 28 日 四川省人民政府办公厅下发了《关于赋予四川省地震局防震减灾工作行政职能的通知》。

10 月 23—28 日 新华社、人民日报、光明日报、科技日报、中国青年报、北京青年报、中国新闻社、新华社四川分社和云南分社等组成的“防震减灾 30 年总结回顾与‘九五’成就采访报道团”采访四川防震减灾工作。

12 月 5 日 中共四川省委宣传部、四川省地震局联合发出《关于切实加强“十五”期间防震减灾宣传教育工作的通知》。

12 月 13—15 日 四川省地震局前兆台站（网）技术改革（数字化）项目，通过中国地震局组织的专家验收组的测试验收。

2001 年 11 月至 2002 年 1 月 四川省地震局完成了直属事业单位、下属事业单位和机关的改革。

2002 年

1 月 29—30 日 2002 年度四川省地方地震工作会议在成都召开。

2 月 6 日 副省长马开明在省政府听取了四川省地震局关于四川震情形势的汇报。

2 月 19 日 副省长马开明到省地震局视察工作，听取震情汇报，安排部署工作，并看望慰问干部职工。

3 月 4—8 日 中国地震局副局长岳明生率工作组来四川检查、指导防震减灾工作。

3 月 19 日 副省长马开明在省政府听取了四川省地震局关于全省近期震情形势和加强防震减灾工作意见的情况汇报。

4 月 10—11 日 中国地震局副局长汤泉在四川省检查指导防震减灾工作。

4 月 22 日 四川省人民政府办公厅发出《关于做好地震应急基础数据收集工作的通知》。

4 月 23 日 省防震减灾领导小组在省政府召开全体成员工作会议，全面总结 2001 年全省防震减灾工作成绩，研究部署 2002 年防震减灾工作。副省长、省防震减灾领导小组组长马开明出席会议并讲话。

5 月 14 日 经省政府同意，成立四川省地震安全性评定委员会，撤销原四川省地震安全性和地震灾害损失评定委员会。

5 月 16 日 副省长马开明在省政府听取了四川省地震局关于当前震情形势的汇报。

5 月 17—20 日 中国地震局副局长岳明生率工作组到四川检查指导防震减灾工作，并到凉山州检查、指导震情跟踪监视工作，出席凉山州委、州政府召开的震情形势分析会。“西昌要地震”的消息开始在社会上传播。

5 月 22 日 中国地震局派出了专家组赴冕宁、西昌、普格开展异常调查和分析工作。

5 月 24 日 四川省地震局向中共四川省委、省政府呈送了《关于我省震情最新情况及近期趋势意见的报告》，同日，省委、省政府主要领导作了重要批示。

5 月 26 日 四川省人民政府办公厅把四川省地震局的《报告》和省委、省政府主要领导的批示传至中共凉山州委。是日晚，中共凉山州委召开紧急常委会，传达四川省地震局的报告和省委、省政府主要领导批示，研究部署工作、宣布正式启动凉山州大震应急预案。

5 月 28 日 中共四川省委宣传部、四川省地震局发出《关于贯彻全国防震减灾宣传工作会议精神的通知》。

5 月 29 日 省长张中伟主持召开省政府第 49 次省长办公会议，专门对加强全省防震减灾工作作了研究部署。

6 月 3 日 副省长马开明到省地震局视察工作，听取了省地震局关于四川省特别是凉山州西昌地区当前震情形势汇报。

6 月 6—10 日 副省长马开明前往凉山州指导防震减灾工作。

7 月 2—5 日 四川省人民政府法制办公室和四川省地震局组成的《四川省地震监测设施和地震观测环境保护规定》立法调研组，前往攀枝花市开展立法调研活动。

7 月 3 日 副省长马开明在省政府听取了四川省地震局关于当前四川震情和“十五”项目实施情况的汇报。

7 月 30 日 四川省地震局机关召开改革动员大会，对机关机构设置、职责任务、定编定岗等进行全面改革。

5—7 月 地震部门根据冕宁（3 月）、普格（4 月）和布拖（5 月）发生 4.4 级、4.9 级和 4.0 级地震及一些其他异常现象，对本地区未来可能发生的地震提出了预测意见上报省政府，并派出工作组在凉山州开展震情监视和短临跟踪。省领导对加强防震减灾工作作了批示。凉山州政府启动了大震应急预案。“要地震”的消息很快在西昌等地流传，民众不安，抢购食品，纷纷外出避震，严重影响社会秩序稳定。凉山州政府采取坚决应对措施，一面抓经济建设，一面抓防震减灾，把真实的震情告诉广大干部和群众，经过艰苦、细致的宣传教育和疏导工作，逐渐地恢复了社会秩序，把损失减少到最低限度。

8 月 8 日 19 时 42 分 00.4 秒 新龙发生 5.3 级地震，震中烈度Ⅶ度。地震造成总的经济损失 3034 万元。四川省政府及时启动《四川省破坏性地震应急预案》，组织开展抗震救灾。

10 月 10 日 四川省人民政府授予四川省地震局西昌地震中心站四川省第四次民族团结进步先进集体荣誉称号。

2003 年

1 月 7—9 日 四川省地震局召开 2003 年度全省市（州）地震局长（主任）会议。

1 月 23—25 日 中国地震局副局长岳明生一行在成都地震基准台、成都市地震局和西昌地震中心站进行调研和春节慰问。

2 月 19 日 副省长张作哈到四川省地震局视察工作。

3 月 1 日 为纪念《中华人民共和国防震减灾法》施行五周年，各级地震部门开展宣传纪念活动。

3 月 10 日 四川省人民政府办公厅发出《关于进一步加强全省防震减灾工作的通知》。

4 月 1 日 四川省人民政府令 167 号发布《四川省地震监测设施和地震观测环境保护规定》正式施行。

4 月 1 日 省人大教科文卫委员会、省人大法制工作委员会、省地震局、省发展计划委员会、省政府法制办公室、省建设厅、省水利厅、省民政厅等在成都联合召开纪念《中华人民共和国防震减灾法》施行五周年暨贯彻《四川省地震监测设施和地震观测环境保护规定》座谈会。

5 月 22 日 第七届四川省地震局科学技术委员会召开第一次全体会议。会议讨论并通过了《四川省地震局科学技术委员会章程》。

6 月 3 日 副省长张作哈主持召开组建四川省地震灾害紧急救援队协调会。

6 月 17 日 四川省地震局和武警四川总队召开组建四川地震紧急救援队协调工作会议。

6 月 19—23 日和 7 月 16—18 日 省人大教科文卫委员会等单位组成省防震减灾执法调研组，先后到绵阳、雅安、凉山等市（州）进行执法调研。

7 月 四川省紫坪铺开发有限责任公司（甲方）与四川省地震局水库地震研究所（乙方）签订了《四川岷江紫坪铺水利枢纽工程水库诱发地震监测系统建设及运行技术服务合同》。

8 月 17 日 中国地震局人事教育司和中共四川省委组织部组成干部考察工作组，在四川省地震局开展干部考核工作。

8 月 21 日 10 时 17 分 48.8 秒 盐源发生 5.0 级地震，震源深度 5 千米，震中烈度Ⅵ度。地震造成直接经济损失 2086 万元。

9 月 12 日 四川省人民政府副省长张作哈在省政府听取了四川省地震局关于四川当前震情形势等有关工作情况汇报。

9 月 15 日 四川省防震减灾“十五”重点项目初步设计方案评审会议在成都召开。

9 月 22 日 省长张中伟、副省长张作哈专门听取了省地震局关于当前震情形势的汇报。

9 月 23 日 省政府第 18 次常务会议审议通过了《四川省地震灾害紧急救援队组建方案》，决定组建四川省地震灾害紧急救援队。

9 月 28 日 副省长张作哈在省政府听取了省地震局工作汇报。

10 月 17 日 四川省人民政府发出《关于组建四川省地震灾害紧急救援队的批复》。

11 月 4 日 副省长张作哈在省政府听取四川省地震局关于当前震情和地震灾害紧急救援队组建工作进展情况的汇报。

11 月 13 日 副省长张作哈在省政府听取四川省地震局关于地震灾害紧急救援队成立大会议程安排的情况汇报。

12 月 1 日 副省长张作哈主持召开专门会议，通报全省当前震情，研究部署防震减灾工作。

12 月 1 日 四川省地震局承担的“十五”国家科技攻关课题《地震救助生命搜索与定位技术研究》，在北京顺利通过国家科技部组织的验收。

12 月 8 日 四川省地震局、四川省公安消防总队印发《关于建立四川省地震灾害紧急救援队重大事项联席会议制度的通知》。

12 月 10—11 日 中国地震局副局长陈建明一行在四川检查指导防震减灾工作。

12 月 11 日 四川省政府在成都召开四川省地震灾害紧急救援队成立大会暨举行授牌、授旗仪式。

12 月 27 日 中共四川省委书记、省人大常委会主任张学忠到四川省地震局视察，听取工作汇报，慰问干部职工，并作了重要讲话。

12 月 29—30 日 四川省地震局在成都组织召开全省 2004 年度地方地震局长会议。

2004 年

1 月 15 日 四川省地震局、四川省广播电影电视局《印发〈关于地震现场新闻报道等事宜会谈备忘录〉的通知》。

3 月 8—12 日 中国地震局副局长岳明生率检查组来四川检查指导防震减灾工作。

3 月 18 日 省政府副秘书长敖玉明在四川省地震局检查指导工作，听取省地震局关于四川当前震情形势、开展震情监视跟踪等方面的汇报。

4 月 1 日 副省长张作哈、省政府副秘书长敖玉明在省政府听取了四川省地震局的工作汇报。

4 月 19 日 四川省人民政府办公厅发出《关于进一步加强防震减灾工作的通知》。

4 月 23 日 四川省防震减灾领导小组召开 2004 年度工作会议，副省长、省防震减灾领导小组组长张作哈出席会议。

4 月 28 日 四川省政府法制办公室和省地震局组成《四川省大型水库地震监测管理规定》立法调研组，与攀枝花市法制局、防震减灾部门等单位进行座谈。

5 月 17—21 日 中国地震局副局长汤泉等在四川检查防震减灾工作，视察了成都地震基准台和测绘工程院。

5 月 31 日 四川省地震灾害紧急救援队在省地震局召开第一次联席会议。

6 月 14—16 日 中国地震局副局长赵和平率防震减灾工作调研组到四川省开展调研工作。

7 月 15 日 四川省地震局举行大震应急演习，并与凉山州地震局、西昌地震中心站进行了互动演练。

8 月 9—11 日 四川省地震局在成都组织召开全省地方地震局长会议。

8 月 11 日 四川省地震局工程地震研究院承建的四川冕宁大桥水库大坝强震安全台阵正式投入试运行。

8 月 19 日 四川省人民政府召开第 42 次常务会议，听取了分管防震减灾工作的副省长张作哈关于全国防震减灾工作会议精神和四川省贯彻全国防震减灾工作会议的建议汇报。

9 月 21 日 副省长张作哈在省政府听取了四川省地震局领导的工作汇报。

10 月 26—27 日 四川省防震减灾工作会议在成都金牛宾馆召开，与会代表观摩了四川省地震局和四川省地震灾害紧急救援队联合举行的地震应急救援演练。

10 月 28 日 中国地震局副局长汤泉等人在四川省地震局听取了关于“中国数字地震观测网络”“十五”项目的工作进展及实施情况的汇报。

12 月 13 日 四川省地震局、省发展和改革委员会、省建设厅、省水电厅、省交通厅《关于印发〈四川省必须进行地震安全性评价的建设工程范围〉的通知》。

12 月 21 日 副省长张作哈、省政府副秘书长敖玉明在省政府听取了四川省地震局的工作汇报。

12 月 22 日 由四川省人民政府法制办公室行政执法责任制及贯彻落实行政许可法检查组到四川省地震局检查工作。

12 月 29 日 四川省地震局、四川省公安厅印发《关于设立地震监测台点保护标志的通知》。

2005 年

1 月 4 日 四川省物价局发出《关于印发四川省地震安全性评价收费标准的函》。

1 月 7 日 省政府副秘书长敖玉明在四川省地震局听取工作汇报。

1 月 11 日 四川省地震局承建的四川 RS 卫星遥感系统项目通过了专家组验收。MODIS 卫星通信遥感系统所接收和处理的实时热红外数据正式纳入四川省地震局日常震情监测分析使用。

1 月 25—26 日 四川省地震局召开四川省 2005 年度市（州）地震局长会议。

1 月 31 日 四川省人民政府发出《关于进一步加强防震减灾工作的通知》。

2 月 1—4 日 中国地震局副局长汤泉率慰问团到四川省地震局慰问并视察防震减灾工作。

3 月 1 日 四川省人民政府令 187 号发布的《四川省大型水库地震监测管理规定》正式施行。

3 月 11 日 四川省地震局与四川省公安厅联合召开全省地震监测系统安全保卫工作会议。

3 月 29 日 四川省地震灾害紧急救援队召开 2005 年度重大事项联席会议。

4 月 29 日 四川省地震局与四川省电信有限公司举行“四川数字地震观测网络通信合作协议”签字仪式。

5 月 17 日 四川省编制办公室到四川省地震局就加强地方地震工作机构建设问题，进行现场办公。

6 月 9 日 四川省地震局水库地震研究所与四川省武都水利水电集团有限责任公司签订《武都水库工程水库诱发地震监测预测系统总体技术设计服务合同》。

6 月 27 日 四川省地震局水库地震研究所承建的四川岷江紫坪铺水利枢纽工程水库诱发数字地震监测预测系统通过四川省紫坪铺开发有限责任公司组织的专家验收。

8 月 5 日 22 时 14 分 43.3 秒 四川省会东县与云南省泽会县交界发生 5.3 级地震，震源深度 10 千米，震中烈度Ⅵ度。四川境内的直接经济损失 6557 万元。

8 月 12 日 四川省地震灾害紧急救援队在成都“8·12”楼房垮塌事故中，成功救出 18 名被埋压人员（8 名死者、10 名伤者）。

8 月 18 日　四川省地震局与四川省公安厅联合下发《关于我省地震监测系统安全保卫调研工作的情况通报》。

8 月　四川省地震局四川 GPS 观测网络建设基本完成，投入考核运行。

9 月 5—6 日　四川省地震局在成都召开全省地震防御工作会议。

11 月 1—2 日　四川省地震灾害紧急救援队联合成都消防抢险救援队在邛崃开展野外模拟实践训练。

11 月 3 日　四川省地震局和四川省气象局双方就合作扩建、新建多个 GPS 观测基准站点，共享气象资料与震情信息达成合作协议。

11 月 16 日　省人大常委会副主任钮小明及省人大教科文卫委员会正副主任委员一行到四川省地震局检查工作。

12 月 26—29 日　四川省地震局在成都召开 2006 年度市（州）地震局长会议。

12 月 28 日　受四川省发展改革委员会委托，省地震局召开《四川省防震减灾规划》评审会议。

三、文献辑存

四川省防震减灾条例

（1996年6月18日四川省第八届人民代表大会常务委员会第二十一次会议通过，根据1999年12月10日四川省第九届人民代表大会常务委员会第十二次会议《关于修改〈四川省防震减灾条例〉的决定》修正）

第一章　总　则

第一条　为加强防震减灾工作，减少地震灾害造成的人员伤亡和经济损失，促进经济建设和社会发展，根据《中华人民共和国防震减灾法》和有关法律、法规，结合四川实际，制定本条例。

第二条　本条例所称防震减灾，是指地震监测预报、地震灾害预防、地震应急、震后救灾与重建等活动。

第三条　在本省行政区域内从事防震减灾工作的，均适用本条例。

省行政区域内的机关、企事业单位、社会团体及个人都有依法参加防震减灾活动的义务。

中国人民解放军驻川部队、武警部队和民兵应当依法执行防震减灾任务。

第四条　防震减灾工作，实行预防为主、防御与救助相结合的方针。防震减灾工作按照震情、灾情，实行分类、分级管理。

第五条　各级人民政府领导本行政区域内的防震减灾工作，并负责实施本条例。

各级人民政府须将防震减灾纳入国民经济和社会发展规划、计划；根据防震减灾需要安排必要的经费并列入本级政府的财政预算。少数民族地区所需的防震减灾经费应由省人民政府给予特殊补助。

第六条　县以上地震行政主管部门或者机构（以下称地震行政主管部门）、经济综合主管部门，建设行政主管部门、民政部门以及其他有关部门，在同级人民政府领导下，按照职责分工，各负其责，密切配合，共同做好防震减灾工作。

第七条　县以上地震行政主管部门依法履行防震减灾有关职能，监督检查防震减灾有关工作。

省地震行政主管部门负责管理全省地震监测预报、地震烈度区划、重大工程和可能发生严重次生灾害的工程场地地震安全性评价工作；审定地震安全性评价结果，确定抗震设防要求；指导全省地震灾害预测和预防；组织地震灾害调查与损失评估；组织协调地震应急、救助技术和装备的研究开发。

省建设行政主管部门综合管理城镇建设及工业与民用建筑的抗震设防工作，监督有关部门、单位严格按照抗震设防要求和设计、施工规范进行工程的抗震设计、施工和加固工作。

省经济综合主管部门、民政部门以及其他有关专业部门依法履行防震减灾的有关职能，做好本系统、本单位的工程抗震工作。

第八条 各级人民政府应加强防震减灾的宣传教育。提高公民的防震减灾意识。

第九条 各级人民政府鼓励和支持防震减灾科学技术研究；并按国家有关规定积极开展国内、国际交流与合作。

第二章 地震监测预报

第十条 各级人民政府及其有关部门应加强地震监测台网的建设和管理。对地震监测台网实行统一规划，分级、分类建设与管理的原则。

纳入国家地震监测的基本台网和省级地震监测台网，其建设、管理按国家有关规定执行。

主要由所在地的市、州、县人民政府、地区行政公署投资建设的地震监测台网的建设规划和调整方案，经省地震行政主管部门审定后，由同级人民政府的地震行政主管部门组织实施和管理。

对全省和当地地震监测工作具有重要作用的现有企业地震台，经省地震行政主管部门审定后，也可由当地人民政府纳入统一管理。

承担特定任务的地震监测台网，由有关企业或者行业主管部门投资建设并管理。省地震行政主管部门负责审定其选址、建台和业务技术指导。

第十一条 各级人民政府应加强群测群防工作，支持有条件的单位和个人依法开展地震监测、预测的科学技术活动。

第十二条 全省应逐步建设强震观测系统，其规划布局方案由省地震行政主管部门负责提出，经省人民政府批准后组织实施。

地震重点监视防御区的大型电站、水库和布点需要的大型桥梁、高层建筑，应设置强震观测设备，由建设单位投资建设，省地震行政主管部门负责业务指导。

第十三条 任何组织和个人须保护有关的地震监测设施和地震观测环境。已有的地震监测设施和地震观测环境的具体保护范围和办法，由省地震行政主管部门按国家有关规定提出，经省人民政府批准后实施。新建地震监测设施的观测环境保护范围应符合城市规划。各级人民政府负有监督保护地震监测设施和地震观测环境的责任。

新建、改建、扩建各类建设工程，不得对地震观测环境造成妨害；确实无法避免又属必须建设的国家重点工程，建设单位在工程设计前应征得管理该地震监测设施的地震行政主管部门的同意，并按国家有关规定承担增建抗干扰工程和拆迁、新建地震监测设施的全部费用。

第十四条 县以上各级人民政府及其地震行政主管部门依照国家有关地震预报管理的规定，向社会公告有关地震的震情和灾情，及时处理有关地震谣传、误传事件。

第十五条 各级地震行政主管部门应当加强对地震活动与地震前兆的信息检测、核实、传递、分析、处理和对可能发生地震的地点、时间和震级的预测。

省地震行政主管部门负责提出破坏性地震的中期、短期和临震预报及其延期与撤销的意见，报省人民政府，由省人民政府发布。

在已发布地震中期预报的地区，发现明显地震临震异常，情况紧急的，当地县级以上人民政府可以发布48小时之内的临震警报，同时向省人民政府及省地震行政主管部门报告。

第三章 地震灾害预防

第十六条 各级人民政府和有关部门、单位要做好防震减灾培训、演习、工程场地地震安全性评价、工程抗震、震害预测以及保险等工作，提高综合预防地震灾害的能力。

第十七条 根据震情和震害预测结果，县以上地震行政主管部门会同同级有关部门，编制或修改本行政区域内的防震减灾规划，报本级人民政府批准后实施。

地震基本烈度六度以上地区的建设行政主管部门及有关部门负责组织编制或修改的城市和企业抗震防灾规划应与本行政区域内的防震减灾规划相衔接。

第十八条 各级宣传、新闻出版、广播电视，文艺等部门应加强地震、防震知识的普及和防震减灾工作的宣传报道。

防震减灾宣传报道工作须遵守国家有关法规。

第十九条 各级人民政府应加强防震减灾的教育。省教育行政主管部门应采取措施，在中小学普及防震减灾知识。

第二十条 勘察设计、施工、监理单位必须按照抗震设防要求和抗震设计、施工规范进行抗震设计、施工和监理。

对已建成的属于重大建设工程的建筑物、构筑物；可能发生严重次生灾害的建筑物、构筑物；有重大文物价值和纪念意义的建筑物、构筑物；地震重点监视防御区的建筑物、构筑物，未采取抗震设防措施的，应当按照国家有关规定进行抗震性能鉴定，并采取必要的抗震加固措施。

地震重点监视防御区的县级人民政府应当根据当地实际情况，组织和引导群众在村镇建设中采取抗震措施，提高村镇房屋的抗震能力。

第二十一条 新建、改建、扩建工程，应按国家有关规定达到抗震设防要求。

一般工业与民用建设工程，必须按照国家颁布的地震烈度区划图或者地震动参数区划图规定的抗震设防要求，进行抗震设防。

地震重点监视防御区制定国土利用和城市建设规划以及重大工程和可能因地震产生严重次生灾害的工程，在选址和可行性研究时，须按国家和省关于工程场地地震安全性评价工作管理的有关规定进行地震安全性评价和抗震设防要求的审定，其结果应纳入建设项目初步设计审查内容和基本建设投资计划。必须进行地震安全性评价的工程项目内容，由省人民政府规定。

大中型水电站、水库或其他可能产生诱发地震的工程，除进行地震安全性评价外，还应根据要求建立地震监测台网。

第二十二条 省地震行政主管部门会同省级有关部门并聘任专家组成全省地震安全性评审机构，负责全省重大工程场地地震安全性评价结果的评审工作。

第二十三条 地震重点监视防御区县级以上人民政府应加强震害预测工作，逐步建立防震减灾指挥中心。有关部门应切实做好地震监测预报和抗震救灾的信息通讯保障工作。

第二十四条 地震重点监视防御区的县级以上人民政府应当根据实际需要与可能，在本级财政和物资储备中安排适当的抗震救灾资金和物资。

逐步建立地震灾害保险制度，具体办法由省保险部门会同有关部门制定。

第二十五条 省级地震重点监视防御区的设立或撤销，由省地震行政主管部门提出，报省人民政府批准。

第四章 地震应急

第二十六条 地震应急工作由各级人民政府领导，县级以上地震行政主管部门负责指导和监督，有关部门按其职责负责本部门的地震应急工作。

第二十七条 地震重点监视防御区的各级人民政府及其有关部门、单位按照有关法律、法规，制定、实施破坏性地震应急预案。

第二十八条 在破坏性地震临震预报发布或破坏性地震发生后，震区各级人民政府须按照国家有关规定设立抗震救灾指挥机构，对本行政区域内的地震应急工作实行集中领导、统一指挥和组织协调。

第二十九条 破坏性地震发生后，县级以上地震行政主管部门负责按规定及时向上级主管部门和同级人民政府报告本区域内的震情和灾情。省地震行政主管部门应跟踪震情，分析并提出震后趋势意见。

地震灾区的各级人民政府应及时将震情、灾情及其发展趋势等信息报告上一级人民政府；省人民政府应按照国务院有关规定向社会公告震情和灾情。

第三十条 根据地震应急需要，省人民政府可按国家有关规定决定在地震灾区实行或解除紧急应急措施。

第三十一条 省和有条件的县级以上人民政府应当鼓励、扶持地震应急、救助技术和装备的研究开发、生产、销售和储备，并将其研究开发项目纳入科技计划。

可能发生破坏性地震地区的县级以上人民政府应当责成有关部门进行必要的地震应急、救助装备的储备和使用训练工作。

第五章 震后救灾与重建

第三十二条 省救灾行政主管部门负责全省震后救灾管理、指导和协调工作。

破坏性地震发生后，有关县级以上人民政府抗震救灾指挥机构统一部署、指挥和协调本行政区域内的抗震救灾工作。

各级地震行政主管部门应当会同有关部门，开展抗震救灾工作，按有关规定进行地震灾害损失的调查、评估工作。

第三十三条 地震灾区的任何组织和个人都应参加抗震救灾活动，积极进行自救、互救；都必须遵纪守法，遵守社会公德，服从统一指挥，自觉维护社会秩序。

第三十四条 地震灾区的县级以上人民政府应当组织有关部门和单位采取紧急措施，妥善安排灾民生活，做好伤员医疗救护和卫生防疫工作；做好灾民的转移和安置工作；做好交通、通信、供水、供电、供气、输油等方面的恢复和对可能因地震引起的火灾、水灾、山体滑坡、放射性污染等次生灾害源的防护工作；做好社会治安管理和安全保卫工作。

第三十五条 省地震行政主管部门会同省级有关部门并聘任专家组成全省地震灾害损失评定机构，负责全省地震灾害损失评估结果的评定、核定工作，并将其评定结果按有关规定及时上报省人民政府和国务院地震行政主管部门。

第三十六条 抗震救灾经费、物资应通过国家救助和生产自救、群众互助、保险理赔、社会捐赠、信贷等多种渠道和方式解决。

各级人民政府和有关部门使用抗震救灾经费、物资、须按国家有关规定，专款、专物专用，并实行专项审计监督。

第三十七条 地震灾区的组织和个人可按国家有关规定接受省内、国内和国际社会组织和个人的救灾援助。

第三十八条 地震灾区的人民政府负责组织生产、生活和社会功能的恢复与重建，上级人民政府及其有关部门给予相应的支持和帮助。

第三十九条 地震灾区人民政府制定的恢复重建规划，须符合防震抗震和城市、村镇规划要求，并报经上级人民政府批准后方可实施。

第四十条 地震灾区恢复重建资金采取各级人民政府财政拨款、银行贷款、保险理赔、社会捐赠等方式筹措。

第四十一条 对灾情特别严重的地震灾区，上级人民政府及其有关部门，应按国家规定采取优惠政策措施。

第四十二条 地震灾区有重大科学价值的地震遗址、遗迹，由当地人民政府组织地震行政主管部门和有关部门提出专门报告，经省地震行政主管部门审核和省人民政府批准后，由当地人民政府指定有关部门进行特殊保护，作为科学考察和防震减灾教育实物现场。

地震遗址、遗迹的保护列入有关地震灾区的重建规划。

第六章　奖励与处罚

第四十三条 有下列情形之一的单位或个人，由地方各级人民政府或地震行政主管部门给予表彰或奖励，也可由其所在单位的上级机关给予相应的表彰或奖励：

（一）保护或抢救国家、集体财产和公民生命财产有功的；

（二）震情、灾情测报准确和信息传递及时，减轻震灾损失的；

（三）防震减灾宣传教育、科学研究、抗震设防等工作成绩显著的；

（四）对防震减灾有其他特殊贡献的。

第四十四条 在防震减灾工作中取得显著成绩的人民政府、部门，由上一级人民政府或有关部门给予表彰奖励。

第四十五条 违反本条例，有下列行为之一的，由公安机关按《中华人民共和国治安管理处罚条例》予以处罚；构成犯罪的，由司法机关依法追究其刑事责任：

（一）制造或散布地震谣言，造成社会秩序混乱的；

（二）在地震应急与救灾期间，妨碍灾区地震监测人员、抗震救灾人员执行公务的；

（三）盗窃、哄抢防震减灾经费、物资或国家、集体、个人财物的。

第四十六条 违反本条例，有下列行为之一的，由同级或上一级人民政府对其主要负责人和直接责任人给予行政处分，或由县级以上地震行政主管部门按照《中华人民共和国防震减灾法》的有关规定予以罚款；造成损失的，依法承担民事责任；构成犯罪的，依法追究刑事责任：

（一）新建、改建、扩建各类工程，对地震观测环境造成危害，又未依法事先征得同意并采取相应措施的；

（二）破坏地震监测设施或典型遗址、遗迹的；

（三）有关建设单位不按规定进行工程场地地震安全性评价，或者不按照地震安全性评价结果确定的抗震设防要求进行抗震设防的。

第四十七条 新建、改建、扩建各类建筑工程不按规定进行抗震设计或不按抗震设计进行施工以及不按抗震设防措施进行监理的，由同级或上级人民政府对其主要负责人和直接责任人给予行政处分，或由县级以上建设行政主管部门或有关专业主管部门按照职责权限，依法予以处罚；构成犯罪的，依法追究其刑事责任。

第四十八条 违反本条例，有下列行为之一的，由同级或上一级人民政府对其主要负责人和直接责任人给予行政处罚；构成犯罪的，由司法机关依法追究其刑事责任：

（一）虚报、瞒报灾情的；

（二）贪污、侵占、截留、挪用防震减灾经费或物资的；

（三）有特定责任的国家工作人员在防震减灾工作中不执行命令或玩忽职守的；

（四）有对防震减灾工作造成危害的其他行为的。

第四十九条 罚款的收取办法，按《中华人民共和国防震减灾法》和国务院的有关规定执行。

第五十条 当事人对行政处罚决定不服的，可以按有关法律规定申请复议或者直接向人民法院起诉。当事人逾期不申请复议，也不向人民法院起诉又不履行处罚决定的，由作出处罚决定的机关申请人民法院强制执行。

第七章 附则

第五十一条 省人民政府可根据本条例制定实施细则。

第五十二条 本条例具体应用中的问题由省地震行政主管部门负责解释。

第五十三条 本条例自公布之日起施行。

四川省工程建设场地地震安全性评价管理规定

（二〇〇一年二月十日）

（四川省人民政府令第146号）

第一条 为了加强工程建设场地地震安全性评价工作的管理，提高工程建设项目抗震能力，保障生命财产安全，根据《中华人民共和国防震减灾法》和《四川省防震减灾条例》，制定本规定。

第二条 本规定所称工程建设场地地震安全性评价（以下简称地震安全性评价），是指对工程建设场地的地震烈度复核、地震危险性分析、地震动参数的确定、地震小区划、场址及其周围地区的地震地质稳定性评价等工作。

第三条 在四川省行政区域内，新建、改建、扩建重大建设工程和可能发生严重次生灾害的建设工程项目的地震安全性评价和确定其抗震设防要求，均适用本规定。

第四条 工程建设项目业主应当依照本规定，履行申报地震安全性评价的义务。

第五条 省人民政府地震工作主管部门负责本行政区域内地震安全性评价的管理和监督，审定全省工程建设项目地震安全性评价的结果并确定其抗震设防要求。

市（州）地震工作主管部门（含管理地震工作的部门，下同）负责本行政区域内的地震安全性评价的监督管理。

县（市、区）地震工作主管部门（含管理地震工作的部门，下同）协助上级主管部门管理和监督本行政区域内的地震安全性评价工作。

第六条 建设和有关行业行政主管部门根据地震工作主管部门提供的抗震设防要求，归口管理工程建设项目的抗震设计、施工和抗震加固工作。

第七条 计划、财政、建设、国土资源、经贸等行政主管部门和有关银行应积极配合地震工作主管部门开展地震安全性评价管理工作，把地震安全性评价工作纳入建设项目可行性研究和初步设计审查的内容。建设项目主持审批单位在组织可行性论证和立项审查，以及建设和有关行业行政主管部门在主持建设项目的初步审查时，必须通知地震工作主管部门参加。

必须进行地震安全性评价的建设项目，未申报进行地震安全性评价并取得省地震工作主管部门审批意见的，审批部门不予批准立项，有关银行不予拔款，建设及有关行业行政主管部门不得批准其施工。

进行地震安全性评价的费用应纳入工程建设项目投资计划，在工程前期勘察费用中支出。

第八条 一般工业与民用建筑参照国家现行的地震烈度或地震动参数区划图进行抗震设防，可以不进行专门的地震安全性评价。

第九条 下列工程建设项目必须进行专门的地震安全性评价，并依据评价结果确定抗震设防要求：

（1）抗震要求高于国家现行地震烈度或地震动参数区划图标定设防要求的重大工程和可能产生严重次生灾害的工程（工程具体项目见附表）；

(2) 位于地震烈度分界线两侧8公里区域内的大型工程;

(3) 位于地震资料研究和详细程度较差地区的大型工程;

(4) 新建占地范围大、跨不同地质区域的城区和大型工矿企业、经济科技开发区的大型工程。

第十条 必须进行地震安全性评价的工程建设项目,业主应委托具备相应地震安全性评价资格的单位进行评价工作,并将地震安全性评价结果报告纳入项目可行性总体报告。

工程建设地震安全性评价项目不得转让、转包。

第十一条 承担地震安全性评价的单位必须持有国务院地震行政主管部门颁发的地震安全性评价资质证书,并按照证书确定的级别及业务范围开展评价业务。

地震安全性评价资质证书不得转借。

凡在四川省境内开展地震安全性评价业务的单位,必须按规定在省或市(州)地震工作主管部门进行资质验证和任务登记。

第十二条 地震安全性评价必须按照国家质量技术监督局颁布的技术规范和国务院地震行政主管部门的有关要求进行。评价业务收费按国家或省财政、物价部门的规定执行。

第十三条 地震安全性评价工作结束后,评价单位必须提出评价报告,并按下列规定对评价结果申报评审和审批,由审批部门确定抗震设防要求:

(1) 国家级工程建设项目由省地震安全性评审机构评审通过后,报国家地震烈度委员会评审,由国务院地震行政主管部门审批;

(2) 省级及省以下的工程建设项目由省地震安全性评审机构评审通过后,由省地震工作主管部门审批。

第十四条 省地震安全性评审机构的成员由省地震工作主管部门会同省级有关部门提名,报省人民政府批准。省地震安全性评审机构的日常工作由省地震工作主管部门负责。

第十五条 经地震安全性评价的建设项目,必须按地震安全性评价结果确定的抗震设防要求和抗震设计规范进行抗震设计、施工、监理和质检。

第十六条 必须进行地震安全性评价的工程建设项目不申报地震安全性评价的,由地震工作主管部门责令改正,采取补救措施;拒不改正的,按《中华人民共和国防震减灾法》有关规定追究项目业主的责任和处以罚款。

第十七条 无地震安全性评价资质证书或超越资质等级擅自进行地震安全性评价的,其评价结果无效,并由地震工作主管部门处3万元以下罚款。

第十八条 地震安全性评价业务单位不按地震安全性评价技术规范或有关要求开展评价工作的,由省地震工作主管部门责令改正;拒不改正的,提请评价资质审批机关降低或取消其评价资质;评价质量低劣,或给业主造成损失的,责令整顿。经整顿无明显效果的,提请评价资质审批机关在资质年审时降低或取消资质。

第十九条 转借评价资质证书或转让、转包地震安全性评价项目的,由地震工作主管部门责令限期纠正,可处3万元以下的罚款,情节严重的并提请证件颁发部门吊销其资格证书。

第二十条 不按地震安全性评价结果确定的抗震设防要求进行抗震设防的,由地震工作主管部门责令改正,采取补救措施,按《中华人民共和国防震减灾法》有关规定处以罚款;造成损失或构成犯罪的,依法承担法律责任。不按抗震设防要求进行抗震设计或不按抗震设计进行施工、监理、质检和验收的，由建设或其他有关行业行政主管部门依照有关法律规定给予处罚；造成损失或构成犯罪的，依法承担法律责任。

第二十一条 负责工程建设项目审批和地震安全性评价审批工作的国家机关工作人员玩忽职守、徇私舞弊造成严重后果的，由主管部门根据干部管理权限给予行政处分；构成犯罪的，由司法机关依法追究刑事责任。

第二十二条 依照本规定罚没的财物应上缴地方同级财政。

第二十三条 当事人对主管部门根据本规定作出的行政处罚决定不服的，可以依法申请行政复议或提起行政诉讼。

第二十四条 本规定自公布之日起施行。

附表：

必须进行地震安全性评价的工程一览表

类型	工程项目及规模
重大工程	1. 省及地震重点监视防御区内的市（州）首脑机关的办公大楼、市（州）级以上医院大楼； 2. 大型工矿企业、国防单位的重大办公大楼、大跨度生产用房； 3. 坚硬、中硬场地上80米以上的高层建筑，中软、软弱场地上60米以上的高层建筑； 4. 地震重点监视防御区内大跨度的影剧院、体育馆（中心）等建筑、候车（机）大楼； 5. 铁路、公路工程抗震设计规范（JTJ004－89）规定必须进行地震安全性评价的工程项目； 6. 地震重点监视防御区内的重要的旅游索道工程和二类以上飞机场工程； 7. 大中型火力发电生产用房、大型重要输变电站工程、大型电力调度中心用房； 8. 大功率广播电视发射（接收）塔，省、市（州）广播电视中心； 9. 地震重点监视防御区内大中城市电话枢纽； 10. 大型粮油库、冷冻库。
可能产生严重次生灾害的工程	1. 核反应堆、核电站、核供热装置； 2. 核原料生产厂房和存放大量放射性物质的场所； 3. 大中型化工工厂； 4. 大型尾矿坝； 5. 大型污水处理工程； 6. 大中型易燃、易爆、剧毒、易腐蚀、易污染物质的生产、贮存工程和管道输送设施； 7. 大中型水库、水电站及位于城市市区内或上游的Ⅰ级挡水建筑及防护堤工程； 8. 供水、供气、供油、供热的主要干线工程； 9. 大中型贮油、贮气、贮水工程。

四川省地震监测设施和地震观测环境保护规定

（二〇〇三年一月三十日）

（四川省人民政府令第167号）

第一条 为了保护地震监测设施及其观测环境，保障地震监测预报工作的顺利进行，根据《中华人民共和国防震减灾法》和国务院《地震监测设施和地震观测环境保护条例》，结合四川实际，制定本规定。

第二条 本规定所称地震监测设施，是指国家、省、市（州）、县（市、区）及企业和单位内部的地震台（站）、地震观测站（点）、地震遥测台网以及与地震监测有关的设施、设备。

本规定所称地震观测环境，是指保障地震监测设施得以正常发挥工作效能的一定范围内各种因素的总体。

第三条 地震监测设施所在地的各级人民政府负有保护地震监测设施及其观测环境的责任。

县级以上人民政府管理地震工作的部门（以下简称地震工作部门）对地震监测设施及其观测环境的保护工作，负责监督、检查、指导和协调。

各级国土、建设、公安、交通、水利、电力、电信、广播电视、旅游等部门，按照各自的职责做好地震监测设施及其观测环境的保护工作。

第四条 地震监测设施的保护范围：

（1）地震台（站）内的地震监测仪器设备、设施；

（2）地震台（站）外的观测用山洞、仪器房、观测井（水点）、井房、观测线路、通信设施、供电设施、供水设施、专用堤坝、专用道路、避雷装置及其附属设施；

（3）地震遥测台网接收中心的观测设备、设施；

（4）地震遥测台网的中继站、遥测点观测用房、地震传输设备、供电设备及其附属设施；

（5）地震GPS观测站（点）及其附属设施；

（6）地形变、地磁、重力、地电测线和测点的测量标志及其保护设施、测量场地以及专用道路等。

第五条 地震观测环境的保护范围，是指地震监测设施周围不能有影响其工作效能的干扰源的最小区域。

干扰源距地震监测设施的最小距离见附件；未列入附件的，由县级以上地震工作部门会同有关部门通过现场实测或者按国家有关规定确定。

第六条 各级地震工作部门或单位应当根据附件的规定和上级地震工作部门确定的各种干扰源的最小允许距离，对各自管理的地震监测设施划定其观测环境保护范围，并按规定在适当位置设置保护标志或采取保护措施。

地震监测设施及其观测环境保护标志由省地震工作部门统一制定格式。

第七条 县级以上地震工作部门应当将本行政区域内地震监测设施的分布地点、观测环境的保护范围及其变化情况，及时报告所在地人民政府，通报同级公安、国土、规划等有关部门。

第八条 新建或者扩建地震台（站）、地震观测站（点）、地震遥测台网的规划和计划，县级以上地震工作部门应当及时报告地震监测设施所在地县级以上人民政府，通报同级公安、国土、规划等有关部门。

新建和扩建地震台（站）、地震观测站（点）、地震遥测台网，应当征得建设地县级以上人民政府国土、规划部门同意，并按照国家有关地震台（站）观测规范的要求选址，避开各种干扰源。

第九条 在地震观测环境保护范围内确需施工或者进行其他可能对地震监测设施造成干扰影响活动的，应当将相关情况在3日前告知当地地震工作部门或者地震监测设施使用单位，以便地震工作部门或者地震监测设施使用单位采取相应措施。

第十条 无人值守的地震台（站），地震遥测台网以及其他地震监测设施，应当由拥有该监测设施的单位委托所在地乡级以上人民政府、社会团体、企业事业单位或个人负责保护。当事人双方应当签订《地震监测设施委托保管书》，明确各自的权利和义务。

第十一条 新建、改建、扩建建设工程，应当避免对地震监测设施及其观测环境造成危害；确定无法避免造成危害的，建设单位应当事先征得县级以上地震工作部门同意，并采取下列措施后，方可建设。

（1）增建抗干扰工程，确保地震监测设施发挥正常工作效能。所增加的工程建设费用由建设单位承担；

（2）拆迁地震监测设施，由地震监测设施使用单位负责办理拆迁手续，建设单位承担拆迁、新建地震监测设施的全部费用。在新的地震台（站）、地震遥测台网正常开展工作满1年后，原地震台（站）、地震遥测台网方可拆除；因建设工作确需提前拆除地震台（站）、地震遥测台网的，应当由建设单位报请国务院管理地震工作的部门批准。

拆迁、新建地震监测设施，国土、建设、规划等有关部门应当及时办理审批手续。

第十二条 禁止下列危害、破坏地震台（站）监测设施及其观测环境的行为：

（1）进入地震台（站）进行影响地震监测工作的活动，或者拆除、损坏、违规移动地震台（站）建筑、设备、设施；

（2）在地震台（站）观测环境保护范围内进行爆破、采石、设置振动设施或者堆放金属物品；

（3）在地电布极区、地磁观测环境保护范围内埋没金属管道或者电缆、堆放金属重物、架设高压输电线或者变电设施、线路，以及切断、损坏观测线路和地下设施；

（4）破坏、污染观测井（水点）或者在地震观测环境保护范围内打井同层抽水或者注水；

（5）在地形变和地磁的观测墩至观测标志之间以及在观测标志周围设置有碍测量、观测的障碍物、干扰物；

（6）在GPS、遥测地震观测环境保护范围内架设高压输变电设施、线路，设置无线电发射装置、电磁辐射装置；

（7）危害、破坏地震台（站）监测设施及其观测环境的其他行为。

第十三条 禁止擅自移动、损毁地震监测设施及其观测环境保护标志、地震测量标志，禁止在距地震测量标志50米范围内施工或者进行可能妨害其工作效能的其他活动。

第十四条 违反本规定第十一条第一款，新建、改建、扩建建设工程，对地震监测设施及其观测环境造成危害，又未依法事先征得同意并采取相应措施的，依照《中华人民共和国防震减灾法》

第四十三条规定处理。

第十五条 违反本规定第十二条、第十三条，地震监测设施所在地县级以上人民政府或者地震工作部门有权制止，并责令限期改正；造成损失的，应当承担赔偿责任；对有关责任人员，由其所在单位或者上级机关给予行政处分。

违反本规定，构成违反治安管理行为的，由公安机关依照《中华人民共和国治安管理处罚条例》的有关规定处罚；构成犯罪的，依法追究刑事责任。

第十六条 地震台（站）发现破坏、危害地震监测设施及其观测环境的行为时，应当以予以制止；制止无效时，应当立即向当地人民政府、有关部门或者上级地震工作部门报告。因不及时采取制止措施造成观测事故的，由上级地震工作部门追究有关责任人的失职责任。

第十七条 当事人对行政处罚等具体行政行为不服的，可以依法申请行政复议或者提起行政诉讼。

第十八条 为本单位服务的地震监测设施和地震观测环境的保护，参照本规定执行。

第十九条 本规定自2003年4月1日起施行。

附件：地震监测设施距干扰源最小距离表。

地震监测设施距干扰源最小距离表

<table>
<tr><th>序号</th><th colspan="2">观测名称</th><th colspan="2">干扰源种类</th><th>最小距离（千米）</th><th>备注</th></tr>
<tr><td rowspan="8">1</td><td rowspan="8">观测</td><td rowspan="8">地震台
遥测地震台</td><td colspan="2">采石场等人工爆破源</td><td>3.00</td><td rowspan="8">距拾震器距离</td></tr>
<tr><td colspan="2">主要公路、机械化农场</td><td>1.00</td></tr>
<tr><td colspan="2">岩石破碎机、重型机械、飞机场、铁路</td><td>5.00</td></tr>
<tr><td rowspan="2">水库</td><td>中小型</td><td>3.00</td></tr>
<tr><td>大型</td><td>10.00</td></tr>
<tr><td rowspan="2">建筑物</td><td>高大建筑物</td><td>0.20</td></tr>
<tr><td>低建筑物</td><td>0.03</td></tr>
<tr><td colspan="2">大型输油、输气管道</td><td>10. 00</td></tr>
<tr><td rowspan="10">2</td><td colspan="2" rowspan="3">地电观测</td><td colspan="2">地下金属管道</td><td>0.30　0.50</td><td rowspan="4">距地布极区距离；前数字为地电阻率观测，后数字为地电场观测</td></tr>
<tr><td colspan="2">变压器（容量30－50KVA之间）、小型用电设备（30KVA以下）</td><td>0.03　0.50</td></tr>
<tr><td colspan="2">变压器（容量≥50KVA）</td><td>0.10　0.20</td></tr>
<tr><td colspan="2" rowspan="7">地电观测</td><td colspan="2">变电所（1000KVA）</td><td>1.00　2.00</td></tr>
<tr><td colspan="2">直流电焊机</td><td>1.00　1.50</td><td rowspan="6"></td></tr>
<tr><td rowspan="3">高压输电线</td><td>35KV</td><td>0.03　0.50</td></tr>
<tr><td>110KV</td><td>0.50　0.50</td></tr>
<tr><td>220KV</td><td>0.80　1.00</td></tr>
<tr><td colspan="2">带避雷线的高压输电线杆或铁塔</td><td>0.50　1.00</td></tr>
<tr><td colspan="2">两线－地制交流变压器（≥500KVA）</td><td>2.00　10.00</td></tr>
</table>

续表

序号	观测名称	干扰源种类		最小距离（千米）	备注
2	地电观测	调整公路		0.50　0.50	
		普通铁路		0.50　1.00	
		电气化铁路		1.00　10.00	
		工业用抽水井（站）		0.30　0.10	
3	地磁观测	铁路		1.00	距地磁台距离
		铁路枢纽		5.00	
		电气化铁路（交流电）		1.00	
		地铁		35.00	
		公路	干线	0.50	
			一般	0.30	
		飞机场		2.00	
		小型机械厂		0.30	
		机械、钢铁等厂	厂内总计有500吨以上钢铁	1.00	
			厂内总计有千吨以上钢铁	2.00	
			厂内总计有万吨以上钢铁	3.00	
		高压输电线电压/V（交流电）	3.5×10^2	0.30	
			11×10^2	0.80	
			22×10^2	1.00	
			50×10^2	1.50	
		发电厂功率/W	2×10^2	5.00	
			5×10^2	8.00	
			20×10^2	10.00	
		通讯电缆		0.30	
		发射台功率/W（电视转播台）	15×10^2	2.00	
			35×10^2	2.50	
		采石场等人工爆破源		0.50	
		建筑	多、高层楼建筑区	1.50	
			两层楼建筑区	0.50	
			平房区	0.30	
4	流体观测	同层开采或注水井	观测层渗透系数 K≤5m/d 时	0.50	距氦、氡气观测距离
			观测层渗透系数 5.1—49.9m/d 时	1.50	
			观测层渗透系数 K≥50m/d 时	3.00	
		各类机械扰动干扰		0.01	距观测井距离

续表

序号	观测名称		干扰源种类	最小距离（千米）	备注
5	地壳形变观测	地倾斜台、洞体应变台、重力台	深层抽、注水，采石场等人工爆破源、大型水库	0.01	距台址距离
			主干公路、铁路、大型仓库	3.00	
				1.00	
		钻孔应变台	大型轴、注水站、大型水库	1.00	
			压模机、冲床等大型扰动源，大型变压器、电机，电台发射天线、铁路、主干公路	0.20	
		GPS 观测	深层轴、注水，采石场等人工爆破源、大型水库	3.00	各方向水平视线高度角 15°以上列阻挡物
			铁路	0.20	
			公路	0.05	
			超高压电线	0.10	

四川省大型水库地震监测管理规定

（二〇〇五年一月七日）

（四川省人民政府令第 187 号）

第一条 为了加强对大型水库地震监测活动的管理，提高地震监测能力，根据《中华人民共和国防震减灾法》、国务院《地震监测管理条例》的有关规定，结合四川省实际，制定本规定。

第二条 本规定适用于四川省行政区域内大型水库专用地震监测台网和强震动监测设施的建设和管理。

第三条 本规定所称水库地震监测，是指对水库及其周围地区的地震活动进行强化监测，对水库水工建筑物的结构在地震影响下的受力及其反应情况进行监测。

第四条 省、市（州）、县（市、区）人民政府负责地震工作的部门或者机构（以下简称地震工作主管部门）负责本行政区域内大型水库地震监测工作的监督管理和指导工作。

县级以上人民政府其他有关部门协助地震工作主管部门做好相关工作。

第五条 以下新建的大型水库应当在预可研阶段进行专门的水库诱发地震评价和地震安全性评价，并报省地震工作主管部门确认是否需要建设专用地震监测台网：

（1）坝高 100 米以上，库容 5 亿立方米以上，且可能诱发 5 级以上地震的水库；

（2）坝高 80 米以上，库容 1 亿立方米以上，且位于地震基本烈度Ⅷ度以上的水库；

（3）坝高 80 米以上，库容 1 亿立方米以上，距库区水体边缘 5 千米范围内有活动断层通过，可能构成 6 级以上潜在震源的水库；

（4）对县城以上重大城镇、省道以上交通干线、重要军事设施、大型工矿区安全有潜在危险的大型水库。

依照前款规定经省地震工作主管部门确认需要建设的专用地震监测台网，应当在库区蓄水前一年建成并开展地震监测工作。

第六条 位于地震基本烈度Ⅵ度以上区域的新建水库，按甲、乙类设防的水工建筑物设计烈度Ⅷ度或者Ⅸ度时，应当设置强震动监测设施。

第七条 水库专用地震监测台网和水库水工建筑物强震动监测设施由专业设计单位设计，并应当按照国务院地震工作主管部门的规定，采用符合国家标准、行业标准或者有关地震监测技术要求的设备和软件，保证建设质量。

上款规定的设计规定，应当报省地震工作主管部门备案。地震工作主管部门应当对其设计、建设工作进行指导。

水库专用地震监测台网和水库水工建筑物强震动监测设施的设计、建设、监理应当依法实行招投标。

第八条 建设单位对水库专用地震监测台网和建成的强震动监测设施，应当组织验收。验收合格后方可投入运行。

第九条 水库专用地震监测台网和水库水工建筑物强震动监测设施的建设资金和运行经费，由建设单位承担。

第十条 水库专用地震监测台网和水库水工建筑物强震动监测设施由建设单位管理，建设单位也可以将其委托给专业技术机构管理。

水库专用地震监测台网和水库水工建筑物强震动监测设施的管理单位，应当将地震监测信息及时报送省地震工作主管部门。

第十一条 水库水工建筑物强震动监测设施应当始终保持正常运行。水库专用地震监测台网的运行应至少持续至水库水位达到设计正常蓄水位之后5年；届时仍有诱发地震可能的，应当继续保持运行。

专用地震监测台网中止或者终止运行的，应当报省地震工作主管部门备案。

第十二条 有下列行为之一的，由县级以上地震工作主管部门责令限期改正和采取补救措施；逾期不改正、不采取补救措施的，处3万元罚款，并可由地震工作主管部门指派人员采取补救措施，费用由违法者承担；

（1）未按照本规定和国家有关标准建设水库专用地震监测台网和水库水工建筑物强震动监测设施的；

（2）未采用符合国家标准、行业标准或者有关地震监测技术要求的设备和软件的；

（3）擅自中止或者终止水库专用地震监测台网和水库水工建筑物强震动监测设施运行的；

（4）水库专用地震监测台网和水库水工建筑物强震动监测设施未经验收或者验收不合格即投入运行的。

第十三条 违反本规定，水库专用地震监测台网和水库水工建筑物强震动监测设施的设计、建设和监理未依法进行招投标的，依照《中华人民共和国招标投标法》等有关法律、法规规定处理。

第十四条 负责设计、建设、监理、验收、评价工作的有关人员违反国家有关规定，造成水库专用地震监测台网和水库水工建筑物强震动监测设施无法正常运行的，依法追究法律责任。

第十五条 本规定自2005年3月1日起施行。

四川省人民政府办公厅
关于赋予四川省地震局防震减灾工作行政职能的通知

各市、州人民政府，省级各部门：

为充分发挥政府防震减灾工作职能，确保我省防震减灾工作的有效进行，根据《中华人民共和国防震减灾法》和《四川省防震减灾条例》，省人民政府决定赋予省地震局防震减灾工作的行政职能，在省政府的领导下，为保障全省经济发展和社会稳定服务。

省地震局要与经济综合主管部门、建设行政主管部门、民政部门及其他有关部门密切配合，按照分工，各负其责，共同做好防震减灾工作。

四川省人民政府办公厅

二〇〇一年九月二十八日

四川省人民政府关于进一步加强防震减灾工作的通知

川府发〔2005〕6号

各市（州）人民政府，省级各部门：

根据《国务院关于加强防震减灾工作的通知》以下简称《通知》）精神，为进一步加强我省防震减灾工作，现结合我省实际，提出如下意见，请认真贯彻执行。

1. 突出工作重点，提高综合防御能力

（1）全面提高地震监测能力。按照《地震监测管理条例》的要求，建设好各级、各类现代化地震监测台网。新建100个地震台、点，使我省基本具备监测2.5级以上地震的能力，消除川西和川东边缘地区的地震监测“盲区”。推进空间、地下探测技术和重大工程预警监测系统建设，大中城市重要建筑群和生命线工程必须设置强震动监测设施。按此要求研究制定我省“十一五”防震减灾规划。贯彻落实好《地震监测管理条例》和《四川省地震监测设施和观测环境保护规定》，依法保护地震监测设施和观测环境。城乡各类建设立项单位涉及对地震观测造成影响的，应事先征求地震部门的意见并作出调整。

（2）提高地震预报和应急决策管理水平。地震重点监视防御区和重点危险区要落实震情跟踪措施，建立震情跟踪长效机制。地震部门要努力捕捉地震前兆信息，加强分析会商，加强地震预报对策研究，做到专家预测预报与政府风险决策相结合，努力实现有减灾实效的短临预报。制定规范的信息发布办法，在加强防震减灾宣传教育、提高民众防震减灾意识和应对地震灾害的心理承受能力的基础上逐步适时、适度地向社会发布地震重点监视防御区和重点危险区判定信息，使民众了解所在地区的地震危险程度，采取相应的防御对策措施。震灾发生后，要及时、快速地发布灾情和救灾工作等方面的信息。

（3）切实加强群测群防工作。各地要根据本地实际，针对市场经济条件下的新情况研究制定加强群测群防工作的政策措施。积极推进地震宏观测报网、地震灾害速报网和地震知识宣传网建设，在地震多发区的乡镇设置防震减灾助理员，形成“横向到边、纵向到底”的群测群防网络体系。因地制宜地开展地下水、气体、动植物、气象气候等地震宏观异常观察，充分发挥群测群防在地震短临预报、灾情信息报告和普及地震知识中的重要作用。要将群测群防经费纳入财政预算，建立稳定的群测群防经费渠道，制定观测员岗位津贴发放标准，完善管理办法，稳定群测群防工作队伍，促进群测群防工作有效开展。

（4）大力开展防震减灾宣传教育。各级地震、教育、科技、农业、水利、气象等部门及城市社区要制定防震减灾宣传教育计划，建立和完善宣传网络，组织开展防震减灾知识进校园、进社区、进乡村活动。省级地震部门要组织编制一套内容丰富、通俗易懂的防震减灾宣传普及材料，积极开展形式多样、有实效、有针对性的防震减灾宣传教育工作。省级教育、地震部门要把防震减灾知识纳入中小学生课外读物和科普活动中，逐步在每个县（市）建立一所防震减灾科普示范学校，共同组织编写中小学地震科普课外读物，做好对全省中小学生的防震减灾宣传教育工作。要把防震减灾知识宣传普及纳入文明社区活动和“文化、卫生、科技”三下乡活动中。省、市新闻媒体要进一步支持防震减灾知识宣传工作，提高防震减灾宣传教育效果。

地震多发区要加强基层宣传员的培训，组织防震减灾宣讲团开展经常性的科普宣讲活动。2007年前，成都、西昌等城市要建立防震减灾科普教育基地。重点监视防御区要组织防震减灾宣传“大蓬车”开展流动宣传。

（5）切实做好城市建设的地震安全工作。国土利用和城乡规划必须依据地震活断层探测与地震安全性评价结果进行。2015 年前，完成成都、西昌等城市的地震活断层探测与地震危险性评价工作；完成重点监视防御区县级以上城市的震害预测和地震小区划工作。要把抗震设防要求作为项目可行性论证、工程设计和施工审批的必备内容，加强建设工程抗震设防管理与监督。

重点监视防御区的大中城市要强化防御措施，相应确定抗震设防的烈度和标准，提升整体综合防御能力。要特别重视重大活动的防震对策和地震预警工作。

2010 年前，地震重点监视防御区各级人民政府要组织完成县级以上城市的建筑物抗震性能普查工作，搞好抗震加固或改造。认真贯彻《四川省大型水库地震监测管理规定》，重视水库地震安全工作，对水库（包括水电站）特别是病险水库、城镇上游或位置重要的水库、易燃易爆易泄漏有害物质重大建设工程、生命线工程，必须进行地震安全性评价和除险加固。及时改造和加固各级各类危、旧校舍。

（6）逐步实施农村地震安全农居工程。高度重视并尽快改变农村民居基本不设防的状况，提高农民的居住安全水平。要把防震抗震知识普及到乡镇、村及农户，使广大农民把建设安全农居变为维护自身生命安全的自觉行动。省级建设、地震部门要组织专门力量开发推广科学合理、经济适用，符合当地风俗习惯，能够达到抗震设防要求、不同户型结构的农村民居建设图集和施工技术并加强技术指导和服务。要对地震多发区、高危险区的农村建筑工匠进行培训，提高农居建设施工质量。地震重点监视防御区县级以上地方人民政府要通过政策引导和扶持，在农民自愿的基础上组织设施

“农村民居地震安全示范工程”，总结经验，以点带面，提高农村民居抗震能力。

（7）不断提高地震应急水平。各级政府和各有关部门要科学地编制、修订地震应急预案，地震应急预案要突出以人为本，落实好应急防范措施，加强地震应急预案和应急工作检查，加强应急培训，适时组织地震应急演习，检验反应能力，使地震应急预案更加科学、实用，增强综合防御能力。要明确应急工作程序、层级管理职责和协调联运机制，做到临震不乱、决策科学、行动迅速、处置有力。要以减少人员伤亡作为应急工作的核心。为避免造成地震应急和救援等方面的管理盲区，中央驻川单位和外地常驻单位的地震应急工作应遵循属地化为主的原则，服从当地抗震救灾指挥机构的统一指挥。有关部门和地方人民政府要做好外国驻川机构及在川外籍人员的涉外地震应急工作。

各地要加强地震应急指挥技术系统、灾情速报系统和应急救灾基础数据库系统建设，为地震应急工作提供有力的技术和信息保障。

（8）逐步完善地震救援体系。充分依靠部队、武警公安消防部门、民兵、预备役部队，组织动员社会公众，发展救援志愿者队伍，壮大地震灾害救助力量。民政部门要及时掌握灾情，妥善安排受灾群众的基本生活。交通部门要保障救灾物资的紧急运输工作，加强对交通基础设施的维护管理。卫生部门要加强紧急医疗救援体系建设，协调组织好震灾发生时伤员抢救、转运和治疗工作；要掌握周边医疗机构救治资源状况，特别要掌握群体性创伤的救治能力状况，统筹动员、组织安置伤员的救治工作；组织开展灾区的疾病预防控制工作，防止灾后疫情发生。红十字会要动员和组织群众参加医疗救护知识培训，提高自救互救能力；组织开展人道主义救援工作。建设、交通、电力、水利等部门要根据灾情及时组织救援抢修恢复工作，确保生命线工程正常运行，减少次生灾害的发生。

根据地震灾害应急物资需求量大、种类多、时限性强的特点，结合城市商品物流，合理建设应急物品的储备网络。进一步加强地震多发地区的救灾储备物资体系建设，增加救灾储备物资品种和数量，满足应急救灾工作需要。要结合城市广场、绿地、公园等建设，规划设置必须的应急疏散通道和避险场所，配置必要的避险救生设施。逐步建设和完善政府投入、地震灾害保险、社会捐赠相结合的多渠道灾后恢复重建与救助补偿机制。地震重点监视防御区的市（州）可根据本地的情况组建地震灾害紧急救援队伍，提高当地的地震灾害救援能力。

2. 落实防震减灾工作保障措施

树立和落实科学发展观和正确的政绩观，以对党、对人民、对历史高度负责的态度，充分认识防震减灾工作的重要性和长期性，增强责任感和紧迫感，把防震减灾工作纳入重要议事日程。坚持联席会议制度，依法履行管理职责，切实把我省全面提高防震减灾综合能力的各项任务抓紧抓好并落到实处。

（1）编制好防震减灾规划，有计划、有步骤地推进防震减灾事业发展。各级政府、省级有关部门务必将防震减灾作为减灾规划中的重要内容纳入国民经济和社会发展规划，要把地震台网建设、防震减灾科普教育基地建设、城市地震活断层探测与地震危险性分析以及震害预测和地震小区划工作开展、抗震加固、避难场所和应急疏散通道建设以及安宁河谷地震监测预报与综合防御减灾示范基地建设等重点项目列入规划，统筹安排，逐步推进实施。

（2）建立健全防震减灾经费渠道，加大对防震减灾工作的投入。按照事权和财权一致的原则，加大对地震监测预报、震害预防、应急救援的投入，切实将市（州）、县（市、区）防震减灾工作业务经费和群测群防工作经费纳入财政预算，保障各项工作的顺利开展。省级有关部门要继续加大对地震多发区、高危险区、特困少数民族聚居区防震减灾工作的支持力度，促进防震减灾事业健康发展。

（3）做好震情跟踪专项安排，提高地震监测预报水平。震情跟踪是提高地震监测预报水平，实现有减灾实效的地震短临预报的关键环节，地震重点监视防御区的各级政府要安排好震情跟踪专项资金，建立稳定的震情跟踪经费渠道，形成震情跟踪的长效机制，确保震情跟踪工作的有效开展。

（4）加强防震减灾工作队伍建设。地震重点监视防御区的市（州）、县（市、区）要进一步健全地震工作机构，其余市（州）、县（市、区）也按照《通知》要求做好相应工作，切实保证防震减灾有工作队伍，有管理责任。要采取有效措施改善工作条件，保持队伍稳定，充分调动和发挥他们在防震减灾中的作用。

四川省人民政府

二〇〇五年一月三十一日

四川省地震局　四川省发展和改革委员会 四川省建设厅　四川省水利厅　四川省交通厅关于印发《四川省必须进行地震安全性评价的建设工程范围》的通知

（二〇〇四年十二月十三日）

各市、州、县（市）人民政府，省级各有关部门：

为贯彻执行《国务院关于加强防震减灾工作的通知》（国发〔2004〕25号）“要把抗震设防要求作为项目可行性论证、工程设计和施工审批的必备内容，加强建设工程抗震设防管理与监督”的精神，以及《四川省防震减灾条例》和《四川省工程建设场地地震安全性评价管理规定》的相关规定，经省发改委、省建设厅、省水利厅、省交通厅、省地震局共同商定，进一步明确和细化了四川省必须进行地震安全性评价的建设工程范围，以加强上述法规相关条款的可操作性。现印发你们，请各管理、设计、建设部门遵照执行。

本通知所规定的必须进行地震安全性评价的建设工程范围由省地震局负责解释。

附件：

四川省必须进行地震安全性评价的建设工程范围

工程类型	工程项目及规模
交通运输	铁路、公路中单孔跨径≥150 米或多孔跨径总长≥1000 米的桥梁、隧道长度≥1000 米的隧道。
	大、中城市铁路旅客候车室，年平均日旅客发送量 1 万人次以上的汽车客运站，城市轨道交通工程中的地下中心站。
	国际或国内主要干线机场的航空站楼、航管楼、大型机库、通讯及供电建筑。
	地震重点监视防御区内的重要旅游索道工程。
工业与民用建筑、公共设施	坚硬、中硬场地上 80 米以上的高层建筑，中软、软弱场地上 60 米以上的高层建筑。
	地震重点监视防御区内的大跨度的影剧院、体育馆（中心）等建筑。
	地震重点监视防御区内的省、市（州）首脑机关办公大楼、市（州）级以上医院大楼。
	地震重点监视防御区内的各类大型工矿企业、大跨度厂房。
	研究、生产和存放剧毒、传染性生物制品和天然、人工细菌与病毒的建筑。
	研究、生产和存放易燃、易爆、强腐蚀性、放射性物质的建筑。
	地震重点监视防御区的市（州）级自来水处理厂及输水、供水干线工程。
	全库容≥1 亿立方米或坝高≥100 米的尾矿坝。
	地震重点监视防御区的大型粮油库、冷冻库。
水利电力	大中型水库、发电装机容量 >5 万 KW 以上的水电站
	单机容量≥30 万 KW 或规划容量≥80 万 KW 的火力发电厂。
	330KV、500KV 变电所，500KV 线路大跨越塔。
	地震重点监视防御区内的省、市（州）级电力调度中心。
	大中型储水工程。
	位于城市上游 I 级挡水建（构）筑物工程。
广播电视	中央、省级电视调频及广播发射塔建筑。
	发射总功率≥200KW 的机房及天线支持物。
邮电通讯	地震重点监视防御区内的大区中心、省、市（州）级卫星地面通讯站、长途电信枢纽、移动通讯枢纽、终局容量≥5 万门的市话局。
核设施	核电站、核反应堆、核供热装置、核废料处理工程。
	核原料生产厂房和存放大量放射性物质的场所。
石油化工	大中型化工企业的主要生产装置及其控制系统。
	大中型输油（气）管道的站点与重要区段。
	3 万立方米储油、10 万立方米储气工程。
污水处理	日污水处理能力≥10 万立方米的污水处理工程。
其它工程	国家、行业主管部门及全国性标准、规范、规程等所规定的必须进行地震安全性评价的建设工程。
	工程业主要求进行地震安全性评价的建设工程。

说明：表中所指重点监视防御区指国家和省圈定的甘孜、阿坝、凉山、成都、德阳、绵阳、广元、雅安、乐山、攀枝花、自贡、宜宾等市（州）所辖区域

中共四川省委宣传部　四川省地震局
关于认真做好防震减灾宣传工作的通知

各市、地、州党委宣传部、省级各新闻单位；各市、地、州地震局（办），省政府各部门：

四川是我国多地震省区之一，历史上曾多次发生过破坏性地震。据统计，解放以来，共发生5级以上地震124次，受灾面积达4万平方公里，死亡3637人，直接经济损失近20亿元，给我省的经济建设和人民生命财产造成巨大损失。长期以来，在群众中，由于地震知识、防震救灾知识、防震减灾知识和有关方针、政策、法律、法规等不够普及，因而地震往往给群众造成一定的恐怖心理，谣传或误传事件在一些地方时有发生，影响不好。根据中宣部、国家地震局《关于防震减灾宣传工作的规定》和全国重点地震监视防御区宣传工作座谈会精神，结合我省实际，各地要切实把防震减灾宣传工作积极、慎重、科学、有效地开展起来。现将有关事宜通知如下，望认真抓落实。

1. 充分认识防震减灾宣传工作的重要性和必要性

地震灾害具有突发性强、破坏性大、成丛性高、经济损失重等特点。随着经济的发展和城市的现代化，城市人口越来越密集，生命线工程越来越多，防震减灾宣传显得尤为重要，长期以来，由于广大群众的防震减灾意识和能力薄弱，我国目前又正处在一个新的地震活跃期，减轻地震灾害的任务显得更加紧迫和繁重。因此，加强防震减灾宣传工作，逐步增强群众的防震减灾意识，增强人们对地震灾害的心理承受能力，树立常备不懈的、科学的和积极防御的思想，是关系全省经济发展、社会稳定和人民生命财产安全的一件大事，是各级宣传、地震工作部门的一项重要任务。认真搞好这项宣传工作，对于最大限度地减轻未来地震灾害的损失，加快改革开放步伐，振兴四川经济，具有十分重要的意义。各地一定要高度重视，做出安排，认真地把这项工作抓起来。

2. 防震减灾宣传工作的方针和原则

防震减灾宣传工作必须坚持党的“一个中心、两个基本点”的基本路线，本着对人民群众高度负责的精神和实事求是的科学态度，要坚持贯彻“预防为主、平震结合、常备不懈”和“自力更生、艰苦奋斗、发展生产、重建家园”的防震减灾工作方针，坚持“因地制宜、因时制宜、经常持久、科学求实”的宣传原则，积极、慎重、科学、有效地开展好防震减灾宣传工作。

3. 防震减灾宣传工作的任务和方法

防震减灾宣传工作的基本任务是：在各级党委宣传部门和地震部门的统一组织指导下，结合我省地震形势，宣传防震减灾知识，传播防震减灾工作信息，宣传地震工作的方针和政策、法规和规定、办法和条例，提高全社会的防震减灾意识与功能，动员社会公众参与防震减灾行动。其方法是要选择多种角度，采用多种手段，利用多种渠道，根据不同地区、民族、心理等特点，因地制宜、因人制宜，有针对性地确定宣传的内容和力度，要充分运用广播、电视、报刊等宣传工具，亦可举办讲座、展览、参观、培训、橱窗、知识竞赛等多种形式，把防震减灾宣传工作开展得有声有色。

4. 严格把握防震减灾宣传工作的具体口径和力度

防震减灾宣传工作具有严格的科学性、政策性和特殊性。因此，必须严格把握住宣传口径和力度。从我省近年来地震趋势和群众心理承受能力来看，具体口径和力度可按照常规宣传、强化宣传、应急宣传、救灾宣传四个层次来制定计划、安排内容、设计方案、把握力度。

（1）常规宣传。是面向社会进行地震知识普及性宣传。主要以宣传普及地震科学常识，工程地震、工程抗震知识，有关方针、政策、法律、法规，国内外地震科学技术的进展等为主，以达到增强群众的防震意识和防震知识，提高群众预防和识别谣言的能力，克服恐震心理，抑制谣言的发生和传播为目的。这种宣传，面要大，要注意宣传力度，不搞宣传高潮，坚持细水长流。

（2）强化宣传。是带有任务性的防震减灾知识的宣传。主要是在重点地震监视防御区或发布中、短期地震预报的地区及周边地区以及大、中城市发生地震谣传、误传事件时进行。在常规宣传的基础上，适当加强宣传的力度和频次，突出防震减灾主题。各级宣传、地震、新闻部门，要制定“防震减灾应急宣传报道计划”“防震减灾宣传提纲”“震情报道统一口径”，有计划、有步骤、有针对性地进行宣传报道。

（3）应急宣传。是带有动员性的防震减灾知识的宣传。是在政府发布短临预报意见的地区和发生中、强地震的地区进行。有针对性地加强应急防震措施、震时应急避震与防止次生灾害的措施、震后自救互救措施等知识的宣传，动员社会公众做好各方面的应急准备。向群众随时通报震情信息，同时配合加强稳定社会治安等方面的法律、法规宣传，掌握舆论动向，保持社会稳定。

（4）救灾宣传。是地震灾害发生以后开展的宣传。要在当地抗震救灾指挥部统一领导下进行，重点是稳定人心，协助政府施行有效指挥，及时、准确、实事求是地进行灾情报道，积极宣传“自力更生、艰苦奋斗、发展生产、重建家园”的救灾工作方针，及时向群众传达党和政府的关心、慰问、支援和有关政策，介绍生产的自救门路、措施、途径和先进经验，表彰抗震救灾工作中涌现出的先进人物和先进事迹，鼓舞和激励人们振奋精神、恢复生产、重建家园、补救损失。

5. 防震减灾宣传工作组织领导和职责分工

防震减灾工作是一项十分复杂、政策性很强的工作，涉及各行各业的千家万户。各级党委的宣传部门务必要加强对防震减灾宣传工作的组织和领导，把防震减灾工作列入宣传工作计划，当作一项重要的、长期的任务来抓。要与地震部门共同研究制定防震减灾宣传报道计划、应急宣传方案、防震减灾宣传提纲、震情报道统一口径，报当地党委、政府批准后，共同负责实施。防震减灾宣传的组织、协调工作主要由党委宣传部门负责，地震部门协助；宣传内容、宣传口径由地震部门负责把关。重大地震事件的宣传要经当地党委、政府批准。地震预报的报道应按照有关规定由政府发布，任何单位和个人不得随意传播。

各级报刊、电台、电视台等新闻传播媒介，要发挥各自的优势，在党委宣传部门和地震部门的组织和指导下，积极参与防震减灾的宣传，严格遵守防震减灾的宣传纪律。

党政机关、人民团体、企事业单位、驻军也有责任和义务做好单位内部的防震减灾宣传。

防震减灾宣传工作政策性、科学性很强，各级党委宣传部门、地震部门、新闻舆论部门、教育部门、社会和其他有关部门要相互配合，共同努力，把我省防震减灾宣传工作提高到一个新的水平。

中共四川省委宣传部
四 川 省 地 震 局
一九九三年三月二十日

四川省计划委员会　四川省地震局
关于工程建设项目抗震设防标准管理和
地震安全性评价工作纳入基本建设管理程序的通知

各市、地、州计委（计经委、计国委）、防震减灾行政主管部门：

为切实贯彻执行《四川省工程建设场地地震安全性评价管理规定》（省人民政府令第78号），提高各类工程建设项目抗震能力，合理利用建设投资，我省工程建设项目抗震设防标准管理和地震安全性评价工作纳入基本建设管理程序。

1. 对全省拟建工程项目（包括在地震基本烈度大于或等于六度区内不需进行专门的地震安全性评价的一般工业与民用建筑工程项目）均实行抗震设防标准审批制度。对不需进行专门的地震安全性评价的一般工业与民用建筑工程项目，由各级防震减灾行政主管部门根据《中国地震烈度区划图（1990）》确定抗震设防标准；需进行地震安全性评价的拟建工程项目则在地震安全性评价报告通过后再确定抗震设防标准。省级拟建工程项目抗震设防标准审批意见书由省防震减灾行政主管部门核发，市（地、州）级以下拟建工程项目抗震设防标准审批意见书由市（地、州）防震减灾行政主管部门核发。

2. 拟建重大工程项目业主应根据地震安全性评价报告和防震减灾行政主管部门审批的抗震设防标准编写项目可行性报告，并将《拟建工程项目抗震设防标准审批意见书》作为必备文件提交项目审批主管部门查验。

3. 工程项目审批主管部门在审查、论证和审批拟建工程项目可行性报告时，须查验有无地震安全性评价的内容（不需进行评价的一般项目除外）和防震减灾行政主管部门核发的《拟建工程项目抗震设防标准审批意见书》；并按省人民政府令第78号的规定，通知防震减灾行政主管部门参加工程项目立项审查、论证会议。对必须做而未做地震安全性评价和未取得《拟建工程项目抗震设防标准审批意见书》的拟建工程项目，各级计划部门应不予审批，设计部门不得设计，施工单位不得施工。

4. 需要进行地震安全性评价的拟建工程项目，项目业主在编制工程建设计划时，应把进行工程建设场地地震安全性评价所需经费列入项目预算计划。

5. 各级计划部门要及时向同级防震减灾行政主管部门通报辖区内拟建工程项目规划；防震减灾行政主管部门要及时组织省内外工程场地地震安全性评价资格单位，积极有效地做好预可行性研究工作。

6. 对违反《四川省工程建设场地地震安全性评价管理规定》（省人民政府令78号）和本通知规定的单位和部门，按有关规定进行处罚。

四川省计划委员会
四 川 省 地 震 局
一九九六年七月十一日

四、统计表

（一） 1986—2005 年四川地震灾害情况统计表

表附 - 8

发震时刻						地名	震级		震中烈度	震源深度	受灾人户		人员伤亡			牲畜死伤		房屋倒塌			经济损失（万元）	
年	月	日	时	分	秒		M_S	M_L	I_O	km	户数	人数	伤（人）	重伤	亡（人）	伤（头）	亡（头）	间数	幢数	面积 $(m)^2$	直接损失	间接损失
1986	2	26	09	56	54	邻水		3.5	Ⅴ		298	1385									9.0	
	7	10	09	15	25	盐源	4.7		Ⅵ	15			5				1					
	8	7	03	55	13.4	理塘	5.6		Ⅶ	15			2		1			5				
	8	12	18	45	49	盐源	5.2		Ⅶ	15			34	9	1			1722			1200	
1987	6	11	20	08	39.7	南溪		4.3	Ⅵ	10			3				1				50	20
	8	24	04	56	22.9	雅安		3.4		25											0.5	
1988	4	15	18	58	15.2	会东	5.2		Ⅶ$^-$	15			15	2			12	120			1144	
	6	2	14	11	43.2	乾宁	5.0		Ⅵ	15			1				3					
	7	18	11	05	11.1	茂县	4.1	4.3	Ⅴ												0.3	
1989	1	19	02	22	45.0	理塘	4.6	4.6	Ⅵ$^+$			36000									500	
	4	16	04	34	10.5	巴塘	6.7		Ⅷ	15												
	4	25	10	13	20.0	巴塘	6.7		Ⅷ	10												
	5	3	13	53	00.9	巴塘	6.4			10												
	5	3	23	41	29.5	巴塘	6.2			5												
	6	2	02	03	43.7	巫溪	4.4		Ⅴ$^+$	7.5					1							
	6	9	22	46	03.8	石棉	5.3		Ⅶ	10			8		1		50				355.91	
	7	21	11	09	12.1	巴塘	5.8		Ⅵ	15	9587	13351	110	38	11		2078	75604			41339.35	
	9	22	10	25	48.2	小金	6.6		Ⅷ	10		120000	137	14	1		6024				20332.30	
	11	19	01	33	48.4	珙县	4.0		Ⅵ$^+$	10					2							
	11	20	11	21	03.2	江北	5.4		Ⅶ	5	49750	177133	147	20	3		179	371			12559.56	2092.20
	12	6	20	53	51.0	邛崃		4.8	Ⅵ	30											203	

说明：1989 年巴塘强震群是总的损失；1995 年云南武定地震和 1998 年云南宁蒗地震是造成四川境内的总损失

续表附－8

发震时刻						地名	震级		震中烈度	震源深度	受灾人户		人员伤亡			牲畜死伤		房屋倒塌			经济损失(万元)	
年	月	日	时	分	秒		M_S	M_L	I_O	km	户数	人数	伤(人)	重伤	亡(人)	伤(头)	亡(头)	间数	幢数	面积(m)^2	直接损失	间接损失
1990	1	15	11	19	44.1	大邑	4.6		Ⅶ		606		3								900	
	8	4	20	52	28.3	洪雅	4.2	4.6	Ⅵ												1840	
1992	11	30	01	39	37.2	石渠	5.1	4.9	Ⅶ		2000	9000									4369	
1993	4	9	05	11	25.1	木里		4.2													60	
	5	24	07	57	44.9	德格	4.8	4.1	Ⅵ								1				862.8	
	7	10	11	14	33.4	犍为	4.2		Ⅴ				1								50	
	8	7	16	36	06.3	沐川	4.8		Ⅶ	5										8329	935	147.2
	8	20	14	37	53.1	荣昌	4.5						2		1							
1994	2	25	15	42	13.7	江油	4.7	44	Ⅵ$^+$	10			3			4		22			356	
	7	19	05	13	33.1	安县		1.7							1							
	12	30	02	58	27.3	沐川	5.7		Ⅶ	13			124	9			400			12536	2651	530
1995	4	26	11	46	29.3	沐川	5.0		Ⅵ	10				2			10			4355	1564.3	230
	10	24	06	46	51.7	武定	6.5		Ⅸ		38000	180000	82	6	2					60000	3600	1000
	12	26	11	31	07.7	荣昌	4.5						2								510	
1996	2	28	19	21	58.5	宜宾	5.4		Ⅶ		40000	200000	2		1		80				5161	100
	12	21	16	39	38.6	白玉	5.5		Ⅶ	5	2710	10842	47	13	2						3998.5	200
1997	3	10	11	12	24.3	峨边		4.3	Ⅴ												153	
	8	13	16	13	30.9	荣昌	5.2		Ⅶ	13	8764	30515	29	4							6387.8	1000
1998	3	3	14	57	28.8	平武	4.5	4.4	Ⅵ	21											29.66	
	10	2	20	49	27.1	宁蒗	5.3			13	5275	26965								3408	426	100
	11	19	19	38	06.4	宁蒗	6.2		Ⅷ		8780	51000	464	23	1		624		322	9300	5044.84	626

续表附-8

发震时刻						地名	震级		震中烈度	震源深度	受灾人户		人员伤亡			牲畜死伤		房屋倒塌			经济损失(万元)	
年	月	日	时	分	秒		M_S	M_L	I_O	km	户数	人数	伤(人)	重伤	亡(人)	伤(头)	亡(头)	间数	幢数	面积 $(m)^2$	直接损失	间接损失
1999	9	14	20	54	31.3	绵竹	5.0		Ⅵ	20	1737	5500	4								448	10
	11	30	16	24	52.2	绵竹	5.0		Ⅵ					1	1						355	
2001	2	14	15	27	28.2	雅江	5.1		Ⅵ	10	1174	5970	2								771	
	2	23	08	09	19.8	雅江	6.0		Ⅷ	6	10833	51964	154		10		15268			1851740	18822.10	
2001	5	24	05	10	37.2	盐源	5.8		Ⅶ	11	8532	41149	35	4	1			2275			9074	
2002	4	10	14	30	17.6	普格	4.9	4.6		4											1075	
	5	31	11	53	00.1	仁寿		4.4	Ⅵ	10	34807	138305	9								412.8	123.8
	8	8	19	42	00.4	新龙	5.3		Ⅶ		5525	30524	6	3						4010	3034	
2003	3	18	14	48	35.8	犍为		4.0	Ⅴ												35.4	
	6	17	22	46	18.2	西昌		4.6	Ⅴ	5	8216	30824									188.45	
	7	10	9	33	56.6	昭觉		4.6	Ⅵ	5	6872	27794									588.86	
	8	21	10	17	48.8	盐源	5.0	5.1	Ⅵ	5	24623	114369	7	2							2086	
	12	3	07	26	46.2	道孚	4.9		Ⅴ		1065	4899									106.26	
2004	6	17	05	25	21.7	宜宾	4.5		Ⅵ	13			9	1							1535	
2005	1	5	06	05	17.6	马尔康	4.7	5.0	Ⅵ	5	1138	5692									653	
	8	5	22	14	43.3	会东	5.3				27301	110097	21	4							6557	
	10	30	22	24	32.5	道孚		4.5	Ⅵ	5	1935	9166									189.28	
合计											269548	1432444	1468	155	41	4	24749	80119		1953678	162522.97	6009.20

2005 年度四川地震系统主要仪器设备情况

表附－9

仪器设备名称	单位	年初总数	年末总数	在用数
救援设备	套	318	318	318
电脑、显示器、服务器	台	375	432	432
打印机、复印机、扫描仪	台	266	299	299
地震仪	套	388	392	392
专用设备	套	132	135	135
GPS	台	24	26	26
相机、摄像机	台	116	135	135
专用电源	套	178	192	192
车	辆	30	34	34
避雷器	台	4	4	4
10.5KVA 汽油发电机组	套	44	44	44
单边带 15 瓦电台	套	31	31	31
电梯	部	3	3	3
调制解调器	台	51	53	53
对讲机	台	61	64	64
合计		2021	2162	2162

（三） 1986—2005 年四川省地震局人员分类及构成情况

表附–10 （单位：人）

人员分类 \ 人数及构成比例 \ 年份		1986 年		1987 年		1988 年		1989 年		1990 年		1991 年		1992 年		1993 年		1994 年		1995 年	
		固定职工总数	各类人员占总人数百分比（%）	固定职工年末总数	各类人员占总人数百分比（%）	固定职工年末总数	各类人员占总人数百分比（%）	固定职工年末总数	各类人员占总人数百分比（%）	固定职工年末总数	各类人员占总人数百分比（%）	固定职工年末总数	各类人员占总人数百分比（%）	固定职工年末总数	各类人员占总人数百分比（%）	固定职工年末总数	各类人员占总人数百分比（%）	固定职工年末总数	各类人员占总人数百分比（%）	固定职工年末总数	各类人员占总人数百分比（%）
合计		1075	—	1070	—	1056	—	1026	—	1060	—	1014	—	969	—	928	—	915	—	911	—
人员结构	党政管理干部	—	—	—	—	—	—	—	—	—	—	—	—	69	—	38	—	77	—	26	—
	业务管理干部	—	—	—	—	—	—	—	—	—	—	—	—	115	—	132	—	98	—	143	—
	科技研究人员	—	—	—	—	—	—	—	—	—	—	—	—	516	—	493	—	498	—	494	—
	业务辅助人员	—	—	—	—	—	—	—	—	—	—	—	—	28	—	26	—	58	—	46	—
	工人	—	—	—	—	—	—	—	—	—	—	—	—	405	—	417	—	477	—	438	—
台站及野外作业人员	小计	—	—	—	—	—	—	—	—	—	—	—	—	—	—	—	—	—	—	—	—
	台站观测人员	—	—	—	—	—	—	—	—	—	—	—	—	—	—	—	—	—	—	—	—
	地震地质人员	—	—	—	—	—	—	—	—	—	—	—	—	69	—	65	—	99	—	26	—
	形变测量人员	—	—	—	—	—	—	—	—	—	—	—	—	69	—	61	—	71	—	27	—
文化程度	博士研究生	1	—	1	—	1	—	1	—	1	—	1	—	1	—	1	—	1	—	1	—
	硕士研究生	6	—	14	—	14	—	13	—	14	—	16	—	17	—	19	—	20	—	20	—
	大学、大专	293	—	336	—	339	—	337	—	342	—	336	—	335	—	326	—	320	—	325	—
	中专、高中	354	—	334	—	340	—	326	—	343	—	318	—	317	—	308	—	318	—	303	—
	初中及以下	421	—	385	—	362	—	349	—	359	—	342	—	299	—	274	—	256	—	262	—

续表附－10

人员分类 \ 人数及构成比例 \ 年份		1996年		1997年		1998年		1999年		2000年		2001年		2002年		2003年		2004年		2005年	
		固定职工总数	各类人员占总人数百分比(%)	固定职工年末总数	各类人员占总人数百分比(%)	固定职工年末总数	各类人员占总人数百分比(%)	固定职工年末总数	各类人员占总人数百分比(%)	固定职工年末总数	各类人员占总人数百分比(%)	固定职工年末总数	各类人员占总人数百分比(%)	固定职工年末总数	各类人员占总人数百分比(%)	固定职工年末总数	各类人员占总人数百分比(%)	固定职工年末总数	各类人员占总人数百分比(%)	固定职工年末总数	各类人员占总人数百分比(%)
合计		953	—	902	—	831	—	779	—	742	—	716	—	693	—	730	—	725	—	714	—
人员结构	党政管理干部	31	—	35	—	136	—	145	—	141	—	146	—	—	—	—	—	—	—	—	—
	业务管理干部	117	—	107	—	—	—	—	—	—	—	—	—	—	—	—	—	—	—	—	—
	科技研究人员	499	—	513	—	492	—	442	—	419	—	401	—	286	—	302	—	316	—	284	—
	业务辅助人员	34	—	36	—	—	—	—	—	—	—	—	—	—	—	—	—	—	—	—	—
	工人	460	—	330	—	—	—	—	—	—	—	—	—	166	—	218	—	203	—	228	—
台站及野外作业人员	小计	—	—	—	—	—	—	—	—	—	—	—	—	—	—	—	—	—	—	—	—
	台站观测人员	—	—	—	—	—	—	—	—	—	—	—	—	—	—	—	—	—	—	—	—
	地震地质人员	58	—	59	—	—	—	—	—	—	—	—	—	9	—	9	—	35	—	—	—
	形变测量人员	50	—	52	—	—	—	—	—	—	—	—	—	34	—	91	—	100	—	—	—
文化程度	博士研究生	1	—	—	—	1	—	1	—	1	—	1	—	—	—	—	—	1	—	1	—
	硕士研究生	19	—	20	—	15	—	19	—	19	—	18	—	17	—	17	—	19	—	20	—
	大学、大专	328	—	337	—	309	—	293	—	282	—	286	—	277	—	307	—	292	—	297	—
	中专、高中	316	—	308	—	275	—	268	—	256	—	240	—	231	—	239	—	257	—	270	—
	初中及以下	238	—	237	—	231	—	198	—	184	—	171	—	168	—	167	—	156	—	126	—

1986—2005 年四川地震事业经费拨款及支出情况（不含基建）

表附 - 11

年度	拨款（万元）	支出（万元）
1986	584.92	597.84
1987	571.25	510.62
1988	546.30	544.69
1989	613.30	633.64
1990	622.10	597.72
1991	659.36	654.71
1992	696.00	750.75
1993	799.28	762.83
1994	1006.81	1166.24
1995	899.93	1119.24
1996	1220.50	1203.90
1997	1178.50	1255.78
1998	1229.30	1566.04
1999	1320.00	1659.25
2000	1731.85	1875.00
2001	2221.18	2539.00
2002	2458.21	2555.92
2003	3844.73	6087.24
2004	4030.69	4048.69
2005	4358.11	5724.64

1986—2005 年四川地震事业基本建设投资及交付使用财产情况

表附 - 12

年度	投资计划（万元）			实际拨款（万元）			实际完成投资（万元）			交付使用财产（万元）
	合计	其中		合计	其中		合计	其中		
		预算	自筹		预算	自筹		预算	自筹	
1986	22.90	15.10	7.80	25.46	15.22	10.24	25.91	15.22	10.69	—
1987	86.00	73.00	13.00	86.00	73.00	13.00	86.00	73.00	13.00	—
1988	52.00	52.00	—	52.00	52.00	—	51.07	51.07	—	42.37
1989	52.00	52.00	—	52.00	52.00	—	51.80	51.80	—	54.06
1990	74.80	74.80	—	74.80	74.80	—	74.91	74.91	—	70.90
1991	142.00	142.00	—	142.00	142.00	—	142.00	142.00	—	—
1992	172.50	172.50	—	172.5	172.50	—	172.46	172.46	—	179.89

续表附－12

年度	投资计划（万元）			实际拨款（万元）			实际完成投资（万元）			交付使用财产（万元）
	合计	其中		合计	其中		合计	其中		
		预算	自筹		预算	自筹		预算	自筹	
1993	43.00	15.00	28.00	44.38	15.00	29.38	44.38	15.00	29.38	15.00
1994	56.80	56.80	—	56.80	56.80	—	40.00	40.00	—	—
1995	324.60	224.60	100.00	324.60	224.60	100.00	324.60	224.60	100.00	149.82
1996	684.40	360.10	324.30	684.40	360.10	324.30	683.70	360.10	323.60	93.80
1997	160.53	115.00	45.53	160.53	115.00	45.53	160.53	115.00	45.53	614.53
1998	602.00	502.00	100.00	1163.00	152.00	1011.00	1111.00	152.00	959.00	—
1999	1339.00	370.00	969.00	1689.00	720.00	969.00	1385.00	416.00	969.00	—
2000	325.00	202.00	123.00	245.00	162.00	83.00	303.69	303.69	—	1689.00
2001	35.00	35.00	—	75.00	75.00	—	121.56	121.56	—	55.00
2002	38.00	38.00	—	30.00	30.00	—	113.03	113.03		640.15
2003	671.00	671.00	—	290.00	290.00	—	291.19	291.19	—	280.00
2004	5164.46	5164.46	—	5545.46	5545.46	—	403.98	403.98	—	40.00
2005	1000.00	1000.00	—	1000.00	1000.00	—	1956.96	1956.96	—	—

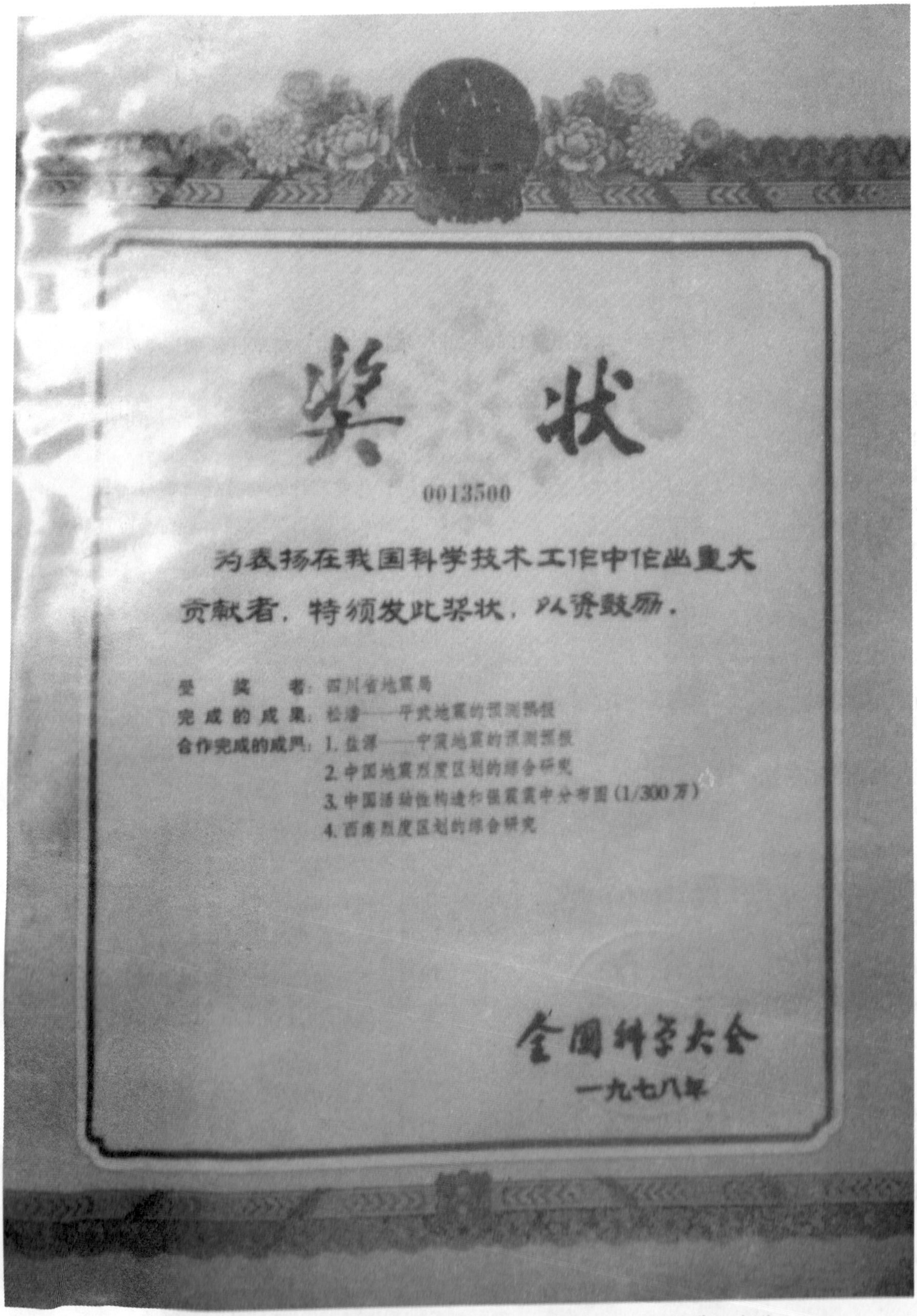

1976年8月，松潘、平武7.2级地震预测预报等获全国科学大会奖

七、资料提供单位和人员名单

《四川省志·地震志（1986—2005年）》提供资料单位名单

成都市地震局
自贡市地震局
攀枝花市防震减灾局
德阳市地震局
绵阳市地震局
雅安市地震局
广元市地震局
乐山市地震局
宜宾市地震局
甘孜州地震局
阿坝州地震局
凉山州地震局
广安市地震办公室
四川省地震局办公室（含科技档案室、文书档案室）
四川省地震局人事教育处
四川省地震局监测预报处（含外事、科技发展）
四川省地震局震害防御处（含法规、地方地震工作）
四川省地震局应急救援处
四川省地震学会
《四川地震》编辑部
四川省地震局机关服务中心（含图书室、资料室）
四川省地震局计划财务处
四川省地震局台站管理中心（含强震组）
四川省地震局地震预报研究所
四川省地震局监测研究所
四川省地震局地震减灾救助研究所
四川省地震局水库研究所
四川省地震局工程地震研究院
四川省地震局地震地质勘察中心
四川省地震局测绘工程院
四川省地震局地震仪器研究所
四川省地震局攀枝花地震基准台
四川省地震局康定地震中心站
四川省地震局成都地震基准台
四川省地震局西昌地震中心站
重庆市地震局
巴塘县地震办公室
平武县地震办公室
炉霍县地震办公室
马尔康县地震办公室

会回复："同意该篇目设计，请按此编纂志稿"。5月，汶川8.0级特大地震发生后，编辑组对篇目又作了部分调整，进一步充实了有关篇章的内容。

编辑组成立后，为《地震志》篇目的制定和修改，收集了1986—2005年间地震工作的大量档案、文献资料和省、市（州）地震综合防御对策、地震应急反应预案以及地震法律法规等资料。编辑组对这些资料作初步鉴别后，以专题形式作初步整理。编辑组还向全省地震系统30多个单位、部门和重庆市地震局等两次发出征集资料的通知，针对不同单位、不同的部门从事地震工作的不同业务活动，拟定出征集资料的内容和条目征集资料，以提高资料的质量和利用率，避免重要资料的缺失。编辑组还约请一些老专家、退休同志和知情人员编写专题资料，提供有关照片资料。为掌握第一手资料，编辑组的同志还到德阳市地震局、凉山州地震局和州档案馆、西昌地震中心站等调查、访问、核实、补充收集资料。在收集、整理资料过程中，编辑组还从有关市（州）地震志稿中收集了一批重要资料，起到了查缺补漏和匡正谬误的作用。汶川8.0级特大地震后，编辑组对阿坝州、绵阳市、德阳市、成都市、广元市和雅安市等重灾地区1986—2005年的地震事件、震灾预防和震害预测等资料，作了认真校核和增补。至2008年上半年，编辑组征集、收集到各种资料、图表、手稿等数百万字，资料照片200余幅。在此基础上对各种资料进行鉴别、梳理和归类，作专题资料整理；对一些特别重要的资料作出签注，便于撰写志稿时使用；对大事要事资料摘录下原文做成卡片，方便查验。

2008年上半年，编辑组正全力以赴开始志稿试写，5月12日汶川发生8.0级特大地震，编辑组全员投入到四川省地震局大震现场指挥部抗震救灾和四川省人民政府保护汶川8.0级特大地震遗址的考察、选址和审定工作，编辑组的同志受到了极其深刻的教育，在编写工作中努力把8.0级特大地震前四川的防震减灾工作全面、真实地记述出来。2008年11月，编辑组就1986—2005年四川的地震事件进行试写，并编制出一批图表，几经修改后，编撰为《地震活动》篇，约9万字，分送有关领导和部门广泛征求意见、修改和定稿，这为后续编纂工作起到了练兵作用。2009年后，全面开展志稿的撰写，在编写《震灾预防》篇中，比较突出地记述了汶川8.0级特大地震重灾区在震前的城乡震害预测和地震小区划的资料。2010年，其他篇章陆续编写出初稿和修改稿，至2011年年底，《地震志》全稿基本编纂完成，报送有关领导和部门征求意见。

2012年12月和2013年8—10月，按照《〈四川省志〉各分卷审查验收办法》的要求，四川省地震局成立《地震志》初审委员会，先后两次对《地震志》进行初审。编辑组根据初审意见，对志稿有关章节内容在编排上作了调整、压缩、整合、补充和修改，对一些史实内容进行校核，对大事记作了较大的删节，对前置照片作了统一的分编。2013年11月形成复审稿后，报送四川省地方志编纂委员会复审。2014年5月，收到复审意见后，编辑组对复审的一些具体意见一一作了修改，重点对"科技合作和学术交流"一节作了改写，大大缩小了篇幅，对一些条目记述事物缺失的要素作了增补，对资料较少的节目内容作了补充，有重复记述的资料内容和不合志体的行文逐一作了删除，志稿行文中的一些称谓作了统一，对全志图号、表号全部统一为以篇为单位进行编列。2014年7月，整个志稿修改调整后形成终审稿，报送《四川省志》审核委员会终审。同年10月，通过终审后，编辑组根据终审意见对志稿再次进行修改和完善。

《四川省志·地震志（1986—2005）》全面、系统地记述了这一时间段四川发生的地震事件和防震减灾工作的历史及现状，客观地记载了四川防震减灾事业发展的进程，实事求是地反映汶川8.0级特大地震前，四川防震减灾工作贯彻预防为主、防御与救助相结合的方针，依靠科技，依靠法制，依靠群众，努力提高地震监测预报、地震灾害预防和地震应急能力等各方面取得的成绩和经验教训。它为反思汶川8.0级特大地震提供了极其丰富的素材，增进人们对汶川8.0级特大地震前四川地震活动的强度、频度、空间分布特点和构造活动环境的认识，增进人们对汶川8.0级特大地震前四川地震监测预报水平、地震灾害预防工作、地震紧急救援能力、地震科研和法制建设等的了解，总结经验教训，为推进防震减灾事业的发展提供有益的启迪和宝贵的经验。

在编纂《四川省志·地震志（1986—2005）》过程中，编辑组得到地震系统、地方志系统很多单位和同志的关心、支持、帮助和指导。众多单位和个人为志稿提供资料。杜方、吴江为志稿译校英文目录、制作震中分布图和有关篇章资料整理、编写，沈钧礼、黄祖智、龚宇、邹洪生、龙德雄和李福康等参与了部分章节资料的整理、编写，在此一并表示衷心感谢。防震减灾事业涉及的面较宽，由于业务水平不高，收集和掌握的资料有限，对某些史实的记述难免会有遗漏或不确之处，敬请读者批评指正。

《四川省志·地震志（1986—2005）》
编辑室
2018年10月